अधिवास भूगोल

विषय सूची

प्रस्तावना

मकिंदर का यह तर्क कि भूगोल, कला, विज्ञान एवं दर्शन का मिला-जुला संगम है, अधिवास का गहराई तक अध्ययन करने वाले को सत्य प्रतीत होता है। 'इकस्टिक्स' संबंधी विश्व परिषद् (World Society for Ekistics) की स्थापना अत्यधिक उत्साह के साथ इस विषय के अध्ययन हेतु स्पष्ट उद्‌देश्यों एवं ध्येय के साथ की गई थी, क्योंकि भूगोलशास्त्रियों के अतिरिक्त, नियोजनकर्त्ता, समाजशास्त्री, इतिहासकार, अर्थशास्त्री और कई अन्य अधिवास अध्ययन से गहरे जुड़े हुए हैं; क्योंकि ये अधिवास सजीव जीव की भांति काम करते हैं। विश्व के इस आबाद भाग में ग्रामीण अधिवासों के विश्वव्यापी भाग को दृष्टि में रखते हुए, यह आवश्यक है कि इस सूक्ष्म स्तर अवयवों पर गहराई से अंतर्दृष्टि डाली जाए। लेखक ने विषय का सही चुनाव किया है और विषय पर सर्वांगीण दृष्टिकोण अपनाया है, जिसमें ग्रामीण अधिवास के अध्ययन हेतु परिमाणात्मक के साथ-साथ गुणात्मक-विश्लेषणात्मक एवं समन्वयात्मक दृष्टिकोण (Holistic approach) को सम्मिलित किया जाता है। वास्तव में, भिन्न-भिन्न पुस्तकों में विभिन्न विषयों पर बिखरी हुई सामग्री और व्याख्याएं थी, जिसने विद्यार्थियों में रुचि जाग्रत की। लेकिन उन्हें एक ही पुस्तक में अधिकांश विषयों पर सटीक व्याख्याएं नहीं मिल पाईं। हमें बहुत संतुष्टि है कि इस महसूस की गई आवश्यकता को इस पुस्तक में पूरा किया गया है। इस पुस्तक में सांस्कृतिक भूगोल और अन्य विभिन्न विषयों के पांच मुख्य विषयों, जैसे मानव अधिवास व्यवस्था, परिभाषाएं, उपागमों, वर्गीकरण और संबंधित विषयों, सांस्कृतिक-ऐतिहासिक परिप्रेक्ष्य, प्रसार प्रतिरूप; स्थानिक-कालिक प्रतिरूप; स्थान नाम बनाम अधिवास; ग्राम इकाई; स्थल, अवस्थिति और स्थान; भारतीय गांवों की संरचना; गांवों का रूपान्तरण; प्रकार एवं प्रतिमान; ग्रामीण अधिवासों का वितरणात्मक प्रतिमान; अग्रणी सीमान्त क्षेत्र; स्वरूप विज्ञान-उसकी उत्पत्ति एवं विकास; नाभिकरण और विखंडन; जाति अनुक्रम; रचना प्रतिमान; आकार विश्लेषण; ग्रामीण आवास; ग्रामीण सेवा केन्द्र; नियत कालिक बाज़ार; और प्रतिरूपों एवं सूक्ष्म स्तरीय ब्योरों सहित उप-विषयों द्वारा समर्थित ग्रामीण अधिवासों की एकीकृत योजना एवं तार्किकीकरण को प्रस्तुत किया गया है।

बनारस हिन्दू विश्व विद्यालय, वाराणसी के भूगोल विभाग में ग्रामीण अधिवासों के अध्ययन के लिए 50वें, 60वें और 70वें दशक में कुशल नेतृत्व के संरक्षण में रखी गई आधारशिला सुदृढ़, स्थायी और उपयोगी सिद्ध हुई है। लेखक ने परिपक्व विद्वता का उल्लेखनीय योगदान प्रस्तुत किया है जो हिन्दी भाषा-भाषी विद्यार्थियों की वृहद् संख्या-चाहे वे स्नातक हों, अनुसंधानकर्त्ता या अध्यापक हों, को आकर्षित करने के साथ गहरा शैक्षणिक संतोष प्रदान करेगा। यह सराहनीय है कि लेखक ने शब्दाडम्बर से परहेज किया है, लेकिन निश्चित रूप से इस पुस्तक में सरल एवं सुबोध भाषा में विस्तृत व्याख्याएं और तथ्यों का प्रतिपादन किया गया है।

मैं पूर्ण रूप से यह आशा करता हूं कि प्रस्तुत पुस्तक लाभप्रद, बोध प्रदान करने वाली और अधिवास संबंधी ज्ञान को समृद्ध करने वाली सिद्ध होगी, क्योंकि यह ग्रामीण अधिवास भूगोलशास्त्रियों, सांस्कृतिक भूगोलशास्त्रियों, समाजशास्त्रियों, इतिहासकारों, अर्थशास्त्रियों, नृ-विज्ञानियों, ग्रामीण वास रूपान्तरण के अध्येताओं के साथ-साथ विशेष रूप से विकासशील देशों के ग्रामीण विकास नियोजनकर्त्ताओं में रुचि जाग्रत करेगी।

आर.एल. सिंह

पूर्व विभागाध्यक्ष, भूगोल विभाग, बनारस हिन्दू विश्वविद्यालय, वाराणसी

ISBN 81-7033-909-X (Hardback)
ISBN 81-7033-910-3 (Paperback)

Published by
Prem Rawat for Rawat Publications
Satyam Apartments, Sector 3, Jawahar Nagar, Jaipur - 302 004 (India)
Phone: 0141 265 1748 / 7006 Fax: 0141 265 1748
E-mail : info@rawatbooks.com
Website: www.rawatbooks.com

Delhi Office
4858/24, Ansari Road, Daryaganj, New Delhi 110 002
Phone: 011-23263290

Also at *Bangalore, Hyderabad* and *Guwahati*

Printed at Nice Printing Press, New Delhi

अधिवास भूगोल

(Geography of Settlements)

रामयज्ञ सिंह

रावत पब्लिकेशन्स

जयपुर • नई दिल्ली • बैंगलोर • हैदराबाद • गुवाहाटी

प्राक्कथन

यह पुस्तक अधिवासी अध्ययनों का एक लंबे समय तक सबसे महत्त्वपूर्ण केन्द्रों में से रहे एक (वस्तुतः सबसे महत्त्वपूर्ण केन्द्र) में इस विषय के शोध एवं अध्यापन के अनुभव का परिणाम है और जहां स्नातकोत्तर विद्यार्थियों के साथ-साथ अनुसंधानकर्त्ताओं द्वारा एक ऐसे प्रकाशन की मांग को महसूस किया गया, जिसमें विकासशील देशों के विश्वविद्यालयों में विभिन्न पाठ्यक्रमों में नियत अधिकतर विषयों का एक ही पुस्तक में समावेश हो और जो विषय का एक सर्वांगीण दृष्टिकोण अपनाकर लिखी गई हो।

प्रथम अध्याय इस विषय की संपूर्ण जानकारी और इसके महत्व के साथ-साथ इस विषय के उपागमों, अध्ययनों के विकास और वर्गीकरण की योजना का विस्तृत रूप में परिचय देता है। अगला अध्याय विश्व के अधिवास के सांस्कृतिक-ऐतिहासिक संदर्श के स्वरूप पर प्रकाश डालता है, जिसमें सांस्कृतिक निवास, क्षेत्र, बिखराव प्रतिरूप, स्थानिक-कालिक प्रतिरूपों और स्थान-नाम पर विशेष बल दिया गया है। तीसरा अध्याय ग्रामीण अधिवास को समर्पित है और जो सामान्य रूप से गांवों का और विशेष रूप से भारतीय गांवों के स्वरूप, स्थल, दशा, अबस्थिति/स्थान का स्पष्ट अर्थ, गांव का संरचना प्रतिरूप, तथा इसमें हो रहे आन्तरिक सामाजिक परिवर्तन के साथ-साथ चयनित गांवों की स्पष्ट जानकारी देता है।

अध्याय चार अधिवास के प्रकारों एवं प्रतिमानों से संबंधित है, जिसमें चयनित गांवों और उदाहरणों के अध्ययन के आधार पर उनके सही अर्थ, वर्गीकरण और कारणों पर प्रकाश डाला गया है। अध्याय पांच में वितरणात्मक प्रतिमान – गुणात्मक के साथ संख्यात्मक को विस्तार से समझाया गया है और इसमें अंतरण और विखंडन और क्षेत्रीय तुलना, नवीन एवं अग्रणी अधिवासों का विवरण दिया गया है। स्वरूप विज्ञान की उदाहरणों सहित व्यापक एवं गहराई से व्याख्या की गई है। अध्याय सात में आकृति विश्लेषण गुणात्मक एवं परिमाणात्मक उपागमों की जानकारी देता है। आठवें अध्याय में अधिवास निवासों के केन्द्र विषय के विभिन्न पहलुओं की सैद्धान्तिक और अनुभव पर आधारित व्याख्या की गई है। नवां अध्याय पदानुक्रमिक, प्रकार्यात्मक अन्तरालों के विकासात्मक नियोजन की पूर्वावश्यकता की पहचान पर आधारित वृद्धि केन्द्र अवधारणा और केन्द्र स्थान सिद्धान्त से संबंधित है। इसमें ग्रामीण नियतकालीन बाजारों का भी सविस्तार वर्णन किया गया है।

अंतिम अध्याय में समेकित नियोजन और अधिवासों के तार्किकीकरण का विश्लेषण किया गया है, जिसमें स्थानिक एकीकरण, प्रकार्यात्मक समन्वय, भूमि उपयोग की क्षमता और विपणन के साथ-साथ आधारभूत विकास के माध्यम से सामाजिक आवश्यकताओं, पारिस्थितिकीय आधार और नियोजन की व्यूहरचना और तार्किकीकरण के संभाव्य प्रतिरूपों का सविस्तार विवेचन सम्मिलित है। आधारभूत एवं मानवीय अधिवासों के उपागम विकासात्मक नियोजन से संबंधित विषयों को नवीन दृष्टि प्रदान करते हैं। प्रत्येक अध्याय के अंत में सभी आवश्यक संबंधित संदर्भ दिये गये हैं।

मैं अनेक लेखकों और प्रकाशकों का आभारी हूं और विशेषरूप से जिओग्राफिकल सोसाइटी ऑफ इण्डिया, वाराणसी का ऋणि हूं। मैं प्रो. आर.एल. सिंह का पांडुलिपि पढ़ने और परामर्श देने के लिए आभारी हूं। पांडुलिपि टंकित करने के लिए डॉ. होशिला प्रसाद और श्री एस. दुबे धन्यवाद के पात्र हैं। डॉ. ओम प्रकाश श्रीवास्तव नक्शे बनाने और उसमें सुधार करने लिए विशेष धन्यवाद के हकदार हैं। मैं

उन साथियों और मित्रों के प्रति भी आभार प्रदर्शन करता हूं जिन्होंने कई ढंग से मेरी सहायता की है। मैं रावत पब्लिकेशन्स, जयपुर के प्रति भी धन्यवाद ज्ञापित करता हूं जिन्होंने इस पुस्तक के प्रकाशन में सराहनीय कार्य किया है।

मैं आशा करता हूं कि इस पुस्तक को अधिवास भूगोलशास्त्रियों, सांस्कृतिक भूगोल विज्ञानियों, समाजशास्त्रियों, अर्थशास्त्रियों, इतिहासकारों, नृ-विज्ञानियों, ग्रामीण आवास रूपान्तरण में रूचि लेने वालों के साथ-साथ ग्रामीण विकास नियोजकों के द्वारा सहर्ष स्वीकार की जायेगी।

रामयज्ञ सिंह

शब्द संक्षेप

अथर्व.	अथर्ववेद
अ.	अध्याय
अमे.ज.हाई.	अमेरिकन जर्नल ऑफ हाईजीन
आ.ज्या.	आस्ट्रेलियन ज्याग्रफर
इको.ज्या.	इकानामिक ज्याग्रफी
आई जी आई	इम्पीरियल गजेटियर ऑफ इण्डिया
ए ए ए जी	एनाल्स ऑफ एसोसिएशन ऑफ अमेरिकन ज्याग्रफर्स
ऋग्.	ऋग्वेद
ज.री.सा.	जर्नल ऑफ रीजनल साइंस
ज.सा.रि.	जर्नल ऑफ साइन्टिफिक रिसर्च
ज्या.डा.रू. से.	ज्याग्रफिक डाइमेन्सन ऑफ रूरल सेटिलमेन्ट्स
ज्या.रि.	ज्याग्रफिकल रिव्यू
ट्रा. ऑफ इ.बि.ज्या.	ट्रान्जैक्शन्स ऑफ इन्स्टीच्यूट ऑफ ब्रिटिश ज्याग्रफर्स
एन.जी.एस.आई. या ने.ज्यो.सो.ई.	दी नेशनल ज्याग्रफिकल सोसाइटी ऑफ इंडिया, वाराणसी
प्रो. ज्या.	दी प्रोफेशनल ज्याग्रफर
पब्लि.	पब्लिकेशन
पु.	पुराण
पृ.	पृष्ठ
भाग.	भागवत
रू.से.मा.ए.	रूरल सेटिलमेन्ट्स इन मानसून एसिया
लि.	लिमिटेड

सं.	संख्या
वा.	वाल्यूम
सो.ज्या.रि.ट्रा.	सोवियट ज्याग्रफिकल रिव्यू एण्ड ट्रान्सलेशन
स्का.ज्या.मै.	स्काटिश ज्याग्रफिकल मैगजीन

1

अधिवास भूगोल के मूलतत्त्व

परिचय

सामान्य परिचय

विश्राम-स्थल मानव की एक अत्यन्त महत्त्वपूर्ण मूलभूत आवश्यकता है। नग्न साधु-संत तथा पिग्मी सभी के लिए किंवा प्राणि जगत के लिए किसी स्थल पर नींद लेना नितान्त आवश्यक है। मानव, आराम से नींद लेने हेतु सुरक्षित शरण-स्थल चाहता है, बनाता है। एतदर्थ वह पेड़ों की डाल, गुफा, भूमिगत अथवा चट्टान काटकर बनाए गए शरण-स्थल की खोज करता है। ये शरण-स्थल मानव के सांस्कृतिक क्रिया-कलाप की ठोस अभिव्यक्ति के रूप में अनेक स्वरूप तथा नाम धारण करते हैं। गृह-निर्माण से ही सभ्यता की नींव पड़ती है जो कालान्तर में पुष्प की भाँति अनेक दिशाओं में रंगबिरंगे रूप-गंध तथा सामयिक, स्थानिक विभिन्नताओं के साथ मानव-परिवेश के रूप में विकसित होती है। यह नृतात्विक एवं तकनीक-जनित समायोजन की ठोस अभिव्यक्ति है। यद्यपि सभी जीव-जन्तु अपने लिए आश्रय-स्थल का निर्माण करते हैं, जैसे घोंसले, मांद, गुफा, घर, छत्ते आदि, उदाहरणार्थ मधु-छत्ते, गौरैय्या के घोंसले, बीवर के घर, चींटी-चींटों के लघु टीले आदि, किंतु जानवरों का निर्माण कार्य तात्कालिक आवश्यकता पूर्ति हेतु अथवा नवजात शिशु के लिए होता है। वह एकांगी, एकल उद्देश्यीय होता है, जबकि मानव-निर्माण विश्वजनीन होता है।[1] गृहों की यह सार्वदेशिकता एवं अधिवास के रूप में समूहीकरण, उनके विविध स्वरूपों-आकार, आकृति, प्रकार-प्रतिरूप तथा बहुविध वितरण सम्बन्धी पहलुओं-पक्षों को प्रदर्शित करती है-यही व्यवस्थित अध्ययन की विषयवस्तु भी है।

किसी घुमक्कड़ जाति के टेन्ट का खूंटा, रस्सी अथवा चमड़े का छाजन, इग्लू का छाजन, युर्ट निर्माण, धरातल पर खुदा गड्ढा, लोयसकाट कर बना गृह, चट्टान में तराशी गुफा, जंगली शिकारी की लकड़ी-टट्टर की झोपड़ी तथा अनेक प्रकार की झोपड़ियां सभी प्रकृति के मानवीकरण के लिए साक्ष्य प्रस्तुत करते हैं।

पर्यावरण के प्रति की गई यह अन्योन्यक्रिया सभ्यता के विकास के साथ उत्तरोत्तर वृद्धि है तथा जटिलतर होती जायेगी। अध्ययन की पूर्णता हेतु चतुर्दिक विस्तृत वातावरण को सम्पूर्ण एकल स्वरूप उमें देखना श्रेयष्कर है। इसके अलग-अलग अंगों या संघटकों का अलग अध्ययन विषय-वस्तु उका पूर्ण अध्ययन नहीं हो सकता। क्योंकि संघटकों के योग की अन्योन्यक्रिया एक योगजनित सम्पूर्ण की इकाई-गत अन्योन्यक्रिया से भिन्न होती है। अत: अपने परिवेश में स्थिति के साथ अधिवास का एकल अध्ययन तथा वृहत प्रणाली की उप-प्रणाली के रूप में किया गया अध्ययन, दोनों ही वांछनीय हैं। यह अधिवास इकाई एक गंदी बस्ती (Shanty town), गड़रिये की झोपड़ी, कृषक घर, आदिमजातीय एकल-गृह से लेकर विश्वव्यापी बसाव (ecumenopolish) तक की श्रेणी में कोई भी हो सकता है। इस प्रकार किसी अधिवास को यदि वास्तविक अर्थ में समझना है, तो प्रादेशिक अथवा विश्व के सन्दर्भ में इसे अन्य भौगोलिक पहलुओं, पृष्ठकों, जैसे-उच्चावच, जलवायु, भू-विज्ञान एवं सामाजिक-आर्थिक अवस्थाएं आदि से सह-सम्बन्धित करना नितान्त आवश्यक है।[2]

ब्रून्हस ने मानव भूगोल के लिए आवश्यक तथ्यों में गृहों को प्रथम श्रेणी में वर्गीकृत किया है। गृह, सड़क तथा खेत, मानव बसाव के अत्यावश्यक तथ्य हैं और भू-दृश्य के स्पष्ट मानवकृत चिह्न हैं।[3] अधिवासों के द्वारा मूल परिवश में इतना अधिक परिवर्तन होता है कि ''नगरीय क्षेत्र में तो वायु भी परिवर्तित, दूषित हो जाती है एवं कृत्रिम गुण-स्वभाव की द्योतक बन जाती है।'' ब्रून्हस के रचनाकाल-पश्चात् मानवकार्य-कलापों में अत्यधिक तकनीकी-जनित रूपान्तरण हुये हैं। इसीलिए आगामी पृष्ठों में अधिवासीय अध्ययन से पारिस्थितिकी प्रणाली के सन्दर्भ में जुड़े नवीन आयामों का उल्लेख किया गया है।

हम यहाँ इस मान्यता के साथ अध्ययन प्रारम्भ कर सकते हैं कि मानव, धरातल की उपज मात्र नहीं है[5], मानव का प्रकृति से सम्बन्ध केवल स्वयं-प्रश्नसूचक अथवा साधारण वैचारिक आदान-प्रदान-स्तर का ही नहीं अपितु अन्य उपस्थित तत्त्वों से बहस-परामर्श का है, जिसमें सामाजिक मानव उत्तरोत्तर विशेषाधिकार रखता है।[6] वह इस निषेधात्मक अधिकार अथवा वीटो को लागू करने में कितना विवेकशील है इसकी व्याख्या किसी अन्य की अपेक्षाकृत अधिवासों के स्वरूप से अधिक अच्छे ढंग से की जा सकती है। इसलिए इस विचित्र (Noosphere) वैचारिक जगत के विभिन्न पहलुओं जैसे, प्राकृतिक, पारिस्थितिकीय, आर्थिक, भौगोलिक इत्यादि के अध्ययन के साथ अधिवास की व्याख्या आवश्यक है।

मानव अधिवास प्रणाली

प्रणाली का प्रत्यय (notion) भौगोलिक चिन्तन के लिए नवीन नहीं है। विज्ञान में प्रणाली की संकल्पना (concept) का काल भौगोलिक अध्ययनों के लिए भी लागू है। प्रणाली के रूप में की गई सोच से भौगोलिक समस्याओं के समाधान की स्वाभाविक निष्पत्ति होती है। रिटर, विडाल डिला ब्लांश, ब्रून्हस, सायर आदि की रचनाओं में प्रणाली-चिन्तन सम्बन्धी तत्त्वों की पहचान करना सरल है। आधुनिक काल में भूगोल की पुनर्रचना सम्बन्धी कोई भी निर्देश तथा तात्कालिक पर्यावरणीय समस्याओं के सन्दर्भ में इसकी सार्थकता-वृद्धि हेतु प्रणाली-विश्लेषण के उपायों को लागू करना अनिवार्य है। किन्तु संयोगवश प्रणाली का प्रत्यय (concept) भौगोलिक चिन्तन के परिपार्श्व तक सीमित रहा है उसके केन्द्र को नहीं छू सका। 20वीं शती के उत्तरार्द्ध में अनेक प्रकाशनों में प्रणालीगत उपागम के गुणों का विवेचन मिलता है-(उदाहरणार्थ-बर्टलान्फी, हाल तथा फागेन, बैडकाक, बेरी, चोर्ले, हैगेट, करी, मोबोगुंजे, टान्स्ली, स्टोडार्ट, चिशोम, विल्सन, रैपोपोर्ट, मिलर, क्लिफ तथा फ्रे, मेडावर, गिमिंघम, ओडुम, बिस्वास, किंग तथा गालेज, स्टीयर्न्स तथा मोन्टाग, वेस्टर, क्लार्क, फारेस्टर, क्लिर तथा बालाच, ह्यगेट, चैपमैन बेनेट तथा चोर्ले, जेफर्स, वार्नरीड, वेबर, अनुचिन, वार्न्टज, सुखाचेव, लिन्डेमन, जीमन, जिफ बैराज तथा पैटन आदि) लैंगटन के अनुसार प्रणाली की परिभाषा ''वस्तुओं के गुणों के अंतर्सम्बन्धों के साथ वस्तुओं का एक सेट'' है। इस प्रकार प्रणाली, अध्ययन का विषय है जो अधिसंख्य अन्तर्सम्बन्धित संघटकों से बनी होती है।[7] भूगोलवेत्ताओं ने अनेक पारिस्थितिकी-विदों की पारिस्थैतिक-प्रणाली (ecosystem) जिसकी व्याख्या बिमिंघम, ओडुम, वार्ड, फिट्ज़पैट्रिक, विल्सन आदि द्वारा निर्मित प्रतिमानों (models) में की गई है, से इस प्रत्यय को उधार लिया है।[8] टान्स्ली तथा स्टोडार्ट ने पारिस्थैतिक प्रणाली के प्रत्यय को विकसित करके दावा किया कि यह सामान्य प्रणाली की भाँति ही एकात्मक (monistic) संरचना तथा प्रकार्य-गुणों से पूर्ण है। भौगोलिक उदाहरण के रूप में प्रणाली में यातायात-संजाल का ढाँचा ही नहीं वरन् उससे ढुलाई किये जाने वाली वस्तुएं तथा लोग भी समाहित हैं। अत: एक बार ढाँचे को परिभाषित कर लेने के बाद संघटकों के मध्य अन्योन्यक्रिया तथा अन्तर्परिवर्तनों का परिमाणन सम्भव हो जाता है और कम से कम एक सरल पारिस्थैतिक प्रणाली के पूर्ण जटिल स्वरूप की मात्रात्मक परिभाषा भी सरल हो जाती है।[9]

डाइस[10] ने क्रमश: बड़े पैमाने के अन्तराल के साथ मानव पारिस्थैतिक प्रणाली (human ecosystem) की संकल्पना प्रस्तुत की जैसे-कबीला, वासभूमि (homestead) ग्राम, नगर, बड़े नगर, राष्ट्रीय तथा अन्तर्राष्ट्रीय स्तरीय प्रणाली, जबकि अनेक भूगोलवेत्ताओं के अनुसार सामाजिक मानव का जटिल पारिस्थैतिक प्रणाली का संघटक मानना चाहिए। चोर्ले ने स्पष्ट शब्दों में कहा है कि भूगोलवेत्ताओं को पारिस्थैतिक प्रकार के प्रतिमानों की प्रतिबद्धता त्यागकर नियंत्रण प्रणाली अपनानी चाहिए जिससे कि ग्लैकेन की शब्दावली की स्वीकृति के साथ (God's design) सर्वशक्तिमान ईश्वर के स्थान पर (Nature's design) विजयिनी प्रकृति और पुन: उसके विस्थापन पश्चात् (Man's design) विजयीमानव की स्थापना सम्भव हो सके।[11] बेरी[12] का निष्कर्ष कि ''भूगोलवेत्ताओं का समाकलित प्रत्यय तथा प्रक्रिया, विश्वजनीन परिस्थितैक-प्रणाली से संबंधित है जिसका मानव प्रमुख संघटक है'' सही है। ओल्डेनबर्ग तथा बेरी ने नदी प्रतिरूप तथा केन्द्रीय-स्थानों के विश्लेषण के लिए भी प्रणाली प्रत्यय का प्रयोग किया है।[13] करी ने अधिवासों के स्थिति प्रतिरूप का विश्लेषण करने का प्रयत्न प्रणालीगत ढांचे के अनुसार किया है।[14] हैगेट द्वारा प्रस्तुत स्थानीयकरण विश्लेषण, स्थानिक संगठन, मानव,

Figure 1.1

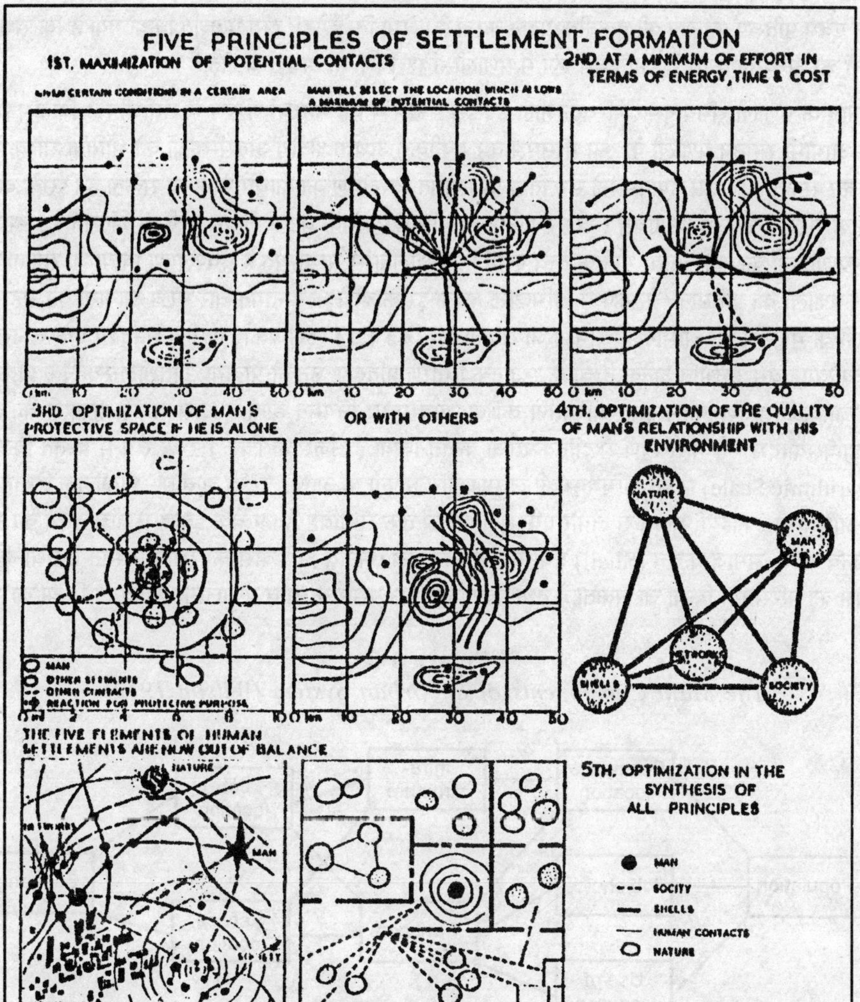

समाज तथा वातावरण के (megasystem) वृहत–प्रणाली मात्र है।[15] बीसवीं शती के प्रारम्भ में मानव पारिस्थितिकी (human ecology) के रूप में भूगोल की परिभाषा अथवा पारिस्थितिकीय प्रणाली[16] के रूप में की गई भूगोल की व्याख्या इस दिशा में किया गया विशेष प्रयास है। स्टोडार्ट ने तो इकोसिस्टम संकल्पना के विकास हेतु टान्सली से विशेष प्रेरणा प्राप्त की है एवम् इसे भूगोल के लिए मूलभूत संयोजक प्रत्यय माना है। इसका मुख्य कारण यह है कि इसके द्वारा हम वातावरण, मानव एवम् जीव–वनस्पति जगत को एकल ढाँचे के अन्तर्गत देख पाते हैं। इसे सामान्य–प्रणाली के सिद्धान्त, गुणों से पूर्ण प्रणाली के रूप में भी समझा जा सकता है। बेरी[17] द्वारा स्थानिक स्वरूपों का अध्ययन करने के लिए संगठन तथा सूचना प्रत्ययों का प्रयोग ऐसे ही प्रयास का उदाहरण है। करी[18] ने भी अधिवासों के स्थिति–प्रतिरूप का विश्लेषण प्रणाली के ढाँचे के अनुसार किया है। सामान्यतया भूगोल के लिए आवश्यक है कि स्थानिक संगठनों के

प्रमुख प्रकारों की खोज के लिए प्रणाली विश्लेषण (System Analysis) बहुत कुछ ग्रहण करे और विश्लेषणतया सूचना-सिद्धान्त से सीख ले जो संगठनों की श्रेणीयों को पृथक करने अथवा यहच्छा से विचलन-मात्रा का प्रभेद करने में सक्षम है तथा इस प्रकार प्रतिरूप के विषयगत मापक एवम् प्रतिरूप पहचान की तकनीक प्रदान करता है। जैसा कि हैगेट[19] द्वारा प्रदर्शित किया गया है कि सभी भूगोलवेत्ता, जो स्थानिक संगठनों का अध्ययन करते हैं, अनिवार्य रूप में प्रणाली-विश्लेषण का अवलम्ब लेते हैं।

यह संगठनात्मक प्रणाली समयानुसार परिवर्तनशील है। इस सन्दर्भ में यह महत्त्वपूर्ण रूप से समीचीन है कि हम ग्रामीण अधिवासी परिवेशको बहु-आयामी संगठन प्रणाली के रूप में समझ कर एकीकृत अथवा क्षेत्रीय अंतर्सम्बन्धों को भौतिक सांस्कृतिक अभिलक्षणों द्वारा अभिव्यक्त कर सकते हैं।[20] ऐसे उपागम को सरलतया प्रणालीगत विश्लेषण का आधार माना जा सकता है। इसके दो मूलभूत संघटक हैं, (क) स्थानिक संरचनात्मक घटक एवम् (ख) स्थानिक अन्योन्यक्रियात्मक घटक।[21] इस ढाँचे के अंतर्गत भू-स्थानिक प्रणाली की तीन प्रमुख उप-प्रणालियों का, जो मानव, भौतिक तत्त्व एवम् क्रियाशीलता से सम्बन्धित हैं, विश्लेषण किया जा सकता है। बहु-आयामी स्थानिक संगठन प्रणाली को प्रतिमान[22] के रूप में अभिव्यक्त करके इसके ढाँचे के अन्तर्गत चार मुख्य आयामों की सहायता से किसी भी अधिवास प्रणाली के मूलरूप को आसानी से समझा जा सकता है (चित्र 1.1)। इस प्रकार ग्रामीण भू-दृश्य एक जटिल प्रणाली के रूप में है, जिसकी व्याख्या एवम् अनुभूति अनेक तत्त्वों के स्थानिक वितरण प्रतिरूप, उनकी प्रक्रिया, गतिशील स्थानिक प्रक्रिया के रूप में की जा सकती है, जिनके द्वारा देश-कालानुसार परिवर्तनों का प्रादुर्भाव एवम् नियमन होता है। इस जटिल प्रणाली के अध्ययन के लिए (Doxiadis) डाक्सियादिस[23] ने महत्त्वपूर्ण सैद्धांतिक ढाँचा प्रस्तुत किया है, जिसको चित्र 1.2 के रूप में प्रस्तुत किया गया है। इसमें (Ekistic Logarithmic Scale) मानव अधिवास की लघुगणकीय मापनी के आधार पर दो आयामों- भौगोलिक स्थिति तथा जनसंख्या- के साथ पन्द्रह अधिवासी इकाइयाँ, मानव से लेकर एक्यूमेनोपोलिस तक समाविष्ट है। प्रत्येक इकाई में पांच तत्त्वों का समावेश रहता है, जैसे प्रकृति, मानव स्वयं, समाज कवच (Shell) तथा गमानागमन तन्त्र। मानव अधिवास का स्थान विस्तृत है तथा व्यापक भी। किन्तु ग्रामीण अधिवास का परिसीमन किया जा सकता है तथा चित्रांकित 1.3 प्रसार के साथ प्रणालीगत अध्ययन किया जा सकता है।

Figure 1.2

The Main Components of an Urban System (Wilson 1972b)

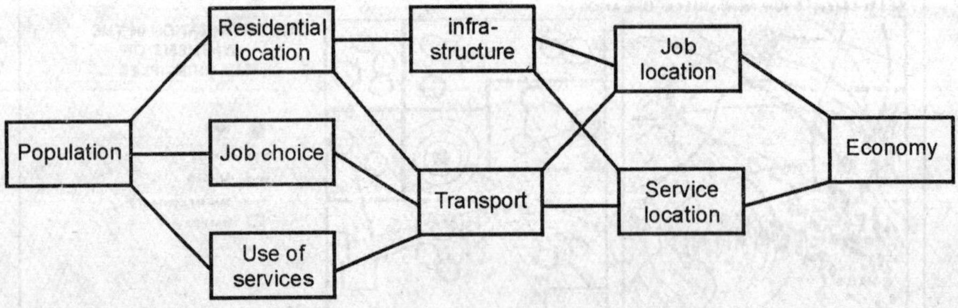

अत: मानव-अधिवास प्रणाली का वास्तविक स्वरूप प्रतिमान चित्र 1.4 के रूप में प्रस्तुत है। इसमें एक प्रणाली का बहुविध सम्बन्ध अनेक उप-प्रणाली के साथ दर्शाया गया है। प्रथम रेखाचित्र में अंतर्प्रणाली-अन्योन्यक्रिया का स्वरूप दो इकाई में है, जिसमें लघुप्रणाली अलग अस्तित्व वाली है। द्वितीय रेखाचित्र में ए A तथा बी B प्रणाली निम्नस्तर पर भी अन्योन्यक्रिया में रत है। इन प्रणालियों के तत्त्वों के मध्य स्थापित सम्बन्धों (Links) को चित्र 1.5 के रूप में स्पष्ट किया गया है। इन्हीं को तथ्य परक उदाहरण के रूप में चित्र 1.6 में दिखाया गया है, जो अधिवास संगठन के पदानुक्रमित एवम् सामाजिक-सांस्कृतिक-आर्थिक जटिल अन्तर्सम्बन्धों का स्पष्ट द्योतक है। अल्पस्तर पर उर्ध्वाधर एवम् क्षैतिजीय (Vertical and horizontal) 24 अंतर्सम्बन्ध तथा अन्योन्य क्रिया अधिक जटिल 25 रूप धारण करती है। इसका विश्लेषण ऐसी जटिल प्रणाली के रूप में ही करना चाहिए जिसके अन्तर्गत अनेक उप-प्रणालियाँ समाहित ही नहीं रहती वरन् (अ) एक-दूसरे से एवम् (ब) सम्बन्धित पर्यावरण से सन्तुलन बनाए रखती है। प्रत्येक अधिवास, ग्राम नाम धारण कर, एक सजीव

Figure 1.3

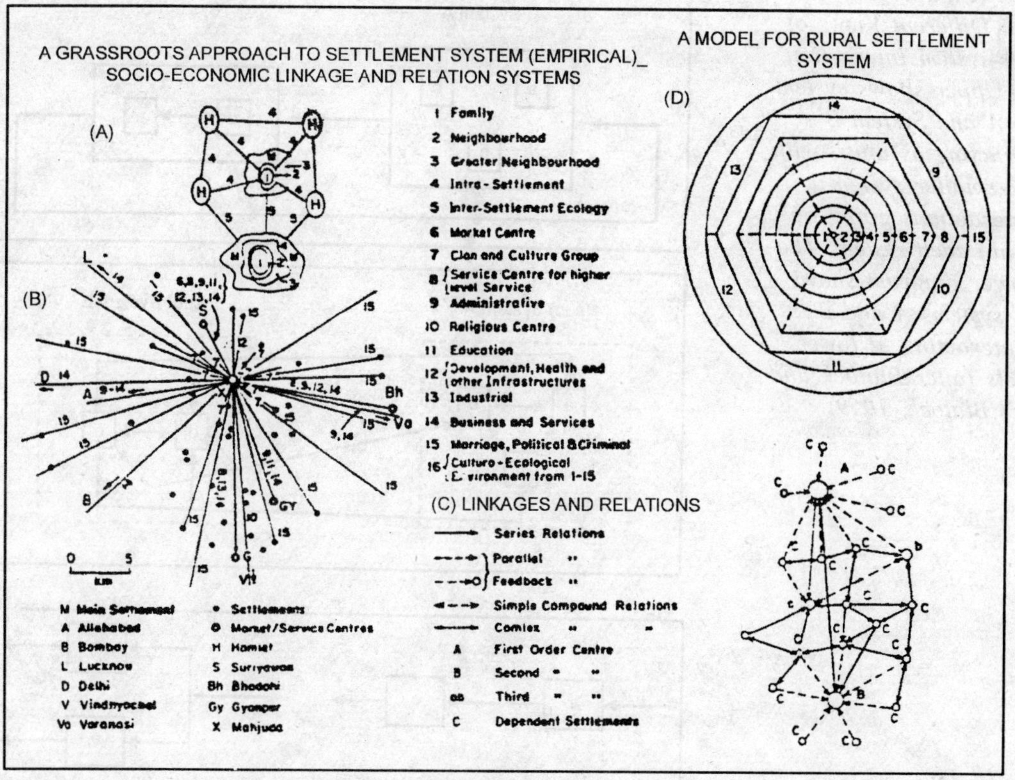

की भाँति निर्धारित स्वरूप की स्पष्ट इकाई[26] के रूप में स्वयं भी एक प्रणाली है, यद्यपि वृहत् सामाजिक-राजनीतिक-धार्मिक-आर्थिक प्रणाली का अंग मात्र है, चित्र 1.6। इसी प्रकार स्थानिक प्रणाली[27] (Spatial system) के अन्तर्गत समाहित नगर प्रणाली, औद्योगिक केन्द्र-प्रणाली, कृषि प्रणाली, कृषि उत्पादन-इकाई प्रणाली, सेवा स्थापना प्रणाली तथा क्षेत्रिक उत्पादन संश्लिष्ट प्रणाली आदि मानव-अधिवास-प्रणाली के संयोजक एवम् समाकलित कारक हैं।

वीवर के वर्गीकृत प्रणाली में तृतीय प्रकार की प्रणाली जटिल किन्तु सुव्यवस्थित मानव अधिवास (प्रणाली) के रूप में परिलक्षित होती है। ये अधिवास संरचनात्मक स्वरूप में न केवल बहुविध सम्बन्धी आयामों को, अपितु व्यवहार, सीमा पर्यावरण, स्थिति अथवा अवस्था तथा सम्पूर्ण स्वरूप में प्राचलीय विभिन्नताएं प्रदर्शित करते हैं। किन्तु सम्पूर्ण स्वरूप का व्यवहार उसके संघटकों के योग से कहीं अधिक भिन्न होता है। अत: किसी भी भू-दृश्य में अवस्थित प्रत्येक अधिवास का अध्ययन उसके जटिल अन्तर्सम्बन्धों, संयोजकता, एक-दूसरे में व्याप्त तथा स्पष्टतया परस्पर जुड़े अवस्थापना तत्वों के सम्बन्धों, क्रियात्मक क्षेत्रों तथा उच्च स्तर पर विभिन्न प्रकार के प्रभाव-क्षेत्रों तथा निम्न स्तर पर ऊर्ध्वाधर तथा क्षैतिजिक सम्बन्धों के सन्दर्भ में करना समीचीन होता है, चित्र 1.6। इस सम्बन्ध में रेखाचित्र 1.4, 1.5 के आधार पर अध्ययन सहायक होगा। प्रणालीगत अधिवासीय अध्ययन, स्थानिक प्रणालियों के नियोजन पर विशेष बल प्रदान करने हेतु भू-विज्ञान को आशामय निर्देश देने में सक्षम है।[28] जिसका उल्लेख यथास्थान अंतिम अध्याय में है। किन्तु यह सोचना निरी मूर्खता होगी कि केवल प्रणाली विश्लेषण की जादुई छड़ी घुमाकर भू-विज्ञान की विषय-वस्तु का पूर्णरूपेण निरूपण सम्भव है।[29]

उपर्युक्त विवेचन से स्पष्ट है कि दो विलग क्षेत्र, ग्रामीण एवम् नगरीय अधिवासीय अध्ययन एवम् शोध आपस में अवरोधी नहीं है। ग्रामीण-नगरीय अधिवास की द्वैधता किसी प्रणाली में सातत्यता के एक पक्ष को उजागर करती है, क्योंकि सेवा केन्द्रों के रूप में भी

Figure 1.4

Two Different Views of Inter-system Interaction. The Upper shows system A and System B interacting as units, with smaller system interactions going on within each system. The lower diagram shows systems A and B interacting at lower levels (after Blalock and Blalock, 1959)

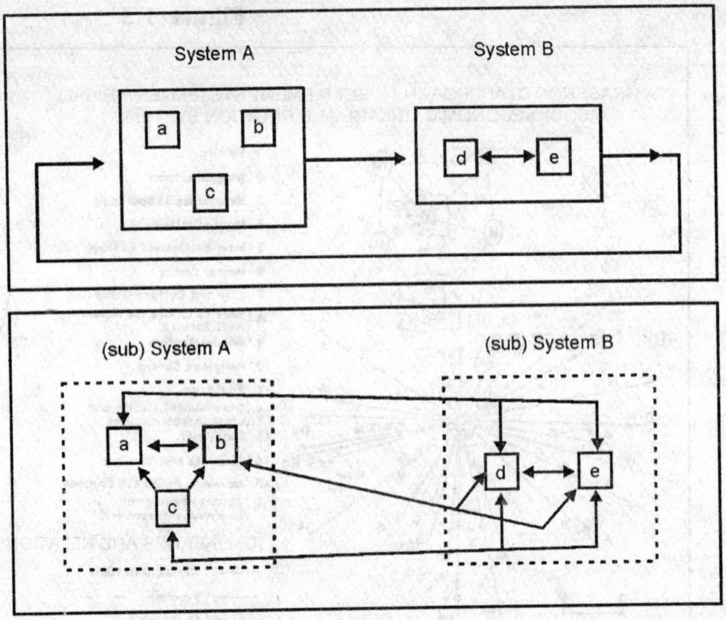

Figure 1.5

Diagrams to show the kinds of relation that may exist between the elements within system (after Klir and Valach, 1967)

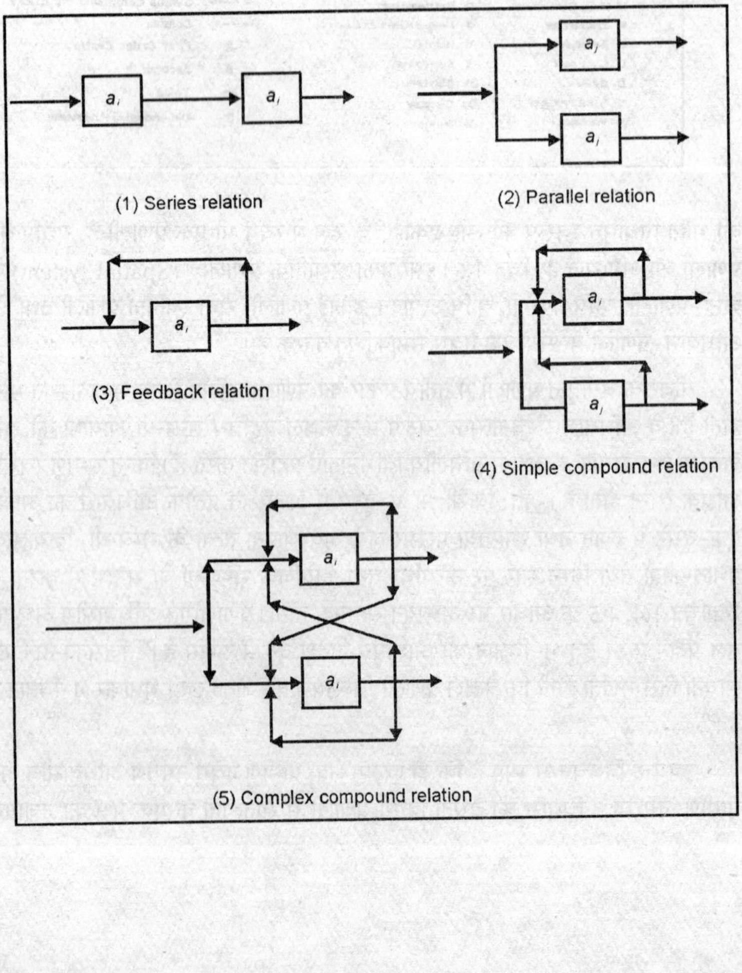

Figure 1.6

Community Scale		I	II	III	I	II	III	IV	V	VI	VII	VIII	IX	X	XI	XII
EKISTIC UNITS		1	2	3	4	5	6	7	8	9	10	11	12	13	14	15
		ANTHROPOS/Man	ROOM	HOUSE	HOUSE GROUP	SMALL NEIGHBOURHOOD/ Hamlet	NEIGHBOURHOOD/Village	SMALL POLIS/Market Village	POLIS / Town	SMALL METROPOLIS	METROPOLIS	SMALL MEGALOPOLIS	MEGALOPLIS	SMALL EPEROPOLIS	EPEROPOLIS	ECUMENOPOLIS
ELEMENTS	NATURE															
	ANTHROPOS/Men															
	SOCIETY															
	SMELLS															
	NET WORKS															
Synthesis:Human Settlements																
GEOGRAPHIC DIMENSIONS		$3m^2$	15	50	0.005 km^2	0.03	0.2	1.2	7	40	300	5 T	80 T	0.8 M km^2	6	40 M
POPULATION		1	2	4	40	250	1.5 T	9 T	50 T	300 T	2 M	14 M	100 M	700 M	5 TM	30 TM

Place of Rural Settlement Geography.

अधिवासों का वितरण–विश्लेषण शुद्ध एकल ग्रामीण तत्त्व के रूप में नहीं किया जा सकता। इन ग्रामीण–नगरीय अधिवासों के अन्तरण एवम् प्रकार्य दोनों ही अन्तर्सम्बन्धित एवम् अन्योन्याश्रित होते हैं।

परिभाषा, विषय-विस्तार एवं उपागम

परिभाषा

वातावरण से समायोजन करते हुए मानव अनेक तत्त्वों के सम्पर्क में आता है और प्रतिक्रिया तथा समायोजन के प्रतिफल स्वरुप प्राकृतिक–भू–दृश्य में अनेक परिवर्तन लाता है। इन परिवर्तनों की पहचान सांस्कृतिक भू–दृश्यों के रूप में होती है, जो धरातल पर मानव के सम्बन्धों

को उजागर करते हैं। यहाँ लेखक अमेरिकन दार्शनिक डाल्फिन वर्नन से सहमत है, जो भूगोल के विषय में निम्नलिखित विचार रखता है "भूगोल मानव और वस्तुओं की सूची के अतिरिक्त आन्तरिक रूप से धरातल पर मानव के सम्बन्धों को अभिव्यक्ति देने से इस प्रकार सम्बन्धित है जैसे कि यह सम्पूर्ण पृथ्वी ही उसका निवास-स्थल है।" गैरीसन[30] के अनुसार "यह मानव और प्रकृति सम्बन्धों तथा अन्तर्सम्बन्धों को समझने का एक तरीका है। ये अन्तर्सम्बन्ध अधिवासों द्वारा, जो धरातल पर मानव-निवास प्रक्रिया के ठोस सबूत हैं, उत्तम प्रकार से अभिव्यक्ति पाते हैं। यदि हम मानव भूगोल को, जो इन अन्तर्सम्बन्धों को विवेचित करती है, इस रूप में परिभाषित करें" कौन, क्या पाता है, कहाँ पाता है और कितना पाता है[31] जैसा कि स्मिथ ने कहा है, तो अधिवास भूगोल के लिए हम कह सकते हैं (कौन, कहाँ, और कितने स्वरूपों में अधिवास बनाता/बसता है)। वर्तमान सन्दर्भ में "कौन का मतलब मानव से है जो इस धरातल का एक अंग है और जो ऐतिहासिक पृष्ठभूमि के साथ अनेक प्रक्रियाओं से गुजरता हुआ विविध प्रजातीय शाखाओं, संस्कृतियों तथा तकनीकी से सम्बन्ध स्थापित कर चुका है।[32] "बनाता/बसता" का अर्थ है अनेक पदार्थों के साथ उसकी निर्माण-प्रक्रिया तथा प्रणाली जो गृहों तथा उससे सम्बन्धित अन्य सुविधाओं से सम्बन्धित है। "बसता है" का संकेत इन गृहों में निवास की प्रक्रिया से है। "अधिवास" का अर्थ है ऐसी अधिवास इकाई जो मानव की व्यवस्थित एवं संगठित निवास-स्थली होती है, जिसके अन्तर्गत निवास गृह तथा विविध उपयोग में आने वाले उससे जुड़े अन्य तत्त्व, मार्ग तथा गलियाँ जिस पर वह चलता है[33] समाहित हैं। "कहाँ" उस क्षेत्र विशेष को सम्बोधित करता है, जो अध्ययन का विषय है। "कितना" के अन्तर्गत सभी प्रकार की बनावट, प्रक्रियाएँ एवं कारणगत तन्त्र की पहचान तथा समझ सम्मिलित है, जिसके द्वारा कौन कहाँ अधिवास बनाता एवं उसमें बसता है का एक निर्धारित प्रतिरूप प्रकट होता है। इस प्रकार विज्ञान की यह शाखा ग्रामीण से नगरीय पदानुक्रम के अन्तर्गत आने वाली यायावरी से लेकर कृषि आधारित अधिवास के सभी स्वरूपों को समाहित करती है। जैसा कि कोह्न[34] ने कहा है "यह केवल कृषि-फार्म के गृहों से जुड़े स्थायी गृहों के अध्ययन से ही नहीं सम्बन्धित है वरन् एक शिकारी या चरवाहे के अस्थायी निवास-स्थल अथवा कैम्प अथवा अधिवास-समूह (Agglomeration) जो एक टोला, ग्राम, लघुनगर, नगर और (Metropolis) वृहद् नगर हो सकता है, जैसे अनेक स्वरूपों से भी सम्बन्धित है।"

अत: परिभाषा को स्पष्ट करने के लिए कुछ और परिभाषाएँ प्रस्तुत हैं–रिचथाफेन्[35] के अनुसार "अधिवास भूगोल को हम एक प्राकृतिक ढंग कह सकते हैं, जिसके अन्तर्गत मानव अपने को धरातल पर स्थापित करता है। अधिक स्पष्ट रूप में म्यूलर विले[36] के अनुसार "अधिवास मानव का कोई भी रात्रि-निवास स्थल हो सकता है चाहे वह किसी कैम्पफायर के चतुर्दिक एकत्रित शिकारी अथवा संग्रहकर्त्ता का अर्द्धविकसित आवास हो अथवा किसी शिलाखण्ड का शरणस्थल अथवा किसी खानाबदोश का अधिक समयावधि तक निवसित गृह या डेरा हो अथवा किसी नगरवासी का स्थायी आवास हो।"

फिर भी जैसा स्टोन ने संकेत किया है, विश्व स्तर पर भूगोल विशेषज्ञों में वास्तविक रूप में इस पर पूर्ण सहमति नहीं है कि अधिवास भूगोल क्या है। हाँ, इसमें सहमति है कि इसके अन्तर्गत नगरीय भूगोल भी सम्मिलित है।

इस पृष्ठभूमि के साथ हम ग्रामीण अधिवास भूगोल की व्याख्या कर सकते हैं। वास्तव में, ग्रामीण अधिवास भूगोल के अध्ययन का प्रारम्भ रीटर के अध्ययनों द्वारा 19वीं शताब्दी में हुआ है। वर्तमान (20वीं) शताब्दी के प्रारम्भ से अनेक भूगोलवेत्ताओं ने अधिवास भूगोल का अध्ययन दो वर्गों के अन्तर्गत किए हैं। (1) इसके अन्तर्गत (Seidlungs geographic and Delhabitat rural) अधिवासों की वास्तविक स्थिति का अध्ययन, (2) इसके अन्तर्गत अधिवास-प्रक्रिया तथा भौगोलिक अभिव्यक्तियों का विवेचन सम्मिलित है। इस सदी के छठें दशक में स्टोन ने यह परिभाषा प्रस्तुत की है, "अधिवास भूगोल को गृहों, जिसके द्वारा मानव स्वयं को प्राथमिक उत्पादन हेतु भूमि से जोड़ता है, के वितरण के वर्णन एवं विश्लेषण का अध्ययन कहा जा सकता है।" किन्तु उसने कुछ महत्त्वपूर्ण संघटकों जैसे गृह निर्माण पदार्थ, वास्तुकला एवं शिल्प, भूमि उपयोग तथा रक्षा सम्बन्धी अन्य निर्माण सम्मिलित नहीं किया। इसकी आलोचना जार्डन ने अपने लेख में की है और सुधार के रूप में स्टोन ने अन्य तत्त्वों के समावेश को स्वीकार भी किया। जार्डन ने अपने लेख "नेचर ऑफ सेटिलमेण्ट ज्योग्राफी" में अधिवास भूगोल को" क्रमबद्ध वर्णन और प्रयत्नशील व्याख्या के साथ सांस्कृतिक भू-दृश्य के स्वरूप का अध्ययन" कहा है। बाद के लेखों में उसने सांस्कृतिक भू-दृश्यों के अधोलिखित तीन पक्षों पर विशेष बल दिया है (1) अधिवास प्रतिरूप अथवा कृषि फार्म का वितरण (2) कृषि क्षेत्र प्रतिरूप अथवा उत्पादक उपयोग में लायी गयी भूमि के विभाजन से उत्पन्न अनेक स्वरूप (3) गृह निर्माण सामग्री तथा लोक वास्तुकला के गृह तथा कृषि फार्म के प्रकार। जैसा कि पूर्वोद्धृत है, अधिवास के दो स्वरूपों का विशेष उल्लेख जर्मन शब्द (Siedling) सेटलमेन्ट से हुआ। अत: हम सरलतया कह सकते हैं कि अधिवास भूगोल की मुख्य विषय-वस्तु, भू-दृश्य के क्रमिक परिवर्तनों का विश्लेषण करने के लिए अधिवासीय समूह और उनके स्थानिक प्रतिरूपों का अध्ययन करना है। अधिक स्पष्ट रूप

में स्वरूप तथा प्रकार्य तथा अधिवासों की उत्पत्ति विषयवस्तु की मुख्य आवश्यकताएँ हैं, किन्तु क्षेत्रीय विभिन्नताएँ भी उतनी ही महत्त्वपूर्ण हैं। इसीलिए चटर्जी का यह मत अधिक समीचीन लगता है कि ''अधिवास भूगोल मानवकृत अधिवासों के प्रकार, स्वरूप एवं प्रकार्य का अध्ययन करता है एवं उनके ऐतिहासिक विकास की भी खोज करता है''। इसे स्पष्ट करने के लिए उन्होंने निम्नलिखित महत्त्वपूर्ण पक्षों पर विशेष बल दिया है, उदाहरणार्थ, ग्रामीण गृह और वास्तुकला के प्रकार, ग्रामीण अधिवासों के मध्य एवं सड़क फार्म तथा खेत प्रतिरूप के सम्बन्ध, ग्रामीण अधिवास के प्रकार तथा उनकी उत्पत्ति, सेवा केन्द्र के रूप में ग्रामीण अधिवास, पुरोगामी अधिवास, तथा ग्रामीण अधिवासों के प्रादेशिक एवं आकारिकी का स्वरूप। इन परिभाषाओं से ग्रामीण अधिवास भूगोल को नयी दिशा एवं आयाम प्राप्त हुए हैं और यह भी स्पष्ट है कि अधिवास भूगोल का केन्द्र बिन्दु स्थल विशेष और उस पर अधिवास की प्रक्रिया है। इन दोनों विषयों को समाविष्ट करते हुए एक अधिक समीचीन परिभाषा दी जा सकती है–''अधिवास भूगोल का सम्बन्ध धरातल पर ग्रामीण परिवेश में मानवीय बस्तियों के स्थानिक संगठन एवं प्रकार्य, प्रतिरूप तथा निवसन की प्रक्रिया के क्रमबद्ध वर्णन एवं व्याख्या से है।''

विषय-वस्तु/विषय-विस्तार

20वीं शताब्दी के पूर्व अधिवास भूगोल, सामाजिक भूगोल की शाखा के रूप में[37] अथवा सम्माननीय मानव भूगोल[38] रूपी तने से उत्पन्न अत्याधुनिक शाखा के रूप में, मुख्तया नगरीय भूगोल से ही सम्बन्धित रहा। यह नगरीय, भूगोल ही तत्कालीन समकालिक सभ्यता[39] के वर्णन का प्रमुख मापदंड रहा है। किन्तु वास्तविक अर्थों में विश्व की दो-तिहाई जनसंख्या और लगभग 98 प्रतिशत अधिवास ग्रामीण क्षेत्रों में है, इसीलिए बहुत से इतिहासवेत्ता, समाजशास्त्री, भूगोलवेत्ता आदि ने ग्रामीण अधिवासों तथा पर्यावरणीय पक्षों से जुड़ी समस्याओं का अध्ययन किया है। अधिक नगरीय अधिवास वाले क्षेत्रों में भी विभिन्न प्रकार के ग्रामीण अधिवास मिलते हैं। अत: अधिवासों के सर्वांगीण अध्ययन के लिए स्थान, स्थिति, गृह-निर्माण-पदार्थ, वास्तुकला के साथ स्वरूप, प्रकार्य, प्रकार एवं प्रतिरूप तथा अनेक गुणों की व्याख्या आवश्यक है। इनमें स्थान/स्थल, स्थिति तथा निर्माण सामग्री के अध्ययन हेतु प्राकृतिक एवं पर्यावरणीय पक्षों के साथ सांस्कृतिक सम्बन्धों की विवेचना आवश्यक है जबकि आकारिकीय स्वरूप की जानकारी के लिए क्षेत्र विशेष के निवासी एवं निवसन प्रक्रिया तथा क्रमिक अधिवास-निर्माण प्रक्रिया के ऐतिहासिक पृष्ठभूमि का गहन अध्ययन अनिवार्य है। जैसा कहा गया है, अतीत वर्तमान की कुंजी है और हम सदैव प्रत्येक अधिवास में कुछ न कुछ प्राचीन भग्नावशेष[40] पाते हैं, अत: पुरातात्विक अन्वेषण भी लाभप्रद होता है। प्रादेशिक विभिन्नताएँ, स्थानिक-प्रतिरूप भी परिवर्तन-क्रम के विश्लेषण हेतु महत्त्वपूर्ण विषयवस्तु प्रस्तुत करते हैं। साथ ही स्थान-नाम भी अधिवासीय-क्रम का पता लगाने में सहायक सिद्ध होते हैं। इसी प्रकार प्रकार्य सम्बन्धी विश्लेषण केवल ग्रामीण अधिवासों के सामाजिक, आर्थिक एवं संगठनात्मक ढाँचे को ही समझने में सहायक नहीं होते वरन् शहरों के क्षेत्रीय संगठन, उनके प्रभाव-क्षेत्र एवं अन्य सुस्पष्ट प्रखण्डों का भी चित्रण करते हैं। एतदर्थ नगरीय प्रदानुक्रम अथवा कोटि-निर्धारण, स्थानिक दूरी तथा आकारिकी का अध्ययन किया जाता है। इस प्रकार नगरीय अधिवासों का अध्ययन दो रूपों में होता है, (1) विभिन्न पारिस्थितिकीय प्रक्रियाओं द्वारा विकसित स्पष्ट बनावट तथा निर्माण के साथ सम्पूर्ण जैविक इकाई के रूप में और (2) एक प्रादेशिक केन्द्र-बिन्दु एवं अलग क्षेत्रों के अन्तर्सम्बन्धित सामूहिक इकाई के रूप में, जो अपने सेवा-क्षेत्र से विविध सम्बन्धों द्वारा जुड़ा होता है। इसके लिए अधिवासीय भूगोलवेत्ता अन्तर्नगरीय तथा तथा नगराभ्यान्तर दोनों प्रकार के गमनागमन[41] एवं ऐसे नगर जो एक प्रकार्यात्मक एवं पार्थिक इकाई के रूप में स्थित होते हैं, अध्ययन से सम्बन्धित होता है।

अत: विषय-वस्तु का विस्तार एक पुरोगामी (Pioneer) क्षेत्र में किसी खानाबदोश या गड़ेरिया से लेकर न्यूयार्क के गगन चुम्बी (Skycraper) भवन तक हो सकता है। स्पष्टतया अधिवास के मापक पर नगरीय भूगोल एक छोर पर और पुरोगामी अधिवास दूसरे छोर पर स्थित है[42] इस विस्तार के साथ अधिवास भूगोल का घनिष्ठ सम्बन्ध विज्ञान की अनेक शाखाओं जैसे अर्थशास्त्र, समाजशास्त्र, सैन्य विज्ञान, नृतत्वशास्त्र तथा स्वयं भूगोल की अनेक उपशाखाओं तथा कृषि भूगोल, जनसंख्या भूगोल, जनांकिकीय भूगोल इत्यादि से है।

वर्तमान समय में दसलक्षी नगरों एवं बहुकेन्द्रीय उप-नगरों के उल्लेखनीय विकास तथा ग्रामीण क्षेत्रों में खेतों, जंगलों में अधिवास-वृद्धि द्वारा जीवजन्तु जगत में परिवर्तन तथा पर्यावरणीय दुष्प्रभावों की ओर अनेक अधिवास भूगोलवेत्ताओं का ध्यान आकर्षित हुआ है। अब बड़े शहरों का अध्ययन कुछ अधोलिखित महत्त्वपूर्ण पक्षों पर केन्द्रित है उदाहरणार्थ, नगरीय क्षेत्रों का विरूपण सम्बन्धी भौतिक एवं भौगोलिक पक्ष, भूमिगत जल की अवस्था, वायु प्रदूषण एवं प्रदूषित जल सम्बन्धी जैविक, भौगोलिक एवं पारिस्थितिकीय पक्ष, भूमि

प्रदूषण तथा अन्य आर्थिक भौगोलिक पक्ष इत्यादि जिनका योगदान अन्तर-प्रादेशिक अन्योन्यक्रिया के रूप में परिलक्षित होता है[43], जो उत्तरोत्तर जटिलतर प्रकार का भी है। इस प्रकार अधिवास भूगोलवेत्ता का कार्य नगरीय विकास के स्वरूप को ऐसा दिशा-निर्देश प्रदान करने का है, जिसके परिणामस्वरूप उत्तम नगरीय जीवनस्तर प्राप्त हो सके।[44]

उपर्युक्त चर्चा के आधार पर तथा 1971 में अन्तर्राष्ट्रीय अधिवासीय संगोष्ठी में प्रस्तावित अधोलिखित विषय-वस्तु एवं उपागम की रूपरेखा भूगोल के लिए तथा मुख्यतया ग्रामीण अधिवास भूगोल के लिए पर्याप्त समीचीन है।[45]

अ. *ग्रामीण अधिवास भूगोल के उपागम*

1. ग्रामीण अधिवास भूगोल के सम्बन्ध में;
2. क्षेत्र सर्वेक्षण तथा प्रथम दृष्टया निरीक्षण एवं समंक-एकत्रीकरण;
3. जनगणना अभिलेख तथा मानचित्र और अन्य ऐतिहासिक अभिलेख का अध्ययन;
4. अन्य सामग्री-स्रोत जैसे स्थान नाम अध्ययन;
5. समंक विश्लेषण तथा मानचित्र-निर्माण, प्रतिमान (Model), लघु मॉडल एवं हेतु परिस्थिति का विकास इत्यादि।

ब. *ग्रामीण अधिवास एवं उनके प्रतिरूप का ऐतिहासिक उद्‌भव*

1. ऐतिहासिक-संस्कृति-क्षेत्र (विविध संस्कृति समूह तथा उनके अधिवासीय इकाई का मानचित्रण);
2. भूमि-विभाजन की प्रणाली, भू-स्वामित्व एवं जल-स्वामित्व इत्यादि तथा अधिवास के विकास प्रतिरूप से सम्बन्ध;
3. पुरोगामी अधिवास क्षेत्र एवं उनकी समस्याएँ;
4. मानव बसाव-क्रम; नवपाषाणी (Neolithic) कांस्य एवं लौह युग; प्राचीन, मध्यकालीन एवं अर्वाचीन काल।

स. *ग्रामीण अधिवास के मूलभूत प्रादेशिक प्रकार एवं प्रतिरूप*

1. विविध भौतिक जातीय तथा सामाजिक कारकों से अधिवासों के प्रकार एवं प्रतिरूप का सम्बन्ध;
2. कृषि-पद्धति, जल एवं मिट्टी का प्रबन्धन तथा भूमि व्यवस्था, भूमि उपयोग गहनता सम्बन्धी सिद्धान्त, प्रखण्ड वितरण, श्रम एवं अन्य लागत मूल्य इत्यादि, उत्पाद, विपणन तथा अन्य स्थानीयकरण तथा स्थानिक सिद्धान्त।

द. *ग्रामीण अधिवासों का आकारिकीय-उद्‌भव*

विविध भौगोलिक एवं आकारिकीय स्वरूप, प्रतिरूप तथा उनका विभिन्न कारकों से सम्बन्ध।

य. *ग्रामीण अधिवासों के प्रकार्यात्मक प्रकार का विश्लेषण*

1. विधियाँ, विकास इत्यादि;
2. सेवाग्राम एवं सेवा केन्द्रों का प्रकार्यात्मक विश्लेषण, केन्द्रीय अवस्थिति सिद्धान्त (Central Place Theory) के सन्दर्भ में ऐसे केन्द्रों का पदानुक्रम।
3. ग्रामीण-ऋत्विक प्रवास, दैनिक ग्राम-नगर एवम् गमनागमन प्रतिरूप इत्यादि।

र. *ग्रामीण गृह एवं उनके प्रकार*

1. ग्रामीण गृह प्रकार तथा अन्य प्रकार्यात्मक भवनों, उनके आकार, कार्य, लोक वास्तुकला, निर्माण सामग्री इत्यादि का विश्लेषण;
2. गृह एवं भवनों के प्रकार का प्रादेशीकरण;
3. गृह एवं भवनों का नियोजन;

ल. *ग्राम अध्ययन, प्रतिदर्श ग्रामों का अध्ययन।*

व. *ग्रामीण अधिवास एवं प्रतिरूप का विवेक पूर्ण नियोजन।*

1. भूमि उपयोग-क्षमता, विपणन, जीवन स्तर की अवस्था इत्यादि के सन्दर्भ में नियोजन;
2. आधुनिकीकरण की मांग, सामाजिक गत्यात्मकता एवं वर्तमान आर्थिक सम्पन्नता एवं कल्याण के सन्दर्भ में नियोजन,
3. ग्रामीण विकास हेतु अभिकर्त्ता के रूप में सेवाग्राम एवं सेवा-केन्द्रों का नियोजन,
4. ग्रामीण विकास हेतु अवस्थापना तत्त्वों का विकास एवं नियोजन।

उपागम

हार्टशोर्न (Hortshorne) द्वारा की गयी व्याख्यानुसार भूगोल के अध्ययन हेतु दो प्रचलित विधियाँ अपनायी गयी हैं:

(1) प्रणालीगत/विषयगत और (2) प्रादेशिक। इन विधियों द्वारा विभिन्न अनुपात एवं समानुपात के साथ दोनों प्रकार के ग्रामीण, नगरीय अधिवासों का अध्ययन किया गया है। ग्रामीण अधिवासों के सन्दर्भ में प्रयुक्त विधियों का सविस्तार अध्ययन दूसरे भाग में किया जायेगा। ग्रामीण अधिवासों का अध्ययन व्यवस्थित ढंग से सूक्ष्म-स्तर पर अर्थात ग्राम एवं नगला के रूप में उनके बसाव, स्थिति, आकारिकी, आकार, आकृति तथा प्रकार्य आदि के अन्तर्गत किया गया है। ऐसे व्यवस्थित आनुभविक अध्ययन उन सभी देशों में प्राप्त है जहाँ भूगोल स्नातक स्तर की शिक्षा सुविधा उपलब्ध है। दूसरी विधि के अनुसार भी अधिवासों के ऐतिहासिक एवं आकारिकीय उद्‌भव, विस्तार, वितरण, प्रकार, प्रतिरूप, गुण, तुलनात्मक वैशिष्ट्य तथा प्रादेशिक विभिन्नता के साथ अनेक अध्ययन प्रचुर संख्या में जर्मनी में तथा अन्य नवीन भौगोलिक प्रदेशों में अन्वेषण एवं विकास के ऐतिहासिक काल के अनुरूप किए गए हैं। विगत छठें एवं सातवें दशक में प्रादेशिक स्तर पर अनेक तुलनात्मक अध्ययन भी किए गए हैं, यथा जापान तथा उत्तरी भारत के अधिवासों का तुलनात्मक अध्ययन। किन्तु इस प्रकार की विधि एवं उपागम सम्बन्धी द्विधात्व (dichotomy) स्वाभाविक एवं स्वत: प्रभूत हो सकती है किन्तु यह द्वैधता जानबूझ कर नहीं की गयी है। वर्तमान समय में बुंगी (Bunge), हैगेट (Haggett) तथा अन्य (Quantitative Revolution) परिमाणात्मक क्रान्ति के चमत्कारिक मोह से प्रभावित लोगों के अध्ययनों द्वारा सैद्धान्तिक विधियों पर विशेष बल दिया गया है।

प्रणालीगत, प्रादेशिक अथवा सैद्धान्तिक में से किसी को भी लक्ष्य मानकर अधिवास भूगोलवेत्ताओं ने निश्चित रूप से स्वरूप, प्रकार्य तथा उद्‌भव की व्याख्या आगमन तथा निगमन विधियों को अपना कर किया है। इनमें यंत्र-तंत्र आनुभविक, गुणात्मक उपागम और अन्यत्र निगमन तथा सैद्धन्तिक एवं गणितीय विधियों का अलग-अलग अथवा एक साथ प्रयोग किया गया है। आगमन प्रकार के अध्ययनों में प्रो. सिंह का मध्य गंगा घाटी का अधिवासीय अध्ययन प्रमुख है, जबकि निगमन अध्ययनों के अन्तर्गत वे सभी हैं जिनका विश्लेषण निकटतम प्रतिवेशी अथवा अन्तरण तकनीक, आकृति विश्लेषण, पदानुक्रम प्रकार्यात्मक मापन इत्यादि के द्वारा किया गया है। इसका उल्लेख अलग अध्यायों में किया गया है। डिकिन्सन ने डेविस द्वारा भू-आकृति तत्त्व-अध्ययन में प्रयुक्त संरचना प्रक्रिया तथा अवस्था की कल्पना को अधिवास भूगोल की विषयवस्तु के रूप में अभिव्यक्त किया है, जिसके अनुसार अधिवासीय निर्माण-व्यवस्था संरचना का, विशिष्ट-जीवन सिद्धात (genre de vie) अध्यासन प्रक्रिया का तथा अनेक विकास की अवस्थाएँ, अवस्था का प्रतिनिधित्व करते हैं।[46] यहाँ परिभाषा तथा विषयवस्तु के सन्दर्भ में की गयी व्याख्या इसी संरचना, प्रक्रिया एवं अवस्था के समान्तर स्वत: स्वरूप, प्रकार्य तथा उद्‌भव सम्बन्धी उपागम को निर्दिष्ट करती है।[47] इस प्रकार हम देखते हैं कि रिटर काल से ही अधिवासों का सम्यक ज्ञान प्राप्त करने हेतु अनेक ढाँचे, रणनीतियाँ तथा उपागम प्रस्तुत किए गए हैं। डॉक्सियाडिस ने जटिल अधिवास प्रणाली को समझने के लिए एक महत्त्वपूर्ण सैद्धांतिक ढाँचा प्रस्तुत किया है, यद्यपि वह विश्वजनीन नहीं है। उसने पूर्वोक्त (ELS) के द्वारा पार्थिव तथा संख्यात्मक दो आयामों को लेकर एक मानव से लेकर एक्यूमेनोपोलिश तक विस्तृत पन्द्रह अधिवासीय इकाइयों, जिसमें प्रत्येक पाँच तत्त्वों का समावेश करती हैं, के साथ अधिवासीय अध्ययन हेतु उपयोगी उपागम का सुन्दर व बोधगम्य ढाँचा प्रस्तुत किया। उसके तत्त्व एक साथ मानव के वातावरण के साथ सम्बन्धों में सर्वोत्तम गुणात्मक समायोजन प्रदान करते हैं। इस ढाँचे के अन्तर्गत तीन मूलभूत उपागम अधिवासीय अध्ययन हेतु विकसित गणितीय तकनीक के साथ प्रयोग में लाए जा सकते हैं। (1) आनुवंशिक, (2) स्थानिक, (3) पारिस्थितिकीय।

आनुवंशिक उपागम

माइत्सेन ने 1895 में ऐतिहासिक प्रक्रियाओं के आधार पर यूरोप में जाति आधारित तीन प्रखण्डों की उपस्थिति का उल्लेख किया है–

1. सर्वनिष्ठ खेत प्रणाली के साथ सामूहिक अधिवास, जो जर्मनी की विजय से सम्बन्धित है;
2. सेल्ट लोगों से सम्बन्धित एकल कृषि फार्म, (Farmstead);
3. वृत्ताकार तथा सड़क आधारित ग्राम जो (Slav) स्लाव लोगों से सम्बन्धित रहे हैं, किन्तु जाति आधारित अध्ययन की यह संकल्पना अधिक आलोचना की पात्र बनी।

20वीं अन्तर्राष्ट्रीय भौगोलिक कांग्रेस (लन्दन, 1964) में इस पर विशेष बल दिया गया कि अधिवासों का वैज्ञानिक अध्ययन ऐतिहासिक पृष्ठभूमि (पुरातात्विक या अभिलेख सम्बन्धी) की निश्चित सीमा तथा स्वरूप पर आधारित होना चाहिए चूंकि अधिवास भूगोल का केन्द्र बिन्दु स्थानिक व्यवस्था तथा क्रमिक बसाव प्रक्रिया दोनों हैं, अत: ऐतिहासिक उद्भव सम्बन्धी उपागम अधोलिखित अध्ययनों के लिए अधिक समीचीन है: (1) क्षेत्रीय संगठन की सततता की कोटि (2) मानव तथा वातावरण के अन्योन्यक्रिया की समस्याएँ। सूक्ष्म स्तर पर अधिवासीय इकाई एक कृषि फार्म, नगला, पेट्रोल-पम्प, चाय की दूकान हो अथवा विकसित रूप में पूर्ण अधिवास के रूप में हो। यह उपागम उनके चतुर्दिक उप-प्रणाली से सम्बन्धित वैयक्तिक गुणों को समझने में सहायक सिद्ध होता है। इसके अन्तर्गत तीन मूलभूत विधियाँ अनेक भूगोलवेत्ताओं द्वारा प्रयोग में लायी गयी हैं (1) प्रतिगामी उपागम-जिसके द्वारा ब्लाश ने निकट अतीत के सबूतों के आधार पर विगत अतीत के अध्ययन का प्रयास किया है[48], (2) सिंहावलोकन उपागम जिसको रोजर डायन[49] ने प्रतिपादित किया, जिसके आधार पर अधिवासों के वर्तमान अवस्था के अध्ययन हेतु अतीत की दशाओं का अध्ययन आवश्यक है, (3) भावी उपागम-जिसका मुख्य केन्द्र-बिन्दु भविष्य होता है, जिसमें अतीत तथा वर्तमान के सांस्कृतिक भू-दृश्य भविष्य की आवश्यकताओं से समायोजन का संकेत, सम्भावित अधिवासीय प्रक्षेपण प्रस्तुत करते हैं।[50] ये तीनों उपागम एक-दूसरे के पूरक ही नहीं वरन् किसी भी परिवेश में अधिवासों के स्थानिक कालिक आयामों को समझने तथा भावी नियोजन करने हेतु सफलतापूर्वक प्रयुक्त किए जा सकते हैं।

यहाँ यह उल्लेखनीय है कि अन्य उपागमों के साथ स्थान-नाम सम्बन्धी अध्ययन क्रमिक अध्यासन (Sequent occupance) के आधार पर सांस्कृतिक भू-दृश्य की पुनर्रचना करने में महत्त्वपूर्ण उपागम सिद्ध होते हैं। ये मानव भूगोल के जीवाश्म कहे गए हैं।[51] और उनके निरीक्षण तथा मानचित्रण से अधिवासों के काल, तिथि तथा क्रम निर्धारित किए जा सकते हैं।[52] अनेक भूगोलवेत्ताओं द्वारा इन स्थान नामों के उपसर्ग तथा प्रत्यय आधारित अधिवासीय विश्लेषण किए गए हैं। कुछ मुख्य लोगों का नामोल्लेख ही पर्याप्त होगा। इनमें केम्बल (1849) ने ''इंग तथा इंघम्'' से अन्त होने वाले स्थान-नामों के महत्व की खोज की गई है जिस पर एकवल (1923) ने और भी विस्तृत प्रकाश डाला है। एलिश[53], चाल्स[54], ऊलरिज[55], डिकिन्शन[56], मैक्सवेल[57], मिचेल[58], जेलिन्स्की[59], मैकम्फाल[60], कैमर्सन[61], सिंह[62], जोन्स[63], पधे[64], इत्यादि ने स्थान-नाम के अनेक पहलुओं का अध्ययन किया है। इंग्लैंड की निम्न भूमियों (Lowlands) में ''इंग'', हाम (Ham) तथा टॉन (Ton) आदि प्रत्यय वाले स्थान-नामों की आवृत्तियों द्वारा अधवत् अधिवासीय प्रसरण और पूर्ण कालिक ऐन्लोसैक्शन ग्रामों की अवस्थिति के अस्तित्व का पता चलता है।[65] इलियट ने उचित दावा पेश किया था कि भारत के उत्तरी-पश्चिमी प्रान्त के पूर्वी भागों तथा अवध के जिन शहरों के अन्त में *पुर आबाद* तथा *मऊ* नहीं जुड़े थे, उनका उद्भव भरों से सम्बन्धित था।[66] (डिफ्यूजन थियरी) विसरण सिद्धान्त के आधार पर किए गए अधिवासीय अध्ययन भी महत्त्वपूर्ण उपागम रहे हैं। किन्तु ये स्थानिक तथा पारिस्थितिकीय उपागम से कहीं न कहीं जुड़ते हैं। फिर भी अधिवासीय अध्ययनों में रुचि रखने वाले अनेक भूगोलवेत्ताओं ने अन्यत्र प्रचलित प्रतिमानों का उपयोग करके अधिवासों के विसरण हेतु पश्चिम तथा पूर्व दोनों क्षेत्रों में प्रयत्न किए हैं। बाइलुण्ड ने ऐसे प्रसरण हेतु चार सैद्धान्तिक प्रतिमान प्रस्तुत किए हैं।[67] नियतवादी प्रतिमान के आधार पर उसने यह खोज किया कि किस प्रकार अधिवास प्रक्रिया की लहरें स्वीडेन के मध्यवर्ती लैपपैंड में फैल गई थी। मारिल ने स्टाकेस्टिक प्रक्रिया तथा (रैण्डम) यादृच्छिक संख्याओं के आधार पर सम्भाव्यता मॉडल का विकास किया।[68] चिशोम ने अधिवासीय विसरण के लिए (1) सामाजिक-आर्थिक, (2) सुरक्षा, (3) रोग-निवारण, (4) जलापूर्ति के तकनीक में उन्नति, जैसे चार कारकों को उत्तरदायी समझा।[69] इस प्रकार सामाजिक और सांस्कृतिक और सांस्कृतिक इतिहास तथा स्थानिक विसरण प्रक्रिया के अध्ययन से अधिवासीय विकास की गत्यात्मकता की व्याख्या में भी सहायता मिलती है। काल मार्गन ने भी संयुक्त राज्य अमेरिका के दक्षिणी प्रान्तों में अधिवास प्रतिरूप के अन्तर्गत सांस्कृतिक द्वीपों के विकास का विवेचन किया है और उसने इन अधिवासों को सांस्कृतिक अभिकर्त्ता तथा मार्गदर्शक के रूप में समझने पर बल दिया है।[70] किन्तु नेल्सन

ने मार्मनों द्वारा उपनिवेशन के विशिष्ट प्रतिरूपों के विकास का अध्ययन किया और नेतृत्व, विचार सम्बन्धी संघर्ष तथा सहकारिता आदि सामाजिक शक्तियों को उत्तरदायी ठहराया।[71] इसी तरह पावेल ने मानवीय प्रवास एवं बसाव प्रतिरूप तथा समय-समय पर होने वाले अलग-थलग विसरणों का अध्ययन किया[72] और उसने पाया कि अधिवास का संजाल, प्रकार तथा बनावट और प्रकार्य, अनेक आदर्श सामाजिक-राजनीतिक सोच और उसके स्थानिक विसरण पर निर्भर है।[73] इन्होंनें उत्तरी अमेरिका के सीमान्त क्षेत्रों में एकाकी कृषि फार्मों के सामान्य प्रतिरूप के विरुद्ध मार्मनों के संहत अधिवासों के विकास की पृष्ठभूमि की व्याख्या की एवं धार्मिक विश्वासों के प्रभाव पर विशेष बल दिया।[74] जोर्कलुण्ड ने मानव-बसाव प्रक्रिया पर प्रभाव डालने वाले धार्मिक-सांस्कृतिक कारकों पर विशेष बल दिया।[75] माइनिंग ने भी अधिवासों तथा उनके परिवेश पर मार्मन-प्रभाव की खोज किया और महत्त्व के आधार पर अवरोही क्रम में तीन प्रखण्डों- केन्द्रीय, विस्तृत क्षेत्र, तथा वृहत् विसरण वाले क्षेत्रों को प्रदर्शित किया।[76] वाराणसी के अधिवास भूगोल के विकसित अध्ययन केन्द्र (centre of settlements) पर भी अनेक ऐसे अध्ययन किए गए हैं। यद्यपि प्रो. सिंह ने ही प्रारम्भिक प्रयास किया, अन्य लोगों ने इस मिशन को आगे बढ़ाया।[77]

आनुवंशिक उपागम सम्बन्धी ढाँचे के अन्तर्गत बहुत से लेखकों ने भूमि विभाजन प्रणाली के उद्‌भव तथा विस्तार और अधिवास पर पड़ने वाले उनके प्रभावों का अध्ययन एवं उल्लेख किया है। चीन में प्राचीन प्रचलित चतुर्भजाकार अथवा ग्रिड प्रतिरूप के आधार पर भू-आवंटन प्रणाली विकसित रही है। जापान में इसके सुधरे रूप जोरी प्रणाली को अपनाया गया। इस 'Jo' तथा 'Ri' की मापन प्रणाली के आधार पर Ri की इकाई का क्षेत्रफल 6.40 वर्गमीटर होता है आवंटन की प्रणाली में शुद्ध संख्याक्रम के आधार पर उत्तर से दक्षिण। 'Jo' से लेकर 37 आवंटन होते थे। इस प्रणालीगत प्रभावों का अध्ययन योनेकुरा[78] तथा उनके सहयोगियों ने व्यापक रूप से किया है। इसी उपागम का प्रयोग अमेरिकी शहरों के ग्रिड-प्रतिरूप पर भी लागू किया गया है। भारतीय बीघा आधारित, रोम की जुगेरियन प्रणाली तथा फ्रांस की वीले नेब्स प्रणाली भी इसी प्रकार की है।[79] नित्ज ने उत्तरी भारत तथा जर्मनी में अत्यधिक स्वीकार्य ढंग से सामाजिक-ऐतिहासिक कारकों तथा खेत प्रतिरूपों में सहसम्बन्ध स्थापित किया।[80]

परित्यक्त अधिवासों के विश्लेषण सम्बन्धी उपागम विधि द्वारा अतीत के अधिवासों तथा मानवीय क्रिया-कलापों के अनेक सबूत मिलते हैं। पुरातत्त्व के आधार पर विकसित इसके अन्तर्गत तीन अंग हैं, (1) मिट्टी में फास्फोरस के रासायनिक विश्लेषण से मानव अध्यासन का पता लगाना, (2) सूक्ष्म पृथकन विधि द्वारा मिट्टी तथा अधिवास तत्त्वों का यांत्रिक परीक्षण करना, (3) परागाणु विश्लेषण द्वारा अतीत के अधिवासों का पता लगाना, जिसमें आइट ने विशेष प्रयास किया है।[81]

स्थानिक संगठन

यह उपागम प्रणालीगत उपागम का एक स्वरूप है जिसके द्वारा सम्पूर्ण अधिवास को समझने में सहायता मिलती है। प्रणाली की चर्चा खण्ड 1-1 में की जा चुकी है। इस उपागम-विधि के द्वारा स्थानिक संगठन का विश्लेषण उनके प्रत्ययों के आधार पर किया जा सकता है, जिसके अन्तर्गत ग्रामीण अधिवास भूगोल के लिए अधोलिखित प्रमुख हैं: (1) प्रकार, प्रतिरूप एवं वर्गीकरण, (2)प्रकार्यात्मक समाकलन एवं पदानुक्रम, (3) स्थानीय तत्समक जैसे, ग्राम्य संरचना, (4) नियोजन तथा परिमेयकरण।[82] व्यापक रूप से स्थानिक संगठन के अध्ययन के अन्तर्गत केन्द्रीय अवस्थिति सिद्धान्त पर आधारित पदानुक्रम तथा कोटि-आकार आदि के विविध लेखन सम्मिलित है। इनका विस्तृत उल्लेख अध्याय 9-2 में किया गया है। वास्तव में डिमाँजिया ने आकारिकी संरचना के सम्बन्ध में स्थानिक संरचना का प्रत्यय विकसित किया था।[83] उसने आकृति के आधार पर फ्रांस के सामूहिक अधिवासों का वर्गीकरण अनेक प्रकार से प्रस्तुत किया। ग्रामीण गृहों के प्रमुख वितरण प्रतिरूपों का भी उसमें उल्लेख किया है। उसके अध्ययन के आधार पर भूगोलवेत्ताओं ने ग्रामीण अधिवास-प्रकार का प्रादेशिक वर्गीकरण किया है। जर्मन भूगोलवेत्ताओं के अध्ययन के आधार पर शेफर ने इस उपागम को प्रधानता प्रदान की है।[84] उसी का अनुकरण करके अन्य भूगोलवेत्ताओं ने अनेक प्रदेशों के स्थानिक संगठनों का विवेचन प्रतिरूप तथा प्रक्रिया के विश्लेषण के आधार पर किया है। किसी भी सांस्कृतिक भू-दृश्य में मानव-प्रकृति तथा समाज के अन्तर्सम्बन्ध इस उपागम द्वारा ठीक ढंग से प्रकट किए जा सकते हैं। आकारिकी, आकार एवं आकृति पर किए गए बहुत से अध्ययनों में, जो कक्ष, नगला, ग्राम, शहर और मेगैलोपोलिश तक विस्तृत है कुछ न कुछ संगठन अवश्य ही परिलक्षित होता है।

पारिस्थितिकीय एवं सांस्कृतिक उपागम

इसे पारिस्थितिकीय वैज्ञानिकों के अध्ययन द्वारा विशेष बल मिला है। इस शाखा के सिद्धान्त की मदद से मानवीय व्यवहार एवम् अधिवासों के परिवर्तन-प्रक्रिया की व्याख्या की जाने लगी है। बहुत समय पहले ही राधा कमल मुखर्जी द्वारा मानव समाज तथा परिस्थितिकी के समायोजन पर (Man and His Habitations-A Study in Social Ecology, Longman's Green & Co., London 1940) मूलभूत अध्ययन प्रस्तुत किया जा चुका है। हडसन[85] द्वारा वर्णित मानव-बसाव प्रक्रिया में तीन प्रावस्थाएँ दी गयी हैं, जैसे-उपनिवेशन विस्तार एवं प्रतिस्पर्द्धा जो लगभग वनस्पति समुदाय के समान्तर है। उसके निष्कर्षानुसार इन प्रक्रियाओं का एक सामयिक चक्रीय स्वरूप है क्योंकि मानव व्यवहार उप-अनुकूलतम (Sub-optimal) स्वभाव का है।[86] अत: विविध परिवेशों के निवासी अपने आदर्श से कम की प्राप्ति से ही संतुष्ट रहते हैं। ऐसे परिवेशों का अध्ययन कायस्था[87] तथा सिंह[88] द्वारा भी प्रस्तुत किया गया है। किस प्रकार से मानव अपने परिवेश से समायोजन करता है, इसकी अभिव्यक्ति "गद्दी" तथा भीलों के अधिवास, प्रतिरूप तथा जीवन के रहन-सहन से स्पष्ट है। बाद में नए अधिवसित क्षेत्रों से बाँध, बन्दरगाह तथा पर्यटन स्थलों के प्रभाव तथा पारिस्थितिकी के परिवर्तन के सन्दर्भ में अनेक अध्ययन प्रस्तुत किए गए हैं। ऐसे स्थानीय स्तर के अध्ययनों द्वारा पारिस्थितिकीय भविष्यवाणी के समुचित भौगोलिकरण में सहायता मिल सकती है।[89]

कुछ भूगोलवेत्ताओं ने एक चौथे उपागम सांख्यिकीय तथा गणित आधारित विश्लेषणात्मक अध्ययन को भी सम्मिलित किया है, जिसे हम अध्ययन का यंत्र अथवा तकनीक कह सकते हैं। इन्हें उपयोगिता के आधार पर कहीं भी लागू किया जा सकता है। निकटतम प्रतिवेशी विश्लेषण का प्रयोग अधिवासों के विसरण तथा केन्द्रीकरण हेतु अनेक अध्ययनों में किया गया है। इसी प्रकार कोटि-आकार नियम का उपयोग प्राथमिक नगर से नगला तक के पदानुक्रमित व्यवस्था वाले स्थानिक संगठनों के अध्ययन हेतु किया गया है। अन्य अध्ययनकर्त्ताओं में बर्च[90], मुकर्जी[96] तथा अन्य कुछ नाम गिनाए जा सकते हैं। निकटतम प्रतिवेशी विधि का प्रयोग राणा पी.बी. सिंह तथा अन्य लोगों ने भारत में भी किया है, किन्तु यह तकनीक इसलिए उपयुक्त नहीं है कि किसी क्षेत्र विशेष के क्षेत्रफल के आधार पर मूल्य परिवर्तनशील होते हैं। प्रकार्यात्मक पदानुक्रम तथा कोटि-आकार के नियम भी भूगोलवेत्ताओं द्वारा प्रयोग में लाये गए हैं, उदाहरणार्थ-जिफ तथा एवरवाच ने अधिवासों के कोटि तथा उनके आकार तथा स्तर के सम्बन्धों का अध्ययन किया है। थामस (1961) एवं गिब्स ने कुछ नगरों का अध्ययन किया और जनसंख्या के आकार तथा नगरों की दूरी के लघुगणक में धनात्मक सम्बन्ध दर्शाया है। किन्तु किंग (1961) ने 162 शहरों तथा अन्य अधिवासों के अध्ययन से निष्कर्ष निकाला कि अन्तरण (spacing) की सही भविष्यवाणी सम्भव नहीं है। इसी प्रकार के अध्ययन स्टैफोर्ड[97], बेरी तथा गैरीसन (1958) तथा श्रीलंका में गुनवरडेना द्वारा किए गए हैं। हैगेट तथा गुनवरडेना ने ग्रामों तथा नगलों के प्रकार्य की सतत् विभिन्नता की समस्या का अध्ययन करके उसकी सत्यता को नकार दिया है। अनेक भूगोलवेत्ताओं ने 'लॉ ऑफ रिटेल ग्रैविटेशन तथा एलिमेंट्री पैकिंग थियरी' (Low of Retail Gravitation and Elementary Packing Theory) फुटकर गुरुत्वाकर्षण नियम तथा मौलिक भराव सिद्धान्त के आधार पर भी अध्ययन किया है। इस प्रकार अनेक उपागमों में इन सांख्यिकीय एवं गणित आधारित तकनीकों का प्रयोग कुछ विस्तार के साथ ही किया गया है।

अत: एक समन्वयकारी समाकलनशील विज्ञान के रूप में प्रतिष्ठित भूगोल से सम्बन्धित अधिवास भूगोलवेत्ता के लिए आवश्यक है कि वह पर्याप्त रूप से एक इतिहासवेत्ता, कार्टोग्राफर, कलाकार, अर्थशास्त्री, समाजशास्त्री, गणितज्ञ, और इन सबसे अधिक वातावरण विशेषज्ञ की समझ रखे। उसके कार्य के मूल में समंक एकत्रीकरण (प्राय: रिमोटसेसिंग पर आधारित भी), क्षेत्र सर्वेक्षण, मानचित्रण, तथ्यों का वर्णन, विवेचन एवं व्याख्या तथा गुणात्मक एवं परिमाणात्मक तकनीकों का प्रयोग समाविष्ट होना चाहिए।

वर्गीकरण

ग्रामीण-नगरीय द्विधात्व

ग्रामीण तथा नगरीय ऐसे सापेक्ष पद है जो अधिवासों के जनसंख्या के प्रकार तथा लोगों के रहन-सहन के सम्बन्ध में अनेक अर्थवाची हैं। बहुत से देश में अपनी जनगणना में इन पदों का प्रयोग सुविधा तथा जनसंख्या घनत्व प्रतिरूप के आधार पर करते हैं। अत: ग्रामीण तथा

नगरीय अधिवास-नगला-ग्राम, कस्बा-शहर-किसी संयुक्त गुण समुच्चय द्वारा अलग किए जा सकते हैं। विकासशील देशों में खासतौर से ग्रामीण नगरीय सातत्य के मध्य की विभाजक रेखा ढूंढ़ना अत्यन्त कठिन है। इस प्रश्न को यहाँ हम दूसरे भाग के लिए छोड़ देते हैं। संक्षेप में नगरीय अधिवास गुण में केन्द्रीय होते हैं, जिनमें द्वितीयक, तृतीयक कार्य-कलापों तथा उत्पादनों के केन्द्र स्थित होते हैं। किंबहुना, वे राजनीतिक, शैक्षिक, सामाजिक तथा धार्मिक गुण वाले प्रकार्यों का सम्पादन करते हैं। दूसरी ओर ग्रामीण अधिवास मुख्य रूप से कृषि, मत्स्यन, खनन तथा वानिकी इत्यादि प्राथमिक उत्पादन से सम्बन्धित होते हैं।

गृहों तथा ग्राम्य अधिवासों के प्रकार का वर्गीकरण मानसर शिल्पशास्त्र[99] में मिलता तो है किन्तु वह विधि आधारित अध्ययन नहीं है। प्रारम्भ में माइत्सेन द्वारा किया गया वर्गीकरण 'हाऊफेनडाफर' अन्य छोटे अधिवासों के स्वरूप जो ड्रबेल कहे जाते थे, से भिन्न था। इस प्रकार की शुरुआत एक ओर श्लूटर व मोर्टेसन तथा दूसरी ओर स्टाइन बाच, म्यूलरविले तथा केन्झालिन के अध्ययनों से स्पष्ट है। 1920 से 1940 के अन्तराल में भी डिमाँजिया[100] फ्रांस के सामूहिक ग्रामीण अधिवासों को आकृति के आधार पर अनेक प्रकारों में विभक्त किया था। अन्य लोगों ने आकार-संहतता की कोटि, आकृति और अधिवासों की नियमितता के आधार पर प्रादेशिक वर्गीकरण प्रस्तुत किया है। अधिवास भूगोल के विकास के साथ भूगोलवेत्ताओं ने अधिवासों के आकारिकी तथा प्रकार्यात्मक गुणों का उपयोग करके वर्गीकरण प्रणाली का भी विकास किया है।

अन्य लोगों में से एक रिचफाफेन[101] ने तालिका में प्रदर्शित तीन प्रकार का वर्गीकरण किया है:

सारणी 1 (i)

अधिवास वर्गीकरण

स्तर	*अस्थायी*	*स्थायी*
निम्न	अर्द्धविशेषज्ञ शिकारी तथा विशेषज्ञ शिकारी रेन्डियर खानाबदोश	विशेषज्ञ मछुवाहा, सामान्य कृषक, जटिल प्रकार के कृषक
मध्य	परिवहनशील खानाबदोश	उद्यान विशेषज्ञ, सिंचाई आधारित कृषक, खाद उपयोग करे वाले कृषक
उच्च		

किन्तु उसने यह इंगित नहीं किया कि अस्थायी वर्ग किस स्तर पर स्थायी में परिवर्तित हो जाता है। म्यूलरविले[102] ने अधिवासों का वर्गीकरण स्थायित्व की कोटि के आधार पर निम्नलिखित रूप से किया है-

1. ऐफेमेरल (स्वल्पायु)-एक स्थान पर 1 से 7 दिन तक।
2. अस्थायी-8 से 30 दिन तक,
   अ. अनियतकालिक (Episodic)-8 से 15 दिन तक
   ब. नियतकालिक (Periodic)-16 से 30 दिन तक
3. ऋत्विक-कई महीने तक
4. अर्द्धस्थायी-कई वर्ष तक
5. स्थायी-कई पीढ़ियों तक।

इसके वर्गीकरण की प्रणाली ग्रामीण अधिवास से सम्बन्धित प्रथम चार वर्गों के लिए विशेष महत्त्वपूर्ण है। किन्तु पाँचवीं श्रेणी जटिल है, जिसके व्याख्या की आवश्यकता है। उह्लिंग तथा ली नाऊ[103] ने अपने तीन प्रकाशित पुस्तकों में ग्रामीण-नगरीय सम्बन्धों तथा ग्रामीण अधिवास के वर्गीकरण पर विशेष बल दिया है और दोनों वर्गों के अन्तर तथा परस्पर व्यासता को परिभाषित किया है। एक मापन के आधार पर अधिवास के विभिन्न आकार के लिए प्रयुक्त नगला, ग्राम तथा शहर आदि पदों की परिभाषा भी की गयी है।[104]

इस प्रकार आगामी उल्लेखों की व्याख्या के साथ अधिवासों का कई अभिलक्षणों (criteria) के आधार पर वर्गीकरण किया गया है। म्यूरेल[105] ने (तालिका 1-ii) अधिवासों का वर्गीकरण औसत जनसंख्या, औसत दूरी, प्रकीर्णन तथा विचरण (Dispersion & variation) के औसत गुणांक के आधार पर किया है। औसत जनसंख्या (a) के आधार पर तहसील की सभी बस्तियों का वर्गीकरण

सारणी 1 (ii)
कुछ चयनित

तहसील	औसत (a)	औसत दूरी (d)	औसत विसरण गुणांक (Md)	वैरियेसन गुणांक (Vs)	फार्मूला
इन्दौर	>500 (L)	R	N	Vc	LRNVc
सवेर	300-500 (M)	R	N	Vn	RMNVn
देपालपुर	300-500 (M)	R	N	Vn	MRNVn
महू	300-500 M	R	N	Vc	MRNVc
बड़वानी	>500 (L)	R	N	Vn	LRNYn
बेगमगंज	<300 (S)	R	N	Vn	SRNVn
रतलाम	>500 (L)	R	N	Vn	LRNYn
मल्हारगढ़	300-500 (M)	R	N	Vc	MRNVc

तीन श्रेणियों में हो सकता है (अ) लघु आकार-जहाँ a, 300 से कम हो (s); (ब) मध्यम आकार-जहाँ a, 300 से 500 हो (m); (स) वृहत आकार-जहाँ a, 500 से अधिक हो (L)।

2. औसत दूरी के आधार पर तीन श्रेणियाँ होंगी:

अ. अपेक्षाकृत विस्तृत वितरण, जहाँ ग्राम्य-दूरी (d) तीन किमी से अधिक हो (W);

ब. अपेक्षाकृत निम्न बिखराव जहां (d) 2 से 3 किमी हो (R);

स. अपेक्षाकृत सघन वितरण, जहाँ (d) 2 किमी से कम हो (c),

4. विचरण के औसत गुणांक (Vs) के आधार पर दो श्रेणियाँ होंगी,

अ. जनसंख्या का केन्द्रीकरण, जहाँ (Vs)। से अधिक हो (Vc), (ब), जहाँ केन्द्रीकरण स्पष्ट न हो और (Vs),। से कम हो (Vn)।

प्रतिदर्श विश्लेषण के आधार पर इन्दौर तथा बेगमगंज दो श्रेणियों में सावेर और देपालपुर एक में, महू तथा मल्हारगढ़ एक दूसरी में तथा बड़वानी और रतलाम एक अन्य श्रेणी में आते हैं।

अब हम वर्गीकरण के लिए प्रयुक्त कुछ सामान्य अभिलक्षणों को भी देख सकते हैं; (1) अवस्थिति के आधार पर अधिवासों का वर्गीकरण-मैदानी, पठारी, कछारी, तटीय, जंगली, मरूस्थलीय तथा ऊसर वाले इत्यादि के रूप में पाते हैं। (2) गृहों तथा नगलों के स्थानिक दूरी के आधार पर एकांकी, बिखरे, नगला वाले, अर्द्धसंहत, संहत इत्यादि वर्ग है। (3) निवासियों के व्यवसाय के आधार पर कृषक, पशुपालक, शाक-सब्जी-उत्पादक गाँव इत्यादि गाँव इत्यादि वर्ग मिलते हैं। किंतु भारत में जाति/उपजाति आधारित गाँवों तथा नगलों के अलग नामकरण-कोईरान, अहिरान, केवटान, बभनान मुख्यतया उत्तरी बड़े मैदान में अधिक मिलते हैं। विकसित देशों के नगरीय श्रेणी में वस्तु-सामग्री-निर्माणक, व्यापारी, परिवहन तथा यातायात में संलग्न निवासियों के अनेक अधिवास मिलेंगे। विकासशील देशों में भी ऐसे केन्द्र पनप, बढ़ रहे हैं, (4) प्रकार्य आधारित वर्गीकरण में विकसित देशों में कृषक-ग्राम, मत्स्यपालक ग्राम, पशुचारण-झोपड़ियाँ तथा ग्राम इत्यादि है। ऐसे प्रकार्य नगरीय अधिवासों में औद्योगिक, व्यापारिक, प्रशासनिक, धार्मिक केन्द्रों का निर्धारण करते हैं। (5) आकार के आधार पर अधिवासों का वर्गीकरण-जैसे फार्म स्टेड (farmstead), होम स्टेड (homestead) या वासभूमि[106], पाही, छावनी, नगला (धाना पुरवा, टोला, टापरो इत्यादि), गाँव शहर इत्यादि; (6) आकृति के आधार पर गृहों के प्रतिरूप अनेक नामकरण द्वारा वर्गीकृत किए गए हैं। जर्मनी में डिकिन्शन[107] द्वारा वर्गीकृत और ख्रिस्टालेर द्वारा संशोधित अधिवासों का स्वरूप अधोलिखित है:

1. अनियमित, न्यष्टिक (क्लस्टर्ड) ग्राम (हाउफेनडॉर्फ या जीवनडॉर्फ)
2. एकाकी कृषि-फार्म (आइनजेलहोफे)
   अ. अनियमित बिखेरे हुए, जैसे Münsterland;
   ब. एक नाभिकीय ग्राम के चतुर्दिक सामूहिक ग्राम;
   स. रास्तों के साथ एक रेखा में बने अधिवास (केटेनडॉर्फर)
3. नगला (वाइटर)
   अ. बड़े कृषकों द्वारा जंगल-कटाई-पश्चात् बनाए गए अधिवास;
   ब. बड़े कृषि-फार्म के चतुर्दिक बने (Gutshöfe);
   स. खेतों के सतत् विभाजन द्वारा बने अधिवास (Erbteilung)।
4. स्थानिक ग्राम (Platzdorfer) या (Rundlings);
5. (Angerdörfer) दोकतार में बने हुए फार्म, जिनके बीच ग्राम की लम्बाई के साथ खाली जगह हों।
6. सड़क-ग्राम (strassendörfer) एक सड़क के दोनों ओर बने दो कतार में कृषि फार्म।
7. रैखिक-ग्राम (Reihendörfer) रैखिक अधिवास जो दो "स" तथा छठें के समान हैं किंतु उद्‌भव में मूलभूत रूप में भिन्न हैं। इनके अन्तर्गत अधोलिखित अधिवास सम्मिलित हैं:
   अ. दलदली ग्राम (Marschhufendörfer);
   ब. जंगल ग्राम (Waldhufendörfer);
   स. Fehnkolonien;
   द. इस्टेट अधिवास (Gutskolonien)।
8. खनन तथा उद्योग सम्बन्धी इस्टेट ग्राम।
9. नगरीग ग्राम।
10. उपनगरीय ग्राम।
11. आधुनिक औद्योगिक अधिवास।

इसी प्रकार नीचे लिखे हुए तथा बाद के अध्याय में वर्णित अनेक ग्राम-प्रतिरूप, स्वरूप तथा आकृति के आधार पर वर्गीकृत किए गए हैं, (1) रैखिक, (2) वृत्ताकार, (3) अरीय/चतुर्दिक, (4) त्रिभुजाकार, (5) चौकोर (ब्लाक), (6) तीराकार, (7) तारा, (8) पंखा, (9) मधुछत्ता, (10) सोपान, (11) सीढ़ीनुमा, (12) शतरंजी, (13) चेकरबोर्ड इत्यादि।

टेलर[108] ने भौगोलिक परिषद् के लिए पढ़े गए भाषण में नगरों का वर्गीकरण प्रस्तुत किया है, जिसे सभी अधिवासों के लिए लागू किया जा सकता है। उसके अनुसार अधिवासों की 7 प्रावस्थाएँ होती हैं।

1. पूर्व-शैशवावस्था (Sub-infantile) में एक अधिवास में एक ही सड़क होती है और दुकानों के विशिष्ट स्थल नहीं होते हैं।
2. शैशवावस्था (Infantile) में अधिवासों में सड़कों का ग्रिड निर्माण प्रारम्भ हो जाता है।
3. पूर्व किशोरावस्था (Juvenile) में कस्बे या शहर के मध्य में व्यापारिक गृहों तथा खाली सड़कों का निर्माण हो जाता है।
4. किशोरावस्था में शहर के रूप में गृहों का चतुर्दिक प्रखण्डीय विस्तार होता है। यद्यपि पूर्व निर्मित गृह भी मिलते हैं।
5. जब औद्योगिक क्षेत्र, निवासी क्षेत्रों से स्पष्टतया अलग हो जाते हैं तथा गंदी बस्तियों से लेकर बड़े महलों तक का निर्माण हो जाता है, यह अवस्था तरूणावस्था की होती है।

6. जब पूर्व ग्रिड प्रतिरूप में आधुनिक नगर नियोजन के अनेक प्रतीक दिखलायी पड़ने लगें तो प्रौढ़ावस्था पहुँच जाती है।
7. अंतिम प्रावस्था में, जिसे (senile) वृद्धावस्था कहेंगे, अनेक नगरीय क्षेत्र परित्यक्त से पड़े रह जाते हैं और शेष का विकास बंधा हुआ सा रुक जाता है, किंतु विकसित नए राष्ट्रों में ऐसी अवस्था नहीं मिलती।

हैगेट ने अधिवासों को बिन्दु मानकर एक वैकल्पिक अधिवासीय वर्गीकरण प्रस्तुत किया है। (locational Models, p. 98) जो निम्नवत् है:

सारणी 1 (iii)

नोड/पर्व (Nodes)

- अधिवास (अकारिकीय वर्गीकरण)
  - नगरीय अधिवास
  - ग्रामीण अधिवास
    - अनियमित जैसे वाइटर, ड्बेल डार्फ, हाऊफेन डॉफ
    - नियमित जैसे, रुण्डलिंग एन्गरडॉर्फ
- पुंजित जनसंख्या आकार वर्गीकरण
  - जैसे, मेट्रोपोलिश, वृहतनगर, नगर, कस्बा, कस्बा, ग्राम, नगला इत्यादि
- स्थान (प्रकार्यात्मक वर्गीकरण)
  - जैसे, केन्द्रीय स्थल, अन्य स्थल (ख्रिस्टालेर, 1933)

इसी प्रकार अरासू ने (The Arrangement of Rural Population, Geog. Rev. 10, 1920: 223-240) सामूहिक अधिवास (Agglomerations) अथवा ग्राम्य जनसंख्या का समूहन, पेशे की प्रकृति, जलस्रोत का स्वरूप, मिट्टी, खेतों के आकार, स्थानिक आर्थिक तंत्र, विशिष्ट, प्राकृतिक आवस्थाएँ तथा धरातलीय उच्चावच आदि कारणों के आधार पर वर्गीरण प्रस्तुत किया है।

राय ने रूरल सेटलमेंट इन मानसून एशिया, (पृ. 197) मानचित्रण के लिए 5 मुख्य तथा 23 उपविभागों में अधिवासों का वर्गीकरण किया है:

1. चौकोर प्रतिरूप
   - अ. संहत तथा अर्द्धसंहत (ब तथा स के अतिरिक्त)
   - ब. चतुर्भुजाकार
   - स. चौकाकार
2. लम्बायमान तथा रेखीय प्रतिरूप
   - अ. नदी निक्षेपित तट बाँध पर लम्बे अधिवास
   - ब. नदी सीमाग्र पर बसे लम्बे अधिवास
   - स. काठी पर बने लम्बे अधिवास,
   - द. बीच या नहर के साथ रेखीय,
   - य. मछली की हड्डी की आकृति वाले,
   - र. डोरी प्रतिरूप अधिवास, (2 अ, ब, य, के अतिरिक्त)
   - ल. सड़क या रास्ते के साथ बने लम्बे अधिवास (सड़क/रास्ते के एक अथवा दोनों ओर)।

सारणी 1 (iv)

सामूहिक अधिवास (Agglomerations)

- अचल
  - छोटे कस्बे
  - दृढ़ स्थिति-ग्राम (संघर्ष क्षेत्र)
    - ग्राम
    - नगला चूना क्षेत्रीय ग्राम सीमांत मेखलाग्राम शुष्क-बिन्दु ग्राम नम-बिन्दु ग्राम
    - आंशिक समूहन विकीर्णन
      - नवक्षेत्र के प्राथमिक ग्राम
      - द्वितीयक (उन्नत क्षेत्र के विकासशील ग्राम)
        - स्वैच्छिक
        - प्रवर्तित
  - ग्राम्य-समुदाय (संघर्ष क्षेत्र में स्वरूप जीवित रखने में सफल)
  - ग्राम (ग्राम-समुदाय स्वरूप सजीवता अनिश्चित)
    - अल्प उत्पादक
    - (विविध भौताकृतिक तत्त्व वाले प्रदेशों के)
    - (सशक्त उच्चावच, भूख-सीमा क्षेत्र वाले भोजन बिन्दुग्राम)
- अर्द्ध-अचल (कठिनाईपूर्ण सीमाक्षेत्र वाले)
- सचल (गर्म अर्द्धशुष्क एवं शुष्क क्षेत्र)

3. पंख-प्रतिरूप
   - अ. मुख्य सड़क पर संकेन्द्रित/अभिसरित गलियों के साथ,
   - ब. तालाब पर अभिसरित गलियों के साथ,
   - स. मंदिर, मस्जिद, गिरजाघर पर अभिसरित।
4. वृत्ताकार प्रतिरूप
   - अ. खोखला वृत्ताकार प्रतिरूप
   - ब. अरीय अधिवास
5. अन्य प्रतिरूप
   - अ. L आकृतिक अधिवास
   - ब. T आकृतिक अधिवास
   - स. प्रकीर्णित, बिखरे अधिवास
   - द. नगला अधिवास
   - य. अनियमित, अनाकारित अधिवास
   - र. परित्यक्त अधिवास

ये सभी ग्रामीण अधिवास प्रतिरूप अध्याय चार के खण्ड 7 (4.7) में वर्णित है।

अधिवास भूगोल के अध्ययनः ऐतिहासिकता

प्राचीनकालीन हिन्दू तथा बौद्धधर्म ग्रन्थ, पुराण तथा जातक में गृहों के प्रकार वस्तुपदविन्यास, ग्राम्य अधिवास, नगर नियोजन एवं वास्तुकला सम्बन्धी सविस्तार उल्लेख मिलते हैं किन्तु उनके गोपनीय पक्षों का व्यवस्थित अध्ययन नहीं किया जा सका है। यूरोप में अधिवास-अध्ययन सर्वप्रथम इतिहासकारों और फिर भूगोलवेत्ताओं द्वारा किया गया।[109] हिरोडोटस (440-425 ई.पू.) ने जिसे इतिहास का जनक कहा गया, निवसित स्थानों एवं निवासियों के रहन-सहन का उल्लेख किया है। स्ट्रैबो (63 ई. पू. 20 ई. तक), जो स्वयं को भूगोलवेत्ता मानता था, की पुस्तकों में कस्बों, शहरों की व्यक्तिगत खोज का विवरण प्राप्त है। रोमनिवासियों के अधिवास नियोजन में विशेष रुचि का आभास, उनकी विकसित सुव्यवस्थित क्वाड्रेट (प्रलम्ब) प्रणाली (Centuriation), शतविभाजन से मिलता है। सीजर तथा टेसिट्स ने भी रोमेतर अधिवास प्रणाली का मूल्यवान आंकड़ा प्रस्तुत किया। स्पेन तथा पूर्तगाल निवासियों ने लैटिन नियोजन पद्धतियों का प्रसार नई दुनिया में किया तथा उनके अमेरिकी अधिवास के कार्य-कलापों की सूचना (Relationes Geograficas तथा ordenangas de Poblaciones of the Codigo de Indias नामक प्रश्नावलियों में उल्लिखित है। कुक की समुद्रीयात्रा पश्चात् 1972 में फार्स्टर की पुस्तक में कुछ प्रशान्त महासागरीय द्वीपों के अधिवासों का विस्तृत वर्णन सम्मिलित किया गया। बैडकाक[110] के अनुसार जाँच की विशिष्ट विषय-वस्तु के रूप में अधिवास भूगोल उन्नीसवीं सदी के जर्मन भूगोलवेत्ताओं की देन है जो प्रारम्भ में गृहों के प्रकार (उनके वितरण, वास्तुकला तथा निर्माण सामग्री के साथ) एवं नगर-केन्द्रों से सम्बन्धित थे। 1840 ई. तक अधिवास भूगोल नगरों तथा पर्यावरण के मध्य सम्बन्धों के अनुसन्धान के रूप में विकसित हो गया। अगले दशक में नगरीय आकारिकी का जोर कम होने लगा और ऐतिहासिक उपागमों का प्रयोग दम घुटाने की सीमा तक पहुंच गया। जैसा कि स्टोन की स्वीकारोक्ति है, बाद में अधिवास भूगोल में नगरीय भूगोल के विकास का बोलबाला रहा। यद्यपि ग्रामीण अधिवासों का अध्ययन रीटर के काल में 19वीं शती के पूर्वार्द्ध में शुरू हुआ किन्तु बीसवीं शती के प्रारम्भ से अधिवास भूगोलवेत्ता ग्रामीण अधिवास भूगोल के दो वर्गों (1) सीडलुंस ज्यॉग्राफी अथवा डी लॉहैबिटाट रूरल (2) जो अधिवास प्रक्रिया तथा अभिव्यक्ति का वर्णन करता है, के अध्ययन में संलग्न रहे। यहाँ विषय-वस्तुगत अध्ययन विकसित का वर्णन समीचीन होगा।[111]

विश्लेषणात्मक उपागम का प्रयोग प्रकार्य, स्वरूप के अध्ययन में प्रथमतया स्पष्ट दिखलाई पड़ता है। मोजेर ने सर्वप्रथम अपनी पुस्तक "हिस्ट्री ऑफ ओस्नाबुक" में कृषि फार्म के अवलोकित गृहों के प्रकार्यों का खेतों का विवरण दिया। उसने अधिवासों के व्यवस्थित सर्वेक्षण, जिससे प्राकृतिक भौगोलिक अवस्थाओं तथा किसी भूमि पर बसने वाले लोगों के रीति-रिवाजों के अन्तर्सम्बन्धों को समझने में सहायता मिलती है, का प्रतिपादन किया। बाद में डाह्ल्मन तथा हान्सेन (1880) ने उत्तरी यूरोप के एकल और सामूहिक कृषिफार्म अधिवासों का अध्ययन प्रस्तुत किया। इस समय तक स्वरूप तथा प्रकार्य अधिवासीय विश्लेषण के स्थापित सिद्धान्त बन चुके थे।

स्थान-नाम विश्लेषण (देखें खण्ड 1-2 पृ.): अरनाल्ड[112] नामक इतिहासवेत्ता द्वारा विकसित इस तकनीक को भूगोलवेत्ताओं ने स्वीकार करके व्यापक बनाया। इस तकनीक द्वारा उसने पाँच मुख्य समूहों में बंटे पचास कबीलों की पहचान की। उदाहरणार्थ-अलेमानेन, फ्रान्केन, साच्सेन, थुरिन्गेर तथा बेयर्न। आधुनिक समय के भूगोलवेत्ताओं ने नाम-परिवर्तन के विश्लेषण द्वारा ऐतिहासिक अधिवासीय स्तर-क्रम निर्धारण का विकास किया है। इसी आधार पर जागेर, नीमाइयर एवं नित्ज ने अनेक अधिवास अनुसन्धान किए हैं। अन्य पूर्व अध्ययनों का उल्लेख खण्ड 2.8 में दिया गया है।

विधि सम्बन्धी व्याख्या: जैसाकि उपागमों-विधियों के बारे में चर्चा की गई है बहुत से भूगोलवेत्ताओं ने, 18वीं तथा 19वीं शती के पूर्वार्द्ध में, अधिवासों के स्वरूप तथा संरचना के सैद्धान्तिक अनुसंधान द्वारा अत्यधिक योगदान किया। रिटर (1779-1859) ने सर्वप्रथम मानव को भौगोलिक शोध के कार्य-कलापों का केन्द्र मानने पर बल दिया उसने अपने विद्यार्थी रेक्लस (1830-1905) को और रेक्लस ने प्रसिद्ध मानव भूगोलवेत्ता विडॉल डी ला ब्लॉश (1845-1918) को प्रभावित किया। ब्लॉश ने बिखरे तथा सामूहिक दोनों ही अधिवासों पर स्थान तथा स्थिति के प्रभावों का विश्लेषण किया। माइत्सेन (1822-1910) ने केवल अचल कृषि अधिवासों के विकास का ही अनुसन्धान नहीं किया वरन् स्थान नाम विश्लेषण का अनुसरण करके अधिवास की प्रावस्थाओं की व्याख्या किया। उसका विश्लेषणात्मक अध्ययन एक प्रतिगामी शोध के प्रतिमान का प्रतिनिधित्व करता है। उसने अधिवास के प्रकार की पहचान की और

सांस्कृतिक तत्त्वों के प्रभाव पर बल दिया। माइत्सेन ने व्यवस्थित ढंग से अधिवासों के वर्गीकरण का प्रयत्न तथा अधिवास की शब्दावली हेतु अधिक योगदान किया।

एफ.फॉन ने (1833-1905) अधिवासों से जुड़े खेतों के महत्त्व पर बल दिया। उसने जलवायु तथा भूमि की दशाओं तथा अधिवास के प्रकार के मध्य व्यापक अन्तर्सम्बन्धों की पहचान किया। कुमारी स्वार्ज (Miss Swartz) ने गृहों तथा आर्थिक स्थिति के सम्बन्धों पर विशेष बल दिया जिसने स्टोन के अधिवास भूगोल की पूर्वोक्त परिभाषा में 'गृहों से जुड़ी भूमि' के प्रत्यय को प्रभावित किया।

वर्गीकरण सम्बन्धी अध्ययन

बीसवीं शती के प्रारम्भ से, जैसा कि खण्ड 1-3 में चर्चित है, अधिवासों के समूहों को प्रकार में वर्गीकृत करने का अधिकारिक प्रयास किया गया। वर्गीकरण से सम्बन्धित दो उपागमों में हम प्रथमतया माइत्सेन द्वारा प्रतिपादित प्रतिगामी विधि से और दूसरे भूमि-खण्डों के विभाजन से, जिससे प्रत्येक भाग के विकास की व्याख्या सम्भव हो सके, सम्बन्धित हैं। इस विधि के प्रतिपादक स्टाइनबाच, म्यूलर विले तथा क्रेन्झालिन थे।

वर्तमान शती में जर्मनी, फ्रान्स, तथा ब्रिटेन के भूगोलवेत्ता ही नहीं वरन् अनेकों ने, जो नई दुनिया, रूस, अफ्रीकी, एशियाई देशों के हैं, विविध शीर्षकों पर व्यापक रूप से योगदान किया है। यहाँ संक्षिप्त विवरण देना ही पर्याप्त होगा। अरासू ने 1920 में ही स्थान, प्रतिरूप तथा प्रकार का सुन्दर विवेचन किया। अह्लमन (1928) ने अधिवास प्रकार पर लिखा। डिमाँजिया की शिष्या कुमारी ली फेवर ने कृषित भू-दृश्यों के मकानों पर ध्यान केन्द्रित किया। उसके अनुसार परिभाषा, वर्गीकरण तथा गृह प्रकार के प्रादेशिक वितरण की व्याख्या ही अधिवास-अध्ययन का उद्देश्य है। डिकिंसन (1949) ने जर्मनी के ग्रामीण अधिवासों के प्रकार का वर्णन किया। कोह्न (1954) ने 'अमेरिकन ज्योग्राफी इन्वेन्ट्री एण्ड प्रास्पेक्ट' में अधिवास भूगोल के प्रयोगात्मक पहलू पर लिखा जिसने इस दिशा में प्रगतिशील लेखकों को प्रभावित किया। स्पेन्शर तथा थामस (1954) ने संस्कृति पर लिखते समय उसके प्रतिनिधित्व कारक मूलभूत अधिवास-स्वरूपों तथा विभिन्नताओं का स्पष्ट चित्रण किया है। जोन्स ने 'मानव भूगोल' के पृष्ठ-112 पर प्राच्य तथा नई दुनिया के अधिवासों का उदाहरण देकर स्थान, प्रतिरूप तथा वितरण का वर्णन किया है। मिचेल (1960) ने अपनी ''हिस्टारिकल ज्योग्राफी'' में अधिवासआकारिकी, खत-प्रतिरूप तथा भूमि की व्याख्या प्रस्तुत किया है। इसी प्रकार मनी (1867) ने ''इन्ट्रोडक्शन टू ह्यूमन ज्योग्राफी'' में मकानों के प्रकार तथा सामाजिक-सांस्कृतिक विभिन्नता का चित्रण किया। विलियम एम. मैकिनी ने संहत अधिवासों का सविस्तार वर्णन किया। चिशोम (1969) ने ग्रामीण अधिवासों तथा भूमि उपयोग के सम्बन्धों का विवेचन प्रस्तुत किया जबकि एवर्सन तथा फिट्जिराल्ड ने अधिवास प्रतिरूप का विशद वर्णन किया। जे.सी. हडसन ने (1969) ग्रामीण अधिवास भूगोल के सिद्धान्त को और एफ.एस. हडसन ने (1970) ''ए ज्योग्राफी ऑफ सेटिलमेन्ट्स'' नामक पुस्तक प्रस्तुत किया है। ब्रोन्जर डर्क ने (1970) ''एर्डकुन्ड'' पत्रिका में अधिवास तथा जाति व्यवस्था के सम्बन्धों की ओर ध्यान आकर्षित किया है।

हसिंगेर सरीखे आस्ट्रिया के भूगोलवेत्ता ने जर्मनी के लोगों के अधिवासीय प्रत्यय का अनुसरण किया है। स्कैन्डेनेविया के भूगोलविदों ने अधिवासों के अध्ययन को एक भौगोलिक सत्ता के रूप में समझने पर बल दिया है। ग्रैनो ने ग्राम्य गृहों नगलों तथा नगरीय अधिवासों के स्वरूप तथा स्थिति का विश्लेषण करके फिनलैन्ड के अधिवास प्रदेशों का चिर प्रतिष्ठित उदाहरण प्रस्तुत किया है। चेकोस्लोवाकिया में ग्रामीण अधिवास, जैसे, गृह, कृषि फार्म परिसर तथा चतुर्दिक भूमि, के व्यावहारिक मूल्य पर बल दिया गया।

ईसैया बाउमैन (1925) ने अधिवास विज्ञान को विश्व के पुरोगामी बस्ती पेटियों (Pioneer Belts) के विकासीय निर्धारण हेतु अंतर्वैज्ञानिक अध्ययन के रूप में मान्यता देने पर बल दिया है। लीस्टर ने न्यूजीलैण्ड में पुरोगामी अधिवासों तथा पर्यावरणीय प्रभावों का अध्ययन किया है। योनेकुरा तथा उनके शिष्यों ने जापान तथा भारतीय क्षेत्रों का गहन क्षेत्र-सर्वेक्षण करके अधिवास भूगोल सम्बन्धी अध्ययन प्रस्तुत किया है। रूस के नव-अधिवासित क्षेत्रों पर भी विशेष लेखन सामग्री है। अफ्रीकी देशों में कुछ कम ही अध्ययन हुए हैं, जैसे जाम्बिया, तन्जानिया, द. अफ्रीका नाईजीरिया तथा इथोपिया आदि। इसी प्रकार पाकिस्तान तथा बंगलादेश, मलेशिया, फिलिपाइन्स में भी अध्ययन किए गए हैं। चीन के भूगोलवेत्ताओं ने अधिवास तथा भूमि उपयोग के सम्बन्धों का अध्ययन किया है।

भारत में इतिहासवेत्ता, समाजशास्त्री तथा नृतत्वशास्त्रियों ने अधिवासीय अध्ययनों के लिए आधार प्रदान किए हैं। प्रो. रामलोचन

सिंह के नेतृत्व, संरक्षण एवं निर्देशन में अधिवास भूगोल के महान कार्य हुए हैं और ग्रामीण अधिवास विज्ञान की शाखा की सुदृढ़ स्थापना का श्रेय भी उन्हीं को प्राप्त है।

भारत में अधिवास-अध्ययन का विकास

भारत के प्राचीन साहित्य में विविध प्रकार के अधिवासों का वर्णन एवं उल्लेख है। कालिदास के मेघदूत में मुख्यतया मध्य भारत से उत्तरांचल का प्रादेशिक वर्णन एवं भौगोलिक चित्रण है। किन्तु 1940 के दशक तक व्यवस्थित अध्ययन का अभाव ही रहा है। 1930 ई. के पूर्व कुछ बन्दरगाहों के ऐतिहासिक वर्णन मिलते है। इसी प्रकार यायावरों, भ्रमणकर्त्ताओं के लेखनों में भी अधिवास के वर्णन यत्र-तत्र बिखरे पड़े हैं। आर्थर गेडीज ने सर्वप्रथम ''ए ह्यूमन ज्योग्राफी ऑफ बेन्गाल'' चार खंडों में लिखा (एडिनबरा में 1935) की अप्रकाशित थीसिस के रूप में। इसी प्रकार एम.बी. पीथावाला ने ''ए ज्याग्राफिकल एनालीसिस ऑफ दी लोअर इन्डस बेसिन (सिंध) करांची'' का अध्ययन (1936) में तथा एस.एम. अली ने ''ए ज्याग्राफिकल स्टडी ऑफ दी घघ्घर प्लेन'' (यूनिवर्सिटी ऑफ लन्दन की अप्रकाशित थीसिस, 1939) नामक अध्ययन पूर्ण करके महत्त्वपूर्ण योगदान किया। राधा कमल मुकर्जी ने (1940) ''मैन एण्ड हिज हैबिटेशन: ए स्टडी इन सोसल इकोलाजी'' (लांगमैन ग्रीन एण्ड कं.) नामक मौलिक ग्रन्थ प्रस्तुत किया। इनायत अहमद ने रूरल सेटलमेन्ट टाइप्स इन यू.पी. (यूनाइटेड प्राविन्सेस आगरा एण्ड अवध, अप्रकाशित थीसिस) लिखकर अधिवास भूगोल के भविष्यकालीन अध्ययनों के लिए मार्ग प्रशस्त किया। यद्यपि एस.सी. दूबे तथा एम.एन. श्रीनिवास सरीखे समाजशास्त्री एवं नृतत्वशास्त्रियों में, ''भारतीय ग्राम'' पर प्रमाणिक अध्ययन प्रस्तुत किए है, फिर भी आर. मुखर्जी द्वारा (1961) भारतीय समुदाय के निवास गृहों के ढंग पर पुरोगामी अध्ययन किया गया है। ''वेज ऑफ ड्वेलिंग इन कम्यूनटीज ऑफ इण्डिया'' इन थ्योडरसन जार्ज, ए. द्वारा संपादित, ''स्टडीज इन ह्यूमन एकोलाजी'' से पैटर्सन एण्ड कं. न्यूयार्क, एशिया वाल्यूम 40, 1940, पृ. 287-290, 375-378, 390-401, 439-442 से पुन: मुद्रित, (1961)।

पूर्वोक्त संदर्भित उल्लेखानुसार प्रो. रामलोचन सिंह ने अन्य अध्ययनों के साथ ''इवालूशन ऑफ सेटिलमेन्ट्स इन दी मिडिल गंगा वैली'', नेशनल ज्योग्राफिकल जर्नल ऑफ इण्डिया, वा.1, भाग द्वितीय, 1955 तथा ''टिपिकल रूरल इवेलिंग्स इन द अमलैन्ड ऑफ बनारस'', इण्डिया, वा. तृतीय, भाग 2 (II) 1957 पूर्ण करके सुगम मार्ग प्रशस्त किया। ए.एन. भट्टाचार्य ने (1956) ''रूरल हैबिटेशन्स इन द अपर गंगा प्लेन एण्ड सोन वैली'' (अप्रकाशित थीसिस आगरा यूनिवर्सिटी) लिखकर तुलनात्मक अध्ययन के नवीन क्षितिज का मार्ग प्रशस्त किया। सी.डी. देशपाण्डे ने अपने ''मार्केट विलेजेज एण्ड पीरियाडिक फेयर्स ऑफ बाम्बे'' (अब कर्नाटक) आई.जी.आई.वा. 16, पृ. 327-339 में विश्लेषणात्मक उपागम का प्रयोग किया। ए.टी.ए. लीयरमन्थ ने दक्षिणी भारत के ग्रामों पर अनूठा अध्ययन प्रस्तुत किया। के.एच. बुचमन ने भारत के विभिन्न प्रदेशों में प्रतिरूपों तथा गृह-प्रकार का सविस्तार अध्ययन किया।

एस.पी. चटर्जी ने ''फिफ्टी ईयर्स ऑफ साइन्स इन ज्योग्राफी'' 1963, 1968 नामक ''प्रोग्रेस ऑफ ज्योग्राफी'' श्रेणी (series) में ग्रामीण अधिवास अध्ययन का विस्तृत विवरण दिया है। के.एस. सुब्रह्मण्यम ने 1938 में दक्षिणी भारत के चार मुख्य गृहों के प्रकार के मुख्य लक्षणों का विवेचन किया। कई वर्षों बाद 1950 में एस. सिन्हा ने ग्राम-अध्यनान्तर्गत छोटा नागपुर के भाभरिया पर लिखा आर. लाहिड़ी ने ''अजय वैली'' पर, एम.एस. विश्वनाथ ने (1956) तंजौर (तमिलनाडु) के ग्राम्य अधिवासों पर तथा ए.बी. मुखर्जी ने (1956-57) मुरादाबाद तथा बिजनौर पर अध्ययन प्रस्तुत किया। अनेक भूगोलवेत्ताओं द्वारा स्थानिक विभिन्नता वाले क्षेत्रों का अध्ययन किया गया। एम. अनस (1954) तथा एल.आर. सिंह (1962) ने हिमालय के तराई क्षेत्रों के अधिवास प्रतिरूप का वर्णन किया। योनेकुरा (1961) ने द. भारत के चतुर्भुजाकार ग्राम प्रतिरूप की तुलना जापानी ग्रामों से की। एस.डी. कौशिक ने (1959) देहरादून तथा एस.डी. मिश्रा (1962) ने मथुरा जिलों के अधिवास पर लिखा। बी. मुखर्जी ने हुगली क्षेत्र के अधिवास पर तथा ए.एन. भट्टाचार्य ने एल.एन. वर्मा के साथ ऊपरी सोन घाटी के तीन प्रकार के अधिवासों का प्रभेद बतलाया। पी. बन्द्योपाध्याय ने भी पूर्वी कोल्हण (छोटा नागपुर में) के अधिवासों का अध्ययन किया। ग्रामों के अध्ययनों में सी. निरूमला (1960) ने विहलम पर, आर. रामचन्द्रन ने मुहम्मदपुरम पर, ए.वी. थीरू ने नोलाम्बुर पर, ए.बी. बोस ने चिरई (राजस्थान) पर, बी.ए. जानकी तथा एम.एच. अजवानी ने रसूलाबाद पर लिखा। वी.ए. जानकी (1953-57) ने केरल के अधिवास के ऐतिहासिक विकास तथा वितरण पर योगदान किया। एस.एन.पी. जायसवाल ने 1961 सचेन्द्री पर लिखा।

एम.एन. वसन्थादेवी (1862) ने एडाखड ग्राम के गृह-प्रकारों को, वी. विद्यानाथ (1962) ने आंध्र प्रदेश के कोलेरू झील के द्वीपीय वृत्ताकार गृहों की ऐतिहासिक पृष्ठभूमि को प्रस्तुत किया। इसी प्रकार टी. सिंह (1965) ने ऊपरी गंगा-जमुना दोआब के कुराली ग्राम के गृह-प्रकार का सविस्तार वर्णन किया। गोपाल कृष्णन ने चन्डीगढ़ के अमलैन्ड का सीमा निर्धारण किया (1963) तथा एस.एन.पी. जायसवाल ने (1963) विन्द की सेवा-केन्द्र पर लिखा। आर.डी. दीक्षित ने (1965) यू.पी. में देहरादून घाटी के ग्रामीण गृह-प्रकार का वर्गीकरण किया। समसामायिक अध्ययनों में ए. अहमद ने भारतीय रेगिस्तान पर, एस. के मुन्शी का बिहार के सिंहभूमि में चिरिया पर (1965), तथा एस.एस. पद्ये (1965) के विदर्भ के परित्यक्त ग्रामों तथा ग्रामों की शब्दावली तथा स्थान नाम पर किए गए अध्ययन महत्त्वपूर्ण है। ए.बी. चटर्जी ने (1966) ने बिहार के बिरहोर लोगों के अधिवास प्रतिरूप पर, ए.बी. मुकर्जी ने (1964) तेलंगाना के रेड्डी से पहले के भू-दृश्य पर अध्ययन किया। है। 1965 में एस.एन. रफीउल्लाह ने खानाबदोशी (Geography of Transhumance) पर पुस्तक लिखी है, जिसमें अधिवासीय वर्णन है। छठें दशक में नेशनल ज्याग्राफिकल जर्नल ऑफ इण्डिया, वाराणसी में अनेक लेख प्रकाशित हुए। प्रो. सिंह का ''मीनिंग, आब्जेक्टिव एण्ड स्कोप ऑफ सेटिलमेन्ट्स ज्याग्राफी'' (1961), एस.एम. सिंह का ''ऐन्सिएन्ट भर्स एण्ड देअर रूइन्ड सेटिलमेन्ट्स इन गंगा-घाघरा दोआब वेस्ट'' (1962), दी स्टेबिलिटी थियरी ऑफ सेन्ट्रल प्लेस डवलपमेन्ट तथा तुरुफ बभनौटी एण्ड राउतार इन दी गंगा घाघरा दोआब वेस्ट: ए स्टडी इन लैन्ड सेटलमेन्ट, सोशल ज्योग्राफी एण्ड रूरल सेंट्रल प्लसेस (1965), एस.एन. मिश्र द्वारा ह्यूमन डेवलिंग्स इन सोनपार रीजन (यू.पी.): ए ज्योग्राफिकल एनालीसिस (1969), आर.बी. सिंह द्वारा ''रूरल सेटलमेन्ट टाइप्स एण्ड देअर डिस्ट्रिब्यूशनः एक्जाम्पुल्स फ्राम वाराणसी डिस्ट्रिक्ट, इण्डिया'' (1969) उल्लेखनीय है।

इनायत अहमद तथा बुचमन के पुरोगामी (Pioneer) अध्ययनों के अतिरिक्त अनेक विश्वविद्यालयों में शोध-ग्रंथ भी प्रस्तुत हुए हैं। एन.पी. सक्सेना का ''डिस्ट्रब्यूशन ऑफ पापुलेशन एण्ड सेटलमेन्ट इन दी गंगा प्लेन्स ऑफ यू.पी.'' (1953), पी. वर्मा का इलाहाबाद यूनिवर्सिटी में ''रांची प्लेटो-ज्योमार्फोलाजी एण्ड सेटिलमेन्ट्स'' (1958), नित्यानन्द का रीजनल एकानामी एण्ड सेटलमेन्ट पैटन्र्स इन ईस्ट राजस्थान (1960), एल.एन. वर्मा का ''टाइप्स ऑफ ह्यूमन सेटलमेन्ट्स इन विन्ध्य प्रदेश'' (1960), एन.डी. भट्टाचार्य का मुर्शिदाबाद: ए स्टडी इन सेटलमेन्ट ज्योग्राफी (1865), एस.एन.पी. जायसवाल का ''सर्विस सेन्टर्स ऑफ दी ईस्टर्न पार्ट ऑफ गंगा-जमुना दोआब'', यू.पी. (19765), नागपुर से एस.एस. पद्ये का ''रूरल सेटलमेन्ट पैटन्र्स एण्ड हाउस टाइप्स ऑफ दी डेकन ट्रैप रीजन ऑफ विदर्भ'' (1965), एम. झाला का ''सेटलमेन्ट्स इन महाकोशल'' (1966), विक्रम वि.वि. से एस. पाठक का सेटलमेन्ट्स इन दून वैली (1968), एस.सी. जोशी का आगरा से सेटलमेन्ट पैटर्न इन कुमांयू (1968), बी.के. अस्थाना का ''लैन्डफार्म्स एण्ड सेटलमेन्ट्स इन अल्मोड़ा एण्ड एन्विरान्स'' (1863), आर.वी. वर्मा का ''दी इवालूशन ऑफ सेटलमेन्ट पैटर्न इन अवध'' (1968), एस.सी. खर्कवाल का लैन्डफर्मा एण्ड सेटिलमेन्ट्स ऑफ नैनीताल एण्ड एन्विरान्स (1969), एन. कौशिक का गंगा-घाघरा दोआब सेन्ट्रल: ज्योग्राफिकल एनालीसिसि ऑफ छोटा नागपुर (1969) रांची, आगरा से गोपालचन्द्र का ''दी एकोनामी एण्ड मार्फोलाजी ऑफ रूरल सेटलमेन्ट्स इन दी घार ट्रैक्ट ऑफ डिस्ट्रिक्ट सहारनपुर: ए रीजनल इन्वेस्टिगेशन'' (1970), आर.बी. सिंह का ''राजपूत क्लान सेटिलमेन्ट्स इन वाराणसी डिस्ट्रिक्ट'' (मिडिलगंगा वैली), (1971), के.एस. गोपालकृष्णन का ''कावेरी डेल्टा: ए स्टडी इन रूरल सेटिलमेन्ट्स'' (1972), वाराणसी से पटना से आर.बी. मंडल का ''दी ज्योग्राफी ऑफ रूरल सेटिलमेन्ट्स इन बिहार प्लेन'' (1973), लेखक आर.वाई सिंह का ''मालवा रीजन: ए स्टडी इन रूरल ऐटिलमेन्ट्स'' (1974), जे.सिंह का ''बघेलखण्ड: ए स्टडी इन पापुलेशन एण्ड सेटलमेन्ट ज्योग्राफी'' (1974), राना पी.बी. सिंह का ''क्लान सेटिलमेन्ट्स इन दी सारन प्लेन (मिडिल गंगा वैली)'', (1974), एस.बी. सिंह का ''सुल्तानपुर डिस्ट्रिक्ट: ए स्टडी इन सेटलमेन्ट ज्योग्राफी'' (1974), ओ.पी. सिंह का ''पलामू अपलैण्ड ऑफ छोटा नागपुर हाई लैण्ड्स: ए स्टडी इन लैण्डफार्म्स एण्ड सेटिलमेन्ट्स'' (1974), एस.के. सिंह का ''ए ज्योग्राफिकल स्टडी ऑफ रूरल सेटिलमेन्ट्स इन रीवां-पन्ना प्लेटो'' (1974), भुवनेश्वर में दीप्ति दास का ''ट्राइबल पालुलेशन एण्ड पेटिलमेन्ट्स इन कामरूप विथ स्पेशल रेफरेन्स टू टी कन्सेन्ट्रेशन इन दी सदर्न रीजन'' (1975), पटना में वी.एन.पी. सिन्हा का ''छोटा नागपुर: ए स्टडी इन सेटलमेन्ट ज्योग्राफी'' (1975), पी. नाग का ''ज्योग्राफिकल एनालिसिस ऑफ सेटलमेन्ट प्लानिंग ऑफ जाम्बिया'' (1976), मद्रास में एन. सिवाग्नानम द्वारा ''दी रिलेशनशिप बीट्वीन फंक्शनल हेराकी ऑफ सेटिलमेन्ट्स एण्ड पैटन्र्स ऑफ इनोवेशन डिफ्यूजन इन नीलगिरि डिस्ट्रिक्ट'' (1976), भागलपुर में ''लैण्ड यूज एण्ड सेटिलमेन्ट्स इन दी डिस्ट्रिक्ट्स ऑफ भोजपुर एण्ड रोहतास, बिहार'' (1976), डी.के. सिहं का राजपूत क्लान सेटिलमेन्ट्स इन ए पार्ट ऑफ मिडिल गंगा वैली ''डिस्ट्रिक्ट जौनपुर'', (1977), बी.पी. गुप्ता

का, ''चम्पावत: ए स्टडी इन लैण्डफार्म्स एण्ड सेटलमेन्ट'' (1977), एस.बी. सिंह का ''लैण्डफार्म्स एण्ड सेटिलमेन्ट्स ऑफ शिमला एण्ड एन्विशन्स'' (1977), रायपुर से डी.आर. नायक का ''रूरल सेटलमेन्ट ऑफ छोटा नागपुर रीजन'' (1978), कुमकुम मजूमदार का ''स्टडी ऑफ रूरल सेटलमेन्ट इन ईस्टर्न गुजरात'' (1978), शैल सिंह का ''वेस्टर्न तराई ऑफ यू.पी.: ए स्टडी इन पापुलेशन एण्ड सेटलमेन्ट ज्योग्राफी'' (1978), ए.के. सिंह का ''रूरल सेटलमेन्ट्स इन बलिया डिस्ट्रिक्ट'' (1976), बी. ठाकुर का ''अर्बन सेटलमेन्ट्स इन ईस्टर्न-इण्डिया- एन्ट्राफी चेन्जेज एण्ड पैटर्न एनानीलिस'' (1978), एस.आर. यादव का हजारीबाग प्लेटो: ए स्टडी इन लैन्डफार्म्स एण्ड सेटलमेन्ट्स, 1978, मिनती सिंह का लोअर गंगा, घाघरा दोआब: ए स्टडी इन रूरल सेटलमेन्ट्स (1979) जे.आर. यादव का ''रूरल सेटलमेन्ट्स एण्ड हाउस टाइप्स इन दी लोअर गंगा-जमुना दोआब'' (1979), आर.सी. तिवारी (इलाहाबाद) का दी लोअर गंगा-जमुना दोआब-ए स्टडी इन रूरल सेटलमेन्ट्स (1980), कानपुर में एस.के. शुक्ला का रूरल सेटलमेन्ट्स ऑफ दी ईस्ट सेन्ट्रल गंगा-जमुना दोआब: ए ज्योग्राफिकल स्टडी (1980), पूना में ए.एस. जाब का ''ए स्टडी इन रूरल सेटलमेन्ट्स इन दी अपर सीमा बेसिन'' (1980), यू.पी. सिंह का ज्योग्राफिक डाइमेन्शन्स ऑफ रूरल सेटलमेन्ट्स इन गोरखपुर डिस्ट्रिक्ट (1981), जी.एस. सिंह का दंडकारण्य: ए स्टडी इन सेटिलमेन्ट ज्योग्राफी (1982), एस.सी. गुप्ता का ''लोअर गंगा-रामगंगा दोआब: ए स्टडी इन सेटलमेन्ट ज्योग्राफी'' (1983)[113] आदि हैं। बाद के शोध प्रबन्धकों में आलोक कुमार सिंह (1984) ज्योग्राफिकल एनालीसिस ऑफ पापुलेशन एण्ड सेटलमेंट इन मिर्जापुर डिस्ट्रिक्ट (उत्तर प्रदेश), बंशीधर पाण्डेय (1985) बुन्देलखण्ड (उत्तर प्रदेश) के जनसंख्या एवं अधिवासों का एक भौगोलिक अध्ययन, अनिल कुमार मिश्र (1987) दून वैली: ए स्टडी इन सेटलमेन्ट्स ज्योग्राफी, हौशिला प्रसाद (1989) ज्ञानपुर में भूमि उपयोग एवं अधिवास वितरण, जितेन्द्र सिंह (1990) सरयूपार प्लेन (उत्तर प्रदेश) ए स्टडी इन रूरल सेटलमेन्ट ज्योग्राफी आदि उल्लेखनीय है। कुछ प्रकाशित पुस्तकों एवं शोध प्रबन्धों के सन्दर्भ निम्नवत हैं। आर.सी. शर्मा की ''सेटलमेन्ट ज्योग्राफी ऑफ दी इण्डियन डेजर्ट'' (1972), ए. प्रसाद की ''छोटा नागपुर'': ज्योग्राफी ऑफ रूरल सेटलमेन्ट्स (1973), आर.बी. सिंह की ''राजपूत क्लान सेटलमेन्ट्स इन वाराणसी डिस्ट्रिक्ट (1975), वी.एन.पी. सिन्हा की छोटानागपुर प्लेटो: ए स्टडी इन सेटलमेन्ट ज्योग्राफी (1976), एस.के. नान्गिया की डेल्ही मेट्रोपोलिटन रीजन: ए स्टडी इन सेटलमेन्ट ज्योग्राफी'' (1976), राना पी.बी. सिंह की ''क्लान सेटलमेन्ट्स इन दी सारनप्लेन'' (1978), इनायत अहमद की सोसल एण्ड ज्योग्राफिकल आस्पेक्ट्स ऑफ ह्यूमन सेटलमेन्ट्स (1979), आर.पी. मिश्र एवं बी.एस. भूषण का ''ह्यूमन सेटलमेन्ट्स इन एशिया: पब्लिक पालिसीज एण्ड प्रोग्राम्स'' (1979), नीलम ग्रोवर की रूरल सेटलमेन्ट्स: ए कल्चरल ज्योग्राफिकल एनालीसिस (1985), आर.सी. तिवारी की सेटलमेन्ट सिस्टम इन रूरल इण्डिया: ए केस स्टडी ऑफ दी लोअर गंगा-यमुना दोआब (1984), एस.एच. अन्सारी की ''इवालूशन एण्ड स्पेशियल ऑर्गेनाइजेशन ऑफ क्लान सेटलमेन्ट्स इन बलिया डिस्ट्रिक्ट'' (1985), मिनती सिंह की ''रूरल सेटलमेन्ट्स इन लोअर गंगा-घाघरा दोआब'' (1986), नन्दलाल का रूरल सेटलमेन्ट्स, प्लानिंग एण्ड डवलपमेन्ट (1989), आर.बी. मण्डल का सिस्टम ऑफ रूरल सेटलमेन्ट्स इन डवलपिंग कन्ट्रीज, (1989) आदि।

गोसल तथा मुखर्जी ने (1969-1975) तक किए गए प्रकाशित प्रयासों का विवरण दिया है, जो अलग से पठनीय है।[114] बाद के वर्षों में इस शाखा के विकास के महत्त्वपूर्ण योगदान का विवरण निम्नवत है। जे.के. शर्मा का ''एप्लिकेशन ऑफ सैम्पलिंग मेथड फार नियरेस्ट ड्वेलिंग डिस्टेन्स'' (1975), के.एन. सिंह का ''मैपिंग एण्ड एनालीसिस ऑफ सेटलमेन्ट थ्रू एरियल फोटोग्राफ्स'' (1975), आर.बी. मंडल का ''सेन्ट्रल प्लेस हेरार्की इन बिहार प्लेन'' (1976), आर. रामचन्द्रन का ''आइडेंटिफिकेशन ऑफ ग्रोथ सेन्टर्स एण्ड ग्रोथ प्वाइंट्स इन साउथ ईस्ट रिसोर्स रीजन'' (1976), राना पी.बी. सिंह का ''इन्ट्राविलेज स्पेसिग: मेजरमेन्ट कम्पेरिजन, केस ऑफ टी सारन प्लेन'' (1976), एस.बी. सिंह का ''डिस्ट्रिब्यूशन, सेन्ट्रालिटी एण्ड हेरार्की ऑफ रूरल सेन्ट्रल प्लेसेस इन सुल्तानपुर डिस्ट्रिक्ट'' (1977), आर.एल. सिंह एवं राना पी.बी. सिंह का ''स्पेशियल एण्ड स्ट्रक्चरल एनालीसिस ऑफ दी रूरल मार्केट नेटवर्क एण्ड इट्ज रिलेशन टू सोसाइटी इन एन इण्डियन इनविरानमेंट'' (1977), आर.वाई सिंह का ''प्लेस नेम्स ऐज टूल्स फार कांस्ट्रक्टिंग दी इवालूशन ऑफ सेटिलमेन्ट्स इन दी मालवा रीजन, इण्डिया'' (1977), आर.के. श्रीवास्तव का एनालीसिस ऑफ साइज, स्पेसिंग एण्ड नेचर ऑफ डिस्पर्सन ऑफ रूरल सेटिलमेन्ट्स इन जालौन डिस्ट्रिक्ट (1978), (उ.भा.भू. पत्रिका, गोरखपुर), आर.एल. सिंह एण्ड राना पी.बी. सिंह का कन्सेप्ट ऑफ मार्फोलोजिकल एनालीसिस: सम थ्योरेटिकल पास्चुलेशन्स (1978), जे.के. शर्मा का ''न्यूक्लियेटेड सेटलमेन्ट इन साउथ ईस्ट टेनेसी'' (1979), राना पी.बी. सिंह का प्वासों प्रोसेस एण्ड सेल मॉडल प्रापर्टीज ऑफ विलेज शेप इन दी मिडिल गंगा वैली, इण्डिया: ए कम्पेयरेटिव स्टडी ऑफ लोकेशनल पैटर्न (1979), के.एन. सिंह एवं मिनती सिंह का स्पेशियल एनालीसिस ऑफ

सेटिलमेन्ट्स एण्ड देअर टाइप्स इन लोअर गंगा-घाघरा दोआब (1981), आर.सी. तिवारी एवं एन. उद्दीन का ''रूरल सेटलमेन्ट सिस्टम ऑफ प्रतापगढ़ डिस्ट्रिक्ट: ए स्टडी इन स्पेशियल पैटर्न'' (1982), नेशनल ज्योग्राफर वा. 17-21, पी.के. गुप्ता एवं एम.एस. इस्लाम का ''प्राब्लम्स ऑफ हाउसिंग डवलपमेन्ट इन बांगलादेश-एन अप्रेजल ऑफ लो कॉस्ट हाउसिंग'' (1987), आर.वाई. सिंह का ''ट्रावेल्स इन इथियोपियन हाईलैण्ड्स'' (1987), (नार्दन ज्योग्राफर, वा. 2-2)''

पारिस्थितिकी, परिवेश तथा अधिवास

जैसा कि खण्ड 1.1 में निर्दिष्ट है भूगोल को, मानव पारिस्थितिकी के रूप में एक नवीन मानव-व्यावहारिक महत्त्व प्राप्त है, क्योंकि आधुनिक भूगोल अन्य विज्ञानों की अपेक्षाकृत अन्तर्वैज्ञानिक आधार पर पारिस्थितिकी का अध्ययन करने में अधिक सक्षम एवं तत्पर है। जबकि पारिस्थैतिकीय विज्ञानों में, तत्त्वों का अध्ययन करने के लिए पारिस्थितिकी उपागम का विशिष्ट शाखा के रूप में उद्भव, विकास हुआ, यह अब सामान्य वैज्ञानिक उपागम की मान्यता प्राप्त कर चुका है। यदि ग्लैकेन्स[115] की शब्दावली का प्रयोग करें तो ईश्वरीय सर्व शक्तिमानता का विस्थापन ''विजयिनी प्रकृति'' एवं पुन: ''विजयी मानव'' के रूप में दिखलाई पड़ता है। सामाजिक मानव, अच्छे

Figure 1.7

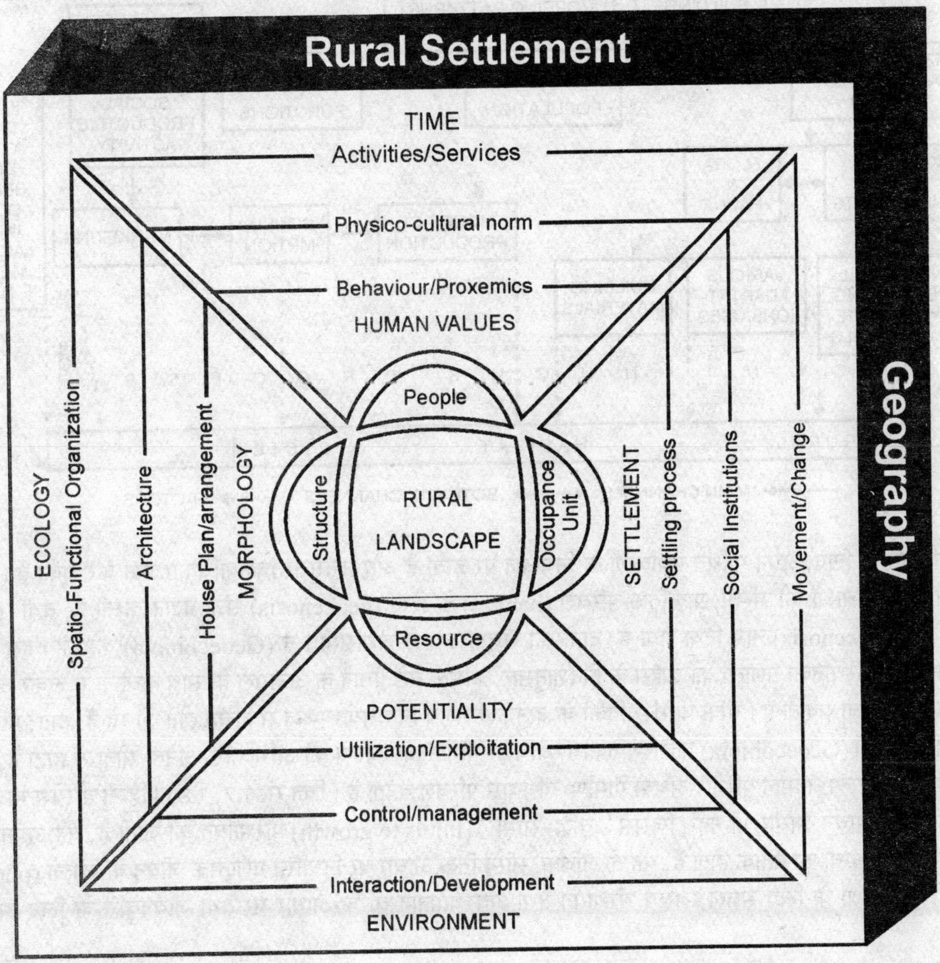

Figure 1.8

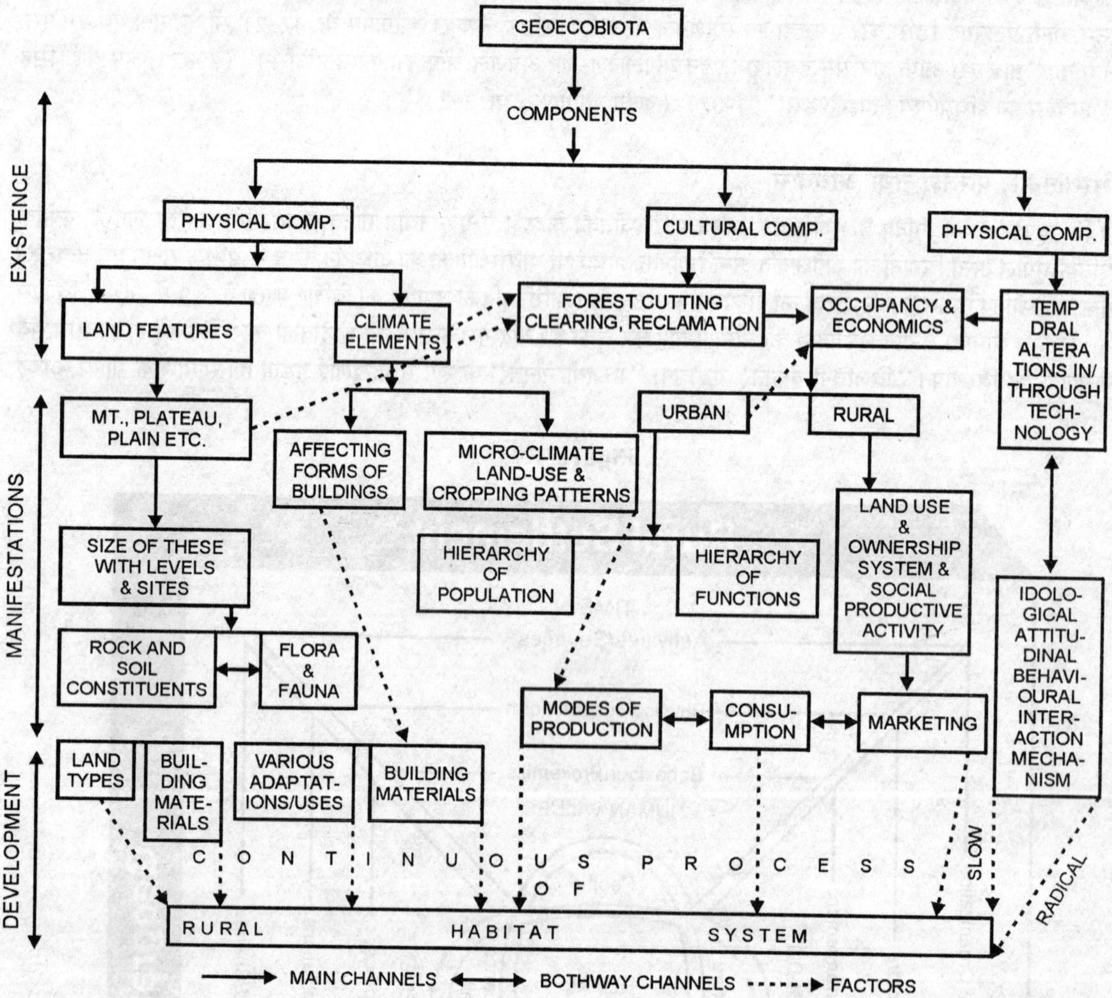

अथवा बुरे परिणाम के लिए, अपने पार्थिव पर्यावरण के नियन्त्रण पर हावी है और उत्तरोत्तर विशेषाधिकार प्राप्त कर चुका है। रूस की पारिस्थितिकी विज्ञानवेत्ताओं की संस्था, प्राकृतिक परिवेश (habitat) के लिए (geocenosis) संज्ञा प्रदान करती है, तथा (biome) जीवगत के लिए (biocenosis) नाम दिया गया है, दोनों को संयुक्त रूप में जेरासिमोव ने (Geoecobiota) कहा है। इस ढाँचे के अनुसार ही मानव पारिस्थितिकी प्रणाली को डाइस के निर्देशानुसार, क्रमिक बड़े पैमाने के अन्तराल के साथ कबीला से लेकर अंतर्राष्ट्रीय स्तर तक व्याप्त समझा जा सकता है। चूंकि पारिस्थितिकी के अनुकूल सक्षम निवासयोग्य क्षेत्र संकुचित होते जो रहे हैं, अत: परिवेश पर ध्यान देना अनिवार्य है। (Geoecobiota) पारिस्थितिकीय-जैविक-भौगोलिक स्वरूप की अभिव्यक्ति अनेक स्रोतों से होती है, जिसके विकास के परिणाम स्वरूप वर्तमान परिवेश अथवा ग्रामीण अधिवास परिवेश बनता है (चित्र सं. 1.7, 1.8)। किन्तु परिवेश मात्र शरण-स्थल ही नहीं, यह संसाधन आधार भी नहीं, जिससे ''वृद्धि-सीमा'' (limits to growth) परिभाषित की जाती है, यह अपना घर भी नहीं जो सामाजिक सम्बन्धों का प्रतीक होता है, यह तो जैविक, सांस्कृतिक आधार पर निर्धारित गुणात्मक जीवन के प्रयत्नों (pursuits), जीवनस्तर की गुणावस्था के लिए संबल स्वरूप संस्थागत तथा अवस्थापनातत्त्वों के आधार पर तथा जीवनवृत्ति के लिए आवश्यक

संसाधन आधार आदि का संश्लेषण है।[116] परिवेश तो स्थान, गृह-निर्माण-सामग्री, जलप्राप्ति-बिन्दु तथा चलिष्णुता (mobility) के लिए आधारभूत नींव प्रदान करता है और विविध अध्यासनों तथा अधिवास स्वरूपों को एक साँचे में ढालता है।

इस प्रकार मानव अधिवास, परिवेश तथा संस्कृति के मध्य घनिष्ठ बन्धन है। अत: मानव पारिस्थितिकी, मानव-पर्यावरण की सह-जीविता उतनी प्राचीन है, जितनी मानव सभ्यता।

अधिवास-अध्ययन का महत्त्व

धरातल पर बसते हुए मानव कार्य-कलापों की अंतिम मंजिल उसका स्वयं कल्याण है। मानव कल्याण की प्राप्ति, स्थिर रखने, उन्नत बनाने हेतु प्रभावी बहु-आयामी कारकों की खोज के लिए अधिवास के विविध गतिशील पहलुओं का पूर्ण अध्ययन अथवा सम्पूर्ण स्पेक्ट्रम[117] के अवलोकन की आवश्यकता होती है। इसलिए मानव अधिवास के अध्ययन के महत्त्व को निम्नवत् दृष्टि बिन्दुओं से समझ सकते हैं:

1. यह, सामयिक सन्दर्भ में लोगों के 'कहाँ', 'कैसे' तथा 'क्यों' के बारे में स्पष्ट समझ प्रदान करता है।
2. उत्पादन के प्रकार पर आधारित श्रम-विभाजन की स्पष्ट समझ प्रदान करता है।
3. व्यक्ति-केन्द्रित परिवार की उत्तरोत्तर वृद्धि, सुख संसाधनों की वृद्धि, गजेट्सवृद्धि तथा प्रतिदिन के परिवर्तनशील व्यवहार के कारण अधिवास स्वयं में निहित आधुनिक आवश्यकताओं की बेहतर समझ प्रदान करता है।
4. नयी सुविधाओं की स्थापना तथा स्थानीयकरण में, जैसे-पीने का पानी, विद्युत, सिंचाई साधन तथा शिक्षा आदि, बेहतर तस्वीर प्रस्तुत करता है।
5. पुरोगामी अधिवास तथा कृषि के परस्पर सम्बन्धों की बेहतर समझ प्रदान करता है।
6. सुनियोजित विकास के प्रभाव को बेहतर समझ प्रदान करता है।
7. अधिवासीय संरचना के साथ अर्थतंत्र की स्थानिक संरचना समन्वित करने के लिए अंतप्रादेशिक, अंतर्प्रणाली तथा प्रणाली अभ्यान्तर सम्बन्धों तथा व्यवस्था की बेहतर समझ प्रदान करता है।
8. लोगों के सामाजिक-सांस्कृतिक मूल्यों तथा लोकाचार (ethos) की बेहतर समझ प्रदान करता है।
9. गृह-निर्माण, सफाई, स्वच्छता तथा संपूर्ण पर्यावरणीय सन्दर्भ में अधिकतम जीवन-गुणावस्था के लिए बेहतर दशाओं की खोज तथा मूल्यांकन के लिए (Comprehensiveness) व्यापक अर्थता प्रदान करता है।
10. विविध वास्तुकलात्मक प्रणालियों, उनकी सांस्कृतिक पृष्ठभूमि के बारे में ज्ञान प्रदान करता है।
11. खण्डाधारित (Sectorial) एवं प्रशासनिक अनुस्थापन (orientation) जनित नियोजन के दखल स्वरूप अधिवासों के आकार, संरचना तथा सहलग्नता के परिवर्तनों की स्पष्ट झांकी प्रस्तुत करता है।
12. उद्योगों के विकास अथवा समुचित विनियोजन (Tenets of appropriateness), (जैसे-विभिन्न प्रादेशिक अवस्थिति के अनुसार विभिन्न प्रकार के आकार वाले अधिवासों में विभिन्न प्रकार के उद्योग लगाना), हेतु बेहतर उपागम प्रदान करने में सहायक हैं।
13. विश्वस्तर पर ''मानव अधिवासीय उपागम'' लागू करने में सहायक है।

सन्दर्भ

1. कार्ल मार्क्स (1975) इकोनोमिक एण्ड फिलॉसोफिक मैन्युस्क्रिप्ट्स ऑफ 1844 इन कार्ल मार्क्स एण्ड फ्रेडेरिक एन्जिल्स ''कलेक्टेड वर्क्स'', वा. 3, प्रोग्रेस पब्लिशर्स, मास्को, पृ. 276।

2. हडसन एफ.एस. (1976) ए ज्योग्राफी ऑफ सेटिलमेन्ट्स, सेकन्ड एडीशन, मैकडोनल्ड एण्ड इवान्स, 3।
3. ब्रून्हस जीन (1972) ह्यूमन ज्योग्राफी, (ट्रान्सलेटेड बाई ई.एफ.रो) जार्ज जी हैरप एण्ड कं. लि., प्लेट 1, चित्र।
4. वही, चित्र 2।
5. सेम्पुल, ई.सी. (1911) इन्फ्लूएन्सेस ऑफ ज्योग्राफिक एन्विरान्मेन्ट, पृ. 1-2, (ज्योग्राफी इन ट्वेन्टियथ सेन्चुरी बाई टेलर, पृ. 144) में उद्धृत।
6. चोर्ले, आर. जे. (1973) ज्योग्राफी ऐज ह्यूमन इकोलोजी, (उसी के डाइरेक्शन्स इन ज्योग्राफी, मेत्युन एण्ड कं. लि. पृ. 158 में प्रकाशित)।
7. विल्सन, ए.जी. (1981) ज्योग्राफी, एण्ड दी एन्विरान्मेन्ट, जान विली एण्ड सन्स न्यूयार्क, पृ. 3; देखें आर.जे चोर्ले (1973) ज्योग्राफी एज ह्यूमन इकोलॉजी, सन्दर्भ 6 अ.। पृ. 162-167 तथा देखें डेविड हार्वे (1969) एक्स्प्लानेशन इन ज्योग्राफी, एडवर्ड अरनाल्ड, पृ. 447-480।
8. वही, पृ. 10-17, देखें टी.पी. जेरासिमोव (एडि.), (1983), ज्योग्राफी एण्ड इकोलोजी, प्रोग्रेस पब्लिशर्स, पृ. 71-76।
9. होर्वे डेविड पूर्वोद्धृत अ.। सन्दर्भ 7 पृ. 468।
10. डाइस एल.आर. (1955) मैन, नेचर, एण्ड नेचर्स मैन : दी इकोलोजी ऑफ ए ह्यूमन कम्यूनिटीज, एन आरबोर, मिशीगन, पृ. 251-266 (मॉडल्स इन ज्योग्राफी में उद्धृत)।
11. चोर्ले आर.जे. पूर्वोद्धृत सन्दर्भ सं. पृ. 167।
12. बेरी बी.जे.एल. (1964) एप्रोचेज टू रीजनल एनालीसिस: ए सिन्थेसिस, एनाल्स ऑफ एसोसियेशन ऑफ अमेरिकन ज्योग्राफर्स, 54, पृ. 3।
13. वोल्डेनबर्ग एम.जे. एण्ड बेरी बी.जे.एल. (1967) रीवर्स एण्ड सेन्ट्रल प्लेसेस: एनालोगस सिस्टम्स, जे. रीज. सा., 7, सं. 2, पृ. 129-39।

1. बर्टलैन्फी एल.वान. (1962) जनरल सिस्टम थियरी-ए क्रिटिकल रिव्यू, जनरल सिस्टम्स ईयर बुक 7;1-20।
2. हाल ए.डी. एण्ड फागेन, आर.ई., 1956, डेफिनीशन ऑफ सिस्टम, जनरल सिस्टम्स ईअरबुक I, 18-26।
3. बैडकाक बी.ए., (1970) सेन्ट्रल प्लेस इवोलूशन एण्ड नेटवर्क डवलपमेन्ट इन साउथ आकलैण्ड, 1840-1968 : ए सिस्टम्स एनालीटिक एप्रोच-न्यूजीलैण्ड एण्ड ज्याग्रफर 26:109-135
4. बेरी बी.जे.एल., (1964) सिटीज एज सिस्टम्स विदिन सिस्टम्स ऑफ सिटीज पेपर्स ऑफ दी रीजनल साइंस एसोसिएशन, 13: 143-63।
5. चोर्ले, आर.जे. एण्ड हैगेट, पी. (एडि.) 1967) मॉडल्स इन ज्योग्राफी, लन्दन : मेथ्युयेन, 19-41।
6. करी एल., (1964), दी रैन्डम स्पेशियल इकोनोमी : एन एक्सप्लानेशन इन सेटलमेन्ट थियरी, ए ए ए जी, 54 : 138-46।
7. मोबोगुन्ज ए.एल., 1970, सिस्टम एप्रोच टू ए थियरी ऑफ रूरल एण्ड अर्बन माइग्रेशन, ज्योग्राफिकल एनालीसिस, 2:1-18।
8. टान्सली ए.जी., 1946, इन्ट्रोडक्शन टू प्लान्ट इकोलाजी, लन्दन।
9. स्टोडार्ट, डी.आर., (1965) ज्योग्राफी एण्ड दी इकोलोजिकल एप्रोच : दी इकोसिस्टम ऐज ए ज्योग्राफिकल प्रिन्सिपुल एण्ड मेथड, ज्योग्राफी, 50 : 242-251।
10. चिशोम एम.डी.आई., (1967) जनरल सिस्टम्स थियरी एण्ड ज्योग्राफी, ट्रा. ऑफ इ. ब्रि. ज्या., 42: 45-52।
11. रैपोपोर्ट, ए., (1968) मैथेमेटिकल आस्पेक्ट्स ऑफ जनरल सिस्टम्स एनालीसिस (दी सोसल साइंसेस: प्राब्लम्स एण्ड ओरियेन्टेशन्स, दी हेग: माउटन यूनेस्को: 320-34)।
12. मिलर, जे.जी. (1965) ए, लिविंग सिस्टम्स: बेसिक कन्सेप्ट्स, विहैविओरल साइंस 10: 193-237।
– (1965) बी, लिविंग सिस्टम्स: स्ट्रक्चर एण्ड प्रोसेस, बिहैविओरल साइंस 10: 237-379।
– (1965) सी, लिविंग सिस्टम्स: क्रास लेबेल हाइथोपियेसिसि, बिहैविओरल साइंस 10: 380-411।
13. हैगेट पी. क्लिक ए.डी. एण्ड फ्रे ए., 1978, लोकेशनल एनालीसिस इन ह्यूमन ज्योग्राफी, सैकन्ड एडीशन, एडवर्ड अर्नाल्ड, लन्दन।
14. मेडावर पी.बी., (1969) इन्डक्षन एण्ड इन्ट्यूशन इन साइन्टिफिक थाट, मेथ्युयेन, लन्दन
15. गिमिंघम सी.एच., (1972) इकालॉजी, सेकन्ड एडीशन, होल्ट राइनेहार्ट एण्ड विन्स्टन, लन्दन एण्ड न्यूयार्क।
16. अडम ई.पी. (1975) इकोलाजी, सेकन्ड एडीशन, होल्ट राइनेहार्ट एण्ड विन्स्टन, लन्दन एण्ड न्यूयार्क।

17. बिस्वास ए.के. (एडि.), (1976) सिस्टम्स एप्रोच टू वाटर मैनेजमेन्ट, मैकग्राहित, न्यूयार्क।

18. किंग, एल.जे. एण्ड गालेज, आर.जी., 1978, सिटीज, स्पेस एण्ड बिहैविअर: दी एलीमेन्ट्स ऑफ अर्बन ज्योग्राफी, प्रेन्टिस हाल, एन्जिलवुड क्लिफ्स।

19. स्आीयनूर्स एफ.डब्ल्यू., एण्ड मोन्टाग जे. (एडि.) (1975) दी अर्बन इकोसिस्टम, हाल्स्टेड प्रेस, न्यूयार्क।

20. वेस्टर, एफ., (1976) अर्बन सिस्टम्स इन क्राइसिस, द्वैत्सेन वेर्लाग्स-एन्स्टाल्ट, स्टुटगार्ट।

21. क्लार्क, एम., (1978) कार्पोरेट प्लानिंग इन लोकल गवर्नमेन्ट: ए रिव्यू एण्ड फर्दर डवलपमेन्ट्स टुवर्ड्स ए सिस्टेमेटिक मोडलिंग फ्रेमवर्क, वर्किंग पेपर 221, स्कूल ऑफ ज्योग्राफी, यूनिवर्सिटी ऑफ लीड्स।

22. फारेस्टर जे. डब्ल्यू, (1968) प्रिंसिपुल्स ऑफ सिस्टम्स, राइट अलेन प्रेस, बोस्टन।

23. क्लिर, जे. एण्ड वलाच, एम., (1967) साइबरनेटिक मोडलिंग, इलिफे, लन्दन।

24. हगेट आर., (1980) सिस्टम्स एनालीसिस इन ज्योग्राफी, आक्सफोर्ड यूनिवर्सिटी प्रेस, आक्सफोर्ड।

25. चैपमन, जी.टी., (1977) ह्यूमन एण्ड एन्विरानमेन्टल सिस्टम्स, एकैडेमिक प्रेस, लन्दन।

26. बेनेट, आर.जे. एण्ड चोर्ल आर.जे., 1978, एन्वार्नमेन्टल सिस्टम्स: फिलासफी, एनालीसिस एण्ड कन्ट्रोल, मेथ्युयेन, लन्दन।

27. जेफर्स जे.एन.आर., (1978) ऐन इन्ट्रोडक्शन टू सिस्टम्स एनालीसिस: विथ इकोलोजिकल एप्लिकेशन्स, एडवर्ड अर्नाल्ड, लन्दन।

28. वार्नेरीड, ओ., (1968) इन्टरडिपेन्डेन्स इन अर्बन सिस्टम्स, गोटेबोर्ग: रीजनकोन्सूल्ट एक्टीबोलाग, (176)

29. वेबर एम.जे., (1979) एन्फार्मेशन थियरी एण्ड अर्बन स्पेशिलय स्ट्रक्चर, क्रमहेल्म, लन्दन।

30. अनुचिन बी.ए., (1973) थियरी ऑफ ज्योग्राफी, तथा वार्न्ट्ज विलियम, न्यू ज्योग्राफी ऐज जनरल स्पेशियल सिस्टम्स थियरी–ओल्ड सोसल फिजिक्स रिट जार्ज?

31. विल्सन ए.जी., रीस पी.एच. एण्ड लीघ, सी.एम. (एडि.) (1977) मॉडल्स ऑफ सिटीज एण्ड रीजन्स, वाइली चिचेस्टर।

32. सुकाचेव बी.एन., (1958) आन दी प्रिन्सिपुल्स ऑफ जेनेटिक क्लसिफिकेशन (बायोसिनोलाजी–एफ. रैमे एवम् डी. डाउबेनमायर द्वारा अनूदित), इकोलाजी, 39: 399–418।

33. लिन्डेमान, आर.एल., (1942) दी ट्राफिक डाइनेमिक आस्पेक्ट ऑफ इकोलोजी: इकोलोजी, 23: 399–418।

34. जीमन ई.सी., (1977) कैटास्ट्राफे थियरी, एडीसन वेसेली रीडिंग, मास।

35. पिफ, जी.के. (1965) ह्यूमन बिहैविअर एण्ड प्रिंसिपल्स ऑफ लीस्ट येफर्ट न्यूयार्क: हाफनेर, 564।

36. बैरोस, एच.एच., (1923) ज्योग्राफी ऐज ह्यूमन इकोलोजी, ए ए ए जी, 13: 1–14।

37. पैटन, बी.सी. (एडि.) (1971) सिस्टम्स एनालीसिस एण्ड सिमुलेशन इन इकोलोजी, एकैडेमिक प्रेस, न्यूयार्क एण्ड लन्दन।

14. करी एल. (1967) सेन्ट्रल प्लेसेस इन दी रैन्डम स्पेशियल एकोनोमी जे.रजि. सा., 7 सं. पृ. 217–38 (सप्लीमेंट)

15. जेरासिमोव आई.पी. एट ऑल (एडि.) (1975) मैन, सोसाइटी एण्ड एन्विरानमेन्ट, प्रोग्रेस पब्लिशर्स, मास्को, पृ. 234।

16. पारिस्थैतिकी प्रणाली का या अधिक प्राणियों एवम् उनके, भौतिक तथा जैविक दोनों, प्रभावपूर्ण पर्यावरण से बनी कियाशील परस्पर किया प्रणाली है। देखें फासबर्ग एफ.आर. (एडि.) (1963) मैन्सप्लेस इन दी आइलैण्ड इकोसिस्टम, (होनोलुलू), 1–6, और भी टान्सली, ए.जी. (1946) इन्ट्रोडक्षन टू प्लांट इकोलोजी (लन्दन) पृ. 207, पीटर हैगेट (1977) ज्योग्राफी ए माडर्न सिन्थेसिस, हार्पर एण्ड रो पब्लिशर्स, न्यूयार्क, पृ. 115–120, आई.पी. जेरासिमोव पूर्वोद्धृत सन्दर्भ सं. 8 पृ. 64–76, ए.डी. उर्सुल (एडि.) (1983) फिलॉसफी एण्ड इकोलॉजिकल प्राबलम्स ऑफ सिविलिजेशन, प्रोग्रेस पब्लिशर्स, मास्को (एच. कैम्पबेल क्राइप्टन द्वारा अनूदित); डेविड हार्वे (1969) पूर्वोद्धृत सन्दर्भ सं. 7, पृ. 447–481; स्टोडार्ट डी.आर. (1967) आर्गेनिज्म एण्ड इकोसिस्टम ऐज ज्योग्राफिकल मॉडल्स, पृ. 524, चोर्ले आर.जे. एण्ड हैगेट पी., 1967, (एडि.) मॉडल्स इन ज्योग्राफी (लन्दन में)।

17. बेरी बी.जे.एल. (1964) सिटीज ऐज सिस्टम्स विदित सिस्टम्स ऑफ सिटीज, पेपर रीज. सा. एसो. 13, 147–63।

18. करी एल. (1967) पूर्वोद्धृत सन्दर्भ सं. 14, अ. 1, पृ. 217–38, सन्दर्भ सं. 13 अ. भी।

19. हैगेट पी. (1965) लोकेशनल एनालीसिस इन ह्यूमन ज्योग्राफी लन्दन।

20. एनायेदी जी. (1975) रिसर्च प्राब्लम्स इन रूरल ज्योग्राफी, बुडापेस्ट, 3।
21. कोह्न सी.एफ. (1970) दी नाइन्टीन सिक्स्टीज: ए डिकेड ऑफ प्रोग्रेस इन ज्योग्राफिकल रिसर्च एण्ड इन्स्ट्रक्शन, एना.एसो.अमे.ज्या. 60 पृ. 217-18।
22. सिंह आर.एल. एट आल (1976) ज्योग्राफिक डाइमेन्सन्स ऑफ रूरल सेटिलमेन्ट्स, एन.जी.एस.आई, रिसर्च बुलेटिन सं. 16, प्रिफेस 15
23. डाक्सियाडिस सी.ए. (1968) एकिस्टिक्स, एन इन्ट्रोडक्शन टू दी साइंस ऑफ ह्यूमन सेटिलमेन्ट्स, न्यूयार्क: आक्सफोर्ड यूनिवर्सिटी प्रेस, पृ. 29-37।
24. श्रीनिवास एम.एन. (1977) दी सोशल सिस्टम ऑफ ए मैसूर विलेज (मैरियट मेकिम (एडि.) विलेज इण्डिया-स्टडीज इन दी लिटिल कम्यूनिटी में पृ. 32)।
25. शर्मा ए. (1977) डेक्लाइन ऑफ हड्प्पन कल्चर्स: ए री-लुक (टुस्सी जी. एट आल (एडि.) ईस्ट एण्ड वेस्ट, न्यू सेरीज, वा. 27, सं. 1-4, पृ. 32) में।
26. मैरियट मेकिम (1977) लिटिल कम्यूनिटीज इन एन इन्डिजेनस सिविलिजेशन (विलेज इण्डिया, पूर्वोद्धृत सन्दर्भ सं. 24 अ.1 में, पृ. 176)।
27. जेरासिमोव आई.पी. (1986) ज्योग्राफिकल प्राग्नास्टिकेशन-प्राब्लम्स एण्ड प्रास्पेक्ट्स, प्रोग्रेस पब्लिशर्स, मास्को, पृ. 21।
28. ज्वोनकोव टी. एण्ड सौस्खिन यू (1986) प्राब्लम्स ऑफ लाँग टर्म ज्योग्राफिकल प्राग्नास्टिकेशन, पृष्ठ 21 (प्राग्नास्टिकेशन, पूर्वोद्धृत सन्दर्भ सं. 27 अ. 1 में)।
29. हार्वे डेविड, पूर्वोद्धृत अ. 1 सन्दर्भ सं. 7, पृ. 469।
30. गैरीशन, डब्ल्यू.एल. (1973) फ्यूचर ज्योग्राफीज पृ. 237 जो आर.जे. चोर्ले (एडि.) सन्दर्भ सं. 6 अ. में प्रकाशित है।
31. स्मिथ, डी.एम. (1974) "हू गेट्स व्हाट, व्हेर एण्ड हाउ": ए वेलफेअर फोकस फार ह्यूमन ज्योग्राफी, 50, 389-97, ज्योग्राफिकल वेलफेअर डेटा मेट्रिक्स के लिए देखे स्मिथ डी.एम. (1977) ह्यूमन ज्योग्राफी: ए वेलफेअर एप्रोच, एडवर्ड अरनाल्ड में पृ. 8।
32. सिंह के.एन. (1977) इमरजेन्सी ऑफ मैन, कल्चर एण्ड सेटलमेन्ट इन इण्डिया, पृ. 4 (आइट आर.सी. एट आल (एडि.) मैन कल्चर एण्ड सेटलमेन्ट, कल्यानी पब्लिशर्स (ए फेस्टशिफ्ट प्रेजेन्टेड टू प्रो. आर.एल. सिंह), न्यू दिल्ली) में।
33. फिंच वी.सी. एट आल. (एडि.) एलीमेंनट्स ऑफ ज्योग्राफी, फिजिकल एण्ड कल्चरल, मैक्ग्राहिल बुक कं. आई एन सी, न्यू दिल्ली, 1977।
34. कोहन सी.एफ. (1954) सेटलमेन्ट ज्योग्राफी (जेम्स पी.ई. एण्ड क्लाइड एफ. कोह्न (एडि.) अमेरिकन ज्योग्राफी (जेम्स पी.ई. एण्ड क्लाइड एफ. कोह्न (एडि.) अमेरिकन ज्योग्राफी: इन्वेन्ट्री एण्ड प्रास्पेक्ट, अ. 5 पृ. 138 में, देखें आर.वाई. सिंह (1978) दी मालवा रीजन रूरल हैबिटाट सिस्टम, स्ट्रक्चर एण्ड चेन्ज, एन जी एस आई, रिसर्च पब्लि. सं. 20, इन्टर सेन्टर फार रूरल हैबिटाट स्टडीज रिसर्च पब्लि. सं. 1: 15।
35. फोन रिचथाफेन एफ. (1908) वोर्लेलुनोन उबेर आलगेमाइन सीडलुन्स उन्ड वर्केहर्स ज्योग्राफी (एडि.) ओ. श्लूटेर, बर्लिन द्वारा।
36. म्युलर विले, डब्ल्यू. (1954) आर्टेन उर मेन्स्चलिशेन सीडलुना (एगेब्निशे उन्ड प्रोबलेमे माडर्नेर ज्योग्राफिस्चेर फोर्स्चुना हान्स मार्टेन्सेन जु साइनेम 60, गेटबर्ट्स्टाग ब्रेमेर-हान) में पृ. 141-163; देखें वही (1944) लाकस्ट्राइफेनफ्लुर उन्ड ड्रबेल, आइन बाइट्राग जुर सीडलुनस्ज्योग्राफी वेस्ट जर्मनीन्स, द्वैत्सेस आरचीव फुर लान्डेस्वाल्क्सफोर्स्चुंग, वा. 8 सं.1, पृ. 9-44।
37. हडसन एफ.एस. (1976) पूर्वोद्धृत, सन्दर्भ सं. 2 पृ.10।
38. सिंह आर.एल. (1961) मीनिंग, आब्जेक्टिव एण्ड स्कोप ऑफ सेटलमेन्ट ज्योग्राफी एन जी जे आई वाराणसी वा. 8-1 पृ. 12-20।
39. हसुसन एफ.एस. (1976) पूर्वोद्धृत सन्दर्भ सं. 2 पृ. 11।
40. आगस्ट माइत्सेन (1985) सीउलुना उन्ड अग्रार्वेसे डेर वेस्ट जर्मनेन-उसके सेरीज में जिसका शीर्षक है (वान्डरुन्ग, अन्बाउ उन्ड अग्रारेख्ट डेर वोल्फेर यूरोपास नार्डलिस्ट डेर आल्पन, बर्लिन: डब्ल्यू हर्ट्ज, वा.1) पृ. 28
41. मेअर हैरोल्ड एम. (1951) ज्योग्राफी एण्ड अर्बेनिज्म, साइन्टिफिक मन्थली, 63, जुलाई 1951, पृ. 1-12।
42. बाउमैन ईसाय (1953) सेटिल्मेन्ट बाई दी माडर्न पायोनिअर, ज्योग्राफी इन दी ट्वेन्टीयेथ सेन्चुरी, सेकन्ड एडीशन, अ. 11, पृ. 266।

43. लैप्पो जी.एम. एट आल. (1973) माडर्न कन्स्ट्रक्टिव ज्योग्राफी एण्ड इकोलॉजी, प्रोग्रेस पब्लिशर्स, मास्को (1983) पृ. 144-158।
44. मेअर हैराल्ड एम. पूर्वोद्धृत सन्दर्भ सं. 41, पृ. 2।
45. रूरल सेटिलमेन्ट्स पर कमीशन बनाने का विचार डिमाजियाँ द्वारा सन् 1952 के आई.जी.यू. में शुरू किया गया तथा सतत् प्रयत्न जारी रहा। सन् 1968 में आई.जी.यू. में ''कमीशन आन रूरल सेटिलमेन्ट्स इन मानसून एशिया'' की स्थापना की गई, जिसके चेयरमैन प्रो.आर.एल. सिंह ने कमीशन के सदस्यों तथा सेक्रेटरी-कोषाध्यक्ष प्रो. चान्सी डी. हैरिस की सहमति से ने. ज्या.सो. ऑफ इण्डिया, वाराणसी के रजत जयन्ती के अवसर पर 1971 में इन्टरनेशनल सिम्पोजियम का आयोजन किया।
46. डिकिन्शन आर.ई. (1948) दी स्कोप एण्ड स्टेटस ऑफ दी अर्बन ज्योग्राफी, ऐन असेस्मेन्ट, लैन्ड एकोनामिक्स, अगस्त, पृ. 216-237।
47. बेकर ए.आर.एच. (1969) दी ज्योग्राफी ऑफ रूरल सेटिलमेन्ट्स (आर.आर. कुक एण्ड जे.एच. जान्सन के द्वारा संपादित ''ट्रेन्ड्स इन ज्योग्राफी'' ऐन इन्ट्रोडक्टरी सर्वे, लन्दन: पर्गेमन प्रेस, में पृ. 124)।
48. ब्लाश एम. (1954) दी हिस्टोरियन्स क्राफ्ट, लन्दन पृ. 43-47।
49. डॉयन रोजर (1949) ला ज्योग्राफी ह्यूमेन रिट्रास्पेक्टिव, काट्रियर्स इन्टरनेशना डि सोसियोलॉजी, 6 पृ. 3-27।
50. जुलियर्ड ई. (1964) ज्योग्राफी रूरेल फ्रान्केस ट्रावा रीसेन्ट्स (1957-68) एट टेन्डान्सेज नौवेलेस येटूडेस रूरालेर, 13-14, पृ. 46-70।
51. ब्रून्हस जे. (1952) ह्यूमन ज्योग्राफी, एब्रिज्ड एडीशन बाई जीन ब्रून्हस डेलामारे एट आल. जार्ज जी हैरप एण्ड कं. लि. लन्दन, पृ. 579; देखें आर.वाई. सिंह (1977) प्लेसनेम्स ऐज टूल्स फार रीकान्सट्रक्टिंग इवालूशन ऑफ सेटिलमेन्ट्स इन दी मालवा रीजन इण्डिया एन.जी.जी.जे.आई वा. 23 पाट्‌र्स 3 एण्ड 4 सितम्बर-दिसम्बर, पृ. 199-206।
52. मिचेल जे.बी. (1960) हिस्टारिकल ज्योग्राफी, दी इंगलिश यूनिवर्सिटी प्रेस लि., 102, न्यूगेट स्ट्रीट, लन्दन, ई.सी.आई., पृ. 88-107।
53. एलिस एफ.ए.एम. (1933) प्लेस नेम्स एण्ड हिस्ट्री ऑफ सेटिलमेन्ट्स साउथ वेस्ट जर्मनी ज्या. 23, 133-119।
54. चार्ल्स बी.जी. (1933) नान सेल्टिकप्लेस नेम्स इन वेल्स, यूनिवर्सिटी कालेज, लन्दन।
55. ऊल्ड्रिज एस.डब्ल्यू. एण्ड डी.एल. लिन्टन (1935) सम आस्पेक्ट्स ऑफ सेक्सन सेटलमेन्ट्स इन साउथ इस्ट इंगलैण्ड कन्सिडर्ड इन रिलेशन टू दी ज्योग्राफिकल बैकग्राउण्ड, ज्या. 20, 161-175।
56. डिकिन्सन आर.ई. (1940) रूरल सेटिलमेन्ट्स इन जर्मन लैन्ड्स, ए.ए.ए.जी., 30 239-263।
57. मैक्सवेल, आई.एस., (1956) दी एज ऑफ सेटिलमेन्ट्स, (चार्ल्स बेटी, (एडि.) शेफील्ड एण्ड इट्ज रीजन, दी यूनिवर्सिटी प्रेस, ऑक्सफोर्ड, में) 239-263।
58. मिचेल जे.बी. पूर्वोद्धृत सन्दर्भ सं. 52।
59. जेलिन्स्की डब्ल्यू., (1955) सम प्राबलम्स इन दी डिस्ट्रिब्यूशन ऑफ जेनेरिक टर्म्स इन दी प्लेस नेम्स ऑफ दी नार्थ ईस्टर्न यूनाइटेड स्टेट्स, ए.ए.ए.जी., 45 : 319-345।
60. म्कैम्पहाल सी., (1958) टेक्सस हिस्ट्री ऐज रिवील्ड बाई टाउन एण्ड कम्यूनिटी ओरिजिन, साउथ ईस्टर्न हिस्टारिकल क्वार्टर्ली, 58:91-97।
61. कैमरून के., (1959) दी प्लेस नेम्स ऑफ डर्बीशायर, कैम्ब्रिज यूनिवर्सिटी प्रेस, लन्दन।
62. सिंह, एस.एम., 1960, फार्मर डिस्ट्रिब्यूशन ऑफ फारेस्ट्स एण्ड वुडलैन्ड्स इन फैजाबाद एण्ड सुल्तानपुर डिस्ट्रिक्ट्स ऑफ गंगा-घाघरा दोआब वेस्ट: ए स्टडी इन हिस्टारिकल ज्योग्राफी, एन.जी.जे. आई, 6:237-158।
63. जोन्स जी.आर.जे., 1961, अर्ली टेरीटोरियल आर्गेनाइजेशन इन इंगलैण्ड एण्ड वेल्स, ज्याग्र-एनालेर, 42: 174-181।
64. पधे एस.एस., 1967, दी ज्याॅग्रफिक कोरिलेशन ऑफ विदर्भियन टोपोनीम्स, एन.जी.जे.आई वा. 13 पार्ट 1:41।
65. हडसन एफ.एस. पूर्वोद्धृत सन्दर्भ सं. 2: 39-40।
66. इलिरूट सी.ए. क्रानिकिल्स ऑफ उन्नाव: ए डिस्ट्रिक्ट इन अवध: 26, लखनऊ सेटलमेन्ट रिपोर्ट पृ. 42 तथा 216।
67. बाइलुन्ड, ई., 1960, थ्योरेटिकल कन्सिडरेशन रिगार्डिंग दी डिस्ट्रब्यूशन ऑफ सेटिलमेन्ट्स इन इनर नार्थ स्वीडेन, ज्याग्र-एन्नालेर, 42, 225-231।
68. मारिल आर.एल., 1965 दी डवलपमेन्ट एण्ड स्पेशियल डिस्ट्रिब्यूशन ऑफ टाउन्स इन स्वीडन : एन हिस्टोरीकल प्रेडिक्टिव एप्रोच, ए ए ए जी 53: 1-14।

69. चिशोम, एम.डी., 1962, रूरल सेटलमेन्ट एण्ड लैन्ड यूज, लन्दन।

70. कालमार्गन, डब्ल्यू.एम., 1941, ''ए रीकनेशाँ ऑफ कल्चरल एग्रिकल्चरल आइलैन्ड्स इन दी साउथ इकॉ. ज्योग्राफी, 17: 409-430; वही, 1943, एग्रिकल्चरल कल्चरल आइलैण्ड्स इन दी साउथ'' पार्ट 2, इका, ज्या., 19: 109-117; वही 1945, इमिग्रान्ट सेटिलमेन्ट्स इन सदर्न एग्रिकल्चरल: ए कमेन्ट्री आन दी सिग्निफिकेन्स ऑफ कल्चरल आइलैण्ड्स इन एग्रिकल्चरल हिस्ट्री, 19:69-78।

71. नेल्सन एल., 1952, दी मार्मन विलेज: ए पैटर्न एण्ड टेक्निक ऑफलैण्ड सेटलमेन्ट, साल्ट लेक सिटी।

72. पावेल एस.सी., 1965, प्योरिटन विलेज, दी फार्मेशन ऑफ ए न्यू इंगलैण्ड टाउन, न्यूयार्क।

73. पावेल जे.एम., 1971, युटोपिया मिलेनियम एण्ड दी कोआपरेटिव आइडियल: ए बिहैविओरल मैट्रिक्स इन दी सेटलमेन्ट प्रासेस, दी आस्ट्रेलियन ज्याग्रफर, 11 (6 सितम्बर): 606-618।

74. वही, 616, सन्दर्भ संख्या 73।

75. जोर्कलुन्ड ई. एम., 1974, आइडियालाजी एण्ड कल्चर इक्जेम्प्लीफाइड इन साउथ वेस्टर्न मिशीगन, ए ए ए जी, 54: 227-241।

76. मीनिंग डी. डब्ल्यू., 1965, दी मार्मन कल्चर रीजन: स्ट्रैटेजीज एण्ड पैटर्न्स इन दी ज्योग्राफी ऑफ दी अमेरिकन वेस्ट, ए ए ए जी, 55: 191-2000।

77. सिंह आर.एल. एण्ड सिंह के.एन., 1963, इवालूशन ऑफ दी मेडिवल टाउन्स इन दी सरयूपार प्लेन ऑफ दी मिडिल ऑफ दी मेडिवल टाउन्स इन दी सरयूपार प्लेन ऑफ दी मिडिल गंगा वैली: ए केस स्टडी, एन जी जे आई, 9 (1): 1-11; देखें के.एन. सिंह, 1968, दी टेरीटोरियल बेसिस ऑफ मेडिकल टाउन्स एण्ड विलेज सेटिलमेन्ट्स इन ईस्टर्न यू.पी., ए ए ए जी, 58: 203-220।

78. योनेकुरा, जीरो, 1949, हिस्टारिकल ज्याग्रोफी ऑफ सेटलमेन्ट इन जापान, टीकोकुशीओइन, 2: 411-32।

79. डान स्टानिस्लास्की, 1946, दी ओरिजिन एण्ड स्प्रेड ऑफ दी ग्रिड पैटर्न टाउन, ज्या. रि., 36: 105-120।

80. नित्य एच.जे., 1966, ज्योग्राफिकल स्टडीज इन दी फील्ड पैटर्न्स ऑफ नार्दन इण्डिया एण्ड जर्मनी, ज्योग्रफर, 13:61-74।

81. आइट आर.सी. एण्ड डब्ल्यू.आई.बुड्स, 1974, एबन्डन्ड सेटलमेन्ट एनालीसिस, थियरी एण्ड प्रैक्टिस, विस्कान्सिन: फील्ड टेस्ट एसोसिएट्स।

82. सिंह आर.एल.एट आल. 1975, रीडिंग्स इन रूरल सेटलमेन्ट ज्योग्राफी, नेशनल ज्या. सो. इ., वाराणसी, पब्लिकेशन सं., 14,11।

83. डिमाजियाँ ए. (1920) ला हैबिटाशन रूराले एन फ्रान्स, एनाल्स डि ज्योग्राफी, 29: 352-375; वही, ला ज्योग्राफी डि ला हैबिटाट रूरल, एनाल्स डि ज्योग्राफी, 36, 1927, 1-23, टाइप्स ऑफ विलेजेज इन फ्रान्स; वही 48, 1939, 1-21।

84. सेफर एफ.के. 1953, एक्सेप्शनलिज्म इन ज्योग्राफी, ए ए ए जी, 55, 549-577।

85. हडसन, जे.सी., 1969, ए लोकेशन थियरी ऑफ रूरल सेटिलमेन्ट्स, ए ए ए जी, 59: 365-381।

86. प्रेड, ए. 1967, बिहैविअर एण्ड लोकेशन, लुन्ड स्टडीज इन ज्योग्राफी, सेरीज बी. सं. 27: 28।

87. कायस्थ एस.एल. (1957) गद्दीज ऑफ धौलाधार-ए स्टडी इन हिमालयन इकोलाजी, वा. 3, पार्ट 2: 65-78; पुन: देखें काँडला-ए स्टडी इन पोर्ट डवलपमेन्ट, वा. 11, पार्ट 1, 1963, 12-24।

88. सिंह आर.वाई. 1972, भील्स ऑफ मालवा रीजन देअर हैबिटाट, एकानॉमी एण्ड सोसाइटी, वा. 18, पार्टस 3-4, 223-239।

89. येरमाकोव, यू एट आल. (1986) ज्योग्राफिकल आस्पेक्ट्स ऑफ प्राग्नास्टिकेशन ऑफ दी एन्विरान्मेन्ट आउट साइट दी सोवियत यूनियन (ज्योग्राफिकल प्राग्नास्टिकेशन, प्रोग्रेस पब्लिशर्स, मास्को में पृ. 104)।

90. बर्च, बी.पी. 1967, दी मेजरमेन्ट ऑफ डिस्पर्सल पैटर्न्स ऑफ सेटलमेन्ट, टिड्रशिफ्ट वूअर इकोनोमी एन सो. ज्योग्राफी, वा. 58: 6875।

91. मेडवेडकोव, वाई.वी. 1967, दी रेगुलर कम्पोनेन्ट इन सेटलमेन्ट पैटर्न्स ऐज शोन आन ए मैप, सोवियत ज्योग्राफी, रिव्यू एण्ड ट्रान्सलेशन, वा. 8-3: 150-168।

92. स्टोन, के.एच., 1968, मल्टिपुल स्केल वलैसिफिकेशन फार रूरल सेटलमेन्ट ज्योग्राफी, एक्टा ज्याग्राफिकल, हेलसिन्की, वा. 20, सं. 22: 307-317।

93. डेसी एम.एफ., 1968, ऐन एम्पिरिकल स्टडी आफ दी एरियल डिस्ट्रिब्यूशन ऑफ हाउसेस इन प्योर्टोरिको, ट्रान्जैक्शन्स, इन्स्टीच्यूट ऑफ ब्रिटिश ज्योग्रफर्स, सं. 45, 1968: 51-59।

94. हडसन, जे.सी., 1969, पैटर्न रिकागनीशन इन एम्पिरिकल मैप एनालीसिस, ज.री.सा.वा. 9.2: 189-199।

95. सेम्पुल आर.के. एण्ड गालेज आर.जी. 1970, ऐन एनालीसिस ऑफ एन्ट्रापीचेन्जेज इन ए सेटलमेन्ट पैटर्न ओवर टाइम, इको. ज्या.,वा. 46-2: 157-160।

96. मुकर्जी, ए.बी., 1970, स्पेशिंग ऑफ रूरल सेटिलमेन्ट्स इन राजस्थान: ए स्पेशियल एनालीसिस, ज्योग्राफिकल व्यूप्वाइंट, वा. 1:1:19।

97. स्टैफोर्ड, एच.ए. जूनियर, 1963, दी फन्क्शनल बेसिस ऑफ स्माल टाउन्स, इको. ज्या., वा. 39, एप्रिल, 173।

98. हैगेट, पी. एण्ड के.ए. गुणवरदेना (1964) डिटर्मिनेशन ऑफ पापुलेशन थ्रेस्होल्ड फार सेटलमेन्ट फन्क्शन्स बाई रीड मुयेन्च मेथड, प्रो. ज्या., वा. 16, सं. 4: 166-169।

99. आचार्य, पी., 1933, आर्किटैक्चर ऑफ दी मानसर (इंगलिश ट्रान्सलेशन) लन्दन, आक्सफोर्ड युनिवर्सिटी।

100. डिमाजियाँ, ए. पूर्वाद्धृत, सन्दर्भ सं. 83।

101. फॉन रिचथाकेन, एफ., 1908, वोर्वसुनोन उबेर आल्गेमाइन सीडलुंग्स-उन्ड वर्केहर्सग्याग्रफी, (एडि.) बाई ओ. श्लुटेर, बर्लिन।

102. म्यूलर-विले डब्ल्यू., पूर्वोद्धृत सन्दर्भ सं. 34।

103. उहलिग एच. एण्ड लीनाउ, सी., 1967, टाइप्स ऑफ फील्ड पैटर्न्स, गीसेन, रूरल सेटिलमेन्ट्स, गीसेन, 1972 एण्ड रूरल पालुलेशन, गीसेन, 1975।

104. आइट, आर.सी. 1976, सम आब्जर्वेशन्स (ज्योग्राफिक डाइमेन्शन्स ऑफ रूरल सेटिलमेन्ट्स (एडि.) आर.एल. सिंह एट आल. एन.जी.एस.आई. रिस. प. सं. 16 में): 7-18।

105. विस्तार के लिए देखें म्यूराल, वी.एन., 1970, इन्डिकेटर्स कैरेक्टराइजिंग सिस्टम्स ऑफ रूरल सेटलमेन्ट्स, सा. ज्या. रि. एण्ड ट्रा. मार्च: 166-173, देखें आर.वाई. सिंह, दी मालवा रीजन: रूरल हैबिटाट सिस्टम, स्ट्रक्चर एण्ड चेन्ज, एन जी एस आई, रि. प. सं. 20, 1978:97-98।

106. विकसित पश्चिमी यूरोपीय देशों एवम. संयुक्त राज्य अमेरिका आदि में कृषक अपने खेत के वासभूमि में रहते हैं। भारत में कुछ कृषक अपने चक में बने अलग घर ("पाही" या "छावनी") में, जो मुख्य ग्राम अधिवास से दूरस्थ होते हैं, रहते हैं।

107. डिकिन्सन, आर.ई., 1949, रूरल सेटलमेन्ट्स इन जर्मन लैन्ड्स, ए ए ए जी, वा. 39, दिसम्बर सं. 4:240।

108. टेलर, जी (एडि.), 1967, ज्योग्राफी इन दी ट्वेन्टियेथ सेन्चुरी, मेथ्युयेन एण्ड कं. लि. लन्दन, उन्हीं का लेख, "अर्बन ज्योग्राफी" देखें: 524-525।

109. आइट आर.सी. पूर्वोद्धृत सन्दर्भ सं. 104।

110. बैडकाक, बी.ए., 1970, ए प्रेलिमिनरी नोट आन दी स्टडी ऑफ इन्ट्रा-अर्बन फिजियोग्रोमी, दी प्रो. ज्या., वा. 22, जुलाई: 189।

111. प्रथम प्रकार के उदाहरण के लिए डिमाजियाँ, लीफेयर तथा स्वार्ट्ज आदि, द्वितीय वर्ग में एन्क्विस्ट एवम् नार्लिंग, जेम्स, स्टोन तथा अन्य सम्मिलित हैं।

112. अर्नाल्ड, डब्ल्यू. (1875) एन्सीडलुनोन उन्ड वान्डरूनोन द्वैत्सेर स्टामे जुमाइस्ट नख्र हेसिस्चेन आईनामेन मार्बुर्ग।

113. सिन्हा बी.एन. (एडि.), 1983, प्रोग्रेस ऑफ ज्योग्राफिकल रिसर्च इन इण्डिया, ट्रान्जेक्शन इण्डियन कौन्सिल ऑफ ज्याग्रफर्स, वा. 11, दिसम्बर: 1-28।

114. ए सर्वे ऑफ रिसर्च इन ज्योग्राफी, 1969-72 (एडि.) मुनीश रजा, आई सी.एस.एस.आर. एलाइड पब्लिशर्स प्राइवेट लि., 1979, 184-187 एवम् 1972-75, कन्सेप्ट पब्लिशिंग कं. 1984, पृ. 119-125।

115. ग्लैकेन, सी.जे. (1967) ट्रेसेस ऑफ दी रोडियन शोर, यूनि. ऑफ कैलीफोर्निया प्रेस, बर्कले एण्ड लास एन्जिल्स।

116. बर्मन बी.के. राय (1988) मैन्स एक्सपैन्डिंग होम एण्ड शिन्किंग वर्ल्ड, की नोट ऐड्रेस, सेमिनार आन कल्चर एण्ड हैबिटाट, स्कूल ऑफ प्लानिंग एण्ड आर्किटेक्चर, न्यू दिल्ली, फरवरी 88:2।

117. राव वी.एल.एस. प्रकास, 1988, ह्यूमन सेटिलमेन्ट्स-डवलपमेन्ट पर्सपेक्टिव्स: सर्च फार न्यू होराइजन्स इन एनाल्स ऑफ दी "नागी", वा. 8, सं.-1, जून: 48।

2

सांस्कृतिक-ऐतिहासिक संदर्श

भौगोलिक एवम् सांस्कृतिक पृष्ठभूमि

प्राणि जगत में (आदिमानव) होमोसेपियन्स का विकास विशिष्ट प्रकार का है। इसकी विचित्रता इस तथ्य पर आधारित है कि मानव प्रजाति संस्कृति का विकास करती है। अंतिम ''वुर्म'' नामक हिमयुग के समय मानव हिम रहित प्रदेशों में बसा और उसे अनेक प्रकार के शरण-स्थल के निर्माण द्वारा विविध पर्यावरण वाले क्षेत्रों में जीवित रहने के लिए समायोजन में सहायता मिली[1]। मध्यपाषाणकालीन (Mesolithic) सांस्कृतिक क्रान्ति द्वारा अधिक पर्यावरणीय एवं सांस्कृतिक परिवर्तन भी हुए। किसी भी भौगोलिक क्षेत्र में एक खास प्रकार के सामाजिक संगठन एवं तकनीकी विकास-स्तर के साथ रहता हुआ मानव समूह विशिष्ट प्रकार की जीवन पद्धति की अभिव्यक्ति करता है। अत: संस्कृति को श्रेणीबद्ध करते हुए जुलीन हक्सले ने तीन संघटक-युक्त प्रतिमान बनाया है। (1) मनस्तथ्य (Mentifacts) (2) सामाजिक तथ्य (Sociofacts), (3) शिल्पतथ्य (Artifacts)। प्रथम संघटक के अन्तर्गत धर्म, भाषा, जादू तथा लोककला, कलात्मक परम्पराएं आदि सम्मिलित हैं, द्वितीय में व्यक्ति तथा समूह के बीच की जोड़ने वाली कड़ी से सम्बन्धित संस्कृति के पहलू आते हैं। व्यक्तिगत स्तर पर इनके अन्तर्गत पारिवारिक बनावट, प्रजनन, लैंगिक व्यवहार तथा संतति-पालन और समष्टि-स्तर पर राजनीतिक, शिक्षा सम्बन्धी प्रणाली सम्मिलित है। तृतीय में समष्टि को भौतिक पर्यावरण से जोड़ने वाली कड़ी से सम्बन्धित पहलू आते हैं। वस्तुपरक स्थिति में कुछ पहलु ऐसे होते हैं जिनमें तीनों संघटक अविभाज्य गांठ के रूप में उलझे बटे होते हैं। अन्य में रस्सी के धागे को अलग निकालकर उसका व्यक्तिगत अध्ययन सम्भव है[2]।

ये संघटक सांस्कृतिक विविधता को प्रभावित करते हैं, इसीलिए स्थानिक विभिन्नता वाले धर्म-विश्वास-युक्त विश्व के अनेक प्रदशों का संकलित (Mosaic) फोटो अस्तित्व में है। इनकी अभिव्यक्ति विशिष्ट भौगोलिक सीमा के साथ क्रिस्चियानिटी, इस्लाम, हिन्दुइज्म तथा बुद्धिज्म एवं अन्य उपवर्गों के रूप में होती है। (चित्र 2.1)। ये विश्वास संसाधन उपयोग सम्बन्धी विशिष्ट दर्शन का चित्रण करते हैं। चीन, भारत के भू-दृश्यों में रास्ते, आवासीय निर्माण, जंगलादि निरन्तर प्राकृतिक भू-दृश्य से घुलेमिले सहयोगी से लगते हैं, प्रभावी नहीं बनते। मानव का पर्यावरण से सम्बन्ध मात्र जनांकिकीय एवं आर्थिक ही नहीं होता। इन सम्बन्धों के विवेचन में विश्वासों, हवाई-कल्पनाओं, परम्पराओं और प्रथाओं का विशेष योगदान होता है[3]। चूंकि वर्तमान मोजेक (संस्कृति, सांस्कृतिक प्रदेशों के) अतीत की जनसंख्या वृद्धि, सांस्कृतिक विभिन्नता एवं स्थानान्तरण को प्रतिबिम्बित करते हैं, हम आसानी से प्राचीन काल में धरातल पर विस्तृत मानव समूह केन्द्रों की चर्चा कर सकते हैं। इस बात से लगभग सभी सहमत है कि आदिमानव (Homosapiens) की उत्पत्ति सर्वप्रथम सामान्यतया उष्णकटिबन्धीय अफ्रीका में और मुख्यतया पूर्वी अफ्रीका में हुई थी। ये मानव-समूह मूलत: क्रमविकास कुन्डों (Hearths) से विकिसित होकर तथा काकेशियन, मंगोल, नीग्रो आदि प्रजाति के रूप में विभक्त होकर अनेक भौगोलिक प्रदेशों में फैल गए हैं, (चित्र 2.2a, 2.3a, 2.3b)। अब सामान्यतया मान्य है कि मानव-समूह सभी भू-भागों में 25,000 ई. पूर्व ही बिखर गए थे। मानव संस्कृति का उद्भव, क्रमविकास चार विशिष्ट प्रविधि आधारित सांस्कृतिक अवस्थाएँ प्रदर्शित करते हैं जैसे-भोजन एकत्रीकरण एवं आखेट संस्कृति, (2) पशुचारण संस्कृति, (3) कृषि आधारित संस्कृति, एवं (4) नगरीय संस्कृति। ये तीन मानव कार्यकलाप प्रक्रिया से संबंधित हैं जैसे-

Figure 2.1

Cultural core areas. The map shows Old World core areas for the world's main religions. The figures indicate the approximate number of adherents of each religion, in millions, in the 1960s. The lines showing the expansion of Buddhism (with dates) are approximations only

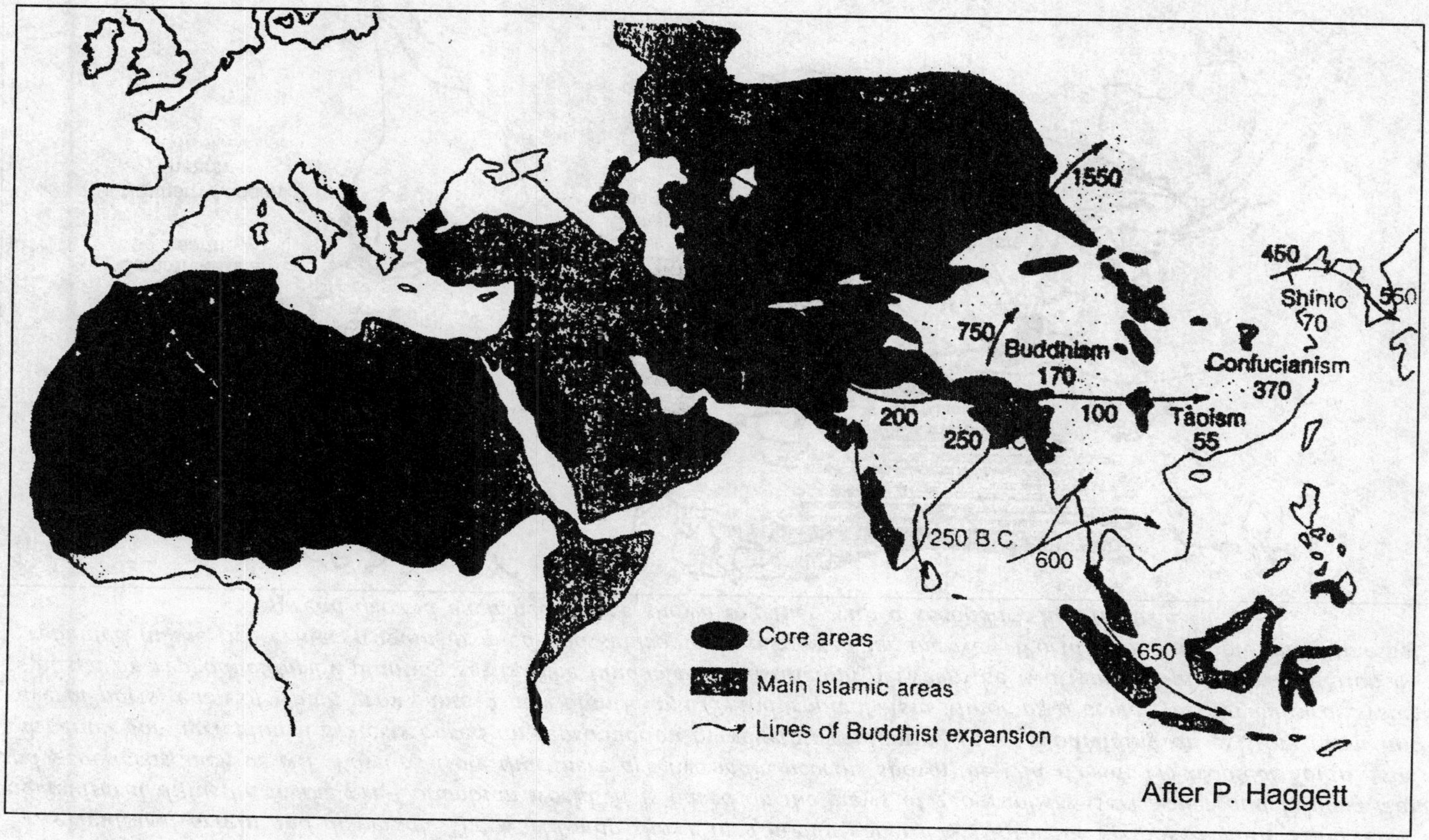

Figure 2.2(a)

Agricultural origin and dispersal. The world map shows in a highly generalized form the supposed main features of agricultural diffusion in the pre-Columbian world. It is based on the views of geographers Carl Sauer and Eduard Hahn and geneticists such as N.I. Vavilov. Note that there are two main hearths shown the Old World: (1) tropical South Asia as a center for agricultural systems based on reproduction by vegetative planting (e.g., subdividing an existing plant into several parts, each of which grows into a new plant); and (2) subtropical Asia Minor as a center for agricultural systems based on reproduction by planting seeds. The fundamental distinction between the two types of plant propagation is repeated in the two centers (again, tropica and subtropical) suggested for the New World. The probable main lines of spread around each hearth are shown together with a secondary hearth area.

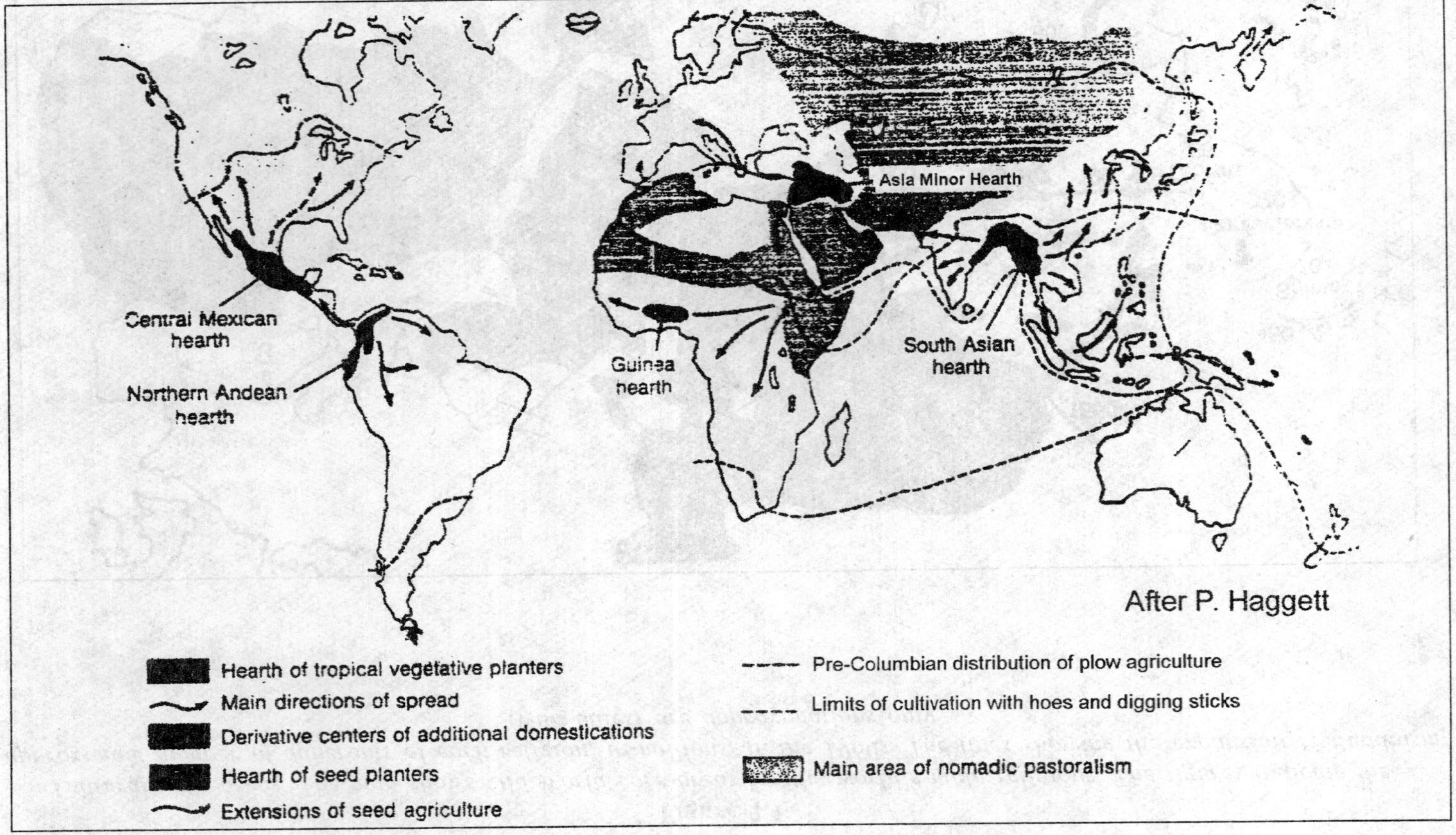

Figure 2.2(b)

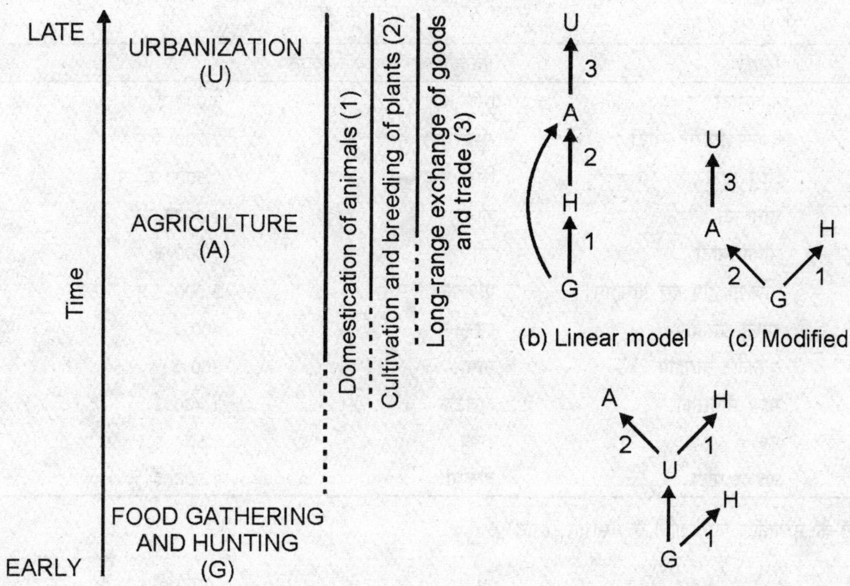

(a) Main elements in the development sequence (d) Jacobs model

After P. Hogget

पशुपालन, स्थायी फसलोत्पादन एवं उत्पादन व्यापार (चित्र–2.2b)। किन्तु अधिवास, कृष्य एवं नगरीय दोनों संस्कृतियों के लिए पूर्व अपेक्षित होते हैं। सायेर द्वारा प्रतिपादित hearths प्राचीन दुनिया के दक्षिणी एशिया एवं बाद की नई दुनिया के 30 एन्डीज घाटी, निम्न भूमि वाले उद्‌भव केन्द्र, कृषि नवाचार हेतु अधिक उपयुक्त पर्यावरण प्रदान किए।

पुरातात्विक उपलब्धि एवं अधिवास

ईराक तथा ईरान के पुरातात्विक अवशेष 3,000 ई. पूर्व के पौधों एवं पशुओं के पालतू बनाने का समूब प्रस्तुत करते हैं। इसी प्रकार प्राप्त सबूतों के आधार पर नगरीय विकास चार मुख्य नदी–बेसिनों में हुआ था (1) दजला–फिरात के संगमस्थल, (2) मिश्र में नील नदी घाटी, (3) पाकिस्तान तथा भारत में सिंधु प्रणाली क्षेत्र तथा (4) उ. चीन में पीतनदी (ह्वांगहों) बेसिन। बहुसंख्यक अधिवसित जनसंख्या इन्हीं नदी घाटियों के क्षेत्र में रहती थी। इन भौगोलिक विभिन्नताओं के कारण ही अधिवासीय भिन्नताएँ प्रकट हुई। मुख्य आन्तरिक क्षेत्र (core areas) सारणी 2 (i)[4] में प्रदर्शित है।

इस प्रकार वर्तमान शती के प्रारम्भ में लगभग 40 प्रतिशत अनुमानित जनसंख्या वाले दक्षिण के बाद ह्वांगहो संस्कृति वाला चीन और तत्पश्चात् नीलघाटी, सीरियाई संकेन्द्रण के साथ रोम साम्राज्य का क्रम था। क्रेटे, माया, अजटेक, इन्का तथा योरूबा संस्कृतियों से स्पष्ट है कि इनके अधिवासीय सांस्कृतिक संकेन्द्रण, भोजन/खाद्य–संग्रहक तथा आदिम कृषि आधारित बिखरे अधिवासों से भिन्न थे। टर्की की भाँति अन्य क्षेत्रों के पुरातात्विक खोजकार्यों से अतिरिक्त सांस्कृतिक केन्द्रों का पता लग सकता है जहाँ विभिन्न गलियारों में विसरण हुए हैं। यह सब भी सत्य है कि मानव, अनेक अलग प्रदेशों में ऐसी संस्कृति प्रणाली के निर्माण में सफल रहा, जिससे सामूहिक रूप से निवास करने को बढ़ावा मिला। ये प्रदेश वृहत् क्षेत्र विस्तार के साथ विविध लक्षणों तथा संस्कृतियों के स्रोत बने जो बाहरी इलाकों तथा कम विकसित प्रदेशों में फैल सके।[5]

सारणी 2 (i)

मुख्य नगरीय आन्तरिक क्षेत्र

खण्ड	*स्थिति*	*पूर्वकालिक नगरीय संस्कृति*		*प्रतिनिधि नगर*
मध्यपूर्व	नीलघाटी	मिश्र की	3,000 ई. पू.	मेम्फिस थीबेस
	दजला-फिरात-घाटी	सुमेरियन	2,700 ई.पू.	उर, उरूक
	सिंधु घाटी	सिंधु	2,5000 ई. पू.	मोहनजोदड़ो, हड़प्पा
पूर्वी एशिया	ह्वांगघाटी	शान्ग	1,3000 ई.	अनयांग
	मीकांगघाटी	ख्मेर	1,000 ई.	अंगकोर
दक्षिणी यूरोप	एजियन द्वीप एवं प्रायद्वीप	एजियन	2,000 ई.पू.	नोसोसमाइसीने
	इटली प्रायद्वीप	इट्रस्कन	400 ई. पू.	फेल्सिना, रोम
अमेरिका	युकाटान प्रायद्वीप	माया	500 ई.	पलाक, टिकल
	मध्य मेक्सिको	अजटेक	1,400 ई.	टेनोक्टिटलान
	पेरू	इन्का	1,500 ई.	कुज्को
पश्चिमी अफ्रीका	नाइजर घाटी	योरूवा	1,300 ई.	इफे

* तिथियाँ संस्कृति के मध्यकाल को दर्शाती है (साभार, हैगेट)।

मूल ऐतिहासिक एवं प्रागैतिहासिक अधिवास

किसी खास भू-दृश्य में मानव समूहों के पुंजित/एकत्रित होने पर बसाव की सफलता से तकनीकों का क्रमिक एकत्रीकरण हुआ जिससे ये प्रदेश संस्कृति उद्भव कुन्ड (Hearths) बने। प्राचीन दुनिया के इन महत्त्वपूर्ण उद्भव कुन्डों के मणिभीकरण/सुसंगठन से अधिवासों में वृद्धि और मणिभीकरण होता गया। उद्भव केन्द्रों के अनुसार प्रागैतिहासिक अधिवासों का प्रसार तथा स्थिरीकरण संक्षेप में निम्नवत है (चित्र 2.3 b)।

मेसोपोटामिया

वृहत फर्टाइलक्रीसेन्ट (धन्वाकार उपजाऊ भूखण्ड) में स्थिति इस प्राचीन सांस्कृतिक केन्द्र के अन्तर्गत दजला-फरात की घाटी, इनका मुहाना, पूर्व तथा उत्तर के पहाड़ी-उपान्त तथा दक्षिण-पश्चिम के अरब रेगिस्तान के सीमान्त क्षेत्र सम्मिलित है। इसकी सुगम पहुँच के कारण मैदान ने अभिकेन्द्रीय बल को जन्म दिया, जिससे ई. पू. 5,000 से 4,000 वर्ष में अप्रवासी आकर्षित हुए। इससे स्थानीय अधिवासों के बहुत से केन्द्रों की वृद्धि हुई। अत: यह क्षेत्र ई.पू. 3,000 तक न केवल प्रौढ़ संस्कृति के रूप में विकसित हुआ वरन् मिश्र-सभ्यता को भी प्रौढ़ता प्रदान करने में सहायक सिद्ध हुआ। केन्द्र ने विजयी, अधिवास बनाने वाले, दासों तथा व्यापारियों जैसे अप्रवासी लोगों को सहर्ष स्वीकार किया। सबसे पहले के पुरातात्विक सबूतों के निर्देशानुसार अचल अधिवासी लोग यत्र-तत्र बिखरे हुए रेखीय प्रतिरूप में अध्यासन किए, तत्पश्चात् के कालों में निवास क्षेत्रों में खिसकाव शुरू हुए किन्तु सरगों-हमूराबी (2,3000-1,900 ई. पू.) के काल में क्षेत्रीय अध्यासन तथा जनसंख्या प्रतिरूप में सर्वोच्च प्रकार की वृद्धि हुई। 3,000 ई.पू. पश्चात् सीरिया, फारस के लोगों द्वारा मेसोपोटामिया पर विजय प्राप्त कर लेने के कारण इस केन्द्र का ह्रास, पतन, विध्वंस हुआ तथा पुन: कृषक, ग्रामवासियों की भूमि बना, जिसमें महानगरों के ध्वंसावशेष अतीत के कथाचिह्न मात्र है।[6] अब भी परित्यक्त नहरप्रणाली तथा अधिवास, अध्यासन (occupance) की विभिन्नता प्रदर्शित करते हैं।

नील घाटी

नील डेल्टा के शीर्ष बिन्दु तथा प्रथम प्रपात अथवा काहिरा एवं असवान के मध्य नदी के तटीय भाग के खुले भूखण्ड की पर्यावरणीय दशाओं में समृद्ध संस्कृति तथा राज्य मेसोपोटामिया से पहले ही स्थित थे। यद्यपि यह संस्कृति मेसोपोटामिया तथा उसके कुछ भूमध्य

Figure 2.3 (a)

The early old world culture hearths and culture realms

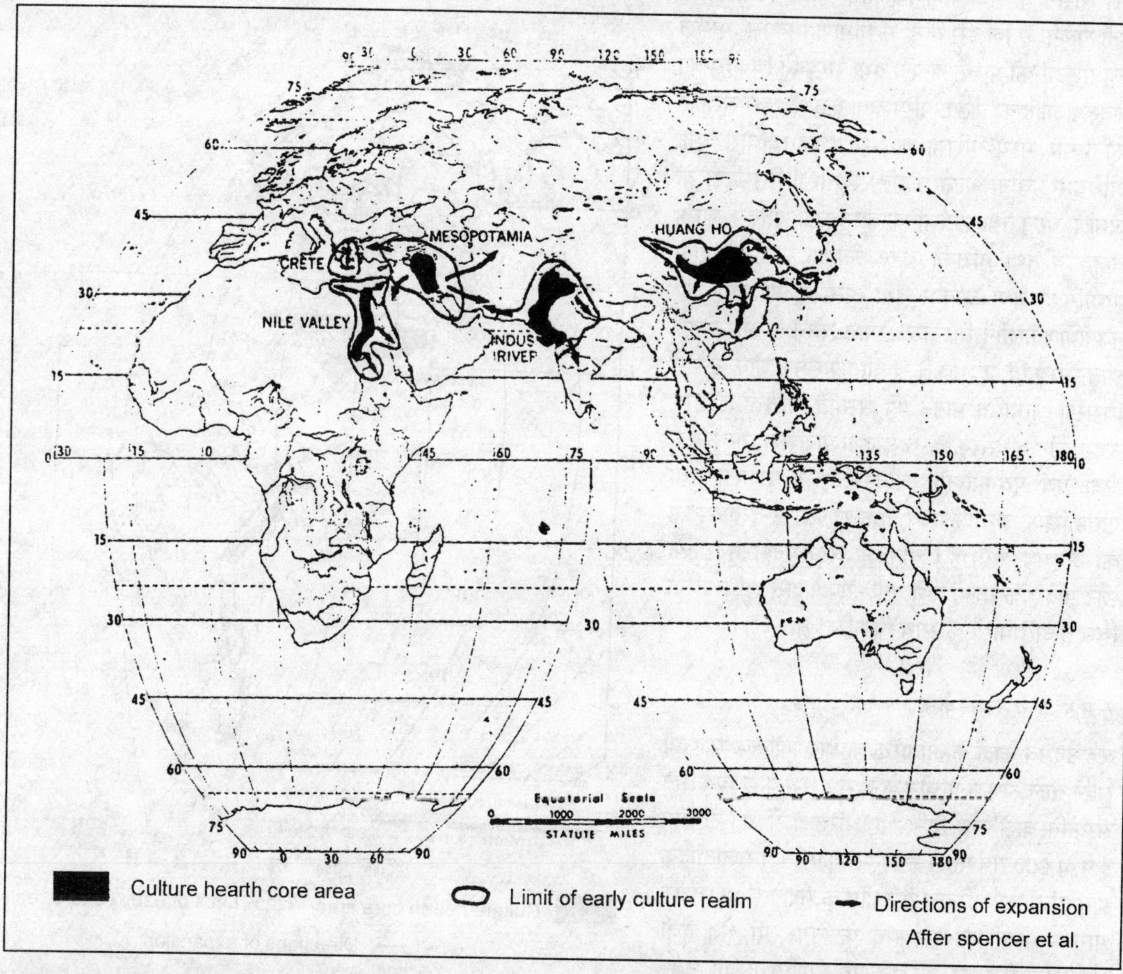

सागर के पूर्वी छोर पर विसरित प्रशाखाओं के गौरव के अनुरूप नहीं थी फिर भी इसने कालान्तर में पश्चादुक्त भू-भाग को प्रभावित किया और बहुत पहले ही मिश्र बाहरी शक्तियों का उपनिवेश/गिरवी बन गया और नीलघाटी पुन: नदी के ऋतु आधारित प्रतिरूप के अनुसार ढाले गए वार्षिक जीवन-चक्र अपनाने वाले कृषक ग्रामवासियों की भूमि बनी।[7]

सिन्धु घाटी

पाकिस्तान स्थित नए स्थानों, मोहनजोदड़ो तथा हड़प्पा की खुदाई से किलेबन्दी द्वारा सुरक्षित महल, दुर्ग वाले बड़े आकार के अधिवास-युक्त नगर-संस्कृति के सबूत मिलते हैं। लगभग 2,500 ई.पू. ही मध्य एशिया स्थित मंगोल कबीलों से सिन्धु घाटी की नगरीय सभ्यतावासियों से संसर्ग था।[8] सम्भवत: फसलोत्पादन तथा पशु आधारित आर्थिक तन्त्र के सुविस्तार के साथ सिन्धु की निम्न भूमि से मेसोपोटामिया की निम्न भूमि तक नवपाषाणकाल से अध्यासन की निरन्तरता कायम थी। यद्यपि बहुत सी बातों में मेसोपोटामिया से समानता थी, फिर भी सिन्धु घाटी संस्कृति में पर्याप्त प्रादेशिक विशेषज्ञता थी, जिससे यह अन्य से भिन्न थी।[9] इस सिन्धु घाटी संस्कृति का प्रभाव पूर्व में कौसाम्बी तथा दक्षिण में आलमगीरपुर, मेरठ (उ.प्र.), दैमाबाद (महाराष्ट्र) तक दिखलाई पड़ता है।

Figure 2.3 (b)

The new world culture hearths and culture realms

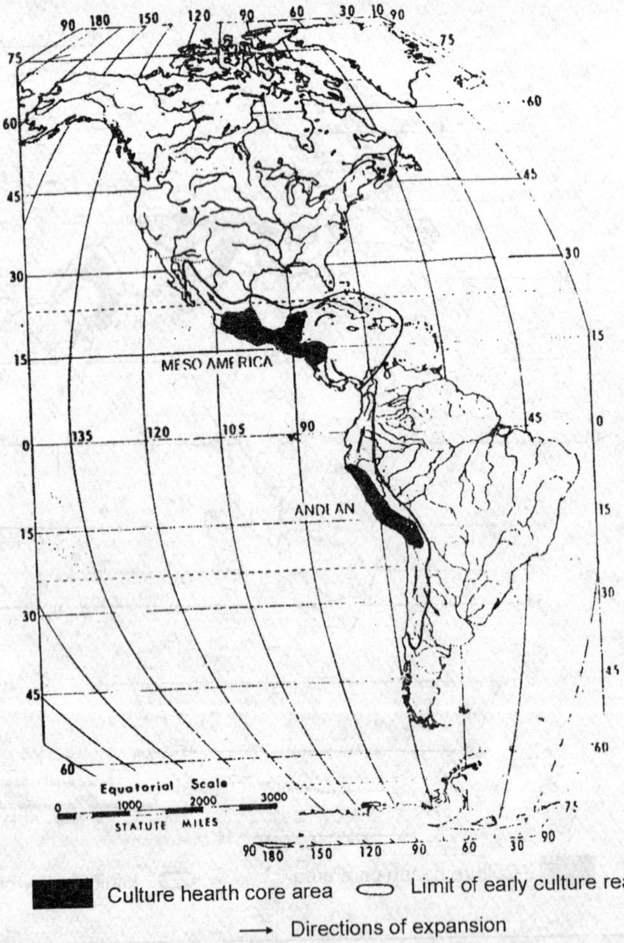

हुआंधे या पीत नदी घाटी

इस बेसिन के नव पाषाणकालीन स्थानों (Sites) से पता चलता है कि इस केन्द्र में ग्रामीण विकास, फसल एवं पशुओं को पालतू बनाना तथा संस्कृति विकास का प्रतिरूप आदि को प्रौढ़ता/परिपक्वता प्राप्त थी। इस संस्कृति का प्रसार मध्य एशिया तक था। चहारदीवारी युक्त अधिवास, चीनी भाषा पद्धति, सानी-गुंधी मिट्टी के निर्माण, घरेलू तथा सार्वजनिक वास्तुकला प्रतिरूप, जस्ता धातुकीय तथा मृत्तिका-बर्तन निर्माण सम्बन्धी दोनों प्रौद्योगिकी तथा आकार तथा अन्य लक्षण चीन की नवपाषाणकालीन निरन्तरता स्पष्ट करते हैं और उत्तरी चीन-संस्कृति, उद्‌भव केन्द्र को पूर्णरूपेण थोक रूप में विसरण आधारित मानने की संस्तुति करते हैं।[10] हम, उत्तरी चीन की संस्कृति-केन्द्र तथा प्रादेशिक सांस्कृतिक क्षेत्रों एवं पूर्वकालिक चीन-संस्कृति प्रणाली तथा ऐतिहासिक चीन के मध्य, एक स्पष्ट निरन्तरता/सतता का अनुभव करते हैं। चीन का बड़ा मैदान मुख्यतया छोटे प्रादेशिक राज्यों तथा नगर-राज्यों द्वारा अधिशासित विस्तृत अधिवासों के साथ विकसित था।

(अ) अन्य लघु-केन्द्र

बड़े उद्‌भव केन्द्रों के अतिरिक्त बहुधा भौगोलिक साहचर्य रखने वाले अथवा प्राचीन केन्द्र से दूरस्थ कुछ विकसित संस्कृति वाले लघु केन्द्र भी अस्तित्व में थे। लगभग ई.पू. 4,000 वर्ष पहले नवपाषाणकालीन फसलोत्पादक ग्राम-पुंजों का अस्तित्व क्रेटे द्वीप के मैदान में था। तटीय भाग में मिनोअन संस्कृति के नगर भी थे। पूर्वी भूमध्यसागरीय तट की भी पर्यावरणीय दशाएं नव-पाषाणकालीन फसलोत्पादक ग्रामवासी जनसंख्या के अनुकूल थीं। इस क्षेत्र में हीब्रू, ह्यूरिअन्स, आर्मियन्स, फोनेसियन्स, हिटोट्स तथा अन्य इलाकों के लिए संघर्षरत रहते थे। इसी भाँति ग्रीक निवासी एजियन प्रायद्वीप में वर्ष 2,000 ई.पु. के तुरन्त बाद ही फैले, मीसेनियन काल में (लगभग 1,400-1,200 ई.पू.) मिनोआन संस्कृति अपनाए, तत्पश्चात् डोरियन ग्रीक निवासियों द्वारा यूनानी सभ्यता फैली।

जहाँ तक भारत में वैदिक कालीन संस्कृति के प्रसार, विस्तार का प्रश्न है, भौगोलिक दृष्टिकोण से तीन (episodes) घटनाक्रम के साथ विभिन्न प्रकार के अधिवास प्रारूप सहअस्तित्व में थे (अ) इसके अस्तित्व के उत्तरार्द्ध में (1,500 ई.पू.) सिन्धु सभ्यता से ग्रहण किए गए पदार्थ, प्रौद्योगिकी तथा विचारों का पूर्व की ओर गमन, (ब) एक हजार वर्ष ई.पू. प्रारम्भिक लौह युगीन संस्कृति का दक्षिण एशिया में विसरण, (स) लगभग 500 ई.पू. वर्षों में गंगा सभ्यता का विस्तार।[11] इन सभी को सविस्तार आगामी खण्डों में दिया गया है।

(ब) दक्षिणी मंचूरिया, कोरिया तथा जापान की जीवन प्रणाली तथा अधिवास खासतौर पर उत्तरी चीन संस्कृति से तथा आमतौर पर

Figure 2.4

The later old world culture hearths and culture realms

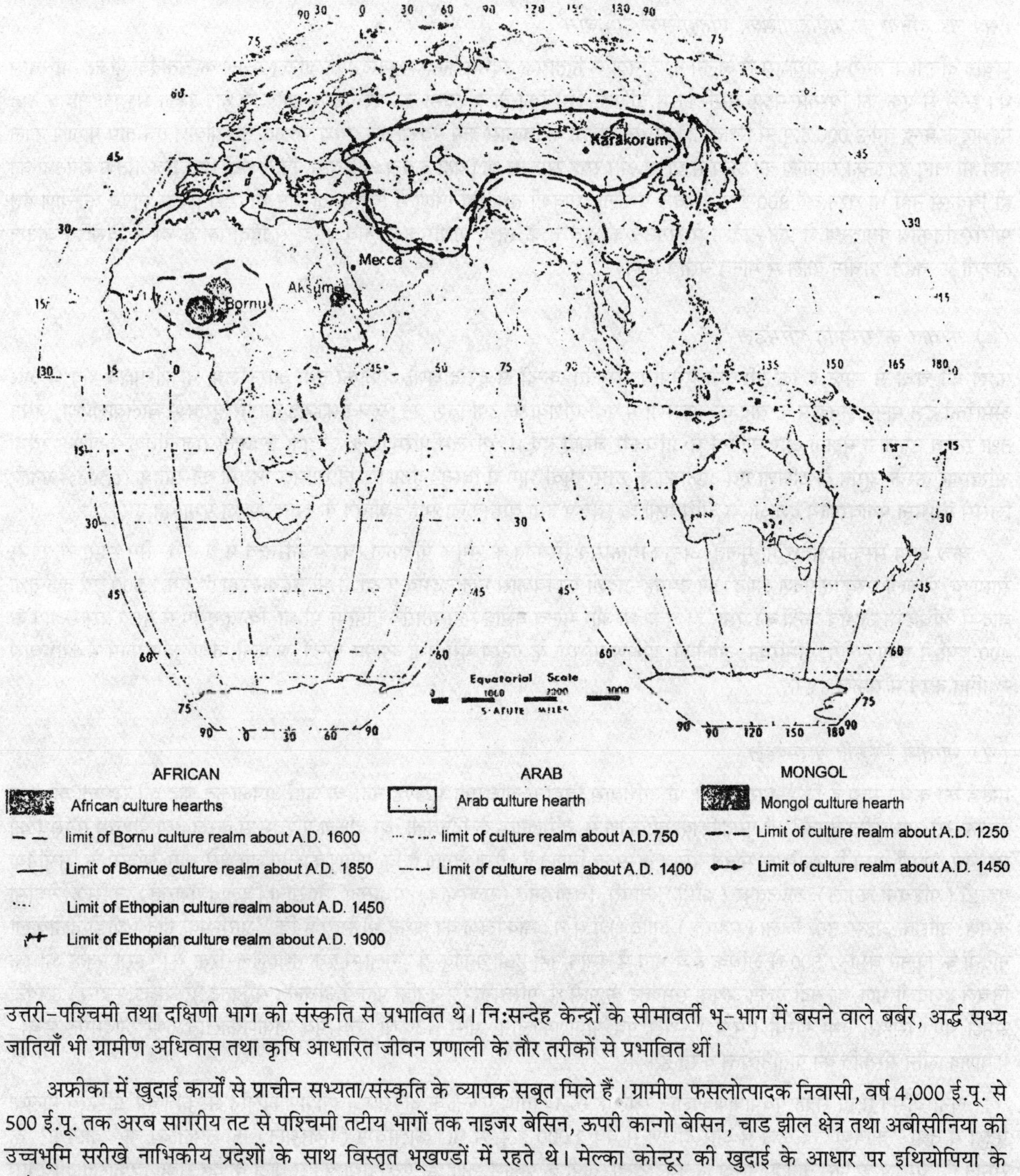

उत्तरी-पश्चिमी तथा दक्षिणी भाग की संस्कृति से प्रभावित थे। निःसन्देह केन्द्रों के सीमावर्ती भू-भाग में बसने वाले बर्बर, अर्द्ध सभ्य जातियाँ भी ग्रामीण अधिवास तथा कृषि आधारित जीवन प्रणाली के तौर तरीकों से प्रभावित थीं।

अफ्रीका में खुदाई कार्यों से प्राचीन सभ्यता/संस्कृति के व्यापक सबूत मिले हैं। ग्रामीण फसलोत्पादक निवासी, वर्ष 4,000 ई.पू. से 500 ई.पू. तक अरब सागरीय तट से पश्चिमी तटीय भागों तक नाइजर बेसिन, ऊपरी कान्गो बेसिन, चाड झील क्षेत्र तथा अबीसीनिया की उच्चभूमि सरीखे नाभिकीय प्रदेशों के साथ विस्तृत भूखण्डों में रहते थे। मेल्का कोन्टूर की खुदाई के आधार पर इथियोपिया के प्रागैतिहासिक काल का विस्तार प्रारम्भिक पाषाणकाल से नवपाषाण तथा मूल ऐतिहासिक काल तक मिलता है।[12] वहाँ के अक्जुमाइट

संस्कृति केन्द्र ''पुन्ट तथा नील बेसिन के फराओ'' (Pharaohs) में पूर्ण सक्रियता थी और वे वर्ष 3,000 ई.पू. भी खोज यात्रा भेजा करते थे। यहाँ तक कि दक्षिण अरब से भी लोग वर्ष 1,000 ई.पू. से पहले ही इथोपिया में प्रवास कर चुके थे।[13] (चित्र 2.4)।

(स) नई दुनिया के प्रागैतिहासिक, ऐतिहासिक अधिवास

प्राचीन दुनिया के नगरीय अधिवास से अलग नई दुनिया के द्वितीयक उद्‌भव केन्द्रों में मन्दिरों के जटिल स्थानों के चतुर्दिक पुंजित अधिवास थे। इनमें से एक का विस्तार मध्य अमेरिका में दक्षिणी अमेरिका के पश्चिमी तट पर पेरू भूखण्ड में था। इन्का सभ्यता नामक यह पश्चादुक्त केन्द्र वर्ष 3,000 ई.पू. में स्थित था। प्राचीन दुनिया के विकास क्रम पूर्व पाषाण, मध्य पाषाण, नव पाषाण एवं ताम्र पाषाण काल यहाँ भी लागू हैं। इन्का साम्राज्य का अन्य से घनिष्ट और स्पष्ट सम्बन्ध था। यहाँ केवल अधिवास, किलेबन्दी तथा राजनीतिक संगठनों का ही विकास नहीं था वरन् वर्ष 800 ई.पू. सिंचाई प्रणाली, धातुकी तथा विनिर्माण में विशेषज्ञता प्राप्त थी। इस प्रकार मानव कल्याण हेतु पारिस्थितिकीय पर्यावरण से प्राप्त-प्रदेशों में संगठन की प्रवृत्ति के साथ, प्राथमिक उद्‌भव केन्द्रों से द्वितीयक केन्द्रों में विसरित जटिल ताकतों के चहते, प्राचीन काल में मानव बसाव हुए।

(द) पश्चात के संस्कृति परिमंडल

पहले की चर्चा से स्पष्ट है कि पश्चिमी यूरोपीय संस्कृति-केन्द्रों से दूर दक्षिणी अफ्रीका तथा आस्ट्रेलिया के परिपार्श्व क्षेत्र थे और अमेरिकी देश मानव इतिहास के बाद की अवस्था में पूर्वी एशिया के उपनिवेश बने। जब ईसाईयत का पूरे यूरोप में बोलबाला था, जर्मन तथा स्लाव उपजाऊ मैदानों और घाटियों में अधिकार जमाए हुए थे, मुस्लिम परिमण्डल, लड़ाकू उग्रवादी राजनीतिक-आर्थिक रवैया अख्तियार करके, यूरोप के दक्षिणी एवं अफ्रीका के उत्तरी-पूर्वी भाग में विस्तृत हुआ। इसने धार्मिक नियमों की संहिता (codes) बनाई, जिससे विभिन्न पर्यावरणीय दशाओं के अधिवासों के स्वरूप तथा वास्तुकला सहित जीवन के अनेक पहलू प्रभावित हुए।

कुछ अन्य संस्कृति प्रदेश भी मूलतः अन्यत्र विकसित संस्कृति के संयुक्त प्रतिफल स्वरूप अस्तित्व में थे जैसे-रोम साम्राज्य, खमेर साम्राज्य, प्यूबलो संस्कृति प्रदेश आदि। इन उपग्रह-प्रदेशों का विकास मूल उद्‌भव केन्द्रों से भी बढ़कर रहा।[14] वर्ष 1,500 वर्ष तक तथा बाद में अधिकांश उद्‌भव केन्द्रों का प्रसार हो चुका था और मानव बसाव महासागरीय द्वीपों में भी था, किन्तु यूरोप में मुख्य प्रसार आगे के 400 वर्षों में हुआ। लोग, अमेरिका, अफ्रीका, दक्षिण एशिया के तटीय घेरों तथा व्यापार केन्द्रों, बागानों, तथा कृषि फार्म में अधिवास स्थापित करने में सफल हुए।

(य) भारतीय संस्कृति परिमण्डल

पिटर्ड का कथन सत्य है कि ''भारत कभी भी अधिवास विहीन/लाचिरागी भूखण्ड नहीं था जहाँ अपेक्षाकृत बाद की सभ्यता की बाढ़ आकर उसे अधिगृहीत करती''।[15] पुरातात्विक दृष्टिकोण से, तमिलनाडु के तिनेवेली, धुर दक्षिण पश्चिम से केरल तथा पश्चिम में सिंध को छोड़कर, संपूर्ण भारत में प्रारम्भिक मानव बसाव के सबूत मिलते हैं। ऐसा लगता है कि पाषाणकालीन घने बसे भाग, बांकुरा के सिसुनिया पहाड़ी (पश्चिमी बंगाल), ललितपुर (झाँसी), नागरी, चित्तौड़गढ़ (राजस्थान), पधाम्ली, मेहसाना जिला (गुजरात), नासिक, नेवासा क्रमशः नासिक अहमदनगर जिला (महाराष्ट्र) आदि क्षेत्रों में थे। सांकलिया का कथन भी सत्य है कि ''प्रारम्भिक मानव चौड़ी तलीवाली नदियों के किनारे बसा, 2,500 से अधिक ऊँचे भाग में बसाव नहीं हुआ क्योंकि वे जंगलों से ढके तथा जल-रिक्त थे।[16] इसी प्रकार अधिक निचले दलदली भाग, जो नदी डेल्टा अथवा समुद्रतट के पास थे, परित्यक्त रहे जबकि पहाड़ी अंचल (समुद्रतट पर बम्बई, मद्रास) उपयुक्त समझे गए। सिहोरा तथा गोन्ची (म.प्र.) स्थल पूर्व पाषाणकालीन, भीम बैठकवा उच्च पूर्व पाषाणकालीन तथा आदमगढ़ मध्य-पाषाणकालीन संस्कृति का प्रतिनिधित्व करते हैं।

लूनी बेसिन में ही सत्रह पूर्वपाषाणकालीन स्थल है C-14 तिथि गणना के अनुसार नवपाषाणकालीन संस्कृति का अस्तित्व मालवा प्रदेश में तथा ''कायथा'' के रूप में और दक्षिण में वर्ष 2,000 ई.पू. में था। कालीबंगा (राजस्थान) की उपलब्धि या ''कायथा'' के समान हैं। चम्बल के पास नागदा, नर्मदा के नवदाटोली, तापी के प्रकाश, आहाड़, ऐरण तथा बनास घाटी के दृढ़ सबूत विकसित अधिवास के परिचायक है। ये प्रारम्भिक निवासी अच्छे बने घरों में रहते थे, चक्राधारित बर्तनों, पाषाण, ताम्र, जस्ता के यंत्रों/आयुधों का इस्तेमाल

करते थे तथा गेहूं की खेती करते थे। ''कायथा'' की भाँति मालवा का सही प्रतिनिधित्व करने वाले नागदा के लोग मिट्टी-ईंट के बने कुछ दुर्ग सरीखे घर बनाते थे।[17] गृहों के प्रकार निर्माण-सामग्री आदि का सविस्तार उल्लेख अध्याय आठ में है।

हड़प्पा काल के अधिवास स्थल बी.एस. बकान्कर[18] द्वारा भीमबैठका एवम् डान्गेवादा (उज्जैन) में, लद्दाख में शर्मा[19] द्वारा, प्रभासपाटन[20], इनामगाँव[21], महाराष्ट्र में पुणे, वैशाली[22] के चेचर में, मेहसाना[23] (गुजरात) में रोपड़[24] (पंजाब), शेरपुर[25] गंगानगर के पास (राजस्थान) में देखे गए। इसी प्रकार इलाहाबाद पुरातात्विक संस्थान (यूनिवर्सिटी) द्वारा उत्तर-प्रदेश में बाँदा जिले के ओहन घाटी के लालपुर में किए गए कार्य कई मूल ऐतिहासिक/प्रागैतिहासिक अधिवास स्थलों को उजाकर करते हैं। संक्षेप में, मूल ऐतिहासिक संस्कृतिकाल का विस्तार, हड़प्पा काल (2,750 ई.पू.-1,700 ई.पू.) तक, उत्तरार्द्ध हड़प्पा काल (1,700 ई.पू. से 1,500 ई.पू.) अध: पतित/अपकर्षित हड़प्पाकाल (1,500 ई.पू.-1,000 ई.पू.) तथा चित्रितधूसर मृत्भांड (पेन्टेड ग्रे वेअर) (1,000 ई.पू.-500 ई.पू.) तक था इस प्रकार यह लगभग ई.पू. 2,750 से ई.पू. 500 वर्ष तक विस्तृत था। नव पाषाणकालीन खोज मानचित्र 2.5 के अनुसार तीन भौगोलिक भूखण्डों में वर्गीकृत है। प्रथम भूखण्ड, जिसमें असम, बिहार, बंगाल और उड़ीसा के अवशेष सम्मिलित है, अन्य दो से

Figure 2.5

Important Stone age settlement

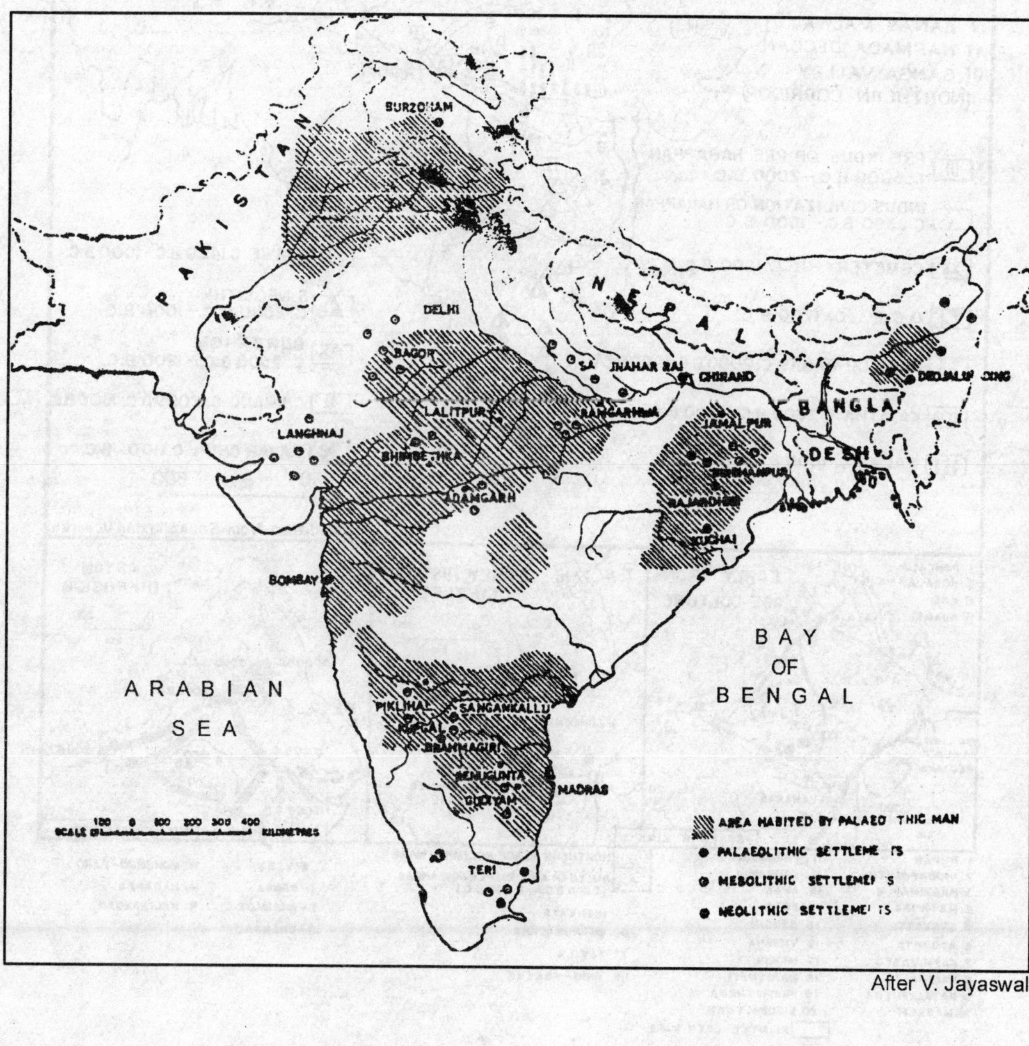

After V. Jayaswal

Figure 2.6

The approximate spread of the neolithic-chalcolithic and bronze age cultures in India and Pakistan with their probable time range

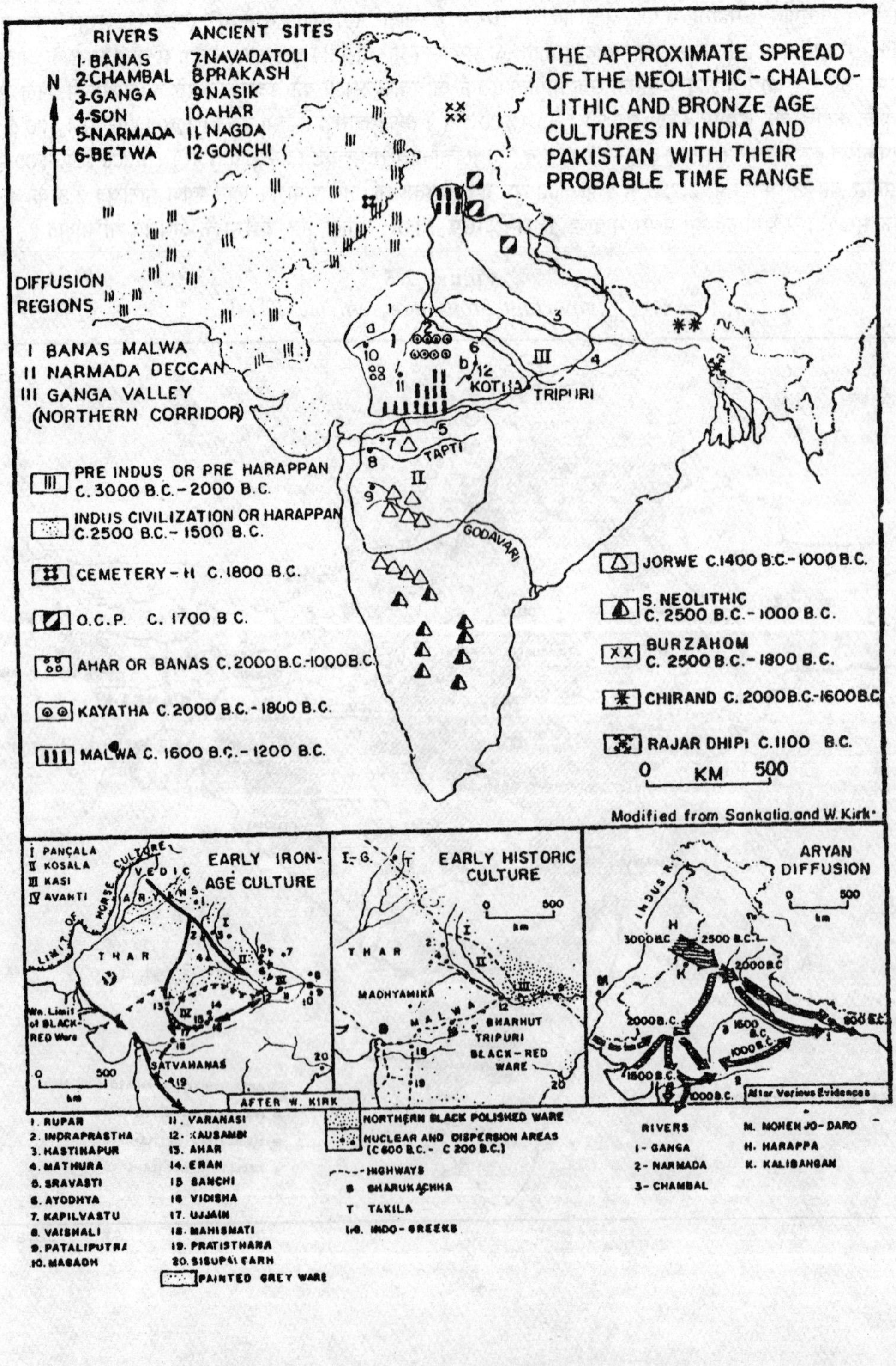

बिल्कुल स्वतंत्र हैं। दूसरे उत्तरी भूखण्ड में कश्मीर घाटी, पंजाब के अवशेष सम्मिलित हैं। तीसरे भूखण्ड, जिसमें कर्नाटक, आंध्र प्रदेश, तमिलनाडु की उपलब्धियाँ सम्मिलित हैं, में नवपाषाणकालीन, एक ओर अपने पूर्वकालिक मध्य पाषाणकालीन अवस्था से तथा दूसरी ओर ताम्र-पाषाणकालीन से परस्परव्यापी है। भू-भाग के बाहर तक था। इनका प्रभाव सामान्य धारणानुसार केवल इन्डोनेशिया, इन्डोचाइना (वियतनाम) तक ही सीमित नहीं था वरन् लैटिन अमेरिका[26] तक था। वैदिक, सिन्धु एवं माया सभ्यता के घनिष्ठ सम्बन्धों के मनोरंजक सबूत मिलते हैं।

(र) आर्यों का आगमन

रूसी विद्वानों के अनुसार आर्यों का उद्‌गमस्थल मध्य एशिया था। दूबे तथा अन्य लेखकों के अनुसार आर्यों के अधिवास का इतिहास विवादास्पद है, किन्तु इस पर सहमति है कि उनका स्थानान्तरण मध्येशिया से भारत में हुआ। आर्यों तथा भारतीय मूलनिवासियों में संघर्ष भी हुए। पश्चादुक्त की हार, पराभव के साथ संस्कृति, सभ्यता विनष्ट की गई अथवा उसका विलय हुआ। पराभव प्राप्त पहले के निवासी इसीलिए अनार्य, दास, कैवर्त आदि कहे गए हैं।

सारणी 2 (ii)

भारतीय कालक्रम की उच्च एवं निम्न सीमा[29]

आख्यान (साहित्यिक) *(Legend)*	*आख्यान (पुरातात्विक)*	*निम्न सीमा* *(a) साहित्यिक* *(b) पुरातात्विक* *(c) रेडियो-कार्बन (असंशोधित)*	*उच्च सीमा* *1. खगोलशास्त्रीय* *2. MASCA मासका संशोधित* *RC तिथियाँ*
(1)	(2)	3 (ई.पू.)	4 (ई.पू.)
1. पूर्व-साहित्य	नवाश्मक (आमरी आदि)	3,000-2,500	3,500-3,000
2. मूल वैदिक	पूर्व-हड़प्पीय	2,500-2,250	3,000-2,700
3. अथर्ववैदिक एवं सिन्धु-पार ऋग्वेदिक	परिपक्व हड़प्पयी	2,250-1,750	2,700-2,000
4. विरोधी संघर्ष एवं युद्ध	हड़प्पीय संस्कृति का अंत	1,750-1,650	2,000-1,900
(अ) ऋग्वेद की दशराज्ञ लड़ाई	–	1,700	1,930
5. अथर्ववेद एवं भारतीय ऋग्वेद	(अ) पश्चहड़प्पीय (ब) OCP गेरू मृद्‌भांड (स) B&R कृष्ण-लोहित	1,650-1,200	1,900-1,400
6. ब्राह्मणकाल	पूर्व चित्रितधूसर मृद्‌भांड (PGW) (यमुना के पश्चिम में)	1,250-1,050	1,400-1,100
(ब) भारत युद्ध	–	1,100	1,400
7. सूत्रकाल	पश्च चित्रितधूसर मृद्‌भांड (यमुना के पूर्व में)	1,050-600	1,100-800
(स) बोली के रूप में संस्कृत का विघटन	–	600	800-600
8. प्राकृत-पालि साहित्य	NBP उत्तरी कृष्ण-मार्जित मृद्‌भांड	600-200	600-200

वैदिक साहित्यानुसार लगभग एक हजार वर्षों में आर्यों के राज्य का प्रसार उत्तर, उत्तर-पश्चिम से (कैस्पियन क्षेत्र, ईरान से) पंजाब, उत्तर-प्रदेश तथा बिहार को और धीरे-धीरे सौराष्ट्र, मध्यप्रदेश, विदर्भ में हुआ। इस राजनीतिक-सांस्कृतिक विसरण से दक्षिण-आन्ध्र, कर्नाटक, तथा तमिलनाडु अप्रभावित रहे हैं।[27] लौह युगीन (लगभग 700 ई.पू. से ई. 500 वर्ष) पुराणों तथा महाकाव्यों में ताम्र पाषाणकालीन संस्कृति का विशेष उल्लेख मिलता है। आर्यों द्वारा भारत के उपनिवेशन के बारे में तीन दृष्टिकोण हैं। इनमें बहुमत के अनुसार (परजीटर, उमापदसेन, डॉ. सीतानाथ प्रधान में) आर्य आप्रवासी रहे किन्तु एक के अनुसार आर्य यहाँ के मूलनिवासी थे।[28] चित्र 2.6 सारणी 2 (ii) में प्रदर्शित संकलित, समाकलित तस्वीर प्रस्तुत है।

अब हम ऐतिहासिक काल के सांस्कृतिक दृश्य को निम्नवत प्रमुख सांस्रूकृतिक-कालों के आधार पर देख सकते हैं।[30]

प्रमुख सांस्कृतिक कालावधि

1.	मूल-ऐतिहासिक	3,000 ई.पू.-300 ई.पू.
2.	प्रारम्भिक ऐतिहासिक	300 ई.पू.-400 ई.
3.	मध्यकालीन या मूल राजपूतकाल	400 ई.पू. से 1200 ई. तक
4.	पश्च-मध्यकालीन या राजपूत काल	1,200 ई. से 1,857 ई. तक
5.	राजपूतोत्तर काल या ब्रिटिशकाल	1,857 ई. से 1,947 ई. तक
6.	स्वातंत्र्योत्तर काल	1,947 ई. से आगे

विगत विवेचन से स्पष्ट है कि आर्य-काल में (लगभग 1,000 ई.पू. 500 ई.पू.) आर्यों को भारतीय मूल अधिवासों (मध्य-गंगाघाटी अथवा अन्य भाग में भी) से कुछ लेना देना नहीं था। आर्यों के आगमन के साथ संपूर्ण प्रदेश छोटे-छोटे राज्यों में विभक्त हुआ। अधिकांश उत्तरी भाग, अनेक प्रजातियों के सम्मिलित क्षेत्र होने के कारण, प्रजातीय सम्मिश्रण को उपयुक्त अवसर प्रदान किए जो केवल प्रोटोआस्ट्रलायड तथा मेडिटरेनियम के मध्य ही नहीं वरन् वैदिक आर्यों तथा मूल निवासियों के मध्य भी हुआ। अपनी विचित्र जातिव्यवस्था-दर्शन तथा धर्म के साथ नई हिन्दू संस्कृति का विकास आर्यों द्वारा आदिम निवासियों के स्वांगीकरण तथा हिन्दुत्वीकरण की प्रक्रिया से हुआ। जहाँ तक वैदिक आर्यों के राजनीतिक संगठन का सम्बन्ध है, उसका आधार निश्चित रूप से एक विवाही नींव वाला पितृप्रधान कुटुम्ब (गृह, कुल) था। क्रमशः उच्चतर इकाई के रूप में ''ग्राम'', ''विस'', ''जन'', ''ग्रामानी'', ''विसपति'' तथा ''गोप'' के आधीन थे। कुल 6 प्रकार के अधिवास थे, (1) घोष या गोप अथवा पशु संवर्धनालय, (2) ''पाली'' लघु बर्बर अधिवास, (3) दुर्ग, (4) ग्राम, दुर्ग अभिकेन्द्र के चतुर्दिक विकसित, (5) ''खर्वत'' या ''पत्तन'' कस्बा नगर तथा (6) नगर (City)। ग्रामीण समुदाय सुसंगठित तथा आत्मनिर्भर था। ग्राम-संगठन का आधार दशमलव-प्रणाली रहा। क्रमशः 10, 20, 100 तथा 1,000 ग्रामों के समूह ''दसग्रामी'', ''शंशतग्रामी'' एवं ''अधिपति'' के अधीन थे।[31] इस प्रकार ऋग्वेदिक आर्य ग्रामों में बसे थे। यदा-कदा बड़े आकार के ''पुर'' पत्थर (अश्ममयी), लोहे (अयसी) अथवा ''शतभुजी'' सौ दीवाल वाले थे। ये ''पुर'' किलों के परकोटे और शरणस्थल थे। ऋग्वेद में गृह, लघु दुर्ग, ग्राम सभाभवन एक ग्राम के आवश्यक अंग कहे गए हैं।[32] उत्तर ऋग्वेद में गृह, लघु दुर्ग, ग्राम सभा भवन एक ग्राम के आवश्यक अंग कहे गए हैं।[32] उत्तर ऋग्वेदिक काल में बड़े ग्रामों ''महाग्राम'' की भी चर्चा है। ये ग्राम सुरक्षा हेतु स्तंभवलय (Palisade) वाले थे।

महाकाव्य काल: अभिलेखों की कमी से रामायण, महाभारतकालीन अधिवासों का विकास विस्तार से देना असम्भव सा है। कहा जाता है कि राम के छोटे भाई शत्रुघ्न ने यादवों को पूर्वी मालवा से निष्कासित कर अपने पुत्र सुबाहु को विदिशा का सम्राट बनाया। कोलिदास के ''रघुवंश्''[33] में उल्लेख है:

शत्रुघातिनि शत्रुघ्नः सुबाहौ च बहुश्रुते।
मथुरा विदिशे सुन्वोर्निदधे पूर्वजोत्सुकः॥

(अर्थात् ज्येष्ठभ्राता के प्रति अगाध प्रेम रखते हुए शत्रुघ्न ने मथुरा तथा विदिशा राज्यों को अपने दो पुत्र सुबाहु, बहुश्रुत को पुरष्कार

में दिया। रामायणकालीन सोलहजनपद उपयुक्त पर्यावरणीय दशाओं के अनुसार अधिवसित थे। महाभारतकालीन प्रतिरूप भी लगभग समान था। आदिम जातीय क्षेत्र राज्य-संघ प्रणाली के अंतर्गत आसपास स्थिति थे। यद्यपि सुनिश्चित ग्रामीण संरचना सम्बन्धी अभिलेख अप्राप्त हैं फिर भी यह तय है कि आर्य सामाजिक व्यवस्था के अन्तर्गत निवसित योद्धाओं, कृषकों तथा अन्य को भोजन प्रदान करने के लिए कृषि-आधारित भू-दृश्य में ग्राम के रूप में अधिवास की निरन्तरता बनी रही। किन्तु महाभारत युद्ध से भयंकर विनाश हुआ, राज्य (मुख्यतया क्षत्रियों के) मिट गए, परास्त हो गए। कुछ शताब्दियों के लिए ऐतिहासिक पर्दा गिरा रहा, अंधेरा सा छाया रहा और ऐसा प्रतीत होता है कि अधिक लम्बे समय तक अत्यधिक सघन बसे भारतीय भागों में जीव-जन्तुओं का निर्वाध विकास हुआ, निर्जनता छाई रही और फिर आदिम जातियों का आधिपत्य कायम हुआ।

बुद्धकाल (लगभग 500 ई.पू.-325 ई.पू.): ऐतिहासिक पर्दा प्रारम्भिक बुद्ध के समय से पुनः उठता है, जबकि हम कौसाम्बी, काशी, पाटलीपुत्र, उज्जैन तथा विदिशा जैसे पल्लवित-पुष्पित सांस्कृतिक केन्द्रों/नगरों के बारे में पुनः सुनते हैं। अनेक राजपूत वंशीय लोग सरस्वती घाटी तथा गंगा-यमुना दोआब क्षेत्र छोड़कर कौसाम्बी में बसे और अपने साथ सरस्वती, जो बाद में भौगोलिक काल में परित्यक्त रही, का पवित्र नाम ले आए और गंगा-यमुना से विलग नहीं रख सके, परिणामस्वरूप प्रयाग (प्रतिष्ठानपुर) झूंसी जैसे सांस्कृतिक केन्द्र का विकास तीन नदियों (संस्कृतियों) के संगम से हुआ और यह त्रिसंगम प्राचीन संस्कृतियों का प्रतीकात्मक प्रतिनिधित्व करता है। जहाँ तक ग्रामीण अधिवास का सम्बन्ध हैं, उन दिनों, मुखिया के अन्तर्गत ग्रामों को स्वायत्तता प्राप्त थी जबकि वर्ग विभेदीकरण स्पष्ट एवं प्रबल नहीं था। गृह लकड़ी के बने होते थे, दुर्ग तथा महल ही पत्थर के थे।[32] इस काल में ग्रामीण बस्तियां मुख्यतया व्यापारिक मार्गों पर तथा नदी घाटियों में संहत प्रकार की थीं। उनके नाभिकीयन में जंगली जानवरों से सुरक्षा तथा आक्रामकों से बचाव, दोनों का विशेष था। आदिम जातियाँ अपने प्रजातीय गुणों के आधार पर वास भूमि (homestead) का निर्माण करती थीं। अधिवासित स्थल के पड़ोस में संकरे बाग, प्रारम्भिक जंगलों के अवशिष्ट तथा दूरतक फसल क्षेत्र, अधिकांशतः ज्वार-बाजरा या मोटे अनाज के खेत, फैले रहते थे। प्रत्येक ग्राम में सार्वजनिक चरागाह, सामान्यतया ग्राम समुदाय के स्वामित्व में गृह-निर्माण तथा जलावन के लिए जंगल के पर्याप्त क्षेत्र थे। सम्पूर्ण ग्राम जंगली झाड़ियों के घेरे से घिरे रहते थे, किन्तु खेत बाड़-रहित थे।[35]

उत्तरबुद्धकाल अथवा हिन्दूकाल (325 ई.पू.-ई. 800 तक): सुंग शासनाधीन ब्राह्मणवाद के पुनर्जीवन के समय बुद्धवाद, अशोककालीन प्राप्त प्रभुत्व खोने लगा था। इस समय मन्दिरों के निर्माण हुए जिस पर ग्रामीण सामाजिक व्यवस्था कायम थी। अनेक धार्मिक केन्द्र, मुख्यतया काशी, उज्जैन, महेश्वर तथा मथुरा आदि चतुर्दिक विकसित हुए। पहली शताब्दी ई.पू. शकों के आक्रमण, आगमन के साथ अधिक प्रजातीय सम्मिश्रण हुआ। विदेशी आक्रामकों के अनुकरणानुसार ग्रामीण अध्यासन में महत्त्वपूर्ण परिवर्तन हुआ और वे अपने साथ एक नई संस्कृति ले आए जिसे पूर्वनिवसित लोगों ने धीरे-धीरे स्वीकार एवं आत्मीकृत किया। इस काल में ग्राम, नगरस्वाधीन थे।[36] सन् 78 ई. में शकों के विजयोपरान्त प्रादेशिक मानव-अध्यासन का ह्रास हुआ, शकों द्वारा उत्तरी क्षेत्र, हैहय तथा कालचुरि राजाओं द्वारा पश्चिमी क्षेत्र में राजनीतिक उथल-पुथल के कारण ग्रामीण भू-दृश्य में सांस्कृतिक परिवर्तन हुए। सन् 390 ई. पश्चात् मगध के गुप्त शासकों द्वारा शांति-स्थापना हुई जिसे स्वर्ण-युग कहा गया। इस साम्राज्य के अधःपतन पश्चात् भी विदेशी आक्रामकों के स्थिर दबाव के कारण होने वाले मानव-विसरण के परिणामस्वरूप अधिवासों का प्रसार नए साफ किए गए जंगलों की ओर हुआ। ह्वेनसांग ने आठवीं शती के यात्रा-वर्णन में ग्रामीण समाज को प्रभावित करने वाले अनेक हिन्दू तथा बुद्ध धर्म केन्द्रों का जिक्र किया है।

पूर्व-मुस्लिम अथवा राजपूतकालीन अधिवास (ई. 800-ई. 1200): यह राजपूतों के मैत्री, मतभेदों से पूर्ण, स्वतंत्र सामंतराज का काल था। आठवीं से दसवीं शताब्दी तक, धीमी विकास प्रक्रिया के साथ, जो फिर भी अपूर्ण रूप से ज्ञात है, ये कबीले ब्राह्मणीकरण द्वारा वंशावली पद्धति अपनाए, जिसने उन्हें हिन्दू देवकुल (Pantheon) से सहलग्न किया और सम्भवतः अन्ततोगत्वा राजपूत वंश के रूप में विकसित किया।[37] यह अधिवासों के स्वस्थ एवं क्षैतिजिक प्रसार का समय था। अधिकांश साफ किए गए उपजाऊ भू-भाग इन वंशों के अधीन थे। यह राजपूत संस्कृति, सरल सामाजिक, आर्थिक ढांचे पर आधारित पूर्व-निवासियों की मूल संस्कृति की तुलना में आर्थिक रूप में अधिक जटिल थी।[38] आदिम जातियों के अधीन फिर भी अनेक राज्य थे जिनके उदाहरण बाद के काल में भी मिलते हैं, जैसे बांसवाड़ा (बांसियाभील) तथा झाबुआ (लवाना कबीले के नायक झब्बू नायक) के अधीन, गोड़, संथाल तथा ओरांव आदि अनेक पठारी, पहाड़ी इलाकों में बसे थे। यह उल्लेखनीय है कि समय-समय पर ये आदिम जातियाँ अतिक्रमणकारी राजपूतवंशों द्वारा मिटती एवं रूपान्तरित होती रहीं। पश्चादुक्त वंश ने नए ग्रामों की स्थापना की, भूमि पर निरन्तर कृषि की गई, नए अधिवास, नगले/टोले बसाए गए, यहाँ तक कि

उपान्त भूमि पर भी खेती शुरू की गई। उन्नत वर्ग के आदिम जाति के लोग ग्राम के एक अलग खण्ड में रहने लगे। इन आदिम जातियों का न तो पूर्णतया देशनिकाला किया गया, न स्वत्वहरण किया गया और न तो गंगाबेसिन के भरों की भाँति रातोंरात कत्लेआम ही किया गया। इस काल में गढ़, किलेबन्दी पूर्ण ग्राम, दुर्ग निर्माण, ध्यान देने योग्य लक्षण थे क्योंकि आपसी लड़ाई आम बात थी। सम्भवत: आदिमजातीय राज्यक्षेत्र ही राजपूतों के आधीन वंशक्षेत्र (clan areas) बने जिनका क्रमिक अध्यासन (occupance) के साथ प्रसार हुआ।

उत्तर-मध्यकाल अथवा राजपूत-मुस्लिम राजकाल (1,200 ई.-1,700 ई.): ग्यारहवीं शती एवं बाद के मुस्लिम आक्रमणों से उत्तरी भारत के राजवंश बिखर गए जो स्थानान्तरित होकर कई क्षेत्रों में बसे। बारहवीं शती में दिल्ली, अजमेर एवं कन्नौज के हिन्दू राज्यों के पराभव के साथ व्यापक स्तर के प्रवास हुए। पावेल[38] का कथन सत्य है कि "इस काल का राजपूत समाज दो विशिष्ट विभागों में विभक्त था, एक वे जो आठवीं शती तक स्थापित हो चुके थे और दूसरे वे जो प्रथम मुस्लिम आक्रमण के कारण उत्तर तथा पश्चिम से भगाए जाने पर मैदानी, पठारी भाग में बसे थे। जब मुगलों ने उत्तरी तथा मध्य भारत में अपना आधिपत्य कायम किया तब ये लोग अच्छे भूमिस्वामी तथा अधिवासी थे। इनके अतिरिक्त ई. 1,598 के बाद के तीसरे वर्ग के राजपूत भी बसे जो अपने को प्रथम वर्ग की तुलना में अधिक शुद्ध रक्तधारक कहते थे। इस वर्ग में वे राजपूत शामिल थे जो राजस्थान के राज्य परिवार से आए तथा मुगलों के स्वामिभक्त सेवक बने और भूमि अनुदान से पुरस्कृत हुए। इन अनुदानग्राही राजपूतों ने अपने सम्बन्धी, मित्र तथा आश्रितों के साथ नए राज्य अथवा वंश-प्रदेश की स्थापना की।[39] वंशाधारित अधिवासों के स्थानिक-विसरण की चर्चा करते समय इन अध्यासन की विकास-अवस्थाओं को भली-भाँति समझा जा सकता है।

इन वर्गों के अतिरिक्त जनसंख्या में मुस्लिम तत्त्व भी शामिल थे। अफगानिस्तान आप्रवासी सम्पूर्ण मैदानी भाग और खासतौर से मध्य भारत के विभिन्न केन्द्रों में बिखर गए थे, जबकि मुगल, बड़े शहरों तथा सरकारी चौकियों तक सीमित थे। अकबर के शासनकाल (1,556-1605 ई.) में शांति एवं स्थिरता की स्थापना होने से वंशीय अधिवास, जो वंशाधारित समूह अधिवासों में परिणत हुए, "तप्पा" तथा "तुरूफ" के केन्द्र के रूप में सुसंगठित हुए। उन्नीसवीं शती के अंतिम दशक में बृहत स्तर पर शासकीय "सूबा" की सीमा में तथा मध्य स्तर पर "महाल" की सीमा में परिवर्तन हुए किन्तु स्थानीय राजपूत राजाओं के साथ, जो मुख्यतया ग्रामीण अधिवास के विकास से सम्बन्धित थे, कोई हस्तक्षेप नहीं हुआ। मुसलमानों के आक्रमण/विजय के साथ उनका आप्रवास नहीं हुआ वरन् आन्तरिक भागों के मुसलमान बहुल ग्रामों का उद्भव राजपूत-ग्रामों के, इस्लाम मतावलम्बियों द्वारा, जबरन धर्मपरिवर्तन से हुआ।[40] इस काल में राजपूतों के विविध आक्रमणों से उत्पन्न भूमिस्वामित्व की होड़ एवं बन्दोबस्त की कमी से सम्पूर्ण प्रभुत्व संपन्न मुगलों के शासनाधीन भूमि के उच्च राजपूत कुलीन तंत्र का जन्म हुआ। फिर भी कृषि में लगे प्रयत्नों से शासक एवं शासित तथा भूस्वामी एवं खेतिहर के मध्य सामाजिक आत्मीकरण को प्रोत्साहन मिला।[41]

उत्तर राजपूत काल अथवा मराठा एवं ब्रिटिशकाल (1700-1947): यद्यपि अधिकांश उत्तरी मैदानी भाग कम प्रभावित हुए फिर भी अठारहवीं शती में न केवल राजनीतिक वरन् सामाजिक, सांस्कृतिक मामलों में भी अराजकता व्याप्त रही। मराठों के आक्रमण, आपसी लड़ाई-पिन्डारी तथा ठगों के आक्रमण के कारण मध्य-भारत में ग्रामीण अधिवासों का विकास मंद पड़ गया। 'जिसकी लाठी उसकी भैंस वाली' कहावत चरितार्थ रही, राजपूत कमजोर राज्यों, राज्य प्रदेशों पर कब्जा किए थे[42]। खेतिहारों की संपत्ति, नकद अथवा वस्तु के रूप में, अपहृत हो गई, आदिम जातीय या तो लुटेरे कबीले बने या सामान्य निवासी का भाग्य जिए।[43] आप्रवास के कारण जातीय संरचना में परिवर्तन हुए। किन्तु सम्पूर्ण कालावधि तक प्रकार्य का विशेष हाथ रहा तथा जातीय उद्भव के आधार पर असमान समूह भी इसके प्रभाव के कारण प्राचीन ग्राम-समुदाय संगठन की निरन्तरता बनाए रखने में संघठित रहे। शांति एवं सुरक्षा के अभाव में अधिवासों के बाह्य स्वरूप में ब्रिटिशकाल के पहले तक कोई भी परिवर्तन न हो सका। इस काल में अधिकांश बड़े गाँव मैदानी भागों में खाई या नहर से घिरे हुए, एवं पठार पर दुर्ग के चारों ओर अथवा चहारदीवारी से घिरे बनते थे। गाँवों तथा स्थानीय राजाओं के वंश-क्षेत्रों की सीमा पर जंगल, झाड़ियाँ फैली थीं।[44] बाद के मुगलों द्वारा प्रारम्भ की गई परगना सममित करने की निर्माण की प्रक्रिया ब्रिटिशकाल में भी जारी रही।[45]

सन् 1,811 ई. तक शांति एवं सुरक्षा कायम हुई और राजपूत तथा मुसलमान शासकों के आधीन बहुत से राज्य बने। जनसंख्या वृद्धि के साथ जंगल कटाई से कृषि भूमि बढ़ी। नए गाँव स्थापित हुए, नगरों की संख्या बढ़ी। राज्यों के राजाओं ने अपने राज्य-प्रदेशों को जागीरदारों, अधिकांशत: सगे-सम्बन्धियों में बाँट दिया और अधिवास दूर-दराज के जंगलों तक विस्तृत हुए। परिवहन एवं यातायात की

सुविधाओं में वृद्धि, तकनीक में विकास, पट्टेदारी प्रणाली का संगठन, ग्रामीण क्षेत्रों में सुरक्षा वृद्धि, प्राचीन अधिवासों में स्थानिक विस्तार तथा प्रशासकीय केन्द्रों के रूप में प्राचीन सामूहिक अधिवासों के नगरीकरण आदि परिणाम स्पष्टतया दृष्टिगोचर हुए।

(ल) पुरा-ऐतिहासिक एवं ऐतिहासिक अधिवास के कुछ उदाहरण

भारतीय उप-महाद्वीप में सिन्धु-सभ्यता (या हड़प्पीय संस्कृति) बड़े पैमाने पर नगरीकरण के ज्ञात सर्वप्रथम विकास का प्रतिनिधित्व करती है और चूंकि किसी भी तात्कालिक उत्तराधिकारी सभ्यता की पहचान सम्भव नहीं है, अतः यह अकाल-प्रसूत (abortive) घटना कही गई अथवा भारतीय नगरीकरण का शानदार पर झूठा उषाकाल रही।[46] यहाँ तक कि सिन्धु सभ्यता का "विस", महाकाव्य-कालीन "पुर" तथा द्वितीय नगरीकरण के "जनपद" आदि शहरों, कस्बों तथा ग्रामों के विकास एवं अवरोधी दुर्घटना (Visissitudes) की क्षम अवस्थाएं प्रतीत होती हैं।[47] इन अधिवासों का जो भी पदानुक्रम रहा हो, नगरों ने अपने पार्श्ववर्ती ग्रामीण अधिवासों से संबल प्राप्त किया। प्राचीन अधिवासों के स्थान (site) सामान्यतया भारत भर में और मुख्यतया उत्तरी मैदान में बिखरे हैं जिनका वर्णन निम्नवत् है।

रौपड़ (सतलत नदी पर पंजाब में) रूपनगर जनपद: पुरातात्विक साक्ष्य के अनुसार संस्कृति के अभिव्यक्त क्रम हड़प्पीय (2,000-400 ई.पू.), चित्रित धूसर मृद्भांड (1,000-700) उत्तरी कृष्ण-मार्जित मृद्भांड (600-200 ई.पू.) फिर सुंग, कुषाण, गुप्तकालीन (लगभग 200 ई.पू.-सन् 500 ई. तक) आदि मिलते हैं। गृहों का निर्माण कंकड़ी, पटिया, ईंट आदि से होता था। नालियां, जलाशय एवं सोख्ता कुएं विकसित अधिवास के ज्वलन्त उदाहरण हैं। पूर्व में उत्तर प्रदेश के पूर्वी क्षेत्र, बिहार तथा गंगा घाटी में नाभिकीय तिथ्यांकन (Nuclear dating) ई.पू. 600 के बाद के तथा उससे कम, उत्तरी कृष्ण-मार्जित मृद्भांड का विस्तार पश्चिम में तक्षशिला तक (600 ई.पू. से 300 ई.पू. तक), रोपड़, हस्तिनापुर तथा अहिच्छत्र तथा अधिक पूर्वी नाभिकीय उ.कृ. मार्जित मृद्भांड स्थल (बिहार, पू.उ. प्रदेश) के समूचे सबूतों से भली-भाँति दिग्दर्शित होता है।[48]

अहिच्छत्र (पंचालराज्य-राजधानी) बरेली जनपद: यहाँ के साक्ष्य नौ अवस्थाओं में 300 से ई.पू. से सन् 1,100 ई. तक के क्रम प्रकट करते हैं। मिट्टी, ईंट के मकान, ईंट के परिपाश्व दीवाल, मिट्टी के परकोटे, जो नगर से जुड़े थे, 300 ई.पू. से 100 ई.पू. वर्ष तक अस्तित्व में थे। ऐसा प्रतीत होता है कि गंगा-यमुना के अंतर्वेदी में, वस्तुत: इन्द्रप्रस्थ से प्रयाग तक, राज्यतंत्र के उपनतियों के पूर्ण लाभ, नगरीकरण, लोहयुगीन धातुकी की अभिवृद्धि तथा सिन्धु एवं उसकी सहायक सभ्यता प्रणाली, गंगा-यमुना-प्रणाली के मध्य ऐतिहासिक समुदायों के स्थानान्तरण अधिक छाप छोड़ गए। हैं।[49] दुर्घटनास्वरूप सम्पूर्ण दोआब अत्यधिक क्षीण हुआ और युद्ध की क्षति के कारण आर्थिक दम (Stamina) एवं सांस्कृतिक ओज (Vigour) दोनों ही पाँचवीं शती तक नहीं लौट सके।

हस्तिनापुर (बूढ़ी गंगा के परित्यक्त किनारे पर) मेरठ जनपद: यहाँ के साक्ष्य एक पूर्वकालीन गेरू मृदभांड का प्रयोग करने वाली संस्कृति का ज्ञान कराते हैं। अंगूठी के पत्थर, सोख्ता कुएं, ईंट के मकान (सुंगकालीन) के अनुसार यह अधिक जनसंख्या वाला नगर था। पुन: 10वीं शती तक यह प्रच्छन्न सा रहा जिसका पुनर्जीवन मध्यकालीन राजाओं द्वारा 11वीं शती में हुआ। ऐसा प्रतीत होता है कि लगभग 850 ई.पू. सम्भवत: परीक्षित, जन्मेजय तथा 6 पीढ़ी और आगे निचक्षु तक साहित्यिक न्याय वषात् बाढ़ के कारण कुरू वंशीय कड़ियाँ टूट गईं। शक्ति केन्द्र पूर्व की ओर कौसाम्बी से प्रारम्भ होकर राजगिर तथा पाटली पुत्र में खिसक गए।

कौसाम्बी (गंगा के पास इलाहाबाद) उ.प्र. में: कौसाम्बी नामक पूर्वकालीन शहर एवं जनपद में लगभग 3,000 वर्ष के निरन्तर अध्यासन के साक्ष्य स्थल है। परकोटे 600 ई.पू. के हैं तथा रक्षक-कक्ष, बुर्ज तथा पत्थर की नालियाँ बाद के काल की बनी हैं। कुषाणकाल में विकसित, विस्तृत वत्सराज उद्‌यन का महल हूणों के आक्रमण से विनष्ट होने से ध्वन्सावशेष-मात्र है। अन्य साक्ष्य रोपड़, तक्षशिला तथा पाटलीपुत्र के साक्ष्यों के समान धनी हैं। फाहियान एवं ह्वेन सांग ने भी इसे देखा था। लगभग 875 ई.पू. हस्तिनापुर समुदाय ने अंतर्वेदी में 300 मील दूर कौसाम्बी को स्थानान्तरण योग्य क्षेत्र समझा। यह स्वयं ही इसके गौरवपूर्ण स्थान को ही नहीं पकट करता वरन् अधिवास योग्य संसाधनों का भी आभास दिलाता है।[50] कौसाम्बी 1,500 ई.पू. से 800 ई.पू. तक पश्चिमी-पूर्वी गंगा घाटी में विस्तृत अधिवास का प्रतिनिधित्व करता है। चिरांद, राजघाट, सोनेपुर, चेचर तथा बेलन घाटी के स्थल, कोल्दिहवा तथा देवघाट अन्य उदाहरण हैं। कौसाम्बी तथा मालवा का 1,000 ई.पृ. में घनिष्ट सम्बन्ध था।

राजघाट (काशी) वाराणसी का उत्तरी भाग: यहाँ के साक्ष्यों से पूर्व-उत्तरी कृष्ण-मार्जित से लेकर मध्यकालीन तक से अधिवास-काल प्रकट होते हैं। मिट्टी की दीवाल, वृत्ताकार कुएं, परकोटे, नालियाँ तथा कुंड (hearth) एवं गृहों की नालियाँ, ईंट के कुन्ड तथा

स्नान-सरोवर आदि से बसाव प्रक्रिया की कई अवस्थाएं परिलक्षित होती हैं। मिट्टी का परकोटा मगध, राजगृह एवं पटना का समसामयिक है। काशी जनपद, कोसल तथा कौसाम्बी से सहलग्न था। अतः मध्य गंगा घाटी में विस्तृत ग्राम्य संस्कृति से यह भली-भाँति संबल पाता रहा। बुद्धकालीन ध्वंसावशेष इसकी प्राचीनता को उजागर करते हैं फिर भी इसे न्यायोचित गौरव अप्राप्त रहा है।[51] यह ध्यान देने योग्य है कि, मुसलमानों के शासन की प्रकृति के अनुकूल, बनारस (राजघाट या काशी)[52] काशी खण्ड के अध्यवसाय पूर्ण अध्ययन से इसके प्राचीनता की खोज सम्भव है, क्योंकि बनारस के तीस-चालीस विशेष नाम गिनाए गए हैं।

राजगिर (राजगृह, गिरिब्रज) नालन्दा के पास बिहार: लगभग 600 ई. पू. बुद्ध एवं जैन मत/धर्म के निर्माणावस्था के समय बुद्ध, महावीर से जुड़ा पुराना राजगृह विशाल 40 किमी पत्थर की दीवाल से घिरा था।[53] यह नाभिकेन्द्रीय मगध, महाभारत में लड़ने वाले जरासंध की राजधानी थी। यह भूखण्ड दक्षिण में उड़ीसा के कुचाई, सोन की सहायक बेलन-घाटी (म.प्र., उ.प्र.) के स्थलों से जुड़ा हुआ अति प्राचीन काल में अधिवास-सम्पन्न था। राजगृह की खुदाई से स्पष्ट है कि पत्थर खण्डों का प्रयोग किलों, चैत्य, विहार, रास्तों तथा गुफाओं में होता था। महावीर, बुद्ध फाह्यान, ह्वेनसांग सभी यहाँ गए तथा उत्तरी कृष्ण-मार्जित के साथ सुंग, कुषाण कालीन साक्ष्य भी यहाँ से प्राप्त हैं। यह कौसाम्बी के बाद गंगा घाटी में सर्वाधिक शक्तिमान शहरों में से एक महानशक्ति-केन्द्र का प्रतिनिधित्व करता था और नालन्दा, बोध गया के साथ पवित्र त्रिभुज का निर्माता रहा। जब उदयिन (459-443 ई.पू.) ने राजधानी पटना में खिसका दिया तभी से राजगृह प्रभावित हुए एवं सर्वोच्चता खो बैठा।

पाटलीपुत्र (पटना-गंगा सोन संगम पर): इसकी नींव, मगध के सीमावर्ती दुर्ग नगर के रूप में सदृढ़ किलेबन्दी एवं परकोटे के साथ, लगभग 500 ई.पू. में पड़ी थी। साक्ष्यों के अनुसार यहाँ लगभग 600 ई.पू. से 1,600 ई.पू. तक के पाँच क्रमिक अवस्थाओं में, मौर्य तथा गुप्तकालीन अधिवासों के सबूत मिलते हैं। पाटलीपुत्र उस समय सर्वप्रथम प्रकार्यात्मक, नवाचार प्रसारक एवं व्यापक नगरीय केन्द्र था तथा लौह युगीन नगरीय अर्थतंत्र की सुनिश्चित अवस्था प्राप्त कर चुका था।

उज्जैन (उज्जयिनी, अवन्तिका), क्षिप्रा नदी पर (मध्य प्रदेश): यह बुद्ध तथा वत्सराज उदयन के समकालीन प्रद्योत महासेन द्वितीय द्वारा शाति अवन्ती महाजनपद की राजधानी थी। साक्ष्यों के आधार पर लगभग 750 ई.पू. के परकोटे मिट्टी तथा ईंट के निर्माण-मुख्यतया तालाब, नहरें, खपरैल-छाजित मिट्टी ईंट की कार्यशाला तथा मालवा के सिक्के मिले हैं। उज्जैन उत्तर में मथुरा से, गंगा घाटी में काशी, कौसाम्बी से दक्षिण में विदर्भ में कौन्डिन्यपुर से सहलग्न था। यह व्यापार हेतु निकासी केन्द्र, बराह मिहिर एवम् कालिदास जैसे प्रबुद्ध जनों, विक्रमादित्य जैसे गणतंत्र नेता का केन्द्रस्थल होने के अतिरिक्त वाला सर्वदेशीय मध्यदोली (Versatile) नगर था। यह महाभारत कालीन कृष्ण-सुदामा की अध्ययन स्थली संदीपन आश्रम से जुड़ा था। नवीन अध्ययनों के अनुसार उत्तरी दोआब क्षेत्र में कुछ और प्राचीन स्थान ज्ञात हुए हैं। भारद्वाज[54] के अनुसार हरियाणा में स्थित ये स्थान रामायण महाभारत काल का प्रतिनिधित्व करते हैं।

ऐलाधन: वाल्मीकी रामायण की चर्चानुसार लुधियाना का प्राचीन नाम है। इसका शाब्दिक अर्थ वैवस्वत मनु की पुत्री इला के पुत्र ऐला की राजधानी है।

प्रतिष्ठान: का सम्बन्ध पुरूरवा से है और ऋग्वैदिक सरस्वती के किनारे स्थित पतरान कस्बा का नाम था। इसी भाँति पाणिनी का तौषवण (ताहन), वताधन (भटिन्डा) तथा महाभारत कालीन जयन्ती वर्तमान जिन्द है।

मानुषा ऋग्वैदक: आज का, कैथल के समीप का, मानस ग्राम है।[55] इसकी गणना कुरुक्षेत्र के एक तीर्थ के रूप में है।

इलास्पद: अथवा महाभारत कालीन, ऋग्वैदिक इलायासयद आज कैथल के समीप शेरगढ़ के पास ध्वंस टीला है।

कपिस्थल: आज का कैथल है। पाणिनी तथा अलबेरूनी ने भी इसे लिखा है।

असन्दीवत: लगभग 750 ई.पू. प्राचीन तथा जन्मेजय परीक्षित से जुड़ा, आज का असन्ध है। बुद्धकाल में भी यह प्रसिद्ध रहा होगा।

करोती: दिप्लाना रेलवे स्टेशन के पास है। खुदाई-साक्ष्यानुसार पूर्व हड़प्पाकाल से यहाँ बसाव रहा है। सान्डिल्य[56] के अनुसार यह वही स्थान है जहाँ तुरा कवाषेय ने ईश्वर के लिए अग्निवेदी बनाया था।

स्रुघ्ना: पहले का महत्त्वपूर्ण कस्बा आज का जगाधरी के पास का छोटा गाँव सुध है। इसकी चर्चा बुद्ध रचना *महामथुरी* तथा *दिव्यवादन* में है। साक्ष्य के अनुसार यह लगभग 600-50 ई.पू. में अस्तित्व में था।

खान्डवप्रस्थ: आज का पुराना किला, पाण्डवों की राजधानी प्राचीन इन्द्रप्रस्थ था जहाँ मौर्यकाल से निरन्तर मानव बसाव था। इसका जिक्र जातकों में भी है एवं यह अर्जुन, कृष्ण तथा वैदिक राजा पुरूरवा, नहुष तथा ययाति से जुड़ा रहा है।[57] भागवत पुराण के अनुसार यह खाण्डवप्रस्थ है।[58]

पृथुदक: सरस्वती के किनारे थानेसर के समीप या *पेहोवा* कस्बा है, जिसका जिक्र महाभारत, पुराणों में है। साक्ष्यानुसार यह 1,000 ई.पू. से भी प्राचीन है तथा ऋषि विश्वामित्र से जुड़ा है, इसकी उत्पत्ति वेण के पुत्र राजा पृथु से हुई थी।

विनोसन नामक वैदिक स्थान कालीबांगन है, जिसके साक्ष्य अथर्ववेद युगीन, हड़प्पीय संस्कृति कालीन हैं। एक दूसरा उल्लेखनीय स्थल अहिच्छत्र, पान्चाल की राजधानी थी। उपरोक्त के अतिरिक्त अन्य प्राचीन अधिवास-स्थलों की बहुधा महाकाव्यों, ऋग्वेद, जातकों एवं पुराणों[59] में चर्चा है, किन्तु सब पर पुरातात्विक मुहर लगनी बाकी है (चित्र 2.7)।

इन्हीं कस्बों में नदी एवं राजमार्गों की परिवहन सुविधा, व्यापार तथा मुद्रा प्रणाली की वृद्धि के साथ विस्तृत गंगा-सभ्यता के सांस्कृतिक स्वरूप विकसित हुए थे।[60]

स्टाइन[61] तथा घोष[62] ने घघ्घर घाटी में हनुमानगढ़ कस्बे के पास भाटनेर, भद्रकाली तथा मुन्डा नामक प्राचीन सम्पन्न अधिवासों का साक्ष्य प्राप्त किया है। ऐसे अधिकांशपूर्ण स्थापित सम्मिलित जीवन वाले संहत अधिवासों का 1,000 ई.पू. के अन्तिम वर्षों में सूखे के कारण ह्रास हो गया। सुंग, नाहपण तथा शक शासनकाल (500 ई.पू. से 57 ई. सन् तक) में भी व्यापारिक महत्त्व के प्रसिद्ध प्रादेशिक केन्द्र थे। कौसाम्बी से भारूकच्छ (बड़ोदरा) तक सांची, विदिशा (भिलसा) एवं भरहूत के प्रारम्भिक बुद्धकालीन स्थान तथा दक्षिण में महिष्मती, प्रतिष्ठान तथा ब्रह्मपुरी, हम्पी एवं मदुराई स्थित थे। इसी प्रकार पश्चिमी बंगाल की सभ्यता का बाहरी बंदरगाह ताम्रलिप्ति था। अत: हम सभ्यता काल के अनुसार कुछ केन्द्रों के नाम गिना सकते हैं।

Figure 2.7

Vedic/Post vedic ancient tribes and important sites

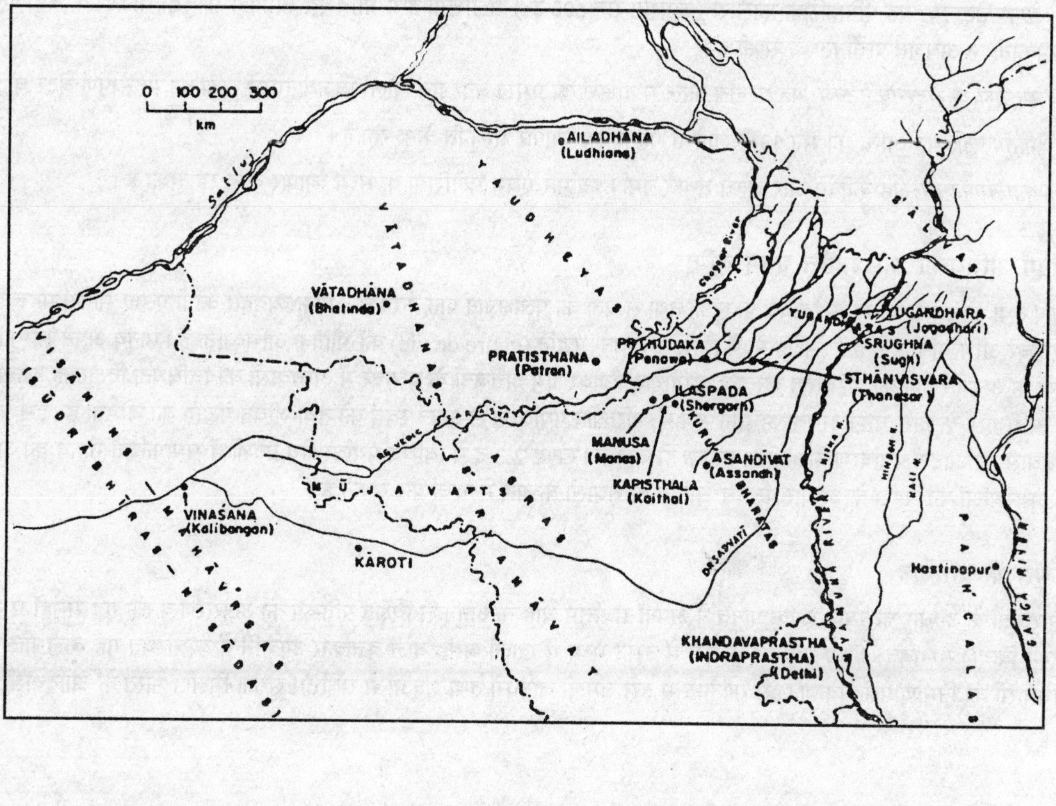

सिन्धुघाटी सभ्यता-केन्द्र: उत्तरी पश्चिमी सीमा क्षेत्र से प्रारम्भ करके उत्तरी भूखण्ड में रोपड़, कालिबांगन, सान्धनवाला, आलमगीरपुर तथा सौराष्ट्र में सजनीपुर, लोथल, रंगपुर, अमरा, राजदी, भागत्रव आदि थे। इनसे प्रभावित केन्द्र गिलुन्द, आहाड़, नागदा तथा त्रिपुरी (मालवा प्रदेश में), नवदाटोलीप्रकाश, बाकल, नासिक जोरवे, नेवासा और सोनेगाँव मध्य भूखण्ड में तथा मस्की, उतनूर, केसरपल्ली नागार्जुनकोंडा, टेक्कलकोटा, कुपगल, संगनाकाल, ब्रह्मगिरि तथा हेमिगे दक्षिण भूखण्ड में थे।

प्रारम्भिक लौहयुग केन्द्र: हस्तिनापुर, अहिच्छत्र, पानीपत इन्द्रप्रस्थ, मथुरा, अयोध्या श्रावस्ती, कपिलवस्तु, वैशाली, पाटलीपुत्र, राजघाट (वाराणसी) तथा कौसाम्बी मुख्य केन्द्र उत्तर में, उज्जैन मालवा में, चम्पा, ताम्रलिप्ति, शिशुपालगढ़ पूर्व में तथा कांची मुदुराई दक्षिण में थे। अन्य समकालीन स्थान रोपड़, राजगृह उत्तर में, ऐरणा, आहाड़, विविशा, सांची, नागदा, सोमनाथ, भारूकच्छ तथा महिष्मती मध्य पश्चिम में तथा नासिक, प्रतिष्ठान, पाचमपद, मास्की, भान्गीर धारनीकोटा, ब्राह्मगिरी, महाबलीपुरम तथा अरिकामेदु दक्षिण में थे।

प्रारम्भिक ऐतिहासिक केन्द्र: पाटलीपुत्र सिसुपालगढ़ (तोसली) तथा उज्जैन मुख्य नाभिकीय केन्द्र, अन्य बिखरे प्रारम्भिक लौह युगीन स्थान थे। पूर्वोक्त के अतिरिक्त समकालीन स्थान सारनाथ, कुशीनगर, बनगढ़, पुन्डूननगर, नालन्दा, बोधगया, बैराट, माध्यमिक तथा त्रिपुरा नर्मदा के उत्तर में, सोरपरक कल्याण जगग्यापेट नागार्जुनकोन्डा, विजयपुरी, हाम्पी, उरैपुर, वांची कोरकई तथा कांचीपुरम दक्षिण में थे (चित्र 2.6)।

बंदर-केन्द्र: रोम-काल से पहले, हिन्दू साम्राज्यकाल में, यूरोपीय उपनिवेश-काल तथा ब्रिटिश काल में गुजरात से लेकर बंगाल तट तक अनेक स्थान व्यापार हेतु महत्त्वपूर्ण अधिवास के रूप में विकसित थे। कुछ केन्द्र निम्नवत है-

भड़ौच (ब्रोच): यहाँ साक्ष्यानुसार हड़प्पा तथा ईसा पूर्व के प्रारम्भिक ऐतिहासिक अवस्थाएँ मिलती हैं तथा यह पूर्व रोम एवं उत्तर-रोमकाल में प्रायद्वीप का मुख्य प्रवेश द्वार रहा है।

कोचीन: यह ग्यारहवीं शती से ही महत्त्वपूर्ण समुद्री शक्तियों जैसे हालैण्डवासी, पुर्तगाली, यहूदी, अंग्रेजों से जुड़ा रहा।

रामेश्वरम्: यह प्राचीन रामायणकालीन धार्मिक अधिवास केन्द्र रहा है।

नागपट्टिनम: यह ऐतिहासिक काल से (लगभग सन् 600 ई.) मलेशिया तथा श्रीविजय साम्राज्य से जुड़ा था। इसके बहुंजिली-ईंट-मकानों के अवशेष प्राचीनता के साक्षी हैं।

सद्रास या सदुरंगपट्टिनम: यह पल्लव काल में दक्षिण का प्रमुख बंदर एवं चोल, विजयानगरम राज्य का महत्त्वपूर्ण बंदर था।

मोतुपल्ली: यह आन्ध्र का सन् 13वीं शती से महत्त्वपूर्ण व्यापार संस्कृति केन्द्र रहा है।

कालिंगपटनम: यह कलिंग और आन्ध्र तथा (बर्मा) म्यांमार एवम् मलेशिया के मध्य व्यापार केन्द्र रह चुका है।

आदिम अधिवासों की उत्पत्ति एवम् वृद्धि

मकान तथा अधिवास जीवन के विविध पहलुओं तथा सत्यता का प्रत्यक्षज्ञान प्राप्त करने के अनेक व्यवहार को दिए गए सापेक्ष महत्त्वों की दृष्टिगोचर अभिव्यक्ति होते हैं।[63] संक्षेप में, ये विशिष्ट जीवन-पद्धति (genre de vie) की भौतिक अभिव्यक्ति हैं। मानव अपने सांस्कृतिक मूल्यों के अनुसार देश को परिवर्तित करता है, इसीलिए पर्यावरणीय अत्तेजनों के प्रत्युत्तर में अधिवासों की विविधता दिखलाई पड़ती है। यह अधिवासों के द्वारा चेतन अथवा अचेतन रूप में, परिव्याप्त पर्यावरण से अपने स्वयं को तथा जीवन पद्धति को जोड़ता है। इस प्रकार अधिवास का आदर्श पर्यावरण के भौतिक प्रतीक हो जाते हैं। खण्ड 2.3 द में विविध पर्यावरणीय प्रदेशों में समायोजित मानव की अतीत की अवस्थाओं की बहस के आधार पर हम आदिम अधिवासों के बारे में चर्चा कर सकते हैं।

निवास के प्रतिमान

प्राप्त सबूतों के आधार पर स्पष्ट है कि मानव ने अपनी सर्वोत्तम चाह के अनुकूल विशेष प्रतिरूप का अनुसरण करके गृह समूहों में रहना प्रारम्भ किया। सम्भवत: *प्रथम प्रतिमान* के रूप में उसने मध्य में खाली जगह वाले वृत्ताकार आकृति में व्यवस्थित गृह वाले गोलाकार अधिवासों का निर्माण पसंद किया। इस रणनीति से उसे जंगली जानवरों तथा शत्रुओं से सर्वोत्तम सुरक्षा मिली। भारत के आदिवासी क्षेत्रों

की तथा विकासशील देशों के ग्रामीण क्षेत्रों की प्रारम्भिक आदिम बस्तियाँ इसी प्रकार के बिखरे घरों के अधिवास के रूप में व्यवस्थित मिलती हैं। इथोपियाई अम्हरा लोगों की शंक्वाकार झोपड़ियाँ अथवा मध्य प्रदेश (भारत) के गोड़ों की खपरैल छाजित बस्तियाँ इसके उदाहरण हैं, जैसा खण्ड 3.2 में वर्णित है। ऐसा प्रतीत होता है कि मानव ने सामाजिक यूथचारी प्राणि होने के कारण स्वभावत: अपने वंश, कुल के लोगों के साथ एक स्थान पर रहना पसन्द किया। दूसरा प्रतिमान या बसाव प्रतिरूप की चाह नदी के किनारे, समुद्र तट पर, झील या दलदल के पास के स्थान तथा जीवन-यापन हेतु संसाधनों की उपलब्धि के अनुकूल घरों के रैखिक प्रतिरूप की थी। तीसरे प्रतिमान के अन्तर्गत घरों की व्यवस्था समान्तर कतार में गली-सड़क के दोनों ओर आमने-सामने की स्थिति के साथ थी। खुली गली में बहुधंधी कार्य सम्पन्न हुए। यह केवल सुरक्षा के लिए ही नहीं वरन् खेलने, गप्पे लड़ाने, बातचीत करने, अनेक कार्य सम्पन्न करने की बेहतर व्यवस्था थी।

समयानुसार सामाजिक संगठनों के विकास के साथ सामाजिक उद्देश्य की पूर्ति हेतु अनेक निर्माण जुड़ते गए। इनमें (डारमिटरी) रात्रि निवास घर, ढोलघर, ग्राम सभा हाल, प्रधान का घर, अनाज घर, गली के मोड़ पर नाच घर, भूतघर, मंदिर या वंश-देवता-स्थान, डीह, भूमि-देवी-स्थान, ग्राम की गलियों की संधि पर अथवा ग्राम सीमा के बाहर बाग के पवित्र झुरमुट में प्रमुख स्थान पर ग्राम देवी ग्राम माता आदि शामिल हैं।[64] यही दशाएं, निर्माण की स्थानिक व्यवस्था की विविधता के साथ अथवा देवी-देवताओं, पूर्वजों के स्थान-निर्धारण/आबंटन की भिन्नता के साथ दुनिया के सभी आदिवासी समाज के लिए लागू हैं। आगामी खण्ड 3.2, 3.7, 4.4 में अधिवासों के अकारिकी-उद्भव तथा अध्याय छह में आकारिकी के बारे में विशद् वर्णन किया गया है।

अधिवास विसरण

भौगोलिक अन्वेषण में स्थानिक विसरण के अध्ययन का महत्त्वपूर्ण स्थान है। प्रत्येक भूगोल अध्येता को यह प्रश्न विमोहित करता है कि किस प्रकार की गत्यात्मकता के अनुसार मूल-रूप से एक स्थान पर स्थित वस्तु दूसरे स्थान पर स्थानान्तरित होती है। विसरण का अर्थ है एक केन्द्र से विस्तृत क्षेत्र में दूर फैलना, हटना, जाना एवम् स्थिर होना आदि। यदि विसरण सम्बन्धी भौगोलिक साहित्य के इतिहास को देखें तो सन्दर्भ सूची में लेखकों/अंशदान कर्त्ताओं की लम्बी सारणी बन जाती है। कृषि, स्वास्थ्य, अर्थशास्त्र, सांस्कृतिक विज्ञान एवम् कला की शाखाओं में अच्छे प्रतिमान बनाए गए हैं। अर्थशास्त्र, समाजशास्त्र तथा महामारी विज्ञान के शोध की नकल सर्वत्र है।[65]

आनुभाविक (Empirical) अध्ययन

सांस्कृतिक तथा अधिवासीय विसरण सम्बन्धी अध्ययनों की खोज, अमेरिकी इतिहास पर टर्नर[66] के सीमान्त शोध ग्रन्थ, ब्राउमैन[67] के ''पुरोगामी उपान्त'', तथा जोगर्स[68] के ''यूरोगामी अधिवास'' सहकारिता सम्बन्धी अध्ययनों तथा उस काल के गौरव ग्रन्थों से हो सकती है। उन्नीस सौ तीस के दशक में सायेर तथा ब्रान्ड[69] ने (1930) प्यूब्लो-स्थानों से पुरातात्विक सबूत एकत्रित किए तथा दक्षिणी पूर्वी अरीजोना के संस्कृति प्रदेशों एवम् क्रमों का अनुमान लगाए। स्टानिस्लास्की[70] (1946) ने अमेरिका में ग्रिड-प्रतिरूप के विसरण की खोज की। सायेर ने (1952) सांस्कृतिक विसरण की सोच को विश्व स्तर पर लागू करने को कहा।[71] मिचेल तथा सान्डनेर ने क्रमश: 1954, 1961 में तथा अन्य लोगों ने अधिवास प्रक्रिया में विशिष्ट अवस्थाओं की पहचान की है। चिशोम[72] (1962) ने नए अधिवासों के विसरण को प्रभावित करने वाले चार मुख्य परिवर्तनों पर विशेष बल दिया। *सर्वप्रथम*-खेत-प्रणालियां भूमिस्वामित्व प्रणाली सम्बन्धी सामाजिक-आर्थिक परिवर्तन अधिवासों के प्रकीर्णन में सहायक होते हैं, जैसे-उत्तर प्रदेश में व्यक्तिगत चकों के पास वासभूमि (homestead या farmstead) *द्वितीय* कारण सामूहिक एवं सुरक्षात्मक अधिवास की आवश्यकता की कमी जिसके कारण भारत के अनेक भागों में नगला निर्माण अधिक हुए, से सम्बन्धित परिवर्तन हैं। **तृतीय** परिवर्तन पानी की कमी तथा रोग सम्बन्धी कारक का निवारण है, क्योंकि जलापूर्ति में सुधार होने से निवासी नहर-सिंचित क्षेत्र-हरियाणा, राजस्थान में, तथा मलेरिया रहित क्षेत्रों में विसरणकर उत्तर प्रदेशीय तराई में बसे। भूमि व्यवस्था में परिवर्तन से औद्योगिक क्षेत्रों में विसरण हुए। हैं। चिशोम के दूसरे एवं तीसरे कारक दक्षिणी इटली के खेतों के वितरण तथा श्रीलंका के सूखे भागों के उपनिवेशीकरण हेतु प्रभावी रहे हैं। *चतुर्थ* कारक जो कंटीले तार, स्पात की हवा चक्की सम्बन्धी तकनीक में परिवर्तन से है, बड़े मैदान में कृषि-फार्म अधिवास के प्रकीर्णन में सहायक हुए हैं।[73] इस प्रकार जलापूर्ति में सुधार के कारण अनेक कृषक उत्तरी भारत के ग्रामों में अपने चकों में बिखरे हैं। मोटर गाड़ियों तथा कम्बाइन-हार्वेस्टर सम्बन्धी तकनीकी विकास के कारण ''अनुपस्थित कृषकों'' की संख्या में वृद्धि हुई एवं ''साइडवाक'' तथा ''सूटकेश खेती'' का विकास हुआ।[74]

Figure 2.8

Simulation model depicting evolutionary pattern of territorial systems and settlement types

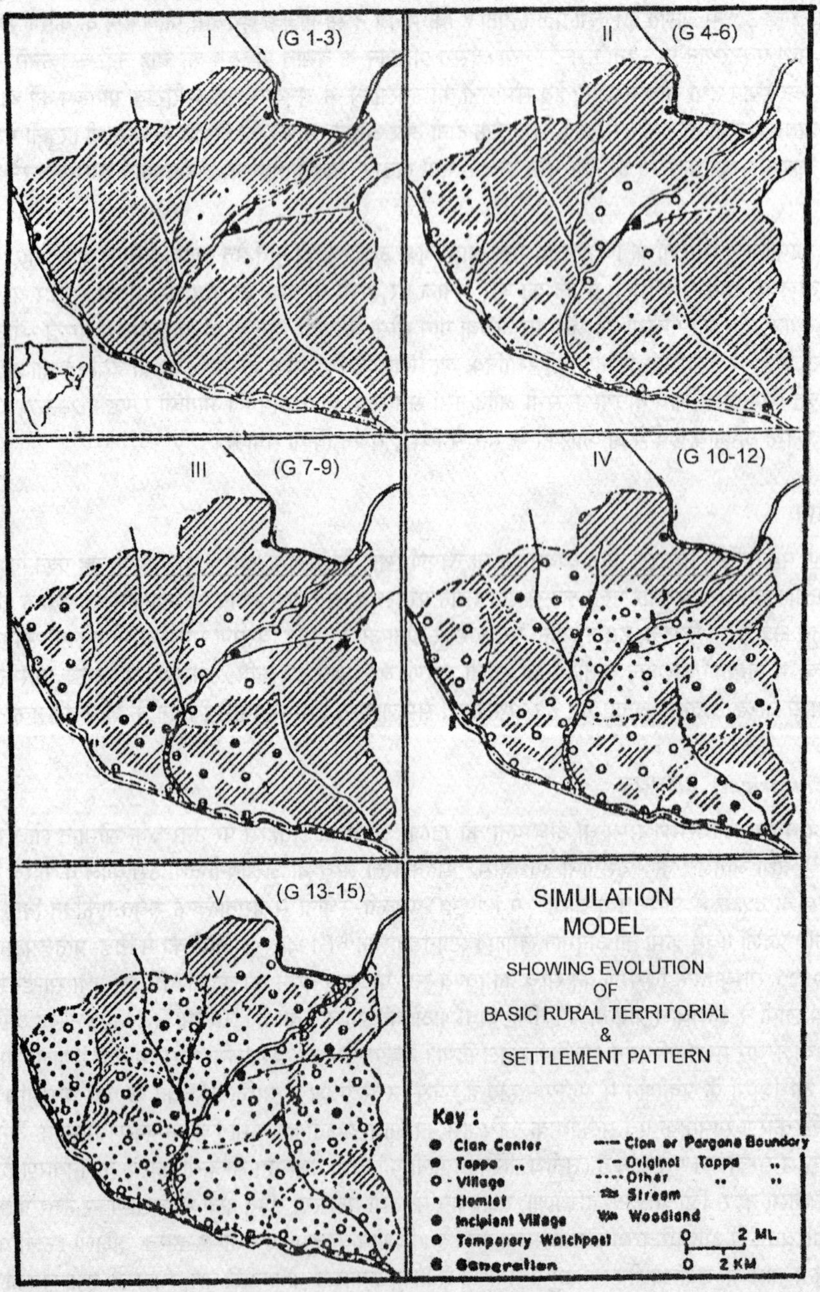

Figure 2.9

Impact of historical politico-cultural forces on the evolution of territories and diverse settlement types in Basti district, Uttar Pradesh

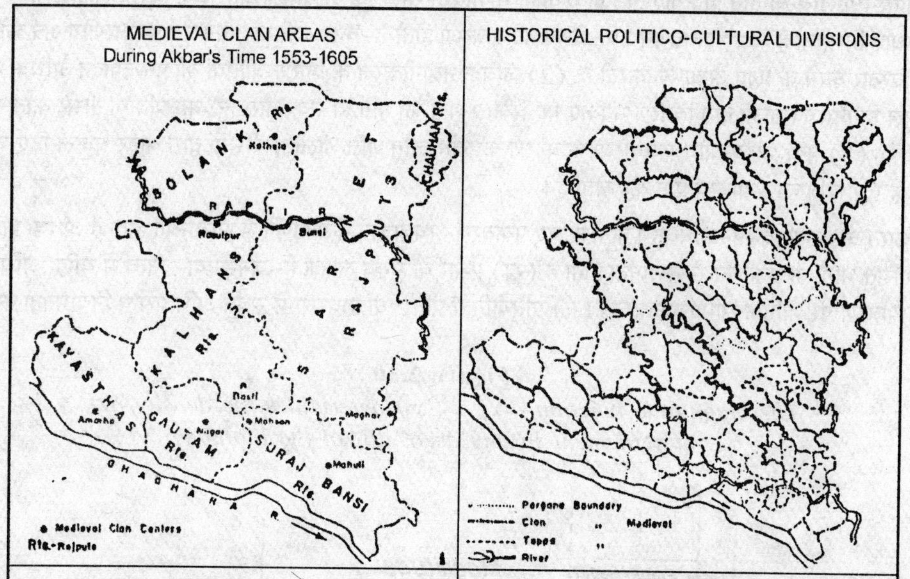

प्रो. काशीनाथ सिंह[75] द्वारा (1968) पूर्वी उत्तर प्रदेश के ग्रामीण अधिवास क्षेत्र-विसरण का अध्ययन किया गया है। इसमें चार मान्यताओं पर आधारित अर्द्ध-नियतवादी निरूपण (Semi-deterministic formulation) से अधिवासों के पीढ़ी दर पीढ़ी क्षेत्रीय प्रसरण की अनेक प्रावस्थाओं का आभास होता है। प्रथम से पांचवीं पीढ़ी की कालावधि तथा 1-15 पीढ़ियों में (350-400 वर्षों में) सम्पूर्ण वंश-क्षेत्र में अधिवास फैल जाते हैं तथा ''परगना'', ''टप्पा'' के केन्द्रों, ग्रामों एवं नगलों का विकास हो जाता है, क्षेत्र-अधिवास संपृक्त हो जाता है, (चित्र 2.8, 2.9)।

विसरण-निगमनविधि

हडसन[76] ने पादप-पारिस्थिति की स्थानिक प्रक्रियाओं के आधार पर अधिवास प्रकीर्णन सम्बन्धी तीन संघटकों की खोज की। उपनिवेशन, प्रसार तथा प्रतिस्पर्धा सम्बन्धी तीन प्रक्रियाएं तीन प्रावस्थाओं में कार्यरत रहती हुई अधिवास वितरण के विशेष लक्षणों को प्रकट करती है। ये तीन प्रावस्थाएँ निम्नवत है। (1) सर्वप्रथम उपनिवेशन की प्रावस्था होती है-कुछ जातियाँ अपने पूर्व पर्यावरणीय क्षेत्र की सीमा के पार परिवेश का विस्तार करने के लिए आक्रमण करती है, (2) जैविक नवीनीकरण के कारण जातियों का पुनरुत्पादन अधिक संख्या में होता है, जिससे मूल उपनिवेशकर्त्ताओं द्वारा वितरण में किए गए रिक्त स्थानों की पूर्ति हो सके और पुनः यह प्रक्रिया तीसरे काल की प्रक्रिया से बाधित होती है। (3) पुनः पर्यावरणीय मजबूरियों के कारण कमजोर लोग शक्तिशाली पड़ौसियों द्वारा बाहर धकेल दिए जाते हैं, घनत्व घटने लगता है तथा प्रतिरूप स्थायित्व प्राप्त कर लेता है।

इस प्रकार (क) उपनिवेशन-अधिवासों के लिए नए पर्यावरण अथवा क्षेत्र में प्रकीर्णन से सम्बन्धित होता है अथवा प्राचीन पर्यावरण के अनाधिवासित भागों के प्रकीर्णन से सलग्नता होता है (ख) प्रसार के मुख्य लक्षण है-जनसंख्या-घनत्व में वृद्धि, अधिवास पुंजों की सृष्टि, तथा पर्यावरण पर भौतिक सामाजिक दबाव (ग) प्रतियोगिता/प्रतिस्पर्धा प्रावस्था में सर्वत्र अधिवासीय नियमितता कायम होती है।

Figure 2.10

The magnitude function, $f(x_1, x_2, x_3)$ determines the density, (z), of settlement in any area, dB, of the biotope

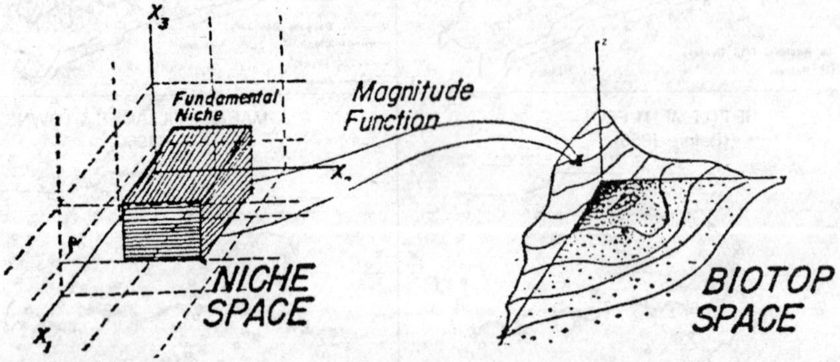

हडसन ने भौतिक देश के लिए जीवीय स्थलाकाश (Biotope Space) की संकल्पना प्रस्तुत की, जिसमें स्थिति-देश के चरों का अनुभव किया जा सकता है (चित्र 2.10) सामान्यतया फलन (function) मानचित्रण को परिभाषित करता है, जिससे जीवीयस्थलाकाश में अधिवासीय घनत्व का निर्धारण होता है, जिसे परिमाणफलन (Magnitude Function) कहते हैं। हडसन के अनुसार उपनिवेशन, मूल स्थिति-देश के आकार का फलन होता है। जब यह फैलता है तो अधिवास का विस्तार बाहर की ओर होता है। जब संकुचित होता है, तो सीमान्त के अधिवास परित्यक्त हो जाते हैं। इसी प्रकार विस्तार के समय निवासी स्थिति-देश के रिक्त स्थान में बसाव करते हैं। चित्र 2.11 में प्रथम दो संघटकों के सम्बन्धों को एक आयामी स्थिति की दशा में दिखाया गया है जैसे सर्वप्रथम केवल उपनिवेशन (2.11 A), केवल विस्तार (2.11 B) एवं पुनः तीसरे में दोनों संघटकों को संयुक्त स्थिति-निर्धारण (location) से दूरी के प्रतिलोमी अनुपात में होती है, (चित्र 2.11 में 0)। उपनिवेशनकाल में उपलब्ध बसाव क्षेत्र (biotope) में वृद्धि होगी पर अधिवास की संख्या में नहीं, अर्थात् सीमान्त क्षेत्र विस्तार के कारण घनत्व कम होगा। शुद्ध प्रसार प्रक्रिया में परिणाम फलन का खिसकाव उद्धर्वमुखी होगा, सभी तरह से घनत्व वृद्धि करने वाला बाह्यमुखी नहीं।[77]

भारत के अनेक भागों में वंशीय विसरण के अध्ययन से स्पष्ट है कि खास तौर से गंगा मैदान में (1) उपग्रह अधिवासों (satellite या daughter Settlements) की पैतृक-ग्रामों से दूरी स्थानिक विसरण की विभिन्न अवस्थाओं में घटती जाती है, सिंह एवं सिंह के अनुसार, यह दूरी प्रथम, द्वितीय तथा तृतीय प्रावस्था में क्रमशः 13, 8, 6 किमी होती है[78] चित्र 2.12। यह दूरी भू-दृश्य जैसे-मैदान, पठार,

Figure 2.11

Relationships between colonization and spread process in the Hudson mode.
A colonization alone; B infilling alone; C colonization with infilling

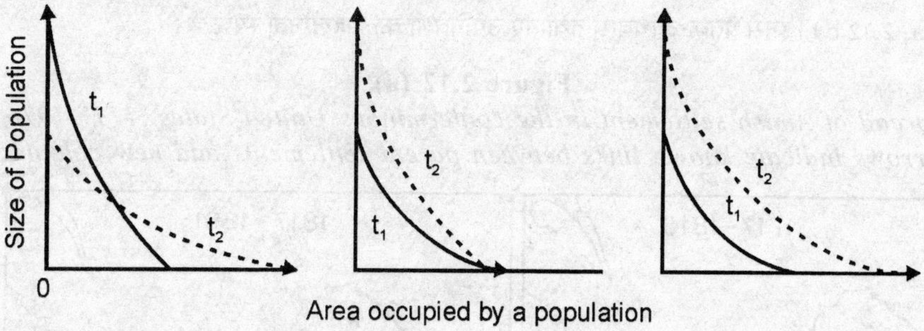

Source: Hudson, 1969, p. 369

Figure 2.12

Diffusion process: An empirical evidence, a case study of Chandrawati

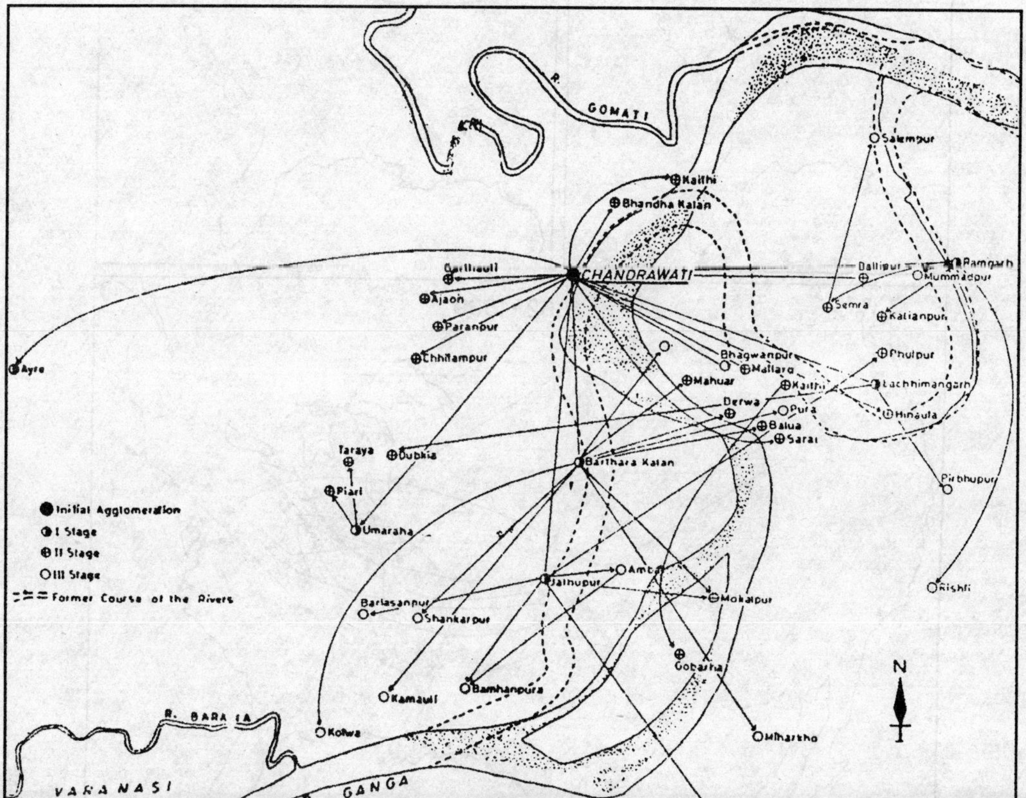

घाटी, पहाड़ी तथा मानव वर्ग (human group) के अनुसार भिन्न-भिन्न होगी। (2) उपग्रह अधिवास, पैतृक अधिवास से जितना अधिक दूर होगा उसकी जनसंख्या उतनी ही अधिक होगी।

अर्वाचीन अध्ययनों में क्राउली[79] ने सं.रा. अमेरिका में 1717 से 1776 तक की कालावधि में ''अमिश'' अधिवासों का विसरण पढ़ा, देखा (चित्र 2.12 a, 2.12 b)। इनसे पैतृक अधिवास तथा नए उपनिवेशों की सहलग्नता स्पष्ट है।

Figure 2.12 (a)

Spread of Amish settlement in the conterminous United States, 1717-1976. Arrows indicate known links between parent settlements and new colonies

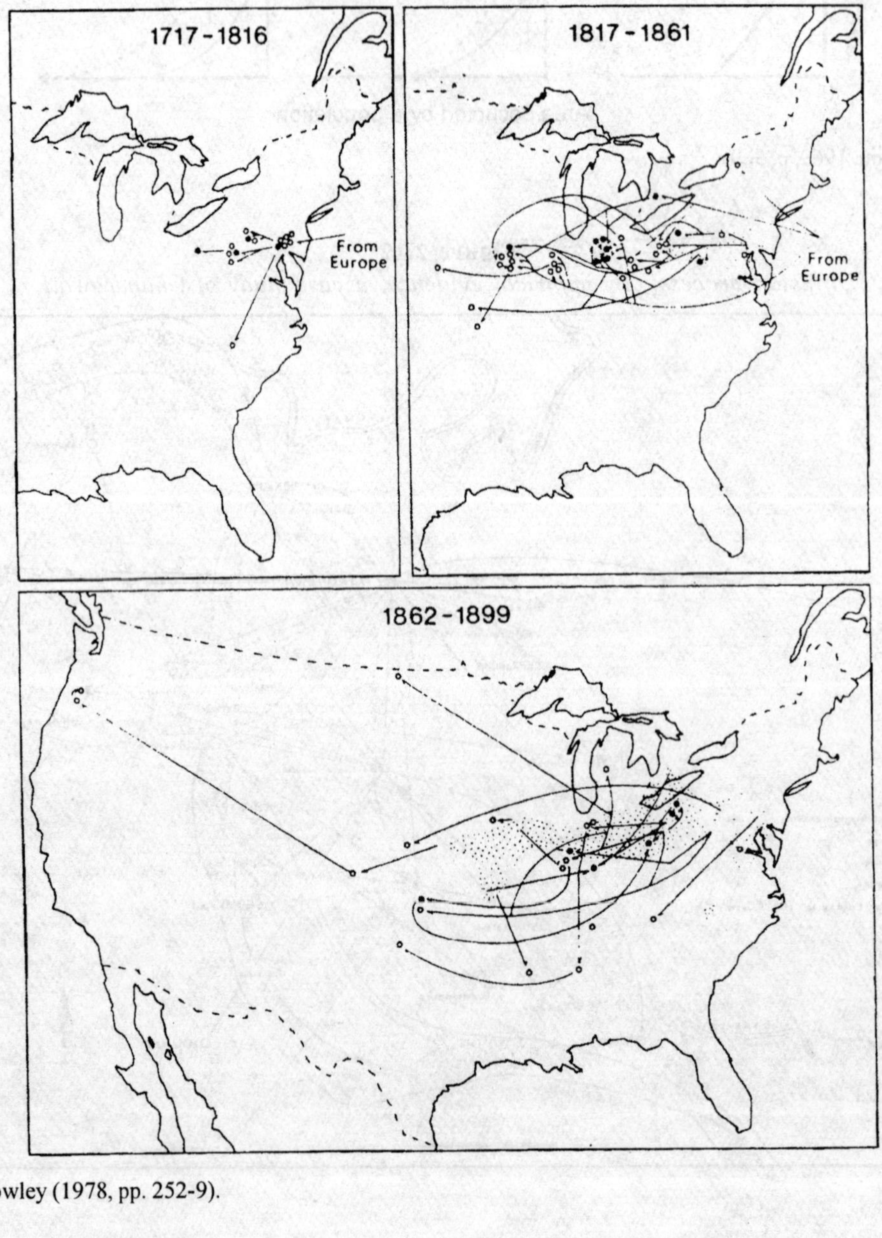

Source: Crowley (1978, pp. 252-9).

Figure 2.12 (b)

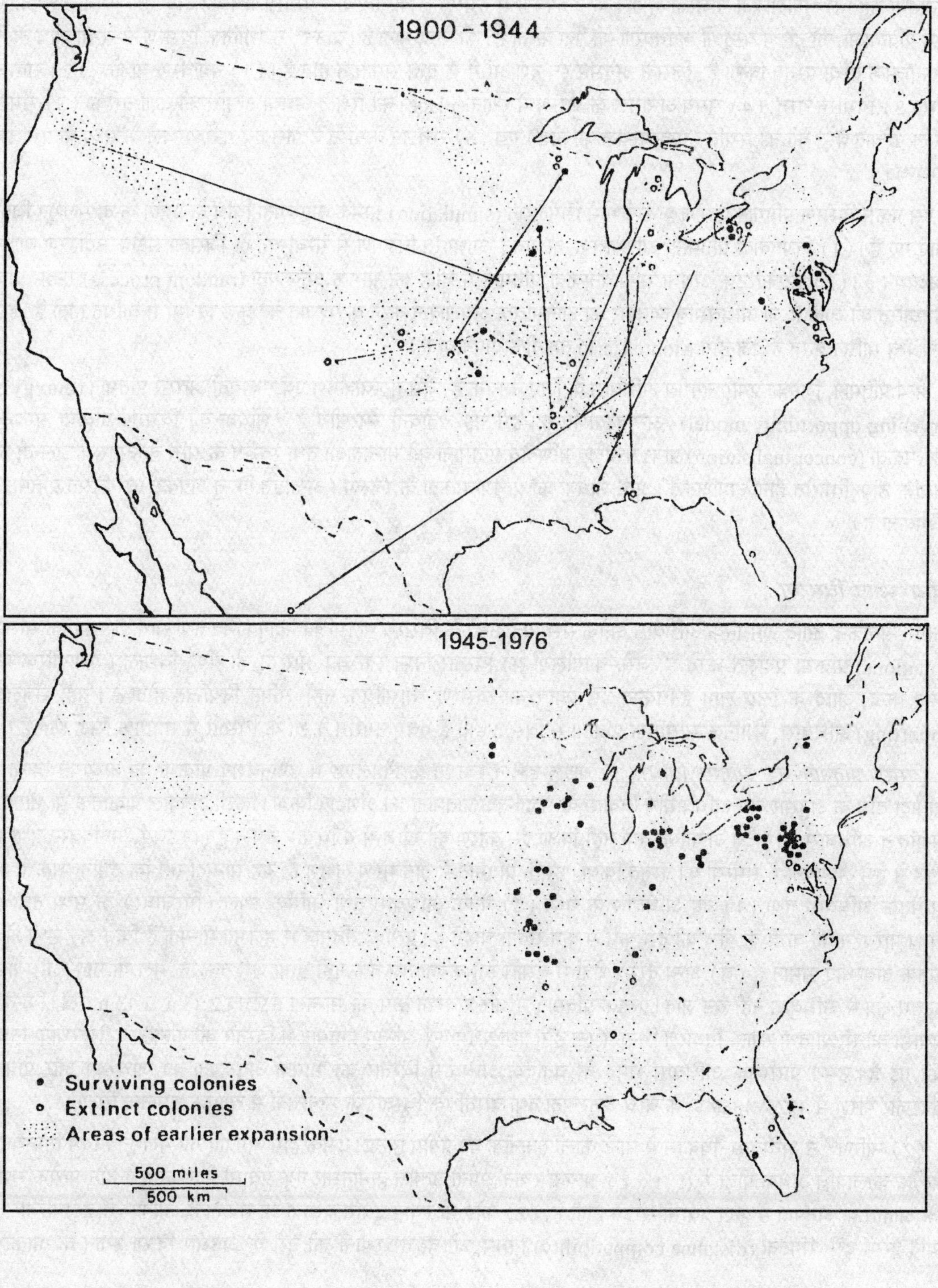
1900 - 1944
1945-1976
Surviving colonies
Extinct colonies
Areas of earlier expansion
500 miles
500 km

विसरण-प्रतिमानीकरण की अन्य विधियाँ

सामान्यतया बहुत से भूगोलविदों ने बस्ती भूगोल के अध्ययनों में हैगर्स्ट्रान्ड के नवाचार-प्रसार विधि का अनुसरण करके देश-काल में कार्यरत प्रक्रियाओं, जो दृष्टव्य वस्तुओं के वितरण को पैदा करती हैं, को केन्द्र माना है। ब्राउन[80] ने स्थानिक विसरण सम्बन्धी शोध के लिए संकल्पनात्मक ढाँचा प्रस्तुत किया है, जिसके अनुसार इन दशाओं में छै तत्व समाहित होते हैं। (1) पर्यावरण या क्षेत्र, (2) सामयिक आयाम (3) विसरित वस्तु, (4) समय अन्तराल के प्रारम्भ में स्थान (place) की स्थिति अथवा उत्पत्ति की दशा/तरीका (5) समय के अन्तराल पश्चात वस्तु की नई स्थिति (गन्तव्यस्थल का नोड) एवं (6) संचलन के रास्ते उत्पत्ति एवं गन्तव्यस्थल के मध्य के प्रभाव तथा अर्न्सम्बन्ध।

इस प्रकार विसरण प्रतिमान निर्माण के सन्दर्भ में सिमुलेशन (simulation) भ्रामक अनुरूपता विधि के प्रयोग के दो मूलभूत विकल्प अपनाए गए हैं। (1) नियतवादी प्रतिमान, आनुभविक-अध्ययन-आधारित निरूपण से सम्बन्धित है, जिसका सटीक उदाहरण बाइलुन्ड का अध्ययन है। (2) स्टाकेस्टिक अथवा सम्भावनावादी प्रतिमान में वृद्धि की भ्रामक अनुरूपता (random process) रैन्डम प्रक्रिया द्वारा निर्धारित की जाती है जो अधिवसीय व्यवहार का आनुभविक अवलोकन करने के पश्चात् बने कुछ नियमों से बाधित होती है। इसका प्रतिनिधित्व मारिल करते हैं, जिन्होंने Monte Carlo तकनीक अपनाया है।

अन्य प्रतिमान, जिनका प्रयोग नगरीय अधिवास के लिए उपयुक्त है, जैसे गुरुत्वाकर्षण एवं मध्यवर्ती अवसर प्रतिमान (gravity and intervening opportunity model) अन्यत्र वर्णित है। हमें यह चेतावनी स्मरणीय है ''शोधक की विसरण प्रक्रिया सम्बन्धी'' प्रत्ययात्मकता (conceptualisation) प्राय: प्रचलित गणितीय प्रतिमानों की मान्यताओं तथा स्वरूप के सांचे के अनुरूप ढाल दी जाती है, जबकि ठीक विपरीत होना अपेक्षित है। अत: शोधक की प्रत्ययात्मकता के स्वरूप (अन्तर्हित किन्तु अप्रकट) से निसृत प्रतिमान की आवश्यकता है।[81]

केन्द्रीय-स्थान विसरण

बड़े नगर, सेवाकेन्द्र आदि नामधारक अधिवास अनेक संस्थागत केन्द्रों के विसरण या मिश्रित पदानुक्रमित तथा साथ ही स्थानिक सांसर्गिक (contagious) प्रक्रिया प्रदर्शित करते हैं, जैसे-कार्यालयों का विस्तार निम्न स्तर की ओर हो जो बैंक, विद्यालय, व्यापारिक केन्द्र, प्रशासन केन्द्र, आदि के लिए लागू है। किन्तु इस प्रकार का विसरण स्वाभाविक नहीं अपितु नियन्त्रित होता है। यहाँ संबलदायी (supporting) अधिवास, स्थानिक सांसर्गिक प्रक्रिया से विस्तृत होते हैं एवम् नगरीय केन्द्रों के विस्तार में सहायक सिद्ध होते हैं।

विसरण प्रतिमान-एक आगमन विधि: (1) बाइलुन्ड[82] ने स्वीडन के लैपलैण्ड में उपनिवेशन प्रक्रिया का अध्ययन किया तथा नियतवादी ढाँचे के अनुसार चार अधिवासीय विकास के सैद्धान्तिक प्रतिमानों का अंशदान किया। किसी अनुकूल प्राकृतिक या भौगोलिक परिस्थिति ने अधिवास को सदैव आकर्षित क्यों नहीं किया इस कारण की खोज में ये विचार उत्पन्न हुए। रडबर्ग, अर्नक्विस्ट तथा स्वयं बाइलुंड ने ऐसे अध्ययनों में समस्या को प्रस्तुत किया। उसके प्रतिमान में तीन मुख्य लक्षण हैं; यह मान्यता रही कि उपनिवेशकर्त्ता अपने मुख्य पैतृक अधिवास तथा (1) नए अधिवास के मध्य (2) पैतृक अधिवास तथा धार्मिक स्थल (गिरजाघर) के मध्य तथा (3) उपलब्ध परिवहन की कड़ी के बीच की दूरी कम से कम रखना चाहते हैं। प्रत्येक प्रतिमान में मूलभूत मान्यता है कि (अ) सभी क्षेत्रों में प्राकृतिक अवस्थाएं समान हैं (ब) अन्य दूरस्थ क्षेत्रों में बसाव हेतु कब्जा तब तक नहीं होगा जब तक कि मूल या मातृ-अधिवास के निकटतम क्षेत्र में अधिवास नहीं बन जाते। प्रत्येक प्रतिमान में चार प्रावस्था क्रम की मान्यता है, चित्र 2.13 a, 2.13 b देखें। किन्तु मूल अधिवासों की संख्या तथा स्थान-निर्धारण भिन्न-भिन्न होंगे तथा प्रथम एवं अन्तिम प्रतिमान में विस्तार की कल्पना तटीय स्थान-निर्धारण से की गई है। उसने प्रारम्भिक अधिवास समूह के चतुर्दिक अधिवास विस्तार की भ्रामक अनुरूपता की जाँच की और पाया कि अर्विदस्जौर पैरिश में 1775-1869 ई. के बीच अनुरूपता तथा वास्तविक विस्तार के मानचित्रों में व्यापक समानता मिली।

(2) मारिल[83] ने अधिवास-विकास में मान्टे कार्लो तकनीक का प्रयोग किया। उसके द्वारा अपनाए गए मूलभूत नियम निम्नवत् हैं- 1. प्रत्येक कालावधि अथवा पीढ़ी में ($t_o, t^1 \ldots t_n$) प्रत्येक स्थान अपनी उत्पत्ति क्रमानुसार एक प्रवासी पैदा करता है और प्रत्येक स्थान में उसके आकार के अनुपात में कुल प्रवासी संख्या होती है, (2) कोई भी स्थान दुबारा बसाया जा सकता है, आकार में बढ़ाया जा सकता है, यदि इसमें दूरी-संगतता (distance compatibility) नियम, जो वृहत्तर स्थानों की दूरी के अनुसार किसी स्थान के आकार को

Figure 2.13(a)

Hypothetical models of settlement diffusion

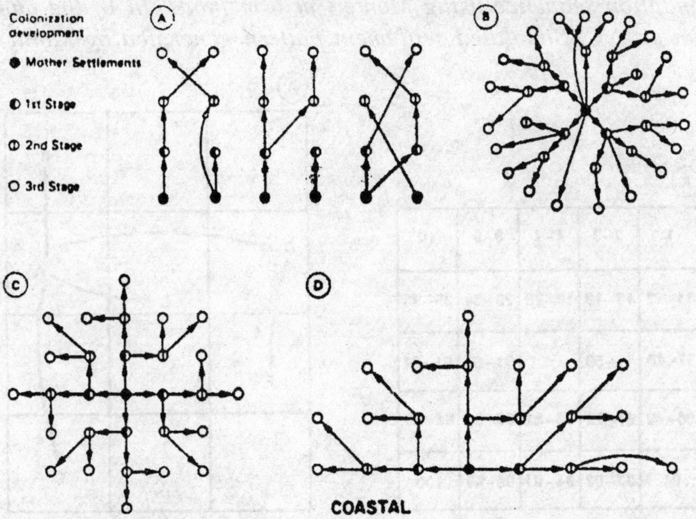

Source: Bulund, 1960, p. 226.

Figure 2.13(b)

Theoretical models of settlement development (squares=settlement)

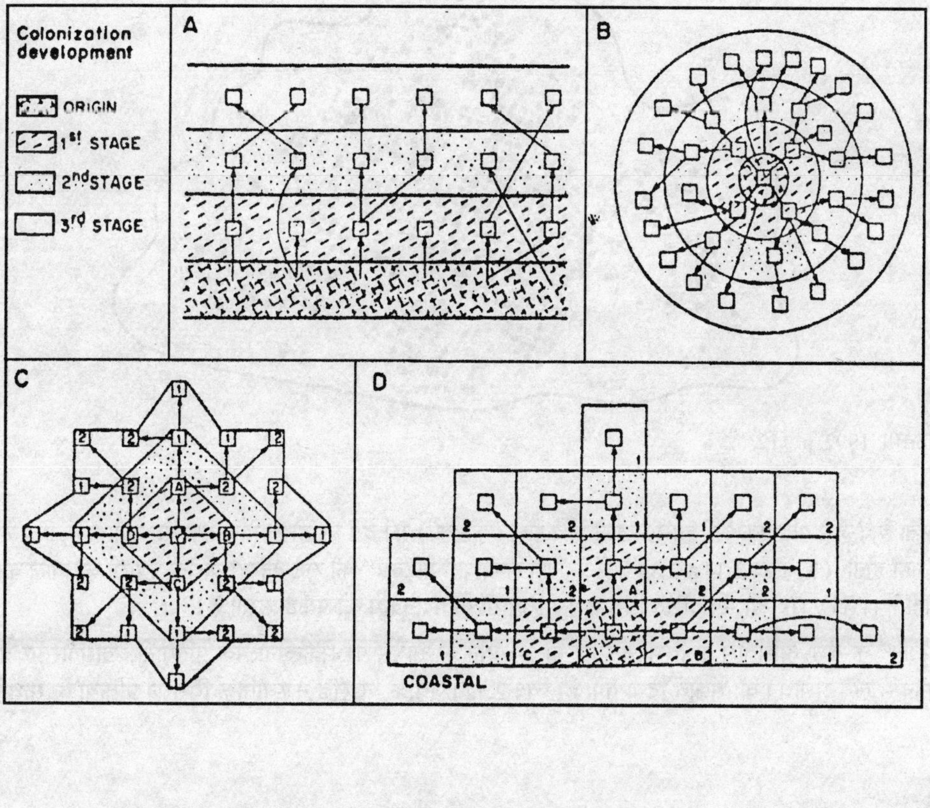

Figure 2.14 (a)

Simulation of settlement hierarchies. A Distance and direction probability matrix. B sample simulation sequence using Monte Carlo methods. In B, the numbers refer to generations, not size. C, Simulated settlement pattern generated by Monte Carlo methods

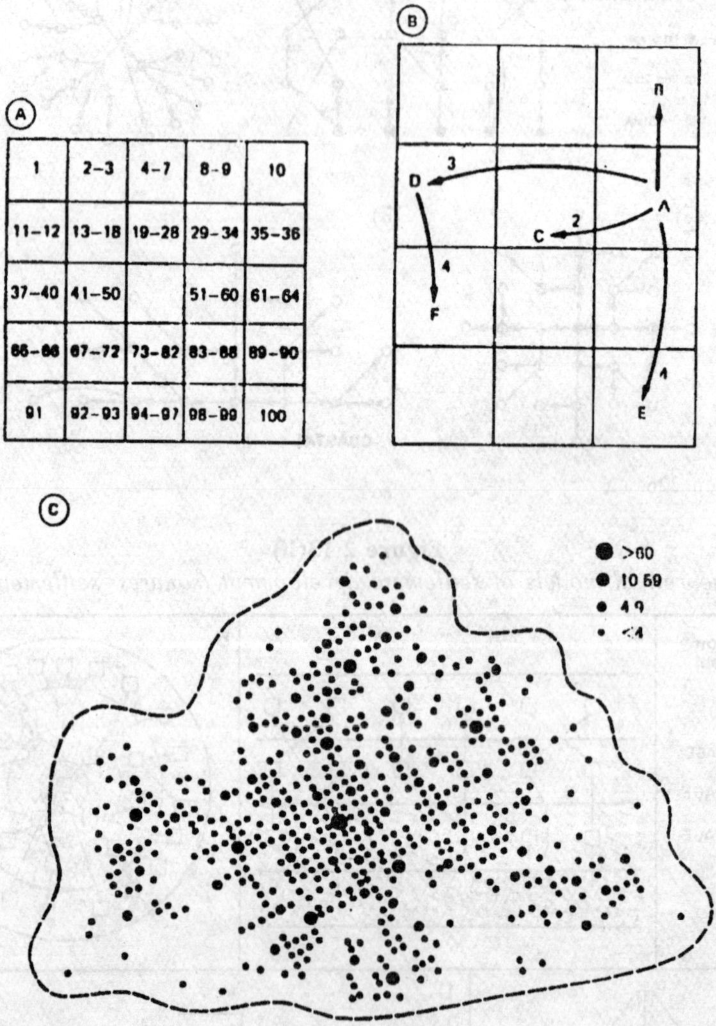

Source: Morrill, 1992, p. 112.

नियन्त्रित करता है, (जैसे यदि एक अधिवास मूल से पाँच सेल (कोष्टकों) की दूरी पर हो तो पाँच तक बढ़ सकता है, फिर रुक जाएगा) से टकराहट नहीं होती, (3) चित्र 2.14 a 2.14 b में प्रदर्शित सम्भावना मैट्रिक्स[84] की संख्यानुसार प्रत्येक प्रवासी की चाल की दिशा, दूरी नियन्त्रित होती है। (A) ए (B) बी में प्रदर्शित ग्रिड छह अधिवासों के पदानुक्रम को प्रकट करती है।

गंगा मैदान[85] के वंश-अधिवास के विसरण सम्बन्धी अध्ययन के आधार पर संकल्पनात्मक प्रतिमानों, खासतौर पर बाइलुंड द्वारा प्रस्तुत प्रतिमान में लघु संशोधन का सुझाव दिया गया है, चित्र 2.12। जबकि बाइलुंड ने स्थानिक विसरण प्रक्रिया के साथ उपग्रहों की

Figure 2.14 (b)

Diffusion waves in time and space. Waves in innovation change character with distance from the time and point of origin. In the case shown, the maximum height of the wave (i.e., the largest number of new acceptances of the item being diffused) occures at a point 5 km from the origin in space and 4 years from the origin in time. Although individual waves will vary, some moving very slowly and some very rapidly, a large number appear to follow the general shape shown here. (After R.L. Morrill, Economic Geography, 46 (1970), p. 265, Fig. 12).

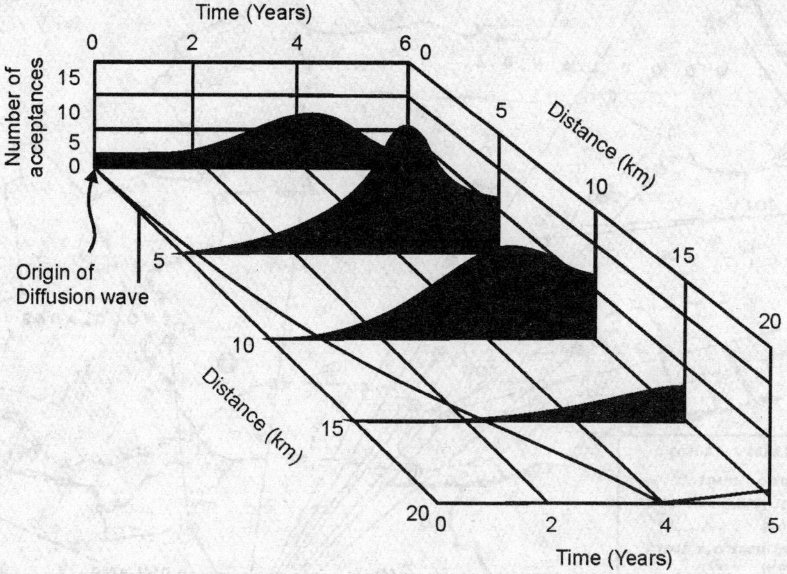

उत्तरोत्तर संख्या-वृद्धि का संकेत दिया है, चन्द्रवती का अध्ययन चतुर्थ अवस्था में अनन्तस्पर्शी (asymptotic) वृद्धि की ओर इंगित करता है। ऐसा प्रतीत होता है कि अन्य कारकों के अतिरिक्त, विसरण प्रक्रिया मानव संचलन सम्बन्धी विशिष्ट जीवन सिद्धान्त (genre de vie) से नियत होती है, इसीलिए भ्रामक अनुरूपता से वास्तविक अवलोकित प्रतिरूप में विचलन पाया जाता है। यदि हमें विसरण प्रक्रिया का समुचित प्रतिमान बनाना है तो एक समंकदल (सेट) की आवश्यकता होती है, जिसको अनुसंशोधित करना होता है और दूसरा समंकदल की जिस पर इसका परीक्षण करना होता है। इस प्रकार हमें ऐसी प्रक्रिया चाहिए जो देशकाल में दुहरायी जा सके किन्तु सांस्कृतिक घटनाएं बहुत कम उदाहरणों में पुन: घटती है।[86]

विसरण के अवलोकित तथा सैद्धान्तिक (प्रतिमानजनित) स्थानिक प्रतिरूपों के मध्य अन्तर को नापने एवं उसकी व्याख्या की आधारभूत समस्या का सही हल नहीं ढूंढा जा सका है।[87] पूर्वोक्त चर्चा के अनुसार सही भौगोलिक अर्थों में अधिवास विसरण का अध्ययन 1931 में ब्राउन के लेख-प्रकाशन से शुरू हुआ। ब्राउन तथा मूर ने एक सामान्य प्रत्ययात्मक ढाँचे में विभिन्न विधियों/उपागमों को संश्लेषित करने का प्रयास किया है। प्रथम में संस्कृति, एवं भू-दृश्य उपागम में संस्कृति का उद्‌भव, संस्कृति-क्षेत्र, संस्कृति-प्रभाव शामिल है। बहस के लिए आधारभूत विचार यह है कि विसरणशील वस्तु नए नवाचार के लिए उत्तेजक/उत्प्रेरक है एवं स्वयं संशोधनशील है। द्वितीय, उपागम जनक (generative) प्रक्रिया पर बल देता है, जिसके द्वारा एक वस्तु का अवलोकित स्थानीयकरण प्रतिरूप अस्तित्व पाता है। प्रथम उपागम भू-दृश्यवादी या पारिस्थितिकीवादी सायेर वर्ग से और दूसरा जो हैगरस्ट्रॉन्ड स्कूल का प्रतिनिधित्व करता है, स्थान-निर्धारणवादी, हैगेट से सम्बन्धित है। यहाँ हम इस पद के प्रयोग पर खास तौर से अधिवास भूगोल में बल देते हैं। यह दो प्रकार का है-

Figure 2.15 (a)

Nucleation and dispersion of settlements

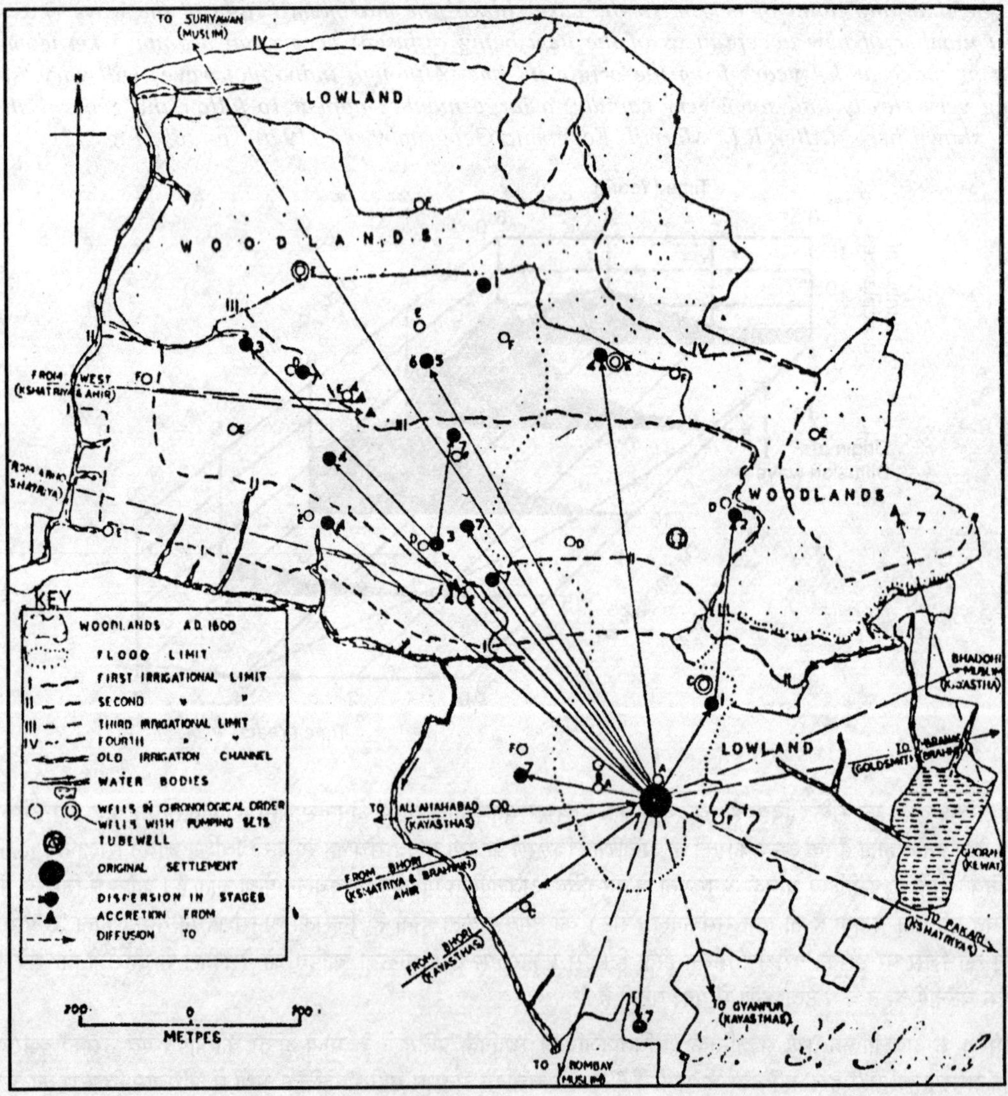

(1) *प्रसार विसरण:* इस प्रक्रिया में अधिवास, एक बड़े अधिवसित वंश केन्द्र या कबीला-मुखिया के गुच्छ (cluster) से दूसरे स्थल में फैलता है, किन्तु साथ ही साथ संहत अधिवास में अतिरिक्त मकान जुड़ जाते हैं। परिवार तथा वंश के सदस्यों की जनसंख्या-वृद्धि के अनुसार सामयिक, स्थानिक आयाम में प्रसार होता है। गंगा-मैदान, मालवा-पठार, नर्मदाघाटी के वंशाधारित अधिवास इसके प्रतिनिधित्वकर्त्ता उदाहरण हैं, चित्र 2.15a, 2.15b। इसमें ग्राम की सीमा में केन्द्रापसारित बल द्वारा प्रसरण शामिल है।

(2) *पुन: स्थान-निर्धारण विसरण:* यह भी स्थानिक विस्तार प्रक्रिया है-जिसमें अधिवास बेहतर परिवेश की खोज में (उदाहरणार्थ पुरोगामी भूखण्ड में उपनिवेशन, जहाँ एक समूह का सदस्य एक t_1 स्थिति से t_2 अर्थवा t_3 को प्रवास करता है। भौतिक तथा सांस्कृतिक कारणों से उद्‌गमस्थल को छोड़ता है। (चित्र 2.15a, 2.16)। मिचेल[88] का ईस्ट ऐंग्लिया (East Anglia) में नदी-घाटी में प्राथमिक

Figure 2.15 (b)

Diffusion portrayed as a dynamic graph: (a) relocation—type diffusion. (b) expansion—type diffusion

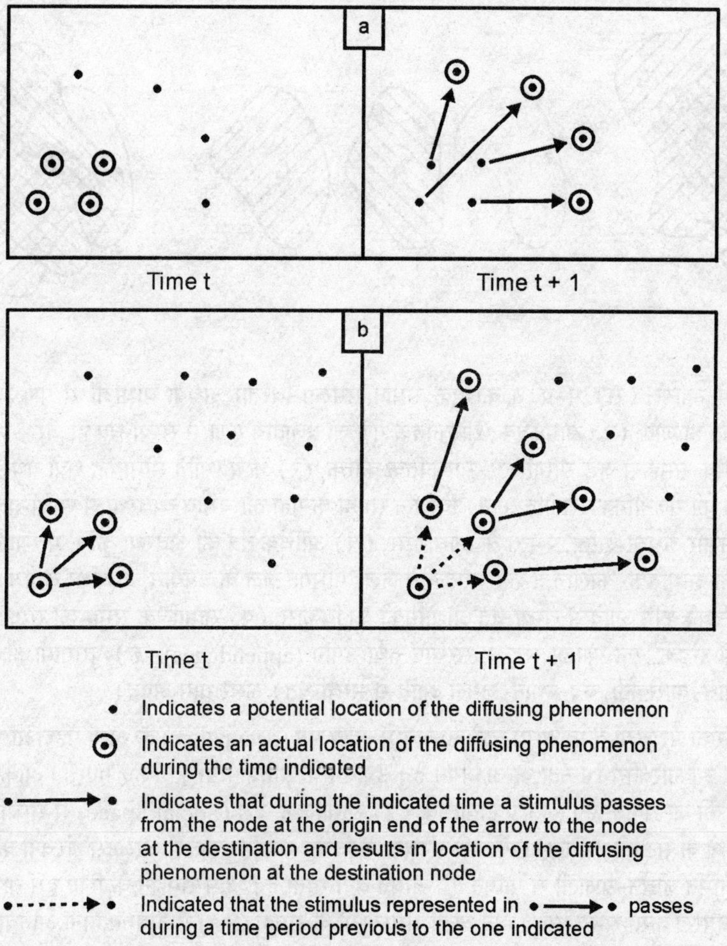

अधिवासों के उद्धर्थ (outgrowth) के रूप में मिट्टी ढके दोआब के द्वितीय अधिवास अच्छे उदाहरण है। इसी प्रकार सान्दनेर ने स्पेन में कोस्टारिका के उपनिवेशन का वर्णन किया है, जिसमें मातृ अधिवास (Mother Settlements) अपने ''संतति सरीखे'' (offsprings) अधिवासों का पुन: स्थान निर्धारण करते हैं।

स्थानिक सामयिक प्रतिमान

अधिवास एक खास कालबिन्दु पर एक स्थल पर स्थित होते हैं। यह अध्यासन एक खास भूमि-खण्ड पर बसाव-प्रक्रिया के समय के निर्धारित कारकों के प्रभाव को परिलक्षित करता है। संक्षेप में निम्नवत् है। (अ) भूमि का प्रकार, इसका उपजाऊपन, विस्तार तथा प्रबन्धन एवं भूमि उपयोग आधारित उत्पादन-क्षमता, (ब) भूमि जोत जिससे एक समुदाय में जोत प्रणाली के अनुसार कालिक ढाँचे में कुछ निर्धारित समयावधि के लिए भूमि उपयोग के अधिकार की गारन्टी (विश्वसनीयता) प्राप्त होती है-उदाहरणार्थ-पट्टे पर या आनुवंशिक

Figure 2.16

Types of spatial diffusion: (A) Expansion diffusion. (B) Relocation diffusion. (C) Combined expansion and relocation processes. The term t_i denotes the time period

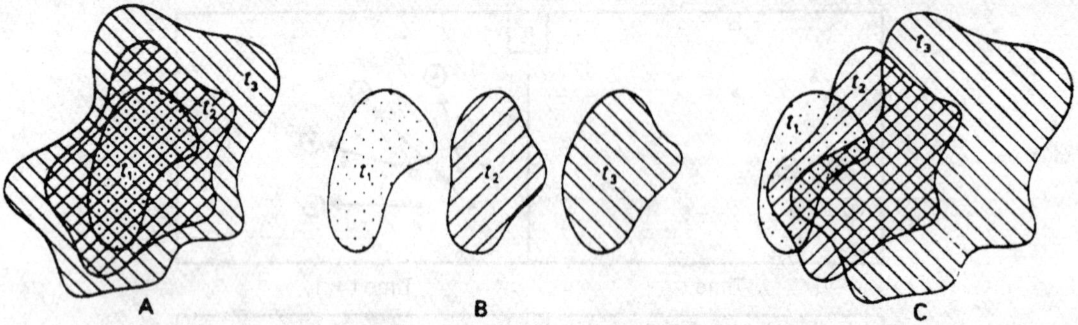

उत्तराधिकार के रूप में स्थायी; (स) भू-प्रदेश का एक समान समरूप विस्तार अथवा बाधाओं से पूर्ण जिससे स्थानिक-कालिक अध्यासन बाधित सीमित हो जाए; (द) सामाजिक, सांस्कृतिक गुण जो प्रजातीय गुणों से सम्बन्धित हों जैसे-आदिवासी में; (य) जाति, उपजाति, समुदाय/धार्मिक समूह से जुड़े सामाजिक-सांस्कृतिक कारक; (र) भली-भाँति सीमाबद्ध क्षेत्रों यथा मलेशिया, इजरायल तथा रूस, में भूमि अध्यासन की राजनीतिक रणनीति; (ल) विभिन्न समूहों के गृहों की बसाव व्यवस्था से सम्बन्धित सामाजिक-प्रकार्यात्मक पक्ष, यथा जाति के अनुसार अथवा श्रेष्ठता, प्रभुत्व के आधार पर; (व) आर्थिक तंत्र की अवस्था कृषि, मत्स्याखेट, खनन, जंगल-कटाई आदि पारम्परिक अथवा आधुनिक-कालीन; (श) धरातलीय जल, भूमिगत जल के उपयोग, उर्ध्वाधर देशीय (space), वास्तुकला की डिजाइन तथा अभियान्त्रिकी कृषि आदि से सम्बन्धित औद्योगिकी का विकास; (ष) सामाजिक समूह की सुरक्षा व्यवस्था की दशा; (स) अवस्थापना तत्त्व, जैसे सड़क, रेल, शाखा सड़क, संस्थाएँ तथा उपांग (appendages) (ह) पुरोगामी क्षेत्रों का उपनिवेशन जैसे-नहरग्राम, कालोनी (बाँध, कारखाना, बंद-स्थान, जंगल आदि से सम्बन्धित) ऊसर ग्राम आदि।

अधिवास आकारिकी पर चर्चा करते समय छठें अध्याय में अध्यासन (occupance) के अन्य पहलुओं पर विस्तार से लिखा गया है। यहाँ अधिवास की आकारिकीय भिन्नता के अध्ययन हेतु उपागम के प्रतिमान प्रस्तुत किए गए हैं। आकारिकी प्रतिरूप की उत्तम व्याख्या इन प्रत्ययों से की जा सकती है। (1) प्रकार्यात्मक (2) सामाजिक-देश (Social Space) से सम्बन्धित। *पूर्ववर्ती* में इकाई-सत्ताओं के मध्य सम्बन्धों के सेट को शामिल रखने वाले संरचना के विचार समाहित होते हैं और उस संरचना की सततता, घटक इकाईयों के कार्य-कलापों से निर्मित जीवन-प्रणाली से पोषित एवं जीवंत बनी रहती है।[89] इसे समझने के लिए हमें ग्राम समुदाय की सामाजिक जीवन प्रक्रिया की जाँचपरख करते समय प्रस्तुत होने वाली समस्याओं के समूहों (Set) से अवगत होना अनिवार्य है। ये विविध प्रतिरूपों के विकास में अनुभूत अमूर्त सच्चाइयाँ हैं, जैसे सामाजिक संरचना जिसे सामाजिक आकारिकी कहते हैं तथा सामाजिक क्रिया विज्ञान (Physiology) अथवा कैसे सामाजिक संरचना कार्य करती है, कैसी नयी प्रकार की सामाजिक संरचनाएं क्रमविकास पाती हैं तथा कालावधि, जिससे गुजर कर प्रतिरूप संधानित होते हैं (are welded)।

द्वितीय प्रत्यय सामाजिक व्यावहारिक तथा क्षेत्रीय स्थानिक सन्दर्भ से सम्बन्धित है, जिसकी बेहतर अभिव्यक्ति निवास-भवनों, गलियों, तथा अन्य ठोस वस्तुओं के रूप में होती है। इसका सम्बन्ध कई स्थानीय देश (Space) से होता है जैसे-लोकाचार, क्षेत्रीय इकाई, आर्थिक, सामाजिक आदि जो संयुक्त रूप से एक भौगोलिक अवस्थिति (Setting) का निर्माण करते हैं। इस प्रकार सामाजिक देश तथा प्रकार्य (Space and Function) की अभिव्यक्ति विभिन्न आकारिकी प्रतिरूप में/के द्वारा, होती है, जिसका अध्ययन सामान्य रूप से तीन प्रतिमानों के आधार पर किया जा सकता है। ये है (1) धार्मिक लोकाचार प्रतिमान, (2) धर्मनिरपेक्ष/लौकिक प्रभुत्व प्रतिमान, (3) आर्थिक देश प्रतिमान।

धार्मिक-लोकाचार प्रतिमान

जिसे दूरी-महत्तमीकरण (Distance Maximization) प्रतिमान कहा गया है, सामाजिक-धार्मिक-सांस्कारिक व्यवहार है, जिसके आधार पर ऊंची जातियों तथा नीची, मुख्यतया अस्पृश्य समझी जानेवाली, जातियों के बीच की दूरी महत्तम होती है। भारतीय ग्रामों में जातिगत पदानुक्रम तथा पद या कोटि-निर्धारण के पालन के साथ प्राचीन रीतिरिवाजों के आधार पर व्यवहार में धार्मिक लोकाचार सम्बन्धी दूरी बनी हुई है। विभिन्न प्रकार के श्रेष्ठता-स्तर तथा प्रदूषण की धारणा, जो अजातीय से लेकर अस्पृश्य तक अनेक उप-जातियों के साथ है, की अभिव्यक्ति अनेक श्रेणीबद्ध लोकाचार अथवा कर्मकाण्डी व्यवहार सम्बन्धी दूरी के रूप में होती है, जो व्यावहारिक स्थानिक प्रणाली को नियत करती है। एक ब्राह्मण-अस्पृश्य तक का सांस्कारिक सातत्य अस्तित्व में है जिसमें अन्य जाति के लोग अलग-अलग स्थितियाँ (niches) बनाकर रहते हैं। यह स्थितिव्यवस्था (placement) लोकाचार से बनी/नियत सामाजिक स्केल के मध्य अनेक प्रादेशीय, स्थानीय संरचनागत प्रतिमानों के साथ प्रदर्शित होती है।[90] जबकि अजातीय अथवा जातिबहिष्कृत अलग-थलग स्थान पर दैनिक सम्पर्कों से दूर रहते हैं, अस्पृश्य जातीय कुछ दूरी पर (प्राय: पुकार-सुनने योग्य) बसते, बसाये जाते हैं और मुख्य बस्ती से किसी भौतिक बाधा, गड्ढे, तालाब, जंगल या बंजर भूमि द्वारा अलग होती हैं। यहाँ समाजाभिमुख बल (Sociofugal force) कार्यरत रहता है। दोनों के मध्य उभयनिष्ठ उपयोग का पीने का कुआं नहीं होता किन्तु सेवाकार्य करने वाली जातियाँ उच्च वर्ग के नजदीक ही बसाई जाती है, जिससे आवश्यकता पड़ने पर आसानी से बुलाई जा सकें, चित्र 2.17। स्पष्ट है कि समाजोन्मुख बल (Socio-petal force) लघुतम दूरी पर स्थित मकानों की व्यवस्था को जन्म देता है। विविध जाति के लोग, जजमानी-प्रणाली पर, जो आत्मीकरण एवं संस्कृति संक्रमण पर निर्भर है, आधारित होकर निरन्तर विस्तृत स्थिति का बसाव करते हैं।[91] चमार बस्ती की दिशा के पहलू प्रचलित सनातन हवाओं के द्वारा नियत होते हैं और प्राय: उच्चवर्गीय मुख्य बस्ती के दक्षिण या पूर्व में बसाए जाते हैं, (उत्तरी भारत से इतर क्षेत्रों में यह दिशा परिवर्तनशील है)। ऐसा इसलिए कि सामाजिक मापक (Scale) के ऊपरी अथवा निम्न स्तर (लोकाचार सम्बन्धी) प्रदूषित होते हैं, दोनों वर्ग के लोग इसे अच्छा नहीं मानते। यहाँ तक कि सामाजिक मापक के निचले स्तर पर (निम्न जातीय समूह) यह निषेध और कड़ाई से लागू होता है (चमार, धोबी एक-दूसरे का पानी पीने के लिए अस्पृश्य है)। किन्तु यह प्रतिमान अन्य प्रतिरूपों की व्यवस्था नहीं करता, अत: एक-दूसरा प्रतिमान विकल्प बन सकता है।

लौकिक प्रभुत्व प्रतिमान

धर्मनिरपेक्ष प्रभुत्व या दूरी निम्नतमीकरण प्रतिरूप (Secular dominance) or Distance Minimizing Model) देखने में आता है जो प्रभावी परिवार या वंश-समूह जाति के रूप में क्षेत्र के ग्राम भूमि-संसाधन पर नियन्त्रण रखता है और अधिकांश ग्रामवासियों की आवश्यकता-पूर्ति करता है जैसे-जीवन-यापन, भोजन स्रोत, शरण या गृह-स्थल देकर, पेशे की सुरक्षा, संरक्षण प्रदान करना आदि।[92] अर्थात् प्रभावी भू-स्वामी जाति ग्रामीण समाज की सामाजिक-आर्थिक एवं बसाव प्रतिरूप की प्रक्रिया का संचालन, देखरेख करती है। ऐसी प्रभावी जाति राजपूत, ब्राह्मण, जाट, कुर्मी, भूमिहार कोई भी हो सकती है। एक नमूने गाँव महजूदा में ज्येष्ठ राजपूत वंशावली की सर्वोपरिता में विविध जाति के लोग उपलब्ध कृषि भूमि से उत्पादन लेकर जीवनयापन हेतु एकत्रित हुए थे, (चित्र 2.15 a, 2.17) किन्तु अतीत का प्रतिरूप अत्यधिक प्रभावित हुआ है और अतिरिक्त विस्तार की व्याख्या के लिए एक अलग प्रतिमान की आवश्यकता है।

आर्थिक-मापन प्रतिमान (Economic Scale Model)

स्वतंत्रता प्राप्ति के (1947) बाद ग्रामों के अध्यासन में अनेक स्थिति, स्थान परिवर्तनों की व्याख्या उपरोक्त प्रतिमान नहीं कर सकते। अनेक पुरवा, टोला, पुर, टापरो अथवा पट्टी की स्थापन्ना की व्याख्या आर्थिक कारकों द्वारा की जा सकती है। चित्र 2.15a, 2.17 से प्रकट है कि प्रकीर्णन के द्वारा विगत पचास वर्षों में अलग पुंज बने, जो प्रदर्शित करता है कि सभी सम्भाव्य स्थल या तो बसाए जा चुके अथवा अध्यासन चालू है। यहाँ समाजाभिमुख शक्तियाँ (Sociofugal Forces) प्रकीर्णन में संलग्न है। अहीर, पशुचारण एवं खेती की सुविधा प्राप्ति हेतु जंगल की ओर बसे, नोनिया, चमार सड़क के किनारे बस गए जिससे मुख्य बस्ती से दूर भीड़ रहित सड़क के अग्रभाग में स्थान पा सके, अन्य लोग अस्थायी आश्रयों (Pump-set Sites) में चक में बस गए। आर्थिक लाभ से आकर्षित क्षेत्रों में एक नई घटना जो यातायात-परिवहन साधनों, अनेक कार्यों में वृद्धि से घटित हो रही है, अभिवृद्धि पर है। जोत-चकबन्दी हो जाने पर (खासतौर से उत्तर

Figure 2.17

Dispersion of settlements and locational nomenclatures

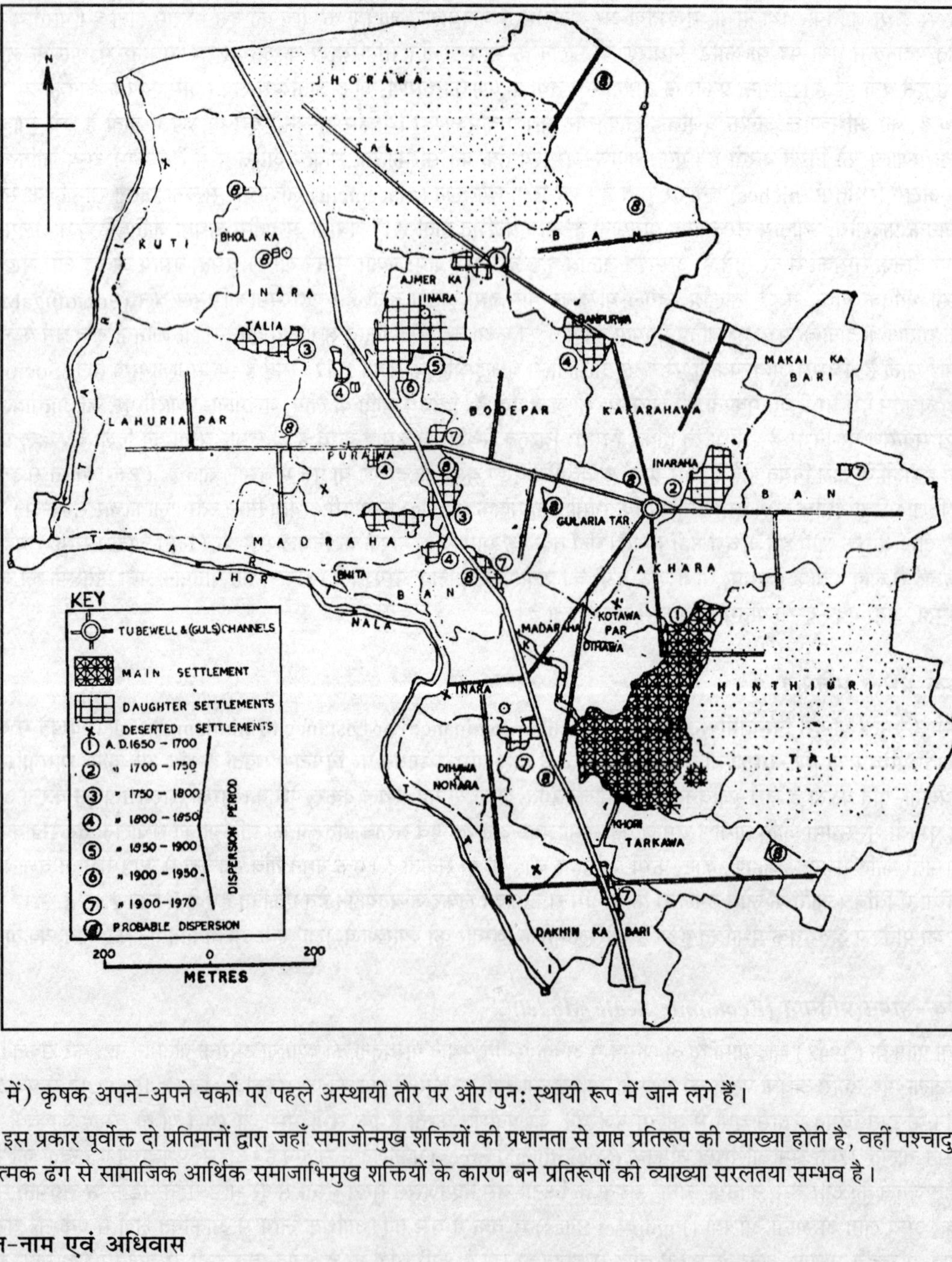

प्रदेश में) कृषक अपने-अपने चकों पर पहले अस्थायी तौर पर और पुनः स्थायी रूप में जाने लगे हैं।

इस प्रकार पूर्वोक्त दो प्रतिमानों द्वारा जहाँ समाजोन्मुख शक्तियों की प्रधानता से प्राप्त प्रतिरूप की व्याख्या होती है, वहीं पश्चादुक्त द्वारा गत्यात्मक ढंग से सामाजिक आर्थिक समाजाभिमुख शक्तियों के कारण बने प्रतिरूपों की व्याख्या सरलतया सम्भव है।

स्थान-नाम एवं अधिवास

जीवित प्राणियों की तरह अधिवास भी कुछ नामों के आधार पर पहचाने जाते हैं, जो उनके निवासियों और कभी-कभी पड़ौसियों तथा

बाहरी लोगों द्वारा रखे जाते हैं। ये स्थान नाम ''मानव भूगोल के जीवाश्म''[93] या अतीत काल के संग्रह हैं, जिनकी विभिन्नता तथा घनत्व अंशत: जनसंख्या घनत्व एवं अधिवासों के वितरण पर तथा अंशत: उस कालावधि पर निर्भर है, जिसमें वह क्षेत्र अधिवासित हुआ। अधिवास की प्रक्रिया में और भू-प्रदेश की प्रकृति से भी इन पर प्रभाव पड़ता है। इस प्रकार तीन तत्त्व, (1) पारिस्थितिकी-विविधता, (2) सांस्कृतिक प्रत्यक्ष ज्ञान तथा (3) विभिन्न भाषा एवं बोली की सम्पन्नता संयुक्त रूप से अन्योन्यक्रिया द्वारा विभिन्न प्रकार के स्थान नामों को जन्म देते हैं। स्पष्टतया स्थान-नाम सांस्कृतिक भूगोल के 5 संघटकों को दर्शाते हैं। जैसे संस्कृति, संस्कृति क्षेत्र, सांस्कृतिक भू-दृश्य, सांस्कृतिक इतिहास तथा सांस्कृतिक पारिस्थितिकी। मिचेल[94] ने सही अवलोकन किया है कि स्थान नामों का परीक्षण एवं मानचित्रण स्वयंमेव व्यापक अर्थों में प्रदेशों के मध्य तथा किसी भी प्रदेश में विस्तार के साथ अधिवासों की तिथि तथा क्रम-निर्धारण में सहायक होते हैं।

पाश्चात्य भूगोलविदों ने स्थान-नामों का अधिवास के सम्बन्ध में खोज करके उनके महत्त्व को समझा है।[95] भारत में स्थान-नामों का अध्ययन उपेक्षित सा रहा है और भौगोलिक सह-सम्बन्ध की स्थापना की अपेक्षाकृत ऐतिहासिक एवं सामाजिक-सांस्कृतिक पहलुओं पर विशेष ध्यान दिया गया है। इवान ने सही कहा है कि जिस हद तक कोई भी इनकी व्याख्या करने में सफल होता है, जैसा कि उत्तरोत्तर सफलता के साथ किया जा रहा है, नाम भी अपने अर्थ एवं स्वरूप के अनुसार एक अथवा दूसरे अथवा दोनों के सम्बन्ध में सूचना देते हैं यथा-प्रकृति तथा मानव, जो भूगोलवेत्ता के लिए दो प्रमुख लक्ष्य है; अत: अधिवासों के क्रमिक अध्यासन के पुन: निर्माण में सहायक है। स्थान-नामों को दो समूहों में विभक्त किया जाता है। (1) प्राकृतिक पर्यावरण से सम्बन्धित स्थान-नाम (2) सांस्कृतिक तत्त्वों से सम्बन्धित स्थान-नाम।

(1) जिन अधिवासों के स्थान-नामों से प्राकृतिक कारकों द्वारा निष्पत्ति का प्रतिनिधित्व, बोध होता है, उन्हें चार वर्गों में बाँट सकते हैं: (अ) भू-भौतिकीय, (ब) स्थलाकृतिक, (स) जलाकृतिक, (द) वानस्पतिक

1. (अ) स्वीडन के डलारा में निम्फजार्डन, लिमहान तथा लिमा, लाइमस्टोन अथवा चूने के प्राकृतिक प्रभाव को प्रदर्शित करते हैं। इस प्रकार स्थान जिनके साथ सैण्ड (Sand) और (or), माल (mal), माल्म (malm) मो (जिसका अर्थ विभिन्न आकार के बालू-कण होता है), ग्रीट (Gryt), हेड (Hed), (Sandy plain) जुड़े हों स्वयंमेव हिमजातीय निक्षेप को प्रदर्शित करते हैं। शब्द व्युत्पत्ति के आधार पर आज का कलकत्ता भी भू-आर्थिक पृष्ठभूमि वाला है यथा-बंगला *काली* माने चूना जलाने वाला समुद्र सीप (शेल) तथा *कता* माने बुझाने योग्य चूना।

2. (ब) विविध भौगोलिक लक्षणों वाले स्थान-नाम, जिनके अन्तर्गत अनेक स्थलाकृतियों वाले गढ़ (पहाड़ी), दारा (घाटी), घाटी (संकीर्णघाटी), घाटी (खड़ेढाल), माल (उच्च भू-प्रदेश), खोह (गुफा) आदि प्रत्यय एवं टीला, खाई आदि उपसर्ग जुड़े हों सघन रूप में मध्य भारत के भागों में वितरित मिलते हैं। खाई, मेड़, धार आदि साहचर्य वाले स्थान-नाम पहाड़ी प्रकृति की ओर इंगित करते हैं। गढ़ प्रत्यय वाले सभी स्थान-नाम अनिवार्य रूप से छोटा किला या किसी छोटे राजा के गढ़ को ही संबोधित नहीं करते। अन्य लघु लक्षण जैसे, मृत्तिका, नदी के मोड़, नदी के किनारे आदि के आधार पर भी समतल मैदानों एवं पठारों पर ग्रामों के नाम मिलते हैं (चित्र 2.18 से 2.23) तक देखें।

1. (स) स्थलाकृतियों की तरह जलीय-लक्षणों तथा स्थान-नामों में सीधा सहसम्बन्ध दृष्टिगोचर होता है, उदाहरणार्थ, पर्याप्त पानी की उपलब्धि वाले ग्राम का नाम ''सागर'' और कमी वाले का नाम निपनिया, अधिक कुएं वाला ग्राम का नाम कुआं खेड़ी तथा नदी-किनारे बसा ग्राम घाट खेड़ी आदि।

कुआं, कुण्ड, पानी, झीरा-झीरी आदि विशेष (Epithets) वाले स्थान-नाम मध्य तथा पश्चिमी विन्ध्य एवं सतपुड़ा पहाड़ियों में संकेन्द्रित हैं जहाँ पानी की कमी है, उदाहरणार्थ, पाताल पानी, जमा झीरी, गोड़ कुआं, जूनापानी, मेंहदी कुण्ड, गऊकुण्ड तथा बेसर कुण्ड आदि। राजस्थान में सार, सीर, तथा ताल प्रत्यय ऐसे नामों को दर्शाते हैं।

1. (द) वनस्पति तथा जीवजन्तु नामधारी स्थान नाम, पहाड़ियों के प्रशाखाओं, पर्वत प्रक्षेपों के अधिकांश वनाच्छादित क्षेत्रों में मिलते हैं (चित्र 2.18d, 2.23)। विन्ध्य पर्वत की नदी बेसिनों में ऐसे ग्राम अधिक हैं। इनके नामकरण पेड़ों, फूलों, फसलों आदि के नाम पर है और अध्यासन के समय की वानस्पति दशा का ज्ञान कराते हैं। आम के आधार पर आमखैड़ा, आमरोही, आमलिया, कमल से

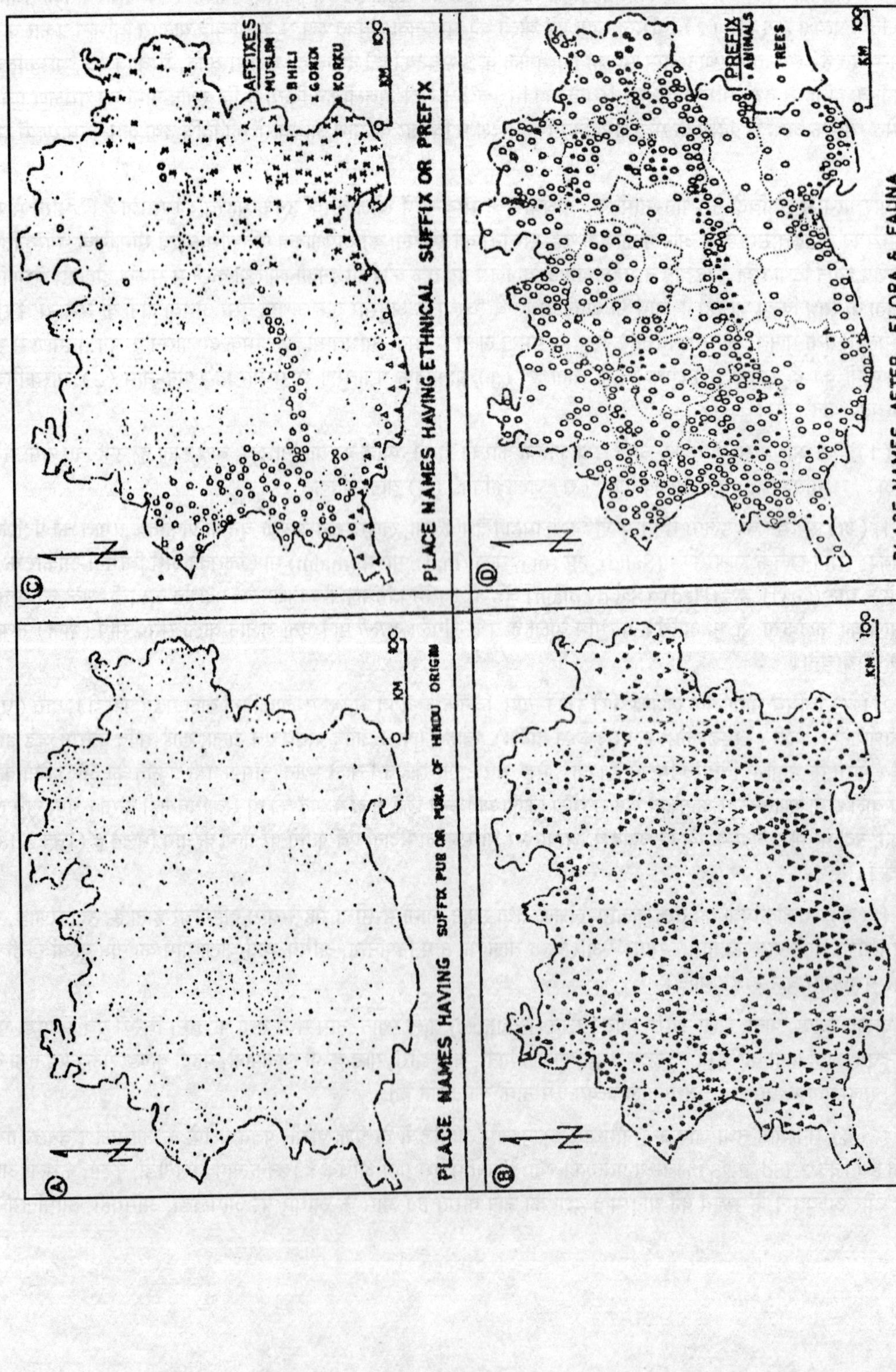
A
PLACE NAMES HAVING SUFFIX PUR OR PURA OF HINDU ORIGIN
KM 0 100
B
PLACE NAMES HAVING SUFFIX . KHERI . GAON . FALIYA . WADA . RUNDI . IYA . DHANA . GANJ . PADA
KM 0 100
C
PLACE NAMES HAVING ETHNICAL SUFFIX OR PREFIX
AFFIXES
MUSLIM
BHILI
GONDI
KORKU
KM 0 100
D
PLACE NAMES AFTER FLORA & FAUNA
PREFIX
ANIMALS
TREES
KM 0 100

Figure 2.18

कमालपुर, चम्पा फूल से चम्पाखेड़ी, जामुन से जमुनिया, जामनपुर, जीरा से जीरापुर, केसर से केसरगंज, इमली से इमलिया, नीम से नीमखेड़ा, बेर से बेरखेड़ी, कचनार से कचनारिया, करेला से करेला, करोंदा से करोंदिया, करोंदी, खेजदा से खेजदाखेड़ा, गूलर से गूलरखेड़ी, पीपल से पिपलिया, पिपरी, पिपरिस, पाकड़ से खानपाकर, खोरी पाकर, सेमल से सेमलखेड़ी, महुआ से महुआखेड़ी, गेहूँ से गेहूँखेड़ी, धतूर से धतूरिया आदि उदाहरण हैं।[96]

अन्य स्थान नाम पक्षियों, जानवरों के नाम पर भी मिलते हैं, जैसे काग से कागपुर, चिकाली पक्षी से चिकाली, सुआ (तोता) से सुआखेड़ा, चील से चीलपहाड़ी, शेर से शेरपुर, शेरखेड़ा, नाहर से नाहरखेड़ा, कछुआ से कछवा आदि। इसी प्रकार पालतू जानवरों जैसे भैंस, बैल, घोड़ा, गाय, भेड़ आदि से भी पठारी मैदानी भागों में न ाम रखे गए हैं।

(ब) बहुत से सांस्कृतिक कारक अकेले अथवा संयुक्त रूप से स्थान नामों से परिलक्षित होते हैं। इनके निम्नवत वर्ग हैं, (अ) संस्कृति, जाति, जातिसमूह आधारित (ब) व्यक्तिगत, देवता, समुदाय आधारित, (स) सांस्कृतिक भू-दृश्य/प्रकार्य सम्बन्धी (द) संस्कृति इतिहास तथा संस्कृति क्षेत्र सम्बन्धी, (य) अधिवास प्रक्रिया (र) विविध।

2. (अ) कई उदाहरणों में स्थान-नाम जाति-बोधक होते हैं। यह जाति अतीत में या वर्तमान काल में प्रभावी होती है, जैसे धोबी से धोबीखेड़ा, माली से मालीखेड़ी, स्वर्णकार-सुनार से सुनारी, गोन्ड से गोंडखेरी, डंगी से सुमेसडंगी, नाई से नाऊकुण्ड, काछी से काछीखेड़ा, जाट से जाटों की धानी, ब्राह्मण-बामन से बभनौटी आदि।

उत्तर भारत के बहुत से ग्राम कबीलों/आदिवासियों के नाम पर हैं। जैसे-डोम से डोमियागढ़, डोमिनगंज, चेरू से चिरांट, भर से भरौली, भरौआी आदि। अर्द्ध-आदिवासी मुसहर से मुसहरी, मीरा मुसहरी नामक ग्राम है। वंश, कुल आधारित नामों में बेलवा मिसिर, मिश्रौली (मिश्र से), दूबे छपरा, जिगना दूबे आदि।

2. (ब) बहुत से स्थाना नामों की आड़ में धर्म छिपा रहता है, उदाहरणार्थ बोर्नियो में पोन्टियानाक एक भयानक भूत के नाम पर, ल्हासा-भूतविश्व, इसी प्रकार बम्बादेवी से बम्बई/मुम्बई देवी से मुम्बई; कान्हा से कानपुर, अमृतसर से अमृतसर, विन्ध्याचल (विन्ध्यवासिनीदेवी के नाम पर)। ईसाई एवं मुस्लिम धर्म के नाम पर भी अधिवास बनते हैं, जो उनके संतों के नाम पर अस्तित्व में हैं। जैसे-सेन्ट से सेन्टियागो, दार्शनिक, सन्त ब्यूनावेन्तुरा के नाम पर उसी नाम का अधिवास एवं रसूलपुर, मोहम्मदपुर आदि। गिरजाघर एवं संतों के नाम पर भी अधिवास हैं। अन्य विविध देवी-देवता के नाम पर बहुसंख्य ग्राम मिलते है। कुछ ग्राम महत्त्वपूर्ण व्यक्तियों के नाम धारण करते हैं। जैसे-यशवन्त-नगर, युसुफपुर, हसनपुर, जफराबाद, सिकन्दरपुर, मानपुर, झाबुआ, बांसवाडा आदि। ईवान ने स्लाव नामों का उदाहरण दिया है, जिनमें जर्मन के इंग, इंगे, इंगेन जुड़े होते हैं; सेल्ट समूह में इयाकम (Iacum), स्पेन में अक (ac) फ्रांस में वाई (y), लैटिन में अनस (Anus) (anious) (inus); पोलैण्ड में ओव (ov) या ईव (ev), फिनलैण्ड में लाल (lal), ला (la), आदि प्रत्यय भी मिलते हैं।

2. (स) भारत के उत्तरी मैदान में उपजातीय पद अधिवासों के आकार को निर्दिष्ट करते हैं जैसे-गाँव, माजरा-माजरी, नगर में पूर्वोक्त अन्य दो से छोटा होता है। इसी भाँति चक, बास, वास, धानी, कला-खुर्द, टोला, टोली टापरा, पट्टी, पूरा पुरवा, प्रत्यय के रूप में जुड़े अथवा अकेले अनेक आकार कार्य के नगलों को इंगित करते हैं। इंग (ing), हम (ham) तथा टॉन (ton) अन्त वाले नाम, जिनका अर्थ लोग, वासभूमिया कृषिफार्म तथा ग्राम होता है, निचले इंगलैण्ड में अधिक हैं। राजस्थान में चक तथा संख्यावाची नाम जैसे चक 43 जी जी (GG), चक 25 एफ (F) आदि सिंचाई आधारित नाम प्रदर्शित करते हैं। भारत के मैदानी भाग में ''गंज'' प्रत्यय वाले नाम सड़क किनारे, अनाजजंडी का बोध कराते हैं, गोपीगंज, महराजगंज, जंगीजंग, मूरतगंज आदि। मध्य-गंगाघाटी में चित से मूल तथा बड़े आकार के अधिवास का बोध होता है जैसे-चितवड़ा गाँव, चितमठ आदि।

2. (द) इलियट का मत है कि पुराने अवध तथा उत्तरी-पश्चिमी सीमाप्रान्त के पूर्वी भाग में जिन नामों के अन्त में पुर, आबाद, मऊ न जुड़ा हो वे भरों द्वारा रखे गए थे।[97] इन प्रत्ययों वाले नाम राजपूतों, मुसलमानों, अन्य प्रबुद्ध हिन्दुओं द्वारा रखे गए हैं। यदि हम मानचित्र 2.18, 2.19, 2.20 को (जो मालवा क्षेत्र का है) देखें तो स्पष्ट है कि प्रत्यय/उपसर्ग, पुर, नगर, गाँव, गढ़, तथा घाट आदि हिन्दू मूल के संस्कृत भाषा के आधार पर रखे गए और गंज, बाजार, बुजुर्ग, खुर्द, बाद आदि उर्दू, फारसी से लिए गए हैं। द्रविड़ शब्द ''उर'' प्रत्यय के रूप में ग्राम के लिए प्रयुक्त होता है यही कुछ अपभ्रंश रूप में नेल्लोर, इन्दौर तथा ग्वालियर में शामिल है। धाना, खेड़ी, खेड़ा, ढाब,

Figure 2.19

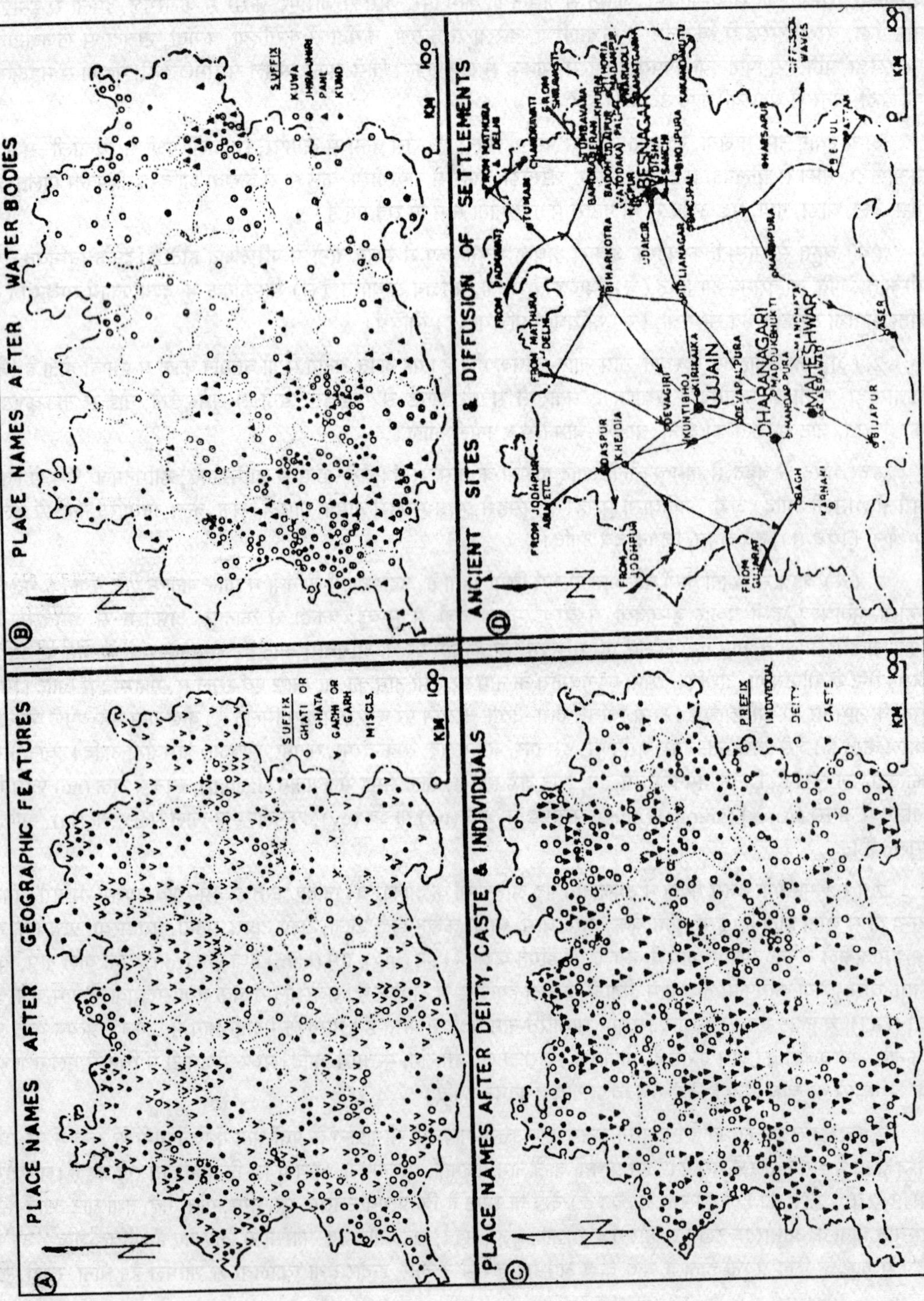
A PLACE NAMES AFTER GEOGRAPHIC FEATURES
SUFFIX
GHATI OR GHATA
GADH OR GARH
MISCLS.
KM 0 100
B PLACE NAMES AFTER WATER BODIES
SUFFIX
KUWA
JHIRA-JHIRI
PANI
KUND
KM 0 100
C PLACE NAMES AFTER DEITY, CASTE & INDIVIDUALS
PREFIX
INDIVIDUAL
DEITY
CASTE
KM 0 100
D ANCIENT SITES & DIFFUSION OF SETTLEMENTS
UJJAIN
DHARANAGARI
MAHESHWAR
BESNAGAR
VIDISHA
SANCHI
FROM GUJARAT
FROM JODHPUR
FROM MATHURA DELHI
DIFFUSION WAVES
KM 0 100

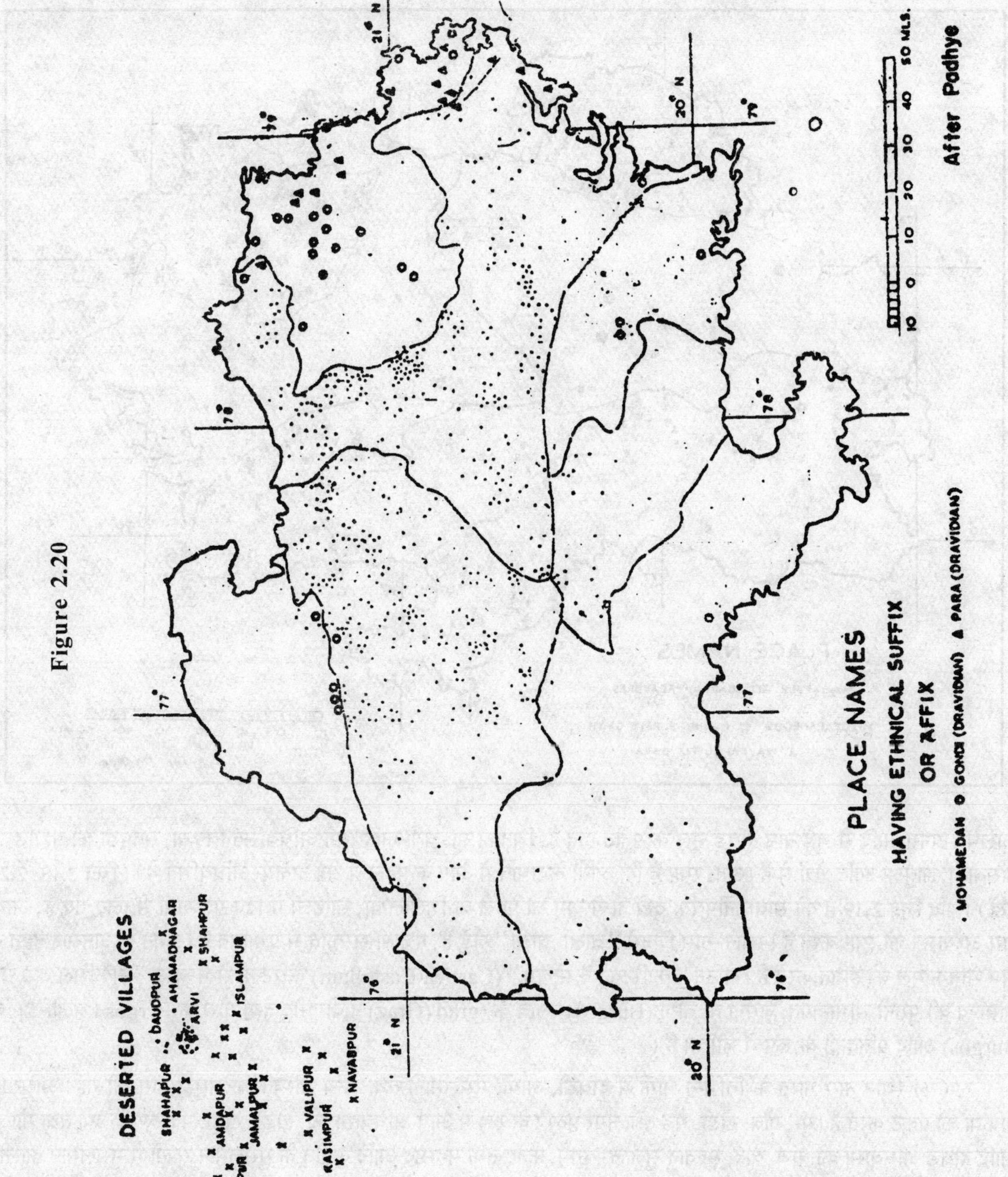
DESERTED VILLAGES
SHAHAPUR
DAUDPUR
AHAMADNAGAR
ARVI
SHAHPUR
ISLAMPUR
AMDAPUR
JAMALPUR
NAVABPUR
VALIPUR
KASIMPUR
NAVABPUR
PLACE NAMES
HAVING ETHNICAL SUFFIX
OR AFFIX
• MOHAMEDAN O GONDI (DRAVIDIAN) ▲ PARA (DRAVIDIAN)
10 0 10 20 30 40 50 MLS.
After Padhye

Figure 2.20

Figure 2.21

Trap region of Vidarbha

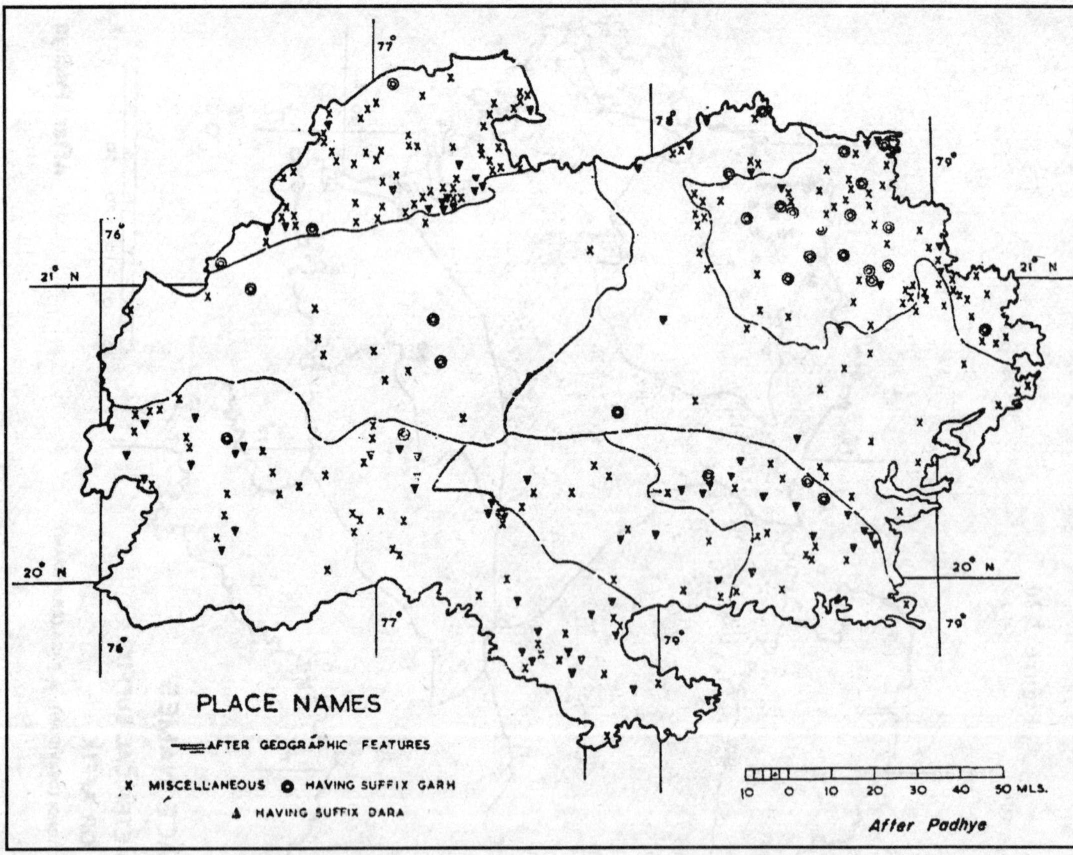

फलिया, टापरा आदि से जुड़े नाम द्रविड़ मूल के प्रतीत होते हैं, जिनका साहचर्य आदिवासी अधिवसित विन्ध्या, सतपुड़ा की पहाड़ियों, बांसवाड़ा, झाबुआ आदि क्षेत्रों से हैं। अत: स्पष्ट है कि आर्यों के प्रभाव में आने के पहले ये क्षेत्र अनार्य-अधिवसित थे। (चित्र 2.18, 2.20 देखें)। यदि चित्र 2.19 d को सावधानीपूर्वक देखें तो ये नाम जो पहले के शिलालेखों, साहित्य में दिए गए नामों से लिए गए हैं, आर्यों द्वारा अध्यासन को स्पष्ट करते हैं। स्थान-नाम जिनसे "वाली, वाला" जुड़े हैं, पंजाबी संस्कृति से प्रभावित हैं। इवान के अनुसार बहुत से नाम सैनिक मूल को इंगित करते हैं। लेटिन "कास्टिका कैस्टेलम" (Castica-Castellum) कैस्टिला से मैन्चेस्टर, न्यूकैसिल तक रोम साम्राज्य की पुरानी सीमान्तर्गत, जर्मनी के बोर्गो (Burgos) स्लाव के (grad (Graz) नोवोगोरोद तथा ग्रीस के Pyrgos (बलोरिया के Burgos) आदि प्रतिद्वन्द्वी के रूप में जीवित हैं।

2. (य) स्थान नाम भारत के विभिन्न भागों में द्रविड़ों, आर्यों, मुसलमानों तथा अन्य सांस्कृतिक समूहों द्वारा की गई। अधिवास प्रक्रिया को प्रकट करते हैं। पुर, गाँव, खेड़ी, गढ़ तथा नगर प्रत्यय के रूप में आर्य अधिवासों को, खेड़ी, खेड़ा, पद रूण्डी, इया तथा गोण्डी आदि द्रविड़ अधिवासों को, गंज, वाद, सुल्तान सुजाल, बेगम, फतेह तथा मुहम्मद आदि अतीत के मुसलमान राज्यों में मुसलमान कालीन अधिवासों की प्रक्रिया को इंगित करते हैं। मुसलमान उद्भव के अधिकांश स्थान नाम उल्लेखनीय ढंग से परित्यक्त पड़े हैं। ऐसे अधिकांश अधिवास राष्ट्रीय तथा राज्य राजमार्गों के किनारे मुगल सेना के अस्थाई पड़ाव के स्थल मात्र रहे हैं जैसे, मुगलसराय, गोपीगंज, सैदाबाद, मूरतगंज, फतेहपुर, फरुखाबाद, तथा मुरादाबाद आदि। वादी एवं वादा प्रत्यय वाले स्थान नाम मध्य प्रदेश, के नीमाड़ तथा उत्तरी-पश्चिमी

Figure 2.22

Trap region of Vidarbha

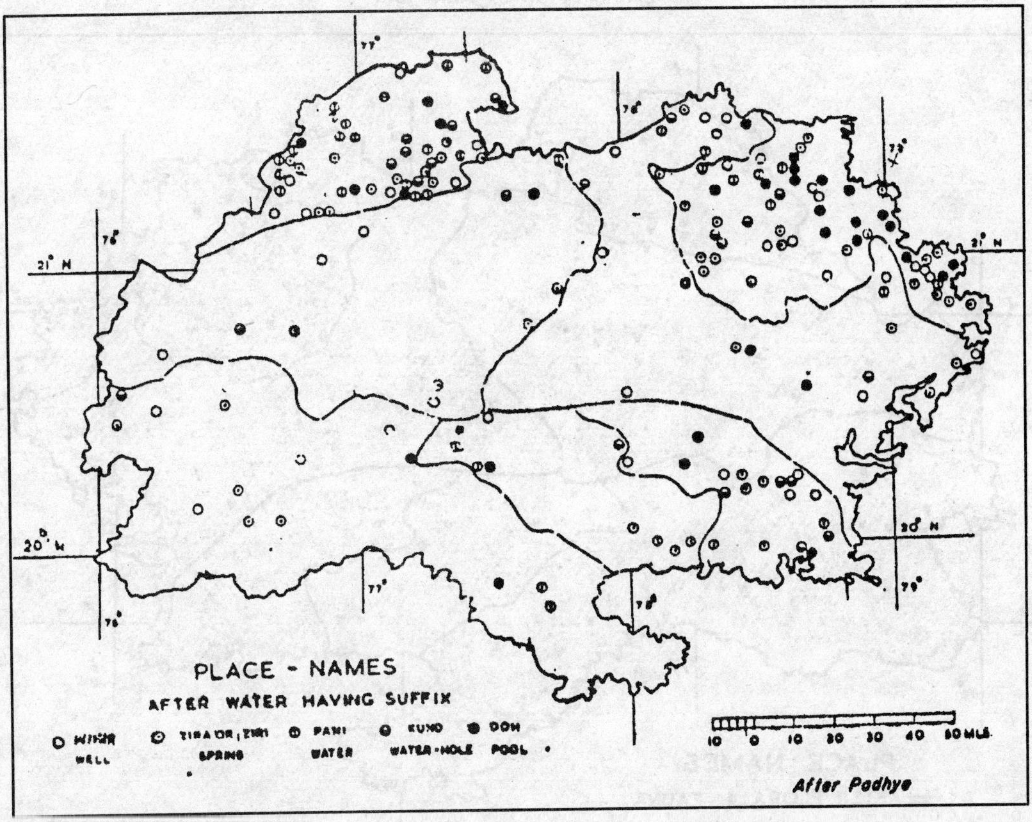

भाग में बहुतायत से मिलते हैं जो होल्कर एवं सिंधिया, अर्थात् मराठी उद्‌भव एवं प्रभाव को प्रदर्शित करते हैं। नवीन अधिवास प्रक्रिया भी स्थान नाम द्वारा प्रकट होती है जैसे, बनपुरवा (जंगली नगला) मारकेनाल=मार+केनाल अथवा जंगल कटाई द्वारा प्राप्त कृषि भूमि तथा धारेरी=धा+नेरी अर्थात् ज्वलन प्रक्रिया द्वारा प्राप्त कृषि भूमि। स्थान–नाम कृषि के लिए उठाए गए अनेक कदमों का निर्देश करते हैं। और प्राय: जंगल काटने एवं जलाने की प्रक्रिया। (उदाहरणार्थ–बेरूथ (Bayreuty), प्राहा (Praha) अथवा प्राग (Prag) एवं अन्य खेत सम्बन्धी तैयारी, नोवारा (Novara) नए खेत) द्वारा अध्यासन प्रकट करते हैं। इसी प्रकार साइबेरिया तथा इजराइल में स्थान–नाम नवीन बसाव–प्रक्रिया को प्रकट करते हैं। उत्तरी भारत के कुछ गाँव खासतौर से जागीरदार तथा जमींदार द्वारा प्रदत्त अनुदान (ग्रांट) के जरिए अधिवास प्रक्रिया को इंगित करते हैं। ऐसी लगान रहित भूमि के उदाहरण रामपुरविर्त, सोनहीविर्त (गंगाघाटी में) आदि हैं जहाँ विर्त=वृत्ति अर्थात् जीवनयापन का स्रोत। इसी प्रकार बिहार तथा उत्तर प्रदेश के गाँवों में ब्राह्मणों के लगानरहित अनुदानित अधिवास माफी/मुवाफी प्रत्यय के साथ मिलते हैं। मठ, प्रत्यय अथवा उपसर्ग के रूप में अनेक ग्रामों के नाम के साथ, मुख्य रूप से पश्चिमी बिहार तथा पूर्वी उत्तर प्रदेश में साधु/सन्तों को दान की गई भूमि आधारित अधिवासों को इंगित करते हैं, जैसे कर्महामठिया, माधोमठ आदि। इसी प्रकार खैराती (दान की गई भूमि) नानकर (जीवनयापन हेतु लगान रहित दान की गई भूमि), इनामत (पुरस्कृत भूमि), निजामत (निजाम द्वारा प्रदत्त भूमि) आदि अनेक प्रकार के दानों के जरिए होने वाली बसाव प्रक्रिया को प्रकट करने वाले स्थान–नामों में जुड़े हुए मिलते हैं। कौशाम्बी के अनुसार मराठी शब्द 'वाली', जो हिन्दी शब्द 'अवली' का पर्यायवाची है अधिवास के अर्थ में अनेक ग्राम–नामों के साथ जुड़ा हुआ मिलता है। जैसे, कान्दीवली, बैरीवली आदि। इसी प्रकार के प्रत्यय अवली, अवटी, अवला तथा ऐला गंगा मैदान में बहुसंख्यक हैं। बाडेन

Figure 2.23

Trap region of Vidarbha

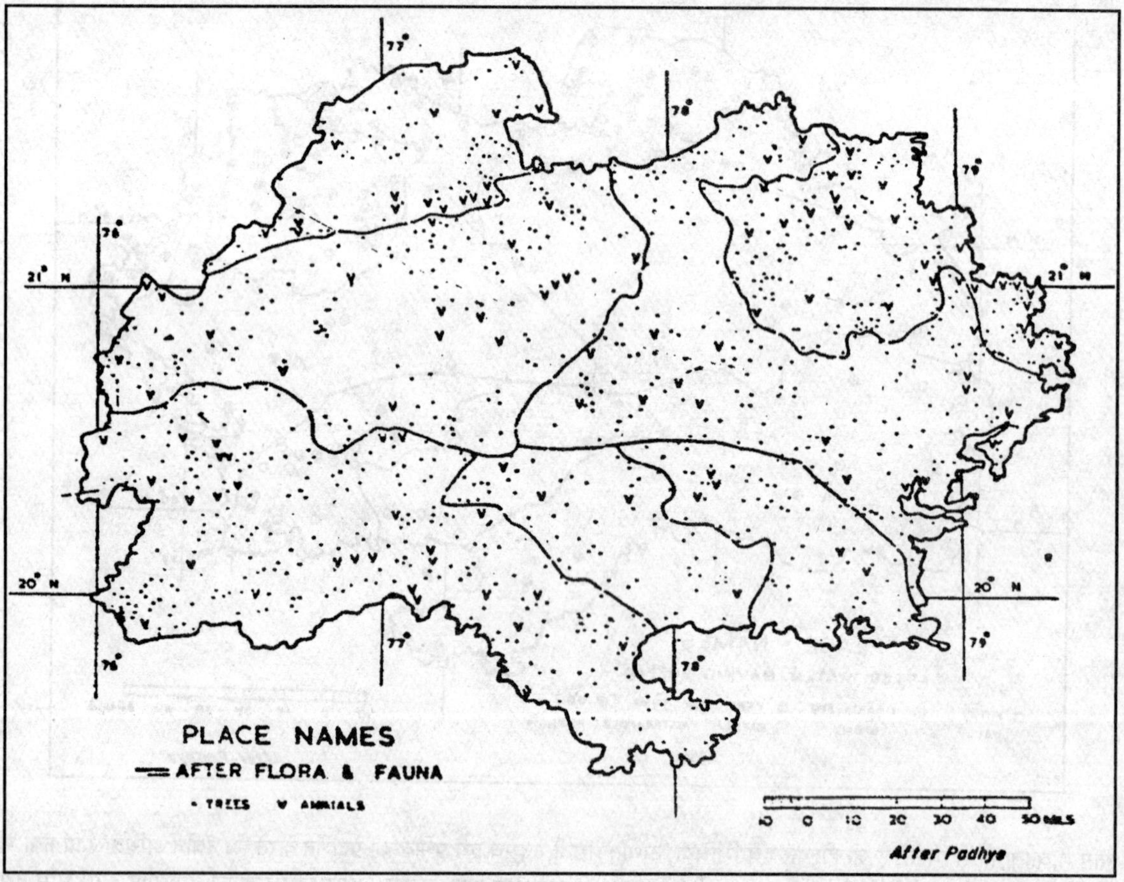

पावेल ने उत्तरी भारत में ''ऊरा'' प्रत्यय के प्रयोग के बारे में लिखा है, जैसे बनौरा, धनौरा, छनौरा इत्यादि, जो शुद्धत: चोलपद है और बहुसंख्यक रूप में कन्नड़, तेलुगु, तमिलभाषी क्षेत्रों में मिलता है। सिंह[98] के अनुसार *डीह* (परसियन प्रत्यय) का प्रयोग प्राचीन भग्न तथा परित्यक्त एवं नवीन अधिवास के स्थलों में मिलता है और डीह प्रथा के सकारात्मक तथा निषेधात्मक दोनों प्रभावों दृष्टिगोचर होते हैं। इसी प्रकार विकास नगर, अम्बेडकर नगर इत्यादि नवीन नियोजन प्रक्रिया के द्योतक है।

2. (र) कुछ ऐसे भी अधिवास हैं, जो पूर्वोक्त समूहों में नहीं रखे जा सकते। अत: इन बहुत उद्‌भव वाले अधिवासों को विविध वर्गों में रखा जा सकता है। जैसे दिया=प्रकाश से दियाखेड़ी; पालकी (पालकी=सवारी ढोने का साधन) से पालकी; ग्यारस (एकादशी) से ग्यारसपुर आदि; दुर्जनों के प्रभुत्व वाले ग्राम को दुर्जनपुरा; सम्पन्न लोगों से रईसपुर, दौलतपुर; नेहरा (ससुर-ग्राम); मोती से मोतीपुरा; रत्न से रतनपुर; हीरा से हीरापुर; जमुना से जमुनापुर; गंगा से गंगधार; हिम्मत से हिम्मतपुर; पटवारी से पटवारीखेड़ी इत्यादि। इसी प्रकार ढोल से ढोलखेड़ी; सोमवार से सोम्बारा; चौराहा से चौडगरा और आभूषण के नाम पर ''बिछिया'' आदि।

प्रवास एवं परिवर्तन

स्थान नामों का गहन अध्ययन पूर्व निर्धारित नामों पर लादे गए परिवर्तनों को भी इंगित करता है। इवान लिंड ने भ्रामक, अपभ्रंशित स्थान

नामों का उदाहरण गिनाया है। ऐसे परिवर्तित संशोधित नामों के उदाहरण निम्नवत् है, मण्डपपुरा से मान्डू, रायसिंह से रायसेन, देवपालपुर से देपालपुर, दसपुर (दसौर) से मन्दसौर, महिष्मती से महेश्वर, चन्द्रवती से चन्देरी, वातोदक से बदोह, मद्दूकमुक्ति से महू, भोजपाल से भोपाल, हर्षपुर से हर्षन्द, नंदीपुरा से नान्दद, ककंदकुटू से खुतुन्द आदि। इसी प्रकार अश्वत्थामागिरि का संकुचित नाम आसेर, धारानगरी का धार तथा विदिशागिरि का विदिशा है।

स्थान नामों का स्थानान्तरण, साहसिक आक्रामकों अथवा पुरोगामी अधिवासियों के साथ होता रहा है, जिसके उदाहरण नयी दुनिया में, खासतौर से संयुक्त राज्य अमेरिका के पूर्वी तटीय भाग, आस्ट्रेलिया तथा न्यूजीलैण्ड में मिलते हैं। भारत में भी आर्यों और बाद में मुसलमानों तथा मराठों की विजय तथा उपनिवेशन के साथ स्थान-नामों का स्थानान्तरण हुआ। कर्नल गेरिनी ने अपनी रचना (Researches on Ptolcmy's Geography of Eastern Asia) में भारतीय स्थान-नामों के स्थानान्तरण का सफलतापूर्वक उल्लेख किया है। पश्चिमी भारत तथा गंगा घाटी में पाए जाने वाले बहुत से स्थान नाम जैसे, प्रतापगढ़, मानघाता, मकरई, चन्द्रावती, पाली, महेश्वर, भटनी, देवरी, गोरखपुर आदि तथा पुर, बाद एवं गंज प्रत्यय वाले अन्य स्थान नाम निःसन्देह एवं निश्चत रूप से एक दिशा से दूसरी दिशा अथवा दोनों ओर ऐतिहासिक काल के मुख्य तौर से मध्यकालीन, सम्भवतः निरन्तर आक्रमणों के द्वारा होने वाले स्थानान्तरण को प्रदर्शित करते हैं। उल्लेखनीय है कि कुछ प्रत्ययों के प्रयोग की भौगोलिक सीमाएं भी हैं, जैसे पारा बांगला तथा उड़िया से घाना गोंड़ी से, बादी एवं बादा मराठी से और फलिया एवं रूण्डी आदिवासी भाषा से उत्पन्न हुए हैं और इनका क्षेत्रीय प्रयोग ही है। गेरिनी के अनुसार मानव समूह प्रदेश एवं शहरों के संस्कृत नामों का (वर्मा) म्यानमार मलाया (मलेशिया) सुमात्रा तथा पूर्वी एशिया में स्थानान्तरण आश्चर्यजनक नहीं है। जकार्ता का द्वितीय शब्द खण्ड फारसी के 'कर्ज' मूल से लिया गया है, जिसका अर्थ शहर की स्थापना अथवा निर्माण से है। जंजीवार, पारसी शब्द जेन्ज (Zeng) माने काला तथा भारतीय 'बार' माने देश से मिलकर बना है। थाइलैण्ड का अयुथिया (Ayuthiya) लगभग निश्चत रूप से प्राचीन भारतीय अयोध्या ही है। पषे के अनुसार कोरकू तथा हिन्दी उद्भव के तलाई, बावड़ी, देही, पथ, इया आदि प्रत्यय वाले स्थान नामों की दक्षिणी सीमा मेलघाट तथा सतपुड़ा पहाड़ी के अंचलीय क्षेत्र है। इसी प्रकार यवतमाल पठार दक्षिणी भारत के मुख्यतया कोलमी तथा तेलुगु उद्भव के स्थान नामों के स्थानान्तरण की उत्तरी सीमा बनाता है। तेलीगाँव कुन्दाली पठार और सतपुड़ा गोंड़ी स्थान-नामों के स्थानान्तरण की पश्चिमी सीमा को निर्धारित करते हैं।

साक्ष्य एवं आप्त वचन

स्थान-नामों के विवेचन के अतिरिक्त सार्थक महत्त्व के पुरातात्विक एवं वास्तुकला सम्बन्धी उपलब्धियों तथा विविध अभिलेखों का अध्ययन भी आवश्यक है। ऐसे पुरातात्विक अवशेष, जिसमें प्राचीन स्थल, ऐतिहासिक तथा वास्तुकलात्मक महत्त्व के भवन, प्राचीन मुद्राएँ तथा शिलालेखीय अभिलेख सम्मिलित हैं, प्राचीन एवं नई दुनिया के देशों में जैसे इथोपिया अन्य मध्यपूर्व देश, चीन, दक्षिणी-पूर्वी एशिया तथा भारत प्राच्य में तथा पूर्वी मेक्सिको एवं दक्षिणी अमेरिका, पश्चिम में बहुतायत से मिलते हैं। यूरोपीय देश तथा उनके द्वारा किए गए बाद के उपनिवेशित देश पश्चात् कालीन अध्यासन के नए सबूत प्रदान करते हैं। भारत में सबसे पुराने बुद्ध कालीन 300 ई.पूर्व. के निर्माण 'स्तूप', 'चैत्यहाल' तथा बिहार के रूप में है। जैसे सारनाथ, नालन्दा, बोधगया एवं सांची इत्यादि। ये सभी तत्कालीन मानवों के अधिवास अध्यासन के विकासशील मानदंडो को प्रकट करते हैं। बाघ, बेसानगर (भिलसा) अजन्ता-एलोरा राजगिर आदि की चट्टानों से तरासी गुफाएँ मानवीकरण के विकास की अवस्थाओं को प्रस्तुत करती है। इसी प्रकार प्राचीन मन्दिर, मस्जिद, मकबरे, गिरजाघर तथा विविध महल अनेक वास्तुकला शैली को प्रकट करते हैं। इसी भाँति बहुसंख्यक घाट, बांध एवं बंधी (जिसमें कुछ बड़े आकार के हैं, जैसे दक्षिणी भारत में) संस्कृति तथा सांस्कृतिक भू-दृश्य में विकास की प्रावस्थाओं को इंगित करते हैं।

अधिवासों के विकासशील प्रतिरूपों के प्रावस्थाओं का लाभप्रद विवरण, जो अनेक ऐतिहासिक कालों से सम्बन्धित है अधोलिखित रचनाओं में मिलता है। कालिदास का मेघदूत (57 ईसा पूर्व से सन् 500 ई. तक), ह्वेनसांग की रचना (सन् 780 ई. में) इब्नबतूता की रचना (सन् 1325 से 1354 ई. तक) तथा गिब, थिवेनाट एवं कारेरी तथा अन्य हिन्दू, बुद्ध तथा जैन साहित्य मुख्यतया जातक एवं पुराण।

सन्दर्भ

1. स्पेन्सर जे. ई. एण्ड थामस डब्ल्यू.एल. (जू.) 1969, कल्चरल ज्योग्राफी, जान वाइली एण्ड सन्स, आईएनसी (Inc), न्यूयार्क आदि: 92।
2. हैगेट पी., 1972, 75, ज्योग्राफी ए मार्डर्न सिन्थेसिस, हार्परएण्ड रो सेरीज इन ज्योग्राफी, न्यूयार्क: 239।
3. वही : 249।
4. वही : 273।
5. स्पेन्सर जे.ई. एण्ड थामस डब्ल्यू एल., पूर्वोद्धत सन्दर्भ 1:174।
6. वही: 210-211।
7. वही : 212।
8. वैगनर पी.एल. एण्ड माइकेसेल एम. डब्ल्यू (एडी.) 1962, रीडिंग्स इन कल्चरल ज्योग्राफी, दी यूनिवर्सिटी ऑफ शिकागो प्रेस, शिकागो एण्ड लन्दन: 214।
9. स्पेन्सर एण्ड थामस, पूर्वोद्धत सन्दर्भ सं. 1:212।
10. वही: 214।
11. किर्क विलियम, 1975, दी रोल ऑफ इण्डिया इन दी डिफ्यूजन ऑफ अर्ली कल्चर्स, दी ज्योग्राफिकल जनरल, वा. 141, पार्ट 1, मार्च, : 20।
12. सेलासी सर्ग्यू हेब्ले, 1972, एन्शियन्ट एण्ड मेडिवल इथोपियन हिस्ट्री अपटू 1,219, यूनाइटेड प्रिन्टर्स, आदिस अबाबा : 19।
13. वही : 26।
14. स्पेन्सर एण्ड थामस पूर्वोद्धत सन्दर्भ सं. 1: 224।
15. पॉल मैसन-ऑवरसेल (जी आर) ग्रेबाउस्का फिलिघस्टर्न, 1967, एन्शियन्ट इण्डिया एण्ड इण्डियन सिविलिजेशन, लक्ष्मी बुक स्टोर, 42, जनपथ मार्केट, न्यू दिल्ली 1, फोरवर्ड 13।
16. संकालिया एच.डी., 1974, दी प्रीहिस्ट्री एण्ड प्रोटोहिस्ट्री ऑफ इण्डिया एण्ड पाकिस्तान, डेकन कॉलेज पोस्ट ग्रेजुएट एण्ड रिसर्च इन्स्टिट्यूट, पूना: 135; देखें जी.एस. राठौर (1972) दी लूनीबेसिन : एनोट ऑन प्रीहिस्टारिक एण्ड हिस्टारिक सेटिलमेन्ट्स (रूरलसेटिलमेन्ट्स इन मानसून एशिया (एडी.) आर.एल. सिंह एट आल., एन जीएसआई, आईजीयू पब्लि. में पृ. 241-248)।
17. वही: 434।
18. ''प्रीहिस्टारिक क्वाइन्स ऑन चम्बलबैंक्स'' इण्डियन एक्सप्रेस, जनवरी 5,1979 और भी इण्डियन एक्सप्रेस 25.2.1980।
19. प्री-इन्डस वैली साइट्स फाउन्ड, टाइम्स ऑफ इण्डिया, 30 मार्च, 1989।
20. 1500 बी.सी. कल्चर एक्सकैवेटेड ऐट वेरावल, इण्डियन एक्सप्रेस, 18.4.1980।
21. प्रास्परिटी इन प्रीहिस्टारिक महाराष्ट्र, दी सन्डे स्टैन्डर्ड, जुलाई 30, 1978, और भी ''एक्स्कैवेशनस रिवील 3500 यीअर ओल्ड कलचर'' 23.4.1981-जोखे संस्कृति के लोग कई कमरो वाले मकानों में रहते थे तथा अधिवास के सुनिश्चित नियोजन एवम्-प्रबन्ध थे।
22. ''यूनीक एरो हेड्स फाउन्ड इन वैशाली'' इण्डियन एक्सप्रेस 6.8.81 बिहार पुराविद् परिषद ने इसे बौद्ध ''कोटिग्राम'' कहा है।
23. ''(21 नये हड़प्पा-स्थल) 21 न्यू हड़प्पन साइट्स फाउन्ड इन नार्थ गुजरात'' इण्डियन एक्सप्रेस, 30.3.80।
24. ''हड़प्पन सेटिलमेन्ट्स फाउन्ड इन हिमाचल'' इण्डियन एक्सप्रेस, 18.3.81।
25. ''प्रीहड़प्पन साइट डिस्कवर्ड'' इण्डियन एक्सप्रेस, 31.189 (द्वारा राजस्थान डिपार्टमेन्ट ऑफ आर्केयॉलाजी एण्ड म्यूजियम्स)।
26. ''इन्डस-माया कल्चर्स हैड क्लोज टाईज'' इण्डियन एक्सप्रेस 2.4.88।

27. संकालिया एच.डी., पूर्वोद्धत: 353।

28. वही : 558; और भी के.वी. सौन्दराराजन, 986 मेकैनिक्स ऑफ सिटी एण्ड विलेज इन एन्शियन्ट इण्डिया, संदीप प्रकाशन, दिल्ली: 107-147; जी. बोन्गार्ड लेविन एण्ड ए विगासिन, 1984, ''दी इमेज ऑफ इण्डिया'' प्रोग्रेस पब्लिशर्स, मास्को: 188-233; व्हीलर आर.ई.ए., 1968, दी इन्डस सिविलिजेशन, सप्लीमेन्ट्री वाल्यूम टू दी कैम्ब्रिज हिस्ट्री ऑफ इण्डिया, थर्ड एडीशन, कैम्ब्रिज यूनिवर्सिटी प्रेस: 125; मजूमदार आर.सी., 1952, एन्शियन्ट इण्डिया, मोतीलाल बनारसीदास; दत्त आर.सी. 1893, ''हिस्ट्री ऑफ विविलिजेशन इन एन्शियन्ट इण्डिया; चाइल्ड वी जी, 1926, दी आर्यन्स; टेलर, 1889, दी ओरिजिन ऑफ दी आर्यन्स; बाडेन पावले बी.एच. 1899, दी ओरिजिन एण्ड ग्रोथ ऑफ विलेज कम्यूनिटीज इन इण्डिया, स्वान सोनेन्स्चाइन, लन्दन: 28; चटर्जी एस.पी., 1970, प्रेसीडेन्सियल ऐड्रेस ऐट दी थर्टीसिक्स्थ ऐनुवल जनरल मीटिंग ऑफ दी ज्योग्राफिकल सोसाइटी ऑफ इण्डिया ज्या. रि. इ. वा. 32 जून सं. 2:6970; दूबे बी., 1967, ज्यॅाग्रफिकल कन्सेप्ट इन ऐन्शियन्ट इण्डिया, ने. ज्या. सो. इ., रिसर्च पब्लि. सं. 3:102; मुकर्जी आर. के., 1958, ए हिस्ट्री ऑफ इण्डियन सिविलिजेशन एण्ड क्लासिकल ड्रेडिशन्स, वा. 1 हिन्द किताब्स लि. बाम्बे, प्रिफेस 5, *सिंह आर.एल. 1955*, ''इवालूशन ऑफ सेटिलमेन्ट्स इ दी मिडिलगंगा वैली'' एन जी जे आई, वा. 1, पार्ट 2; शर्मा जी.आर., 1960, दी एक्सकैवेशन्स ऑफ कौसाम्बी, इलाहाबाद इन्स्टिट्यूट ऑफ ओर्कयालाजी, इला. यूनि. पब्लिकेशन्स, सं. 1:7-11; वाकन्कर वी.एस., 1973, भीमबेदका एक्सकैवेशन्स, जर्नल ऑफ इण्डियन हिस्ट्री, वा. 2 पार्ट 1, सेरीज 151:23-32।

29. अग्रवाल डी.पी. एण्ड चक्रवर्ती डी.के., 1980 (एडी.) एसेज इन इण्डियन प्रोटोहिस्ट्री-ए कलैक्शन ऑफ एसेज या इण्डियन क्रोनोलाजी, इण्डियन एक्सप्रेस, 7.3.1980।

30. शर्मा आर.सी., 1972, सेटलमेन्ट ज्यॉग्रफी ऑफ दी इण्डियन डेजर्ट कुमार ब्रदर्स, हौजखास, न्यू दिल्ली-16:85।

31. मुकर्जी आर.के., 1936, हिन्दू सिविलिजेशन, लन्दन: 24।

32. ऋग्वेद 6: 286।

33. कालिदास, रघुवंशम, श्लोक 15।

34. इम्पीरियल गजेटियर ऑफ इण्डिया, 1908:335।

35. सिंह आर. एल. पूर्वोद्धृत अ. 2 सन्दर्भ सं. 30:74।

36. पाण्डे आर.बी. 1951, विक्रमादित्य ऑफ उज्जैनी, शतबल प्रकाशन बनारस, 45।

37. आईजीआई, 1908:335।

38. बाडेन पावेल जी.बी., 1986, इण्डियन विलेज कम्प्यूनिटी, लन्दन, लांगमैन्स ग्रीन एण्ड कं.:124।

39. सिंह रघुबीर, 19366, मालवा इन ट्रान्जीशन: ए सेन्चुरीऑफएनार्की, बाम्बे:13।

40. सिंह आर.यल. पूर्वोद्धृत सन्दर्भ सं. 28:79।

41. मुकर्जी आर.के., 1938, दी चेन्जिंग फेस ऑफ बेंगाल: 256।

42. देखें सिंह आर.वाई., 1978, दीमालवा रीजन: रूरल हैबिटाट सिस्टम, स्ट्रक्चर एण्ड चेन्ज, एन जी एस आई रिसर्च पब्लि. सं. 20 (लेखक द्वारा सम्पन्न 1970 के सर्वेक्षण के दौरान झाबुआ के अतिरिक्त जिलाधीश श्री उदयपाल सिंह ने एक घटना का जिक्र किया, जिसके अनुसार, झाबुआ स्टेट का प्रमुख झब्बू नायक था जो ''लबाना'' कबीले का भील था। यह प्रतिवर्ष राठौर परिवार के जोधपुर के जोधसिंह वंश से आये फतेह सिंह, जो धार जनपद में बदनावर के राजा थे, को मित्रता एवम् सौहार्द्रय वंश बैलगाड़ियों में तरबूज भेजा करता था। एव वर्ष फसल सूखने के कारण तरबूत न भेजने पर फतेह सिंह ने नाराजगी जाहिर की। झब्बू नायक ने जब सुना तो सैंकड़ों बैलगाड़ी तरबूत आकृति के चट्टानी टुकड़े भरकर भेज दिया। इसे फतेह सिंह ने अपनी बेइज्जती एवम् युद्ध की चुनौती समझकर उस पर चढ़ाई कर दी। हाथी पानी (रन खेत) में वह मारा गया जहाँ उसकी ''छतरी'' एवम् ''सती'' स्थल अब भी है। इसी प्रकार भर लोग मौनस सूर्यवंशी राजपूतों द्वारा भदोही से हटाए गए। भारत के अन्य भागों में राज्य करने वाले आदिम जातीय प्रमुखों का भी यही हश्र हुआ।

43. तांतिया भील अपने लूटपाट के कारनामों के लिए बदनाम था तथा होल्कर और ब्रिटिश फौजें मुश्किल से शांति-व्यवस्था स्थापित कर सकीं।

44. मालवा के स्थानी राजाओं ने जन्मजात या मूल संस्कृति प्रखण्डों के अन्तर्गत राज्य-क्षेत्र बनाया, ये थे-(1) कांथल/कांठल जिसका केन्द्र

मन्दसौर था, (2) रतलाम स्टेट के साथ बांसवाड़ा प्रखण्ड जिसका केंद्र बांसवाड़ा था, (3) राठ, जिसमें भाबुआ सम्मिलित था, (4) सोंधिया कबीले का सोंधवाड़ा जिसका केन्द्र महिदपुर था, (5) उमत राजपूतों का उमतवारा जिसके केन्द्र राजगढ़, नरसिंगढ़ थे (6) चौहानों का किच्छीवारा जिसका केन्द्र राघोगढ़ था, (7) गोंड़वारा जिसका केन्द्र बेतूल था और (8) नीमाड़ जिसका केन्द्र महेश्वर था। पहाड़ी क्षेत्र आदिम जातीय कबीले के अधीन थे।

45. सिहं आर. एल. पूर्वोद्धृत अ. 2 सन्दर्भ 28:79।
45. किर्क विलियम पूर्वोद्धृत अ. 2 सन्दर्भ 11:20।
47. सौन्दराजाजन, के.वी. पूर्वोद्धृत सन्दर्भ सं. 28 120।
48. वही: 129।
49. वही: 131।
50. वही: 136।
51. शेरिंग एम.ए., 1975 ''बनारस दी सेक्रेड सिटी ऑफ दी हिन्दूज'', बी. आर. पब्लिशिंग कार्पोरेशन, दिल्ली: 8।
52. वही: 30।
53. घोष ए., 1951, राजगिर, 1950 एन्शियन्ट इण्डिया 7: 66-78।
54. भारद्वाज ओ.पी., 1986, स्टडीज इन दी हिस्टारिकल ज्योग्राफी ऑफ एन्शियन्ट इण्डिया, संदीप प्रकाशन, दिल्ली: 193-198; जी.एस. राठौर लूनी बेसिन, पूर्वोद्धृत सन्दर्भ सं. 16।
55. भार्गव एम.एल., 1964, दी ज्योग्राफी ऑफ ऋग्वेदिक इण्डिया, लखनऊ: 30-33।
56. वेबर अल्ब्रेच्ट (वाराणसी 1974) दी हिस्ट्री ऑफ इण्डिया लिट्रेचर: 120।
57. भागवत पुराण 10, 73: 32-33।
58. महाभारत आदि 206 सदर्न रिसेन्सन आफ्टर वा. 5:25।
59. दूबे बी. पूर्वोद्धृत: 74-80 सन्दर्भ सं. 28।
60. किर्क वि. पूर्वोद्धृत सन्दर्भ सं. 11:31।
61. स्टाइन ए. 1942, ए सर्वे ऑफ एन्शियन्ट साइट एलाग दी ''लास्ट सरस्वती रिवर'' ज्याँग्रफिकल जर्नल: 99: 173-182।
62. घोष ए. 1952, दी राजपूताना डेजर्ट- इट्ज आर्कयोलाजिकल आस्पेक्ट (नेशनल इन्स्टीट्यूट ऑफ साइंसेज, इण्डिया, दिल्ली प्रोसीडिंग्स ऑफ दी सिम्पोजियम आन राजपूताना डेजर्ट, बुलेटिन में) पृ. 37-42।
63. रैपोपोर्ट ए., 1969, हाउस फार्म एण्ड कल्चर, प्रेन्टिस हाल, Inc, एन्जिलउड क्लिफ्स, एन जे, लन्दन: 47।
64. मुकर्जी राधाकमल, 1968, मैन एण्ड हिज हैबिटेशन-ए स्टडीज इन सोसल इकोलाजी, बाम्बे पापुलर प्रकाश: 18।
65. हैगर्स्ट्रन्ड टी., 1952, दी प्रोपेगेशन ऑफ इनोवेशन वेब्स, लुन्ड स्टडीज इन ज्योग्राफी, बी, 4: 3-19, वही, 1953, 1969, इनोवेशनसूफ्ल्योरलापेट उन कोरोलोगिस्क सीनपुंक्त, लुन्ड: ग्लीरप। इनोवेशन डिफ्यूजन ऐज ए स्पेशियल प्रोसेस, ए. प्रेड द्वारा अनूदित, शिकागो: यूनि. ऑफ शिकागो प्रेस: वही, 1967, आन मान्टे कार्लो सिमुलेशन ऑफ डिफ्यूजन (डब्ल्यू. एल् गैरीशन एण्ड डी एफ. मार्बल (एडी.) क्वांटिटेटिव ज्योग्राफी, पार्ट।: एकानामिक एण्ड कल्चरल टापिक्स नार्थवेस्टर्न यूनि. स्टडीज इन ज्योग्राफी, 13 में पृ. 1-32, और भी लॉस्च ए., 1940, डी रौमलिशे आर्डलुंग डर विर्टस्चाफ्ट, जेना, 1954, दी एकोनामिक्स ऑफ लोकेशन, न्यूहावेन: याले यूनि. प्रेस, करी एल., 1976 फ्लक्चुएशन्स इन दी रैन्डम स्पेशियल एकोनामी एण्ड दी कन्ट्रोल ऑफ इन्फ्लेशन ज्योग्राफिकल एनालीसिस 8, 339-53, देखें एडमन्टन एम.एस., 1961, न्योलिथिक डिफ्यूजन रेट्स, करेन्ट ए एन्थ्रोपोलाजी, 2:71-102, रोजर्स ए. 1968, मैट्रिक्स एनालीसिस ऑफ इन्टररीजनल पापुलेशन ग्रोथ एण्ड डिस्ट्रिब्यूशन, कैलिफोर्निया: यूनिवर्सिटी ऑफ कैलीफोर्निया प्रेस, और भी रोजर्स ई.एम., 1962, डिफ्यूजन ऑफ इनोवेशन्स, न्यूयार्क: दी फ्री प्रेस, स्टुवर्ट-हैरिस सी.एच., 1965, इन्फ्लूयेंजा एण्ड अदर वाइरस इन्फेक्षन्स ऑफ दी रेस्पिरेटरी टैक्ट (सेकन्ड एडीशन) लन्दन, अर्नाल्ड, और भी काक्स, के.आर.आर. एण्ड डेम्को, जी.जे., 1967, एग्रेरियन स्ट्रक्चर एण्ड पीजेन्ट डिस्कन्टेन्ट इन दी रसियन रिवालूशन

ऑफ 1905 ईस्टलेक्स ज्याग्रफर, 3:3-20, कल्चरल डिफ्यूजन के लिए देख सायेर सी ओ. एण्ड ब्रान्ड डी (1930) ''प्यूब्लो साइट्स इन साउथ ईस्टर्न एरीजोना, यूनि. ऑफ कैलीफोर्निया, पब्लिकेशन्स इन ज्योग्राफी, 3,415-48, सायेर सी.ओ., 1952 एग्रिकल्चरल आरिजिन्स एण्ड डिस्पर्सल्स, अमेरिकन ज्योग्राफिकल सोसाइटी, बाउमन मेमोरियल लेक्चर्स, 2, देखें बर्नर एफ. जे., 1920, दी फ्रान्टियर्स इन अमेरिकन हिस्ट्री, न्यूयार्क, होल्ट, पार्सन्स जे.जे., 1949, एन्टिओक्वेनो कालोनिजेशन इन वेस्टर्न कोलम्बिया: एन हिस्आरिकल ज्योग्राफी, आइबेरो-अमेरिकाना, 32:1-225; फार्मर बी.एच. (1957) पायोनियर, पीजेन्ट कालोनिजेशन इन सीलोन:ए स्टडी इन एशियन एग्रेरियन प्राबलम्स, लन्दन: आक्सफोर्ड यूनि. प्रेस।

66. सन्दर्भ संख्या 65 देखें।

67. बाउमन आई., 1931, दी पायोनियर फ्रिंज, अमेरिकन ज्योग्राफिकल, सोसाइटी, न्यूयार्क, ब्राउन एल.ए. एण्ड मूर ई.जी., 1969, डिफ्यूजन रिसर्च इन ज्योग्राफी: ए पर्सपेक्टिव, प्रोग्रेस इन ज्योग्राफी, 1:119-57; देखे हैंगेट पी., क्लिफ ए. डी. एण्ड फ्रे एलान, 1971, लोकेशनल मॉडल्स, एडवर्ड अर्नाल्ड, 231-57; ब्राउन एल.ए., 1968, डिफ्यूजन प्रासेस एण्ड लोकेशन: ए कन्सेप्चुअल फ्रेमवर्क एण्ड बिब्लियोग्राफी, सेरीज, 4; क्लिफ ए.डी., हैगेट पी., ओर्ड जे.के. एण्ड वर्सी जी.आर. (एडी.) स्पेसियल डिफ्यूजन: ऐन हिस्टारिकल ज्योग्राफी ऑफ एपिडेमिक्स इन ऐन आइलैण्ड कम्यूनिटी, कैम्ब्रिज यूनि. प्रेस, 1981, 6-34।

68. जोर्ग डब्ल्यू.एल.जी. (एडी.) 1932, पायोनियर सेटलमेन्ट: कोआपरेटिव स्टडीज, न्यूयार्क, अमे.ज्या.सोसायटी; स्टानिस्लास्की, डी. 1946 दी ओरिजिन एण्ड स्प्रेड ऑफ दी ग्रिड पैटर्न टाउन, ज्या.रि., 36:195-210; कुडोल्फ जी. 1955 माइग्रेशन प्रोबेविलिटीज: लुन्ड स्टडीज इन ज्योग्राफी सेरीज बी, ह्यूमन ज्योग्राफी 14, लुन्ड ग्लीरथ; मारिल आर.एल., 1963, दी डिस्ट्रिब्यूशन ऑफ माइग्रेशन डिस्टेन्सेस: पेपर्स ऑफ दी रीजनल साइंस एसोसिएशन 11:75-84; बाइलुंड, ई. 1960 थ्योरिटकल कन्सिडरेशन्स रिगार्डिंग दी डिस्ट्रिब्यूशन ऑफ सेटलमेन्ट इन इनर नार्थ स्वीडन, ज्योग्राफिस्का एनालेर 52:225-231; वोल्पर्ट जे., 1964, दी डिसीजन प्रोसेस इन स्पेशियल कन्टेक्स्ट, एएए-जी 54:537-58, ऑल्सन जी., 1966, सेन्ट्रल प्लेस थियरी, स्पेशियल इन्टरैक्शन एण्ड स्टाकेस्टिक प्रोसेसेस, पेपर ऑफ दी रीजनल साइंस एसो. 18:13-46, माइकेसेल एम. डब्ल्यू. 1967, ज्योग्राफिक पर्सपेक्टिव्स इन एन्थ्रोपोलोजी, एएएजी, 57:617-34; मारिल आर.एल. ण्ड पिट्स एफ.आर., 1967, हार्वे डी. डब्ल्यू. 1966, ज्योग्राफिकल प्रोसेस एण्ड दी एनालीसिस ऑफ प्वाइंट पैटर्न्स टेस्टिंग मॉडल्स ऑफ डिफ्यूजन बाई क्वाड्राट सैम्पुलिंग: ट्रा. ऑफ इ. ब्रि. ज्या., 40:81-95; गैरीशन डब्ल्यू एल., 1962 टूवर्ड सिमुलेशन मॉडल्स ऑफ अर्बन ज्योग्राफी, लुन्ड स्टडीज इन ज्यॉग्रफी सीरीज बी, ह्यूमन ज्योग्राफी 24, लुन्ड: ग्लीरप में): 191-208।

69. देखें सन्दर्भ सं. 65।

70. देखें सन्दर्भ सं. 68।

71. देखें सन्दर्भ सं. 65।

72. चिशोभ एम.डी.आई., 1962, रूरल सेटलमेन्ट एण्ड लैन्ड यूज: ऐन एसे इन लोकेशन, लन्दन।

73. वेब डब्ल्यू. पी., 1927, दी ग्रेट प्लेन्स, न्यूयार्क।

74. हैगेट पी. क्लिफ ए.ए. एण्ड फ्रे ए., 1971, लोकेशनल मॉडल्स, सन्दर्भ सं. 67: 109।

75. सिंह के.एन., 1968, दी टेरीटेरियल बेसिक आफ मेडिवल टाउन एण्ड विलेज सेटलमेन्ट इन ईस्टर्न यू.पी., इण्डिया, एएएजी, 58, जून: 203-220।

76. हडसन जे.सी. 1969 ए लोकेशन थ्योरी फार रूरल सेटलमेन्ट, एएएजी, वा. 59: 365-381।

77. हैगेट पी.एट ऑल सन्दर्भ सं. 74: 109-110।

78. सिंह आर.एल. एण्ड सिंह आर.बी., 1975, स्पेशियल डिफ्यूजन ऑफ क्लान सेटिलमेन्ट्स इन ए पार्ट ऑफ मिडिल गंगा वैली, एन जी एस आई पब्लि. सं. 14:143-144।

79. क्राउली डब्ल्यू. के, 1978, ओल्ड आर्डर एमिश सेटलमेन्ट, डिफ्यूजन एण्ड ग्रोथ, एएएजी 68: 249-64।

80. ब्राउन एल.ए. सन्दर्भ सं. 67।

81. ब्राउन एण्ड मूल सन्दर्भ सं. 67।

82. बाईलुन्ड ई., 1960, थ्योरिटिकल कन्सिडरेशन्स रिगार्डिंग दी डिस्ट्रिब्यूशन ऑफ सेटलमेन्ट इन इनर नार्थ स्वीडन, सन्दर्भ सं. 68।

83. देखें सन्दर्भ सं. 65।

84. देखें सन्दर्भ सं. 74:107।

85. सिंह आर.एल. एण्ड सिंह आर.बी., 1975, पूर्वोद्धृत सं. 78: 146; आर.एल. सिंह, एट आल., 1976, मेकैनिज्म ऑफ दी स्पेसियोटेम्पोरल डिफ्यूजन ऑफ ए क्लान सेटलमेन्ट इन ए पार्ट ऑफ मिडिल गंगा वैली, सम कम्पेरिजन एण्ड कोरिलेट्स (आर.एल. सिंह एट आल. (एडि.) 1976, ज्या. डा. रू. से., एन जी एस आई, पब्लि. सं. 16: 19-32; गुन्नार आल्सन, 1968, कम्प्लीमेन्टरी मॉडल्स: ए स्टडी ऑफ कालोनाइजेशन मैप्स, 1975, मेकैनिज्म ऑफ डिफ्यूजन ऑफ क्लान सेटिलमेन्ट्स इन दी सारन प्लेन-स्पेसिओन्टेम्पोरल एनालीसिस, एन जी एस आई, 22:182-183; नए मॉडल के लिए देखें ए.बी. मुखर्जी, 1976, रूरल सेटलमेन्ट इन चण्डीगढ़ सिवालिक हिल्स: ऐन एप्लिकेशन ऑफ मल्टीपुल कोलिनियर फिसन मॉडल (आर.एल.सिंह आदि) (संपा.) ज्या. डा. रू. से. में पृ. 54-661।

86. देखें सन्दर्भ सं. 67:35।

87. ब्राउन एण्ड मूर: 35।

88. मिचेल जे.बी. 1954, हिस्टारिकल, लन्दन।

89. सिंह के.एन., 1972, ऐन एप्रोच टू दी स्टडी ऑफ दी मार्फोलाजी ऑफ दी इण्डियन विलेज: 204; आर.वाई सिंह, 1972 विलेज महजूदा: ए स्टडी इन दी मार्फोनेसिस ऑफ ए रूरल सेटलमेन्ट, ईस्टर्न उत्तर प्रदेश, इण्डिया: 234-40 (आर.एल. सिंह आदि (संपा.) (रू से मा ए) एन जी एस आई में पृ. 234-40।

90. मान्डेलबाम डी.जी., 1970, सोसाइटी इन इण्डिया, यूनि. ऑफ कैलीफोर्निया प्रेस, बर्कले, अध्याय 12; राना पी.बी. सिंह, 1970, क्लान सेटलमेन्ट्स इन दी सारल प्लेन ए स्टडी इन कल्चरल ज्योग्राफी, एन जी एस आई, रिसर्च पब्लि. सं. 18:140-145।

91. सिंह आर.वाई., 1972, पूर्वोद्धृत सन्दर्भ सं. 89: 236।

92. ''डामिनेन्ट कास्ट'' प्रत्यय का प्रथम प्रयोग एम. श्रीनिवास द्वारा (दी सोसल सिस्टम ऑफ ए मैसूर विलेज) में किया गया जो (मैरिअट एम. (संपा.), 1955, विलेज इण्डिया स्टडीज इन दी लिटिल कम्यूनिटी, शिकागो यूनि. प्रेस में) पृ. 1-35 पर प्रकाशित है।

93. ब्रून्स जे. पूर्वोद्धृत सन्दर्भ सं. 3:579।

94. मिचेल जे. बी. पूर्वोद्धृत सन्दर्भ सं. 52।

95. देखें आर.वाई. सिंह, 1977, प्लेस नेम्स ऐज टूल्स फार रीकान्स्ट्रक्टिंग इवालूशन ऑफ सेटिलमेन्ट्स इन दी मालवा रीजन, इण्डिया, एनजीएस आई, वा. 23:200-206; आर.बी. सिंह, 1965, हिस्टारिकल ज्योग्राफी: प्लेस नेम्स एण्ड सेटिलमेन्ट्स-ए रिव्यू ऑफ स्टडीज, एन जी जे आई, वा. 11: 101-124; एस.एस. पधे, 1967, दी ज्योग्राफिक कोरिलेशन ऑफ विदर्भियन टोपोनीम्स, एन जी एस आई, 13:14; वही, 1962, ए स्टडी इन टोपोनीमी, बाम्बे ज्योग्राफिकल मैगेजीन, 10:97-2 तथा वही, 1963, सम मेथड्स ऑफ आइडेन्टिफिकेशन एण्ड डेराइवेशन ऑफ एन्टीक्विटी, ओरिजिन एण्ड मीनिंग ऑफ विदर्भियन टोपोनीम्स, विदर्भियन जर्नल ऑफ साइंस, 1:30-39; विस्तार-हेतु देखें इवानलिन्ड, 1962, ज्योग्राफी एण्ड प्लेस नेम्स (पी.एल. वैगनर एण्ड एम. डब्ल्यू. माइकेसेल (एडी.) रीडिंग्स इन कल्चरल ज्योग्राफी, दी यूनि. ऑफ शिकागो प्रेस, शिकागो में) पृ. 118-128; राघवन वी. 1943, बोधि एण्ड विष्णु पद (नार्थ वेस्ट इण्डिया एण्ड टोपोनीमिकल डुप्लिकेशन, आई जी आई, मद्रास, वा. 18 में पृ. 98 देखें)।

96. देखें शर्मा सविता आनन्द, 1986, रूरल सेटिलमेन्ट्स: ए कल्चरल-इकोलॉजिकल पर्स पेक्टिव, इन्टर इण्डिया पब्लिकेशन्स: 87।

97. भर लोग राजपूतकाल के पहले उत्तरी भारतीय मैदान को अधिकृत किए हुए थे।

98. सिंह राना पी.बी. सन्दर्भ सं. 90:41।

3

ग्रामीण अधिवास-स्वरूप

ग्राम एवम् अधिवास

ग्राम क्या है?

यह पद एक-साथ ही कानूनी परिभाषा को आकर्षित एवम् उसका प्रत्याख्यान (denounces) भी करता है। आकार एवम् सीमा की कसौटी पर भी इसका परिसीमन ठीक नहीं। भारत में सरकारी तौर पर ''मौजा'' के लिए निर्धारित क्षेत्र ही गाँव है, जिसका अर्थ है ''राजस्व-उद्देश्य की प्राप्ति हेतु बिना किसी स्पष्ट एवम् संगत जनसंख्या आधार के निश्चित सीमा वाला भूमि-खंड''। स्पष्टत: ग्राम[1] या गाँव पर्यायवाची शब्द है, जो सुगम-स्थान पर गृहों के गुच्छों तथा चतुर्दिक भूमि के साथ लगभग स्वावलम्बी एवम् सामान्यतया समूहित रूप से स्थित होता है। गृह तथा गली प्रतिरूप, जो अधिवास भूगोल के अत्यावश्यक तथ्य हैं, ग्रामीण भू-दृश्य के सापेक्षतया अस्थायी एवम् दृश्य तत्त्व हैं जिन्हें मानव ने प्राकृतिक भू-दृश्य पर अध्यारोपित किया है। इस प्रकार वर्तमान गाँव अथवा अतीत में लोकप्रिय रूप में प्रचलित ''ग्राम-समुदाय'' (Village Community) किसी अनुकूल एवं सुविधापूर्ण स्थान पर बने अपेक्षाकृत छोटे एवं साधारण गृहों के समूह मात्र है। पूर्वावस्था में पर्यावरण कारक एवं इनके सहयोजन में सामाजिक, सांस्कृतिक एवं आर्थिक कारक पश्चात् की अवस्था में अस्तित्व तथा वृद्धि को नियत करते हैं। भारत की जनगणना में प्रयुक्त परिभाषा के अतिरिक्त यहाँ प्रयुक्त ग्राम का अर्थ एक प्रशासनिक इकाई से है जिसके अन्तर्गत परिभाषित सीमांकन वाली भूमि एवं विशिष्ट स्थान नाम वाले गृहों के गुच्छे अथवा कई गुच्छ सम्मिलित हों। नगला अथवा स्थानीय नामों से जाने जानेवाले फलियाँ, पारा धाना, धानी इत्यादि का अर्थ भी ग्राम सीमा के अन्तर्गत बने अलग गृह समूह से है, जिनके कभी-कभी अलग नाम हो सकते हैं, किन्तु सदैव सम्पूर्ण ग्राम के एक अंग होते हैं। किन्तु यह ''ग्राम'' अधिवास का पर्यायवाची नहीं है। भारत में ग्राम *मौजा* के अर्थ में (जिसके अन्तर्गत नामकरण सहित राजस्व सीमा निर्धारित हो) और अधिवास आबादी अथवा भवन आदि निर्माण-क्षेत्र आदि के अर्थ में प्रयुक्त होता है चाहे वह मुख्य अधिवास (आबादी खास) हो अथवा परम्परागत अथवा राजस्व अभिलेख में सीमांकित ग्राम-सीमा के अन्तर्गत अन्य पुरवें हों। लगभग सम्पूर्ण भारत में कमोवेश रूप में सामान्य राजस्व की भाषा में अपनाया गया अरबी शब्द *मौजा,* जान्सन के शब्दकोष के अनुसार, वाजा (Waza) से व्युत्पन्न है, जिसका अर्थ स्थापित करना अथवा नींव वाला (Laying down, of founding) होता है। प्राय: दो ग्रामों के बीच की सीमा, जंगल-भूमि, ऊसर-भूमि अथवा भौतिक बाधाएं जैसे-नाला, बंध आदि अथवा खेत के मेड़ मात्र होते हैं। यह सीमा, उन क्षेत्रों में, जहाँ भूमि-बन्दोबस्त व्यावहारिक रूप में अथवा अभिलेखों में सम्पन्न नहीं हुआ है, सीमांकित नहीं होती है। इंग्लैण्ड तथा इसी प्रकार अन्य विकसित देशों में भी उत्तरी भारत के मैदानी भागों में अतीत के ग्रामों के मध्य पाए जाने वाले उभयनिष्ठ/सर्वनिष्ठ जंगल भूमि की भाँति हरी-भरी पट्टी (greens) मिलती है। जर्मन का डार्फ (dorf) भी स्वीडन के टार्प (torp) की भाँति मूल रूप में एक पुरोगामी कृषिफार्म-अर्थवाची था जो बाद में ग्राम कहा गया। इसी प्रकार लैटिन में प्रयुक्त विला (Villa), (farm) फार्म अथवा अधिक उपयुक्त रूप में मैनर (manor) भी ग्राम के लिए प्रयुक्त हुआ है।

ग्राम की उत्पत्ति एवं प्रयोजन

जैसा कि खण्ड 2.4 में कहा गया है, मानव अपने वंश व कुल के लोगों के साथ किसी भी स्थान पर निरुद्देश्य नहीं रहता। मूल प्रवृत्ति एवं व्यवहार के रूप में भी उसे ऐसे आश्रय-स्थल पर रहना है, जहाँ उसकी आवश्यकता की पूर्ति सर्वोत्तम संतुष्टि के साथ हो। मोजेर तथा टेलर के अनुसार, दक्षिणी-पश्चिमी कोलम्बिया में मलोकाज (Malocas) के नाम से अभिहित तुकानो इंडियन्स (Tukano Indians) के गृह विरले ही 20 से कम सदस्यों द्वारा निवसित होते हैं। सी. राबक्वेन के अनुसार बोर्नियों के ड्याक्स (Dyaks) लोग 600 से भी अधिक संख्या में लकड़ी तथा फूस के लम्बे गृहों में रहते हैं। स्पष्ट है कि विभिन्न पर्यावरणीय दशाओं पर आधारित अर्थतंत्र के प्रकार मानव को झोपड़ी,तम्बू डेरे या बड़े गृहों में रहने के लिए बाध्य करते हैं। उदाहरणार्थ-शिकार तथा संग्रहक अवस्था में अथवा घुमक्कड़ पशुचारण के आदिम आर्थिक तंत्र में मानव कुछ डेरों के निवास से ही सन्तुष्ट रहता है। स्थाई कृषि की अवस्था में ही मानव सहयोगाधारित कार्यों के द्वारा सुनिश्चित प्रतिफल के अनुसार एक साथ, यदि एक घर में नहीं तो अनेक गृह-समूह अथवा ग्राम में रहता है। मानव की केवल समूहशील होने की (यूथचारी) प्रवृत्ति ही नहीं वरन् अनेक कार्यों जैसे, मिट्टी की जुताई, पीने तथा सिंचाई की जल आपूर्ति-व्यवस्था, प्रवहमान जल का नियन्त्रण एवं अपवाह प्रबन्धन, जल भण्डारण, जंगल कटाई, भूमि अवाप्ति, फसल कटाई, भवन-निर्माण, छाजन, मरम्मत आदि के लिए आवश्यक सहयोग संयुक्त रूप में सामाजिक ढंग से व्यवस्थित सर्वोत्तम सम्भव जीवनयापन के लिए सहायक रहे हैं। इस प्रकार के सामूहिक गृहों का स्वरूप सहकारिता आधारित सहयोग, मत्स्याखेट, खनन, जंगल-कटाई तथा नए विकासशील यातायात-साधन तथा बाजार-अधिवासों की आवश्यकताओं को प्रतिबिम्बित करते हैं। यहाँ तक कि स्वयं सुरक्षा का भी एक सघन, पुंजित एवं सामूहिक लघु अधिवास अथवा गृहों के एकत्रीकरण में विशेष हाथ होता है। इन भौतिक सांस्कृतिक निरूद्धकों के अतिरिक्त, सामाजिक, आर्थिक तथा राजनीतिक निरूद्धक भी ऐसे पुंजित (clustered) अधिवासों के लिए उत्तरदायी होते हैं जैसे, इजराइल के किबुज (Kibbutz), रूस के कोलखोज (Kolkhoz) अथवा विकासशील विश्व में उद्योग, सिंचाई तथा बहुधंधी योजनाओं पर आधारित कॉलोनी अधिवास।

जैसा कहा गया है मनुष्य केवल रोटी एवं मक्खन पर जीवित नहीं रहता, अत: उसकी आध्यात्मिक आवश्यकताओं की सर्वोत्तम पूर्ति ग्राम-निवास से ही होती है। यहाँ तक कि जाति, पद, श्रेष्ठता अथवा अन्य के आधार पर पदानुक्रम में निम्न स्तर पर होने की कसक का भी सामान्यीकरण (normalization) मानकीकरण होता है और अन्तत: वह ग्राम/ग्राम के लिए सर्वनिष्ठ स्वत्वाधिकार तथा सहभागिता की भावना से क्षतिपूरित होती है। आगामी खण्ड 3.7, 5.6 तथा 6.1 में पुन: सविस्तार वर्णन किया गया है।

भारतीय बनाम अन्य अधिवास

भारतीय ग्राम अन्य देश के गाँवों से केवल स्वरूप, आकार, आकृति तथा आन्तरिक संरचना में ही, कुछ हद तक, भिन्न नहीं होते वरन् उनमें प्रादेशिक भिन्नताएं भी मिलती हैं। सांस्कृतिक विभिन्नताओं के सहयोजन में विभिन्न पर्यावरणीय दशाएं तथा हजारों वर्ष के जीवन्त इतिहास ने इसे विविध अधिवासों से सम्पन्न किया है जो उष्णकटिबन्ध से लेकर समशीतोष्ण कटिबन्ध (अथवा हिमालय भू-खण्ड पर) एवं नदी बेसिन अधिवास (प्राचीन गंगा घाटी) से तराई की वास भूमि (homestead/farmstead) तक एवं बर्मा (म्यांमार), निकोबार से जैसलमेर तक एवं कश्मीर से कन्याकुमारी तक विस्तृत सभी प्रकार के गृह-निर्माण-सामग्री के विस्तार वाले हैं। यहाँ निवासियों की जातिगत विविधता ही नहीं, रहन-सहन के तरीके व रीति-रिवाज भी भिन्न हैं। नवाश्मकाल (Neolithic Period) से लेकर आधुनिक युग की अनेक स्थानिक एवं कालिक विभिन्नताएं पर्याप्त असमानता के साथ विद्यमान हैं। इन विविधता के कारण अनेक पहलुओं में भिन्नताएं मिलती हैं, उदाहरणार्थ-

1. जाति-प्रखण्ड से सम्बन्धित आकारिकी,
2. धार्मिक एवं जाति-समूह यथा, हिन्दू, मुसलमान आदि से सम्बन्धित आकारिकी।
3. ग्राम के प्रकार (संहत, विखरे आदि) से सम्बन्धित आकारिकी।
4. ग्राम के स्थान (site) जैसे नदी, पहाड़ी आदि से सम्बन्धित आकारिकी।
5. इंग्लैण्ड के ग्रीन ग्रामों से लेकर वृक्षरहित स्थलों, पहाड़ी-चोटियों एवं डाइक (Dyke) पर बने चट्टानी ग्रामों तक की विविधताएं।

6. अनेक प्रतिमानों के आधार पर नगले वाले अधिवासों में गृहों के विन्यास (Layout) की आंतरिक संरचना।
7. सवाना तथा टुण्ड्रा भागों में पशुपालन, पशुचारण, मुर्गीपालन एवं रेण्डीयर-पालन आदि से सम्बन्धित ग्राम।
8. अर्द्धखानाबदोश (गड्डी लोहार) = गाड़िया लोहार तथा मध्य एशिया के घुमक्कड़ जातियों के स्थानिक-कालिक एवं प्रकार्यात्मक ढाँचे में विशिष्ट अधिवास।
9. किबुज (Kibbutz) तथा अन्य एकल, व्यक्तिगत कृषकों के चक पर बने अधिवास।
10. गृह-निर्माण-सामग्री से सम्बन्धित विविधताएं।

इसी प्रकार ये ग्राम संस्थाओं के प्रकार, साहचर्य, आदिवासियों की पंचायत तथा दलगत संगठन तथा इन सबसे अलग-अलग एवं सामूहिक रूप से सम्बन्धित अवस्थापना तत्त्वों में भी भिन्न होते हैं। यही कारण है कि एक तरफ एक जापानी ग्राम, भारतीय, इटली के या कनाडा के या ब्राजील के ग्रामों से दूसरी ओर इजराइल तथा पूर्वी साइबेरिया के ग्रामों से भी भिन्न है।

स्थान (स्थल), स्थिति, स्थान-निर्धारण, एवम् अवस्थिति
(Site, Situation and Location/Position & Setting)

स्थान (स्थल), स्थिति एवं स्थान-निर्धारण तीनों पद एवं चतुर्थ पद (Position) अवस्थिति अंतर्सम्बन्धित हैं पर सरलतया प्रभेद करने योग्य हैं। यद्यपि किसी संगत सिद्धान्त का निरूपण नहीं किया जा सकता किन्तु इटली के पहाड़ी नगरों, यूनान के ग्रामों अथवा समुद्री द्वीपों एवं पहाड़ी स्थानों के बारे में पर्याप्त सन्दर्भ मिलते हैं। सूडान में इवान्स-प्रिचर्ड के नूयेर अधिवास तथा ब्राकमन द्वारा उल्लिखित अन्य, जिसमें उसने अधिवास प्रतिरूप को लगभग अनन्यरूप से स्थान के कारण विकसित माना है, पारिस्थितिकीय नियतवाद को प्रतिबिम्बित करते हैं। डिकिन्सन का यह दृष्टिकोण है कि ''स्थान में भू-प्रदेश (terrain) जिस पर अधिवास प्रारम्भ एमरीस जोन्स का अवलोकन है कि ''स्थान, किसी गृह अथवा गृह-समूह के मध्य एवं तात्कालिक भौतिक पर्यावरण के मध्य सम्बन्ध होता है।'' यह भलीभाँति ज्ञात मान्यता है कि अधिवासों के चयन में मानव सामान्यतया भौतिक अवस्थिति की, जो विभिन्न तत्त्वों जैसे भौतिकी, उच्चावचन, अपवाह, मिट्टी तथा प्राकृतिक वनस्पति की यौगिक है, प्रतिबन्धित दोनों शक्तियों से संदर्शित होता है। इसलिए हम लोगों को स्थान के महत्व पर बल देने की अधिक आवश्यकता नहीं। ब्लांश ने मानव अधिवास वितरण के अध्ययन में स्थान को प्रथम स्थान पर विचारणीय माना है। किन्तु उसका कथन ''प्रकृति स्थान तैयारी करती है और मानव अपनी इच्छाओं एवं जरूरतों की संतुष्टि प्रदान करने योग्य बनाने के लिए उसका संगठन करता है'', इस तथ्य का अनुमोदन करता है कि स्थान का प्रत्यय ही आंतरिक रूप में सांस्कृतिक होता है। स्थान का प्रभाव भी भौतिक की अपेक्षाकृत सांस्कृतिक होता है, क्योंकि आदर्श स्थान, मानव अथवा उस काल के उद्देश्य, आदर्श एवं मूल्य पर निर्भर है, एवं अच्छे स्थान (good site) का चयन, चाहे वह झील, नदी, पहाड़ या तट हो इसी सांस्कृतिक परिभाषा पर निर्भर है। किसी भी स्थान के प्रथम निवासी अर्जित ज्ञान के साथ अपने अधिवास के लिए स्थान चयन के सम्बन्ध में, सदैव आन्तरिक अर्थतन्त्र एवं बाह्य लेन-देन को सरलतया चालू रखने के सन्तुलित प्रतिफल पर आधारित विवेकशील निर्णय लेते हैं। फिर भी स्थान, जिन पर मूल प्रकार्यों का संपादन होता है एवं अन्य जहाँ ऐसा सम्भव न हो सका, अस्तित्व में हैं। पश्चादुक्त असफल स्थान अध्यासन के काल के संयोग-कारक एवं अस्थायी आवश्यकता को सूचित करते हैं। ब्लॉश, ब्रून्स तथा सॉयर आदि विद्वानों के लिए ''स्थान'' पद (शब्द) संस्कृति समूह द्वारा प्राकृतिक संपत्ति के उपयोग/दोहन का निर्देश करता है। चिशोम ने चरागाह भूमि, कृषि भूमि, जल, भवन निर्माण सामग्री तथा ईंधन आदि को स्थान नियतकारी कारक मानने पर बल दिया है। इस प्रकार स्थान, संस्कृति तथा प्रकृति के प्राचीन और सतत् परिवर्तनशील सम्बन्धों को ठोस अभिव्यक्ति प्रदान करता है।

स्थिति (Situation) सामान्यतया अधिक विस्तृत क्षेत्र में भौतिक तथा सांस्कृतिक दशाओं से सम्बन्धित होती है। यह विविध (linkages) सहलग्नता के जरिए किसी देश के एक अधिवास तथा उसके चतुर्दिक अधिवासों के सम्बन्ध को इंगित करती है। स्थिति आंशिक रूप में अद्वितीय होती है एवं सीमित रूप में ही इसका सामान्यीकरण हो सकता है। *स्थान-निर्धारण* (location) उस स्थान को सूचित करता है जहाँ वस्तु अथवा अधिवास स्थित हो, जैसे उसका भौगोलिक संबोधन अर्थात् अद्वितीयता को प्रकट करने वाला अक्षांश-देशान्तर के सम्बन्ध में अंश, मिनट तथा सेकेण्ड में उसका विस्तार। स्थान-निर्धारण को अधिवास के सन्दर्भ में एक सारणी द्वारा प्रदर्शित

किया गया है, जिसमें आड़ी पंक्ति में भौगोलिक अवलोकन की वस्तु एवं (columns) खड़े स्तम्भ में भौगोलिक अवलोकन की इकाई सूचित की गई है। एनरिद एलोयेब[2] का कथन है कि यदि किसी वस्तु के गुणों के अन्तर्गत वस्तुओं को, उनके पर्यावरण की सहलग्नता के संकेतों (Indications) के साथ सम्मिलित किया जाए तो उसे परम्परागत रूप में भौगोलिक अवस्थिति (Geographical Position) कहते हैं। स्थान-निर्धारण से अलग भौगोलिक अवस्थिति का पद अधिक सूचनादायक होता है (जैसे-वस्तु की अवस्थिति अन्य केन्द्रों, परिवहन एवं यातायात संचार की अवस्थापना एवं उसकी भौतिक, भौगोलिक दशाएं इत्यादि), और इसी कारण प्रादेशिक विकास अथवा वितरण का एक कारक होता है। भौगोलिक अवस्थिति एक ऐसे प्रत्यय का रैखिक उदाहरण है, जो संकेन्द्रिक (concentric) विभाजन विधि को अपनाता है, उदाहरण के लिए, किसी वस्तु (अधिवास) के वृहत् मध्यवर्ती एवं सूक्ष्म स्तर की अवस्थिति का वर्णन सम्भव है जो क्रमशः उसके राष्ट्रीय, प्रादेशिक एवं स्थानीय स्तर के भौगोलिक अवस्थिति के विश्लेषण को प्रतिबिम्बित करता है। इस प्रकार भौगोलिक-अवस्थिति एक ऐतिहासिक श्रेणी है, अर्थात् स्वाभाविक रूप में एक वस्तु (अधिवास) अपने पूर्वोक्त स्थान पर स्थिर बना रहता है, किन्तु उसका पर्यावरण, परिवहन की सुविधाएँ, वस्तु की इन परिवर्तनों में सक्रियता के साथ, परिवर्तनशील होती है। Situation = Setting = Position अथवा स्थिति/(अवस्थिति) को समानार्थी मानना चाहिए किन्तु व्यापक क्षेत्र के सन्दर्भ में ही इनका प्रयोग सम्भव है। किसी स्थल पर बसे अधिवास के ये सभी भौतिक, सांस्कृतिक परिवेश के सूचक हैं। पारिस्थितिकीय परिवेश के अर्थ में सुबोधगम्य भी हैं। आनुभविक[3] अध्ययन के आधार पर तैयार की गई सारणी 3 (i) में इन गुणों, (attributes) का विशद वर्णन अधिवास के वितरण-पक्षों के सन्दर्भ के अध्याय एवं खण्ड 4.4 में किया गया है।

सारणी 3 (i)

*स्थान, स्थिति तथा स्थान-निर्धारण आदि के गुण **

गुण	*मापक सीमा*	*ऐतिहासिक संघटक*	*सामान्यीकरण मात्रा*	*क्षेत्रीय संगम (Focus)*	*नियोजन महत्त्व*
स्थान (Site) स्थल	वृहत्तम 1:50,000 1:63,360 1 '' = 1 मील, 1 '' = 1/2 मील, तथा वृहत्-मापक भूपत्रक	ऐतिहासिक प्रक्रिया के प्रति अत्यधिक अनुक्रियाशील स्वरूपाकार (form) क्षेत्र-परिवर्तनशील	सामान्यीकरण सम्भव एवं यथार्थ	अधिवास क्षेत्रफल/क्षेत्र स्वयं	मात्र अधिवास नियोजन
स्थिति (Situation or Setting)	मध्यम 1 '' = 4 मील 1 '' = 16 मील के भूपत्रक (Chorographical)	ऐतिहासिक उत्प्रेरक से उदासीन	साधारणतया सामान्यीकृत आंशिक विशिष्टता	अधिवास एक क्षेत्र में	सूक्ष्म-स्थानिक एवं प्रादेशिक नियोजन
स्थान निर्धारण (Location or Position)	लघुत्तम भौगोलिक मानचित्र (1 '' = 32 मील या लघुत्तर-मापक वाले) (अक्षांक्ष देशान्तर का मान सम्भव)	ऐतिहासिक प्रक्रिया के अत्यधिक प्रतिरोधी लगभग अभेद्य	विशिष्ट	अधिवास एक क्षेत्र में	प्रादेशिक नियोजन
अवस्थिति (Setting = Position+ Linkage)	लघुत्तम भूपत्रक एवं मध्यम मापक के मानचित्र	'' ''	'' ''	'' '' (सहलग्नता के साथ) भौतिक, सांस्कृतिक	'' ''

* ए.बी. मुखर्जी पर आधारित

भारतीय ग्राम

भारतीय ग्राम-अधिवास के अध्ययन के लिए उसके अतीत एवं वर्तमान ग्रामीण-नगरीय सातत्य को समझना आवश्यक होता है। यह एक विरल मानव धरातल है जहाँ नगर एवं ग्राम सह-अस्तित्व के साथ रहने के लिए सहमत हैं। सौन्दरराजन ने सच कहा है कि यदि गाँव भारतीय जन्म-कुण्डली का प्रतीप जल (backwater) है तो नगर इसके उत्साहपूर्ण स्वस्थ जीवन-सुख (Joie-de-vivre) का जल विभाजक (Watershed) है एवं उभय-निर्मित दृश्य में व्यवहारिक एवं शानदार ढंग से जीवन की विविध आवश्यकताओं में सन्तुलन बनाए रखने की रहस्यमय सोच समाहित है। इस प्रकार यह केवल भारत में ही सम्भव है कि गाँव, शहर की ऊपरी खोल/कवच है और शहर ग्राम का एक पिंजड़ा है। एक-दूसरे के बिना अनाथ सा लगता है, किंतु कोई भी अपने स्वयं को पर्यावरण से अलग कर पाने में समर्थ नहीं है। इससे भी अधिक यह सूक्ष्मस्तरीय ग्रामीण वातावरण की प्रारम्भिक छविमय तस्वीर की सर्वव्यापकता है, जो इसके विस्तारशील दृष्टिकोण को दीर्घस्तरीय-नगरीय ज्ञान-विस्तार के बन्धन से जोड़ता है एवं भूख तथा सर्दी के दुःख-दर्द की सीमा के पार उसी में परम संतुष्टि (fulfilment) पाता है। भारत, नगर एवं ग्राम्य जीवन के अन्य देशीय प्रतिमानों से अलग-थलग प्रतिमान-विधायक रहा और इस भूमि की सम्पूर्ण संरचना में धर्म का व्यापन/गर्भधारणशील रक्त (Impregnating blood) निषेचन/संचारण करने योग्य एवं सदैव से मानव इन्द्रिय-संवेदन को अवलम्बित सजीवता (diametrically opposite) ही है, इसलिए नहीं कि सचमुच में दोनों की अलग-थलग आवश्यकताएँ हैं, बल्कि इससे अलग इन दोनों की लगभग अनुरूप मूलभूत आवश्यकताएं हैं, किन्तु इनमें प्रभेदकारी तत्त्व में समय के अनुसार मूल्यों के समूह (Value Set) एवं अनेक प्रयत्नों के समन्वय (Coordination) हैं।[5]

मेटकॉफ ने ग्राम को स्वयं एक अलग छोटे राज्य के रूप में देखा है। श्रीनिवास ने ब्रिटिशकाल पूर्व के भारतीय ग्राम के गुणों का अन्य विश्व से सामान्यतया अलग अस्तित्व के रूप में निरूपण किया, अर्थात् प्रत्येक अपने में स्वावलम्बी एवं स्थिर था, अपने सभी मामलों का नियंत्रक रहा है तथा सतर्क मध्यस्थ के द्वारा अन्य बाहरी शक्तियों के लिए मात्र भूमि करदायक के रूप में झुक सका है। ये ग्राम अलग से विवेचनीय हों अथवा नहीं किन्तु आर्थिक, सामाजिक एवं राजनैतिक रूप में सम्पूर्ण इकाई के रूप में एकल भारतीय ग्राम, एक उर्ध्वाधर (Entity) = सत्ता के रूप में वर्णित हो सकते हैं, जिसमें जाति के अनेक क्षैतिजिक स्तर समाहित होते हैं। जाति के उत्कर्ष एवं हीनता की भावना, पारस्परिक सम्बन्धों, जिसे आस्कर लेविस ने जजमानी-प्रणाली (Jajmani -System) एवं ईश्वरन ने (Aye-System) आई-प्रणाली कहा है, से बलवती होती रही है। ग्राम संगठन एवं आकारिकी को विस्तृत रूप से आगामी खण्ड 3.7, 6.1 में विवेचित किया गया है।

एमरिस जोन्स ने भारतीय ग्रामों के सामान्यीकरण हेतु सच्चाई पूर्ण संक्षिप्त विवरण दिया है। अपेक्षाकृत लोग कम संख्या में विकीर्णित बस्तियों में रहते हैं। यहाँ तक कि हिमालय भूखण्ड तथा पहाड़ी इलाकों में सामान्यतया नगले ही अधिवास की मुख्य इकाई हैं। पश्चिमी बंगाल, बांगलादेश में तकनीकी रूप में विकीर्णित अधिवास सचमुच में सटे प्रतिरूप में बसे हैं। अन्यत्र नाभिकीय ग्राम ही सर्वोपरि हैं। इनमें बाजार की जगह या तो सड़क-किनारे या गाँव के मध्य में होती है। डाकघर, पुलिस स्टेशन, अनाज भण्डार अथवा खाद-बीज भण्डार, मातृशिशु केन्द्र या सामुदायिक केन्द्र, उपयुक्त उप-लब्ध स्थानों पर मिलते हैं। मस्जिद, मन्दिर, विद्यालय, कुएं, हाथनल तथा अन्य सुविधाएं सार्वजनिक आवश्यकतानुसार नियत, स्थित हैं। स्पेट ने सही कहा है कि[7] सामाजिक कारक कम महत्वपूर्ण नहीं हैं। उत्तरी पश्चिमी भारत (अथवा दक्षिणी पश्चिमी एशिया) प्रकार के मूलभूत रूपों के प्रतिपक्ष में अथवा अधिक नम भागों के छाजन युक्त पाख वाले क्षेत्रों के अतिरिक्त भागों में यही सच है। क्योंकि केवल ग्रामों के स्थान एवं विन्यास ही नहीं वरन् घरों की भौगोलिक स्थिति भी प्रायः पुरानी धार्मिक तथा जादुई परम्परा को प्रतिबिम्बित करते हैं।

अन्य प्राच्य एवं पाश्चात्य अधिवास

प्राच्य-स्वभाव से यूथचारी होने के नाते मानव कुल अथवा कुटुम्ब में साथ रहना पसन्द करता है। इसी प्रारम्भिक जिजीविषता/प्रेरणा के परिणाम-स्वरूप नाभिकीय गाँव बसते हैं। नाभिकीकरण में मानव तथा उसके पालतू जानवरों की सुरक्षा का मुख्य हाथ रहा है। पहले और अब भी अधिकांश निवसित भागों में इसका प्रभाव है जैसे-मध्य भारत तथा दक्षिणी भारतीय घरों के चतुर्दिक घेरा, बाड़ा रखने की प्रथा, अफ्रीका के क्राल (Kraal), ईरान के चारदीवारी से घिरे गाँव, उदाहरण हैं। दक्षिणी अरब के संहत ग्राम भी इसके सूचक हैं।

चीन में एक वंश/कुल या संयुक्त कुटुम्ब वाले संहत ग्राम अधिक संख्या में हैं। अधिकांश में बाड़े तथा दीवाल एवं वर्गाकार,

Figure 3.1

A Chinese rural village and its associated fields, ponds, temples, etc., 1. the village; 2. field plots (all marked A are tilled by farmer A, those marked B by farmer B, etc.); 3. hill lands, usually in grass and graves (contour figures are in feet); 4. ponds for irrigation and fish; 5. earth paths; 6. paths paved with stone; 7. paved road 7 ft. wide; 8. Buddhist temples (Original map by J.L. Buck, From Jones and Darkenwald, "Economic Geography", by permission of the Macmillan Company).

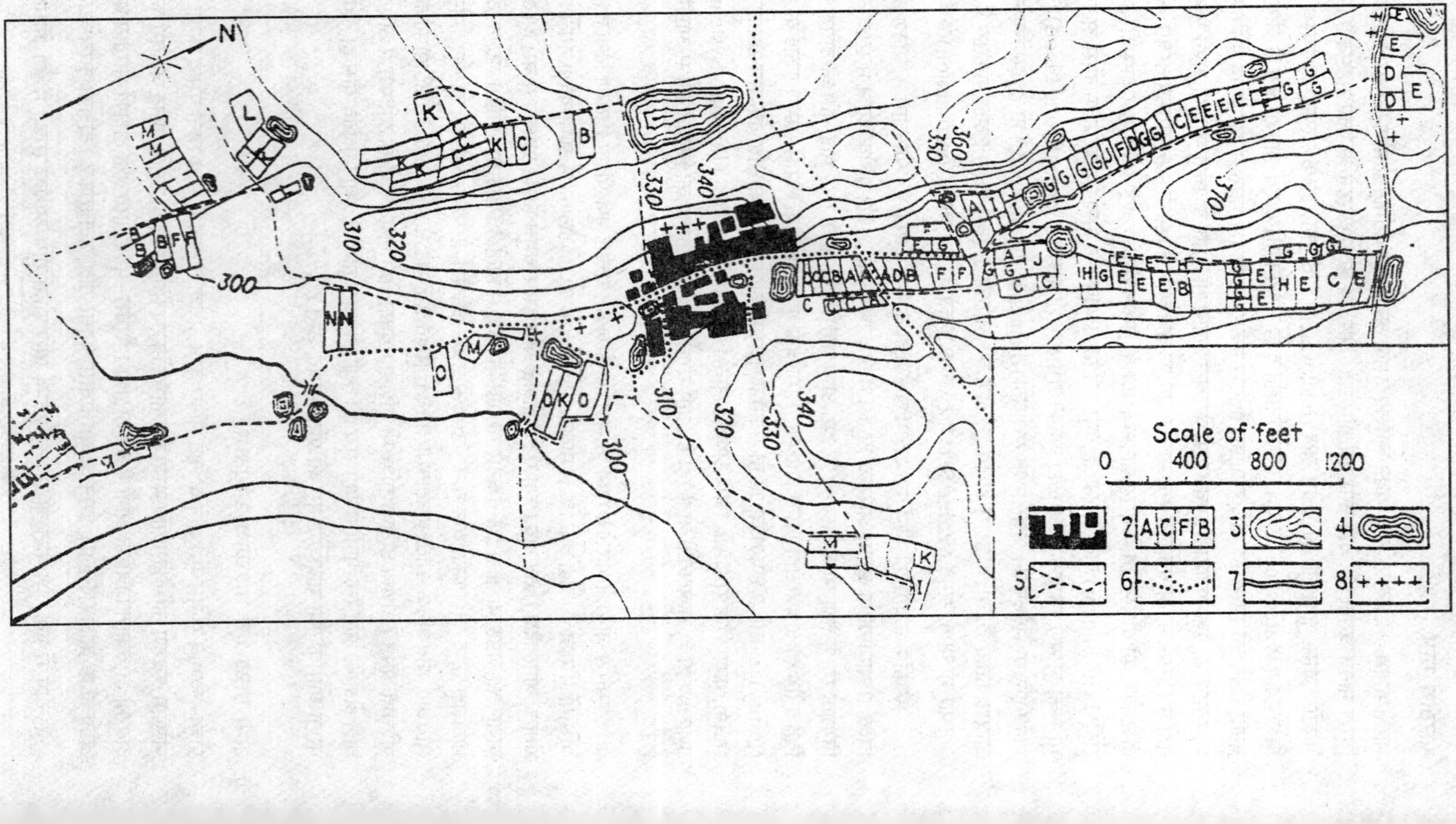

आयताकार प्रतिरूप मिलता है, (चित्र 3.1) देखें। डेल्टाई भाग में विस्तृत जलाधारित सघन जनसंख्या निवसित है। भारतीय शिल्पी एवं राज की भाँति यहाँ भी श्रम-विभाजन-आधारित कुटुम्ब रहे हैं। वर्तमान काल के कम्यून तथा सहकारी फार्म अलग योजना एवं विन्यास वाले हैं। छोटे कृषि-ग्रामों में सभी कारीगर नहीं हैं। अत: कृषक लुहारी, बढ़ईगिरी तथा शिल्पी का भी काम करता है। लोयस मिट्टी में कटे, बने अधिवासों के स्वरूप दक्षिणी चीन के अधिवासों से भिन्न हैं जहाँ नदियों के किनारे नगले तथा बिखरे निवास अधिसंख्यक हैं। नदियों के संगम पर बड़े, नाभिकीय ग्राम मिलते हैं। मंचूरिया में नगला अधिवास विस्तृत भू-भाग में फैले हैं।

Figure 3.1 (a)

Typical village forms. While some villages appear to be formless, many adhere to one of the forms illustrated here. Most Ordnance Survey maps provide examples.

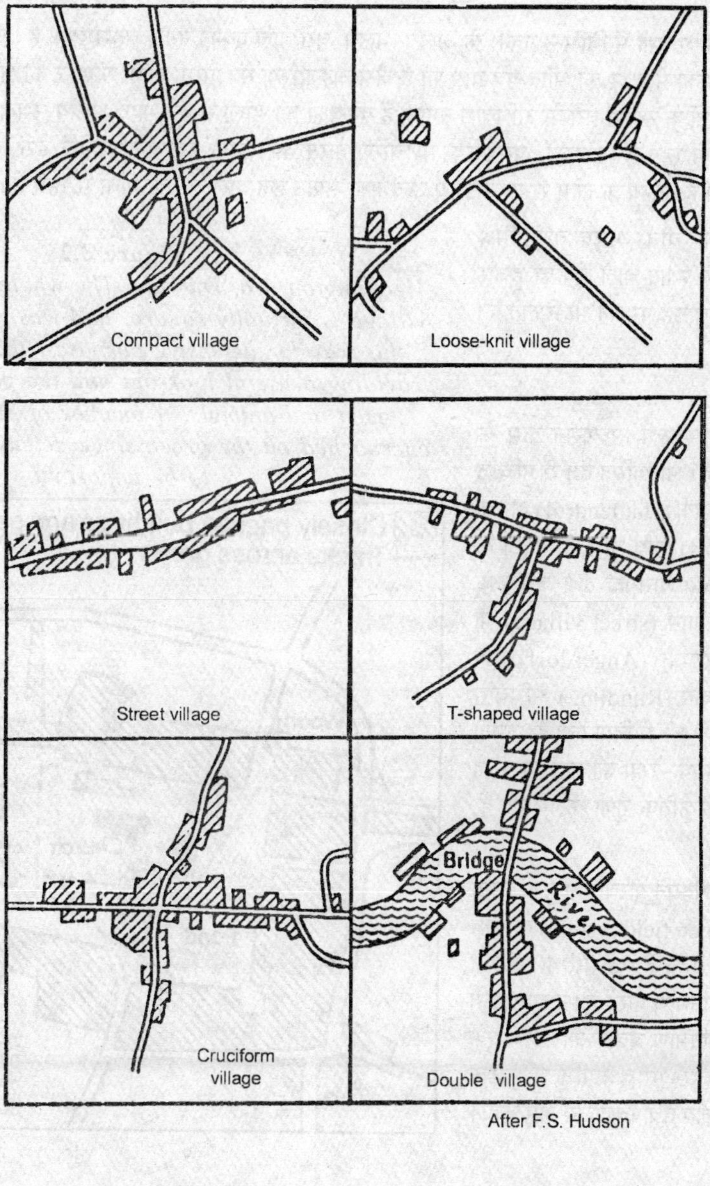

After F.S. Hudson

जापान में अत्यधिक परिवर्तन हुआ है फिर भी बड़े अधिवासों का रूपाकार स्थान की गुणवत्ता पर निर्भर है। धान की विस्तृत भूमि में बड़े संहत ग्राम/सेवाकेन्द्र हैं और उनमें से बहुत से राजमार्गों पर दूर तक फैले सड़क अधिवास (street settlements) पहाड़ी ढलानों पर अब भी विकीर्णित एवं एकल अधिवास है। जोरी प्रणाली पर आधारित अधिवास वर्गाकार प्रतिरूप वाले हैं तथा कुछ दो या तीन नगलों अथवा प्रखण्ड वाले संमिश्र प्रकार के हैं। घरेलू उद्योग पर निर्भर दुकान प्रायः गृहों के अग्रभाग में मिलती हैं और छोटे कारखाने कहीं भी। ग्राम संगठन एक सामाजिक इकाई है फिर भी कृषि तथा उद्योग-उत्पादन पर आधारित दीर्घकालिक आर्थिक स्वावलम्बन की ओर अनुस्थापित है।

दक्षिण-पूर्वी एशिया के भागों में अत्यधिक विविधता के कारण विशिष्ट स्वरूप का उल्लेख सम्भव नहीं है। यहाँ बोर्निया में सुरक्षा कारणों से बल्ली तथा लट्ठों पर पानी के ऊपर बने मकानों के अधिवास मिलते हैं। यही बात बाढ़ वाले निम्नतल वाले क्षेत्रों के लिए लागू है।

अफ्रीका के, अधिकांश देशों में विभिन्न प्रकार के अलग-थलग, घरों वाले एकल नगले बहुसंख्यक हैं। नीग्रो सामान्यतया गाँवों में रहते हैं पर पश्चिमी अफ्रीका में शहर की भाँति बड़े ग्राम भी हैं जैसे नाइजीरिया में। पिग्मी लोगों में शहर की भाँति बड़े ग्राम भी हैं, जैसे नाइजीरिया में। पिग्मी लोगों के स्थायी घरों के अधिवास नगण्य हैं पर वृक्षों की डालों से बने भद्दे आश्रय-स्थल बहुत मिलते हैं। बुशमेन प्रायः छोटे कुल-समूहों में रहते हैं। होटेन्टों, घुमक्कड़, पशुचारण करने वाले प्रायः स्थानान्तरणशील डेरों, तम्बुओं में रहते हैं। बड़े मरुद्यानों में, जो सहारा में हैं, अरब के लोग सघन सटे हुए ऊँचे तथा सपाट छत वाले घरों के गाँवों में रहते हैं।

उल्लेखनीय है कि चीन, भारत तथा मिश्र (Egypt) के गाँव प्राचीन स्थान वाले सैकड़ों हजार साल के अवशेषित ढेर एवं ढूह पर बने भी मिलते हैं।

पाश्चात्य

जर्मनी में अधिवासों के स्वरूप अध्यासन क्रम के अनुसार भिन्न प्रकार के हैं। अनियमित ढंग से गुच्छित ग्राम समूह जैसे हाउफेनडार्फ (Haufendrof) अथवा गीवनडार्फ (Gewandorf) कृषि भूमि की पट्टी के किनारे बांगर (Meadow) चारागाह तथा जंगल के पास मिलते हैं। सड़क ग्राम (street village) या (strassendorf) एन्गरडार्फ (Angerdorf) एक पंक्ति में बने तथा गोलाकार (Rundling) अधिवास आदि जिनका वर्णन खण्ड 4.3 में दिया गया है, जर्मनी तथा स्लाव लोगों के सम्पर्क-रेखा को प्रदर्शित करते हैं। अतः दो जातीय सांस्कृतिक गुणों के मिश्रण हैं, चित्र 3.4 देखें।

इंग्लैण्ड में ऐंग्लो-सैक्सन परिवार या कुल समूह खुली कृषि-प्रणाली (open field system) के साथ सघन जुड़े हुए ग्रामों में रहते हैं। डेन्स तथा नार्समेन भी ऐसे ही प्रतिरूप का निर्माण करते हैं। नारमन लोग नई विविधता के साथ निर्माण बढ़ाए और अब एक आदर्श इंग्लैण्ड निवास हरे-भरे वृक्ष पंक्तियों, सड़क गिरजाघर ग्राम पम्प, तालाब तथा विद्यालय और कहीं-

Figure 3.2

Heighington, Co. Durham. The whole of this "green" village is virtually square, and was probably built in this way for defensive purposes, the church tower providing a useful look-out and the green a refuge for men and animals. A number of buildings have encroached on the green since defensive needs ceased to be important.

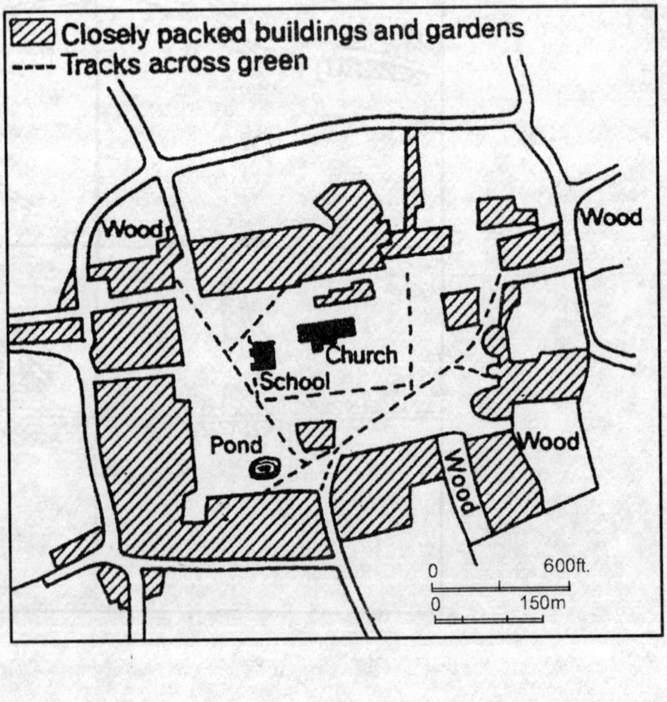

Figure 3.3

Traditional village-types in Germany

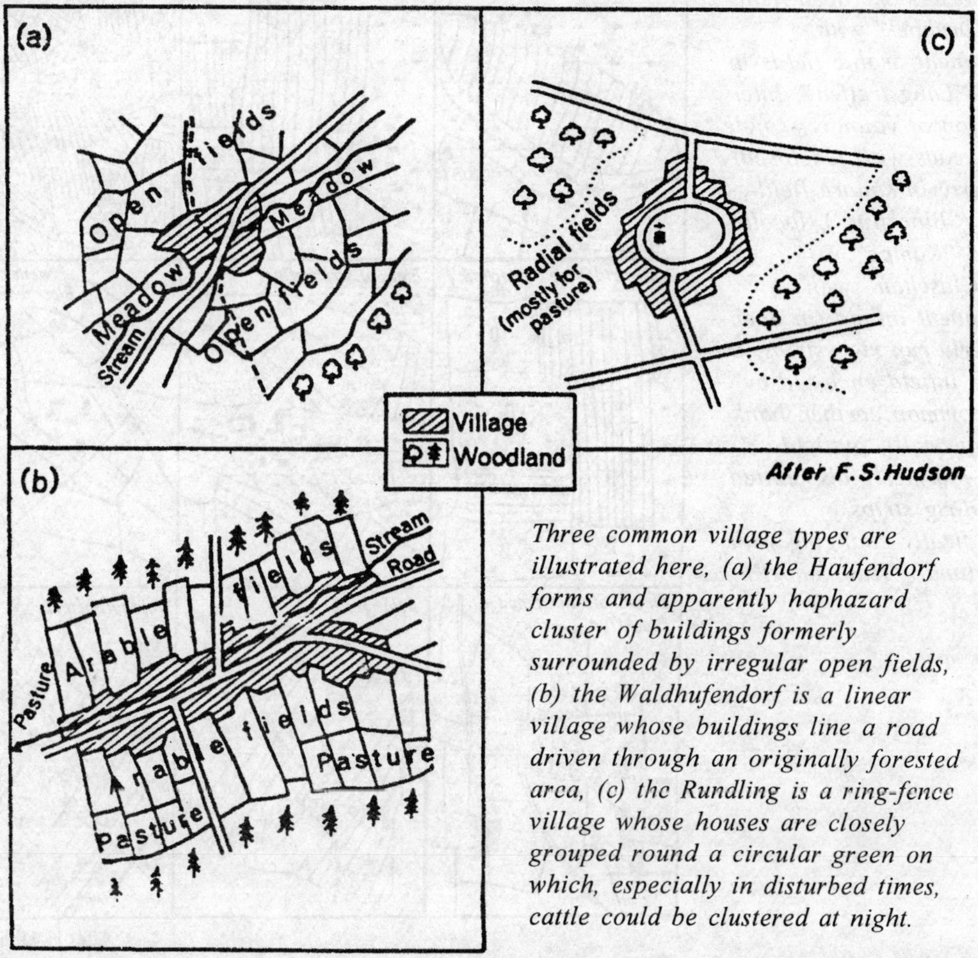

Three common village types are illustrated here, (a) the Haufendorf forms and apparently haphazard cluster of buildings formerly surrounded by irregular open fields, (b) the Waldhufendorf is a linear village whose buildings line a road driven through an originally forested area, (c) the Rundling is a ring-fence village whose houses are closely grouped round a circular green on which, especially in disturbed times, cattle could be clustered at night.

कहीं नए सामुदायिक केन्द्र के साथ बन्द समुदाय (closed community) रूपाकार वाला है। कृषि पर्यटक, विश्रामस्थल (dormitory) तथा औद्योगिक ग्राम अनेक सामाजिक संगठनों के साथ स्थित हैं। चित्र 3.1a, 3.5 देखें। यूरोप में विकीर्णित तथा नाभिकीय के जटिल अन्तर्मिलन के कारण अधिक भिन्नताएं मिलती हैं। यही बात रूस, भूमध्य सागरीय देश, मध्य तथा उत्तरी–पश्चिमी यूरोप के लिए भी लागू होती है, चित्र 3.a-3., 8.b देखें।

संयुक्त राज्य अमेरिका में दूर तक भू–दृश्य में वासभूमि/कृषिफार्म की प्रधानता मिलती हैं। कृषक का, समुचित स्थान पर अन्य जुड़े दुकानदारों, कारीगरों, अन्य पेशेवालों तथा कम संख्या में कृषकों वाले संहत ग्राम भी हैं। अकृषक परिवार वालों के चौराहों पर नगला–निवास भी हैं (3.8a, 3.8 b)। अपवाद रूप में हैरिस[8] ने ग्राम में रहने वाले मारमन (Mormons) लोगों का भी उल्लेख किया है। किन्तु अब विकीर्ण प्रभावी है, अतः कृषिफार्म एवं वासभूमि की प्रधानता है, फिर भी कुछ क्षेत्रों में ग्राम संगठन की छवि प्रस्तुत करने वाले राजमार्गों के किनारे की वासभूमि भी सटी हुई बसी है–जैसे झील क्षेत्र के फ्रांसीसी अधिवास, कनाडा के सेन्टजान्स की निम्न भूमि तथा मिसीसिपी डेल्टा के अधिवास।

Figure 3.4
Diagrams of some different possibilites of "open-fields". (1) "Drubbel" with permanent arable fields in open "Langstreifen", later addition of younger, single farmsteads with (enclosed) property in square field-plots ("Blockflur"), locally called "Kampe". (2) "Claschan" with permanent infield (in open—formerly run rig—strips, the whole infield enclosed by one common earthen bank or stonewall), outfields open—formerly also lotted in run-rig strips, periodically changing with grassland: "Haufendorf"

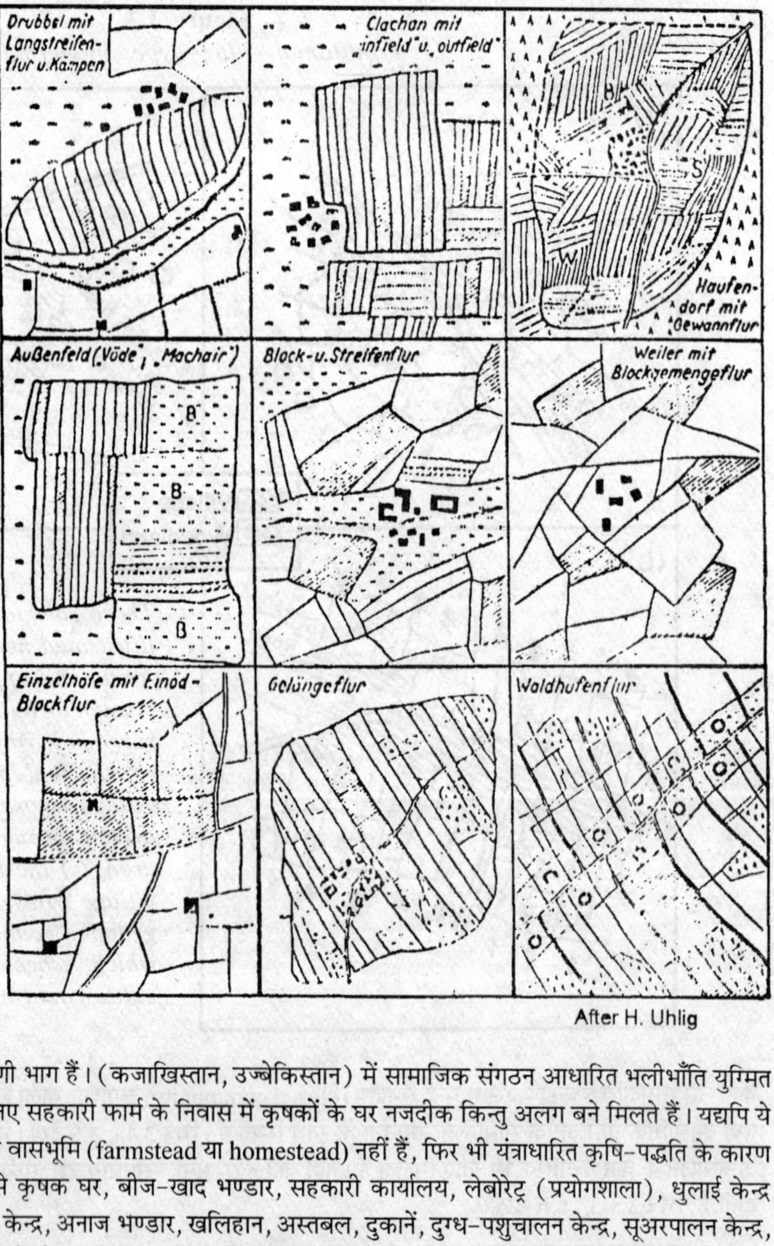

After H. Uhlig

रूस के यूक्रेन में तथा एशियाई दक्षिणी भाग हैं। (कजाखिस्तान, उज्बेकिस्तान) में सामाजिक संगठन आधारित भलीभाँति युग्मित संहत ग्राम हैं। किन्तु रूसी क्रन्ति पश्चात् नए सहकारी फार्म के निवास में कृषकों के घर नजदीक किन्तु अलग बने मिलते हैं। यद्यपि ये संयुक्त राज्य अमेरिका या कनाड़ा की भाँति वासभूमि (farmstead या homestead) नहीं हैं, फिर भी यंत्राधारित कृषि–पद्धति के कारण उसी प्रकार के ढाँ चे/संरचना वाले हैं जैसे कृषक घर, बीज–खाद भण्डार, सहकारी कार्यालय, लेबोरेट्र (प्रयोगशाला), धुलाई केन्द्र (लान्ड्री), विद्यालय, अस्पताल, मनोरंजन केन्द्र, अनाज भण्डार, खलिहान, अस्तबल, दुकानें, दुग्ध–पशुचालन केन्द्र, सूअरपालन केन्द्र, यंत्र–गेराज, पार्क, खलिहान, अस्तबल, दुकानें, केन्द्र शीत–ताप नियन्त्रण भण्डारगृह, तथा अन्य आधुनिक जुड़े हुए निवास। दो प्रकार के सहकारी फार्म (Kolkhoz) या सरकारी फार्म (Sovkhoz) सामूहिक फार्म नवीन योगदान हैं।

बागाती अधिवास

प्राच्य तथा पाश्चात्य दोनों दुनिया के भागों में बागाती खेती में भिन्नता मिलती है, किन्तु इनमें अन्य ग्रामों में उपलब्ध घनिष्ट सामाजिक बन्ध एवं स्थायित्व नहीं मिलता। यहाँ की जीवन–प्रणाली बागानों के मालिक, सरकारी तंत्र अथवा मजदूर संगठनों द्वारा गहराई से विनियमित

Figure 3.5

Settlement-and Field-forms of parts of Plovan (Quimper), Brittany (Copied from the original cadastral plan of Plovan, section Kerdrezec, 1:2500; 1827) property and Land Use of the example-farm matricels of 1931 and in the field 1957.—Translation of the key: Ackerland: arable land. Feld-Heide (Stechginster) Wechselland: field-heather (gorse) cultivation (changing every 5-12 years). Wiese: meadow. Weide: pasture.—All landuse symbole (hatching etc.) are given only for the property of the farm "A" at Kerdrezec, thus showing the distribution of one typical holding—Feldgrenze mit Wall (hecke): field-boundary with earthen bank (or hedge on bank). Feldgrenze offen: open field-boundary (groups of open strips, formerly of the "Mejou" type). Wege mit offenen Feldgrenzen: fieldlances with unenclosed field-boundaries, Wohngebaude: farmhouses, Wirtschaftsgebaude: byres, stables barns etc.

After H. Uhlig

होती है। चाय, रबर, काफी, केला (गन्ना की खेती), नारियल आदि की बागाती खेती (भारत, म्यानमार, मलेशिया, श्रीलंका, इण्डोनेशिया, ब्राजील, इथियोपिया, संयुक्त राज्य अमेरिका आदि) में कारखानों की कॉलोनी के समान अधिवास बताए गए हैं जो कभी-कभी मालिक-मजदूर, असामी अथवा प्रबन्धक एवं मजदूर के मध्य अस्थायी प्रकार के सम्बन्धों को प्रदर्शित करते हैं। भारत के चाय या अन्य बागान ब्राजील के बागान से मालिक-मजदूर के घरों के प्रबन्धन में भिन्न हैं। नई दुनिया के घर अलग तथा नियोजित होते हैं, जबकि प्राचीन दुनिया के निवास प्रबन्धक के घर से दूर सटे हुए बने मिलते हैं। इन्हें फिन्च आदि ने Latifundium (Hacienda, plantation, finaca, estate) कहा है। ब्राजील के काफी बागान के ग्रामीण नगले (Fagenda)[9] इसके प्रतिनिधित्व उदाहरण है। आगे अध्याय 4 तथा 6 में क्रमश: प्रकार, आकारिकी के विवेचन में अन्य ग्रामों/अधिवासों का वर्णन दिया गया है।

Figure 3.6

Wethersfield, Conn. Land subdivisions are of 1640-41. The town common with the metting-house at its center stood in the middle of the village. Occupied home lots are indicated. Orderly arrangement of fields, which were usually long, narrow strips, is conspicuous. The home lots were generally about three acres in extent; the fields east of the river were three miles long. (Redrawn from C.M. Andrews, "The River Towns of Connecticut", John Hopkins University Studies in History and Political Science, Series 7, Nos. 7-9, 1889).

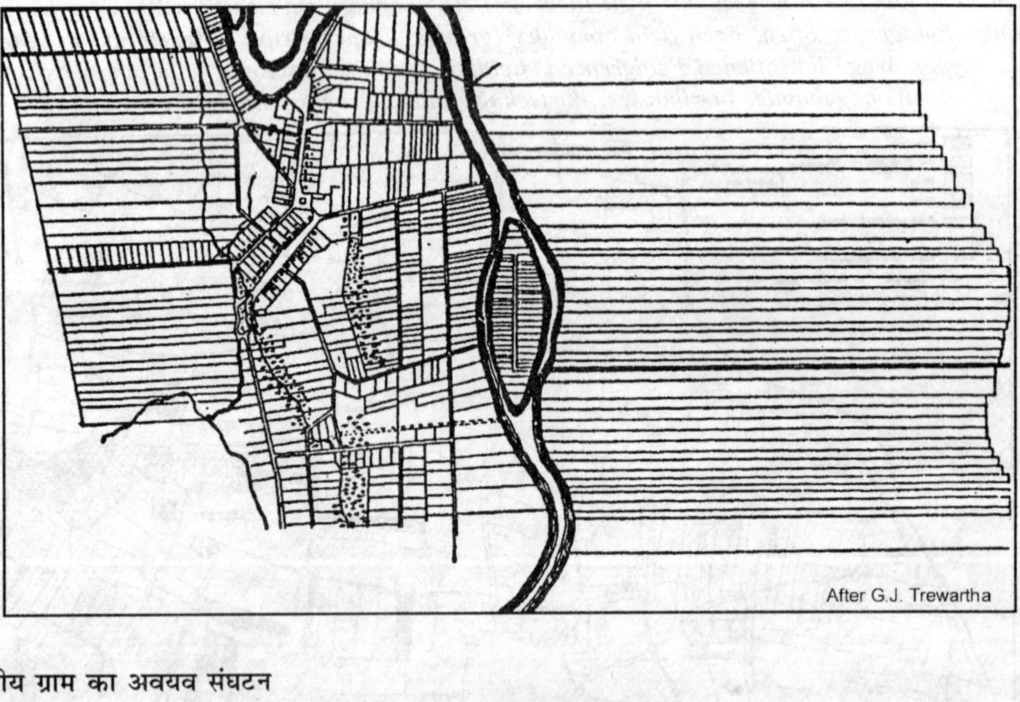

भारतीय ग्राम का अवयव संघटन

ग्रामीण अधिवास अथवा अधिक उचित शब्द ''गाँव'' अन्य जीवों की भाँति एक जीवित प्रणाली है, जिसने स्वमरण शक्ति से परे अतीत काल में ''पादपों में वाणी, झरते झरनों में पुस्तक-ज्ञान, शिलाखण्ड में प्रवचन एवं सभी में व्याप्त ईश्वर को देखा है, जो ऐसा प्रत्यक्षज्ञान कर रहा है और ऐसा ही करेगा। क्योंकि केवल यहाँ ही मानव-समुदाय भूमि एवं जीव-जंतु से प्रेम एवं विधि-नियम से भलीभाँति जुड़ा हुआ है। कुल, संस्कृति, भाषा, परम्परा सभी सहयोजन के साथ जीवंत समाज को समाकलन प्रदान करते हैं। इसीलिए दूबे ने अधिकांश अधिवासों में अधोलिखित लक्षणों का अवलोकन किया है।''

1. क्षेत्रीय, साथ ही साथ, सामाजिक, आर्थिक एवं कर्मकाण्डीय व्यावहारिक इकाई के अतिरिक्त गाँव एक अलग एवं विशिष्ट सत्ता है।
2. ये अधिवास एक संमिश्र जनसंख्या वाले हैं, जिनमें विविध हिन्दू जाति, कहीं-कहीं आदिवासी एवं अन्य धार्मिक समूहों का समावेश होता है।
3. इस स्थानीय समूह के सदस्य आपसी एवं पारस्परिक बन्धनों तथा दायित्वों से बंधे होते हैं।

ग्राम-एकता स्थिर बनाए रखने में अन्य कारकों की भाँति जाति का परस्परावलम्बन एक कारक हैं। इसी को श्रीनिवास ने अनेक जातियों की उर्ध्वाधर एकता (Vertical entity) कहा है जो, जातीय क्षैतिजिक एकता से, जिसमें जाति-मैत्री गाँव के बाहर से भी जुड़ी होती है, विषम होती है। प्रत्येक ग्राम आन्तरिक रूप में विजातीय अंगों की एक जटिल प्रणाली है। जातीय इकाईयाँ, सजातीय विवाह, सहभोज द्वारा अलग होती हैं और वे खान-पान तथा पेशा की श्रेणीगत विभिन्नता के साथ साहचर्य बनाए रहती हैं। इनके साथ ही साथ

Figure 3.7

Land subdivided into long tiers, and the tiers in turn divided into regular, narrow strip fields of approximately equal size and shape, is very well developed in the part of the town of Springfield shown here. Most of the lots were eight rods wide. The Top of the map is east. (Redrawn and simplified from frontispiece map in H.M. Burt, The First Century of the History of Springfield, Springfield, Mass, 1898).

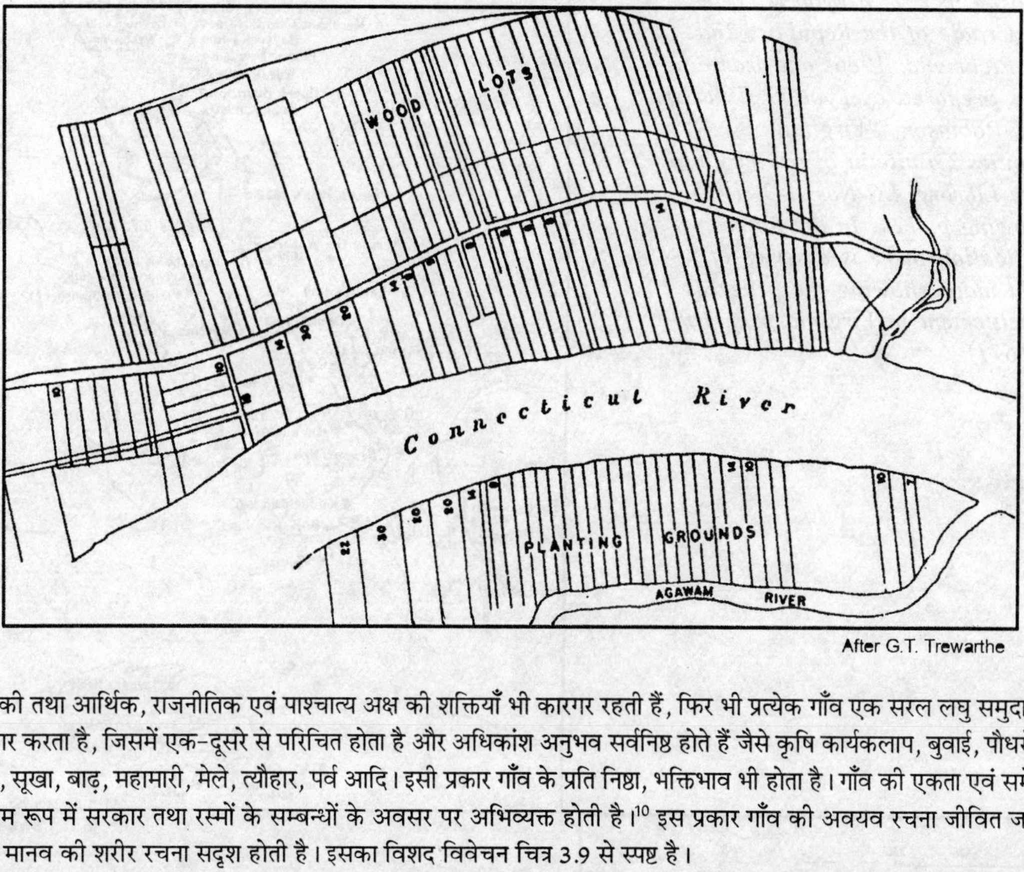

After G.T. Trewarthe

रस्मों की तथा आर्थिक, राजनीतिक एवं पाश्चात्य अक्ष की शक्तियाँ भी कारगर रहती हैं, फिर भी प्रत्येक गाँव एक सरल लघु समुदाय सा व्यवहार करता है, जिसमें एक-दूसरे से परिचित होता है और अधिकांश अनुभव सर्वनिष्ठ होते हैं जैसे कृषि कार्यकलाप, बुवाई, पौधरोपण, कटाई, सूखा, बाढ़, महामारी, मेले, त्यौहार, पर्व आदि। इसी प्रकार गाँव के प्रति निष्ठा, भक्तिभाव भी होता है। गाँव की एकता एवं समेकता स्पष्टतम रूप में सरकार तथा रस्मों के सम्बन्धों के अवसर पर अभिव्यक्त होती है।[10] इस प्रकार गाँव की अवयव रचना जीवित जानवर किंबा मानव की शरीर रचना सदृश होती है। इसका विशद विवेचन चित्र 3.9 से स्पष्ट है।

मानव की कंकाल-प्रणाली धमनीस्वरूप यातायात, संचार को साधन एवं गली के साथ स्थान एवं ग्राम विस्तार है जिस पर मांसल-पेशी की भाँति गृह-तथा अन्य जुड़ी-संरचना एवं निर्माण बने होते हैं। नाड़ी तंत्र, जिससे प्रत्यक्ष ज्ञान प्राप्त होता है, जो जीवन पद्धति को नियन्त्रित एवं कायम रखता है, विविध कर्मकाण्ड, त्यौहार, मेले, खेल, नाटक, रामलीला, ईश्वर पूजा, वृक्षपूजा आदि के समान है जो ब्रह्माण्ड अथवा प्रकृति की सहजीविता (Symbiosis) को प्रतिबिम्बित करता है। अंत:स्रावी एवं श्वसन-तंत्र का प्रतिनिधित्व सबसे व्याप्त यूथचारी प्रवृत्त एवं अपने ग्राम से एक रूप होने तथा तादात्म्य की सामान्य भावना, जो जोड़ने तथा सम्बन्ध बनाने की शक्ति प्रदान करती है, से होता है। इसी भाँति परम्परा, संस्कृति, धर्म, सामाजिक, रीति-रिवाज, ग्राम के मानण्ड आदि हृद्‌वाहिका का प्रतिनिधित्व करते है। अन्योन्याश्रित जाति पदानुक्रम, जजमानी-प्रणाली अथवा श्रम-विभाजन एक ओर तथा दृश्य बाड़, घेरे, चारदीवारी, झाड़ी की बाड़, खाईं आदि दूसरी ओर लसीवाहिका अथवा सुरक्षा संरचना का प्रतिनिधित्व करते हैं। उष्माकाल से गोधूलि तक व्यस्त कार्य-पद्धति, जो खाद्यसामग्री के उत्पादन एवं उपभोग के साथ दिनचर्या-सक्रियता एवं रचनामय कार्य की शक्तिदायिनी है, पाचन-प्रणाली की प्रतिबिम्ब है। सफाई तथा त्याज्य गंदगी का निस्तारण तथा पुनरुत्पादन प्रणाली की सतत् स्थिरता कायम रखने हेतु खेतों की खाद-आपूर्ति शरीर की

Figure 3.8 (a)

With three exceptions (Richmond, Portsmouth, and Norfolk) the named and dated settlements were in existence by 1622. (Compiled from data contained on map opposite p. 201 in Lyon G. Tyles, The Cradle of the Republic, 2nd ed., Richmond, 1906; and from maps prepared by Lyon G. Tyler in M.P. Robinson, "Virginia Counties", Bulletin of the Virginia State Library, IX, Nos. 1-3, 1915, following p. 124. In the latter publication there is a series of eight maps showing the progress of settlement in Virginia from 1607 to 1671).

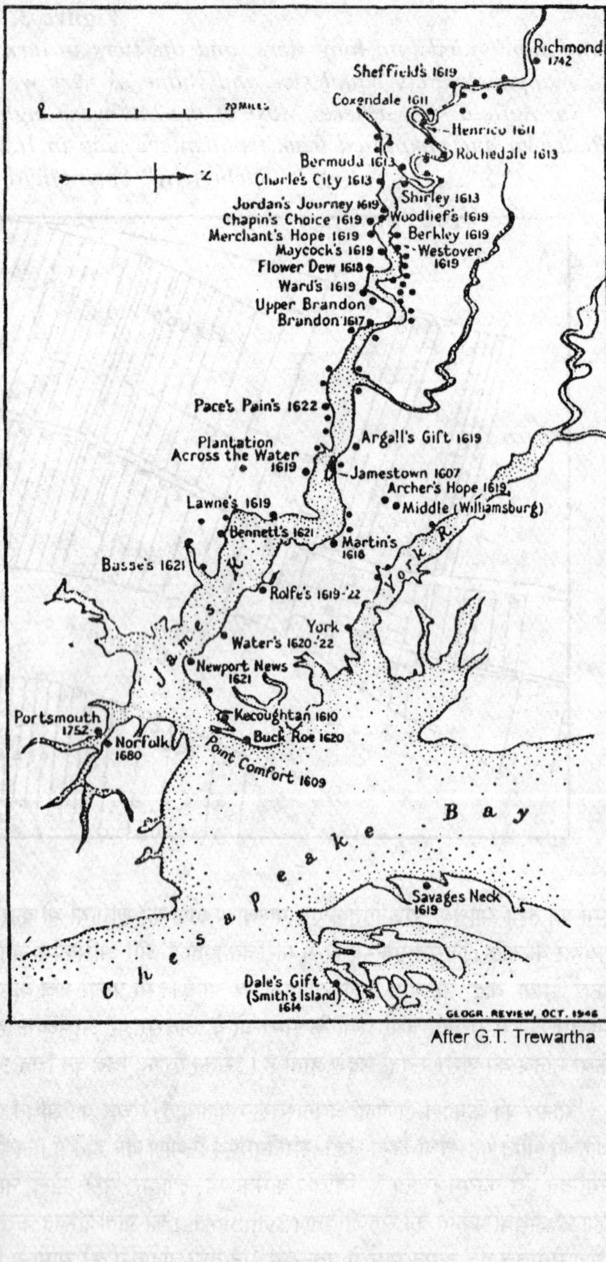

After G.T. Trewartha

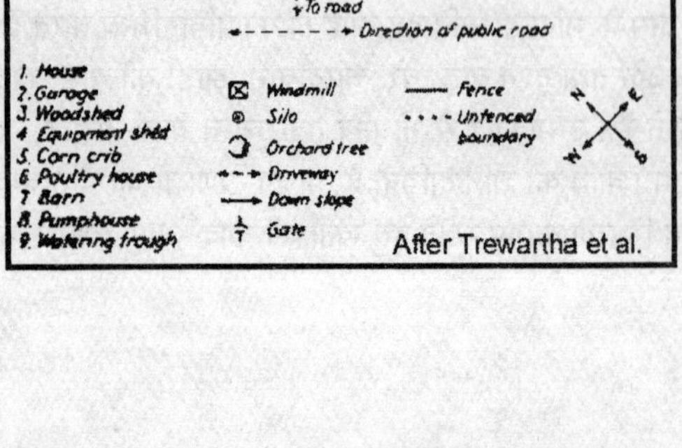

Figure 3.8 (b)

Plat of farmstead on a Wisconsin dairy farm. Note the large bam with twin silos and the numerous other outbuildings.

Figure 3.9

Anatomy

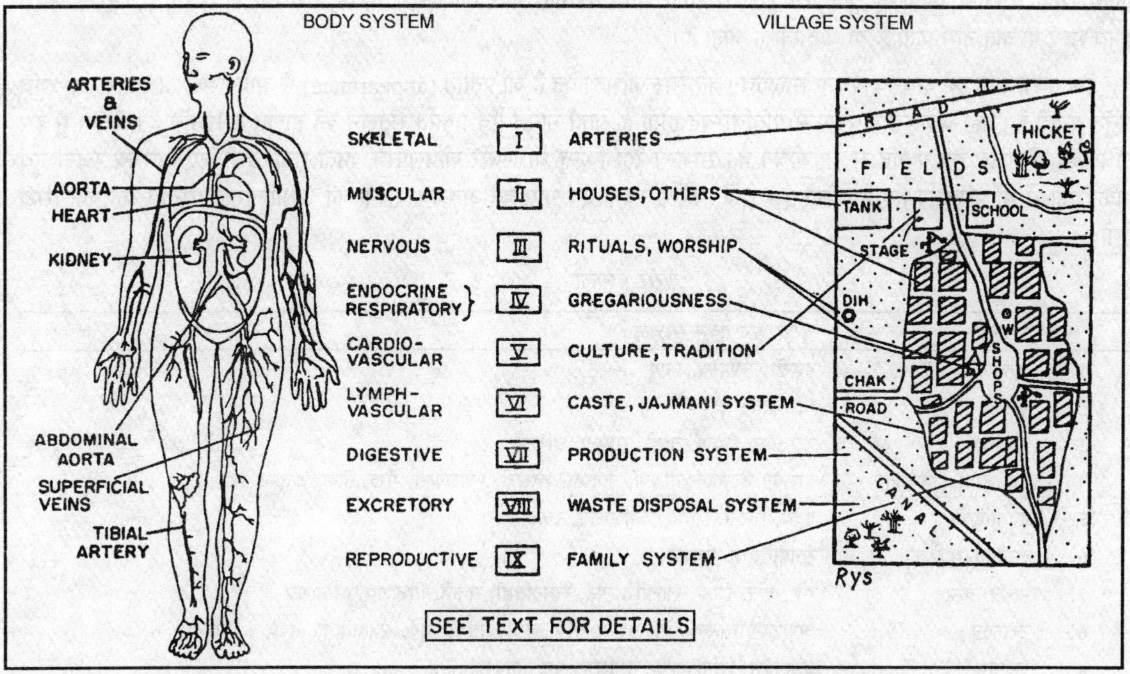

Figure 3.9(a)

Sanchi, Settlements and Fields

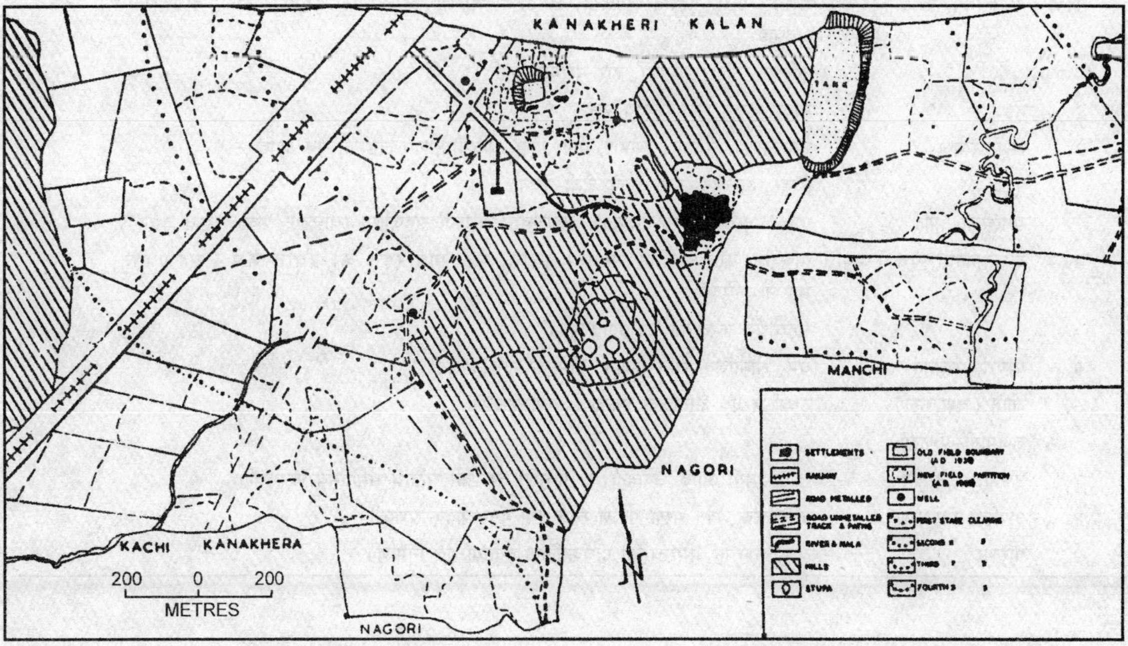

उत्सर्जन प्रणाली सदृश है। अन्त में जननीय प्रणाली को ग्राम के परिवार, संतति तथा वंश चलाने की क्रिया, बागबगीचे लगाना, इमारत बनाना, स्कूल बनवाना, कुआं खुदवाना, धर्मशाला बनवाना, मंदिर बनवाना आदि पुण्य कार्यों के सदृश समझा जा सकता है, जिसके जरिये मानव मृत्यु पश्चात् नाम पाता है या याद किया जाता है।

इस प्रकार ग्राम की अवयव-रचना सहजीवन की स्वरूपाभिव्यक्ति है जो प्रतीति (appearance) में आकारिकी अथवा समग्र-छवि प्रस्तुत करती है। यहाँ ब्रह्माण्ड लघुरूप में प्रतिबिम्बित होता है, जहाँ मानव एवं प्रकृति संतुलन की हालत में स्थिति हैं। अतीत में इस अधिवासों में मानव का प्रकृति से सहजीवन का सम्बन्ध रहा किन्तु धीरे-धीरे शोषणपरक होता गया, इसीलिए अवयव रचना एवं आकारिकी में भी परिवर्तन हुए हैं। चित्र 3.9 देखें। शरीर-रचना एवं ग्राम की अवयव-रचना की अधोलिखित प्रस्तुति सहायक सिद्ध होगी:

शरीर प्रणाली

	प्रणाली	*मुख्य अंग एवम् संरचना*
1.	कंकाल	हड्डी, उपास्थि, स्नायु
2.	माँसल	माँसपेशी
3.	नाड़ीतंत्र	मस्तिष्क, इंद्रियाँ, नाड़ी, सुषुम्ना, ग्रंथियाँ
4.	अंत:स्रावी, श्वसनतंत्र	हारमोन उत्पादक ग्रंथियाँ, फेफड़ा, श्वसनी, श्वासनली, मुख, नाक, तन्तुपट
5.	हृद्वाहिका	हृदय, धमनी, शिराएं, कोशिकाएं, रक्त
6.	लसीका-वाहिका	रोगप्रतिरोधी संरचना
7.	पाचन क्रिया	मुँह, दाँत, जिह्वा, लारग्रंथि, पेट, लघुअंतड़ी, यकृत, पित्ताशय, अग्नाशय
8.	उत्सर्जन	अपशिष्टनिस्तारण अंग, प्रश्वेद ग्रंथि, बड़ी-अंतड़ी, गुर्दे, मूत्रवाहिनी, मूत्राशय, मूत्रमार्ग
9.	जननीय	अंडकोश, लिंग आदि, गर्भाशय, भग आदि।

ग्राम-प्रणाली

1.	गमनागमन पथ	सड़क, गली, गृहान्तर गलियाँ, खण्डान्तर गलियाँ, नगलान्तर, गड्ढे, पोखरी, तलाई खोरी अपवाह
		नालियाँ, नाले, पगडंडी, ढोर-पशुमार्ग आदि।
2.	गृह	मंदिर, डीह, आकारिकीय पक्ष
3.	रस्म-रिवाज	कर्मकाण्डी व्यवहार, त्योहार, मेले, खेल, बातचीत, गप लड़ाना, पर्व आदि
	पूजा	ईश्वर, अल्लाह, ईसा आदि, देवी-देवता,
	रामलीला आदि	पेड़ (प्रकृति की सहजीविता), ब्रह्माण्डीय लघुरूप सहजीवन स्वैच्छिक, स्वत: स्फूर्त बंधन
4.	एकात्मकता यूथचारी-प्रवृत्ति	गांव के प्रति सर्वनिष्ठ सामान्य प्रवृत्ति, एक साथ रहने की प्रवृत्ति जैसे ''सहनाववतु, सह नौभुनवक्तु,
		सहवीर्यम् करवावहै का आदि मंत्र।''
5.	परंपरा, संस्कृति	धर्म, सामाजिक रीति-रिवाज, ग्राम के मान-दण्ड।
6.	जाति (वंश,कुल)	उर्ध्वाधर एवं क्षैतिजिक एकता (अन्योन्याश्रय)
	जजमानी-प्रणाली	
7.	उपभोग-उत्पादन	खाद्यसामग्री आदि, उषाकाल से गोधूलि तक की सक्रिय संगीतमय दिनचर्या।
8.	अपशिष्ट निस्तारण	जीवनचक्र, खेत भरण-पोषण स्रोत तथा पुनरुत्पादक प्रणाली।
9.	परिवार	वंश, कुल के अमरत्व की दीर्घकालिक कृतियाँ एवं निर्माण।

भारतीय ग्रामः उनके स्वरूप एवं प्रादेशिक गुण

पूर्व-उल्लिखित खण्ड 3.1 से 3.5 तक, पुन: 3.7 में भारतीय ग्रामों के विवेचन में इसे दोहराया गया है कि सामान्यतया उपलब्ध मुख्य लक्षण निम्नवत हैं, जाति पदानुक्रम, इसकी संरचनात्मक एकता, हिन्दू संस्कारों (सोलह) के साथ व्यवहाररत जजमानी प्रणाली, अतीत के निर्धारित राज्य क्षेत्रों की इकाई में वंशाधारित संगठन (एवं उनके प्रतिमान), कर्मकाण्डी व्यवहार अथवा रस्में, कथाएं जो ईश्वर, देवी और अन्य स्वरूपों में पूजित देवतागण के साहचर्य में हैं, किन्तु सभी परिमित पूजा-अर्चना द्वारा अनन्त सच का साक्षात्कार करने के लिए स्थायी एवं शांतिमय जीवन का पथ-प्रदर्शित करती हैं। क्योंकि यहाँ लघु-जीवन में सुखानुभूति, रस्मों एवं बलिदानों का निर्वाह है जो परिमितता तथा नश्वरता पर विजय पाता रहा है। मुकर्जी ने सही कहा (द इण्डियन स्कीम ऑफ लाइफ, पृ. 3) कि वह, परिमितता एवं दायित्वों की वेदी पर बलिदान में सहभागी बन कर अनन्त, शाश्वत एवं देवीसत्ता (परम तत्त्व) का बोध करता है।

जाति एवं वर्ग की दृढ़ता एवं कट्टरपन, जिसके विरुद्ध शोरगुल अधिक है, जो वंशानुगत एवं संपत्ति पर आधारित है, विश्वमान्य महाभारत, भगवद्गीता, भागवत पुराण में परिभाषित वर्ण के सच्चे दार्शनिक अर्थों के एवं सही माने में भारतीय संस्कृति की भावना एवं प्रतिभा के विरुद्ध है। इसीलिए तो अन्तर्निहित समेकता, आधुनिकता का प्रतिरोध करती है एवं समाज के परिवर्तनों से समायोजन भी करती है।

भू-दृश्यों की विविधता के साथ ही ग्रामों की प्रादेशिक छवि भी भिन्न है। अवयव रचना एवं आकारिकी दोनों ही पर्यावरणीय, सांस्कृतिक एवं दोनों के संमिश्र स्वरूप विशिष्ट भूदृश्य के प्रभाव को प्रतिबिम्बित करते हैं। जोन्स तथा स्पेट द्वारा खण्ड 3.5 में प्रस्तुत सामान्य तस्वीर केवल द्रष्टा के बाह्य प्रतीति की भिन्नता को ही दर्शाती है। कुछ उदाहरणों के द्वारा आन्तरिक सामाजिक विन्यास-प्रबन्ध सम्बन्धी प्रादेशिक गुणों को प्रदर्शित किया जा सकता है। श्रीनिवास ने मैसूर ग्राम की समाज व्यवस्था का चित्रण करते हुए परम्परागत पेशों एवं परिवर्तनशील सम्बन्धों (shifting relationships) में अनुरूपता, परिवर्तन तथा शिथिलता एवं परस्पर व्यासता के विस्तार का अवलोकन किया है। अनेक रस्म-रिवाज, आर्थिक, राजनीतिक तथा पाश्चात्य अक्षीयशक्तियाँ, व्यवहारों, पेशों तथा उनकी ठोस अभिव्यक्ति स्वरूप गृह-परिवेश के रूप में प्रतिबिम्बित होती हैं। पुराने ग्रामों में प्रत्येक कुलसमूह अथवा (totemistic sect) गणचिह्न वाले सम्प्रदाय/अलग नगलों में बसते हैं। यहाँ हमें मुकर्जी के दृष्टिकोणों से सहमत होना चाहिए कि भारतीय ग्रामों का जाति-मुहल्लों के आधार पर विभाजन आदिवासी प्रदेश के पूर्व द्रविड़ कालीन केन्द्रीय ग्राम वाले परहा, देसम तथा पट्टी के रूप में विभाजन की प्रतिकृति मात्र है। इरावती कर्वे के सर्वेक्षण से प्रकट है कि महाराष्ट्र में नगला को वादी कहते हैं, इसी प्रकार आन्ध्र प्रदेश में मुख्य गाँव से दूरस्थ झोपड़ी-समूह *पाली* अथवा *गुदा* कहलाते हैं। गाँव का पर्यायवाची तेलुगु शब्द ''ओर'' (Oar) है। वादी को भी उसके निवासी गाँव कहते हैं। *कस्बा* या *पेथी* का अर्थ वार्ड (मुहल्ला) से है जहाँ अनेक प्रकार के कारीगर (कसाबी) रहते हैं। सतारा जिले के पूर्वी भाग में बहुत से गाँवों में *बाँगर वादी* (गड़ेरियों के नगले) है। इसी भाँति रोमोशीवादी भी है। वादी का नामकरण कुल, जाति, कबीला के नाम पर होता है, जो उत्तरी भारतीय मैदानी भाग के ''छावनी'' की तरह हैं। महाराष्ट्र में एक जाति के लिए विजातीय तथा दूसरे के लिए ग्राम में ही सजातीय विवाह की प्रथा है। धुर दक्षिण में एक ग्राम में कई कुल के निवासी मिलते हैं। उत्तरी भाग में जहाँ वंश कुल नहीं हैं प्रत्येक जाति के एक पूर्व के वंशज रहते हैं तथा कठोर विजातीय विवाह का नियम उन पर भी लागू होता है, जो अलग गोत्र, पूर्वज वाले हैं। द्रविड़ बहुल दक्षिणी भारत के ग्राम में एक जाति कई वंश कुल के सम्मिश्रण से बनती है। अछूतों का अलग विशिष्ट निवेश होता है। महाराष्ट्र के प्रत्येक ग्राम में *महारवादा* मिलता है। इसी प्रकार मन्ग (Mang) लोग ग्राम से दूर तथा महार से भी दूर रहते हैं। आंध्र में ''माला'' तथा ''माडिगा'' लोगों के अलग गृह-गुच्छ (cluster) होते हैं। ये मुख्य ग्राम के अन्त में निवास करने के कारण अन्तेवासी (Ante-vasi) कहे जाते हैं।

गोंड़ कबीलों में प्रत्येक कुल या संप्रदाय के अधिवास, अन्य समूहों के अधिवास की तुलना में अधिक सघन बसे होते हैं। इसी प्रकार अधिवासों की संरचना भीलों में भी सामाजिक श्रेणी अथवा स्तरीकरण के अनुसार मिलती हैं। इनमें सजातीय गुणों के कारण प्रत्येक व्यक्ति केन्द्रित परिवार में अलग गृहों में रहता है। कबीलाविहीन ग्रामों में भी सामान्यतया जाति के अलग नगले मिलते हैं। मध्य प्रदेश के गोंड़ कबीले जाति के लोग मध्य के खुले स्थान के पार्श्व में अलग पंक्तिबद्ध झोपड़ी समूह बनाते हैं, जिनमें अनेक गृहकार्य या अनाज तैयार करते हैं।

बेतूल (मध्य प्रदेश) में अधिकांश भागों में अधिवास समान दूरी पर बिखरे मिलते हैं। प्राय: ग्राम अच्छी अपवाह वाली उच्च भूमि पर

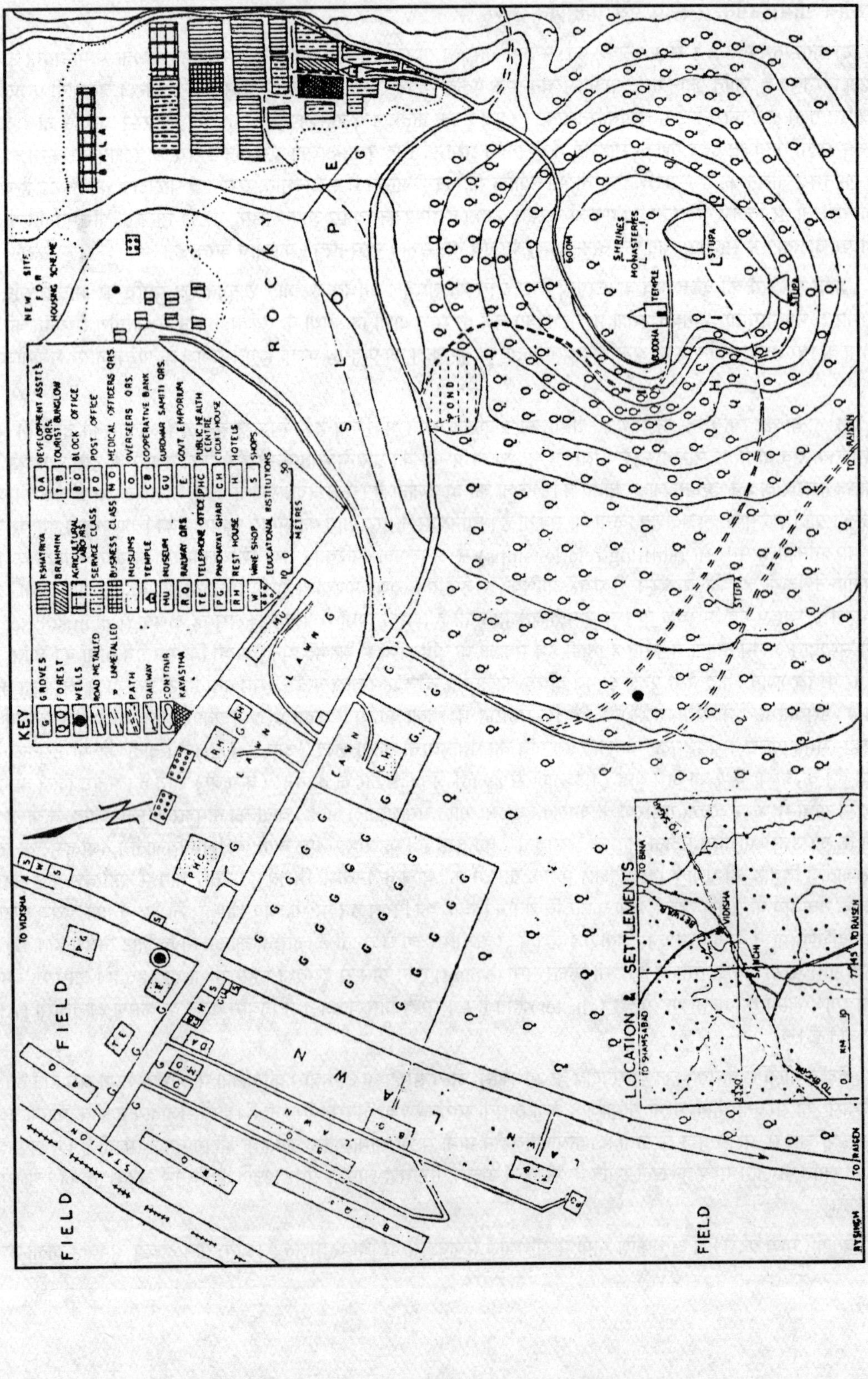

Figure 3.10
Morphology

Figure 3.11

Village Bhori-Mahjuda, Location

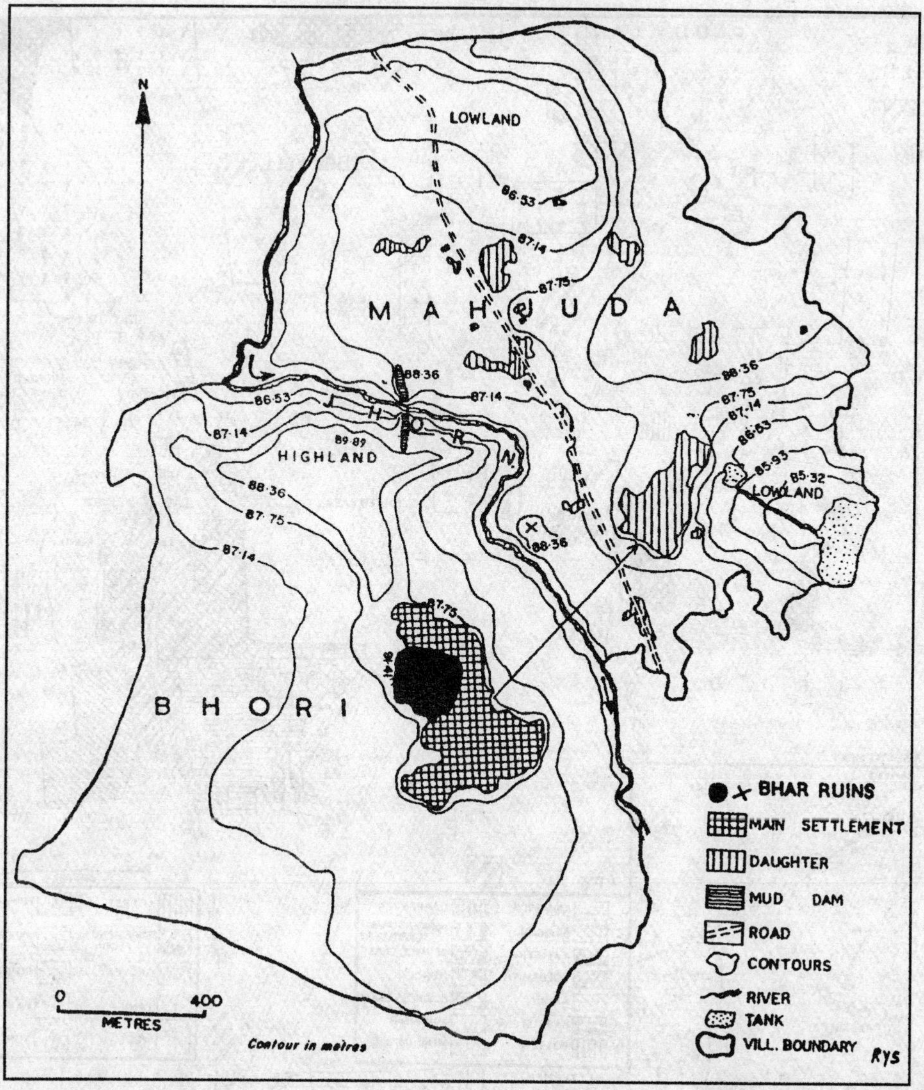

चौड़े रास्ते अथवा सड़क के दोनों ओर साथी रेखा में बने गृहों वाले होते हैं। मकान के पीछे तथा बगल की खाली भूमि (बाड़ी) में सब्जी, मक्का, तम्बाकू आदि पैदा करते हैं। ग्राम में कई जाति के लोग दो या तीन खण्डों में "धाना" नाम से अभिहित निवास में रहते हैं। इन ग्रामों में मंदिर विरले ही मिलते हैं, ग्राम देवता का प्रतिनिधित्व पेड़ के तने के पास ऊंचे चबूतरे पर रखे पत्थर के ढेर से होता है। बस्तर के अधिकांश ग्राम बढ़ई, लुहार, कारीगर तथा अन्य पेशेवर लोगों के माने में स्वजाति से ही स्वावलम्बी होते हैं।

आन्ध्र, महाराष्ट्र के 'कोलम' तथा गोंड, महाराष्ट्र के 'कटकरी' तथा 'बेटे कुरुबा' और 'जेने कुरुबा', 'एरवा' और 'शोलेगा' 'कर्नाटक' कई झोपड़ी वाले अधिवास में रहते हैं। इसी प्रकार पश्चिमी तट के 'वार्ली' नल्लामलाई के "चीचू" एक-दूसरे से अलग कुटुम्ब-गृह में अथवा कुछ झोपड़ी-समूह में रहते हैं।

Figure 3.12 (a)
Morphology

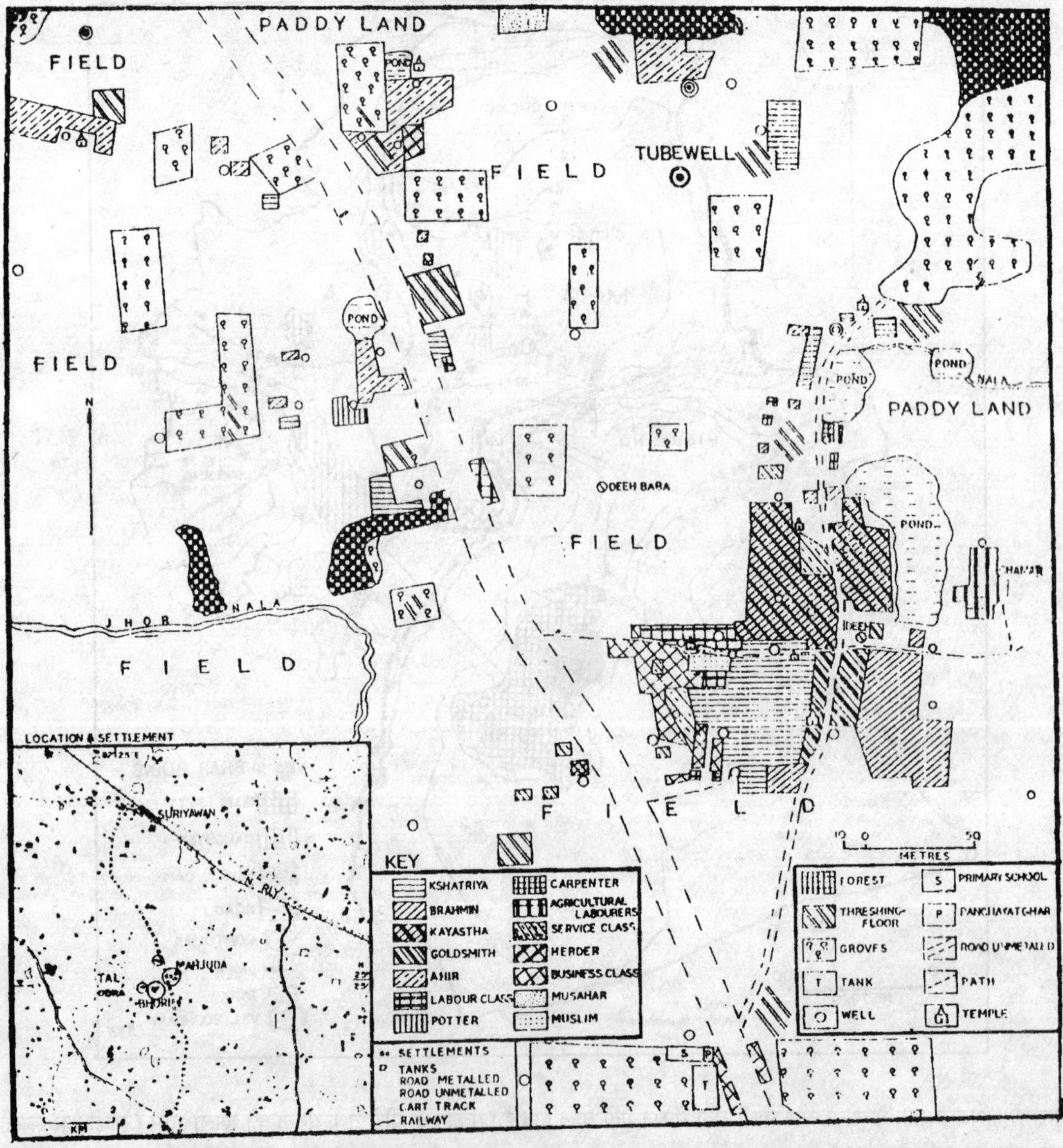

उड़ीसा, छोटा नागपुर के ''खारिया'' लोगों के निवास उनकी सांस्कृतिक अवस्था के अनुसार होते हैं। प्राय: ये लोग पहाड़ी पार्श्व में बिखरे, लगभग 100 मीटर की दूरी पर बने 5 से 10 कुटुम्ब, झोपड़ियों में रहते हैं। अधिक विकसित ''डेलकी'' खरिया लोग नियमित गृहों, बागों, नाच-घेरों तथा कब्रों वाले ग्राम में निवास करते हैं। ईसाई खरिया के ग्राम अधिक बड़े और संहत होते हैं। पहाड़ी खरिया ग्रामों में अविवाहित के लिए शयनशाला (Dormitory) भी बनी होती हैं। गुणचिह्न आधारित, अनेक विजातीय टाटेमिक वंशों में बंटा संथाल कबीले के लोगों का परहा प्रणाली पर बना विकसित क्षेत्रीय संगठन बिहार में मिलता है। ये व्यवस्थित अधिवास है जहाँ ग्राम-मुखिया

Figure 3.12 (b)

Village Bhugore Morphology

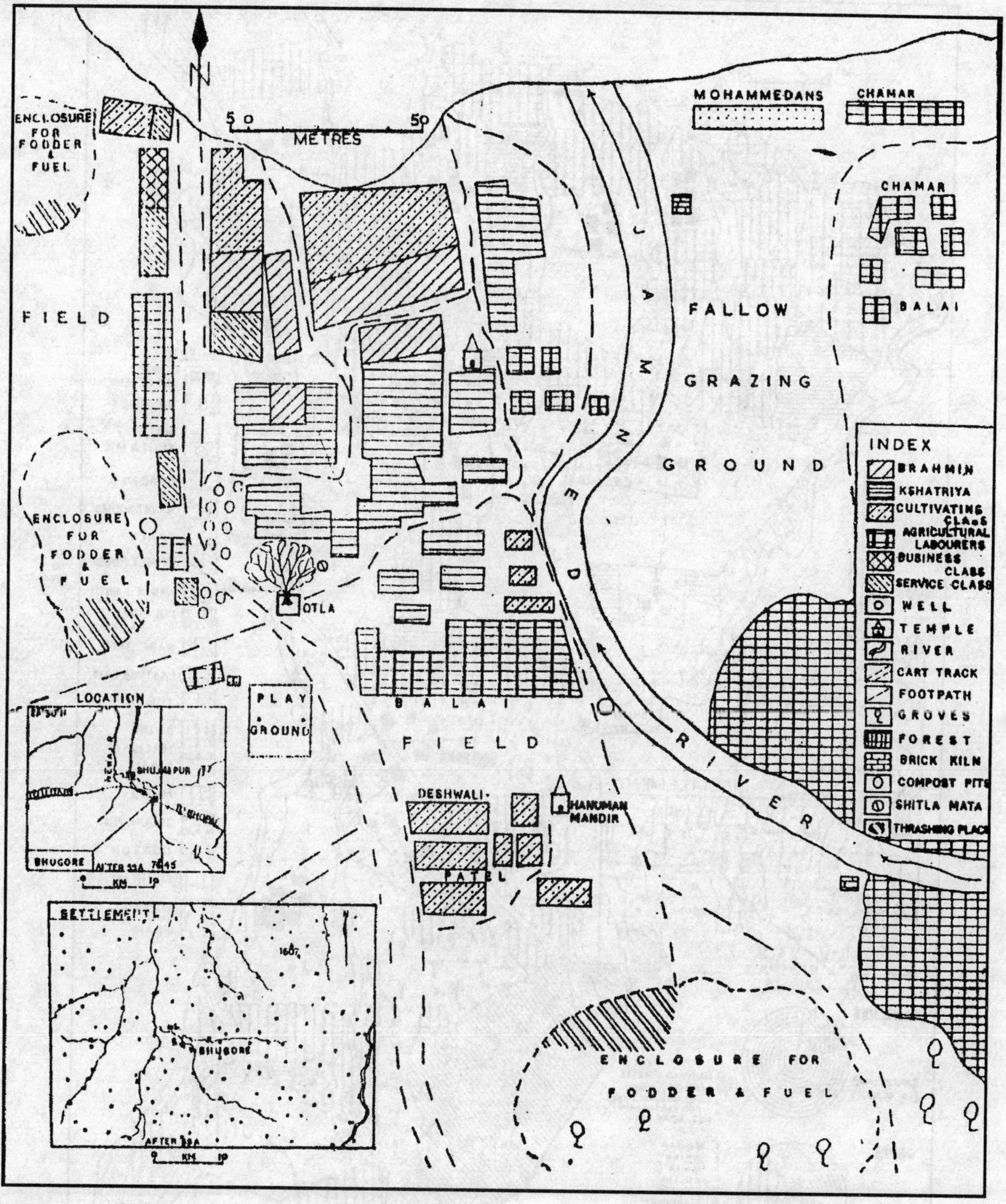

Figure 3.13

Village Barwani Khurd Landuse Pattern and Morphology

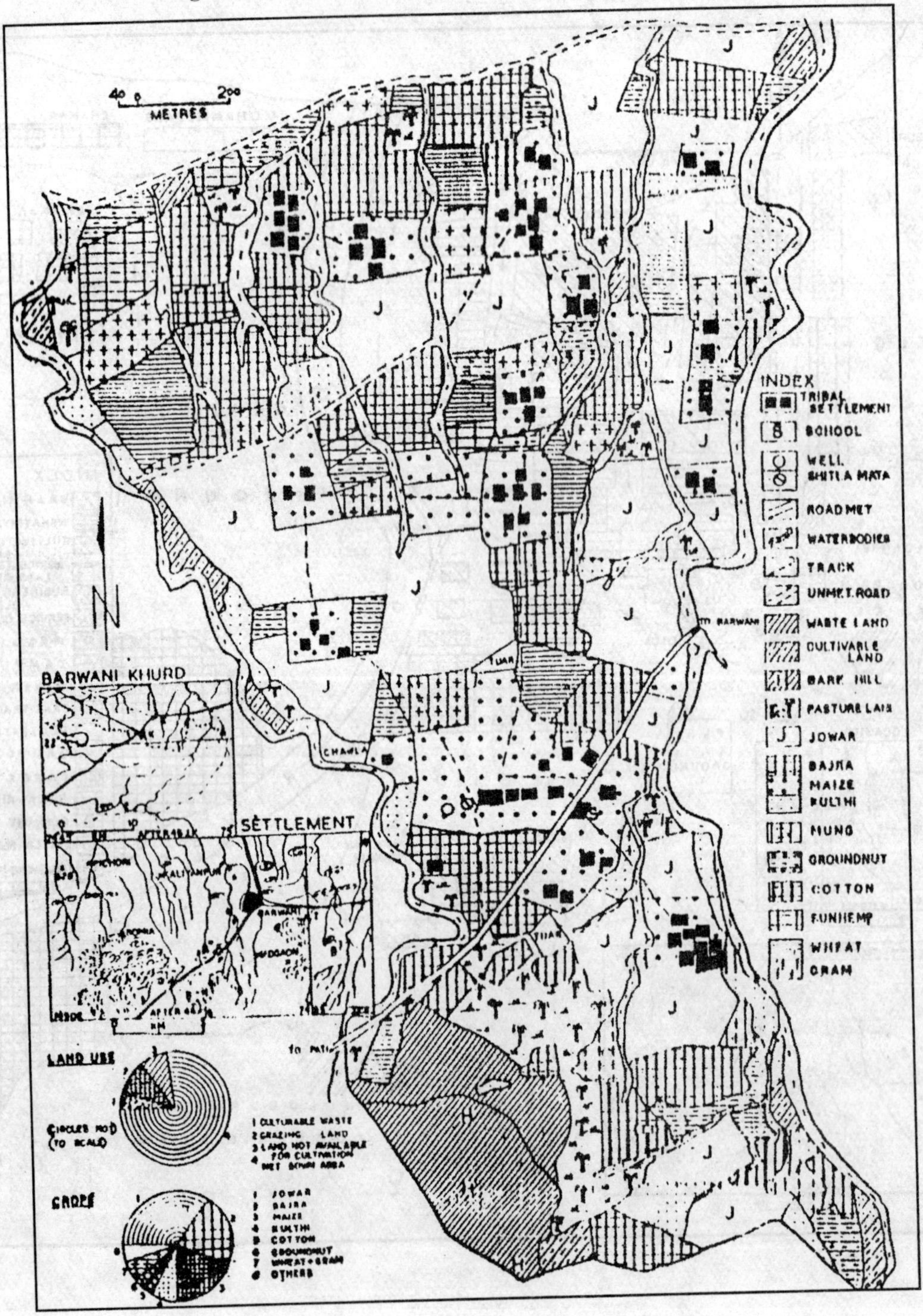

Figure 3.14
Village Naharkhodra, Morphology

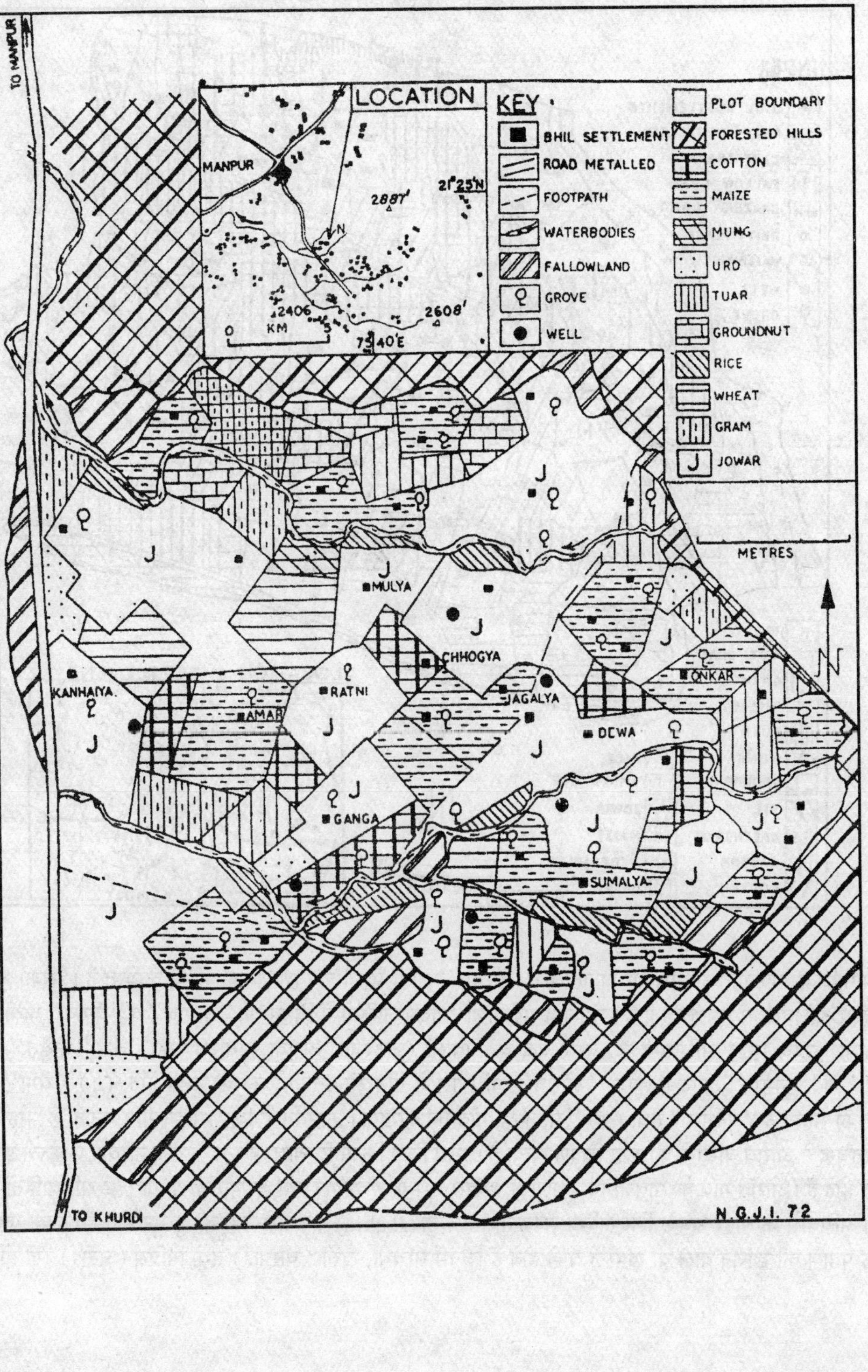

Figure 3.15

Village Bhagatpura, Morphology

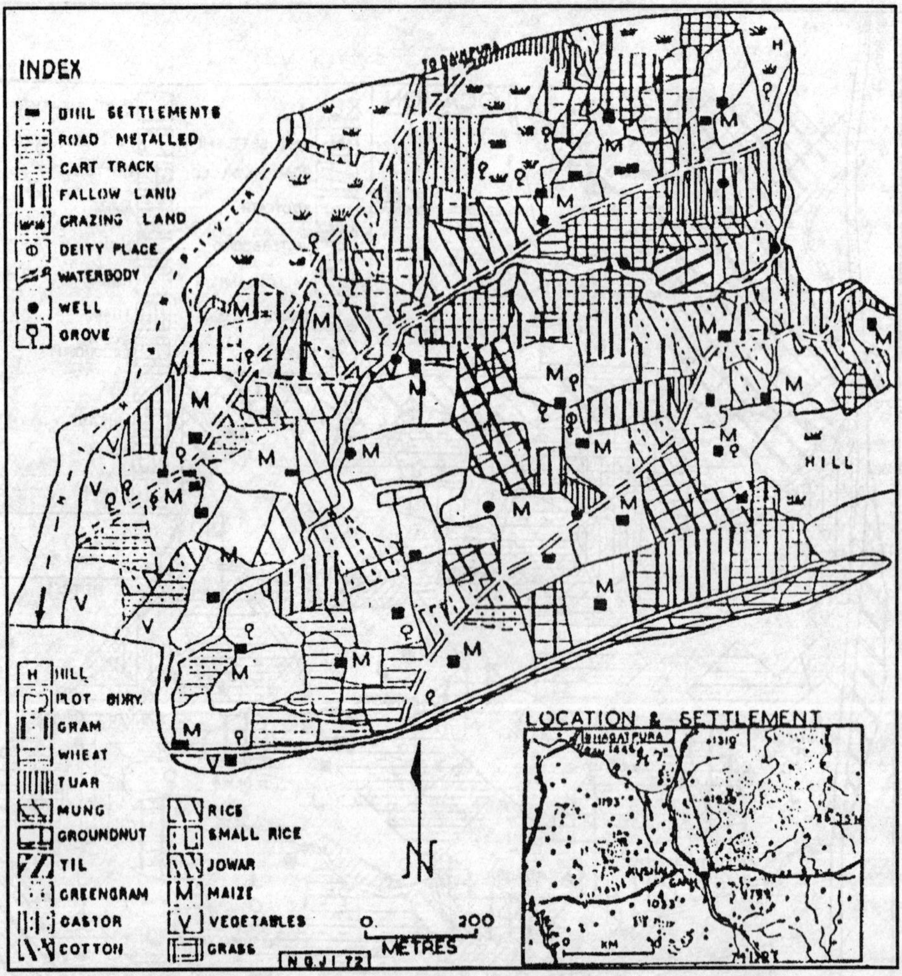

अपना सामाजिक, राजनीतिक अधिकार जताता है। ''बिरहोर'' लोगों में भी शयनशाला की संस्था कार्यरत है। इसकी घुमक्कड़ शाखा एक से दूसरे अधिवास में घूमती रहती है। जंगल कटाई वाली आदिम जातियों में बिहार की ''ओराँव'' व ''कुरुथ'' कबीले वाले भुँइहार के पुरोगामी कुटुम्ब मुख्य अधिवासी है। दूसरे बाद के निवासी (जेठरैयत' अथवा साधारण रैयत) जैसे ''गोड़ैत'' या ''अहीर'', ''लोहार'' या ''कुम्हार'' आदि है। एक ''ओरांव'' अधिवास में तीन संगठनकारी कारक मुख्य होते, (1) ''बैगा'' या ''पाहन'', (2) उसका सहायक ''पनभरा'' तथा (3) ''महतो'', गाँव का मुखिया। कहावत है कि ''पाहन गाँव बनाता है, महतो गाँव चलाता है।'' शरतचन्द्र ने ओराव बस्तियों का स्पष्ट चित्रण किया है। इसमें बिना किसी विन्यास-प्रबन्ध के गन्दे परिवेश में कच्ची झोपड़ियों के सटे हुए गुच्छ होते हैं। ओराँव गाँव के सार्वजनिक स्थलों में *अखरा* अथवा *नाचस्थल* तथा *धुमकुरिया* या ग्राम के अविवाहितों की शयनशाला होती है। अधिवास के बाहर सबके लिए पवित्र *सरना* तथा *झकड़ा* (Jhakra) नामधारी पेड़ों के झुरमुट होते हैं। इनके गृह तथा साधारण प्रकार के पुवाल की छाजन वाले या खपरैल वाले होते हैं जिनमें मचिया, खत्ती (चारपाई) तथा पित्रिस (चटाई) रखे होते हैं।

Figure 3.16
Village Semalkheri, Morphology

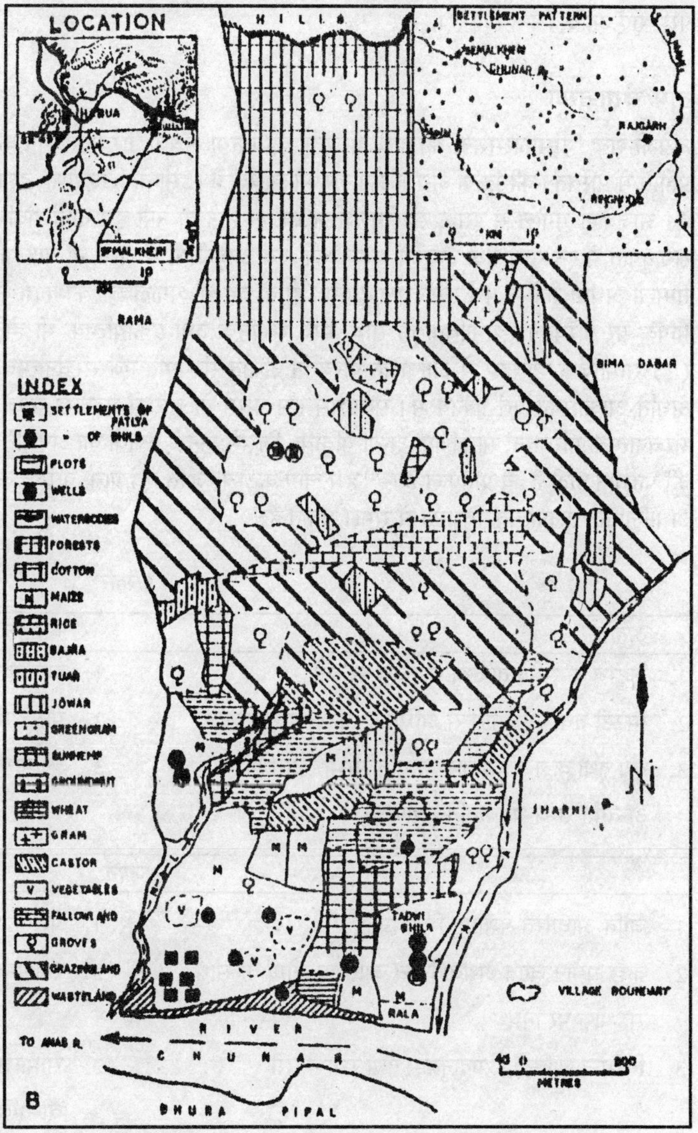

लुगाई पहाड़ियों में कुकी कबीले वाले बाँस तथा बेंत से बने हुए चार-पाँच झोपड़ियों के बने ग्राम में रहते हैं, किन्तु घुमक्कड़ स्वभाव वाले कुकी लोगों की झोपड़ियाँ मणिपुर की पहाड़ियों में भी मिलती हैं। ये घुमक्कड़ कुकी बाँस की टीवाल तथा छाजन के लिए बाँस की धरनी तथा करी (Beam) की सहायता से कुछ घण्टों में ही साधारण झोपड़ी निर्मित कर लेते हैं। ग्रामों में जहाँ वे स्थाई निवास करते हैं इनके घर बड़े व सुदृढ़ होते हैं। जयन्तिया तथा खासी पहाड़ियों के 'खासी' लकड़ी पत्थर बाँस, बेंत, खजूर के पत्ते तथा घास-फूस से बने छोटे घरों में रहते हैं। अल्मोड़ा तथा कूमायूं की पहाड़ियों में 'राजी' लोग रहते हैं और जंगल की कटाई तथा फसल उत्पादन के लिए घुमन्तू जीवन व्यतीत करते हैं। गंजाम तथा तमिलनाडु के सावोरा अनेक ग्राम इकाइयों में बंटे हुए रहते हैं। ये लोग पत्थर अथवा मिट्टी के मकान बनाकर खजूर अथवा इमली की डालियों से छाजन बनाते हैं। आन्ध्र प्रदेश में 'चेन्चु' लोग 15-25 झोपड़ियों वाले 'पेण्टा' में रहते हैं। केरल के 'कदार' जंगल के आन्तरिक भागों में 15 से 20 झोपड़ियों के गाँव में रहते हैं। इन झोपड़ियों के बाड़े में ये केला, आम तथा सब्जी आदि उगाते हैं। जान्सरबावर के खस लोग संयुक्त परिवार वाले घर में रहते हैं, और प्राय: एक ही छत के नीचे एक या दो पत्नियों वाले कुटुम्ब के समूह निवास करते हैं।

अर्द्ध-आदिवासी शरीखे मुसहर लोग उत्तर प्रदेश तथा बिहार में मुख्य ग्राम-अधिवास के बाहर जंगल के पास सार्वजनिक भूमि पर झोपड़ियों अथवा घरों के समूह में निवास करते हैं। प्राय: बहुविध उपयोगी रिक्त स्थल के चारों ओर झोपड़ियों का विन्यास मिलता है। राजस्थान तथा मध्य प्रदेश में शहरों के किनारे के भाग में गड़िया लौहार के परिवार समूह मिलते हैं। ये गड़ियों को हल्के छाजन या तम्बू से ढक कर रहते हैं और लुहारगिरी का काम करते हैं।

आदिवासी इतर अधिवासों में सामान्यतया प्रदेश ग्राम व्यक्तिगत लोकाचार, चलन, प्रथा एवं सामूहिक एकता वाली विशिष्ट सत्तात्मक इकाई होती है। दूबे के अनुसार अनेक जाति एवं समुदाय के लोग ग्राम में निवास करते हुए इसके आर्थिक, सामाजिक तथा रस्म एवं तज्जनित प्रतिरूप सामान्यतया स्वीकृत परिपाटी द्वारा अनुशंसित दीर्घकालिक आपसी तथा पारस्परिक दायित्वों के बन्धन से (Integrated) समाकालित होते हैं। किन्तु मूलभूत समानता के बावजूद ये ग्राम अपने आन्तरिक संरचना, व्यवस्था, आधार तथा विश्व के प्रति दृष्टिकोण,

अपनी जीवन तथा विचार पद्धति आदि में अधोलिखित विविध कारकों के कारण जैसे-आकार, जनसंख्या, भूमि क्षेत्रफल, जातीय बनावट एवं संरचना, भू-स्वामित्व-प्रतिरूप, अधिकार तथा शक्ति पदानुक्रम की संरचना, नगरीय सम्पर्क से अलगाव की स्थिति तथा स्थानीय परम्पराएं आदि, भिन्न होते हैं।

ग्राम रूपान्तरण

अंग्रेजी शब्द 'ट्रांसफारमेशन' का अर्थ परिवर्तन की क्रिया अथवा परिवर्तित होने का तथ्य दोनों है। दूसरे अर्थों में स्वरूप, आकृति तथा प्रतीति में परिवर्तन की क्रिया अथवा रूपान्तर भी सार्थक है। इसी के लिए गुणों, दशाओं आदि में पूर्ण परिवर्तन आदि का उल्लेख मिलता है। आजकल भूगोल में इसके संश्लेषणशील विज्ञान होने के नाते हम दोनों संदर्भित अर्थों में सम्बन्धित हैं। चाहे किसी भी विभिन्न समानुपात में इन गुणों तथा दशाओं या स्वरूपों एवं आकृतियों में जैसा भी पूर्ण परिवर्तन हो, हमारे अध्ययन का विषय है। यदि कुछ मामलों अथवा क्षेत्रों में पूर्ण रूपान्तरण दृष्टिगत हो तो वह भी भूगोलवेत्ता का कार्य क्षेत्र है। जहाँ तक अधिवासों का सम्बन्ध है, समय के मापक पर परिवर्तन स्वाभाविक के साथ-साथ स्थानिक तथा प्रकार्यात्मक भी होता है। यह परिवर्तन दो रूपों में अभिव्यक्त होते हैं, (1) सामाजिक व्यवहार में आन्तरिक परिवर्तन अर्थात् संस्थागत एवं संरचनात्मक (2) स्थानिक विन्यास व्यवस्था में बाह्य परिवर्तन अर्थात आकारिकी एवं प्रकार्य में। सर्वप्रथम हम प्रथम के बारे में उल्लेख करते हैं। रेमण्ड फर्थ (Raymond Firth) के शब्दों में संरचनात्मक परिवर्तन, सामाजिक अन्यान्यक्रिया, जिसमें अनेक दबावों का अनुभूति होती है, सुविधाओं का प्रत्यक्षज्ञान एवं उत्तरदायित्वों की पहचान होती है, ये प्रतिफल है।–[11] हम लोग कुटुम्ब, जाति एवं ग्राम-परिषद् के सम्बन्ध में सामाजिक संगठन की विभिन्नताओं को अधोलिखित तुलनात्मक विवरण से समझ सकते हैं:

परिवार	
अतीत	*वर्तमान*
1. कुटुम्ब के समेकता तथा साहचर्य पर बने	1. व्यक्तिवाद की वृद्धि
2. मिट्टी तथा अधिमास से अधिकाधिक लगाव/आशक्ति	2. प्रायः स्थानान्तरणशील
3. वय तथा कुल की प्रतिष्ठा के प्रति सम्मान द्वारा परिवार अन्तर्गत सम्बन्धों का नियन्त्राण	3. इन पारम्परिक वसूलों का कम सम्मान
जाति	
1. जाति आधारित पेशागत विशेषज्ञता	1. पेशे के लिए जाति अंतिम तथा नियतकारी कारक नहीं
2. कुछ समान जाति अथवा निम्न जाति के लोगों के साथ सहभोज पर निषेध	2. सहभोज के नियमों की दृढ़ता में कमी
3. विभिन्न जातियों में पदानुक्रम तथा स्थायी दूरी	3. सामाजिक पदानुक्रम के प्रति विनयपूर्ण विरोध एवं वास्तविक व्यवहार में कुछ संशोधन
ग्राम परिषद्	
1. आनुवंशिक नियमों पर आधारित निर्माण	1. उपलब्ध प्रतिष्ठा वालों का भी प्रवेश
2. बाह्य हस्तक्षेप नगण्य	2. पर्याप्त बाह्य दबाव
3. निर्णय सामान्यतया स्वीकृत	3. अवज्ञा अथवा परिहार सम्भव

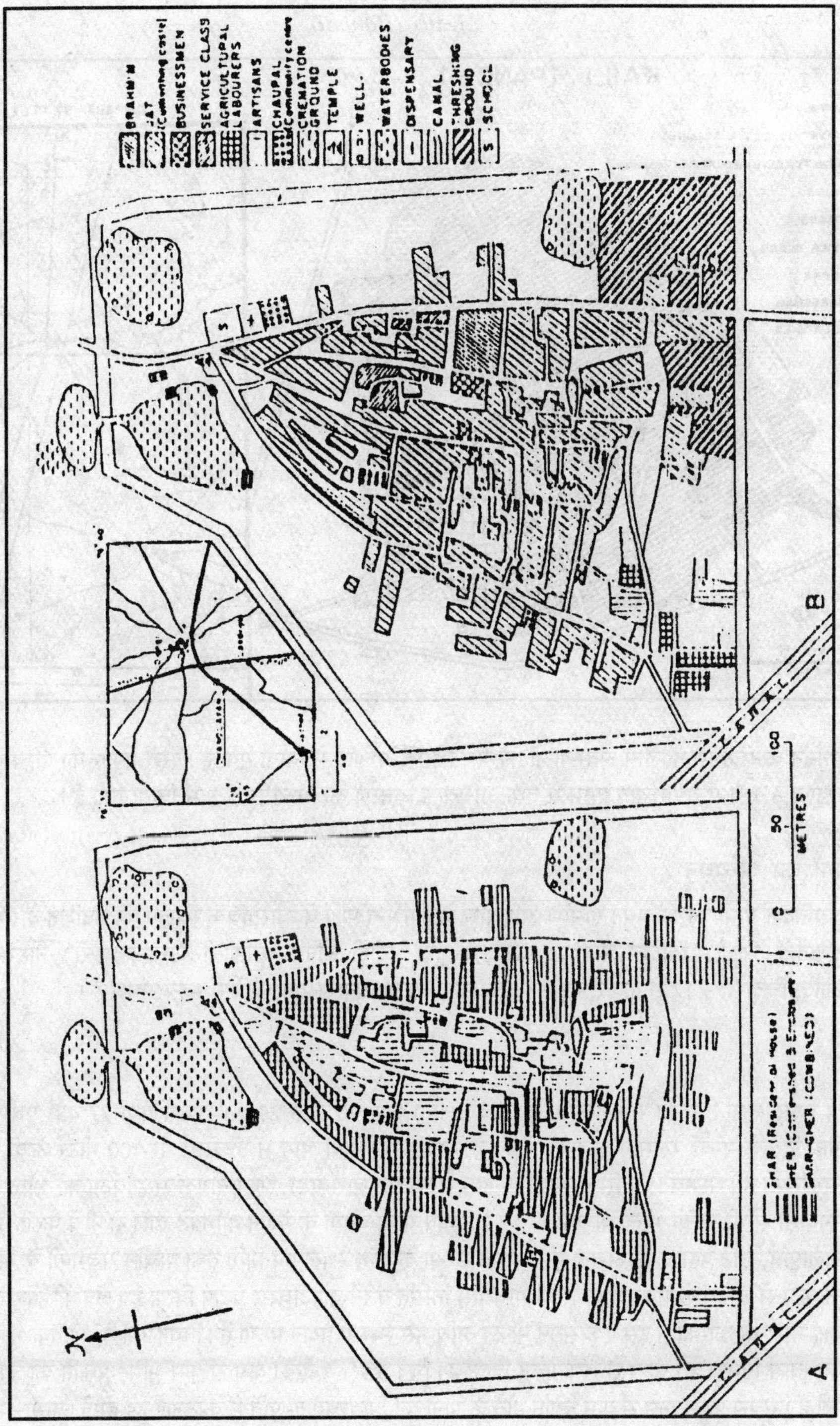
BRAHMIN
JAT (Cultivating caste)
BUSINESSMEN
SERVICE CLASS
AGRICULTURAL LABOURERS
ARTISANS
CHAUPAL (Community centre)
CREMATION GROUND
TEMPLE
WELL
WATERBODIES
DISPENSARY
CANAL
THRESHING GROUND
SCHOOL
CANAL
0 50 100
METRES
A
B
N

Figure 3.17

Figure 3.18
Kaili (Panchi)

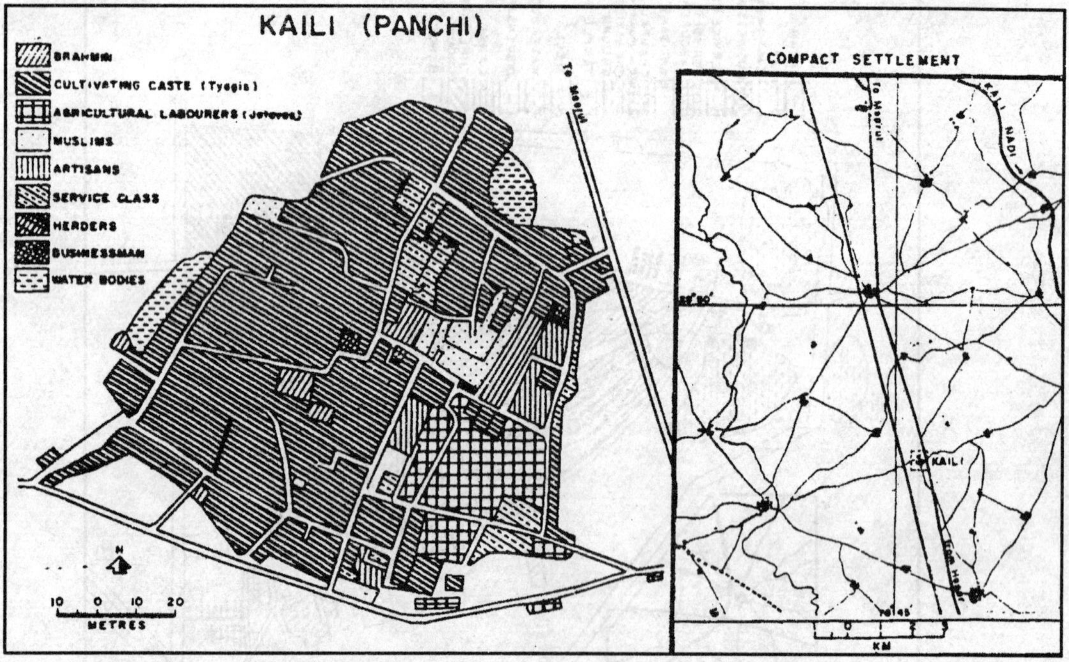

ग्राम-संगठन के संक्रमण कालीन अवस्थाओं का वर्णन 10वें अध्याय में किया गया है। दूसरे प्रकार का परिवर्तन अर्थात् आकारिकी का विवेचन खण्ड 6.1 ब में व अध्याय षष्ठम में तथा अधिवास वितरण का अध्ययन 5.5 में किया गया है।

प्रतिदर्श ग्रामों का अध्ययन

कुछ चयनित प्रतिदर्श ग्रामों का अध्ययन ग्रामीण अधिवास के विभिन्न पक्षों के वास्तविक स्वरूप को प्रदर्शित कर सकता है। ये प्रतिदर्श ग्राम निम्नलिखित हैं। सांची, (विदिशा, मध्य प्रदेश से), महजूदा, भदोही, ज्ञानपुर/वाराणसी (उत्तर प्रदेश से), नाहर खोदरा [इन्दौर (मध्य प्रदेश) से] आदि; चित्र सं. 3.17 से लेकर 3.32 तक के मानचित्र व्याख्या प्रस्तुत करने में स्वयं समर्थ हैं।

सांची

भोपाल में 44 किमी तथा विदिशा से 9 किमी. दूर (जन. 180), 1990 (23°29 29′ उत्तरी तथा 77°45′ पूर्वी) स्थिति यह मध्यम आकार का ग्राम दिल्ली मुम्बई रेलमार्ग के मध्य में है। वर्तमान ग्राम मैदानी भाग से उच्चस्तर पर 100 मीटर ऊँची बालू के पत्थर वाली सपाट चोटी पर स्थित है। सम्भवत: बासियाँ झील के नाम से व्युत्पन्न बांसवाड़ा, झब्बू नायक से झाबुआ की भाँति साँची की उत्पत्ति भी यहाँ के मूल निवासी साँची-माँची भीलों के नाम पर हुई है। कृषि योग्य बेतवा के मैदान की खड़े ढाल से नीचे फैली भूमि, नदी तथा तालाब से उपलब्ध जलापूर्ति, छोटे पहाड़ी के अंचल में समुचित सुरक्षा के साथ स्थल की प्राप्ति तथा प्राचीन राजमार्गों के संधि-स्थल पर स्थिति आदि ने संयुक्त रूप से चन्द्रवंशी राजपूतों के लिए अधिवास निर्मित करने का अवसर प्रदान किया है। क्षेत्र की अशांत राजनीतिक दशाओं के कारण सुरक्षा सम्बन्धी कारकों ने इसे एक सघन पुंजित अधिवास स्वरूप प्रदान किया है। निवासियों ने, भौतिक भू-प्रदेश के साथ भूमि-विस्तार एवं अधिवास निर्माण हेतु बहुत से समायोजन किया है। चित्र 3.9(a) देखें। कम से कम भूमि-अवाप्ति की चार अवस्थाएं स्पष्टतया दृष्टिकोचर होती हैं। सबसे पहले कम से कम पर्याप्त पीने के पानी की आवश्यकता पूर्ति में कठिनाई हुई होगी। कभी-कभी नाला तथा बेतवा

Figure 3.19

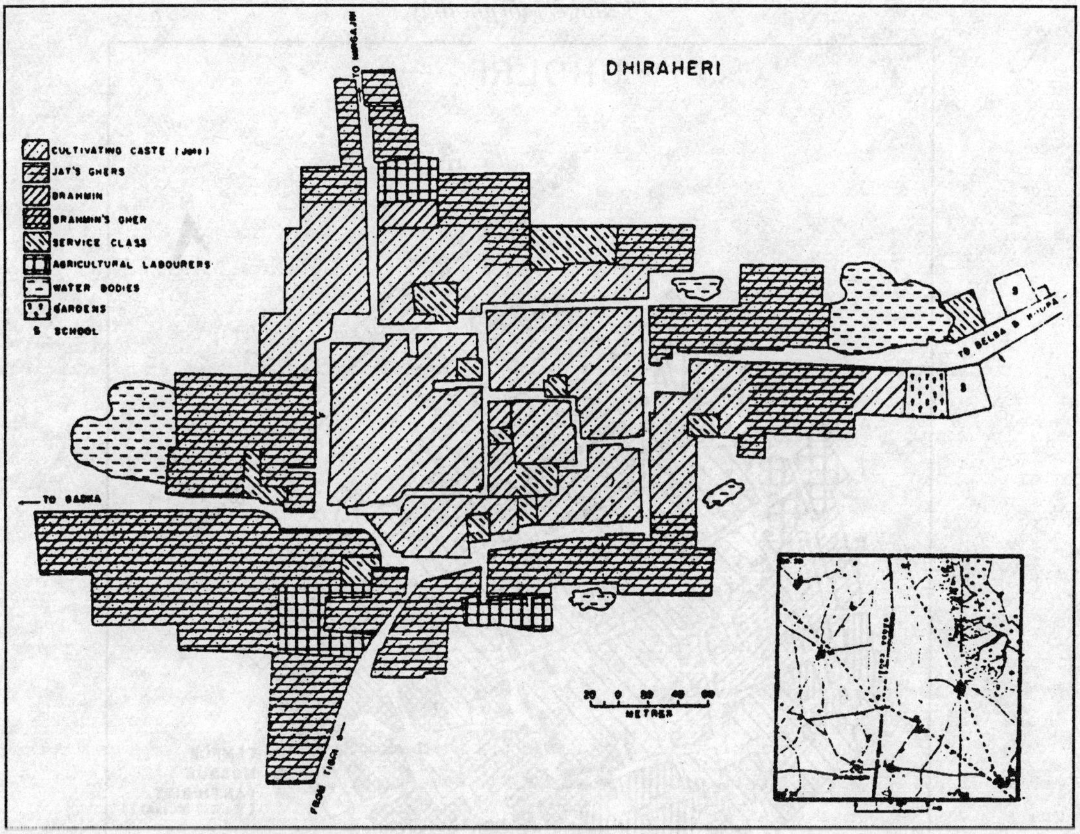

की सहायक नदी से बरसात तथा जाड़े में पानी सुलभ था पर गर्मी के दिनों में उन्हें दूर जाना पड़ता था। अत: एक कुएँ का तथा पहाड़ी के नीचे बाँध के द्वारा तालाब का निर्माण किया गया। तालाब की चन्द्रवेधी व्यास-स्थिति इसके राजपूतों द्वारा निर्माण की पुष्टि करती है। इस प्रकार के दूसरे छोटे तालाब का निर्माण वायव्य कोण में हुआ। सड़क तथा रेल-यातायात के विकास से भी संहत ग्राम के स्वरूप में परिवर्तन नहीं हुआ किन्तु आकस्मिक यात्रियों की सेवा हेतु रेलवे स्टेशन के किनारे दुकानदारों के अधिवास बढ़ते गए। अन्य बाहरी लोग भी होटल, जलपान गृह तथा फुटकर दुकान की स्थापना किए। रेलवे कर्मचारी निवास भी बने। विकासखण्ड केन्द्र की स्थापना से अन्य भवनों का निर्माण हुआ। सड़क की ओर ही स्वास्थ्य केन्द्र, टेलीग्राफ कार्यालय, अजायबघर, सर्किटहाउस, अतिथिगृह (गेस्ट हाउस) टूरिस्ट बंगला, धर्मशाला, पंचायत घर, इम्पोरियम, सहकारी बैंक, डाकघर तथा अन्य संस्थागत केन्द्र ग्राम अधिवास से अलग नियोजित ढंग से बसाए गए। अन्य सुविधाएं जैसे, कुएं द्वारा जलापूर्ति, विद्युत तथा रेल, बस यातायात की सुविधाएं नए उद्योग के लिए आकर्षक हैं। अपने प्रजातीय गुणों के कारण भील आदिवासी अलग बसे हैं।

खड़े ढाल तथा पहाड़ी ढाल के नीचे फैली हुई कृष्य भूमि के कारण अधिवास को बहुभुजीय लम्बी आकृति मिली है, जैसा चित्र 3.9 से स्पष्ट है। आदिवासियों के कारण इसे L एल आकृति प्रदान की गई जिसे अन्य कार्यालयों की स्थिति द्वारा U यू आकृति प्राप्त हुई है। मुख्य अधिवास में अनेक जातीय प्रखण्ड विकसित हुए हैं, जिसके मध्य में राजपूत, कायस्थ तथा बनिया लोग हैं। बाह्य क्षेत्र में पिछड़ी जाति के लोग, मुसलमान तथा कृषक मजदूर जैसे बलई एवं चमार बसे हैं। चट्टानी ढाल के नीचे उत्तर-पश्चिम में आदिवासी उद्भव के कृषक वर्ग के लोग रहते हैं। दो प्राथमिक विद्यालय, 1953 एवं 1955 में क्रमश: लड़कियों तथा लड़कों के लिए खोले गए। 1955 में

Figure 3.20

Village Morphology

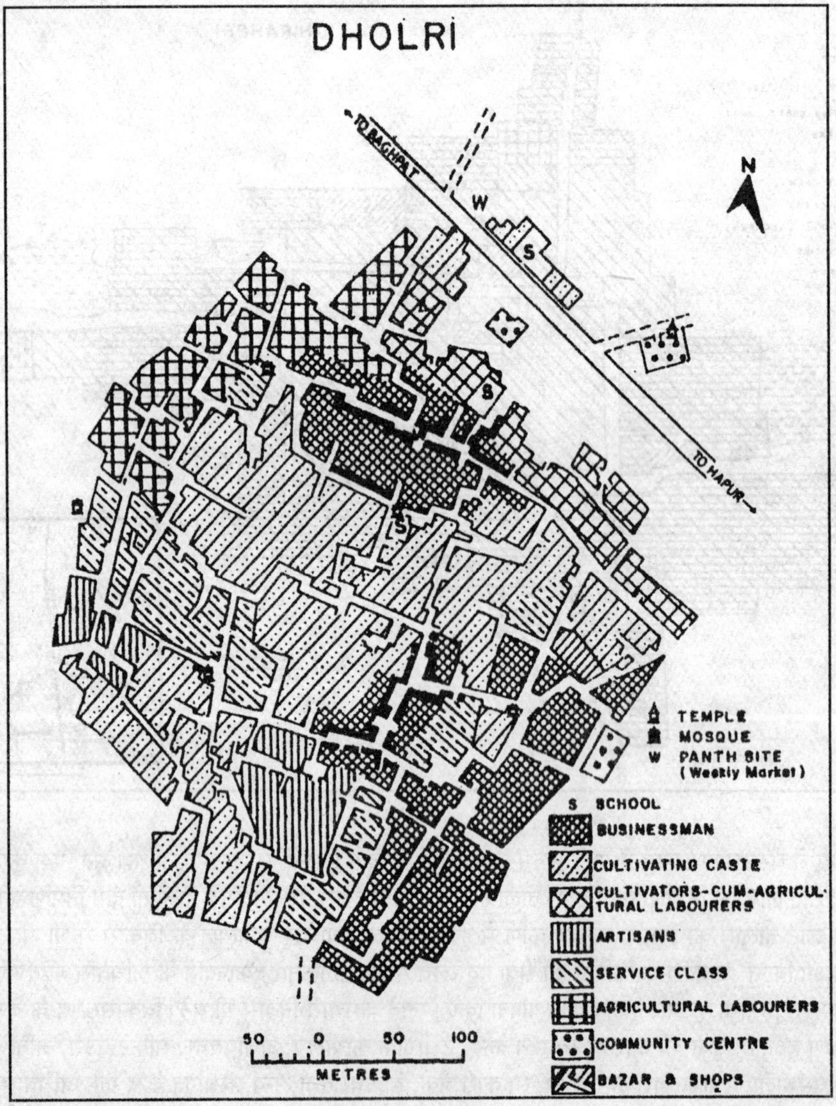

खुले उच्चतर माध्यमिक विद्यालय के पास मिट्टी के भीटा वाला बड़ा तालाब भी है। आवासीय क्षेत्र में एक मढ़िया (मन्दिर), दो हनुमान तथा एक शिव मन्दिर स्थित हैं। अधिवास से अजायबघर तथा जंगल के किनारे बनी सड़क तक जिससे होकर गमनागमन होता है, नंगी बालू पत्थर की चट्टानी ढाल विस्तृत है। बिखरे चट्टान के बोल्डर तथा कंटीले बाड़ उपान्त गृहों के समीप दूर से ही दिखाई पड़ते हैं। नया प्रखण्ड प्राचीन से बिल्कुल भिन्न है। रेलवे स्टेशन से प्रारम्भ होकर सड़क की ओर बाएं तरफ रेलवे कार्यालय तथा आवास दायीं ओर भी समानान्तर फैले रेलवे क्वार्टर चौराहे तक विस्तृत हैं। इस सड़क तथा विदिशा जाने वाली सड़क के आयताकार क्षेत्र में इम्पोरियम, टेलीग्राफ कार्यालय तथा पंचायतघर आदि हैं। स्टेशन रोड तथा रायसेन की सड़क के आयताकार क्षेत्र में अन्य संयोजक सड़कों के साथ विकास केन्द्र, कर्मचारी कार्यालय, क्वार्टर, अभियन्ता, स्वास्थ्य चिकित्सक के आवास तथा सहकारी बैंक, होटल, फुटकर दुकानें, गुरुद्वारा

Figure 3.21
Village Morphology

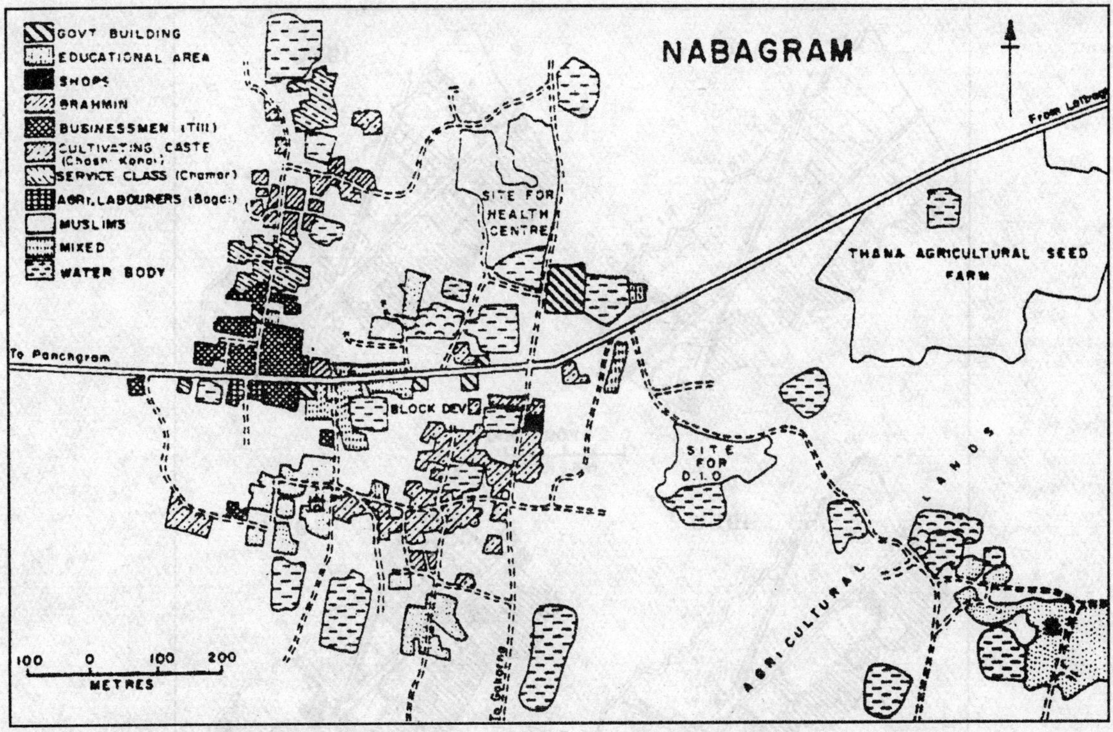

समिति, विकासकेन्द्र के अन्य आवास, टूरिस्ट बंगला तथा डाकघर स्थित हैं। चौराहे के पास बाएं प्रखण्ड में सरकारी उद्यान, सर्किट हाउस आदि विस्तृत भूमि क्षेत्र के साथ विस्तृत हैं। इन सबके पश्चात् जंगल तथा पहाड़ी तक पहाड़ी अंचल में ऊँचाई पर स्थित तालाब के पास से मोटर वाहन योग्य पक्की टेढ़ी-मेढ़ी सड़क स्तूप तथा अधिवास तक चली गयी है। पहाड़ी की ऊँचाई पर सुन्दर स्तूप, मन्दिर तथा अन्य अवशेष स्थित हैं। पहाड़ी के मध्य में ठोस लाल बालू पत्थर से बना गोलार्द्ध आकृति का (लगभग 35 मीटर) व्यास आधार वाला स्तूप बना हुआ है जिसके आधार के साथ 1.5 मीटर चौड़ी पट्टी बनी हुई है।

जाति संरचना तथा गृह

लगभग 42 प्रतिशत निवासी क्षत्रिय, 31 प्रतिशत कृषक मजदूर तथा शेष ब्राह्मण, कायस्थ, बनिया, आदिवासी, मेहतर (Sweeper) शर्मन तथा अन्य सरकारी विविध जातीय लोग हैं (चित्र 3.10)। लगभग 61 प्रतिशत घरों में सदस्य संख्या 2 से 4, 21.5 प्रतिशत में 4 से 6, 9.2 प्रतिशत में 7 से 9 तथा 7.6 प्रतिशत में केवल एक है। इन घरों में 3 कमरे वाले गृहों की संख्या सर्वाधिक है। 61 प्रतिशत मकान पत्थर, 32.5 प्रतिशत पक्की ईंट और 6.5 प्रतिशत ईंट तथा सीमेंट की दीवाल के हैं। लगभग 70 प्रतिशत गृहों में खपरैल तथा 6.1 प्रतिशत मकान टिन, कंकरीट, सीमेंट तथा अन्य छाजन वाले हैं। यहाँ की उबड़-खाबड़ स्थलाकृति इन मकानों के आकार एवं आकृति से स्पष्टतया प्रतिबिम्बित होती है। दीवाल अथवा ओरी (eave) की बनावट, गृह विन्यास आदि में एकरूपता नहीं दिखलाई पड़ती। इसी प्रकार ऊंचाई, लम्बाई, चौड़ाई तथा ज्यामितीय आकृति की प्रतीति, प्रवेश द्वार, छत के ढाल, दरवाजे, खिड़कियों के विन्यास-प्रबन्ध, मकानों के अन्तर की दूरी आदि की बाह्य-छवि इनके प्रति-पक्षीय बेतवा घाटी, क्षिप्रा घाटी तथा मध्य गंगा घाटी के मकानों की छवि से बिल्कुल भिन्न है। किन्तु नवीन आवासीय क्षेत्र विभिन्न अवयवों द्वारा विकास तकनीक को प्रदर्शित करते हैं।

Figure 3.22
Dispur, Changing Landuse

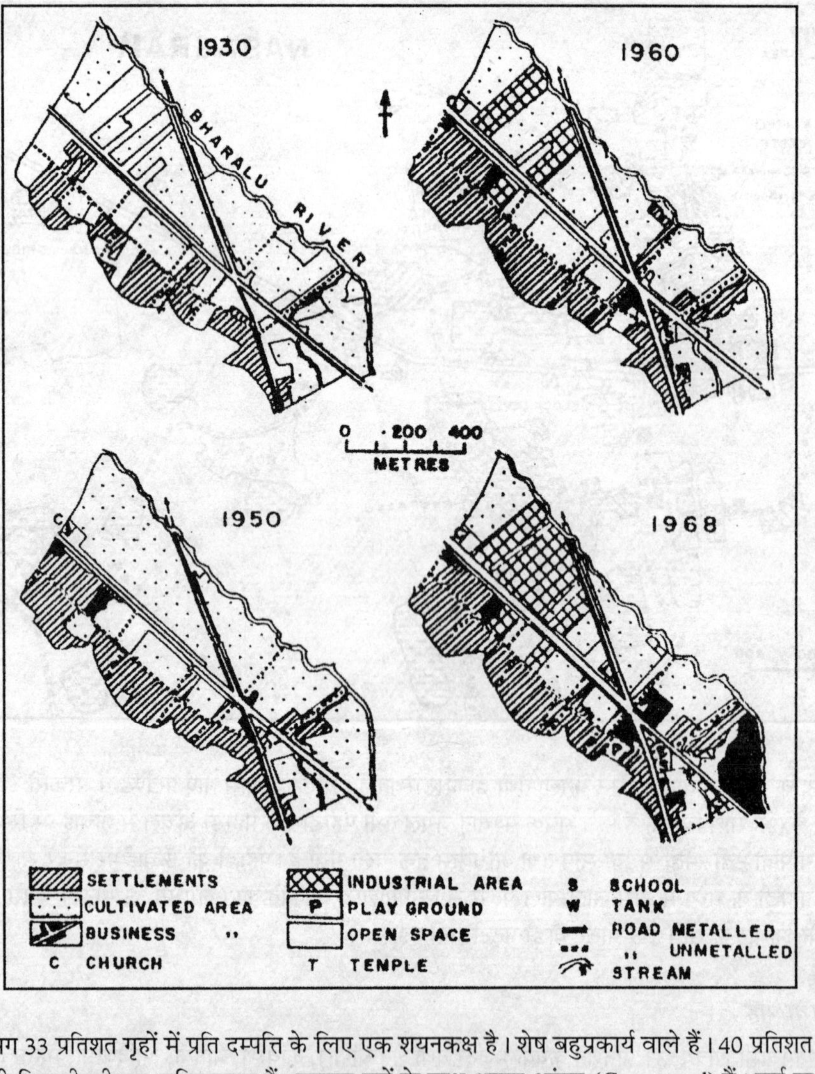

प्रकार्य: लगभग 33 प्रतिशत गृहों में प्रति दम्पत्ति के लिए एक शयनकक्ष है। शेष बहुप्रकार्य वाले हैं। 40 प्रतिशत मकान किराये के हैं। इनके प्रकार्य भी निवासी की पद-प्रतिष्ठानुसार हैं। सम्पन्न घरों के साथ अलग आंगन (Courtyard) हैं। कई कक्ष, गलियारा तथा अतिथिकक्ष भी हैं। अन्य कक्ष शयन तथा भण्डार के लिए हैं। इन्हीं में से एक कक्ष अथवा आंगन पशुशाला का भी काम करता है। कुछ मकानों में अलग पशुचारा तथा ईंधन के लिए बाखल (courtyard/enclosure) हैं। अधिकांश गृहों में केवल सामने की दीवाल में छोटी खिड़कियाँ हैं। मुसलमानों के घरों में एक कोने में घिरे हुए आंगन होते हैं। कुछ मकानों में साथ चारा तथा ईंधन रखने के लिए कंटीली झाड़ तथा लकड़ी के बाड़े भी हैं। कुछ गृहों में L आकृति के दो कमरे हैं, जिसका ऊँचा द्वारस्थल उठने-बैठने तथा अनाज तैयार करने के काम आता है। यहीं किसी कोने में पशु भी बाँधे जाते हैं। पर दो मंजिले मकान अच्छी खिड़की के साथ हवादार हैं। पानी के निकास का प्रबन्ध सभी दिशाओं में हैं। प्राय: तीन कमरे वाले मकान में एक अतिथि-कक्ष तथा दो बीच के दरवाजे से जुड़े हुए कमरे, रसोई, शयन तथा भण्डारण के काम आते हैं। सभी आयताकार कमरों की आकृति तथा आकार मकान के अनुसार भिन्न-भिन्न होते हैं। गरीब लोगों के मकान एक कमरा तथा एक बरामदा (Verandah) वाले हैं। सड़क के किनारे के मकान, दुकान तथा आवास दोनों कार्य-सिद्धि के लिए

Figure 3.23

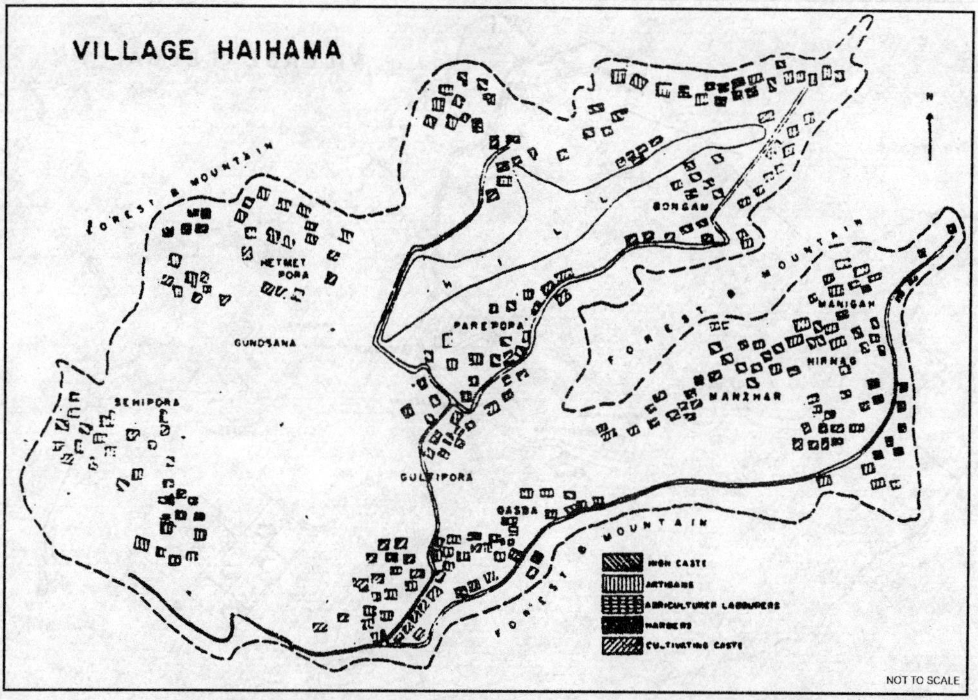

होते हैं। अनिवार्य रूप से मानसून शुरू होने के पहले छाजन, खपरैल, की मरम्मत, मिट्टी की पुताई वार्षिक रूप में की जाती है। प्राय: फर्श की पुताई अथवा लेप मिट्टी तथा गोबर से होती हैं। वर्तमान काल में मध्य आवास से बाहर जाने की प्रवृत्ति दृष्टिगोचर होती है। स्तूप के कारण यह अन्तर्राष्ट्रीय ख्याति का पर्यटक केन्द्र भी है, फिर भी मुख्य अधिवास के निवासियों के दृष्टिकोण में अधिक बदलाव नहीं आया है।

महजूदा-ग्राम

भदोही तहसील (वाराणसी, उत्तर प्रदेश) के इस ग्राम का अध्ययन लगभग 300 वर्ष के समय विस्तार वाले ऐतिहासिक आकारिकीय उद्भव, अधिवास के विकास प्रतिरूप तथा प्रादेशिक सांस्कृतिक इतिहास एवं अध्यासन, एकत्रीकरण तथा प्रकीर्णन-प्रक्रिया आदि का विवेचन है। स्थानिक तथा प्रकार्यात्मक विकासोन्मुख ढाँचे के अन्तर्गत आकारिकीय इकाइयों को संश्लेषित करने का प्रयास किया गया है।

संक्षिप्त प्रादेशिक, सांस्कृतिक इतिहास: ऐतिहासिक तथ्य के रूप में भदोही का नामकरण भरों के आधार पर है, जिनके सांस्कृतिक प्रतीक पुराने तालाबों एवं टीलों के रूप में अब भी मिलते हैं। मध्यकाल में भदोही का "भर राज" कन्नौज के आधीन जौनपुर राज्य का एक सहायक राज्य था जिसकी राजधानी भदोही थी। सांस्कृतिक इतिहासवेत्ताओं के अनुसार पूर्व मध्यकाल में अर्द्ध आदिवासी भर लोग पश्चिमी मध्य गंगा घाटी के अधिकांश भागों में फैले थे। इनके विकसित ग्राम, नगर मुखिया की संस्था, कृषि तथा शिल्प आदि के ज्ञान के प्रमाण मिलते हैं। अकबर साम्राज्य काल में भदोही को इलाहाबाद "सरकार" तथा "सूबा" के अन्तर्गत एक "दस्तूर" बनाया गया। घटनाक्रम से 15वीं शताब्दी में यह भर राज्य मौनस राजपूतों द्वारा विजित होने पर सागर राय नामक वंश प्रधान के अधीन हुआ। इसके पौत्र जोधराय ने शाहजहाँ से स्वत्वाधिकार के लिए जमींदारी सनद प्राप्त की। बाद में इसी वंश के मदन सिंह, शिव बख्श सिंह एवं बान सिंह आदि "बनारस राज" के बलवंत सिंह तथा प्रतापगढ़ के पृथ्वीपत सिंह से मित्रता के साथ राज्य किए। 1751 में देय मालगुजारी के बकाया

Figure 3.24

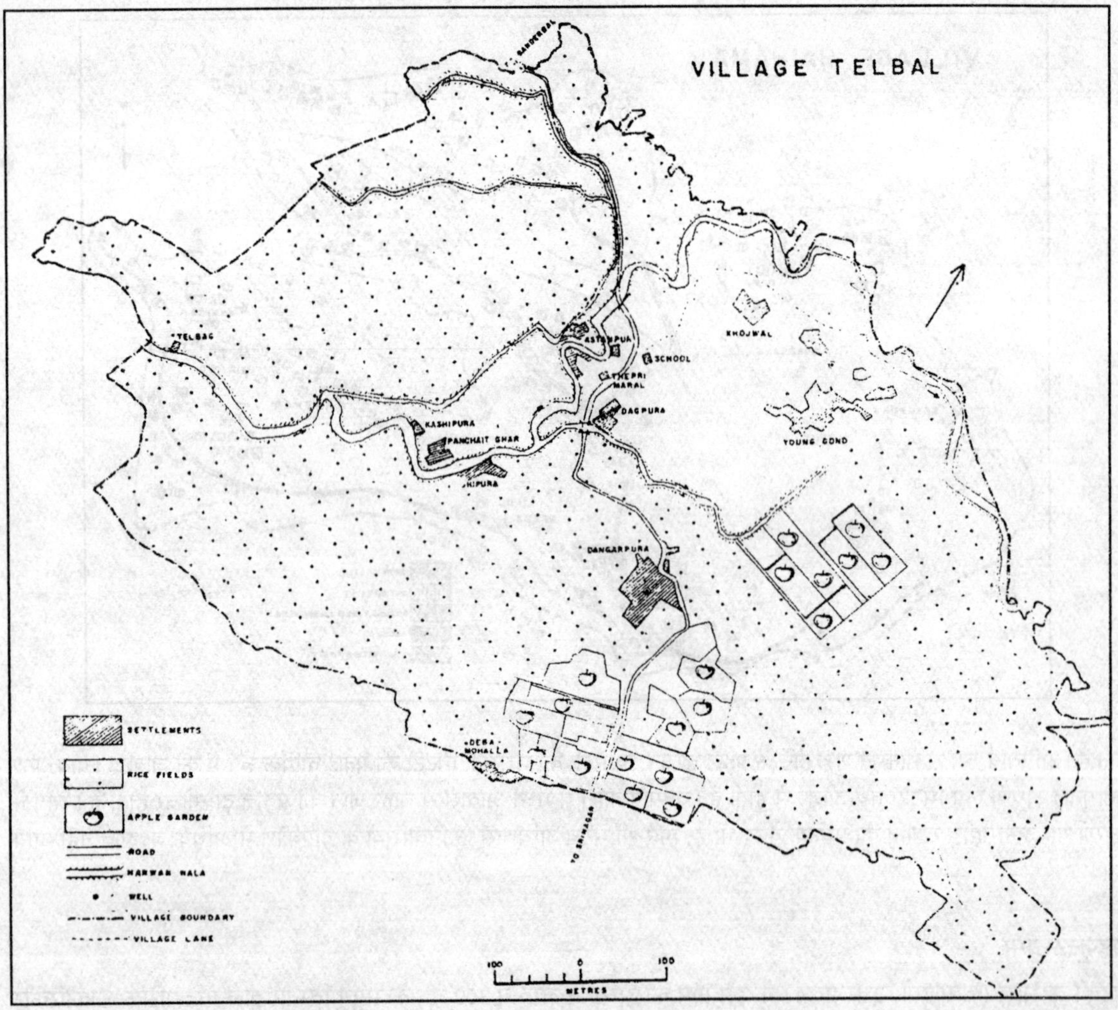

के कारण सम्पूर्ण परगना बकाया चुकाने वाले राजा बलवंत सिंह को जमींदारी सनद प्राप्त हो गयी। इस अवधि (15वीं से 18वीं शताब्दी) में वंशीय अधिवासों का प्रसार धीरे-धीरे सम्पूर्ण परगना में हो गया। यह ग्राम भी उसी प्रसार-प्रक्रिया की एक कड़ी है।

ग्राम का उद्‌भव एवं विकास: परम्परागत कथाओं, लोकसाहित्य तथा भरों के अधिवासों के ध्वंशावशेष (भोरी ग्राम में) भरों के निष्कासन तथा स्थलीय अध्यासन के सबूत हैं। तत्कालीन भरों की चौकी (outpost), छावी चित्र 3.11 में प्रदर्शित झोर नदी के पास 'डिहवा' तथा 'नोनरा' कहे जाने वाले स्थल पर कायम थी जो लम्बे समय तक अधिवास विहीन होने के बाद पुन: निवसित हो रही है। चित्र 2.15a से स्पष्ट है कि आकस्मिक बाढ़ सीमा के अनुसार इस अधिवास स्थल का चयन किया गया। प्राचीन डीह स्थल के चतुर्दिक अधिवास बनने शुरू हुए। फिर एकत्रीकरण तथा प्रकीर्जन की दशाएँ क्रमश: अधिवास का इतिहास बनीं।

नाभिकीयन: सम्भवत: महजूदा शब्द की व्युत्पत्ति ''महि'' अर्थात् भूमि अथवा राजपूतों की पूर्व निवास भूमि एवं ''जुदा'' का अर्थ अलग होना, अर्थात् मूलस्थल से अलग भिन्न स्थल में निवास इसकी व्युत्पत्ति का कारण बना। बाद में राजपूत वंशीय सर्वोपरिता एवं

Figure 3.25

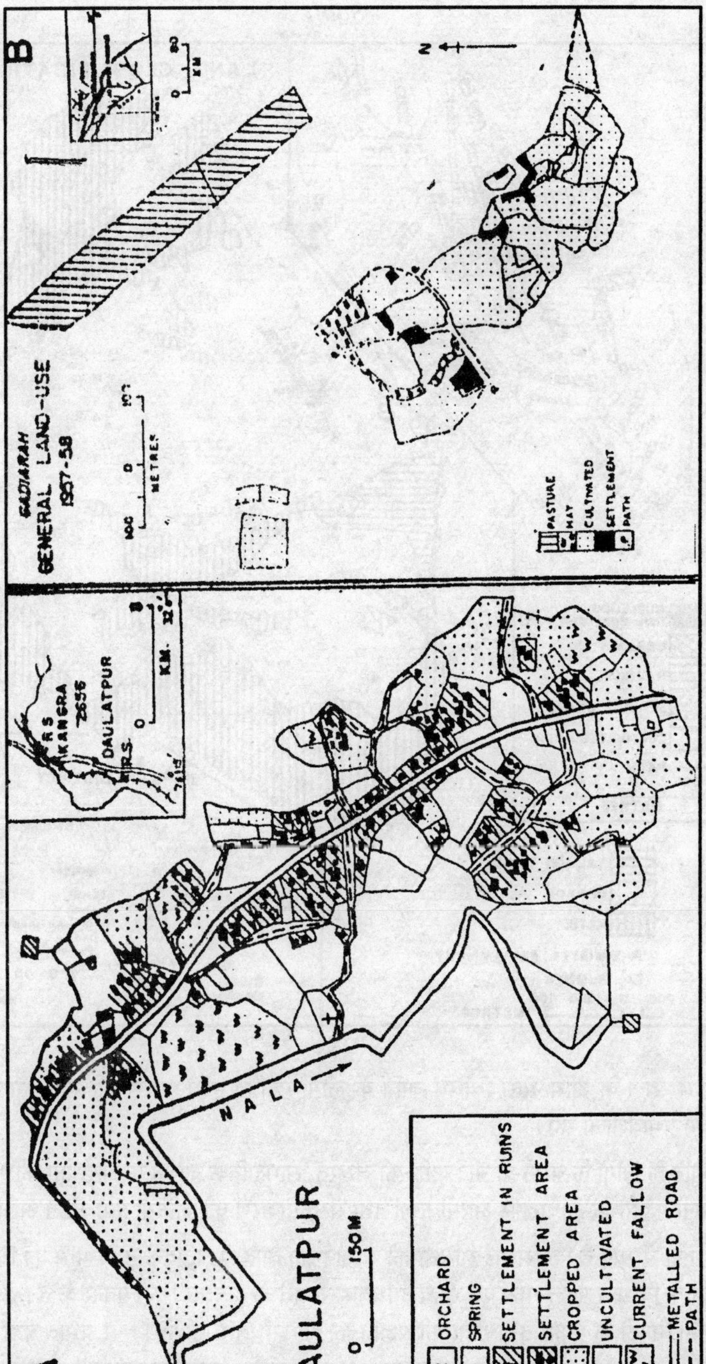
A
DAULATPUR
0 150M
ORCHARD
SPRING
SETTLEMENT IN RUINS
SETTLEMENT AREA
CROPPED AREA
UNCULTIVATED
CURRENT FALLOW
METALLED ROAD
PATH
NALA
R.S.
KANGRA
DAULATPUR
KM.
B
GADIARAH
GENERAL LAND-USE
1957-58
METRES
PASTURE
HAY
CULTIVATED
SETTLEMENT
PATH
N

Figure 3.26
Sabli

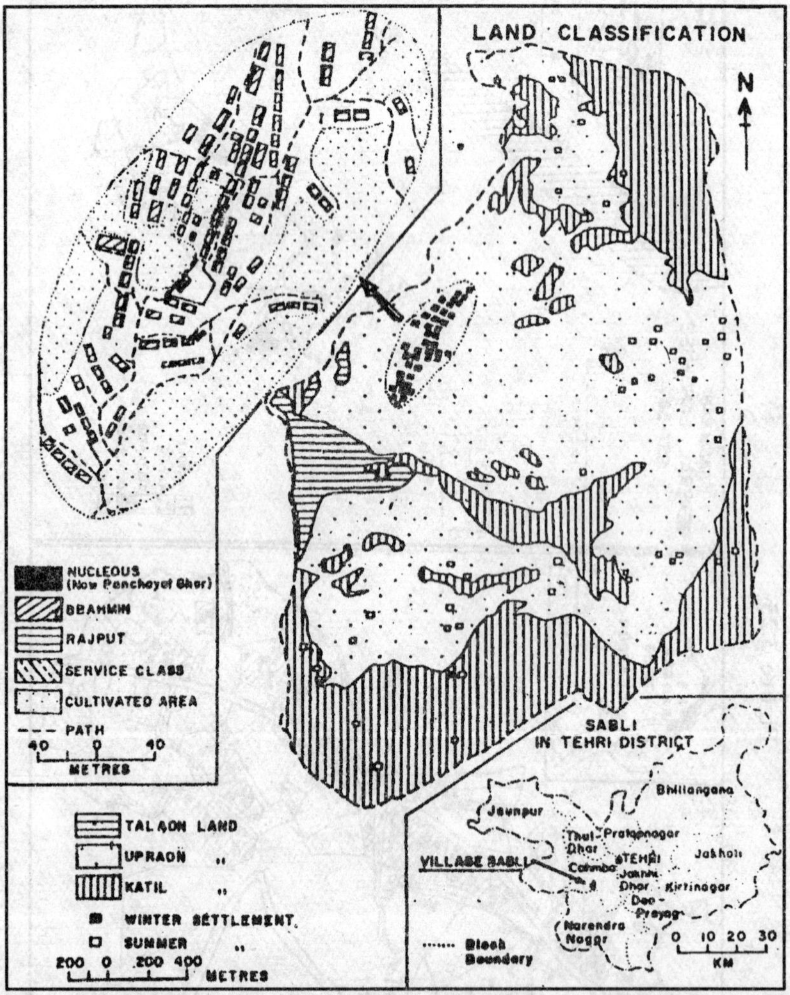

प्रभाविता के अन्तर्गत इस स्थल के आस-पास विविध जाति के लोग एकत्रित हुए। इस समय भदोही राज क्षेत्र में इन्हीं राजपूतों का सामूहिक राजनीतिक वर्ग प्रभावशाली रहा।

एकबार विविध जाति के लोगों के बसने के बाद कृषि की जरूरतें, सामुदायिक जीवन एवं सहयोग की भावना के आधार पर निवास क्षेत्र बढ़ता गया। जजमानी पद्धति के आधार पर आत्मीकरण तथा संस्कृतिकरण की प्रक्रिया द्वारा संहत अधिवास की रचना हुई।

प्रकीर्णन: चित्र 2.15a से स्पष्ट है कि सिंचाई सुविधा की सीमानुसान केन्द्र से चतुर्दिक कृषि भूमि का विस्तार हुआ। चित्र 2.17 एवं 2.12a द्वारा भूमि उपयोग के विभिन्न पहलू मध्य एवं मुख्य अधिवास से दूरी के अनुसार भिन्न प्रकार के हैं। दो फसली क्षेत्र का विस्तार इस प्रवृत्ति को स्पष्ट करता है। मिट्टी के प्रकार तथा खेती की पद्धति का भी अधिवास-प्रकीर्णन पर प्रभाव पड़ा है। इसीलिए अधिवास की एकल इकाईयाँ पुरवा (hamlet) 150 मीटर से भी अधिक दूरी पर बस गई हैं। अवस्थागत प्रसार निम्नवत रहा है:

प्रथमावस्था (1650-1700 ई.): सत्रहवीं शती के उत्तरार्द्ध में एक राजपूत उत्तर में स्थानान्तरित होकर उत्तरी-पूर्वी भाग में भू-भाग

दखल किया। मुख्य वंशजों से आपसी द्वेष के कारण बंटवारे के फलस्वरूप दो प्रखण्ड में विभाजन हुआ एवं नवीन भाग का नाम ''उत्तर पट्टी'' पड़ा। यह मौनस राजपूतों के स्थानीय झगड़ों का समय था जब राजकेन्द्र की अपनी वंशीय समेकता शिथिल हो चली थी।

Figure 3.27

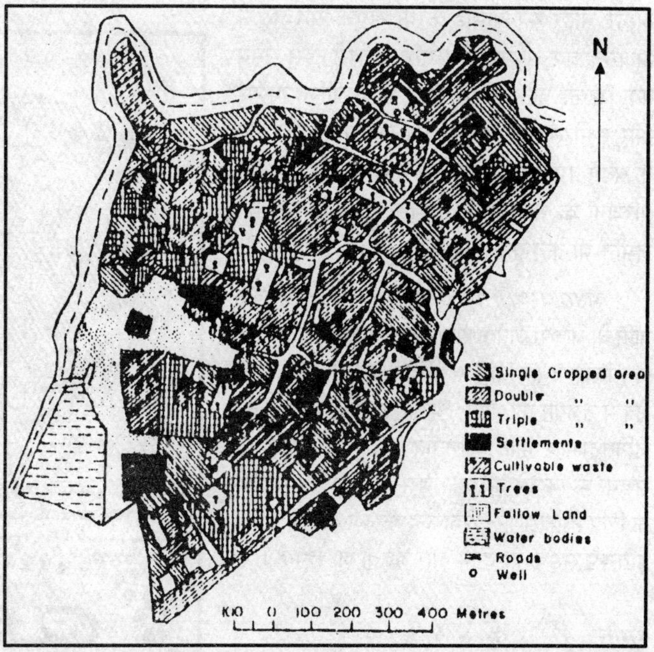

द्वितीयावस्था (1700-1750 ई.): संयुक्त परिवार प्रणाली में विभाजन के परिणामस्वरूप जोत के टुकड़े हुए किन्तु भूमि का अधिकार वंश के सदस्यों के हाथ में रहा, जंगल क्षेत्र सार्वजनिक भूमि होकर भी राजपूतों के अधिकार में रही। जंगल कटाई, नई कृषित भूमि की प्राप्ति एवं दखल, कुएं से जल अवाप्ति की सुविधा से प्रेरित होकर उत्तर पट्टी के लोग उत्तर में दूसरी अधिवास ईकाई स्थापित किए, कुआं के पास एवं उस पर आश्रित अधिवास का नाम ''इनरहा'', ''इनारा'' (कुआंवाला) पड़ा। यही इनारा, नलकूप आगमनपूर्व मुख्य सिंचाई स्रोत रहा है।

तृतीयावस्था (1750-1800 ई.): जब द्वितीयावस्था के राजपूत उत्तर में स्थानान्तरशील थे, मुख्य कुल के लोग तीसरे स्थल पर छावनी (outpost) बनाकर रहते थे। इस समय तक चित्र 3.11 में प्रदर्शित बाँध की कटाई के कारण बाढ़ की सीमा समाप्त प्राय होगई थी। सदस्यों की संख्या वृद्धि एवं सिंचाई-साधन-वृद्धि से सीमा विस्तार के कारण केन्द्र में रहना आवश्यक हुआ। जनसंख्या दबाव तथा जंगल-चरागाह की उपान्त क्षेत्रीय स्थिति ने अहीर लोगों को मुख्य गाँव छोड़ने पर बाध्य किया, अत: नया पुरवा बस गया। शुद्ध अहीरों का उत्तर-पश्चिम का निवास ''तलिया'' (तलाई के पास बसने के कारण) कहा गया तथा मुख्य कुल के सदस्य के पास के निवास एक साथ ''पुरवा'' में कहे गए। बाद में इनके पास की भूमि भी गोइड़ हो गई। इस अवस्था में अन्य पूर्व निर्मित कुओं के पास अधिवास-वृद्धि हुई।

चतुर्थावस्था (1800-1850 ई.): जब तृतीयावस्था के निवासी मध्य तथा उत्तरी-पश्चिमी भाग में बसे, कुछ अहीर अस्थायी तौर पर स्थान नं. 4 पर रहने लगे थे। कुछ भूमि क्रय करने के बाद में वही स्थानान्तरित हो गए तथा जंगल के पास उपान्त क्षेत्र में तथा मध्य में बस गए। इसी समय दो अजातीय ब्राह्मण (outcaste) तथा दो राजपूत भी ''पुरवा'' में बसे क्योंकि उनके अधिकार की अधिकांश भूमि पश्चिमी भाग में थी। इस समय तक बाढ़रहित होने से यहाँ भी खरीफ फसल की जाने लगी। सूखे की लगातार दशाओं के कारण बकाया मालगुजारी चुकाकर दो बाहरी राजपूत भी ''पुरवा'' में बकायेदारों की भूमि पर काबिज हुए। इस प्रकार नं. 3 इकाई के पास इनके निवास जुड़ गए।

पंचमावस्था (1850-1900 ई.): ब्रिटिशकालीन यातायात-परिवहन की सुविधा-वृद्धि के कारण जनसंख्या दबाव से पीड़ित लोग शहरों को पलायन किए। फलत: अजमेर नामक अहीर ने कलकत्ता की कमाई से कुछ जमीन क्रय किया, कुआं बनवाया तथा उसी के पास अनेक निवास बढ़े। इस इकाई का नाम भी ''अजमेर का इनारा'' पड़ा। मुख्य गाँव से बाहर प्रतिदिन ढोर, भेड़ तथा अन्य पशु के गमनागमन से किनारे की खड़ी फसल की क्षति एवं तज्जनित झगड़ों, जंगल के पास चरागाह की सुविधा आदि के कारण अहीर, गड़ेरिया मुख्यावास छोड़कर स्थायी तौर पर नए निवास में बस गए। अहीरों का परित्यक्त निवास स्वर्णकारों के हाथ आ-गया।

षष्ठमावस्था (1900-1950 ई.): इस अवस्था के लोग अधिकांश असामी रहे हैं एवं कुटुम्ब की अधिक जनसंख्या-दबाव के कारण

Figure 3.28

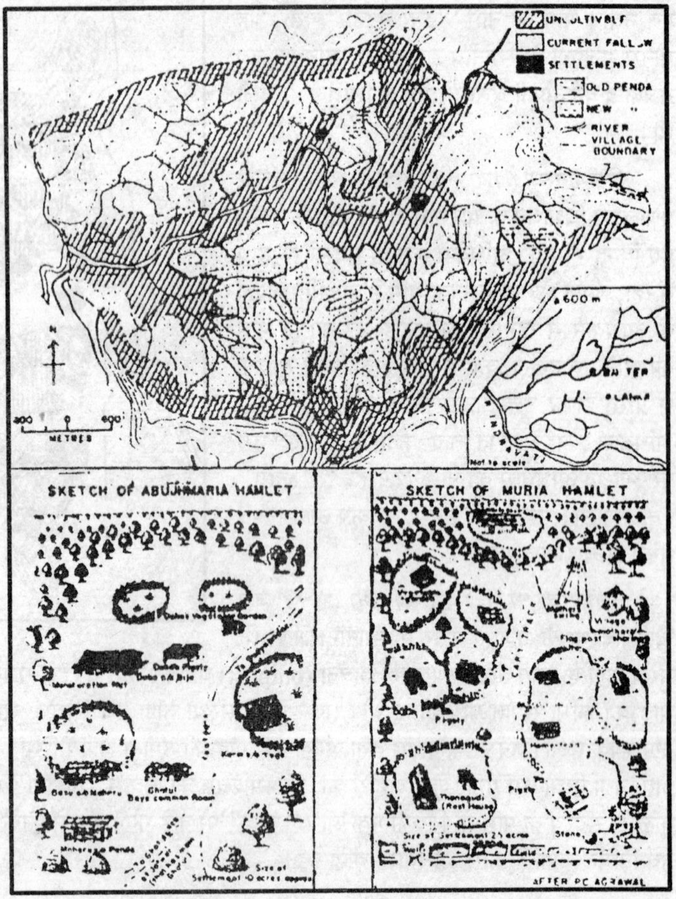

सड़क तथा इकाई नं. 5 के मध्य बस गए। कुछ अहीर बाहर की कमाई करके संयुक्त परिवार से अलग होकर अपनी निजी भूमि पर बसे। इस समय तक सिंचाई की अन्तिम सीमा भी निर्धारित हो गई और सभी सीवानों में कुएँ बन गए, कालीन उद्योग के बढ़ते प्रभाव से अधिक धनोपार्जन करके ये अहीर परिजनों के साथ अपने निवास के आसपास की जमीन भी क्रय कर लिए हैं।

सप्तमावस्था (1950 से अब तक): स्वतंत्रता प्राप्ति के बाद से अनेक सामाजिक-आर्थिक परिवर्तनों, जनसंख्या-दबाव, संयुक्त परिवार के विघटन, नगरीय क्षेत्र में रोजगार की प्राप्ति, व्यापार, जमींदारी उन्मूलन-जनित प्रभाव आदि व्यक्तिगत एवं संयुक्त कारणों से सड़क के किनारे अधिक विसरण हुआ है। भविष्य के लिए विकासशील सेवाकेन्द्र के रूप में अब रेखीय प्रतिरूप सड़क के दोनों ओर बढ़ता जा रहा है।

भूगोर

भीलखेड़ी से संकरे रास्ते (street) द्वारा अलग इस जुड़वाँ (Dopple dorfer) ग्राम (जनवरी 1990, 945) की व्युत्पत्ति झीलों के "भगोरिया हाट" से हुई है जो राजपूत निवासियों द्वारा निष्कासित होकर अन्यत्र जा बसे। मालवा का यह प्रतिनिधि ग्राम एक संहत अधिवास है जिसके नगले 100 मीटर दूरी के अन्तर्गत ही हैं। चित्र 3.12b। इस अधिवास के विशिष्ट लक्षण वृहत् बाड़ा (Khala) enclosure हैं जो चारा, ईंधन के भण्डारण, अनाज सफाई आदि के लिए उपान्त क्षेत्र में स्थित हैं।

बड़वानी खुर्द-सतपुड़ा का आदिवासी ग्राम

बड़वानी कस्बे के दक्षिण-पश्चिम में सतपुड़ा श्रेणी के बावन (52) गजा पहाड़ी के निचले ढाल पर 22°5′ उत्तरी तथा 74°53′ पूर्वी देशान्तर पर भिलाला आदिवासियों के प्रभुत्व वाला नीमाड़ का यह प्रतिनिधि ग्राम 235 जनसंख्या (1990) के साथ स्थित है। (चित्र 3.13) इसके निवास कई नगलों में विभक्त, बिखरे रूप में नालों से दूर कृष्य भूमि में स्थित हैं। नाले तथा कुएं जल-स्रोत हैं। बड़वानी से पाटी जाने वाली सड़क मुख्य समूहन के दक्षिणी भाग से गुजरती है। चतुर्दिक भू-प्रदेश से इन निवासियों का घनिष्ठ सम्बन्ध है। अतः मकान कम ऊँचाई के छोटे घास-फूस के छाजन वाले तथा कच्ची दीवाल तथा लकड़ी की दीवाल वाले एवं कच्ची मिट्टी की पुताई एवं सफेदी वाले हैं। मात्र प्राथमिक विद्यालय के आस-पास के मकान समाज कल्याणकारी प्रभाव प्रदर्शित करते हैं। लगभग सभी निवासियों के पास लम्बवत् काष्ठ निर्मित तथा लकड़ी की बल्ली से ढका, बना टांड़ा (Tanda) होता है, जिसके ऊपर चारा तथा नीचे पशुओं की जगह होती है। गृहों के आस-पास कंटीली झाड़ अथवा लकड़ी का बाड़ा होता है। खेत तथा मकान का सम्बन्ध भूमि उपयोग के रूप में स्पष्ट प्रतिबिम्बित है, अर्थात् मक्के की खेती अधिवास के समीप तथा ज्वार-बाजरा तथा कपास उपान्त खेतों में ली जाती है। पास की

Figure 3.29

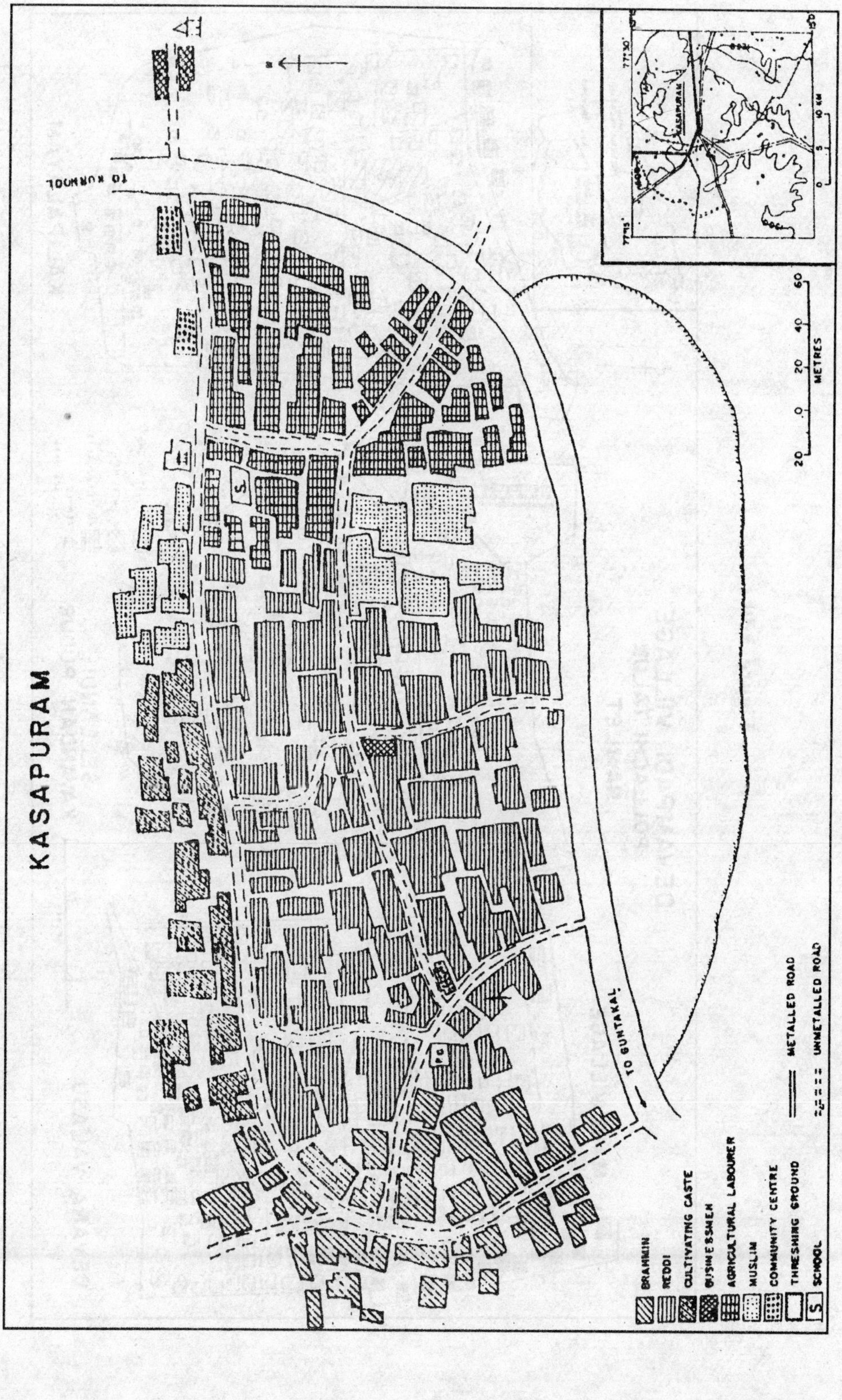
KASAPURAM
TO KURNOOL
TO GUNTAKAL
S
P.O.
BRAHMIN
REDDI
CULTIVATING CASTE
BUSINESSMEN
AGRICULTURAL LABOURER
MUSLIM
COMMUNITY CENTRE
THRESHING GROUND
SCHOOL
METALLED ROAD
UNMETALLED ROAD
20 0 20 40 60
METRES
KASAPURAM
0 5 10 KM
77°15'
77°30'

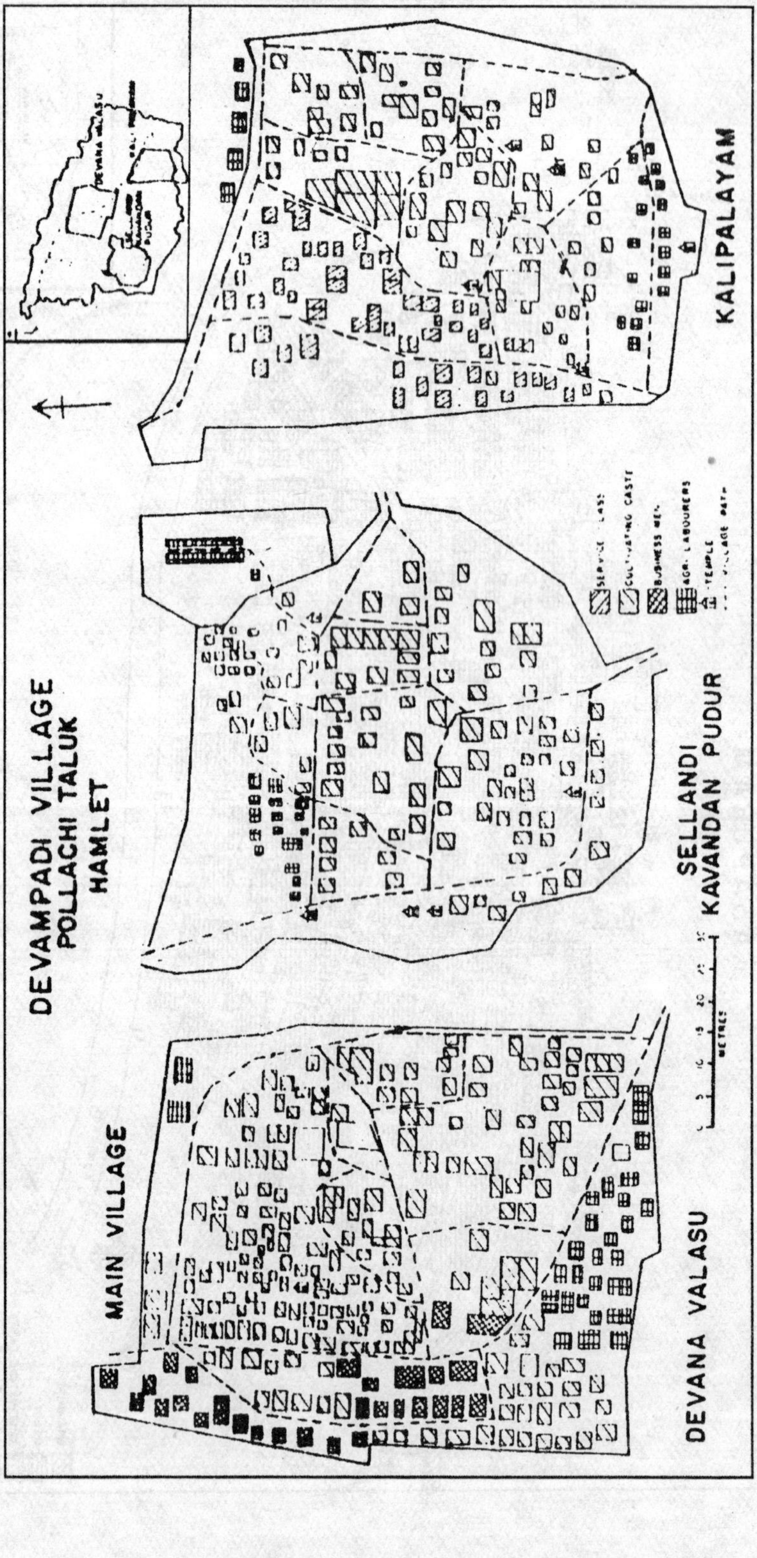
DEVAMPADI VILLAGE
POLLACHI TALUK
HAMLET
MAIN VILLAGE
DEVANA VALASU
SELLANDI KAVANDAN PUDUR
KALIPALAYAM
SERVICE CLASS
CULTIVATING CASTE
BUSINESS MEN
AGRI. LABOURERS
TEMPLE
VILLAGE PATH
METRES

Figure 3.30

Figure 3.31

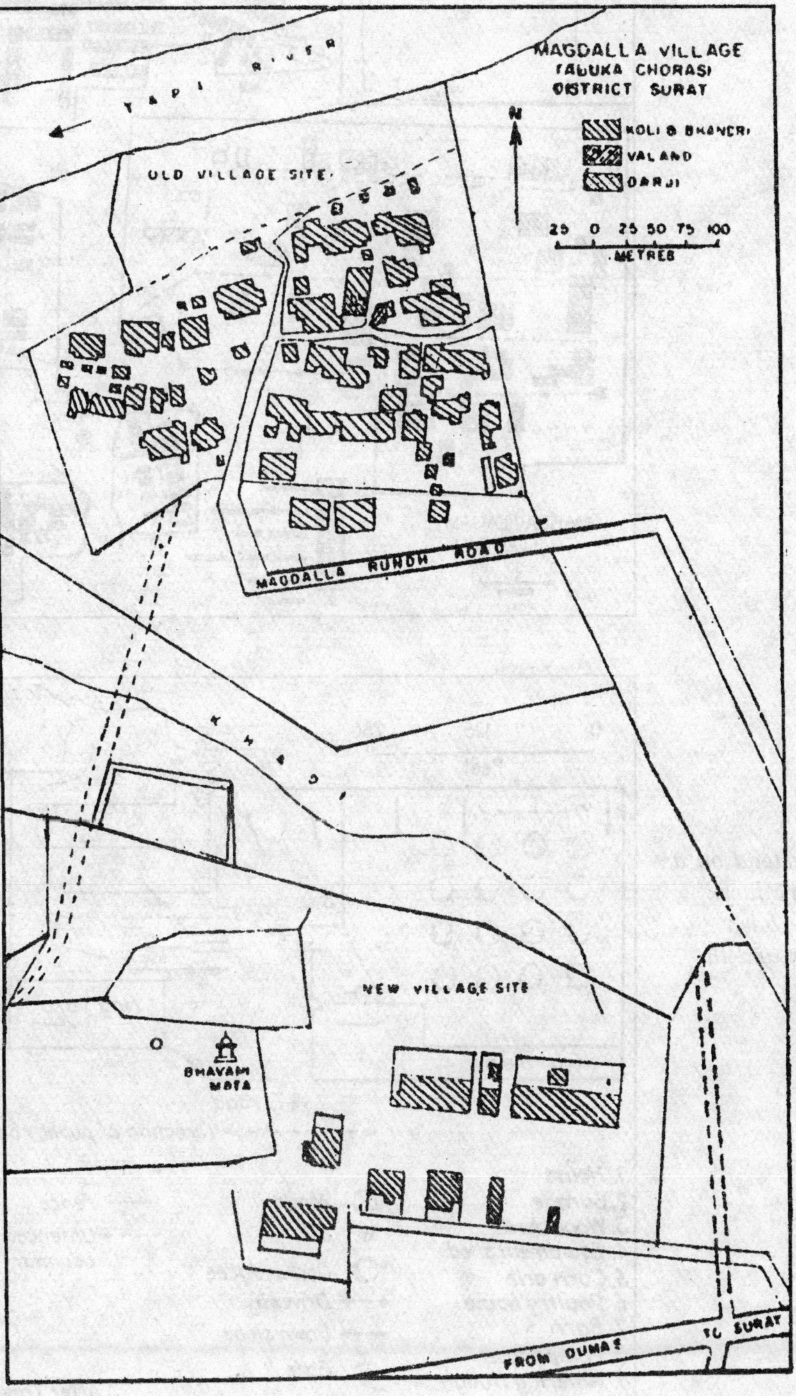
MAGDALLA VILLAGE
TALUKA CHORASI
DISTRICT SURAT
N
KOLI & BHANGRI
VALAND
DARJI
25 0 25 50 75 100
METRES
TAPI RIVER
OLD VILLAGE SITE
MAGDALLA RUNDH ROAD
NEW VILLAGE SITE
BHAVANI MATA
FROM DUMAS TO SURAT

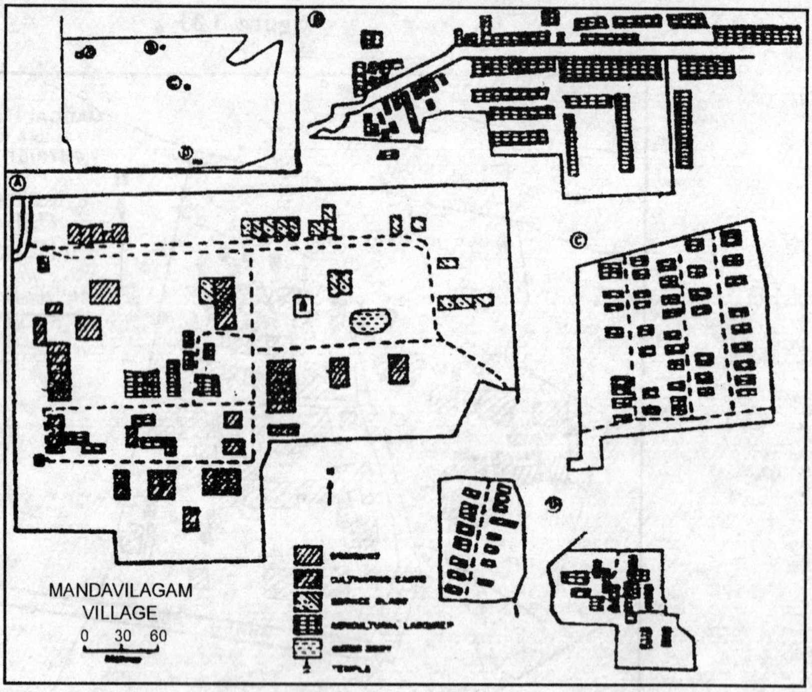

Figure 3.32

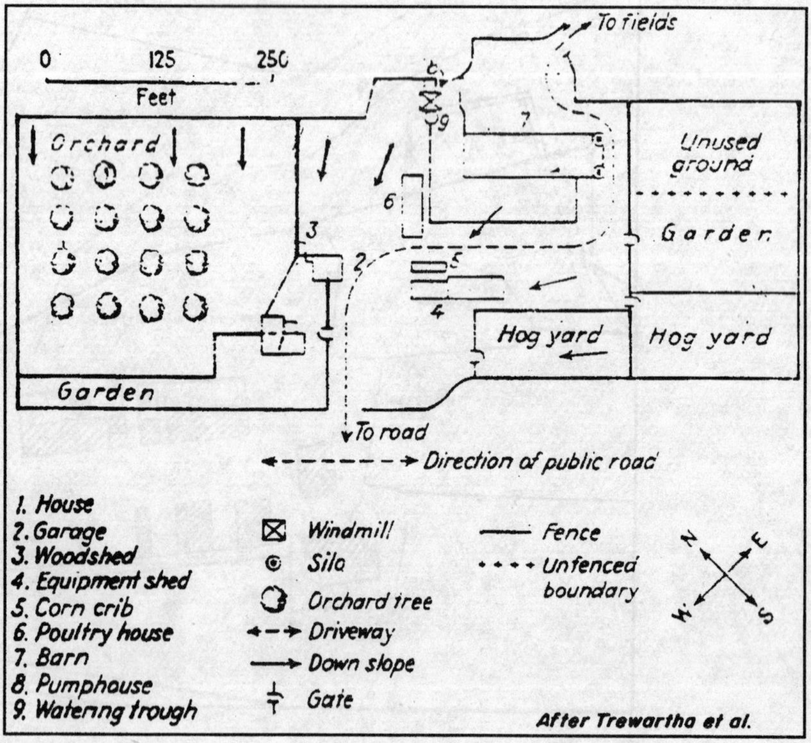

Figure 3.33
Plat of a farmstead on a Wisconsin dairy farm. Note the large barn with twin silos and the numerous other outbuildings

पहाड़ी, जंगल-कटाव के कारण वीरान सी है और कृषक मजदूरों को जंगल उत्पाद दूर जंगलों से ही प्राप्त होते हैं। कृषि के सहायक कार्य पशु-पालन, मुर्गीपालन तथा लकड़ी काटना हैं। जुआ खेलने का रिवाज सुधार की अपेक्षा रखता है। कुछ अन्य समान आकारिकी-संरचना वाले दूरस्थ ग्रामों का वर्णन निम्नवत् है:

नाहरखोदरा-विन्ध्या का भील ग्राम

यह (21°24′ उत्तरी 75°39′ पूर्वी देशान्तर, जनसंख्या 396, 1990) इंदौर जिले के महू तहसील में मानपुर से खुर्दी जाने वाली सड़क के पास प्रतिनिधि आदिवासी ग्राम है। अतीत में अधिसंख्यक, पाए जाने वाले नाहर (lion) से इसकी व्युत्पत्ति है। यह तीन ओर सिंगारचोरी पहाड़ी-चोटी के नजदीक विन्ध्या की ऊँची प्रशाखा की पहाड़ियों से घिरा हुआ है। अजनार की उद्‌गम सहायकों से अपवाहित लगभग समतल भू-भाग में कृष्य भूमि के अन्तर्गत यत्र-तत्र भीलों के एकाकी झोपड़ी वाले घर (homestead = tapra) बिखरे हैं। किन्तु ये निवास स्थाई नहीं होते और मामूली कारणों-जैसे झगड़ा, रोग, अन्धविश्वास आदि से किसी भी समय खिसकाए जा सकते हैं, फिर भी अपने खेतों के मध्य आकारिकी के अंग हैं।

भगतपुरा-माही बेसिन का आदिवासी ग्राम

राजस्थान के बांसवाड़ा में कुशलगढ़ से 1.5 किमी दूर अनसनदी की सहायक नदी के किनारे तीन ओर पहाड़ियों से घिरा एक नाले से दो भागों में विभक्त यह प्रतिनिधि आदिवासी निवास (23°23′ उत्तरी एवं 74°29′ पूर्वी देशान्तर पर) 263 जनसंख्या (1990) के साथ स्थित है (चित्र 3.15) इस ग्राम का नाम किसी अतीत के नेता द्वारा रखा गया है। यहाँ भी खेत तथा गृह का अलगाव सम्भव नहीं है। अत: बास-भूमि (Tapra = homestead) प्रकार के अधिवास ही मिलते हैं। प्राय: दो-तीन झोपड़ियों वाले एक भील परिवार के घर निवास्य भूमि में बिखरे हैं।

सेमल खेड़ी-पश्चिमी विन्ध्या का आन्तरिक आदिवासी ग्राम

यह ग्राम (22°46′ उत्तरी-74°44′ पूर्वी देशान्तर, जनसंख्या (1990) 166) अनस नदी की सहायक चुनार नदी के किनारे झाबुआ से 11 किमी पूर्व में जंगल से ढकी पहाड़ी के मध्य उपजाऊ काली मिट्टी वाले भू-भाग में पाटल्या तथा तड़वी उपजातियों द्वारा बसाया गया है (चित्र 3.16b)। छोटे-छोटे झोपड़ी वाले घर निवासियों के खेतों में ही स्थित मिलते हैं।

संदर्भ

1. मैकडूनेल संस्कृत शब्दकोष के अनुसार ''ग्राम'' का अर्थ कुल, समुदाय या होस्ट तथा समष्टि है। अर्थात ''ग्राम'' आरम्भिकि रूप में सीमित कुटुम्ब संख्या वाले आदिवासी समूह के लिए प्रयुक्त किया गया होगा। वेद में यह शब्द मुख्य रूप में ऐसे दुर्ग या सुरक्षित आवास स्थल को सूचित करता है, जिसमें रात्रि के समय पशु घुसाए जा सकें या आक्रमण से बचा जा सके (देखें जिमर, पृ. 142, जिसमें ''ग्रम'' या ''विजन'' वैदिक काल से चर्चित है)।
2. अलायेब, एनरिद (1986) सोशल एण्ड इकोनामिक ज्याग्रफी-एन एसे इन कन्सेप्चुअल टर्मिनोलाजिकल सिस्टमेटाइजेशन, प्रोग्रेस पब्लिशर्स, मास्को, पृ. 64, 99, 100।
3. देखें, मुखर्जी ए.बी. (1974) मार्फोजेनेटिक एनालीसिस ऑफ रूरल सेटिलमेन्ट्स ऑफ दी चण्डीगढ़ शिवालिक हिल्स, पंजाब यूनिवर्सिटी रिसर्च बुलेटिन (आर्ट्स) वा. 5 सं. 2, पृ. 66।
4. सौन्दराराजन, पूवाद्धृत सन्दर्भ सं. 20 अ. 2 पृ. 38।

5. वही, पृ. 148।

6. श्रीनिवास एम.एन. (1951) विलेज इण्डिया-स्टडीज इन दी लिटिल कम्यूनिटी इन मैरियट मकीम (एडि.) लिटिल कम्यूनिटीज इन एन इन्डीजेनस सिविलिजेशन पृ. 172।

7. स्पेट ओ.एच.के. (1954) इण्डिया एण्ड पाकिस्तान, लन्दन, मेथुयेन एण्ड कं. लि., पृ. 177।

8. फिंच वी.सी. एट आल (1957) एलीमेन्ट्स ऑफ ज्याग्रफी-फिजिकल एण्ड कल्चरल, मैकग्राहिल बुक कं., आई एन सी, न्यूयार्क, पृ. 552।

9. जेम्स पी.ई. (1932) दी काफी लैन्ड्स ऑफ साउथईस्टर्न ब्राजील, ज्योग्राफिकल रिव्य, वा. 22, पृ. 225-244, देखें ट्रेवार्था जी.टी. (1946), वा. 36 सं. 4, पृ. 568-596।

10. श्रीनिवास एम.एन. सन्दर्भ सं. 6: 32।

11. रेमन्ड फर्थ (1951) एलीमेन्ट्स ऑफ सोसल आर्गेनाइजेशन, लन्दन : 85; देखें दी न्यू इण्डिया: प्रोग्रेस थ्रू डेमोक्रेसी, न्यूयार्क, प्लानिंग कमीशन, गवर्नमेन्ट ऑफ इण्डिया, 1958: 42; वी. नाथ (1962) दी विलेज एण्ड दी कम्यूनिटी: 144 (टर्न राय, (एडी.) इण्डियाज अर्बन फ्यूचर, बर्कले, यूनिवर्सिटी ऑफ कैलीफोर्निया, में)।

4

प्रकार एवम् प्रतिरूप

अधिवास के तत्त्व

सामान्यतया एक अधिवास में दो दृश्य तत्त्व समाहित होते हैं (1) मानव, जो गत्वर एवम् पूर्णतया उत्तरदायी होकर द्वितीय (2) स्थिर रूपाकार (form) का निर्माण करता है। स्पष्टत: आकार, आकृति, स्वरूप/रूपाकार विन्यास, प्रकार एवम् प्रतिरूप सभी अधिवास के तत्त्व हैं। सूक्ष्म रूप में अधिवास के येही तत्त्व संघटक (Components) भी हैं। प्रथम तत्त्व यद्यपि प्रत्यक्षत: जनसंख्या भूगोल का विषय है, घरों के स्वरूप, अधिवास स्वरूप समग्र रूप में अधिवास के तत्त्व हैं। चूंकि इनका वितरण किसी देश में विन्यास प्रबन्ध को अभिव्यक्त करता है, फलत: इन दोनों तत्त्वों, प्रकार एवम् प्रतिरूप को प्रभाविता के साथ समाविष्ट एवम् प्रकट करते हैं। इन तत्त्वों के संघटक जैसे घर, सड़क, गली, बाड़ा इत्यादि अलग से एवं व्यक्तिगत रूप में अध्ययन की महत्त्वपूर्ण इकाइयाँ हैं जिनका विवेचन आगे किया गया है। प्रकार तथा प्रतिरूप, दोनों तत्त्व अविभाज्य, किन्तु दृश्य होते हैं। अत: पहचानने योग्य हैं। इसी प्रकार अधिवास के अन्य गुण भी तुलनात्मक रूप में प्रभेद करने योग्य हैं। आकार, आकृति अथवा विन्यास के प्रकार इनके विभिन्न प्रकारों के सम्बन्ध में सदैव दृष्टिगोचर होते हैं जो कुछ निश्चित मानदण्ड के आधार पर विभिन्न कोटि की भिन्नताओं के साथ अस्तित्व में रहते हैं। ये मानदण्ड भौतिक के साथ ही साथ सांस्कृतिक भू-दृश्य के अनुसार अलग होते हैं, जैसे प्राच्य तथा पाश्चात्य दोनों दुनिया में कुछ निश्चित दिशा अथवा निर्धारित स्थल अथवा स्वरूप में छोटे-बड़े, अस्पष्ट आकृति वाले इत्यादि। यही कारण है कि इन तत्त्वों के लिए निर्धारित पद सापेक्ष अर्थ, साथ ही साथ, स्वगुण-निर्देशन (Connotation) का ज्ञान कराते हैं, जैसे-इंग्लैण्ड, इथियोपिया अथवा भारत के अधिवास या फिर संयुक्त राज्य तथा भारतीय तराई भूखण्ड के वासभूमि (homesteads) अथवा गंगा मैदान के चक में बने वासगृह (formsteads)। ये निवासों की महत्ता, संख्या (magnitude) तथा आभास में भी भिन्न-भिन्न होते हैं। इस प्रकार भौगोलिक पद के रूप में अधिवास के तत्त्व विश्वजनीन प्रयोग के स्तर पर विभिन्न पर्यावरण में रहने वाले कुछ खास मानव समूहों के लिए भिन्न प्रकार के प्रत्ययात्मक अर्थ एवं महत्त्व रखते हैं। एक देश का संहत अधिवास प्राचीन देश के मात्र नगले के बराबर और नई दुनिया का एक बड़े आकार का अधिवास भारत के सड़क के किनारे बसे छोटे या लघु अधिवास के बराबर हो सकता है।

प्रकार एवं प्रतिरूप का अन्तर

भौगोलिक साहित्य में, मुख्य रूप से ग्रामीण अधिवास भूगोल में ये पद कभी पर्यायवाची, अन्यत्र विनिमयशील (Interchangeable) एवं कहीं-कहीं एक-दूसरे के तत्त्व अथवा अंग के रूप में अर्थवाची एवं व्यवहृत हैं। किन्तु वास्तव में ऐसा नहीं है। यहाँ हम कुछ उदाहरण ले सकते हैं। फिन्च एवं ट्रेवार्था आदि ने दो प्राथमिक प्रकार के अधिवासों का उल्लेख किया है: (अ) एकल अथवा बिखरे हुए, (ब) नाभिकीय प्रकार के। हडसन के अनुसार ग्रामीण क्षेत्रों में मुख्य प्रतिरूप या तो (अ) नाभिकीय अथवा (ब) प्रकीर्ण हैं। इसी तरह अधिवासों के प्रकार व प्रतिरूप के सम्बन्ध में अन्य भारतीय भूगोलवेत्ताओं जैसे, इनायत अहमद एवं सिंह तथा कुछ अन्य द्वारा एक समान सन्दर्भ, अध्ययन एवं व्याख्या प्रस्तुत की गई है।

एमरिस जोंस के अनुसार, एक घर अथवा मकान एवं दूसरे के मध्य सम्बन्ध ही प्रतिरूप है और इन सम्बन्धों को वृहत् मापक के मानचित्र द्वारा अलग करके समझा जा सकता है। उसकी सोच है कि प्रतिरूप, स्थल से असम्बन्धित होता है और स्थल का प्रतिरूप पर नगण्य प्रभाव पड़ता है। किन्तु फिंच एवं ट्रेवार्था आदि स्थल, साथ ही साथ ऐतिहासिक कारणों को सड़कों, गलियों तथा घरों के विन्यास अर्थात् प्रतिरूप की विषमताओं का कारक मानते हैं। इस प्रकार इनकी पहचान के दो कारक स्पष्टत: परिलक्षित होते हैं: (1) प्रतिरूप, अधिवास के ज्यामितीय रूपाकार एवं आकृति का सांकेतिक है जो भिन्न प्रकार का हो सकता है, (2) प्रकार, कई घरों एवं कई स्थानों के सम्बन्धों का सांकेतिक है। प्रतिरूपों के विश्लेषण से ही भिन्न आकृति एवं स्वरूप वाले विभिन्न वर्गीकृत अधिवासों के प्रकार प्रकट होते हैं। गृहों के अन्तर की दूरी का अन्तर-अधिवासी विश्लेषण एक अथवा एक से अधिक स्थानों पर ग्राम-क्षेत्र के बसाव को स्पष्ट करता है और यही नाभिकीयन अथवा प्रकीर्णन अर्थात् प्रकार की तस्वीर प्रस्तुत करता है। किन्तु जब हम एक निश्चित अधिवासी स्वरूप को एक खास आकृति प्रदर्शित करने का संकेत करते हैं तब ज्यामितीय गुणों के आधार पर विशिष्ट प्रतिरूप का नामकरण होता है जैसे-लम्बायमान, रेखीय, प्रखण्डीय आकृति वाला इत्यादि। प्रतिरूप, किसी क्षेत्र में ग्रामीण अधिवासों के दो आयामी ज्यामितीय विन्यास प्रबन्ध (arrangement) की ओर भी संकेत करता है। यह विन्यास प्रबन्ध अधिवासों के मध्य एक-दूसरे के सम्बन्धों एवं समीप के भौतिक, सांस्कृतिक भू-दृश्य अथवा स्थलाकृतीय लक्षणों द्वारा स्वयं को अभिव्यक्ति प्रदान करता है। यह प्रतिरूप कई अधिवासों के मध्य तुलना एवं एक ही पहचान को सूचित करता है जैसे-रेखीय, सड़क के किनारे, घाटी अथवा पहाड़ी अंचल के साथ पंखा प्रतिरूप इत्यादि। किन्तु यह आगामी पृष्ठों में दिए गए व्यक्तिगत अधिवास के रूप में अवलोकित प्रकार एवं प्रतिरूप से भिन्न है। ज्यामितीय तथा अज्यामितीय दो प्रतिरूप किसी विस्तृत भू-भाग के लिए निर्मित मानचित्र अथवा हवाई चित्रण (airphoto) द्वारा सरलता से देखे जा सकते हैं।

अधिवास-प्रकार एवं प्रतिरूप का वर्गीकरण

यहाँ हम सर्वप्रथम प्रकार-वर्गीकरण का कुछ उदाहरण लेते हैं। डी.सी. मनी ने अपनी पुस्तक (Introduction to Human Geography) में तीन व्यापक वर्गीकरण किया है: (1) एकल, वृहत, नाभिकीय ग्राम, (2) समग्र प्रदेश में बिखरे नगले, (3) एकल वासभूमि (homesteads)। इनायत अहमद के अनुसार ये चार प्रकार के हैं: (1) संहत (2) पुंजित (clustered) एवं नगला, (3) बिखरे हुए अथवा नगले एवं (4) प्रकीर्ण अधिवास; आर.एल. सिंह के अनुसार भी चार मुख्य प्रकार हैं-(1) संहत, (2) अर्द्धसंहत अथवा नगला पुंज (hamleted cluster), (3) अर्द्ध बिखरे अथवा अपखंडित अथवा नगला वाले एवं (4) बिखरे अथवा प्रकीर्णित अधिवास। अधिकांश अधिवास भूगोलवेत्ताओं ने प्रकार का वर्गीकरण ऐसे अधिवासों के सैद्धान्तिक, आनुभविक एवं साहचर्य सम्बन्धी दृष्टिकोण के आधार पर इनके प्रादेशिक वितरण प्रतिरूप के अनुसार किया है। भारत के सन्दर्भ में यह पद ''मौजा''[1] नाम से ज्ञात भली-भाँति परिभाषित भूमि-खण्ड में ग्रामीण गृहों के विशेष लक्षणयुक्त समूह का सूचक है। किन्तु प्रादेशिक ढाँचे में यह पद किसी देश-काल में अधिवासों के सम्बन्धों को निर्देषित करता है।[2] इस प्रकार, प्रकार की पहचान एक वृहत मापक के मानचित्र पर, अभिलेख में उल्लेखित अथवा मानसिक (notional) रूप में परिभाषित ग्राम क्षेत्र में एक या अधिक स्थानों पर गृहों के वितरण द्वारा हो सकती है। एक लघु मापक-मानचित्र पर अधिवासों के अन्तर की दूरी तथा एक नामधारी अधिवास के स्थल की संख्या, प्रकार की पहचान में सहायक होते हैं। प्राय: कई स्थानों तथा अधिवास क्षेत्र के मध्य की दूरी अन्य भूमि-उपयोगों के अन्तर्गत भी दिखलायी पड़ती है जैसे कृषि, बाग, बंजर, जलाशय इत्यादि जो इन सम्बन्धों को और भी स्पष्ट करते हैं।

सैद्धान्तिक रूप में ग्रामीण अधिवासों के समूह के दो चरम प्रकार निम्नवत् हैं: (1) एक वासभूमि अथवा प्रकीर्णित घर, जिसमें एकल परिवारिक अधिवास इकाई विशिष्ट नाभिकीय रूप में अपने फार्म (जोत) के अन्तर्गत हो, (2) नाभिकीय अधिवास जिसमें ग्राम-क्षेत्र के केन्द्र में लगभग सभी घर पुंजित बसे हों। इन दोनों चरम सीमाओं के बीच कई श्रेणी अथवा क्रम-स्थापन मिलते हैं (चित्र 4.1-4.3a)। अत: हम अधिवासों को प्रकीर्णन एवं नाभिकीयन के साथ ही साथ किसी खास क्षेत्र में प्रभावित बसाव के आधार पर चार श्रेणी में विभक्त कर सकते हैं। (चित्र 4.3)। (1) संहत (2) अर्द्धसंहत (3) अपखण्डित नगला वाले एवं (4) प्रकीर्णित (dispersed) अथवा बिखरे (scattered) अथवा एकल (Isolated) वासभूमि homestead/farmstead प्रकार इत्यादि।

(1) *संहत अधिवास:* संहत अधिवास, मालवा के पठार प्रदेश, नर्मदा की घाटी, नीमाड़ उच्च भूमि, वृहत तथा लघु मरूस्थलों, धान के कृषि प्रदेश (बिहार, पूर्वी उत्तर प्रदेश), विन्ध्यापठार तथा पश्चिमी उत्तर प्रदेश में खास तौर से, एवं सामान्यतया भारत के अन्य कृषि

Figure 4.1
Nucleated settlement north of Grantham, Lincolnshire. This pattern of settlement—prodominantly nucleated—has been charcteristic of most of the English Plain even since it was settled by the Anglo-Saxons and Danes

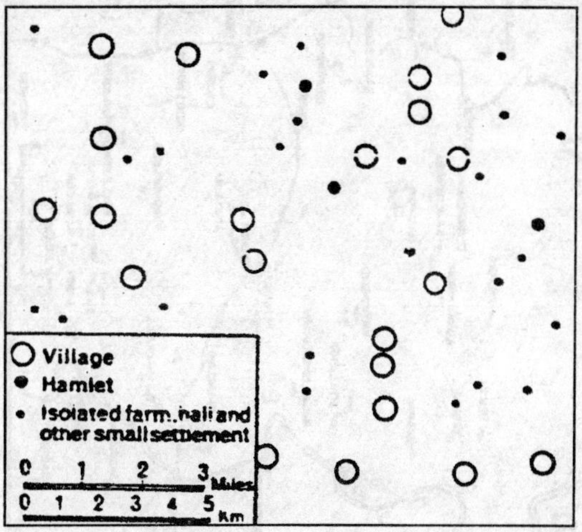

Figure 4.2
Dispersed settlement east of Llanrwst, North Wales. Predominantly dispersed settlement is characteristic of Highland Britain, and in areas such as Wales may well date from early medieval times. Above 1,000 ft. (300m) there is little settlement of any kind, but in the valleys a structure of market towns (such as Llanrwst) came into being as farming became more commercialised.

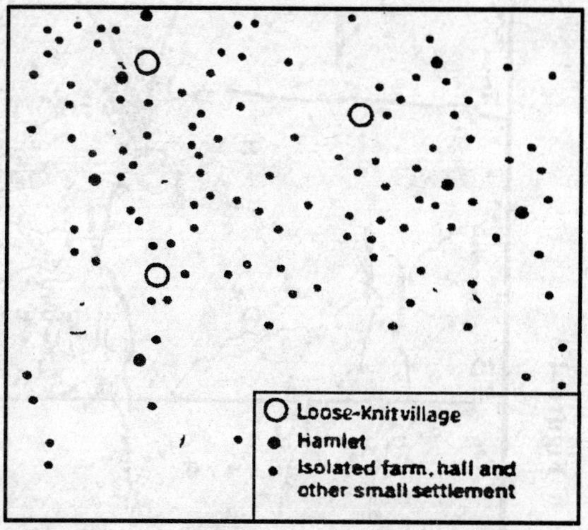

After F.S. Hudson

वाले भागों में फैले हुए हैं। इन गाँवों (मौजा) में गृह-समूह-अधिवास (आबादी) एक स्थान पर संकेन्द्रित मिलते हैं। समरूप एवं कभी-कभी ऊंचे-नीचे मैदानों की विस्तृत उपजाऊ भूमि से प्रागैतिहासिक काल से ही मानव-समूह निर्वाहक कृषि के साथ सामूहिक रूप में जुड़े हुए हैं। उनका वर्तमान स्वरूप जजमानी प्रणाली के अन्तर्गत पारस्परिक व्यवहार के साथ सामुदायिक जीवन की उपलब्धियों को भोगते हुए एवं सुखमय जीवन व्यतीत करते हुए कृषकों तथा उनके आश्रित लोगों के समूहन को प्रतिबिम्बित करता है। ऐसे अधिवासों का विस्तार कुछ (30) गृह-गुच्छों से लेकर सैकड़ों की संख्या में विभिन्न स्वरूप, आकार एवं प्रकार्य तथा विविध प्रकार के विन्यास-प्रबन्ध एवं प्रतिरूप के साथ दिखलायी पड़ता है, जिनका वर्णन अध्याय 6 में किया गया है। (चित्र 4.4) इनका आकार राजस्थान के विरल जनसंख्या वाले भागों से लेकर गंगा के मैदानी भाग में 500 से 2,500 जनों तक एवं कहीं-कहीं 10,000 से भी अधिक है जैसे, उत्तर प्रदेश में गहमर।

(2) अर्द्धसंहत प्रकार के अधिवास पर्यावरणीय निरूद्धकों (constraints) के साथ ही साथ, सांस्कृतिक कारणों के अनुसार पठारी/मैदानी भागों में सामान्य लक्षण के साथ मिलते हैं। ऐसे अधिवास, बसाव-प्रक्रिया-काल में बाद में बसे लोगों अथवा विविध जाति, आदिवासी अथवा निम्न जाति के लोगों द्वारा मुख्य अधिवासीय इकाई से अलग प्रसार एवं उद्भव (outgrowth) को प्रदर्शित करते हैं (चित्र 4.5 व 4.6)। इस प्रकार के अधिवास, संहत अधिवासों के विन्यास से अलग परिवर्धन एवं संवर्धन को भी प्रतिबिम्बित करते हैं, क्योंकि ये एक ही स्थल पर सटे हुए एवं जुड़े हुए नहीं होते। संहत की अपेक्षाकृत ये अधिक जगह भी घेरते हैं और नगला के रूप में ग्राम-सीमा के उपान्त में अधिकतर सार्वजनिक जंगल तथा चरागाह भूमि के पास बने होते हैं।

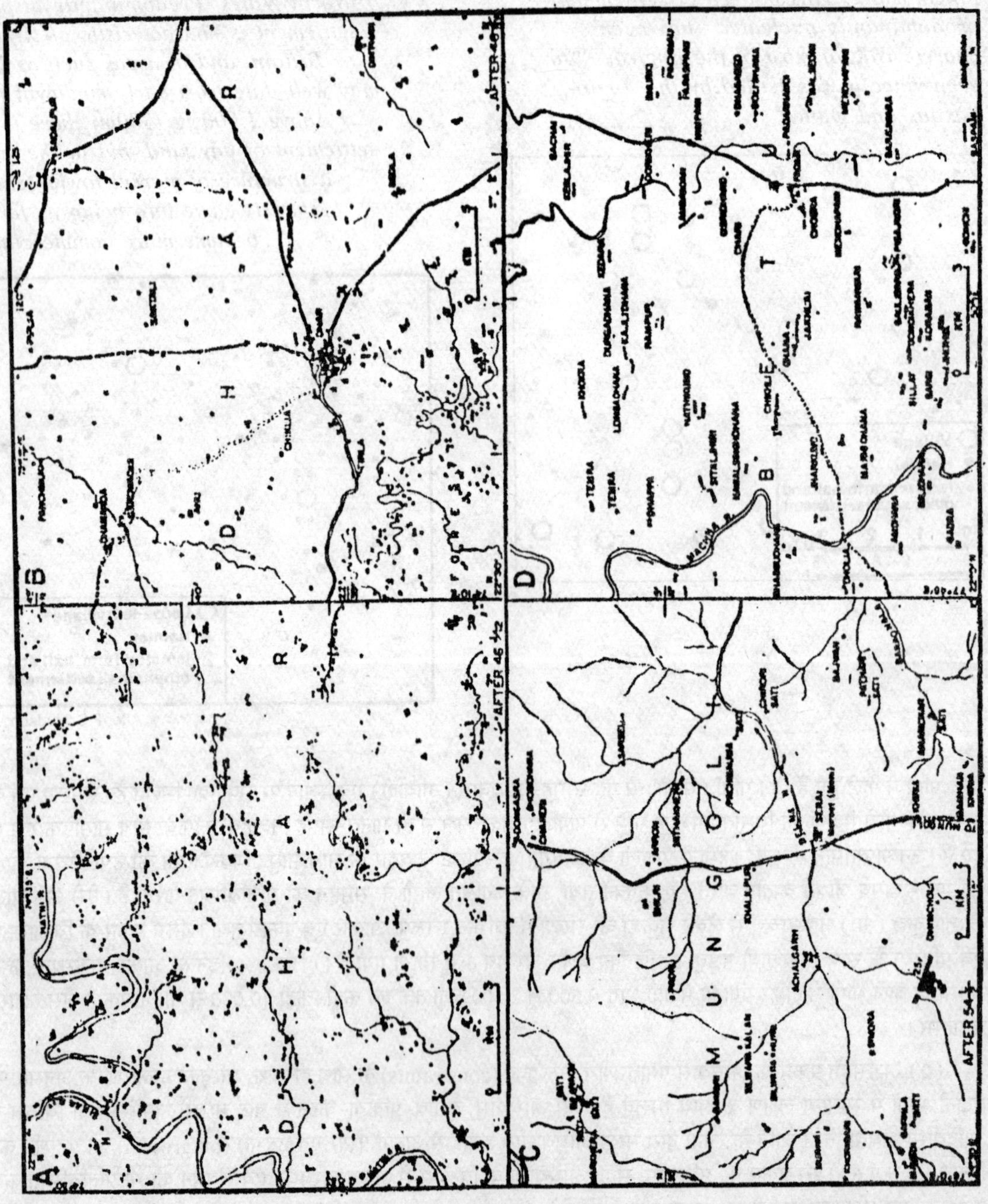

Figure 4.3

Figure 4.3(a)
Basic Settlement Forms

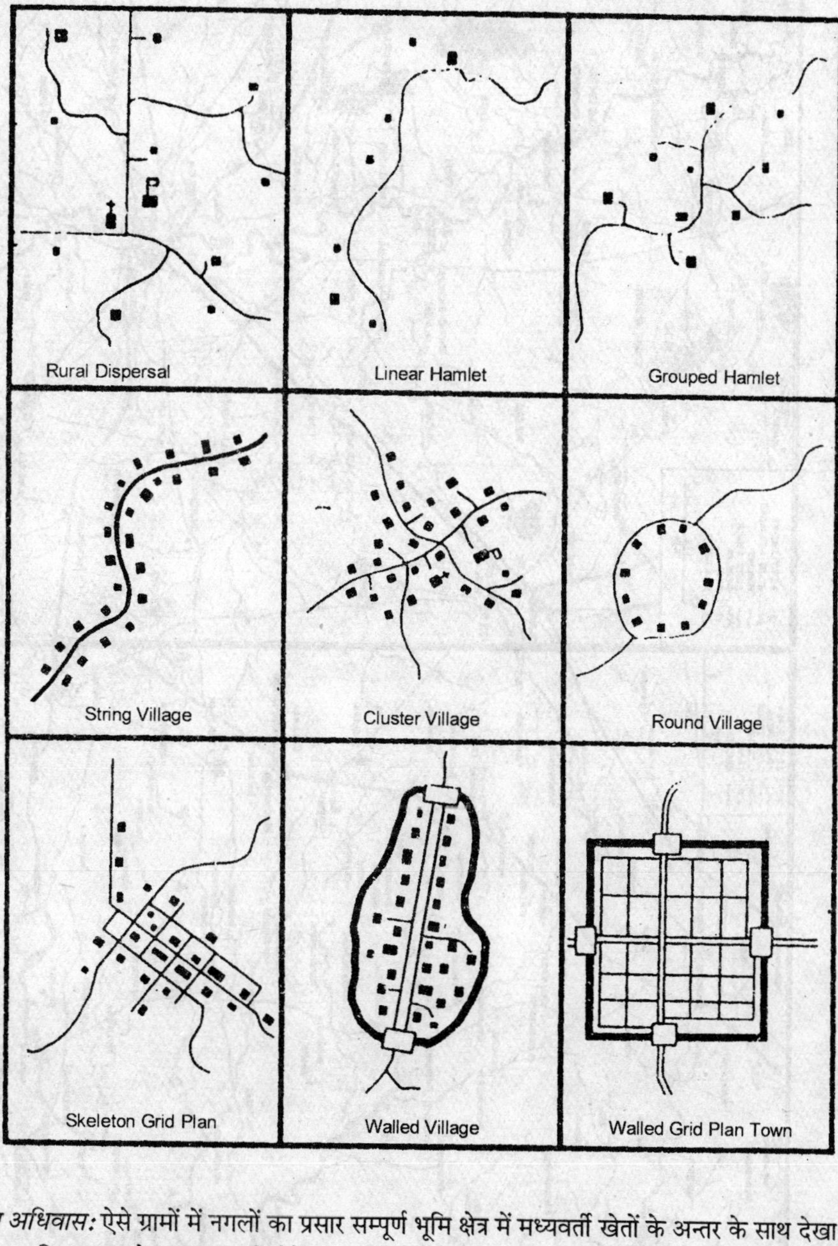

(3) *नगला अधिवास:* ऐसे ग्रामों में नगलों का प्रसार सम्पूर्ण भूमि क्षेत्र में मध्यवर्ती खेतों के अन्तर के साथ देखा जाता है, जिसमें मुख्य अथवा मध्य-अधिवास या तो स्पष्टतया नहीं होते अथवा इनका अन्य पर नगण्य प्रभाव होता है। प्राय: प्रारम्भिक अवस्था के (site) स्थान का प्रभेद करना आसान नहीं होता। ऐसे अधिवासों में आकारिकी-विविधता भी विरले ही मिलती है। कुछ क्षेत्रों में 5 से 20 तक के विस्तार के साथ नगलों की संख्या जातियों की संख्या से अधिक होती है। प्राय: इनमें कुल तथा जाति के बंधन ढीले किन्तु पारिवारिक बन्धन अधिक सशक्त होते हैं। अत: स्पष्ट रूप से दिन-प्रतिदिन के व्यवहार में अभिव्यक्त संहत अधिवासों में उपलब्ध संशक्ति की भावना

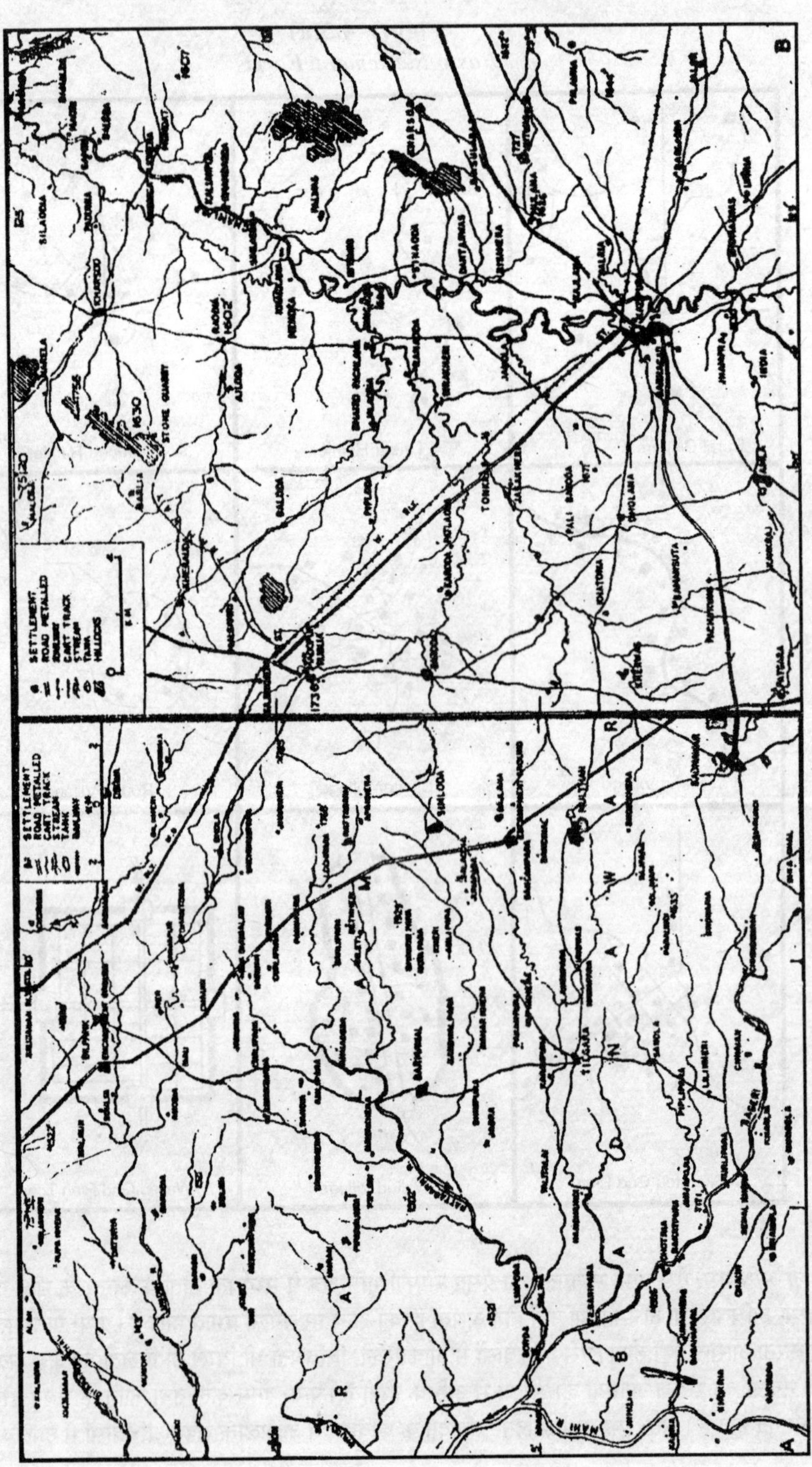
SETTLEMENT
ROAD METALLED
CART TRACK
STREAM
TANK
HILLOCKS
SETTLEMENT
ROAD METALLED
CART TRACK
STREAM
TANK
RAILWAY
STONE QUARRY

Figure 4.4

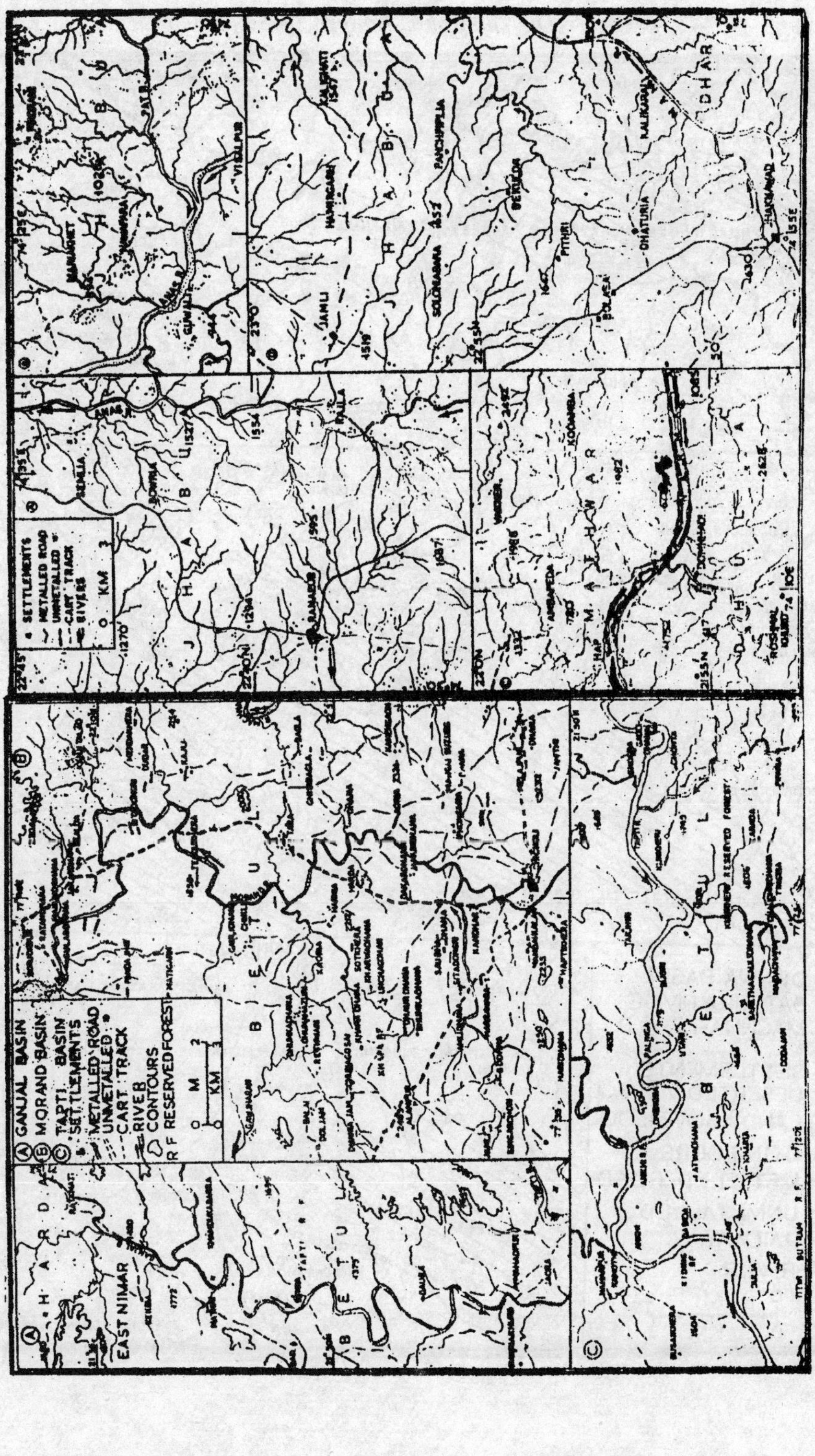

Figure 4.5

Distributional pattern of Settlements

Settlements on Dissected Topography

Figure 4.6
Distributional Pattern of Settlements

नहीं मिलती। सामुदायिक जीवन के विविध पक्ष जैसे–मेला, त्योहार, उत्सव, पर्व, विवाह, पूजा, अर्चना, कीर्तन, नाटक आदि सर्वनिष्ठ आनन्द के अवसर इत्यादि के दृष्टिकोण से भी ये संहत अधिवासों के अनुरूप नहीं हो सकते। आकारिकीय विस्तार की दृश्य एवं ठोस वस्तुएँ भी इनमें नहीं मिलतीं जैसे, गलियों, खुले स्थल, सामुदायिक केन्द्र, कई सुविधाएँ अथवा डीह आदि। अधिकांश उदाहरणों में ये उपजाऊ भूमि–खण्डों के पश्चात् के बसाव के प्रतिफल मात्र हैं जैसे, प्रजातीय गुणों के आधार पर अधिवासी नगले (मध्य प्रदेश के गोंड़) अथवा पश्चिमी बंगाल, पूर्वी उत्तर प्रदेश, मध्य प्रदेश तथा तटीय मैदानों के नगले वाले अधिवास। भारत के अलग संयुक्त राज्य अमेरिका के असामूहिक नगले, प्राय:20 से 150 जनसंख्या विस्तार वाले ग्रामीण एवं नगरीय प्रकार्यों के संयुक्त सेवा केन्द्र के रूप में मिलते हैं। इनमें डाकघर, गिरजाघर, विद्यालय, सामान्य वस्तु भण्डार, चीज की फैक्ट्री, पशु आहार की मिल, पेट्रोल स्टेशन तथा गैरेज इत्यादि होते हैं। इन नगलों के आवासी अधिकांशत: अकृषक और कुछ वासभूमि (homesteads) निवासी होते हैं (चित्र 4.7)।

(4) *बिखरे अधिवास:* इस प्रकार के अधिवास सामान्यतया भारत के आदिवासी इलाकों जैसे मध्य भारत, पूर्वी एवं दक्षिणी राजस्थान तथा हिमालय के ढलान तथा विश्व के अनेक कटे–फटे, ऊबड़–खाबड़ लघु एवं वृहत् भूखण्डों में मिलते हैं (चित्र 4.3b) संयुक्त राज्य अमेरिका, कनाडा अथवा भारत के तराई के वासभूमि (homesteads), वासगृह (farmsteads) भी इसी वर्ग में आते हैं। इनमें, अपने कृषित जोत में एक स्थान एक स्थित व्यक्ति आधारित (nucleus) परिवार के घर बने होते हैं। सम्पूर्ण मौजा के विस्तृत क्षेत्र में ऐसे गृह बिखरे मिलते हैं। व्यक्तिवाद, स्वच्छंद निवास के स्थायीभाव, विवाह सम्बन्धों के रीति–रिवाज इत्यादि ऐसे ग्रामीण अधिवासों के बसाव के सहायक कारक हैं। व्यक्तिगत भूमि–स्वामित्व और उनमें बसाव भी साथ ही साथ कारक के रूप में दिखलाई पड़ते हैं। किन्तु ऐसे एकल गृहों में सामुदायिक अन्योन्याश्रय एवं पड़ोस की भावना नहीं मिलती। ऐसे प्रकार धरातल के मानवीकरण की प्रक्रिया के प्राथमिक रूप में नहीं हैं वरन् अध्यासन के द्वितीयक प्रकार हैं। वर्तमान काल में संसाधनों, सुविधाओं एवं सुरक्षा की उपलब्धता तथा व्यक्तिगत रूप में महत्त्वाकांक्षा की पूर्ति की भावना के कारण भी ऐसे स्वरूप उभर रहे हैं।

ग्रामीण अधिवास के विविध प्रकार के कारक

ग्रामीण अधिवास भूगोल में अधिकांश अध्ययनों में भौतिक एवं सांस्कृतिक कारक ही विविध प्रकार के समूहन एवं प्रकीर्णन हेतु अनुक्रियाशील कहे गए हैं। कुछ वर्तमानकालीन अध्ययनों में संस्कृति, परम्परा, ''कुल'' आधारित संगठन आदि की महत्त्वपूर्ण भूमिका की ओर भी ध्यानाकर्षित किया गया है। किन्तु पर्यावरणीय नियतवादियों द्वारा विभिन्न भौतिक कारकों पर दिया गया विशेष बल कम वजनी नहीं है अथवा इसके व्याख्या की अपेक्षा है। विश्व के विभिन्न भागों में किए गए आनुभविक अध्ययन एक अथवा दूसरे कारक को अधिक महत्त्वपूर्ण बताते हैं। फिर भी विश्वजनीन प्रयोग के तथ्यपूर्ण सामान्यीकरण सम्भव नहीं है। किसी भी वृहत प्रदेश अथवा देश में समूहन एवं प्रकीर्णन के कारणों का वर्णन करते समय स्थानिक–कालिक आयामों के सन्दर्भ में सतर्क रहने की आवश्यकता है। पूर्वोक्त सन्दर्भ के अनुसार प्राचीन एवं नवीन दोनों जगत के प्रदेशों में संहत अथवा सामूहिक अधिवासों के ऐतिहासिक, पुरातात्विक सबूत मिलते हैं। अरासू ने सच कहा है कि प्रत्येक प्रदेश में बहुत से कारकों द्वारा जिनमें प्रमुख निम्नवत् है, जैसे प्रकार्य अथवा पेशे का प्रकार, भूमिगत जल की प्रकृति, वर्षा, धरातलीय जल, मिट्टी, जोताकार, देश काल का अर्थतंत्र, स्थानीय भौतिक दशाएँ तथा स्थलाकृतियाँ, ही ग्रामीण मानव समूह को समूहन करते नियन्त्रित नहीं वरन् ये इनके प्रति चेतन अनुक्रियाशीलता के परिणाम हैं। यहाँ सर्वप्रथम समूहन के कारणों की व्याख्या की गयी है।

भौतिक कारक

संहत अधिवासों में रहने का अभ्यास नए बसे समुदायों में भी उसी प्रकार सुदृढ़ हुआ है जैसा कि प्राचीन मिश्र अथवा चीन के नव–पाषाणकालीन कृषकों में अथवा ब्रिटेन के रोमवासी ऐंग्लो सेक्सन प्रवासियों में मिलता है। ऐसा जंगली तथा दलदली भू-स्थलों जैसी पर्यावरणीय विषम परिस्थितियों में जूझकर जीवित रहने की क्रिया द्वारा, एवं कृषि की स्थायी प्रणाली के संगठन सम्बन्धी सुविधाओं की प्राप्ति के लिए होता है। (हडसन, एफ.एस. (1976) अ. 1, संदर्भ 2, पृ. 64)।

1. पूर्वी तथा दक्षिणी एशिया में संहत अधिवास आधारभूत इकाई के रूप में मिलते हैं।[3] डिमांजिया के शब्दों में 'ऐसे अधिवास बड़ी नदियों के मैदानों में मिलते हैं एवं मुख्यतया प्रारम्भकाल से ही उपजाऊ रहने वाले भूखण्डों में भविष्य में भी पाए जाएंगे।'[4]

Figure 4.7

Samples of hamlet types in Wisconsin. The hamlet is the smallest type O^s nucleated settlement. The population is composed principally of nonfarmers.

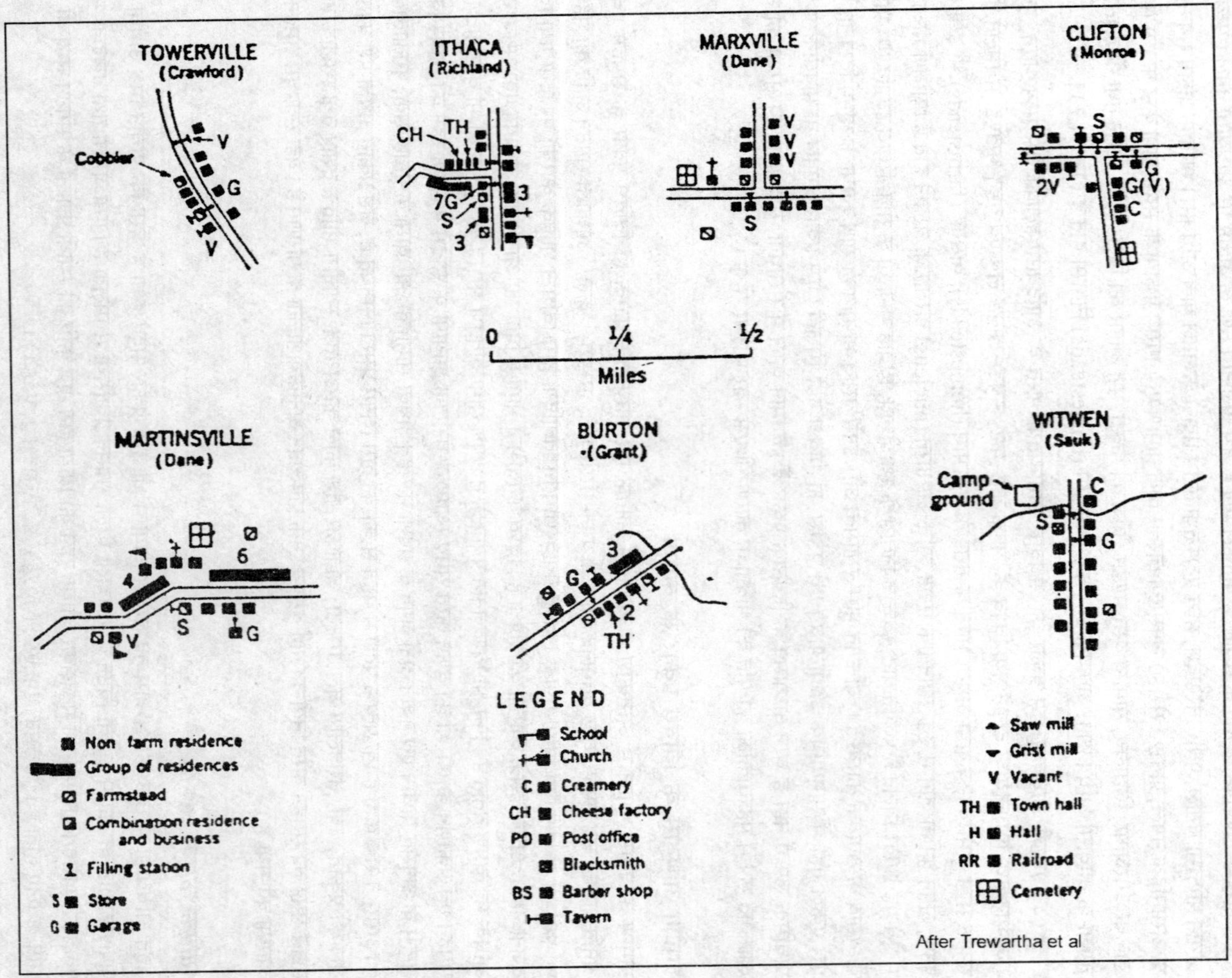

ब्लांश का भी निष्कर्ष है कि इन भागों में जहाँ लगातार कृष्य-भूमि समरूप एवं व्यापक शोषण के लिए प्राप्त हो मूलरूप में पुंजित अधिवास मिलते हैं ।[5] स्पष्ट है कि उच्चावचन की समरूपता तथा मिट्टी के उपजाऊपन द्वारा आकर्षित होकर पूर्वकालिक निवासियों द्वारा सामुदायिक जीवन की स्थापना होती है । तत्पश्चात् कृषकों के साथ अन्य जातीय लोगों के एकत्रीकरण द्वारा चित्र 4.4a, 4.8 में प्रदर्शित तथ्य के अनुसार, संहत निवेश बन जाते हैं ।

2. जहाँ भी विरल जनसंख्या वाले पहाड़ी भू-भाग, पठार की समतल भूमि अथवा मैदान से मिलते हैं, बड़े संहत अधिवास स्वयं बस जाते हैं । (चित्र 4.9) ।
3. इसी प्रकार नदी घाटी के कगार पर शुष्क बिन्दुओं (dry points) के स्थल पर संहत अधिवास बसते हैं ।
4. उपयुक्त जलस्तर, अर्थात पीने के कुएँ का सरल निर्माण तथा कई भागों में जल-संचयन की सुविधा अधिवास समूहन में सहायक हैं । कहीं-कहीं पानी के सोते (Spring) भी जल स्रोत के रूप में मानव समूह संकेन्द्रण के कारक बनते हैं । उबड़-खाबड़ भूमि रहित

Figure 4.8

Distributional Pattern of Settlements in Nimar Upland

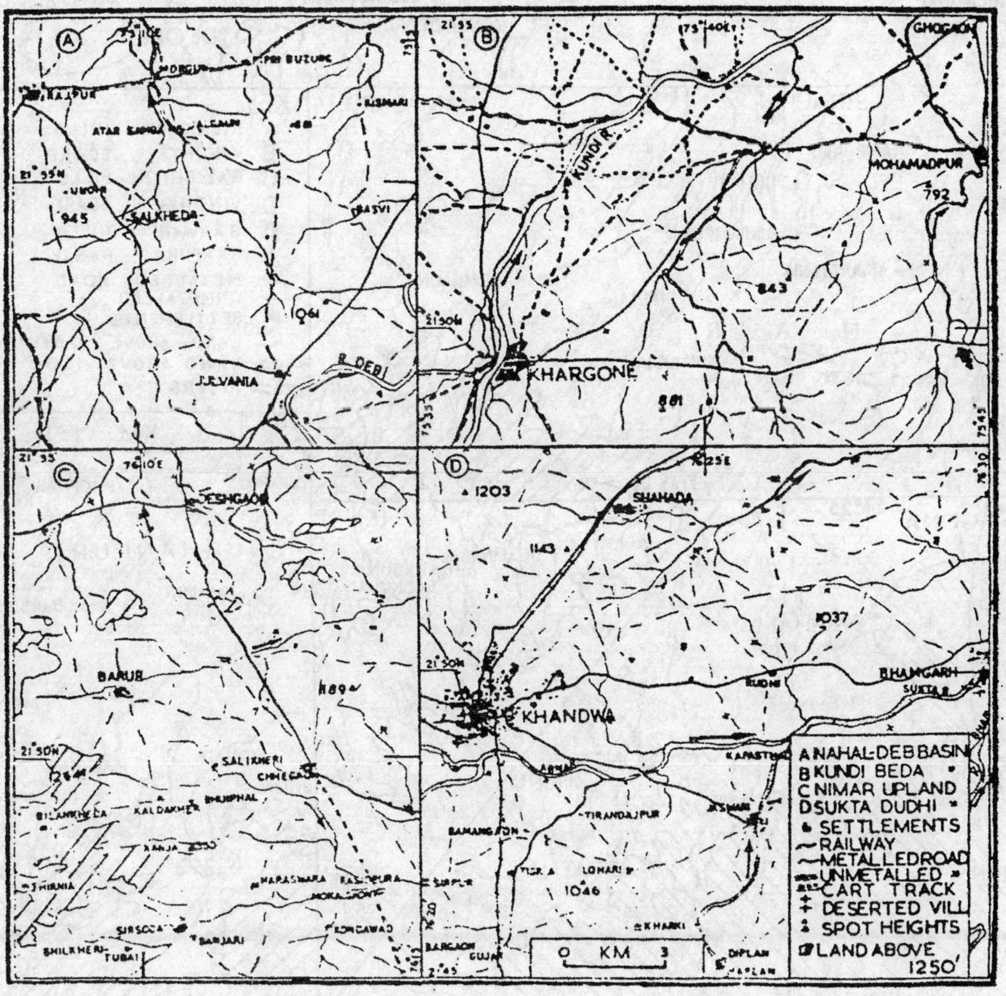

Figure 4.9
Settlements on Break of Slope

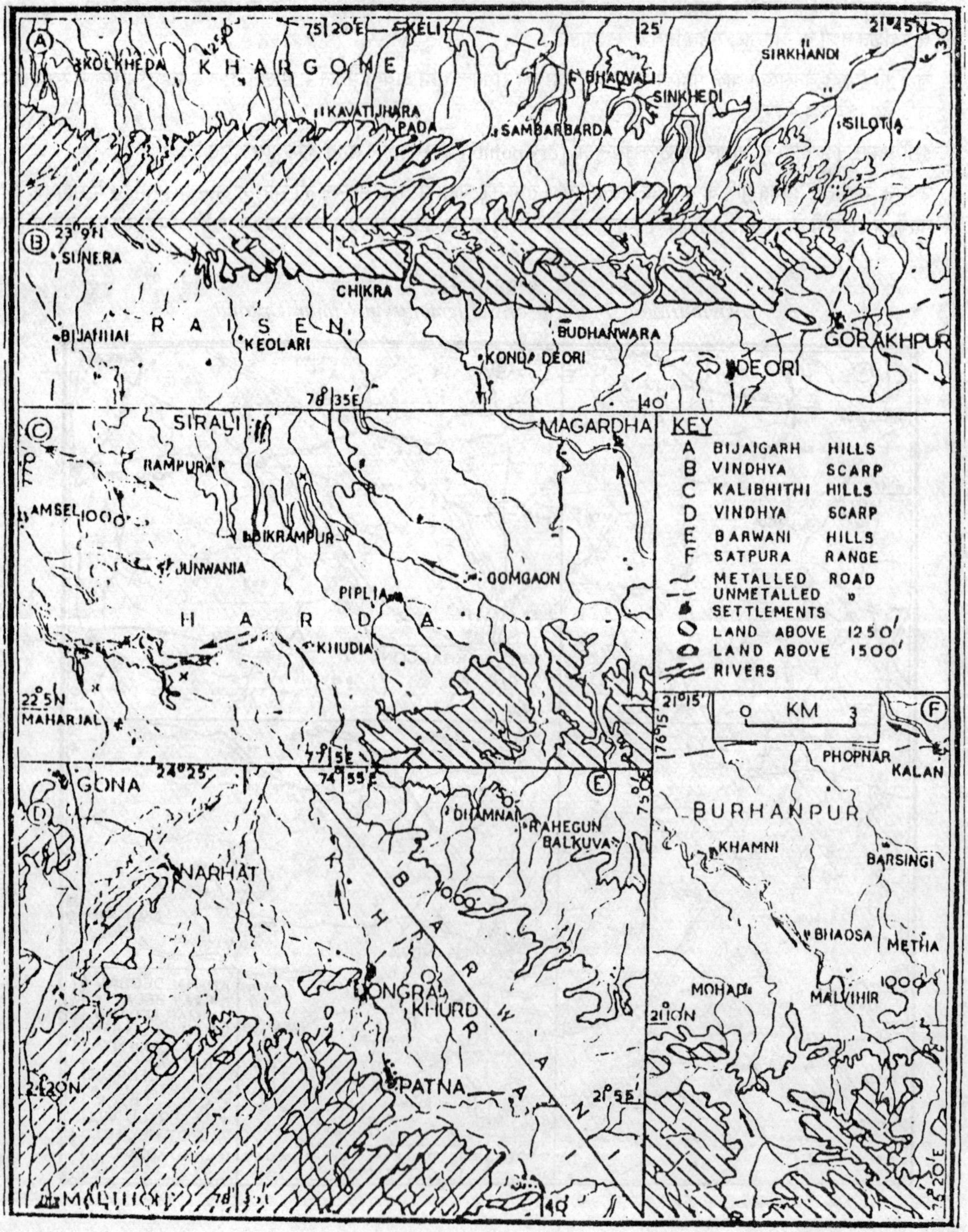

नदियों के दोआब आसानी से संहत अधिवास के भरण-पोषण में सहायक बनते हैं। (चित्र 4.4)।

5. इसी प्रकार कुछ भागों में वर्षा-जल के संचयन एवं वितरण के लिए बाँधों एवं सिंचाई के जलमार्ग अथवा सरणि (Channel) तथा तालाबों के निर्माण आदि ने संहत अधिवास के विकास को प्रश्रय एवं सम्बल प्रदान किया है।[6]

सांस्कृतिक कारक

1. मानव, आवश्यकता पूर्ति हेतु अपने साथियों के आकर्षण में खिंचा रहता है। सभी जानवरों में यह सर्वाधिक यूथचारी (Gregarious) है और जितना ही अधिक संख्या में एक स्थान पर एकत्रित होता है, उतना ही उसका आकर्षण बल अधिक होता है जैसा कि प्राचीन काल के बड़े शहरों में देखने को मिलता है।[7] प्राय: जंगल-कटाई, भूमि की खेती तथा अन्य सम्बन्धित कार्य एक ही स्थान पर केन्द्रित होते हैं और प्राचीन तथा वर्तमान काल में भी कृषि सम्बन्धी सहयोग एवं अभ्यास, संहत अधिवास बसाने में सहायक रहे हैं। जल के नियन्त्रण तथा विनियमन, कुएँ की खुदाई, कुछ सार्वजनिक कार्यों का रख-रखाव एवं अनुकूल पर्यावरणीय परिस्थितियों के द्वारा फसल उत्पादन हेतु सहयोग की आवश्यकता होती ही है। ऐसे कार्यों के लिए मानव का एकत्रीकरण होता है।[8] यही कारण है कि विश्व के बड़े मैदानों तथा पठारों के ग्राम-निवासी अतीत काल से ही सहयोग पर आधारित खेती-कार्य करते हुए संहत अधिवासों की स्थापना किए हैं। इसी प्रकार न्यू इंग्लैंड के ग्रामीण इतिहास में भी पहले के 100 वर्षों में ग्राम-निवासी कृषक ही थे जो तकनीकी विकास के कारण बाद में परिवर्तित हो गए।

2. जोतों के बिखराव तथा पट्टियों में की जानी वाली खेती, ग्राम-निवासी के लिए असुविधाएँ प्रस्तुत करती है, जो नाभिकीयन द्वारा प्रतिसंतुलित होती है, क्योंकि यहाँ कृषक की घनिष्ठ प्रेमपूर्ण सामुदायिक जीवन की सभी सुविधाएँ प्राप्त होती हैं। ब्लांश ने ठीक ही कहा है कि विविध प्रकार के टुकड़ों में विभक्त खेतों के कारण संकेन्द्रित निवास आवश्यक होते हैं, क्योंकि ग्राम ही उनका सर्वनिष्ठ मिलन स्थल है जहाँ सभी रास्ते जाकर मिलते हैं।[10] इसी प्रकार के अर्थों में मुखर्जी ने भी समान दृष्टिकोण अभिव्यक्त किया है। ''सभी रास्ते तथा पगडंडियाँ, जो खेतों के पार सभी काश्तकारों के लिए पतझड़ के पत्तों की तरह बिखरे होते हैं, ग्राम के मिलन-भूमि पर आकर मिलते हैं।[11] स्पष्टतया संहत ग्राम का निवासी ग्राम के केन्द्र में इसलिए निवास करता है कि उसकी आर्थिक दूरी न्यूनतम हो जाती है।

3. अनेक भाँति के निवासियों में राजपूत वंश के लोग अध्यासन की प्रक्रिया में प्रारम्भिक काल से ही मिट्टी की दीवाल तथा खाई से घिरे हुए तथा किले के चतुर्दिक अधिवासों को संहत निवास का रूप देने में सहायक रहे हैं। ऐसे ही अधिवासों में अन्य लोगों के समूह जैसे, पुरोहित, सेवक, कारीगर, जुड़ते गए हैं, जिनसे ग्रामीण संगठन की समेकता तथा आत्मनिर्भरता अक्षुण्ण बनी रही।[12]

4. जजमानी प्रणाली (Jajmani System) के अन्तर्गत अतीत काल से ही पारस्परिक सामाजिक अन्तर्सम्बन्धों द्वारा संहतता कायम रही है। इनायत अहमद ने ठीक ही कहा है कि सामाजिक-सांस्कृतिक कारकों से सम्बन्धित अनेक में से एक सामाजिक एकत्रीकरण, चाहे वह गाँव के केन्द्र में किसी छायादार पेड़ के नीचे अथवा मन्दिर के पास हो, त्योहार के समय पारस्परिक आनन्दोत्सव हो, गर्मी में दिनभर के काम से थके हारे पड़ौसियों का कुएं पर जमाव हो अथवा जाड़े में अलाव (fire place) के पास क्या-कहानी अथवा मित्रों की बातचीत एवं फसल के सम्बन्ध में विचार-विनिमय हेतु जमाव हो, इन सभी ने संहत अधिवास के बसाव की दिशा में अपने प्रभाव का अवदान किया है।[13]

5. आर्थिक कारकों में कर्ज लेन-देन की प्रणाली को नकारा नहीं जा सकता। बड़े जोताकर के कृषक अथवा महाजन निवासियों को एकत्रित रहने के लिए अभिकेन्द्रीय बल (centripetal force) का कार्य करते हैं।

6. बेरोजगार अथवा अर्द्ध बेरोजगार मजदूर अनेक पेशेगत गौड़ कार्यों में लगकर इन ग्रामों में आसानी से जीवित रह सकते हैं। इसी प्रकार छोटे व्यापारी बिचौलिए के रूप में इन संहत ग्राम के निवासियों को दैनिक आवश्यक वस्तुओं की आपूर्ति तथा उनकी आवश्यकता के समय अनाज आदि का क्रय आसानी से कर सकते हैं।

7. संहत ग्रामों में भूस्वामी अथवा जागीरदार तथा कृषक और पटेल भूमि व्यवस्था (land system) द्वारा भी साहचर्य के साथ रहते हैं।

8. नदियों, जलस्रोतों के किनारे धार्मिक केन्द्र के भी आकर्षण, आस-पास के क्षेत्र में समूहन के कारण बनते हैं। ऐसे अधिवासों के मध्य में बने मंदिर उनकी ऐतिहासिक भूमिका को सार्थक बनाते हैं, जैसे विन्ध्याचल, चित्रकूट, पुष्कर आदि।
9. कुछ ग्राम निश्चित राजनीतिक पूर्वग्रह (bias) अथवा प्रशासनिक निर्णयों के कारण संहत अधिवास बन जाते हैं, जैसे, ब्रिटिशकाल में इन्दौर में मानपुर, मुस्लिम काल में मान्डू एवं हिन्दू काल में बहुसंख्यक अथवा इथियोपिया में इटली शानकाल में तेफकी का गढ़ (Tefkee stronghold)।
10. सुरक्षाकारक भी समूहन में महत्त्वपूर्ण भूमिका अदा करता है। इसके उदाहरण उत्तरी नाइजीरिया में दीवाल से घिरे हौसा कबीले (Hausa Tribes) के लोगों के ग्राम, भूमध्य सागरी क्षेत्र में एक्रोपोलिश (Acropolis) ग्राम, अल्जीरिया व कीनिया के अन्य ग्राम तथा संयुक्त राज्य अमेरिका के मार्मन (Mormon) ग्राम है। मध्यकालीन अराजकता के समय मध्य भारत के भागों में पारस्परिक युद्ध, लूट, डकैती, ठगों के अत्याचार आदि से बाध्य होकर लोग सटे हुए संहत अधिवासों में रहते थे, जिनके उदाहरण अब भी हैं। बाहरी दीवाल, खांई, गढ़ी (Big Palace) तथा बाड़ा (घेरा/घेर) अथवा खाला (enclosure) बनाने की सामान्य प्रथा सटे एवं एक-दूसरे पर चढ़े हुए से जुड़े मकान अतीत में सुरक्षा की आवश्यकता तथा ग्रामीण भूदृश्य में वर्तमान काल में भी उनके निरन्तर उपयोग को प्रदर्शित करते हैं।
11. ''हाल'' का अवलोकन सही है कि संहत ग्राम का स्वरूप (Haufendofr) चावल क्षेत्र की जीवनपद्धति से पूर्ण समायोजित होता है।[14] चावल की कृषि से सहलग्न अनेक प्रकार की क्रियाएँ ऐसे अभिकेन्द्रीय बल को जन्म देती हैं।
12. मुकर्जी का अध्ययन सही है कि चावल प्रदेश में प्रमुखता से उपलब्ध कृषकों के ऋत्विक आलस्य के दिन विविध प्रकार के घरेलू उद्योग के विकास में अवदान करते हैं जिनका पनपना एवं बढ़ना संहत अधिवास में ही संभव है।[15]
13. प्राचीन काल में अलग से रहने के लिए नए स्थान का चुनाव निवासियों के समूह द्वारा अनुमोदन तथा पुरोहित द्वारा संपुष्टि (Confirmation) के बिना अशुभ समझा जाता रहा है।
14. वर्तमान कालीन रूस की कृषि प्रणाली, इज़राइल के किबुत्जिम (Kibbutzim) तथा चीन के सामूहिक कृषि फार्म आदि संहत अधिवास के निर्माण में सहायक रहे हैं।
15. पश्चिमी देशों में मध्यकाल में खुले खेतों की प्रणाली (open field system) की कृषि हेतु सामुदायिक श्रम की आवश्यकता थी जो समूहन के अनुकूल कारक बने हैं।

प्रकीर्णन (Dispersion) के लिए उत्तरदायी कारक

यद्यपि प्रकीर्ण अधिवास की इकाई वासभूमि (homesteads) के पर्यायवाची के रूप में स्वीकार की जाती है, किन्तु इसका मुख्य अभिलक्षण अकेलापन एवं एकान्तता (Privacy) के साथ नाभिकीय, सामाजिक-आर्थिक एवं सामाजिक-मनोवैज्ञानिक कारक उत्तरदायी होते हैं। इसके जीवन के रहन-सहन के प्रतिरूप से जुड़ी हुई अनेक आर्थिक सुविधाएँ एवं सामाजिक असुविधाएँ होती हैं। यहाँ सर्वप्रथम भौतिक कारकों का अध्ययन प्रस्तुत है:

भौतिक कारक

विभिन्न प्रदेशों में प्रकीर्ण अधिवास के होने के अनेक कारण हो सकते हैं किन्तु विश्वजनीन प्रयुक्ति के कारकों की तार्किक व्याख्या सम्भव नहीं है फिर भी कुछ सर्वनिष्ठ कारक स्पष्ट रूप से दृश्य होते हैं।

1. बहुत से यूरोपीय लेखकों का अवलोकन है कि प्रकीर्णन भूमि के ऊबड़-खाबड़ धरातल के सीधे समानुपात में बढ़ता हुआ प्रतीत होता है।[16] ब्लांश ने भी बिखरे निवासों को कटे-फटे उच्चावचन से सम्बन्धित किया है। मालवा में पहाड़ी भाग में उपजाऊ भूमि के सीधे समानुपात में प्रकीर्णन की बढ़ोत्तरी मिलती हैं। इसीलिए आदिवासियों के बिखरे हुए टापरों (Tapro), (लघु नगला) एक नदी के किनारे, एक ढलान, पहाड़ी की चोटी, एक पर्वत-प्रक्षेप अथवा कहीं भी हल चलाने योग्य कृष्य भूमि में मिलते हैं, बिखरे, बड़े पत्थरों से भरे हुए उनके खेत, प्रकीर्णन को इस सीमा तक बढ़ाते हैं कि एक गृह के लिए कई एकड़ भूमि की आवश्यकता होती है। एक

Figure 4.10

Distributional Pattern of Settlement

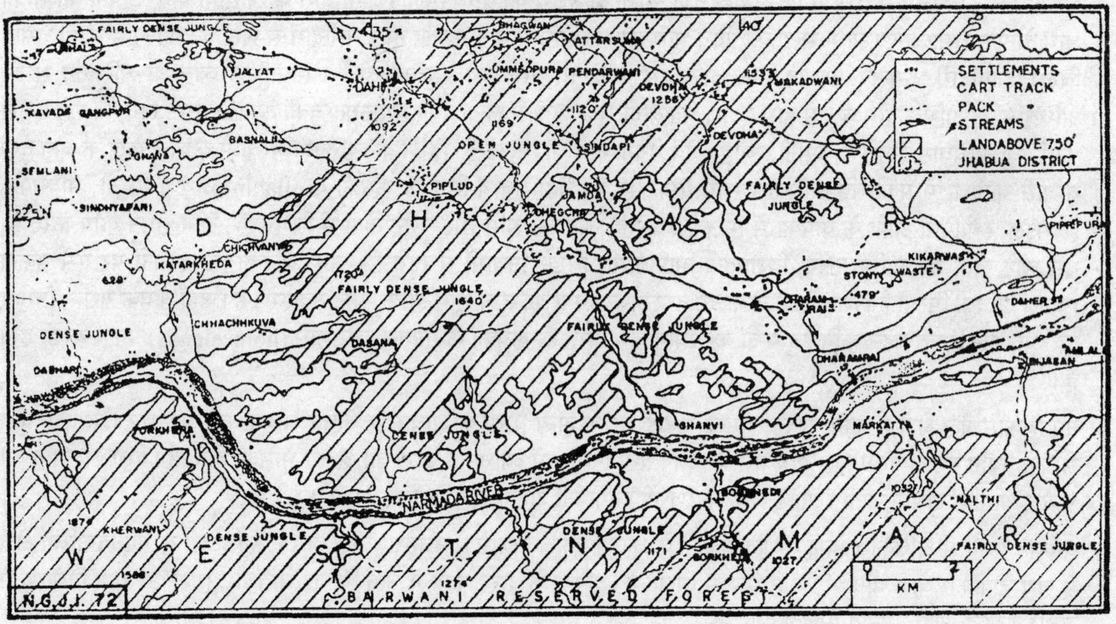

भील तथा कोरकू के वासभूमि (homesteads) से लेकर गोंड़ लोगों के ''धाना'' (नगला = (hamlet) तक की स्थिति में गृहों के संकेन्द्रण पर भूमि के प्रकार का प्रभाव स्पष्टतया परिलक्षित होता है (चित्र 4.10)।

2. कठोर एवं दु:सह्य जलवायु तथा बंजर भूमि (sterile soils) वाले क्षेत्रों में भूमि, जंगल तथा चरागाह द्वारा प्राप्त जीविकोपार्जन की क्षमता के अनुसार सामान्य रूप में प्रकीर्णन पाया जाता है, जैसे–हिमालय, बास्जेज, ब्लैक फारेस्ट, कार्पेथियन, एन्डीज, नार्वे तथा अफ्रीका के ऊँचे पर्वतीय भू-प्रखण्ड अथवा विंध्याचल शृंखला के भाग, जुक्वोला शंकु पर्वत आदि पर।

3. मैदानों में प्राप्त उच्च जलस्तर के समान वितरण से आकर्षित लोग सटे घरों के नगलों अथवा वासभूमि में रहते हैं, जैसे पश्चिमी बंगाल, बेल्जियम (जटिस जोताकार पद्धति के साथ) तथा स्पेन के सिंचित क्षेत्र में।

4. नई दुनिया जैसे सं.रा.अ. तथा कनाडा में वृहत उपजाऊ निम्न भूमियों में विस्तृत कृषि क्षेत्र में एकल कृषक-वासभूमि अथवा वासगृह आसानी से बस गए हैं।

5. बड़ी नदियों के जलमग्न तटों (floodplains) में बाढ़रहित ऋतु में अस्थायी कृषि के अवसर मिलने से स्थानान्तरणशील अथवा अस्थायी प्रकीर्णित अधिवास बस जाते हैं। भू-स्वामित्व के अनुसार ऐसे झोपड़ी वाले या खपरैल के स्थायी अधिवास ऊँचे स्थलों पर मिलते हैं। गंगा, घाघरा, सोन जैसी बड़ी नदियों के विस्तृत 'दोआब' कहे जाने वाले क्षेत्र स्पष्ट उदाहरण हैं।

सांस्कृतिक कारक

विविध रूप में भूमि व्यवस्था, कृषि प्रकार, व्यक्तिगत पहल शांतिपूर्ण दशाओं, कुल सम्बन्धन, प्रजातीय गुण, आधुनिक विकसित रेल, सड़क अर्थात् यातायात-संचार व्यवस्था तथा जातिप्रथा से सम्बन्धित सांस्कृतिक कारक अलग से अथवा संयुक्त रूप में एक झोपड़ी से लेकर नगला तक विस्तार वाले अधिवास प्रकीर्णन के विभिन्न श्रेणीकरण हेतु उत्तरदायी है। इनका वर्णन निम्नवत् है:

1. भारत में उन्नीसवीं शती के मध्य में भूमि व्यवस्था-प्रणाली में व्यापक परिवर्तन हुए तथा बाद में सामन्तशाही के पतन के कारण भूस्वामित्व की निजी व्यवस्था से एकल गृहों तथा नगलों के उद्धर्थ को प्रश्रय मिला। जागीरदारों के आसामी प्राय: अपनी काश्त की भूमि के पास बसाए गए। साधु-सन्तों को प्रदत्त भूमि की मठ/मठिया में परिवर्तित हुए। जमींदारों से प्राप्त दान की भूमि में भी बसाव बिखरे। जमींदारी उन्मूलन-पश्चात् संहत अधिवास से अलग बसने की प्रवृत्ति बढ़ी है। सामाजिक व्यवस्था-परिवर्तन से इन अधिवासों के अभिकेन्द्रीय बल में ह्रास हुआ। चकबन्दी सुदा भागों में लोग अपने व्यक्तिगत चकों के पास बसने लगे हैं। ऐसे एकल फार्म तथा अधिवास इंगलैण्ड, जर्मनी, स्वीडन एवं डेनमार्क में भी मिलते हैं। ब्रिटेन के व्यक्तिगत भूस्वामित्व वाले फल के बाग तथा बाजारी बागीचों में प्रकीर्णित अधिवास स्वयं विकसित हैं। यही प्रवृत्ति मिश्र के कृषकों (Fellahin) अथवा फिजी, मैक्सिको, इजराइल, इथोपिया आदि के कृषकों में मिलती हैं। जहाँ जोत की भूमि छोटे-छोटे खेतों में विभक्त है, लोग सघन कृषि करते हैं, ऐसे छोटे खेतों पर आश्रित लोग, विशेषतया आदिवासी, बिखरे निवासों में रहते हैं। प्राय: वेदिकायुक्त ढलानों पर ऐसे एकल निवास अधिक मिलते हैं। शिवालिक हिमालय तथा इथियोपिया की उच्च भूमि इसके स्पष्ट उदाहरण हैं। जहाँ कृषक गरीब, निरक्षर एवं अकुशल हैं एवं गहन कृषि हेतु यन्त्रों का प्रयोग कम करते हैं, कृषकों के निवास, वासभूमि (homesteads) प्रकार के ही होते हैं।[17]

3. नए विकासशील क्षेत्रों में कृषि, खनन, जंगल-कटाई अथवा अन्य धन्धों के आधार पर बेहतर जीवन-स्तर प्राप्त करने के लिए क्रय से प्राप्त नवीन स्थलों पर एकल अधिवास के चयन तथा निर्माण में व्यक्तिगत पहल की अलग भूमिका होती है। ऐसी अलगाव की भावना धार्मिक अथवा जातीय प्रताड़ना के कारण भी लोगों को अलग रहने के लिए बाध्य करती है।

4. वर्तमान समय में अधिकांश भागों में शांत दशाओं के कारण एकल निवास में उत्तरोत्तर वृद्धि हो रही है। इटली के नए नियोजित क्षेत्रों में लघु जोताकार वाले भागों में बिखरे निवास मिलते हैं। दुनिया के अन्य भागों में जहाँ सिंचाई सुविधा, सुरक्षा एवं रोग-निवारण में सुधार हुआ है, यही उपनति मिलती है।

5. कुल-बन्धुता (affinity) के कारण भी एक कुल अथवा घराने के लोग दूसरों से अलग-थलग एक स्थान पर रहना पसन्द करते हैं। ब्लाश ने रिचथफेन के हवाले से कहा है कि कुल कि विशेषताओं के कारण चीन के लोग कुल-आधारित विभाजन के साथ रहन-सहन तथा रीति-रिवाज में मैदान निवासियों से अलग लघु नगलों में रहते हैं।[18]

6. आदिवासी क्षेत्रों में आर्थिक तंत्र के प्रकार तथा उनके प्रजातीय गुणों द्वारा भी अधिवासों के प्रकीर्णन निर्धारित होते हैं। ऐसा भी है कि जीवन में अन्य से पर्दा एवं निजी जीवन की पृथकता तथा बहुपत्नी प्रथा इन दो समवर्ती (concurrent) कारणों से आदिवासी लोग बिखरे निवास बनाते हैं। एक भील अलग झोपड़े में रहकर पड़ौस के खेतों में कार्यरत पत्नियों की देखभाल करता हुआ अपने को सुरक्षित महसूस करता है। वह फसल सुरक्षा जंगली जन्तुओं तथा पक्षियों से, चोर आदि के कारण भी स्थलाकृति के उच्चावचन के अनुसार किसी केन्द्रीय स्थान पर अलग झोपड़े बनाता है। अधिक से अधिक कृषित खेत के पास अथवा उसके अन्दर कुछ दिन में ही लकड़ी के झोपड़े बन जाते हैं, क्योंकि अंधविश्वास के कारण ये झोपड़े प्राय: स्थानान्तरणशील होते हैं। यही तथ्य दुनिया के बहुत से आदिवासियों के लिए भी लागू है।

7. औद्योगिक क्रांति के पश्चात यूरोप में कृषि योग्य प्राप्त भूमि का उपनिवेशन भी बिखरे निवासों के निर्माण में सहायक रहा है, उदाहरणार्थ-सपाट डेन्यूब नदी के घास के मैदान (Puszta) एवं पोलैण्ड, चेकोस्लोवाकिया तथा हंगरी के समान उपनति वाले क्षेत्र। द्वितीय विश्वयुद्ध के बाद जापान में भी यही स्वरूप दिखलायी पड़ा है।

8. पशुचारण एवं पशु आधारित खानाबदोशी के क्षेत्रों में भी सामान्यतया बिखरे गृह मिलते हैं। स्विटजरलैण्ड, आस्ट्रिया तथा नार्वे के चरवाहे भी झोपड़ियाँ (Chalets (Almhütte) or saeterhuts बनाकर रहते हैं। लैप (lapps) सवाना तथा स्टेपी के चरवाहों की अस्थाई ऋत्विक झोपड़ियाँ भी अन्य उदाहरण हैं।

9. नए जंगल-कटाई अथवा भूमि-सुधार वाले क्षेत्र तथा ऊसर-उपान्त भूमियों में भी मध्यकाल से ही बिखरे निवास को प्रोत्साहन मिला है।

10. नव-निर्मित रेल तथा सड़क के कारण भी लोग रेलवे स्टेशन तथा सड़क के किनारे बसना पसन्द करते हैं। अनेक प्रकार की दुकान,

ट्रक चालकों के आश्रय स्थल, ढाबा के रूप में प्राथमिक बसाव बढ़कर नगले का रूपधारण कर लेते हैं। बड़े राजपथ के किनारे ऐसे ढ़ाबे (Restaurent) वाले निवास उत्तरोत्तर वृद्धोन्मुख है।

11. ग्रामीण बाजार व हाट वाले ग्रामों में हाट-स्थल तथा मेलास्थल के पास नए बिखरे निवास, दुकानदार के गृह, धर्मशाला, साधु-कुटी और फिर पुजारी, पण्डों के लघु-निवास भी बस जाते हैं।

12. वर्तमान समय में जाति प्रणाली के आधार पर बिखराव को सम्बल मिला है। पिछड़े कृषक वर्ग के लोग यथा काछी, कोली, घोसी, अहीर, गोंड तथा आदिवासी भील आदि एवं सेवक वर्ग के लोग जैसे-चमार, बलई, मेहतर (स्वीपर) तथा अन्य परिगणित तथा आदिम जाति के अन्य लोग भी मुख्य गाँव से अलग नए उपग्रह स्वरूप लघु नगलों में बसे हैं। बंजारा (wanderers), गड़िया लोहार (Ironsmiths) तथा पत्थर तोड़ने या काटने वाले (Stone Cutter) प्राय: मुख्य आवासीय इकाईयों से दूर हटकर अलग निवास बनाते हैं। चमार तथा समकक्ष परिगणित जाति के लोग प्राचीन काल से ही मुख्य निवास के बाहरी छोर अथवा बिल्कुल अलग अपने तालाब, कुआं तथा सीमान्त देवता के साथ निवासित पाए जाते हैं।[19]

13. सामुदायिक विकास खण्डों के अथवा आदिवासी कल्याण केन्द्र के मुख्यालय तथा उनके संयोजन से भी ग्राम या शहर के निकट बिखरे अधिवास बने हैं। बड़े फार्म, कपास की बिनाई, बुनाई के कारखानों के पड़ोस की बस्तियाँ भी ऐसे बिखरे बसाव हैं।

अन्य प्रकार

अध्याय एक के 1 से 3 खण्डों में कुछ सामान्य अभिलक्षणों के आधार पर अधिवासों का वर्गीकरण प्रस्तुत हैं, किन्तु विविध प्रकार के स्वरूपों को प्रकार्यात्मक प्रकार के आधार पर ही विवेचित नहीं किया जा सकता। स्थान (स्थल), कुछ निश्चित प्रतिरूप के विकास हेतु महत्त्वपूर्ण कारक होते हैं। कुछ स्थान मौलिक प्रपंचों के आधार पर तय किए जाते हैं, ये बसाव प्रक्रिया में आकर्षक कारक सिद्ध होते हैं, जबकि अन्य में सांस्कृतिक कारक नियन्त्रक एवं नियतकारी कारक होते हैं। चूंकि सभी स्थलों (sites) के स्थलाकृतीय-स्थान-निर्धारण निश्चित होते हैं, अत: इन्हें सरल व सम्मत रूप में भौतिक तथा सांस्कृतिक दो सामान्य श्रेणियों में प्रस्तुत किया गया है।

भौताकृतिक स्थान-प्रकार

सभी भौताकृतिक स्थलों को इनके पर्यावरणीय लक्षणों के सम्बन्धानुसार विभेदित करने पर तीन प्रकार स्पष्ट है (1) जलाकृतीय (Hydrographic), (2) भ्वाकृतिक (Geomorphic) तथा (3) वानस्पतिक (Vegetational) इन्हें क्रमश: वर्णन के साथ देखें:

भौताकृतिक (Hydrographic)

मानव की श्वास के साथ अस्तित्व तो रहता है, पर जीने के लिए खाना, पीना अनिवार्य है। इसीलिए निवास के लिए पानी एक मात्र सर्वाधिक नियतकारी कारक होता है। पानी-धारक लक्षण; जीवन-यापन, यातायात, सुरक्षा, सिंचाई के माध्यम से खेती के लिए तथा जलवायु सुधारक साधन के रूप में सार्थक सेवा प्रदान करते हैं। भौताकृतिक लक्षणों को प्रभावित करने वाले बहुत से बड़े-छोटे कारकों में कुछ अधिक महत्त्वपूर्ण निम्नवत हैं: जलस्तर की गहराई, पानी की पेयता (Potability), उसका आयतन, ऋत्विक दोलन, पहुँच, निवासियों का हुनर तथा नदी, तालाब, चश्मे, सोते अथवा जलसंचयन के अनेक स्रोतों से जल उपयोग की क्षमता आदि।

अ. *तालाब:* ये अतीत काल से ही ग्रामीण अधिवासों को आकर्षित करने में मानव तथा पशु के लिए आकर्षक कारक के रूप में अहम् भूमिका निभाई है। भारत के उत्तरी भाग में अधिवासों के विन्यास ''चन्द्रवेदी'' एवं ''सूर्यवेदी'' तालाब से निर्धारित होते थे। पहाड़ी तथा ऊंचे नीचे धरातल वाले पठारी भागों में छोटी नदियों पर बंधों द्वारा बने तालाब बिखरे पड़े हैं। अत: सर्वत्र बड़े तालाब से सटे संहत गाँव मिलते हैं, (चित्र 4.11)। तालाब निर्माण स्वयं धार्मिक कृत्य ही नहीं वरन् स्वर्गदायी माना गया है। अत: निवास से जुड़ना स्वाभाविक है। इसी प्रकार झील भी अपने किनारे अधिवास को आकृति प्रदान करती है।

ब. *जलस्रोत/चश्मा:* भौमिकीय रचनाओं के कारण पहाड़, पठार तथा पहाड़ी में प्राप्त चश्मों के बहते जल के आधार पर अधिवास बसते हैं तथा स्थ्लों का संगठन भी प्रभावित होता है। उत्सुत कूप (Artesian Well) जो दुनिया के अनेक भागों में (उत्तर प्रदेश के तलाई

Figure 4.11
Site of Settlements

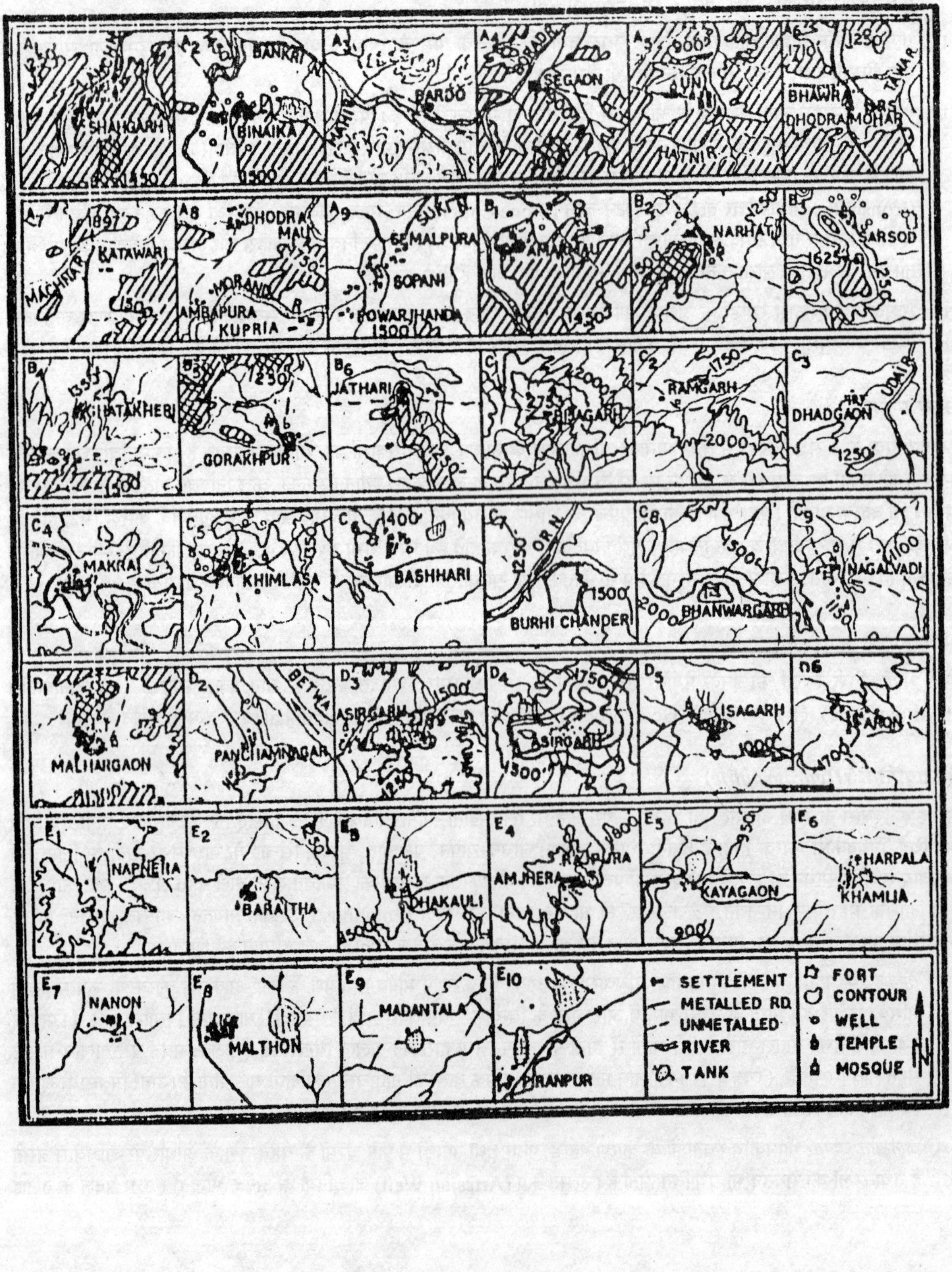

में भी) हैं तथा मालवा में ''उकाला'', शिवालिक व विन्ध्य श्रेणी के झरनों तथा चश्मों के पास प्राचीन काल से ही अधिवास बने हैं (चित्र 4.12 N_1-N_2)।

स. संसार की सभी बड़ी नदियों के स्थायी जल-बिन्दु (wet/water points), ग्रामीण नगर अधिवास-स्थल रहे हैं चाहे वह गंगा, वोल्गा, नील, टेम्स, मिसीसिपी, डेन्यूब, यॉंग्टिजी कोई भी हो। छोटी नदियों के ऐसे बिन्दुओं पर भी नाभिकीयन मिलते हैं। विभिन्न भू-दृश्यों में अनेक लम्बायमान, रैखिक खण्ड (Block) प्रतिरूप सरलतया विभेद्य होते हैं। चित्र 4.12 L_1-L_4)।

द. कूप-आश्रित अधिवास तो मूल निवेश होते हैं। प्राचीनकाल से ही इनके चतुर्दिक अर्द्धवृत्ताकार या आयताकार विन्यास वाले निवास प्राय: मिलते हैं। भारत में तो कुओं की संख्यानुसार अलग जातीय-निवास मिलते हैं। सरकारी अथवा निजी नलकूप भी वासभूमि तथा नगला निर्माण में आकर्षक कारक हैं। इसी प्रकार मरुद्यानों के निकटवर्ती अधिवास भी साकार होते हैं। उल्लेखनीय है कि जल स्रोतों का स्वामित्व, जल की स्थायी मात्रा, उपयोग, वितरण एवं निषेधपूर्ण सीमित आपूर्ति अधिवासों को आकृति प्रदान करने में महत्त्वपूर्ण भूमिका अदा करते हैं। प्राय: प्रभावी कुल के लोग स्रोत के पास तथा अन्य लोग क्रमश: दूरस्थ स्थल पर बसे मिलते हैं।

भ्वाकृतिक (Geomorphic) लक्षणों से सम्बन्धित स्थल

किसी अधिवास बसाव के स्थान-निर्धारण तथा निर्माण हेतु स्थल के चुनाव में कई विचार उत्तरदायी होते हैं। एक ओर पीढ़ी दर पीढ़ी प्राप्त ज्ञान के आधार पर निवासी के प्रत्यक्ष ज्ञान तथा दूसरी ओर स्थल की सापेक्ष अवस्थिति निर्णयकारी कारक बनते हैं। इस प्रकार के चयन प्रक्रिया में निम्नलिखित पहलुओं को दृष्टिकोण में रखकर ही चलता है:

अ. अधिवास बसाव तथा प्राथमिक उत्पादन जैसे कृषि, वन, खनन, मत्स्याखेट आदि के लिए अनुकूल, उपयुक्त भूमि की उपलब्धि,

ब. किसी क्षेत्र में स्थल के आकार की उपयुक्तता,

स. स्थानीय ढाल के अनुसार समोच्चरेखीय सम्बन्ध,

द. समग्र सुरक्षा सम्बन्धी रणनीतिक स्थिति,

य. पगडंडी, सड़क अन्य अधिवास, पानी तथा अन्य भूमि उपयोग के सम्बन्ध में पहुँच एवं उपागम की सहलग्नता।

चित्र 4.12, 4.13 से स्पष्ट है कि विविध प्रकार के अधिवास मूलत: वैध्यिपूर्ण स्थान से घनिष्ठ रूप में सम्बन्धित होते हुए विविध आकार, स्वरूप प्रदर्शित करते हैं; उदाहरणस्वरूप:

अ. मालवा पठार/क्षेत्र की काली, उपजाऊ कॉप मिट्टी वाली छोटी, संकरी नदी (Narrow) घाटियों में संहत अधिवास बहुसंख्य हैं जैसे चित्र 4.11 A_1-A_9 में शाहगढ़, बिनैका (सागर जनपद), बारडो (धार), से गाँव (ऊन) (नीमाड़) कलवारी, धोटरा मऊ, सोपानी (बेतूल) आदि। पहाड़ तथा पर्वत प्रक्षेपों से घिरे ये अधिवास कालान्तर में रेलवे, सड़क तथा प्राचीन रास्तों से जुड़ गए हैं।

ब. नदियों के किनारे तथा पहाड़ियों पर बने दुनियाँ भर में बिखरे (fort) दुर्ग अधिवास सुरक्षा एवं प्रशासकीय प्रयोजन हेतु स्थान-चयन की अनिवार्यता प्रदर्शित करते हैं। जैसे तेफकी (इथियोपिया), होपी निवास (प्यूब्लो) जो सं.रा. अमेरिका के दक्षिणी पश्चिमी भाग के मेसा (mesas) पर बने हैं, इंगलैण्ड के दुर्ग (castle) गाँव आदि। लगातार पारस्परिक युद्धों के कारण-जैसाकि मालवा क्षेत्र एवं मध्यभारत के इतिहास से स्पष्ट है-निवासी तथा उनके राज्य शासक उपयुक्त स्थल पर गढ़नुमा लिये[20] बनाने के लिये बाध्य हुए। उदाहरणार्थ-बीजागढ़, रामगढ़ (खरगोन जनपद), धड़गाँव (धूलिया), मकरई (होशंगाबाद), शिमलसा, बशहरी (सागर), बूढ़ी चंदेरी, ईसागढ़ (गुना), असीर (बेतूल), मल्हारगढ़ (विदिशा) एवं असीरगढ़ (खण्डवा) आदि (चित्र 4.11 C_1-C_9 एवं D_1-D_6।

स. शुष्क बिन्दु (dry Point) अधिवास, नदी के कगार पर बाढ़ स्तर के ऊपर मिलते हैं। जैसे बंबई, संगखेरा (होशंगाबाद), (चित्र 4.12 H) बड़ी नदियों के संकरे तथा विस्तृत जलमग्न तटों पर भी ऐसे अधिवास-स्थल मिलते हैं।

द. पारमग्य घाट-स्थल (Ferry Point) अधिवास प्राय: मिलते हैं। नेमावर (देवास), हंडिया, बाबरी-बाबरी (होशंगाबाद) ऐसे स्पष्ट उदाहरण है (चित्र 4.12G)।

Figure 4.12

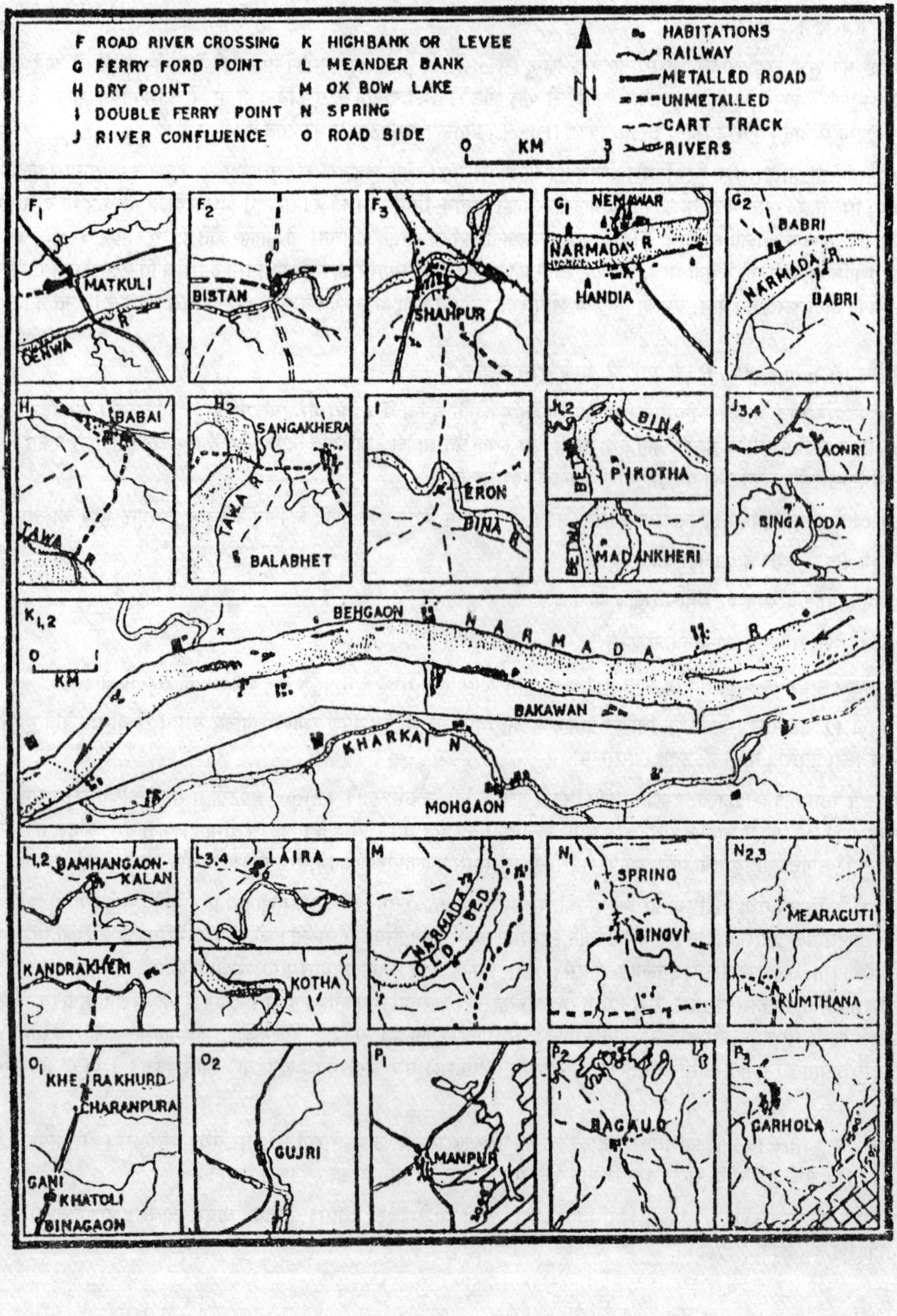
F ROAD RIVER CROSSING
G FERRY FORD POINT
H DRY POINT
I DOUBLE FERRY POINT
J RIVER CONFLUENCE
K HIGHBANK OR LEVEE
L MEANDER BANK
M OX BOW LAKE
N SPRING
O ROAD SIDE
HABITATIONS
RAILWAY
METALLED ROAD
UNMETALLED
CART TRACK
RIVERS
N
0 KM 3
MATKULI
DENWA R
BISTAN
SHAHPUR
NEMAWAR
NARMADA R
HANDIA
BABRI
NARMADA R
DABRI
BABAI
TAWA R
SANGAKHERA
TAWA R
BALABHET
ERON
BINA R
BINA
P'IROTHA
MADANKHERI
AONRI
BINGA ODA
BEHGAON
NARMADA R
0 KM 1
BAKAWAN
KHARKAI N
MOHGAON
BAMHANGAON-KALAN
KANDRAKHERI
LAIRA
KOTHA
NARMADA OLD BED
SPRING
SINGVI
MEARAGUTI
RUMTHANA
KHE JRAKHURD
CHARANPURA
GANI
KHATOLI
BINAGAON
GUJRI
MANPUR
BAGAUD
GARHOLA

Figure 4.13
Hill-Slope Settlements

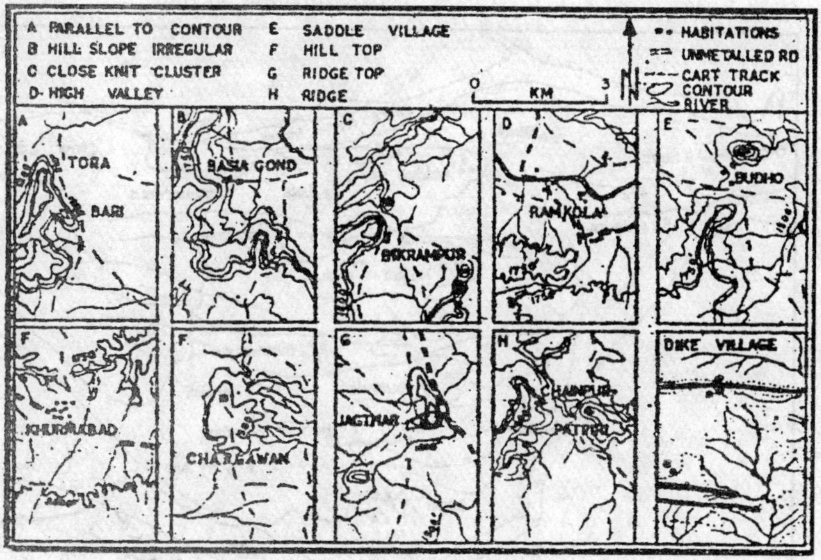

य. उभय पारगम्य घाट-बिन्दु (Double Ferry Point) कुछ बड़ी नदियों के दो मोड़ के बीच की भूमि सर्वोत्तम सुरक्षा स्थल प्रदान करती है। शिलालेख में समृद्ध ऐरण ऐसे ही घाट पर स्थित है (चित्र 4.12I)।

र. नदी संगम स्थलों पर संहत अधिवास मिलते हैं, जैसे पिरोठा, मदनखेरी (विदिशा), औरी (होशंगाबाद), सिंगओदा (उज्जैन) आदि, (चित्र 4.12 J_1-J_4)।

ल. प्राकृतिक बाँध/लेवी (levee) अधिवास स्थल नदियों के मोड़दार ऊँचे कगारों पर बाढ़ रहित भूमि प्रदेश में प्राय: बड़े एवं संहत अधिवासों के लिए उपयुक्त रहे हैं, जैसे गोड़गाँव, पथरी खुर्द, बेहगाँव (खरगोन), मरदाना, बकावन (बरवहा), घाटा बिल्लोट (धार) आदि।

व. स्पर्श बिन्दु (Contact Point) ढाल की समाप्ति (Break of slope or slope foot) पर भी संहत अधिवास विकसित हो जाते हैं। उदाहरण के लिए गढ़ोला (सागर), बगौद (खरगोन), मानपुर (इन्दौर) चित्र 4.12 P_1-P_3 तथा मानवाक्षेत्र में बड़गाँव (खण्डवा) तथा शिवालिक पहाड़ क्षेत्र में (लोअर हिमालय) कानेत निवास ऐसे मिलन बिन्दु पर बसे हैं।

श. वेदिका स्थल (Terrace Site) शिवालिक की पहाड़ी में अथवा दून घाटी में अथवा मध्य हिमालय क्षेत्र में गूजर, कानेत निवास के साथ बिखरे मिलते हैं। इन्हें पानी की सन्निकटता, सपाट चपटा कृष्य धरातल एवं यातायात हेतु उपयुक्त भू-प्रदेश तथा चराई क्षेत्र की सुविधाएँ प्राप्त होती है। ज्वालामुखी-शंक्वाकार पहाड़ों पर ऐसे सीढ़ीनुमा स्थल सर्वोच्च विभाजक रेखा तक अधिवास संजोए हुए हैं। इथोपिया के जुक्वोला पहाड़ पर ऐसे अधिवास शंकुचोटी तक बिखरे हैं। जंगल की लकड़ी तथा कृषि योग्य खेत जीवन निर्वाह के सम्बल हैं।

ष. जलोढ़ पंखा (alluvial fans) स्थलों पर ऐतिहासिक काल से ही लोग आकर्षित हुए हैं। प्राय: ऐसी स्थिति में कई रास्ते एक स्थान पर केन्द्रित होते हुए मुख्य सड़क के या गली के रूप में जलोढ़-पंखा के शिरोबिन्दु तक विस्तृत मिलते हैं। हिमालय की तराई-पेटी में इन पंखों के ऊपरी, मध्य तथा निचले तीन खण्डों में अलग समूह के लोग रहते हैं (चित्र 4.14)।

स. प्राकृतिक बेसिन स्थल वाले अधिवास राजस्थान के लघु मरुभूमि में बालू की श्रेणियों से घिरे हुए अरीय, विन्यास के साथ होते हैं जहाँ कई क्षेत्रीय रास्ते आकर मिलते हैं।

ह. वृहत् बेसिन शिखर स्थल (Amphitheatrical Basin Crest site) जल विभाजक के ठीक निचले फैले भाग में अधिवासों को आकर्षित करते हैं, नाशल (चित्र 4.15) स्पष्ट उदाहरण है।

क्ष. कटे-फटे उच्च भू-भाग (Ravine Lands) में दो प्रकार के स्थल मिलते हैं, (1) किनारे के स्थलों में नवीन काल के अधिवास जो कटाव के बाद बसे; (2) आन्तरिक अधिवास जो कटाव के पहले ही बस गए थे, (चित्र 4.15)।

त्र. नदीद्वीप के अधिवास बड़ी नदियों के वृहत् जलमग्न क्षेत्र के मध्य में बसे मिलते हैं, जैसे मोकलपुर, गोबरहा (गंगाजल-प्रवाह के बीच)।

Figure 4.14
Alluvial Fan Site

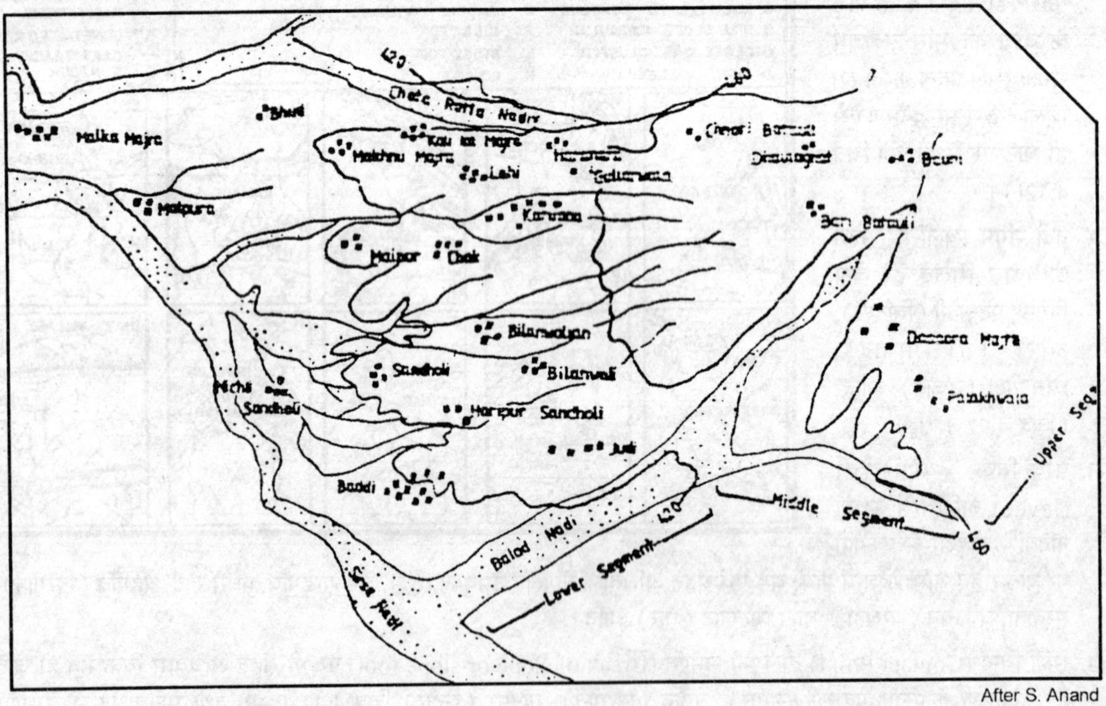

After S. Anand

आधार में पहाड़ी भौताकृतिक गुणवाले कुछ अधिवासों को पहाड़ी अधिवास कहा गया है, अत: इनका वर्णन अलग दिया जा रहा है। सच कहा गया है कि देहाती शांतिपूर्ण कृषि जीवन से अलग स्वयं सिद्ध असुविधाओं से पूर्ण किन्तु प्राकृतिक सौन्दर्य वाले पहाड़ी निवेशों की उत्पत्ति, इतिहास तथा जीवन्त दशा, जटिल समस्याएँ प्रस्तुत करती हैं।[21] भूपत्रकों के सावधानीपूर्वक अध्ययन तथा क्षेत्रीय अवलोकन के आधार पर अधोलिखित विवेचन के साथ पहाड़ी निवास स्थलों को श्रेणीबद्ध किया गया है:

1. समोच्च रेखा के समान्तर स्थल–कुछ पहाड़ी ढलानों पर बने अधिवासों के घरों, सड़कों का नियोजन समोच्चरेखा के समान्तर मिलता है, जैसे तोरा तथा बोरी वाली, (चित्र 4.13 A_1-A_2)।
2. समोच्चरेखा से अनियमित स्थल प्राय: मूल भौताकृतिक विविधताओं के कारण मिलते हैं, बेसिया (सागर) उत्तम उदाहरण है (चित्र 4.13B); जुझारवानी (उदयपुरा–रायसेन जनपद) भी ऐसा स्थल है। विन्ध्य, सतपुड़ा पहाड़ियों के आदिवासी भी अपने विशेष प्रजातीय गुणों के कारण अलग ऊँचाई के स्थलों पर निवास बनाते हैं।
3. सटे गृहपुंज (Close Knit Cluster) अथवा शिखर स्थल (Crest site) निवास तीव्र ढाल के नीचे, ढलान के ऊपर उपलब्ध समतल भाग में बसे मिलते हैं, जैसे विक्रमपुर (मुंगावोली, गुना जनपद) (चित्र 4.13C), तथा सांची (रायसेन)।
4. काठी स्थल (Saddle site) अधिवास दो पहाड़ियों के मध्य काठी पर सुरक्षित स्थान पर बसे हैं; बुधो (सागर) उत्तम उदाहरण हैं (चित्र 4.13E)। अरावली के दृश्यांग (outcrop) क्षेत्र में काठी स्थल पर नेक अरीय, लम्बायमान अधिवास मिलते हैं। मध्य हिमालय में ऐसे स्थल बहुसंख्य हैं।
5. उच्चघाटी स्थल (High Valley Site) अधिवास सतपुड़ा के उच्च जलविभाजक की छोटी नदी बेसिन में मिलते हैं। यहाँ कोरकू तथा बरेला आदिवासी रहते हैं, रामकोला, (सेन्धवा, खरगोन जनपद) तथा डोंगरिया (रायसेन) इसके उदाहरण हैं (चित्र 4.13D)।

Figure 4.15
Amphitheatrical Basin Crest Site

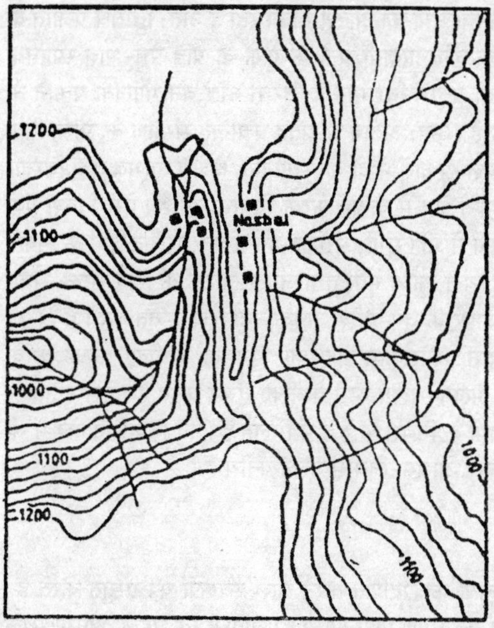

Figure 4.15(a)
Ravined Upland Site (Interior and Edge)

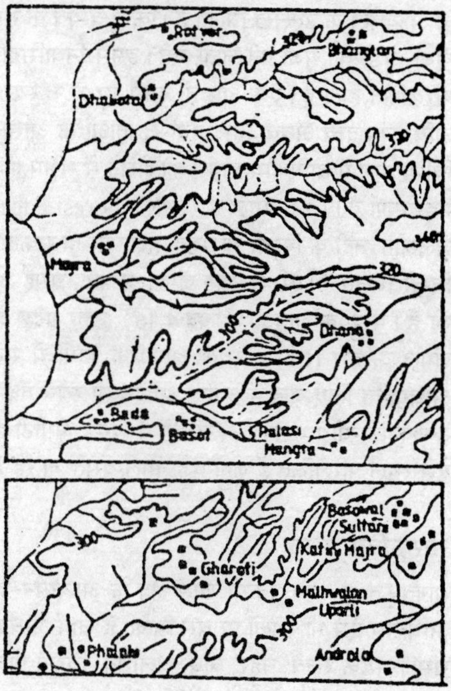

6. चोटी स्थल (Summit Sites) वहीं उपयुक्त अधिवास-क्षेत्र उपलब्ध हैं। सेंधवा (खरगोन जनपद) के खुरमाबाद (चित्र 4.13F2) तथा चारगाँवा (उदयपुरा, रायसेन) स्पष्ट उदाहरण हैं।
7. श्रेणी-चोटी स्थल (Ridgetop Site) पर अधिवास बसाव प्रक्रिया में ढलान के अंचल से प्रारम्भ करके जंगल कटाई पश्चात् बनते हैं। बांदा के (सागर), जगधार (चित्र 4.13G), गोदरा (बेतूल) तथा मांडू (धार जनपद) इसके उदाहरण हैं।
8. निम्नश्रेणी स्थल (Lower Ridge Site) अथवा डाइक स्थल अधिवास के लिए उपयुक्त रहे हैं। निचले भाग की कृष्य भूमि पर आधारित इनका अर्द्धसंहत, संहत स्वरूप उदयपुरा (रायसेन जनपद) के चैनपुरा, पाटपीरी तथा मनावर (धार) के वेल, देदुला से स्पष्ट है (चित्र 4.13 H)।

यहाँ उल्लेखनीय है कि इन अधिवासों की निवास प्रक्रिया तथा वितरण प्रतिरूप बहुविध असुविधाएँ प्रस्तुत करती हैं, यथा-तीव्र ढाल द्वारा उपागम/ पहुँच एवं तज्जनित अधिवास तक ढुलाई की कठिनाई तथा मुख्य मार्ग से पैदल पहुँच, मुख्य व्यापार की धमनियों तथा सामाजिक जीवनधारा से ऐकान्तिक दूरी, जलापूर्ति की कमी, कुएँ की खर्चीली खुदाई तथा सूखा के समय स्रोत का सूखना, पतली मिट्टी-आवरण का तीव्र उच्च ढालों पर तीव्र विनाश, अधिक उपजाऊ भूमि की कमी, कृषि-आधारित गरीबी, आंधी तथा खराब मौसम, भयानक जंगली जानवरों को खुला आमन्त्रण आदि। पूर्व ऐतिहासिक तथा मध्यकाल के सुरक्षा तथा धार्मिक कारकों ने इन गाँवों के निवास, वितरण-प्रक्रिया तथा सातत्य में मुख्य भूमिका निभाई है। दुनिया के अन्य भागों की भाँति भारत में भी बाह्य आक्रमणों से मजबूर होकर अनेक आदिम जाति के लोग पहाड़ी क्षेत्रों में खिसकने, उपजाऊ भाग में बसाव हेतु जंगल-कटाई करके वनसम्पदा पर निर्भर रहने के लिए बाध्य हुए हैं। किन्तु आजकल अधिकांश ग्रामीण अधिवास, कुछ अपवादों के साथ, अलग एकल अथवा बिखरे रूप में कृषियोग्य ऊँचाई के भूखण्ड तक सीमित हैं। मध्यकालीन किले परित्यक्त पड़े हैं और निवासी नीचे की ओर छोटी नदी बेसिन में खिसक गए हैं। कुछ ऊँची चोटी के दुर्ग-अधिवास, जो कभी विकसित नगर थे, विध्वंसित से मात्र पर्यटकों तथा पुरातत्वविदों के लिए ही आकर्षण केन्द्र रह गए हैं।

वानस्पतिक (Vegetational)

आदि इतिहासकाल से ही जंगल-कटाई कार्य प्रारम्भ हुआ तथा प्राचीन ग्रंथों, महाकाव्यों में मानव-बसाव-प्रक्रिया अथवा उपयुक्त स्थलों के अध्यासन के उल्लेख मिलते हैं। किन्तु बसाव के साथ ही जंगल-संरक्षण निवासियों का आदर्श वाक्य रहा है अत: विविध प्रजाति के पौधों, पेड़ों की पूजा की जाती रही। इससे निवासियों के मन में दीर्घकालिक जीवनप्रदायी वनों के गुणों के प्रति प्रेम-भाव स्पष्टतया परिलक्षित होता है। एक ओर तो उनमें डर व रहस्यमय आदर की उभयभावी प्रवृत्ति विद्यमान है, दूसरी ओर वन मौलिक प्रकृति के अविभाज्य तत्त्व अथवा हिन्दू देवी-देवताओं के आसन स्थल समझे जाते रहे हैं। अत: अतीत से सतत् प्रचलित संरक्षण के सांस्कृतिक विशिष्ट गुण प्रौद्योगिकीय शोषण को झेलने में सक्षम एवं जीवित हैं। अनेक स्थल-प्रकारों में दो का स्थानिक, क्षेत्रीय उद्भव तथा विस्तार महत्त्वपूर्ण है। (1) जंगल छोर स्थल (Forest edge site) वे हैं जहाँ सीमान्त क्षेत्र में कटाई करके निवास बने हैं। ऐसे निवेश एक जलस्रोत, नदी के किनारे या पर्वत-प्रक्षेप पर हो सकते हैं, अथवा समतल मैदान में भी। सभी, सुरक्षित, नियन्त्रित/संरक्षित वनों के निकट बिखरे मिलते हैं। ऐसे भू-भाग जंगल-उत्पाद, चराई-क्षेत्र, गृह-निर्माण योग्य स्थल, कृष्य भूमि तथा जंगल-कटाई के लिए सरल, सुगम रहे हैं। म.प्र. के झाबुआ, (चित्र 4.16), उत्तर प्रदेश के तराई क्षेत्र तथा मीरजापुर के वन-प्रदेश अनेक उदाहरण प्रस्तुत करते हैं। (2) जंगल के हीर (Core) स्थल आन्तरिक भागों में सरकारी अभिकर्त्ताओं द्वारा प्रशासकीय सुलभता, सुगमता के लिए कटाई करके अधिगृहीत किए जाते हैं अथवा आदिवासी स्वयं तथाकथित सभ्यता से दूर अलग-थलग रहने के लिए तैयार करते हैं। ऐसे उदाहरण उष्णकटिबन्धीय भूखण्डों में जंगलों में पिग्मी, नेग्रीटो तथा अन्य आदिम जातियों के निवेश के रूप में मिलते हैं। नए विकसित क्षेत्र में भी ऐसे स्थल परिलक्षित हैं जहाँ बड़े नगले बसते जा रहे हैं (चित्र 4.17)। प्राचीन आश्रम-निवास उल्लेखनीय हैं।

सांस्कृतिक स्थल

मानवकृत भू-दृश्य, किसी खास क्षेत्र के अध्यासन-प्रक्रिया-काल के साहचर्यों को प्रदर्शित करने वाले स्वरूपों को प्रस्तुत करते हैं। अधिवास ऐसे भी स्थलों पर बसे मिलते हैं जहाँ अधिक सहलग्नता के कारण यह समझ पाना दुष्कर हो जाता है कि पहले कौनसा स्थल बसा। सड़क रेलवे, नहर, बाँध, जलाशय, विद्युत प्रोजेक्ट, विद्युत-सब-स्टेशन, कारखाने-केन्द्र, कुआँ, तालाब, मन्दिर आदि सभी ने मानव तथा अधिवास को आकर्षित किया है। कुछ सांस्कृतिक लक्षणों का विवेचन किया जा चुका है। यहाँ हम सामान्य सांस्कृतिक लक्षणों पर विशेष बल देकर वर्णन प्रस्तुत कर रहे हैं, जो भूकर मानचित्र (Cadastral Map) पर सरलतया विभेद्य होते हैं।

1. *सड़क:* प्राच्य देशों के बड़े अधिवास प्राचीन मार्गों बड़े अधिवास के साहचर्य में बढ़े हैं, जिनमें से कुछ नगर का रूप धारण कर चुके हैं, जेसे भारत के उज्जैन, विदिशा, मथुरा आदि। तीर्थयात्रा के मार्ग भी अधिवासों को प्रदर्शित करते हैं यद्यपि उनका स्वरूप-परिवर्तन स्पष्ट है। व्यापारियों के रेशम-पथ तथा अन्य काफिलों के मार्ग स्वयं सबूत हैं कि वे अधिवासों के पूर्ववर्ती रहे हैं। अयोध्या से जनकपुरी तक विस्तृत प्राचीन राम-जानकी मार्ग, अयोध्या, काशी तथा अन्य तीर्थों के परिक्रमा मार्ग ऐसे स्थलों के स्पष्ट उदाहरण प्रस्तुत करते हैं। यहाँ तक कि शाही मार्ग (Highways)/राजमार्ग मध्यकाल से ही नवीन अधिवासों के लिए पूर्ववर्ती रहे हैं जैसे जी.टी. रोड (भारत के राष्ट्रीय मार्ग नं. 2) पर मूरतगंज, जंगीगंज, मिर्जामुराद आदि। पुराने यात्रियों के विश्रामस्थल अन्य उदाहरण हैं। ऐसे मार्ग के ''सराय'' नामधारी स्थल अनेक हैं, जैसे खोजवा-सराय, हड़हासराय (वाराणसी), कंजरीसराय (मुरादाबाद) आदि।
2. *नहरस्थल:* यद्यपि ये नवीन सत्ता हैं फिर भी पानी की सुविधा, यातायात की सड़क तथा स्वयं यातायात के साधन के रूप में निवास हेतु आकर्षक रहे हैं। बहुधा इनसे निवास चिपक से जाते हैं और बाजार केन्द्र का रूप धारण करते हैं। इनकी सुरक्षात्मक स्थिति भी निवासियों के लिए अभिकेन्द्रीय बल का कार्य करती है।
3. *नहर:* सड़क पारक (crossing) स्थल भी अधिवास हेतु आकर्षक होते हैं।
4. *सड़क:* नदी पारक स्थल अधिक अच्छे तथा विभिन्न जलीय लक्षणों सम्बन्धी परस्पर क्रियाओं को प्रदर्शित करते हैं। जिनकी छाप घरों के प्रबन्ध-विन्यास, योजना, सड़क के स्वयं विकास पर स्पष्ट दिखलाई पड़ती है, (चित्र 4.12 F_1F_3)।
5. *सड़क:* किनारे के विश्राम स्थल (halt spots) प्रत्यक्षतया राजमार्गों तथा उन दौड़नेवाले वाहनों के प्रतिफल हैं जैसे-ट्रक तथा बस

Figure 4.16

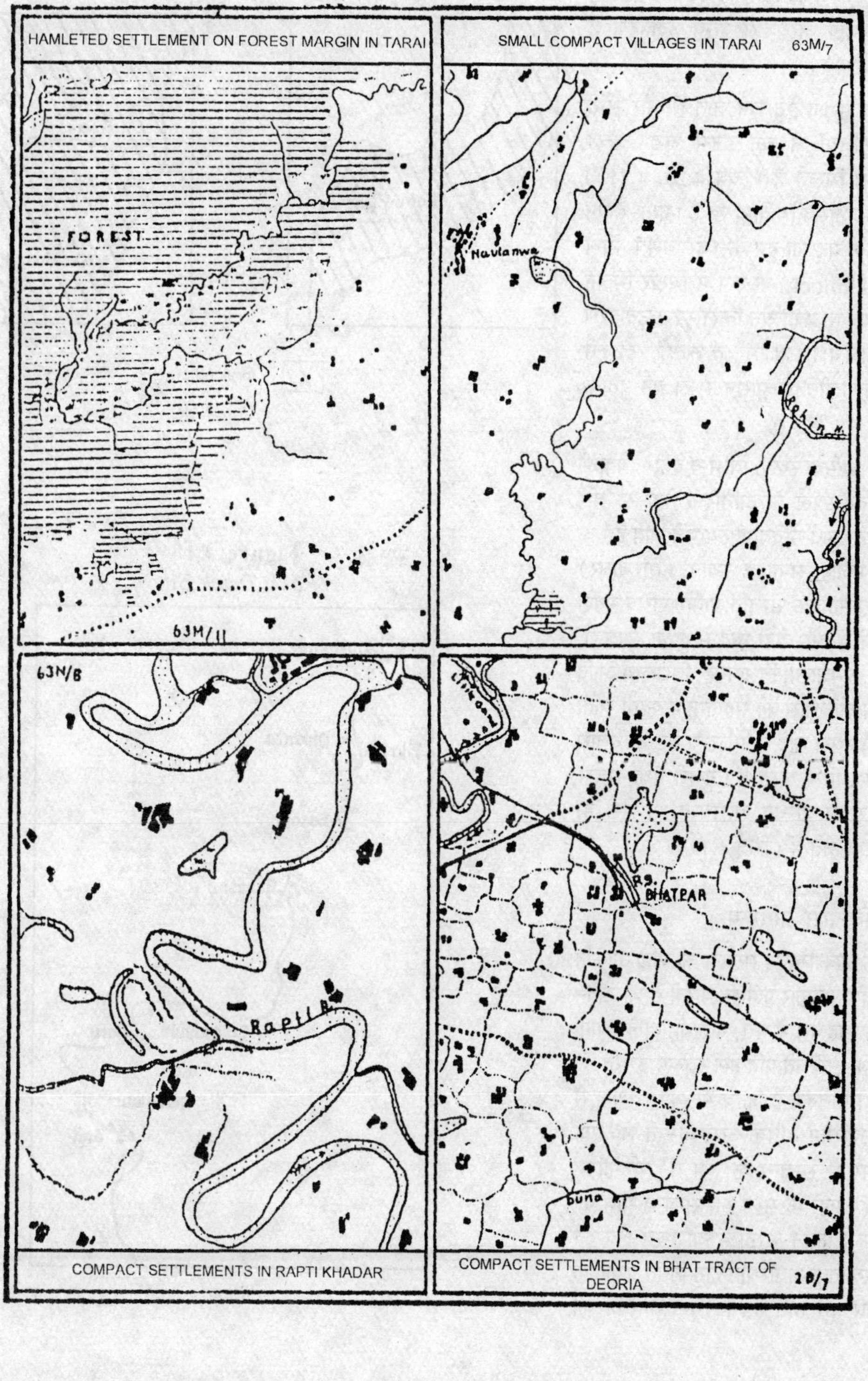

COMPACT SETTLEMENTS IN RAPTI KHADAR

COMPACT SETTLEMENTS IN BHAT TRACT OF DEORIA

के ठहरने, रुकने के स्टापेज, स्टेशन अथवा अड्डे (चित्र 4.12 O_1O_2); (Pack track) आढ़त स्थल अधिवास अन्य उदाहरण हैं (चित्र 4.18)।

6. दुर्गस्थल सुरक्षा हेतु चुने जाते हैं और सभी स्थलाकृतियों में बने इनसे जुड़े अच्छे अधिवास मिलते हैं (चित्र 4.20, 4.21)। प्राय: ये प्रशासकीय केन्द्र रहे हैं। गंगा-मैदान में भरों के गढ़ या दुर्ग के ध्वंसावशेष, टीले (Small hillock) के रूप में बिखरे मिलते हैं। अन्यत्र मध्यकालीन किले स्पष्ट उदाहरण हैं। इथियोपिया में *तेफकी*, इटली प्रशासनकालीन अध्यासन स्थल का प्रतीक है।
7. *विविध धार्मिक स्थल:* विभिन्न देवी-देवताओं के मन्दिर स्थल के अतिरिक्त नेता या वीर पुरुष (जो बाद में देवतातुल्य पूजे जाते हैं) के स्थान, मजार, सन्तों के स्थान, (गिरजाघर) आदि सामाजिक संस्तुति पाकर पवित्र स्थल बन जाते हैं और वहीं बाद में कुआं, बावड़ी, तालाब, धर्मशाला, विश्रामगृह, विद्यालय आदि के साथ अधिवास की सहलग्नता बढ़ती जाती है। यही स्थल बाद में नगला व बड़े अधिवास का रूप धारण करते हैं। छतरी तथा सत्ती-स्थल से सम्बन्धित अधिवास भी ऐसे ही विकसित होते हैं (चित्र 4.19)।

अधिवास विन्यास प्रतिरूप

अधिवासों के आकारिकीय संरचना की बाह्य आकृति कुछ ज्यामितीय आकार प्रदर्शित करती है जो खेत-खलिहान के साहचर्य में घरों, गलियों, खुले स्थानों के विन्यास के निश्चित प्रतिफल स्वरूप उभरते हैं। ये आकार ही प्रतिरूप है जो कभी-कभी स्थल से निर्विकार, उदासीन अथवा असम्बन्धित से 'एक गृह का दूसरे से सम्बन्ध के रूप में' परिभाषित किए जाते हैं। गृहों के मध्य यह सम्बन्ध गाँव को विशिष्ट स्वरूप प्रदान करता है जो स्वयं क्षेत्र की भौतिक, सांस्कृतिक अवस्थिति द्वारा नियत प्राकृतिक वृद्धि के परिणाम होते हैं। विभिन्न कारकों को

Figure 4.17
Forest Core Sites

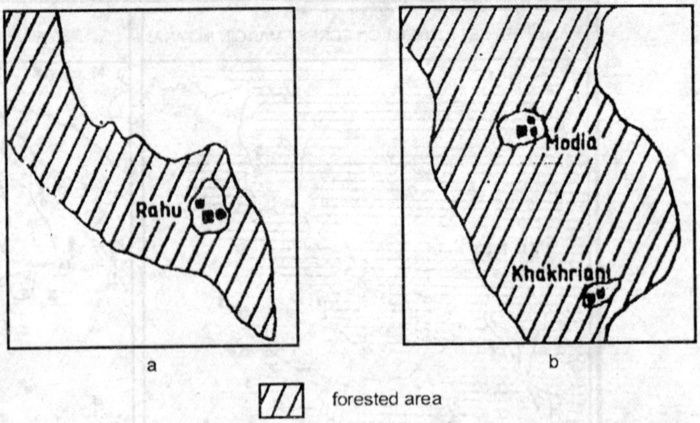

Figure 4.18
Pack Track Site

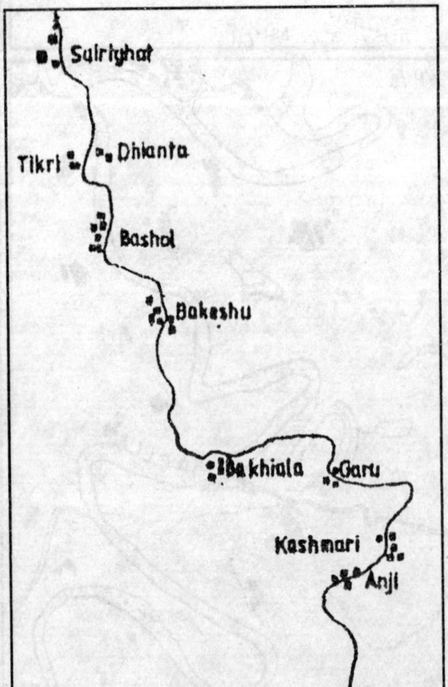

समाहित करने वाले इन विन्यासों का विवेचन आगामी पृष्ठों में किया गया है। वर्तमान गाँवों के प्रतिरूप का विशद वर्णन करने से पूर्व संक्षेप में बुद्ध, जैन तथा पौराणिक साहित्य में उल्लिखित एवं चर्चित प्राचीन ग्रामीण अधिवासों का सन्दर्भ आवश्यक है। जैन साहित्य में उत्तानमल्लकार (खुले कटोरे की भाँति) अवन्मुख (गोलाकार प्रतिरूप), खण्ड (अर्द्धवृत्तीय), पाटलिक (तरूवीथि प्रतिरूप), वलभी (चार कोनों पर खड़े-पेड़ वाले अधिवास) तथा रूचक (पेड़ों से घिरा असमतल भूमि वाला) आदि उल्लेख हैं। (वृहतकल्पसूत्रभाष्य, 1103, 1104, 1105, 1106 देखें)।

Figure 4.19
Temple and Chharti Site

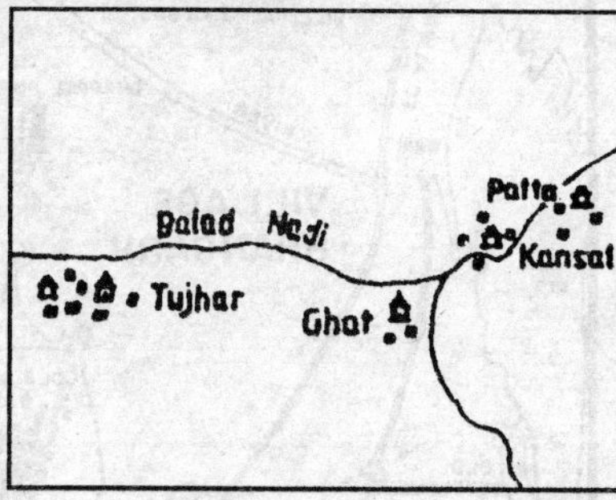

मानसर शिल्पशास्त्र तथा अर्थशास्त्र (कौटिल्य) में भी ग्रामीण अधिवास विन्यास का वर्णन है, किन्तु आचार्य तथा हावेल द्वारा वर्णित और प्रदर्शित सच्चे स्वरूप वर्तमान समय में दिखलाई नहीं पड़ते। इनका वर्णन अधोलिखित है:

Figure 4.20
Fort Site

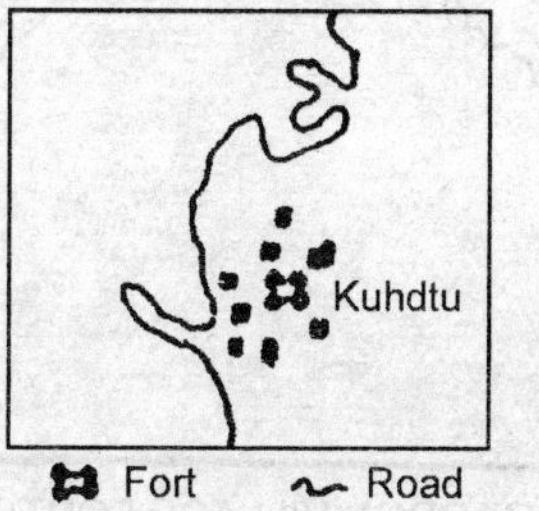

दण्डक विन्यास आयताकार अथवा समकोण चतुर्भुजाकार या वर्गाकार या जिसके साथ उसी आकृति का परकोटा जुड़ा होता था। *सर्वतोभद्र* एक लम्बायमान या वर्गाकार विन्यास है, जिसके मध्य ब्रह्मा, विष्णु, शिव के मन्दिर निर्धारित हों और ब्राह्मणों तथा साधुओं का निवास हो। *पद्मक* कमल के आकार वाला तथा *स्वस्तिक* का स्वरूप रहस्यमय स्वस्तिक चिह्न से मिलता-जुलता होता है। *प्रस्तर* या तो वर्गाकार या लम्बायमान आकृति होती है, *कार्मुक* की शक्ल अर्द्धवृत्ताकार अथवा दीर्घवृत्तीय धनुषाकार होती है, *चतुर्मुख* शक्ल में चार फाटक पूर्व से पश्चिम में विस्तृत होते हैं (चित्र 4.22, 4.23)।

ये विन्यास योजनाएँ या तो विनष्ट हो गईं अथवा लम्बे इतिहासकाल में परिवर्द्धित हुईं और अब केवल उनके विशेष मात्र दुर्ग अथवा चहारदीवारी वाले गाँव के रूप में मिलते हैं। क्षेत्र में अवलोकन से प्राप्त अथवा बड़े पैमाने के मानचित्र पर अथवा भूकर मानचित्र पर प्रदर्शित अभिलेख अथवा उल्लिखित, अंकित ग्रामीण अधिवास प्रतिरूप में कोई चिन्तनशील नियोजन दृष्टिगोचर नहीं होता, फिर भी हम आन्तरिक संरचना-तत्त्वों तथा बाह्य ग्राम-स्वरूप में विन्यास प्रबन्ध अवश्य देखते हैं। गंगा-मैदान, मालवा पठार तथा अन्यत्र फैले स्पष्ट संहत अधिवास एक निश्चित विन्यास एवं धरातलीय जलस्रोत (नदी तालाब, बावड़ी), कुआँ, मिट्टी की प्रकृति, कृषिकार्य, बाग तथा खेतों की आकृति से सुस्पष्ट सीधा सम्बन्ध प्रकृति, कृषिकार्य, बाग तथा खेतों की आकृति से सुस्पष्ट सीधा सम्बन्ध प्रस्तुत करते हैं।[22] ये प्रतिरूप घनिष्ट रूप में बैलगाड़ी/ऊंटगाड़ी/घोड़ागाड़ी आदि के रास्तों, सड़कों, मस्जिद, मंदिर आदि सांस्कृतिक तत्त्वों तथा गृहों के भौतिक पर्यावरण, जैसे स्थल से सम्बन्धित होते हैं। जजमानी पद्धति पर आधारित जाति समुदाय भी अलग खण्डों में बसाव करने में तथा ग्रामीणों के जाति, प्रभाव, समृद्धि पर आधारित उर्ध्वाधर निर्माण की विभिन्नताएँ, अलग भूमिका निभाते हैं। सुरक्षा, जो अतीत के गाँवों की आकृति, आकार को नियत करने वाले महत्त्वपूर्ण तत्त्व रहे, का संघट्टन/प्रभाव आज भी दुनिया के कई भागों के ग्रामीण अधिवासों पर दिखलाई पड़ता है। इन प्रतिरूपों को क्रमश: एक-एक करके विचार कर सकते हैं:

1. पूर्व विवेचित प्राचीन ग्राम-विन्यास योजना स्वयं प्रदर्शित करती है कि यह अतीत की धरोहर है। इन्हें मैदानी भागों की हल-आधारित कृषि संस्कृति में आसानी से अपनाया जा सकता है। आयताकार खेत की जुताई सरल होती है। अत: इनकी आकृति तथा घरों की वर्गाकार या आयताकार कक्ष वाली अनुस्थापना से घनिष्ट सम्बन्ध बनाए रखना भी सरल है। जापान तथा चीन में भी क्रमश: जोरी तथा हानडेन प्रणाली भी भूमि-मापन, उसका विभाजन, पुनर्विभाजन वर्ग-इकाई में होता है जो अधिवास के आयताकार स्वरूप से सम्बन्धित रहने में सरल है। भूमि मापन की बीघा प्रणाली भी जुताई-पद्धति तथा आकृति अनुसार अनुस्थापन (orientation) की प्रतिफल है। ऐसी विन्यास योजना के संहत गाँव में रास्ते तथा घरों को सर्वाधिक स्थान मिल पाता है। बीघा की भाँति[23] पारम्परिक फर्लांग भी 220 गज लम्बा बना, मेंड़ से मेंड़ की दूरी 22 गज तथा एकड़ विकसित हुआ जो 484 वर्गगज की जुताई योग्य पट्टी[24] की सामान्य इकाई का क्षेत्रफल है। यह आयताकार विन्यास स्पष्टतया मालवा पठार, नीमाड़, नर्मदा घाटी मैदान में महेश्वर के निकट

Figure 4.21

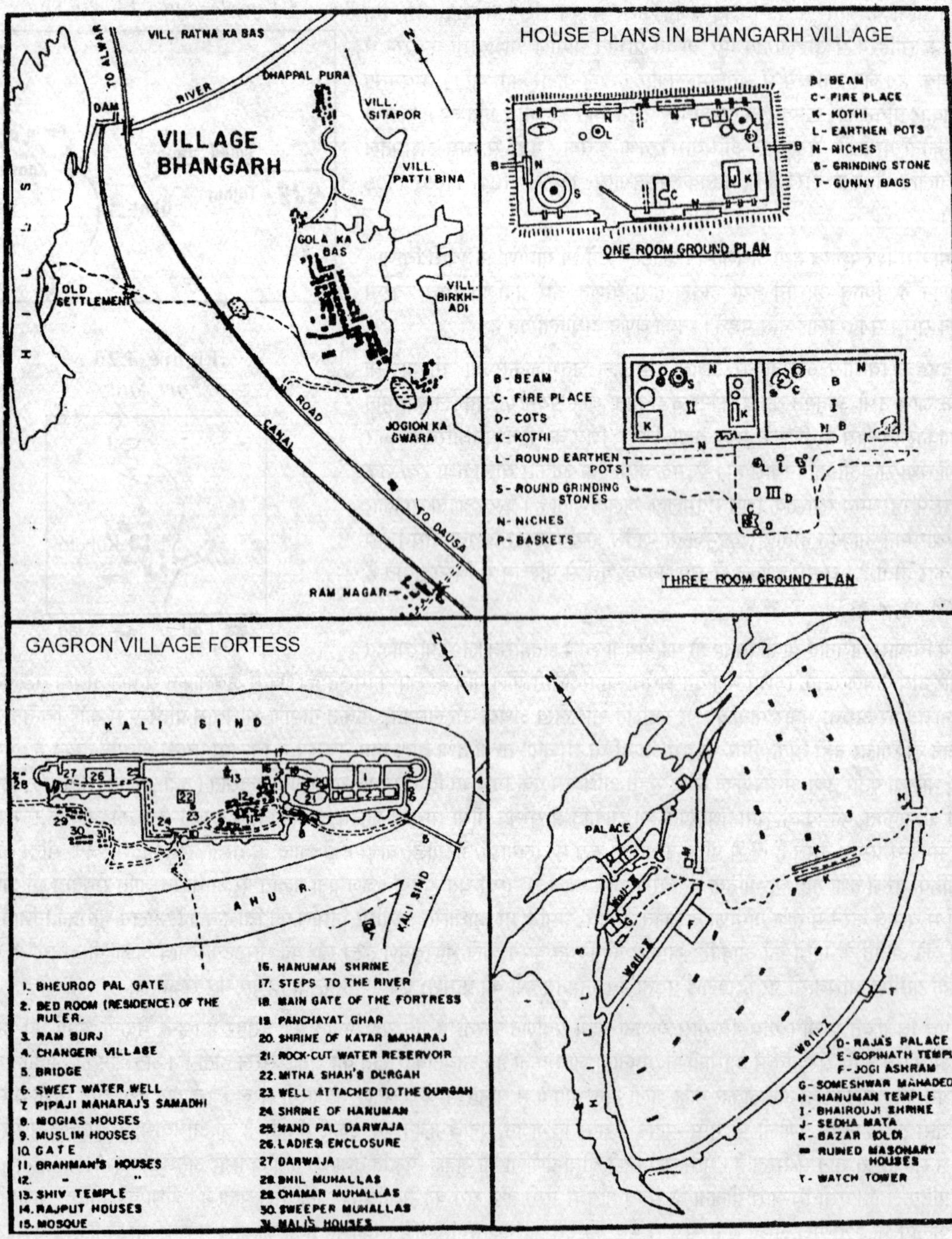
VILL RATNA KA BAS
TO ALWAR
DHAPPAL PURA
RIVER
DAM
VILL. SITAPOR
VILLAGE BHANGARH
VILL. PATTI BINA
GOLA KA BAS
OLD SETTLEMENT
VILL. BIRKH-ADI
ROAD
CANAL
JOGION KA GWARA
TO DAUSA
RAM NAGAR
HOUSE PLANS IN BHANGARH VILLAGE
B - BEAM
C - FIRE PLACE
K - KOTHI
L - EARTHEN POTS
N - NICHES
S - GRINDING STONE
T - GUNNY BAGS
ONE ROOM GROUND PLAN
B - BEAM
C - FIRE PLACE
D - COTS
K - KOTHI
L - ROUND EARTHEN POTS
S - ROUND GRINDING STONES
N - NICHES
P - BASKETS
THREE ROOM GROUND PLAN
GAGRON VILLAGE FORTESS
KALI SIND
AHU R.
KALI SIND
1. BHEUROO PAL GATE
2. BED ROOM (RESIDENCE) OF THE RULER.
3. RAM BURJ
4. CHANGERI VILLAGE
5. BRIDGE
6. SWEET WATER WELL
7. PIPAJI MAHARAJ'S SAMADHI
8. MOGIAS HOUSES
9. MUSLIM HOUSES
10. GATE
11. BRAHMAN'S HOUSES
12. " "
13. SHIV TEMPLE
14. RAJPUT HOUSES
15. MOSQUE
16. HANUMAN SHRINE
17. STEPS TO THE RIVER
18. MAIN GATE OF THE FORTRESS
19. PANCHAYAT GHAR
20. SHRINE OF KATAR MAHARAJ
21. ROCK-CUT WATER RESERVOIR
22. MITHA SHAH'S DURGAH
23. WELL ATTACHED TO THE DURGAH
24. SHRINE OF HANUMAN
25. NAND PAL DARWAJA
26. LADIES ENCLOSURE
27. DARWAJA
28. BHIL MUHALLAS
29. CHAMAR MUHALLAS
30. SWEEPER MUHALLAS
31. MALIS HOUSES
PALACE
Wall-I
Wall-II
Wall-III
D - RAJA'S PALACE
E - GOPINATH TEMPLE
F - JOGI ASHRAM
G - SOMESHWAR MAHADEO
H - HANUMAN TEMPLE
I - BHAIROUJI SHRINE
J - SEDHA MATA
K - BAZAR (OLD)
▬ RUINED MASONARY HOUSES
T - WATCH TOWER

Figure 4.22

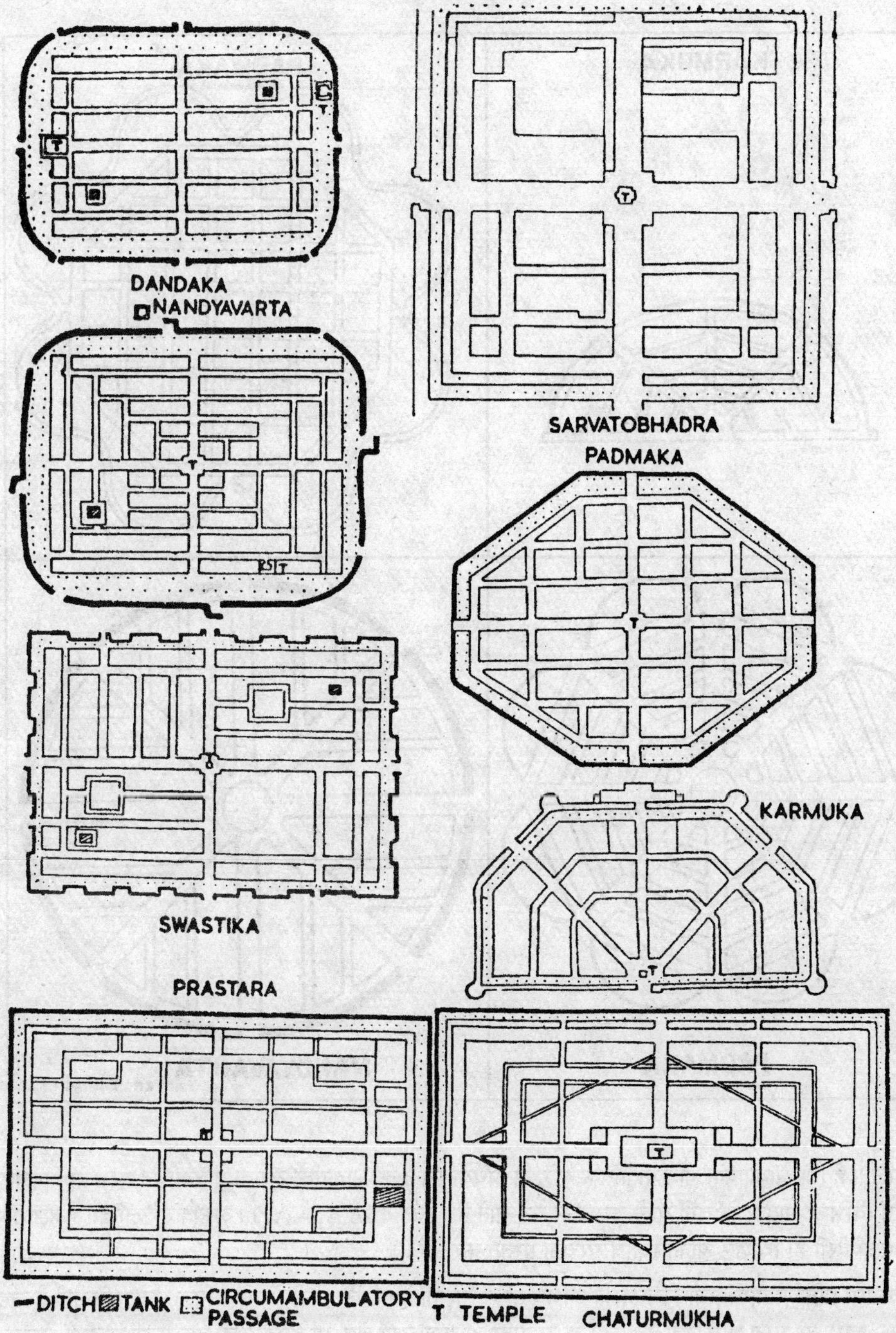

After R. L. Singh

Figure 4.23
Village and Town Planning in Ancient India

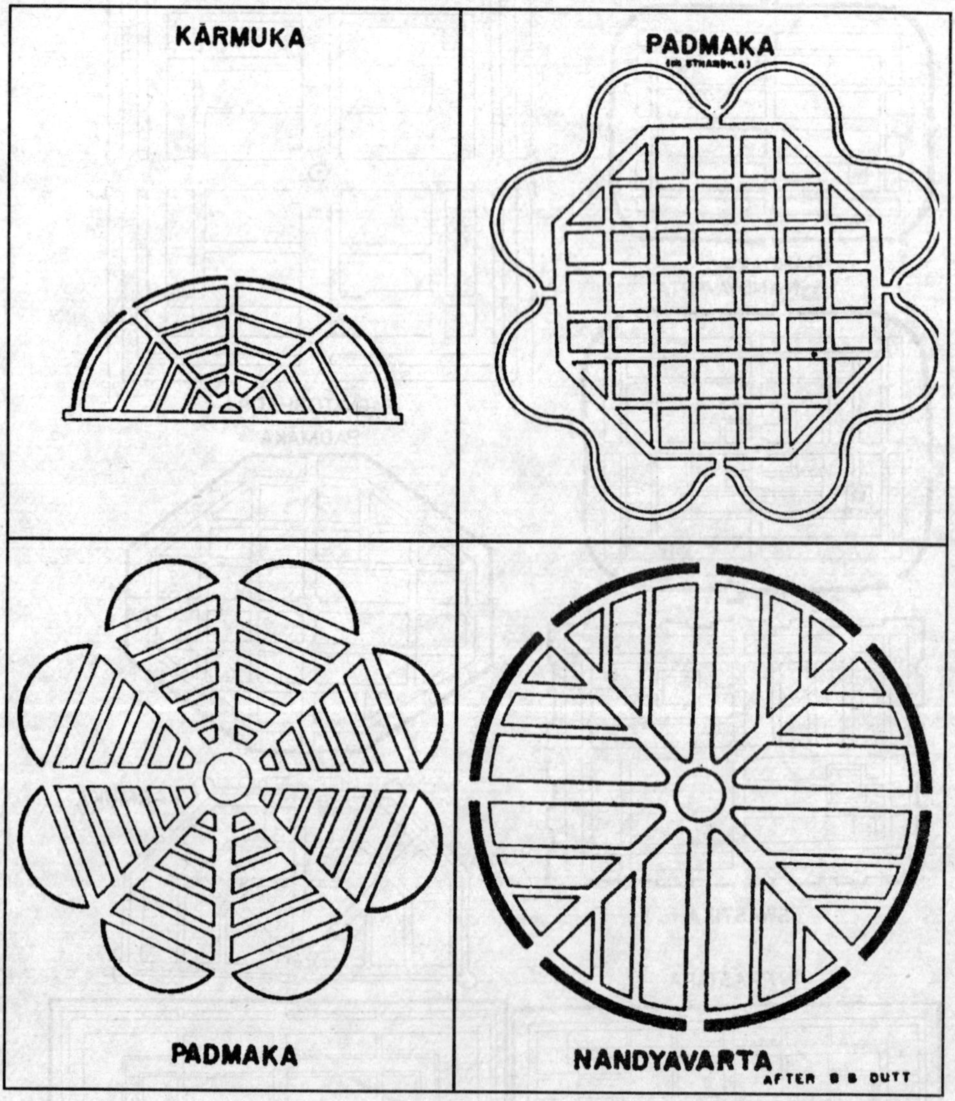

अधिक मिलता है। ये आयताकार गाँव प्राकृतिक वृद्धि से अथवा स्थल के आकर्षक अथवा प्रतिबन्धित बलों के अनुसार चौराहे के चार वर्गों में विभिन्न आकार के वर्गों वाले बसाव से बन जाते हैं (चित्र 4.24 A_1—A_5)। अन्यत्र उल्लिखित गुजझारा, पिपलोट-खुर्द तथा खुर्दा ऐसी ही विशिष्ट आकारिकीय संरचना प्रस्तुत करते हैं।

2. शतरंजी विन्यास प्रतिरूप प्राय: नवीन विकसित अधिवासों में मिलता है। नर्मदा घाटी में स्पष्ट ग्रिड योजना मिलती है जहाँ दो मुख्य गलियाँ एक-दूसरे को मध्य में काटती है। इन्हीं के समान्तर अन्य गलियाँ शेष आन्तरिक गृहों तक फैली होती हैं। इनके मध्य गृहों का वितरण जाति-खण्ड के रूप में मिलता है। गली के चौराहे के एक कोने में कुआँ स्थित होता है, जो सम्पूर्ण खण्ड निवासियों की

Figure 4.24
Layout of Village Habitations

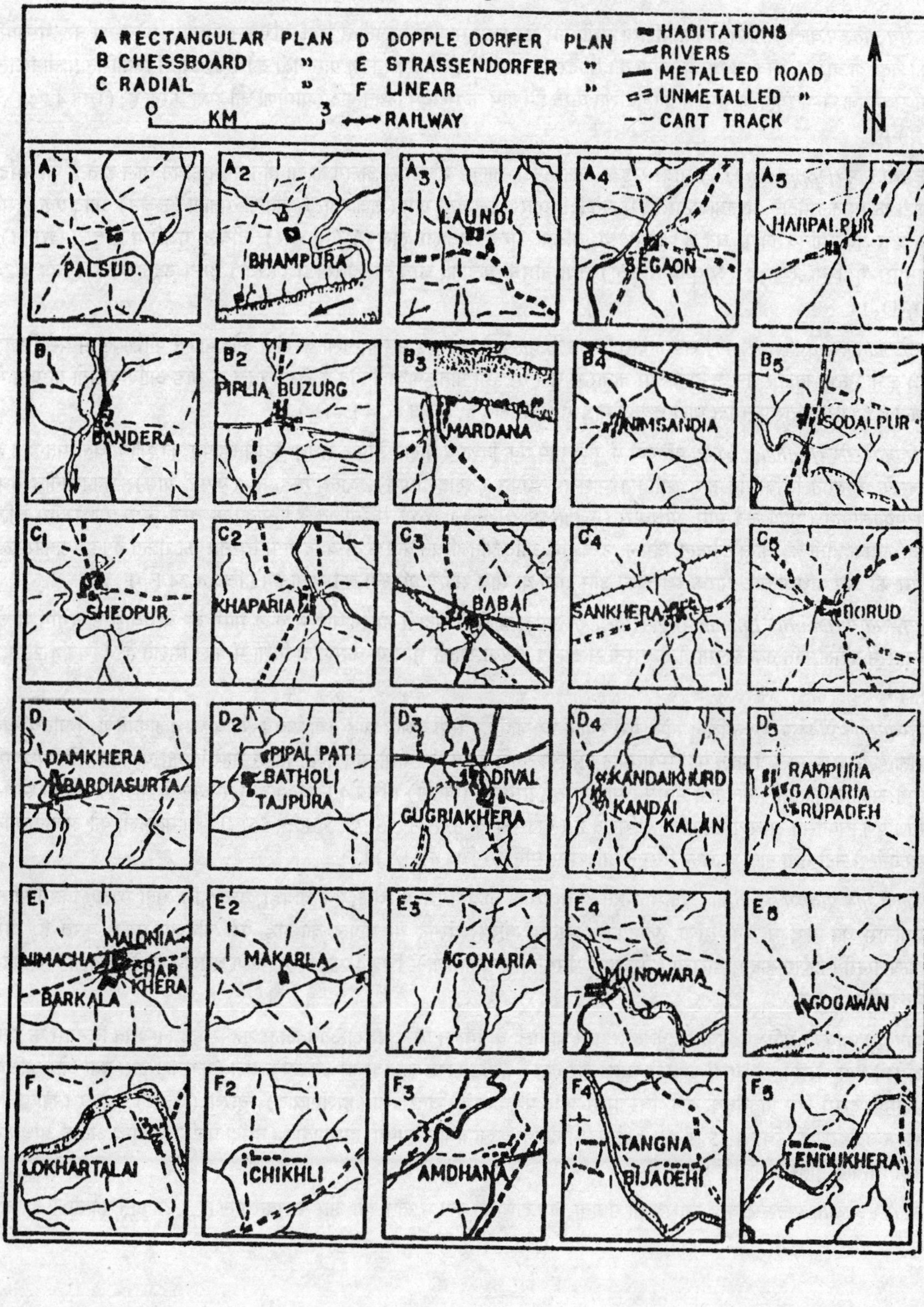

आपूर्ति करता है और सर्वसुलभ रहता है। इन ग्रामों में प्राय: ब्राह्मण, राजपूत मध्य क्षेत्र में तथा अन्य जातियाँ सीमान्त छोर पर बसी होती है (चित्र 4.24 B_1-B_5)। धराड़ तथा मानपुर ग्रामों के मध्य भाग इस प्रतिरूप के प्रतीक हैं।

3. *अरीय प्रतिरूप* वाले ग्रामों में अनेक गलियाँ सभी ओर से आकर मध्य में मिलती हैं जहाँ नाभिकेन्द्र में ग्राम-पटेल का घर, भूस्वामी की गढ़ी या बाजार, शिव या किसी देवता का मन्दिर हो सकता है। ऐसे अधिकांश ग्राम गढ़ी की छत्रछाया में विकसित प्राचीनकाल के सर्वाधिक सम्भवगृहों के समूहन को प्रदर्शित करते हैं। ग्राम के मध्य में स्थित कुआँ ग्रामीणों की सेवा करता है, (चित्र 4.24 C_1-C_5)।
4. *जुड़वां ग्राम (Dopple dorfer)* प्राय: सड़क, गली, नदी-नाला, बावड़ी से अलग दो या तीन नाभिकीयन वाले होते हैं जो नर्मदा घाटी के समतल मैदान, मालवा पठार पर मिलते हैं। भूगोर-भीलखेड़ी ग्राम (शुजालपुर), दाताना-मताना (उज्जैन) आदि एक-दूसरे के छोर पर उपनिवेशन से बने हैं। दामखेड़ा, बर्दिया-सुरता, बठोली-ताजपुरा (महेश्वर), दीवल-गुजरिया खेड़ा (खरगोन), रामपुरा-गडरिया-रूपादेह (सिवनी-मालवा) तथा नीमच-मलोना, बरकला-चारखेड़ा (हरदा) अन्य उदाहरण है (चित्र 4.24 D_1-D_5)।
5. *स्ट्रीट ग्राम (Strassendorfer)* सड़क द्वारा निकट के कस्बे से जुड़े हुए सड़क, गली के दोनों ओर बाजार की शक्ल में बसे मिलते हैं। कभी-कभी खुले स्थान के दोनों ओर कतार में बसे घर इसी प्रतिरूप वाले होते हैं जैसा बेतूल के गोंड आदिवासियों के ग्राम में मिलता है। ऐसे प्रतिरूप नर्मदा घाटी तथा नीमाड़ में भी मिलते हैं, (चित्र 4.24 E_2-E_5)।
6. *रैखिक/रेखीय (Reihendorfer)* प्रतिरूप में कुछ ग्राम एक दिशा में केलेन डार्फर अथवा स्ट्रासेनडार्फर की भाँति विकसित होते हैं जिसके अन्तर्गत डिकिन्सन द्वारा वर्गीकृत मार्शचुफेन्डार्फर (दलदलीग्राम), वाल्धुफेन्डार्फर (जंगल ग्राम), थुकोलोनीन तथा मुत्सकोलीनीन (राज्य क्षेत्र ग्राम अधिवास (Estate-Settlements) भी सम्मिलित हैं। आकर्षक बलों के कारण रेखीय वृद्धि स्वाभाविक होती है, किन्तु दलदल, जंगल, उच्चभूमि आदि प्रतिबन्धित कारक अन्य दिशा में विस्तार को रोकते हैं। इस प्रकार बड़े ग्राम की ओर अथवा घाट-पारक स्थल की ओर रास्ते के साथ रेखीय प्रतिरूप बन जाता है। (चित्र 4.24 F_1-F_5)।
7. *द्वय-रेखीय (Double Linear Angerdorfer):* नर्मदा घाटी में मैदानी होशंगाबाद में कुछ ग्रामों के अधिवास उच्चभूमि में दो कतार में जंगल/खेत तक बैलगाड़ी के रास्तों से अलग अथवा खाली भूमि के कारण दो दिशा में फैले मिलते हैं, (चित्र 4.25 J_1-J_2)।
8. *लम्बायमान प्रतिरूप:* शुष्क बिन्दु ग्राम, ऐसे स्थलों पर जहाँ दो तरफ बसाब बाढ़ तथा ऊबड़-खाबड़ स्थलाकृतियों से प्रतिबन्धित होता है, उच्च समतल धरातल पर लम्बायमान प्रतिरूप बनाते हैं। कभी-कभी नदियों के नतोदर गहरे किनारे के साथ बसे अधिवास ऐसी आकृति बनाते हैं। मतकुली मोंगरा (सोहागपुर), गरीधाना (बेतूल) (चित्र 4.E_1-E_3) तथा नर्मदा नदी घाटी में नदी के साथ-साथ पूर्ण विकसित लम्बायमान प्रतिरूप मिलते हैं (देखें भूपत्रक 55B/3, 55F/2, 55F/6, 55F/13)। मतकुली की आकारिकीय संरचना से नदी तथा नाले के मध्य विस्तृत अधिवास स्पष्ट हैं (चित्र 4.31A)।
9. *खाली भूमि प्रतिरूप (Hollow):* किसी संहत अधिवास के मध्य में खाली स्थान, एक बावड़ी, उच्च भूमि, सती स्थल (किसी पवित्र सतीनारी की याद में बना ढाँचा, प्लेटफार्म/चबूतरा, मंदिर, बरगद या पीपल का पेड़ ऐसे प्रतिरूप प्रकट करते हैं, जैसे काजलखेरी (होशंगाबाद), डालची (बरवाहा), पिरानपुर (मुंगावोली), चित्र 4.25 A_1-A_5 तथा बरौदा (जावरा, रतलाम जनपद-मध्यप्रदेश)।
10. *एल (L) आकृति प्रतिरूप:* एक सड़क तथा रास्ते या गली के मिलन बिन्दु पर दो आयताकार गृह-समूह लम्बवत विन्यास के साथ अंग्रेजी भाषा-लिपि की 'एल' आकृति ग्रहण कर लेते हैं। छोटे खण्ड का विस्तार आकर्षक बल (कारक) द्वारा एक ओर अधिक होता है, दूसरी ओर प्रतिबंधक बल, विस्तार में बाधा पहुँचाता है। चतरखेड़ा (होशंगाबाद), चुरिया (बेतुल), कोधुर (खण्डवा) इसके उदाहरण हैं। चित्र 4.25 B_1-B_3)। खुरई में दागहा कलां तथा उदयपुरा, होशंगाबाद (नर्मदा घाटी) में अन्य अनेक अधिवास इसी विन्यास प्रतिरूप वाले हैं।
11. *टी (T) आकृति प्रतिरूप:* कुछ अधिवासों में एक भाग लम्बवत् रूप में खेतों की ओर फैलकर एल (L) आकृति को टी T आकृति

Figure 4.25
Layout of Village Habitations

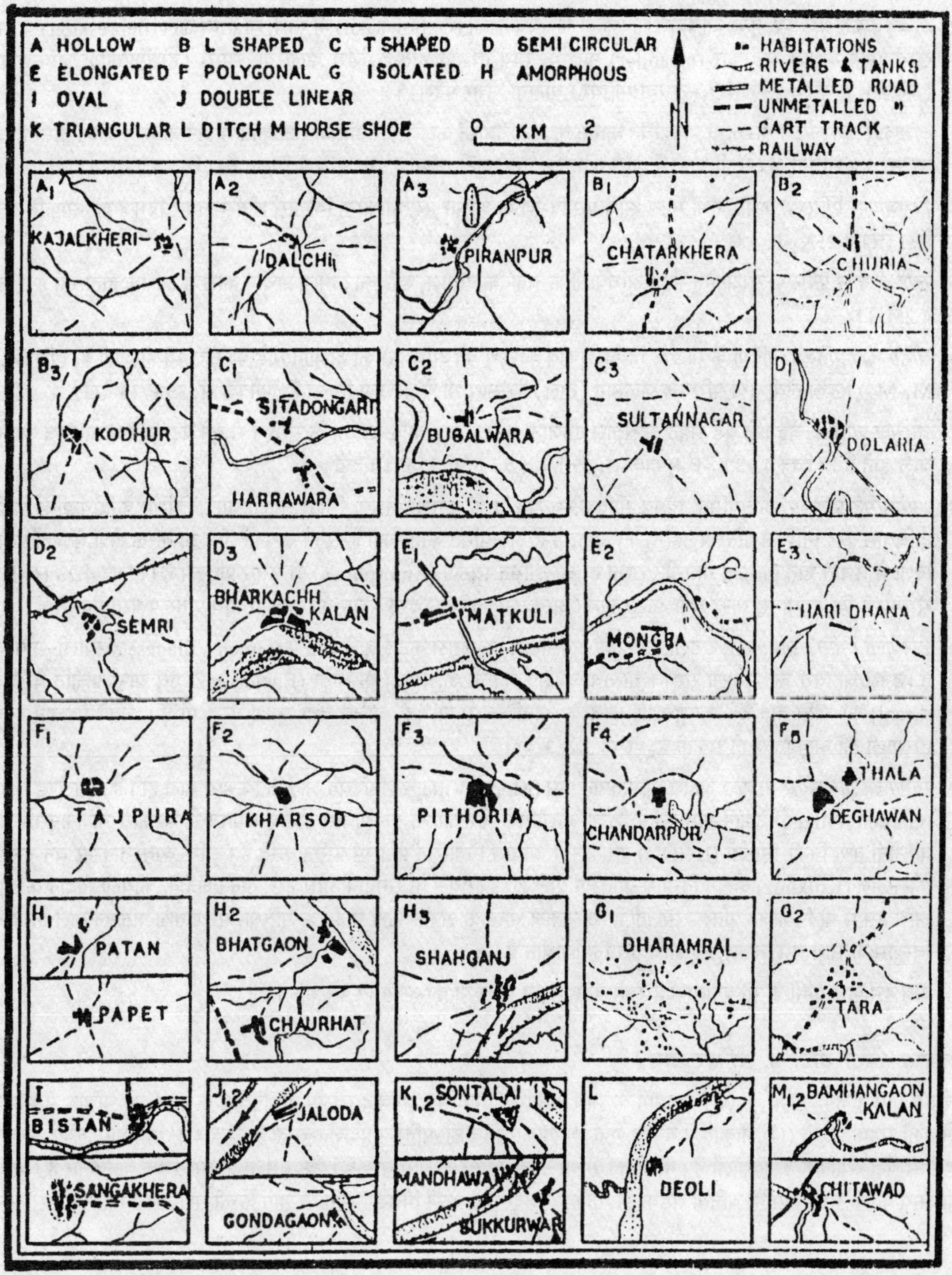

प्रदान करता है। भू-प्रदेश की संरचनानुसार आयताकार या लम्बायमान अंग भी बढ़कर T आकृति धारण करता है। सीताडोंगरी इसका स्पष्ट उदाहरण है (चित्र 3.1a, 425 C_1-C_3)।

12. *अर्द्धवृत्ताकार प्रतिरूप:* कुछ अधिवास नदियों के परित्यक्त झील (Oxbow lake) के साथ, या निम्न ताल (depression) के साथ लम्बायमान अथवा चन्द्राकार (meander) मोड़ के साथ विस्तृत होते हैं, जैसे दोलरिया, सेमरी (होशंगाबाद), बरकछकलां (बरेली), (चित्र 4.25 D_1-D_3) अथवा मनियर (बलिया, उत्तर प्रदेश)।
13. *अंडाकार प्रतिरूप:* कभी-कभी प्रतिबंधित कारक कुछ अधिवासों का विस्तार अंडाकार आकृति में होने के लिए बाध्य करते हैं तथा घर सटे हुए सीमित क्षेत्र में ही बनते हैं। ऐसे उदाहरण नर्मदाघाटी, नीमाड़ उच्च भूमि में मिलते हैं, (चित्र 4.25 I_1-I_2)।
14. *त्रिभुजाकार प्रतिरूप:* कभी-कभी मुख्य अधिवास त्रिभुज के आधार पर तथा अन्य विस्तार, शीर्षस्थल पर त्रिभुज की आकृति बनाते हैं, (चित्र 4.25K_1-K_2)।
15. *खाँई-दीवाल प्रतिरूप:* सुरक्षा हेतु संहत अधिवासों के चतुर्दिक दीवाल, खाँई का निर्माण प्राचीन काल में अधिक होता रहा है, (चित्र 4.25L)।
16. *घोड़ा-नाल प्रतिरूप:* नदियों के मोड़ के तिर्यक झुकाव के साथ बने अधिवास की आकृति घोड़े की नाल सी हो जाती है, (चित्र 4.25 M_1-M_2)। उच्च लेवी तथा परित्यक्त जलमार्ग (ताल) के साथ भी ये प्रतिरूप मिलते हैं, भूपत्रक सं. 55 F/13 देखें।
17. *बहुभुज प्रतिरूप:* बहुत से बड़े संहत अधिवास उपजाऊ भूमि में कई जाति-खण्डों के समूहन से बने षट्भुज तथा बहुभुज आकृति वाले होते हैं। (चित्र 4.25 F_1-F_5भूपत्रक सं. 55 I/12, 55 F/9, 55 F/10 देखें।
18. *अनियमित प्रतिरूप:* अनियमित, विषय भौतिक स्थलाकृति के कारण, अथवा बिखरे नगला वाले, विशिष्ट केन्द्रीयखण्ड विहीन अधिवास कोई निश्चित प्रतिरूप नहीं बनाते, अत: उन्हें अनियमित कहा जाता है। सही कथन है कि आन्तरिक क्षेत्रों में जहाँ प्रत्येक दिशा में स्थिति खेत ही गली या स्ट्रीट/रास्ता हों अनियमित स्वरूप (Amorphous) ही उत्तम प्रतिरूप है। (चित्र 4.25 H_1-H_3) से स्पष्ट है कि उदयगिर, मान्डू तथा आसेर ग्राम (अन्यत्र उल्लिखित) इसी प्रकार का आकारिकीय प्रतिरूप प्रस्तुत करते हैं।
19. *हरियाली (ग्रीन) ग्राम:* एल. डडली स्टाम्प के अनुसार अनेक जंगल कटाई वाले क्षेत्रों में (Green Villages) हरियाली-ग्राम बसे हैं। इनसे जानवरों को संरक्षण सम्भव था तथा ये अफ्रीका के अधिवासों के बाड़ों (Enclosures) एवं बान्टू प्रजाति के क्राल (kraal) की भाँति होते हैं। ये पशुचारण केन्द्र के अतिरिक्त, सामाजिक, बाजार तथा सुरक्षा केन्द्र भी हैं। इनकी पहचान इनकी हरियाली की आकृति से हो सकती है, (चित्र 3.2, 3.3)।
20. *नियोजित ग्राम प्रतिरूप:* कुछ आदर्श या प्रतिमान ग्राम (Model Village) निश्चित आकृति विन्यास वाले होते हैं। इंगलैण्ड में इन्हें (Garden Village) उद्यान ग्राम कहते हैं जो औद्योगिक कर्मचारियों के आवास होते हैं। भारत में सरकारी योजनानुसार बनी कॉलोनी तथा निजी संगठनों (NGO's) द्वारा बनाये आवास नियोजित प्रतिरूप प्रस्तुत करते हैं। कृषि-व्यवस्थानुसार बने रूस के कोलखोज (Kolkhoz) अलग विन्यास-प्रतिरूप वाले हैं। इजरायल के समुदाय अधिवास, खनन क्षेत्र के कोयला खदान कॉलोनी अधिवास में भी नियोजित प्रतिरूप मिलता है। आजकल भारत के अनेक भागों में अनेक सुविधा, संस्था तथा प्रतिष्ठान वाले नियोजित विन्यास के साथ बसे, बसाए गए अधिवास निर्माणाधीन हैं।

अब हम कुछ ग्रामों के संरचनात्मक विस्तार के साथ इन प्रतिरूपों का अध्ययन कर सकते हैं।

गुलझारा (र्मदा घाटी में खेतिहर-ग्राम)

गुलझारा ग्राम, (जन. 1990, 1802) राजमार्ग के साथ अतिरिक्त विकसित अपवाद स्वरूप नए निवास के साथ, जो भविष्य में महेश्वर जानेवाली सड़क पर डी (D) आकृति में बसेगा, एक आयताकार विन्यास-प्रतिरूप प्रदर्शित करता है, चित्र 4.26 A। सामुदायिक संरचना, खण्डों में बँटी स्थानिक बसाववाली है। भीलों का अलग टोला, जंगल के पास बसा है। एक मुसलमान घर सड़क के किनारे है। ब्राह्मण तथा अन्य कृषक मध्य ग्राम में, बनिया सड़क पर, कृषक मजदूर तथा अन्य पिछड़ी जाति के लोग कच्ची गली तथा पक्की स्ट्रीट से अलग

Figure 4.26

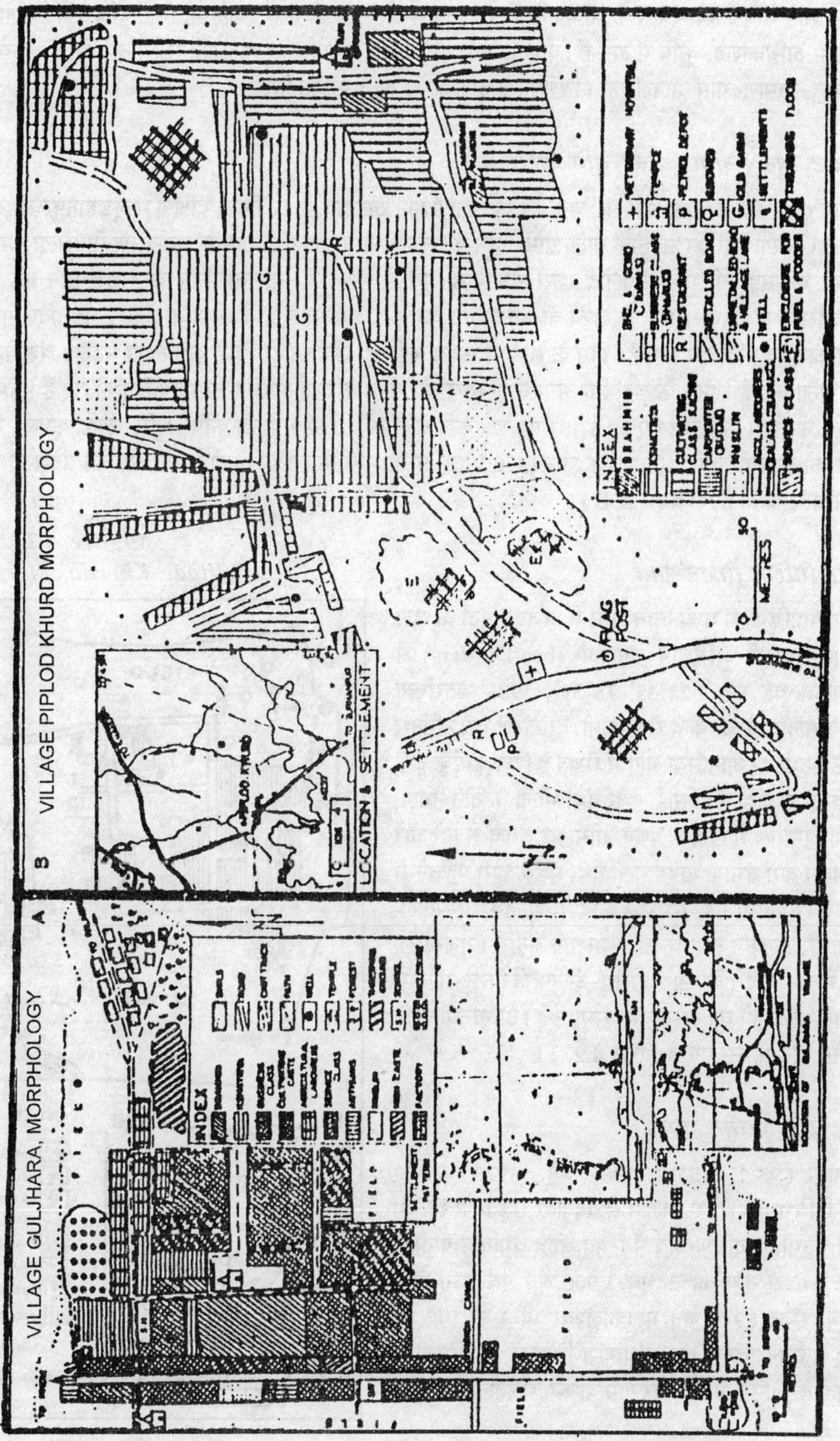
B
VILLAGE PIPLOD KHURD MORPHOLOGY
LOCATION & SETTLEMENT
FLAG POST
METRES
INDEX
A
VILLAGE GULJHARA, MORPHOLOGY
INDEX

सीमान्त भाग में बसे हैं। कपास के बीज (बिनौला) कपास अलग करने तथा दबाने की मिलें दक्षिण में विशिष्ट आकारिकीय लक्षण हैं। ग्रामवासी अधिकांशतः कृषि में लगे हैं। कुछ उद्योग, गृह उद्योग, व्यापार तथ यातायात में भी कार्यरत हैं। कुछ ही वर्षों में नकदी-खेती तथा वस्तु-निर्माण, ग्राम आकारिकी (विशेषतया दक्षिण में) को प्रभावित करेंगे।

पिपलोट खुर्द (नीमाड़ उच्च भूमि का ग्राम)

यह ग्राम (21°48′ उ.-76° 17′ पू., जन. (1986) 2,973) खण्डाव से 17 किमी दक्षिण में बुड़हानपुर सड़क पर नीमाड़ उच्चभूमि में स्थित है। अबना नदी का सहायक नाला ग्राम-भूमि की उत्तरी सीमा बनाता है। इसका नामकरण पिपलोदा नामक राज्य के आधीन हुआ है। इसी का सहयोगी ग्राम पिपलोद खास 30 किमी पूर्व में स्थित है। मालवा पठार के धराड़ ग्राम की भाँति यह ग्राम भी पहले आदिवासियों का निवास था, जो राज्य के अनुदानित कृषकों, जागीरदारों द्वारा सीमान्त क्षेत्र में भगा दिए गए। यह नीमाड़ का संहत आयताकार एवं प्रतिनिधि ग्राम है। ग्राम के मध्य में स्थित बड़ीगढ़ी छोटी-गढ़ी (बड़े कृषक का महल) वंश के दो सदस्यों को सम्बोधित करने वाला नाम है। इन्हीं के चतुर्दिक अन्य सगे-सम्बन्धी, सहायक तथा आश्रित लोग एकत्रित हो गए हैं। यह ग्राम विद्युत-आपूर्ति पूर्ण है, अतः नए पम्प-सेट लग गए हैं। 3,133 एकड़ (कुल क्षेत्रफल), 2,869 एकड़ कृषित भूमि, ज्वार, कपास, मूँगफली एवं नारंगी, नींबू, पपीता की बागाती खेती, 100 एकड़ जंगल, 50 एकड़ परती भूमि के साथ पिपलोद ग्राम इस क्षेत्र/प्रदेश के ग्रामीण भू-दृश्य का सही प्रतिनिधित्व करता है, (चित्र 4.26B)।

खुरदा-मिश्रित मिशन-ग्राम

विन्ध्या पहाड़ियों के मध्य निम्न भूमि में अजनार नदी के जल अपवाह तंत्र की अभिशीर्ष शाखाओं (head waters) से अप्रवाहित यह ग्राम (21°33′ 75°39′, 1986 जनसंख्या 1233) मानपुर बाजार केन्द्र से 8 किमी. दूर खुरदी बस टर्मिनस से 1.5 किमी दूर आन्तरिक भाग में स्थित है। एक सड़क द्वारा यह खुरदी से जुड़ा है। ईसाई, गूजर तथा भीलों के तीन नगले, पड़ौसी अन्तराल में खेतों से पृथक सीमा पर जंगल से घिरे बसे हैं। मिशन द्वारा बसाया खण्ड गली तथा सड़क द्वारा पहुँचने में सुगम है। आवासी गृह, स्वास्थ्य केन्द्र, विद्यालय, अस्पताल, गिरजाघर, नलकूप तथा कुआं यथास्थान बने हैं। गूजरटोला उत्तर में बने मंदिरों के साथ अलग-अलग क्षेत्रफल आकार, आकृति वाले गृहों का अस्तव्यस्त समूहन है। दो बनिया जाति के लोग बाद में बस गए हैं (चित्र 4.27)।

Figure 4.27
Village Khurda, Morphology

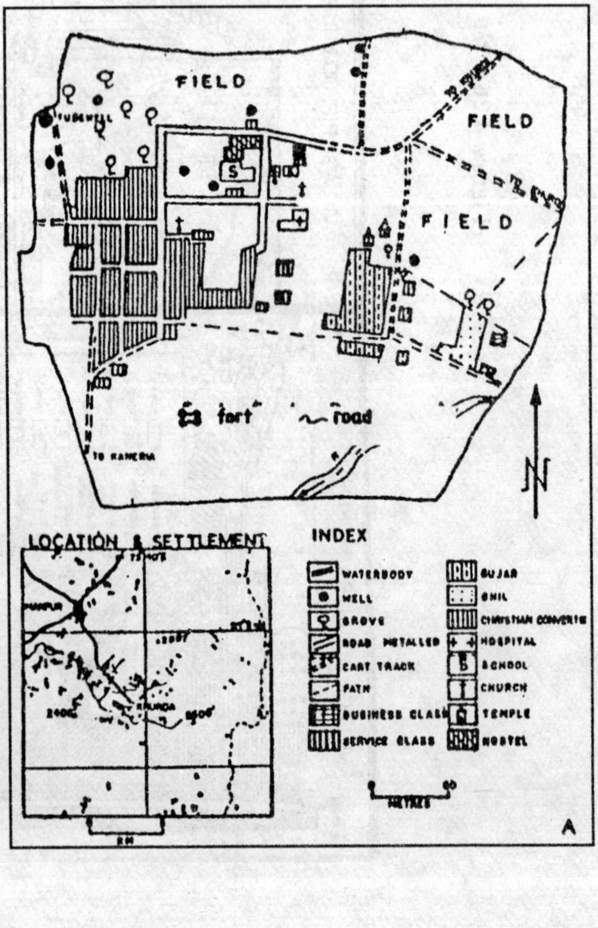

धराड़-एक प्राचीन ग्राम

यह ग्राम (23°15-75°12, 1986 जन., 3975) माही-मालिनी विभाजक क्षेत्र में रतलाम से बदनावर सड़क पर रतलाम से 11 किमी दूर दक्षिण-पूर्व में स्थित संहत वर्गाकार प्रतिरूप वाला है। इस ग्राम का उद्भव 1,900 वर्ष पूर्व हुआ जैसा विक्रमी संवत् 89 में बने महाकालेश्वर मंदिर से स्पष्ट है। किन्तु वर्तमान स्वरूप का अधिकांश विकास 17वीं शती में राजपूतों के शासनाधीन जागीर ग्राम के रूप में रतलाम के राजा

Figure 4.28
Village Dharar, Morphology

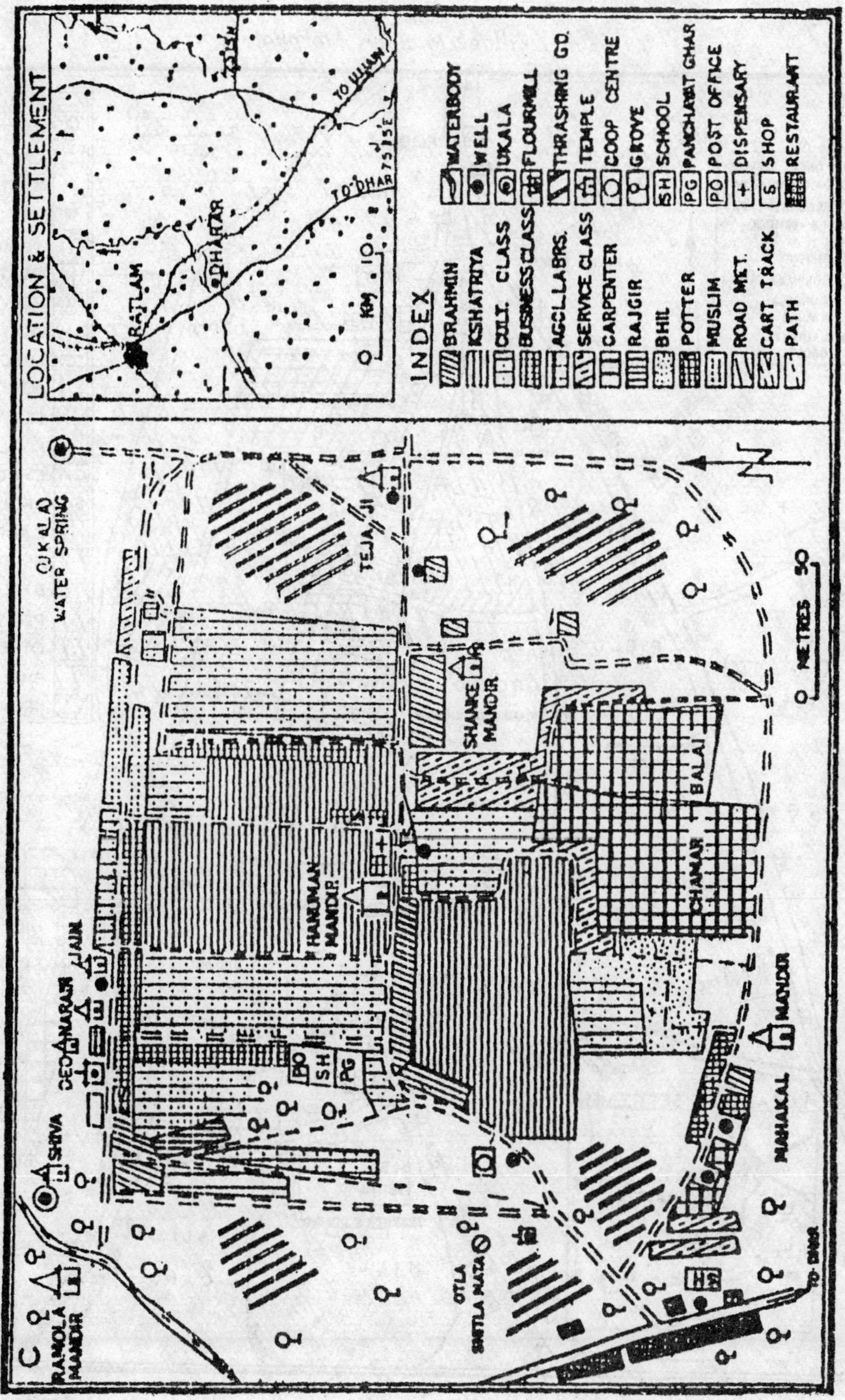

Figure 4.29

Village Manpur, Morphology

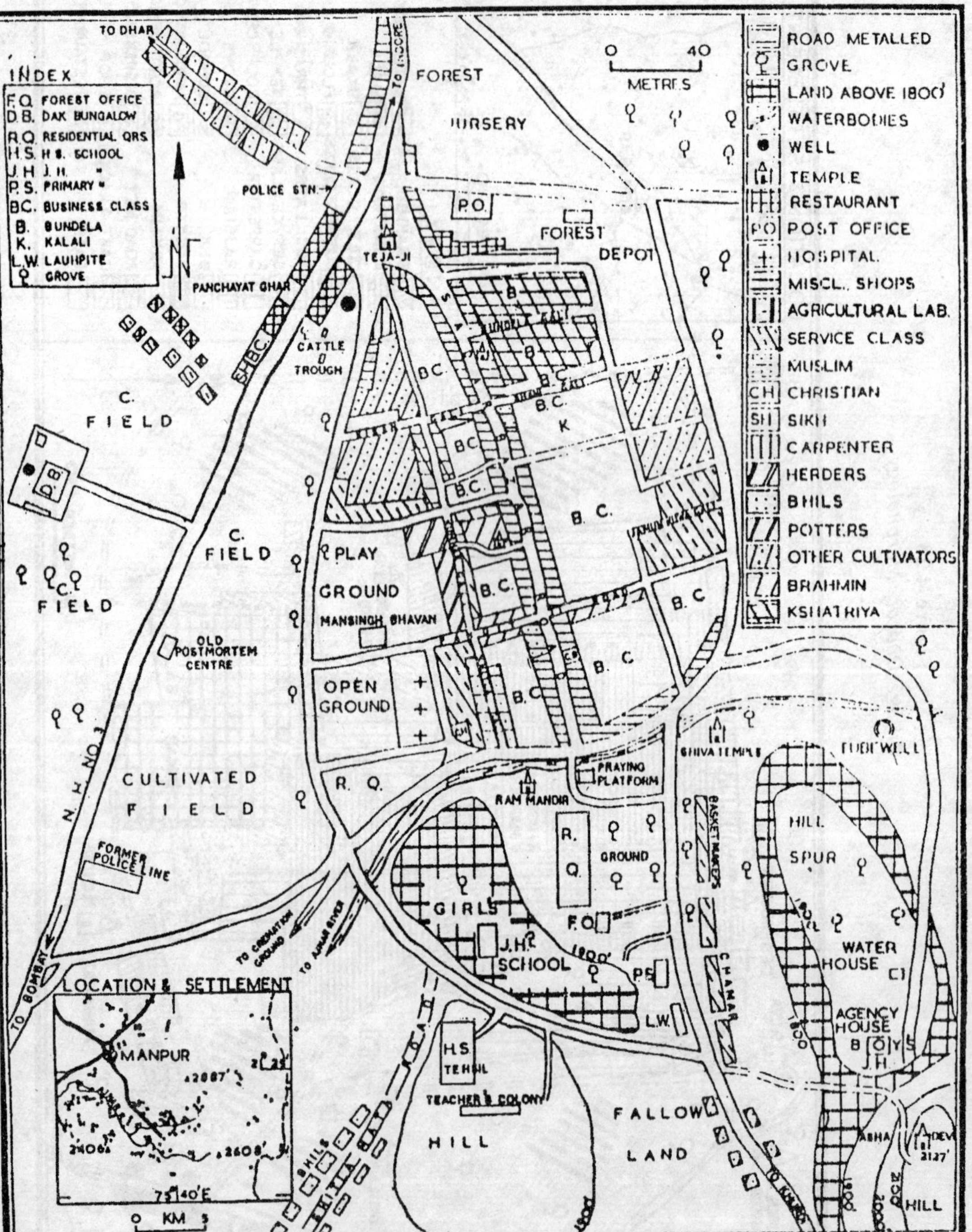

रतन सिंह के नाम से हुआ। 1947 ई. तक यह तहसील कार्यालय-मुख्यालय रहा। धराड़ मात्र धड़भार का अपभ्रंश है, जिसका नाम इतिहास काल में आक्रामकों के विरुद्ध विजय पश्चात् रखा गया। इस ग्राम की भूमि-कर इकाई सीमान्तर्गत छह अन्य जाति आधारित भील, कोलम्बी, बलई आदि के नगले मुख्य नाभिकीय अधिवास से दूर अलग-अलग स्थान पर बसे हैं। यहाँ इसी शतरंज प्रतिरूप वाले मुख्य निवास का वर्णन है, (चित्र 4.28)। मुख्य सड़क तथा गलियाँ राजमार्ग से तेजा जी मंदिर तक फैली है। अन्य स्ट्रीट लम्बवत रूप में जातीय खण्डों को विभाजित करने वाली मुड़ी-तुड़ी गलियों से जुड़ी हुई विस्तृत हैं। गढ़ी या हनुमान मंदिर मध्य में स्थित है जिसके चतुर्दिक ग्राम्य-हीर (Core) में ब्राह्मण-क्षत्रिय के निवास हैं। मुख्य सड़क के पास नया नगला प्रकीर्णन का प्रतीक है। उल्लेखनीय है कि मूलनिवासी भील, गली द्वारा अलग, एक कोने में धकेल दिए गए हैं।

मानपुरः एक प्रशासकीय एवं बाजार केन्द्र

मानपुर (22°25′ उ.-75°37′1986 जन. 3, 939) राष्ट्रीय मार्ग सं. 3 पर महू से 21 किमी तथा इन्दौर से 44 किमी दक्षिण में मालवा पठार के ऐसे बिन्दू पर स्थित है जहाँ से समतल भाग समाप्त होकर विषम पहाड़ी भूप्रदेश में परिवर्तित होता है तथा विंध्य के खड़े ढाल ऊंचाई खोने लगते हैं (चित्र 4.29)। मानसिंह द्वारा बसाया गया यह अधिवास, (उनके पुराने भवन के अवशेषमात्र शेष हैं) ब्रिटिशकाल में एजेन्सी केन्द्र तथा तहसील-मुख्यालय के रूप में रणनीतिक स्थिति का नियन्त्रक रहा है। चारों ओर पहाड़ियों से घिरे, जिनमें सबसे निकट विन्ध्या की सर्वोच्च चोटी से निकलकर फैले पर्वत-प्रक्षेप पर एजेन्सी हाउस बना है, मानपुर की आकारिकी ऐतिहासिक, सांस्कृतिक, आर्थिक रूपान्तरण के प्रभाव (Impact) को स्पष्टतया प्रतिबिम्बित करती है।

दतानाः मुख्य मालवा का मिश्रित प्रतिनिधि-ग्राम

छिप्रा नदी की उपजाऊ घाटी में (23°12′ उ.-74°47′ पू., 1990, जन. 1,097) यह ग्राम उज्जैन से देवास की सड़क पर ऐतिहासिक राजधानी एवं महाकाल के आसनस्थल अवन्ती (उज्जैन) से, जहाँ से अतीत काल की आर्य संस्कृति का प्रसार हुआ और जिसकी छाप ग्रामीण भू-दृश्य पर विद्यमान है, 9 किमी दूर मताना के साथ स्थित है। जुड़वां ग्राम मताना, जो बड़े तालाब से निकले नाले से अलग है, के साथ इसका उद्‌भव सामन्तकाल में दान दी गई (दत्तम) जागीर से हुआ किन्तु जागीरदार की वंशावली अज्ञात है। आकारिकी में राजपूतों द्वारा अध्यासन स्पष्ट है (चित्र 4.30) तथा अन्य कृषक, मुसलमान जमीन खरीदकर अथवा बाद में मालगुजारी के आधार पर भूस्वामी बन कर बसे हैं। नाला से यह दो भागों में बंटा है, उत्तर में सड़क द्वारा मुख्य राजमार्ग से जुड़ा

Figure 4.30
Village Datana, Morphology

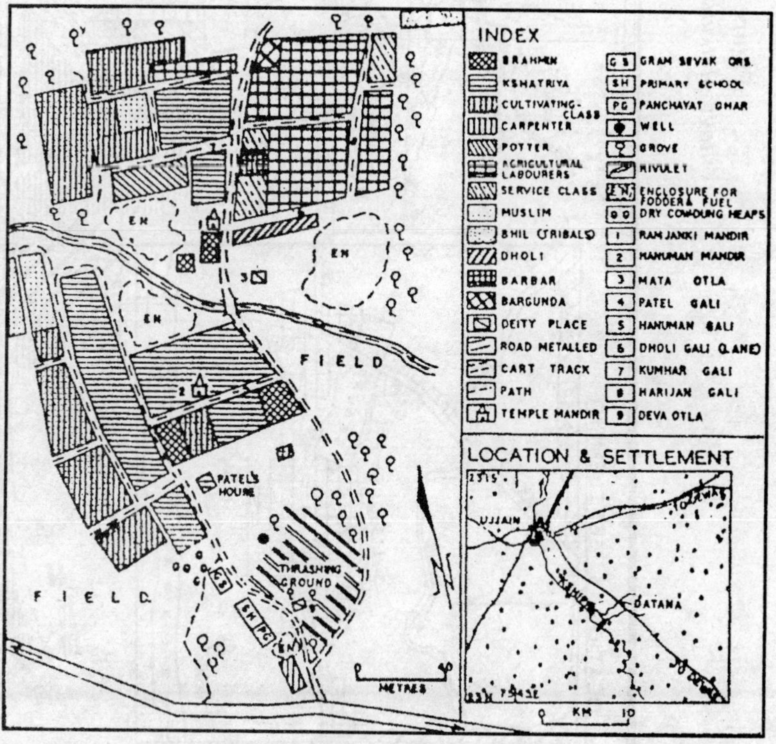

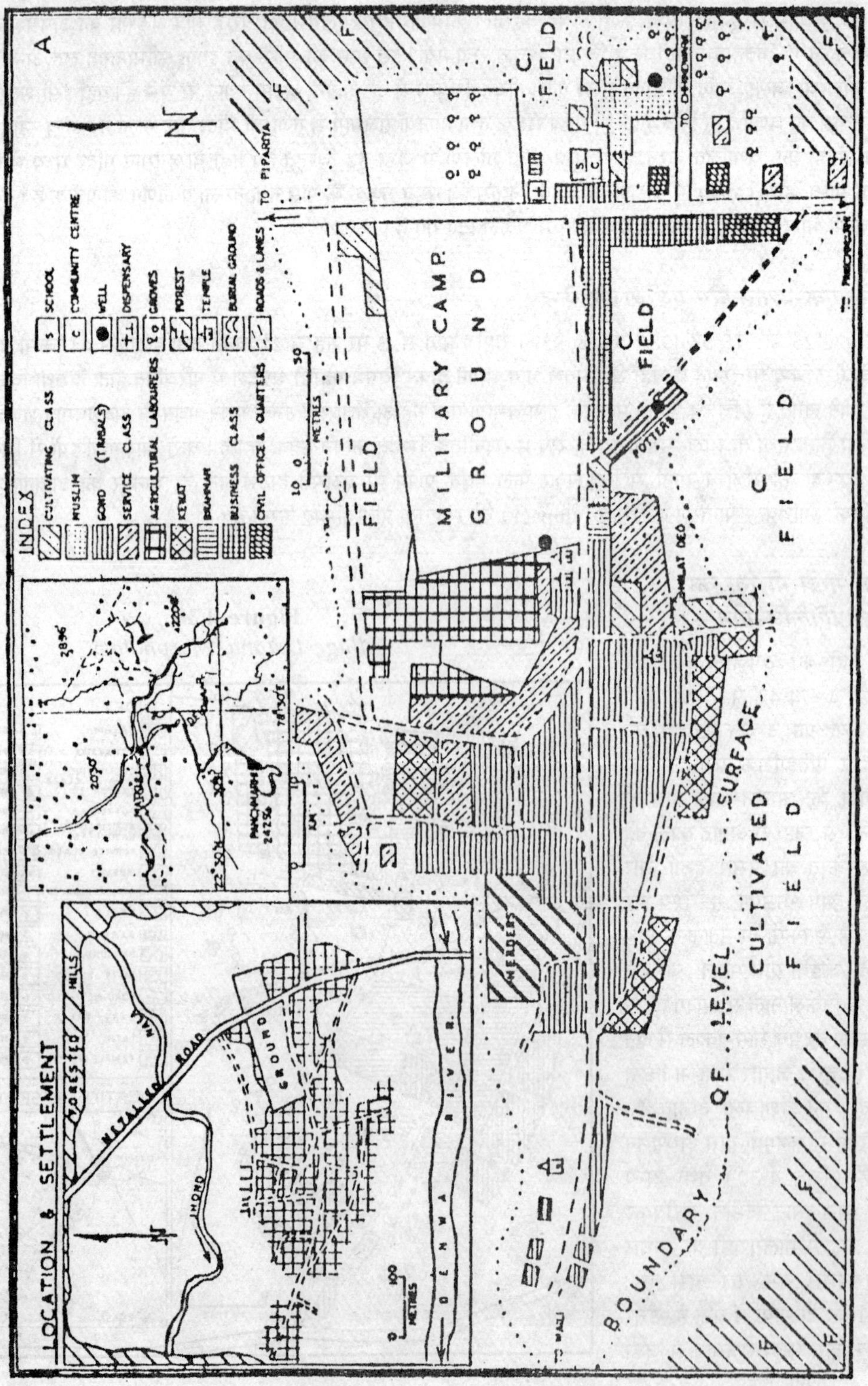

Figure 4.31
Village Matkuli, Morphology

Figure 4.32

Village Udaigir, Marphology

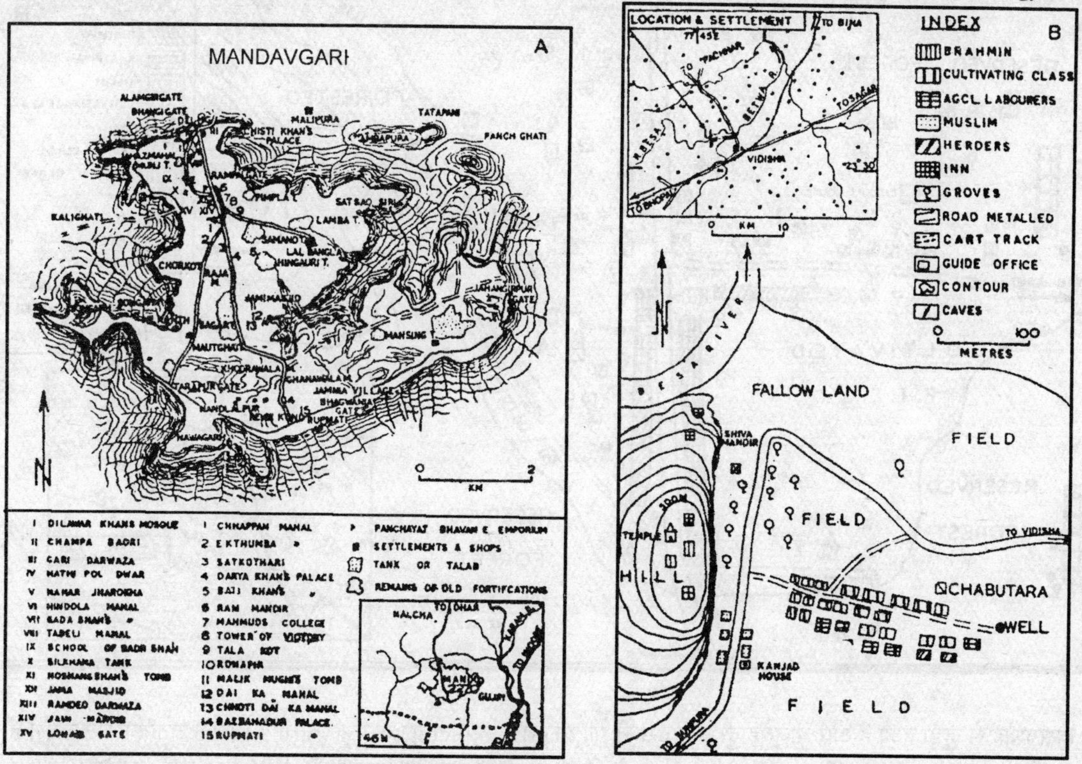

है। अधिकांश ग्रामवासी कृषि पर निर्भर है, किन्तु "शहर" (जैसा वे उज्जैन को कहते हैं) की आर्थिक गतिविधि का प्रभाव स्पष्ट है।

मटकुली: एक नवीन ग्राम

यह डेनवा नदी के किनारे पिपरिया से पंचमढ़ी, तथा छिंदवाड़ा जाने वाली सड़क की चौमुहानी के पास (22°32′उ.–78°29 पू., 1990 जन. 1803) सतपुड़ा पहाड़ियों से घिरे पठारी भाग में होशंगाबाद की सोहागपुर तहसील में पिपरिया से 23 किमी दूर तथा पंचमढ़ी से 29 किमी उत्तर में स्थित है। इसका नामकरण मेठ+कुली द्वारा निवसित होने के कारण है, जो जंगल कटाई तथा सड़क निर्माण में लगकर यहाँ बसे थे। प्रथमत: गोंड़ ठाकुरों, पुन: अन्य जातियों द्वारा क्रय के आधार पर प्राप्त भूमि के सहारे निवास विकसित हुआ है। जाति खण्ड़ गलियों, रास्तों, खुले स्थानों से अलग लम्बायमान अधिवास बना सके हैं। विविध छवि वाले अधिवास में विभिन्न आकार स्वरूप के गृह मिलते हैं। गोड़ों के अधिवास स्पष्टतया विभेद्य हैं, चित्र 4.31।

मान्डव: राजनीतिक-उद्भव ग्राम

मान्डू (मान्डवगढ़) अथवा मान्डवदुर्ग का अपभ्रंश है। यह ग्राम (22°20′उ.–75°25′ पू., 1986 जन. 2,808) 667 मीटर ऊंचे प्राचीन किले पर धार से 36 किमी दक्षिण में विन्ध्या के दक्षिणी खड़े ढाल पर स्थित है। फरिश्ता के अनुसार इसका उद्भव (531-574 ई. में) आनन्द देव बैस द्वारा हुआ किन्तु हमेशा गुजरात, मालवा के मुसलमन, परमार राजाओं के बीच युद्ध का कारण बना रहा। मान्डू घनिष्ट रूप

Figure 4.33

Village Aser, Morphology

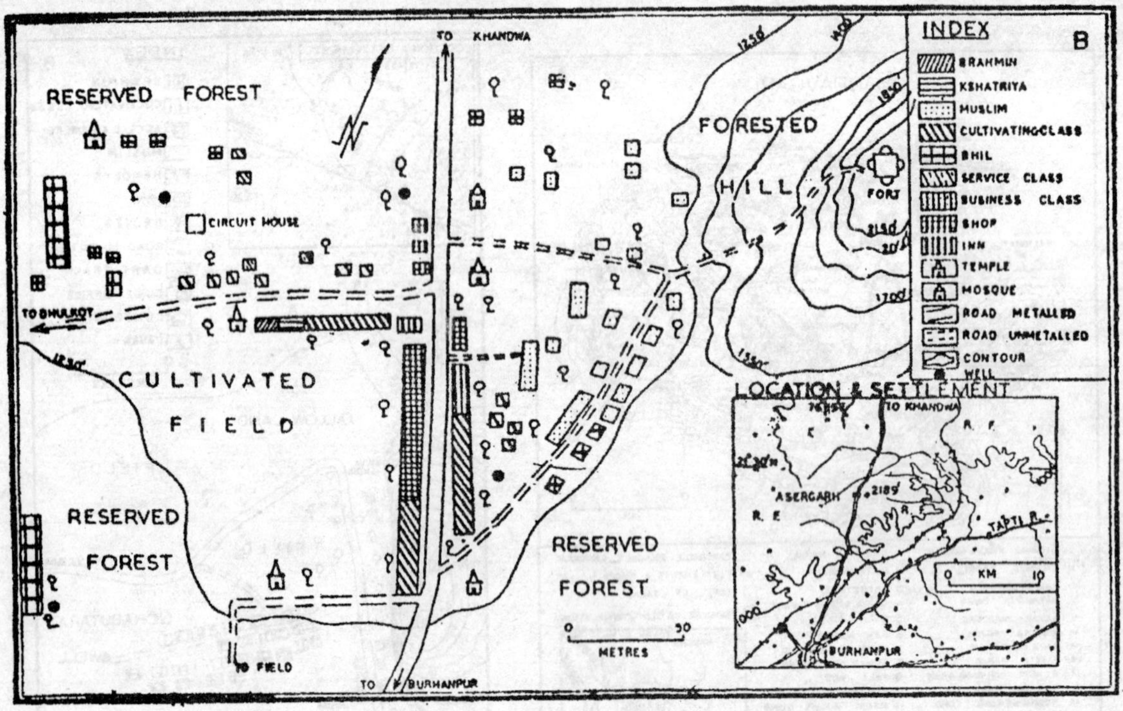

में होशंगशाह से जुड़ा हुआ है और बाजबहादुर तथा उसकी गायिका रानी रूपमती का तो पर्यायवाची है। इसके चतुर्दिक घने जंगल हैं पर सुन्दर दिन बीत गए। अब प्राचीन अवशेष, इमारतों की देखरेख पुरातत्व विभाग के अन्तर्गत है, चित्र 4.32 देखें। खेतिहर, दुकानदार, तांगावाले, कृषि मजदूर, पशुपालक तथा पर्यटन एवं व्यापार आश्रित अनेक वर्ग के लोग अधिवसित हैं।

आसेर: अतीत का स्मारक जंगल-गाँव

सतपुड़ा के आसेरगढ़ पहाड़ी में (1990, जन 802) इसी नाम के ध्वस्त किले के नीचे ढाल पर खण्डवा से 48 किमी एवं बुरहानपुर से 18 किमी दूर पश्चादुक्त नामक तहसील में स्थित यह ग्राम कई जातियों का मिश्रित समूहन है, चित्र 4.33।

उदयगिर

इसका नामकरण जैन तथा हिन्दू मूर्तियों वाली उदयगिर की गुफाओं के आधार पर है। लगता है कि प्राचीन भव्य ग्राम, कट्टर मुसलमानों द्वारा विनष्ट कर दिया गया और पुन: ब्रिटिशकाल में बसा। यहाँ के निवासी खेतिहर, पशु-पालक, गड़ेरिये तथा कृषि मजदूर हैं। काछी मुख्य जाति है, तत्पश्चात् गड़ेरियों की संख्या है, चित्र 4.32। इसकी जनसंख्या 1990 में 330 थी।

सन्दर्भ

1. अहमद ई., 1965 बिहार: ए फिजिकल इकोनोमिक एण्ड रीजनल ज्योग्राफी, राँची यूनिवर्सिटी प्रेस: 270।
2. डाक्सियाडिस सी.ए., 1968, एकिस्टिक्स ऐन इन्ट्रोडक्शन टू दी साइंस ऑफ सेटलमेन्ट्स, न्यूयार्क यूनिवर्सिटी प्रेस: 33।
3. फिंच वी.सी. आदि अ.। सन्दर्भ संख्या 33:553।
4. डिमाजियाँ ए., 1925-26, एग्रिकल्चरल सिस्टम्स एण्ड स्कीम्स ऑफ डिस्ट्रिब्यूशन ऑफ पापुलेशन इन वेस्टर्न यूरोप, दी ज्योग्राफिकल टीचर, वा. 13:199-205।
5. ब्लाँश विडाल डि ला, 1626, प्रिन्सिपुल्स ऑफ ह्यूमन ज्याग्रफी, (इंगलिश एडीशन, लन्दन 1:7-9)।
6. मुकर्जी राधाकमल, अ.2 सन्दर्भ सं. 64।
7. विलियम, एम. मिकिनी, 1968, केयरी, स्पेन्सर एण्ड माडर्न ज्योग्राफी, प्रो. ज्या., मार्च वा. 20:103।
8. विडाल डि ला ब्लाँश, पूर्वोद्धत सन्दर्भ सं. 5:300। नाभिकीयन एवम् प्रकीर्णन हेतु देखें आर. वाई सिंह, 1972, विलेज महजूदा: ए स्टडी इन दी मार्फोजनेसिस ऑफ ए रूरल सेटिलमेन्ट, ईस्टर्न यू.पी., इण्डिया (आर.एल. सिंह आदि संपादक) रू. से. मा.ए.:436-43।
9. फिंच एण्ड ट्रेवार्था आदि अ.। सन्दर्भ सं. 33:550।
10. ब्लाँश, पूर्वोद्धत सं. 5:300।
11. मुकर्जी आर.अ. 2 सन्दर्भ सं. 64:62।
12. सिंह आर.एल. पूर्वोद्धत अ. 2 सन्दर्भ 28:103।
13. अहमद ई., 1948, रूरल सेटिलमेन्ट टाइप्स इन यू.पी. (यूनाइटेड प्राविन्सेज ऑफ आगरा एण्ड अवध) अप्रकाशित थीसिस, पृ. 111 एवम् देखें एएएजी, 1952, 1952, 42: 223-246।
14. हाल आर.बी. 1931, सम रूरल सेटिलमेन्ट फार्म्स इन जापान, ज्या. रि., वा. 21 सं.। जनवरी 1:98।
15. मुकर्जी आर. पूर्वोद्धत अ. 2 सन्दर्भ सं. 64:100-101।
16. फिंच एण्ड ट्रेवार्था आदि पूर्वोद्धत सन्दर्भ सं. 33 अ. 1, पृ. 545।
17. चिशोम एम.डी., 1962, पूर्वोद्धत अ.। सन्दर्भ सं. 69: 161।
18. ब्लाँश, पूर्वोद्धत सन्दर्भ सं. 05:59।
19. मुकर्जी राधाकमल, पूर्वोद्धत अ. 2 सन्दर्भ सं. 64:104।
20. अरासू एम., 1020, दी अरेन्जमेन्ट ऑफ रूरल पापुलेशन, ज्या. रि., 10:230 (223-240)।
21. सीलवेस्टर, डोरोथी, 1947, दी हिल विलेजेज ऑफ इंगलैण्ड एण्ड वेल्स ज्या. ज., वा. 110-76।
22. अहमद ई. पूवाद्धत सन्दर्भ सं. 13:115।
23. नर्मदा नदी के उत्तर में *बीघा* दो प्रकार का होता है। (1) कच्चा एवम् (2) पक्का। सन् 1913-14 की शिमला की रिपोर्ट ऑफ दी वेट्स एण्ड मेजर कमिटी के अनुसार मूलरूप में बीघा वर्ग पर आधारित है, जिसकी प्रत्येक भुजा कुछ निश्चित कदम या हाथ बराबर होते हैं। बीघा का विभाजन विस्वा में एवम् स्विा का विस्वान्शी (धूर या कट्ठा) में होता है। एक बीघा=20 स्विा तथा एक विस्वा=20 विस्वांशी=एक लट्ठा^{2} (5½ हाथ जो अब मानकीकरण द्वारा 8¼ फीट के बराबर होता है।) पक्का या मानक बीघा = 3025 वर्गगज या 5/8 एकड़ के। मालवा-क्षेत्र में (मध्यप्रदेश) बीघा 5/8 एकड़ के। मालवा-क्षेत्र में (मध्यप्रदेश) बीघा ¼ एकड से 5/8 एकड़ विस्तार वाला होता है या 0.101 से 0.253 हेक्टेअर का होता है।
24. मिचेल जे.बी.अ.।, सन्दर्भ सं. 52:110।

5

ग्रामीण अधिवास का वितरण प्रतिरूप

भूमिका

प्रारम्भ में हम बता चुके हैं कि ग्रामीण अधिवास भूगोल, कौन, क्या, कहाँ और किस प्रकार बनता/बसता है, से सम्बन्धित है। इस विज्ञान का सदैव भूगोल के हीर (केन्द्र) विभिन्नता पर बल रहा है, जिसका ज्ञान प्रपंचों के वितरण से हो सकता है। यहाँ हमारा मुख्य फोकस अधिवासों का वितरण प्रतिरूप है। पूर्व विवेचन के अनुसार स्पष्ट है कि ग्रामीण भू-दृश्य का अध्यासन विविध भौतिक, आर्थिक, ऐतिहासिक एवं सांस्कृतिक प्रपंचों के एक साथ घटित परस्परक्रियाओं के प्रतिफल स्वरूप होता है, अत: विश्व के अनेक भागों में ग्रामीण अधिवास वितरण प्रतिरूप में सम, विषम तथा विश्व के अनेक भागों में ग्रामीण अधिवास वितरण प्रतिरूप में सम, विषम तथा विभिन्न आकृति, आकार की विभिन्नता प्रदर्शित करते हैं। यह भी उल्लेखनीय हैं कि वितरण के अध्ययन में बहुस्तरीय एवं बहुमापकीय संकल्पना समाहित होती है। बहुमापकीय विश्लेषण से ही वृहत मापक के मानचित्रों द्वारा लघुमापक मानचित्रों का वितरण स्पष्ट हो पाता है। ''स्थानीय स्तर के वृहत-मापक मानचित्र से ही भौतिक-सांस्कृतिक अभिकर्त्ताओं की अन्योन्यक्रिया स्पष्ट होती है, जैसे-अधिवास तथा स्थल का सम्बन्ध। वितरण से ही यह प्रतिबिम्बित होता है कि कैसे निवासी कुछ स्थानों का चयन करते हैं, अन्य को त्याग देते हैं एवं अध्यासन वे विभिन्न अवस्थाओं में कितने समय अन्तराल के साथ, कहाँ किस प्रकार फैलते तथा प्रदेश विशेष को संपृक्त कर देते हैं।''

वितरण का अध्ययन करने के लिए दो विधियाँ अपनायी जाती है (अ) आकार, स्वरूप तथा प्रकार्य-विश्लेषण एवं (ब) घनत्व, अन्तरण तथा प्रकीर्णन का विश्लेषण जिससे अधिवास-प्रक्रिया का सम्बन्ध तथा सभी स्तर पर ''कहाँ'' की व्याख्या होती है। पिछले अध्याय में स्वरूप के बारे में अध्ययन किया जा चुका है। अब बेहतर होगा कि आकार, घनत्व एवं अन्तरण पर विशेष बल दें जो वितरण पहलुओं को अधिक स्पष्ट कर पाते हैं जैसे-क्षेत्रीय कोटिगत विभिन्नता जो विभिन्न संकेन्द्रण तथा प्रकीर्णन को प्रकट करती है। ''वितरण ही प्रक्रिया की कुंजी है'' ऐसा सायेर का उल्लेख है। इसे समझने तथा उसे स्वीकृति प्रदान करने हेतु हम मालवा क्षेत्र का उदाहरण प्रस्तुत करते हैं।

ग्रामीण अधिवास का आकार एवं घनत्व

अधिवास के आकार द्वारा किसी खास क्षेत्र के सांस्कृतिक समूह की सामाजिक-आर्थिक पृष्ठभूमि एवं मिट्टी की प्रकृति एवं स्थलाकृति प्रकट रूप में बोलती सी प्रतीत होती है। संहत, अर्द्धसंहत आदि अधिवासों के लिए उत्तरदायी कारणों का वर्णन चतुर्थ अध्याय में कर चुके हैं। यहाँ जनसंख्या के आधार पर श्रेणीबद्ध गाँवों की तस्वीर से प्रदेश की छवि उभरती है। जनगणना की श्रेणियाँ अधोलिखित हैं- (1) <500 जनसंख्या वाले लघु ग्राम, (2) 500-999, मध्यम ग्राम, (3) 1000-1999, बृहत ग्राम, (4) 2000-4999, बड़े ग्राम, (5) 5000 तथा अधिक जनसंख्या वाले अत्यन्त बड़े ग्राम, चित्र 5.1A। कुछ अपवादों को छोड़कर सभी जनपदों में ग्राम-आकार में खासतौर से मध्यम, वृहत श्रेणी में वृद्धि की अपनति दिखलाई पड़ती है। मन्दसौर, रतलाम, इन्दौर, नीमाड़ तथा शाजापुर में बड़े ग्रामों में

Figure 5.1

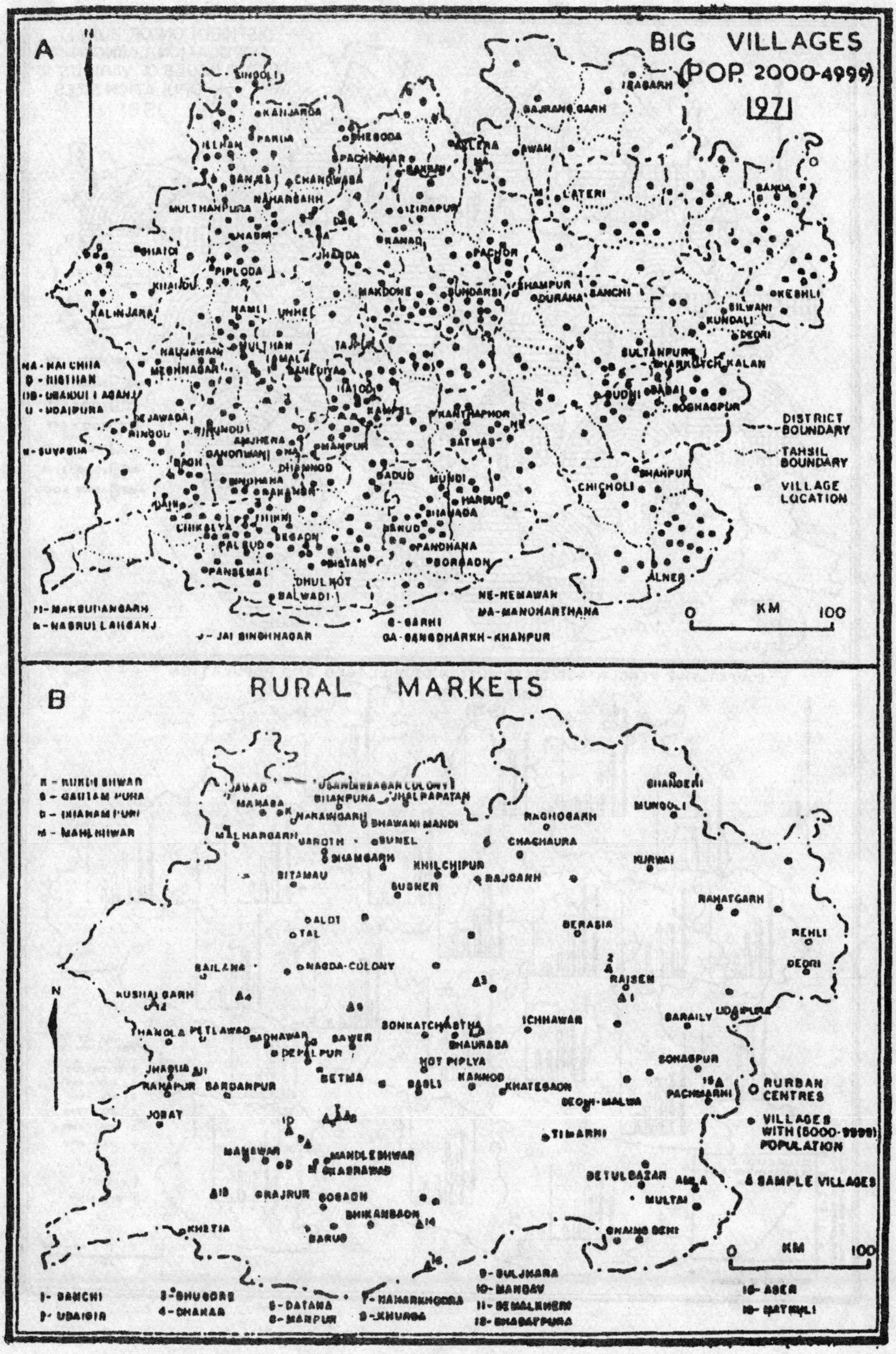
A
BIG VILLAGES
(POP. 2000-4999)
1971
DISTRICT BOUNDARY
TAHSIL BOUNDARY
VILLAGE LOCATION
0 KM 100
B
RURAL MARKETS
RURBAN CENTRES
VILLAGES WITH (5000-9999) POPULATION
SAMPLE VILLAGES
0 KM 100

Figure 5.2

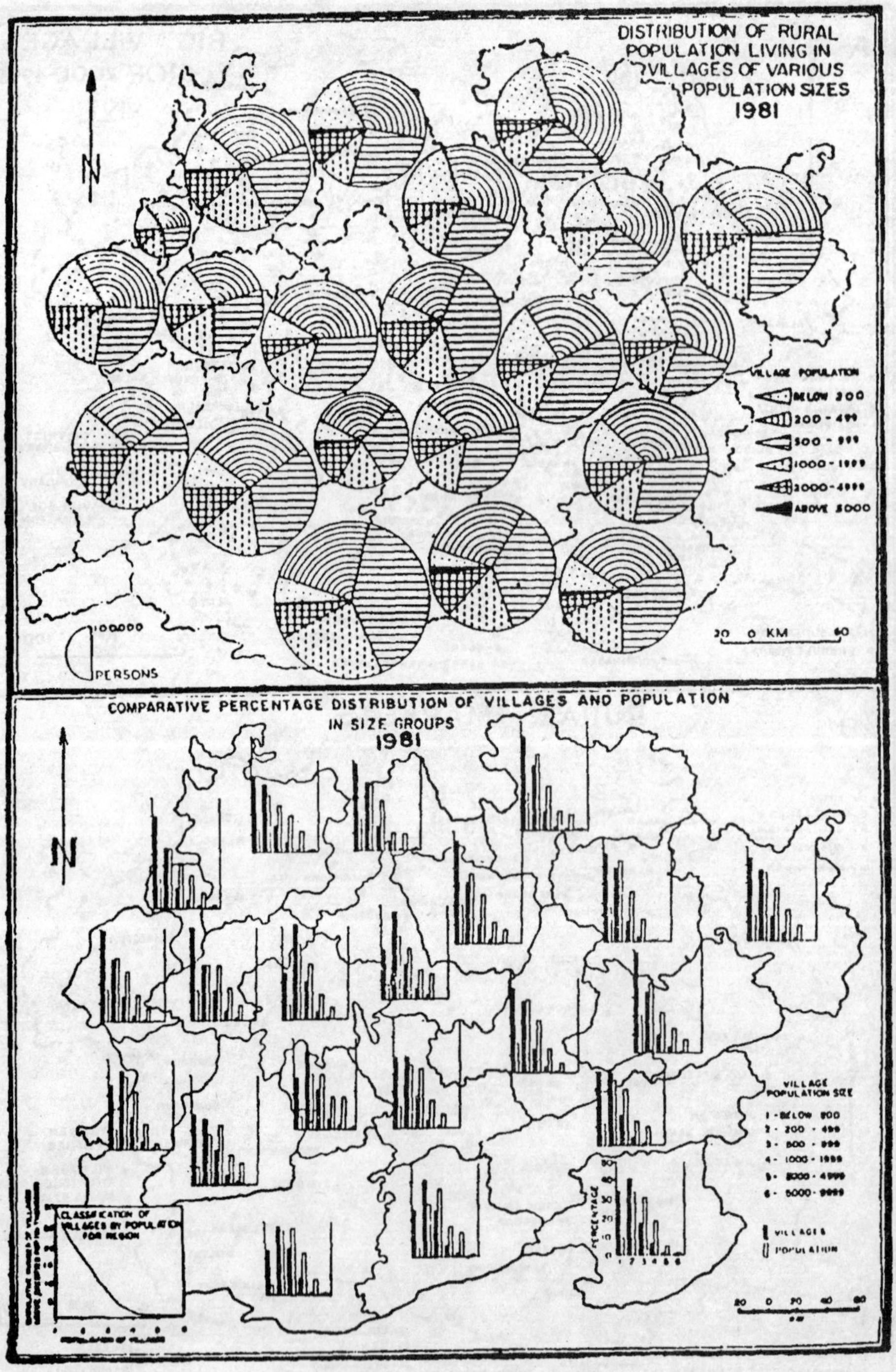
DISTRIBUTION OF RURAL POPULATION LIVING IN VILLAGES OF VARIOUS POPULATION SIZES 1981
VILLAGE POPULATION
BELOW 200
200 - 499
500 - 999
1000 - 1999
2000 - 4999
ABOVE 5000
100000 PERSONS
20 0 KM 60
COMPARATIVE PERCENTAGE DISTRIBUTION OF VILLAGES AND POPULATION IN SIZE GROUPS 1981
VILLAGE POPULATION SIZE
1 - BELOW 200
2 - 200 - 499
3 - 500 - 999
4 - 1000 - 1999
5 - 2000 - 4999
6 - 5000 - 9999
VILLAGES
POPULATION
PERCENTAGE
CLASSIFICATION OF VILLAGES BY POPULATION FOR REGION

उल्लेखनीय वृद्धि हुई है। इन्दौर, नीमाड़ (पूर्वी एवं पश्चिमी) दोनों में अत्यन्त बड़े ग्रामों की संख्या वृद्धि हुई। इससे मुख्यतया आधुनिक समय में औद्योगिक वृद्धि तथा यातायात सुविधाओं की अभिवृद्धि के कारण ग्रामीण संरचना में परिवर्तन परिलक्षित होता है। प्रत्येक आकार-श्रेणी के ग्राम तथा जनसंख्या का तुलनात्मक प्रतिशत वितरण (चित्र 5.2A), सम्पूर्ण क्षेत्रफल के सन्दर्भ में जनसंख्या के आधार पर ग्रामों के वर्गीकरण की रेखाचित्र द्वारा प्रस्तुति एवं विभिन्न जनसंख्या आकार के ग्रामों में रहने वाली ग्रामीण जनसंख्या का वितरण (चित्र 5.2B) से ग्राम आकार के सन्दर्भ में ग्रामीण भूदृश्य में विचरण (Variation) स्पष्ट हो जाता है। मध्यम तथा बड़े ग्राम शाजापुर (पठार पर) एवं नीमाड़ जनपदों में अधिक हैं चित्र 5.3 से स्पष्ट है कि पठार पर एवं पूर्वी नर्मदाघाटी में अधिकांश जनसंख्या छोटे ग्राम में बसती है, किन्तु कुशलगढ़, जोबट, कुक्षी तहसील तथा सतपुड़ा सीमान्त भाग में सर्वाधिक जनसंख्या अत्यन्त लघु ग्रामों में निवास करती है। मध्यम प्रकार के ग्राम नीमाड़, होशंगाबाद के कुछ भाग तथा पठार के छिटपुट भागों में अधिक प्रभावी है। उल्लेखनीय है कि 485 बड़े निवास ग्राम में ग्रामीण जन. के 10.69 प्रतिशत लोग तथा 39 अत्यन्त बड़े ग्रामों में 1.87 प्रतिशत लोग रहते हैं, (चित्र 5.1A, B)।

ये सभी ग्रामीण अधिवास ग्राम घनत्व के अनुसार भी विचरण प्रस्तुत करते हैं, (चित्र 5.4A); अधिक घने बसे ग्राम नीमाड़, बाँसवाड़ा के गढ़ी मंदसौर के भानपुर, बेतूल के मुल्तईं तहसीलों तथा पठार के कुछ भागों में अधिक जिसकी गणना अधोलिखित सूत्र के आधार पर की गई है–

$$\text{औ. घ.} = \frac{\text{तहसील में ग्रामीण निवासियों की जनसंख्या}}{\text{तहसील में निवास की संख्या}}$$

जिसमें औ. ध. = औसत घनत्व

सारणी 5 (i) तथा चित्र 5.5A में प्रदर्शित प्रति 100 कि.मी. में ग्राम की संख्या घनत्व से स्पष्ट है कि सैलाना, खिलचीपुर राजगढ़ बागीडोरा, कुशलगढ़ तथा झालरापाटन चरमसीमा के साथ भौतिक सांस्कृतिक सम्मिश्र को नियतकारी कारक के रूप में प्रतिबिम्बित करते हैं।

यदि हम तीन अधोलिखित कसौटियों को एक साथ लागू करें तो अध्यारोपित मानचित्र 5.3B एवं सारणी 5 (ii) में प्रदर्शित तस्वीर उभरती है। ये हैं–

सारणी 5 (i)

मालवा-क्षेत्र के ग्रामीण अधिवास में अन्तरण तथा प्रकीर्णन का स्वरूप

क्रमांक	*तहसील*	*परिकल्पनात्मक दूरी (Hs)*	*वास्तविक मध्य दूरी (Ro)*	*प्रत्याशित मध्य दूरी (Re)*	*यादृच्छिक सूचकांक (Rn)*	*ग्राम/100 किमी.²*	*घनत्व/ग्राम*	*क्षेत्रफल वर्ग किमी में A/N*
1	*2*	*3*	*4*	*5*	*6*	*7*	*8*	*9*
1.	गुना	3.009	1.694	1.40	1.21	15	300	7.8
2.	अशोक नगर	2.471	1.553	1.15	1.35	19	396	5.4
3.	मुंगावली	2.686	1.100	1.25	0.88	16	300	6.5
4.	राधोगढ़	2.245	1.244	1.05	1.19	24	292	4.4
5.	चाचौड़ा	2.149	0.890	1.00	0.89	25	325	4.0
6.	जावद	2.579	0.576	1.20	0.48	18	336	5.5
7.	नीमच	2.257	1.166	1.05	1.11	22	443	4.5
8.	मनासा	2.794	0.637	1.30	0.49	15	458	6.9
9.	भानपुरा	3.761	1.172	1.75	0.62	08	613	4.5
10.	मल्हारगढ़	2.257	1.155	1.05	1.10	21	498	4.5

Contd...

Contd...

11. गरोठ	2.557	0.857	1.19	0.72	17	473	5.7
12. मन्दसौर	2.579	1.380	1.20	1.15	17	637	5.9
13. सीतामऊ	2.471	1.391	1.15	1.21	18	508	5.5
14. जावरा	2.557	1.464	1.19	1.23	18	602	5.7
15. आलोट	2.396	0.855	1.11	0.77	20	451	5.0
16. सैलाना	1.726	0.385	0.82	0.47	37	197	2.7
17. रतलाम	2.998	1.821	1.39	1.31	13	754	7.8
18. खाचरोद	2.557	1.297	1.19	1.09	17	541	5.7
19. महिदपुर	2.418	1.355	1.12	1.21	19	447	5.1
20. तराना	2.396	0.910	1.11	0.82	20	517	5.0
21. बड़नगर	2.729	1.803	1.27	1.42	15	567	6.5
22. उज्जैन	2.396	366	12	22	20	476	5.0
23. थान्दला	2.321	0.778	1.08	0.72	21	510	4.7
24. पेटलावद	2.224	0.927	1.03	0.90	22	376	4.3
25. झाबुआ	2.171	0.697	1.01	0.69	28	378	4.1
26. जोबट	2.493	0.789	1.16	0.68	18	583	5.4
27. अलीराजपुर	2.751	0.448	1.28	0.35	15	463	6.6
28. बदनावर	2.729	1.410	1.27	1.11	15	555	6.5
29. सरदारपुर	2.149	1.210	1.00	1.21	15	536	6.8
30. धार	2.278	0.943	1.06	0.89	23	333	4.5
31. कुक्षी	2.772	0.748	1.29	0.58	15	700	6.7
32. मनावर	2.418	0.930	1.12	0.83	20	543	5.1
33. देपालपुर	2.579	1.620	1.20	1.35	17	569	5.8
34. सांवेर	2.450	1.607	1.14	1.41	19	551	5.2
35. इन्दौर	2.676	1.476	1.24	1.19	17	790	6.2
36. महू	2.353	0.861	0.11	0.08	22	586	4.8
37. सोनकच्छ	2.514	0.807	1.17	0.69	18	465	5.5
38. देवास	2.192	1.257	1.02	1.11	23	471	4.2
39. बागली	3.020	1.288	1.40	0.92	12	440	7.9
40. कन्नोद	3.106	1.386	1.44	0.95	12	510	8.4
41. खातेगाँव	2.772	1.561	1.29	1.21	15	418	6.7
42. बड़वाह	2.450	1.493	1.14	1.31	20	502	5.2
43. महेश्वर	2.450	1.653	1.14	1.45	20	518	5.2
44. बड़वानी	2.149	1.010	1.00	1.01	27	613	4.0
45. राजपुर	2.815	1.349	1.31	1.03	15	788	6.9
46. कसराबद	2.579	1.584	1.20	1.32	17	512	5.8
47. सेंधवा	2.471	0.954	1.15	0.83	20	672	5.3

Contd...

Contd...

48. खरगोन	2.600	1.101	1.21	0.91	16	737	5.9
49. भीकन गाँव	2.643	1.353	1.23	1.10	16	588	6.1
50. खण्डवा	2.697	1.137	1.25	0.91	16	643	6.3
51. हरसूद	2.471	1.092	1.15	0.95	19	487	5.3
52. बुरहानपुर	2.149	0.810	1.00	0.81	18	728	4.0
53. सुसनेर	2.622	1.275	1.22	1.03	16	526	6.0
54. आगर	2.418	1.355	1.12	1.21	19	534	5.1
55. शाजापुर	2.471	1.507	1.15	1.31	19	598	5.3
56. शुजालपुर	2.751	1.766	1.28	1.38	15	616	6.6
57. खिलचीपुर	1.891	1.624	1.38	1.19	32	309	3.1
58. राजगढ़	1.827	1.147	1.35	0.85	35	334	2.9
59. ब्यावरा	2.171	1.364	1.01	1.35	24	365	4.1
60. सारंगपुर	2.321	1.534	1.08	1.42	21	506	4.7
61. नरसिंहगढ़	2.246	1.258	1.04	1.21	23	445	4.4
62. लटेरी	2.600	1.331	1.21	1.10	18	311	5.9
63. सिरोंज	2.332	1.319	1.09	1.21	21	318	4.8
64. कुरवाई	2.117	1.761	1.48	1.19	22	378	3.9
65. बासोदा	2.396	1.498	1.11	1.35	20	407	5.0
66. विदिशा	2.321	1.117	1.08	1.09	21	401	4.7
67. बेरसिया	2.396	1.343	1.11	1.21	20	325	5.0
68. सीहोर	2.514	1.498	1.17	1.28	18	424	5.5
69. हुजूर	2.418	1.366	1.12	1.22	21	334	5.1
70. आष्टा	2.450	1.493	1.14	1.31	19	482	5.2
71. इछावर	3.030	1.424	1.41	1.01	19	402	8.0
72. नसरूल्लागंज	3.073	1.301	1.43	0.91	12	475	8.2
73. बुदनी	3.181	1.406	1.48	0.95	14	454	8.8
74. रायसेन	2.676	1.426	1.44	0.99	17	346	6.2
75. गैरतगंज	2.536	1.192	1.18	1.01	21	335	5.6
76. बेगमगंज	2.996	0.877	1.07	0.82	22	286	4.6
77. गोहरगंज	2.794	1.066	1.30	1.09	15	362	6.8
78. बरेली	2.643	1.513	1.23	1.23	17	481	6.1
79. सिलवानी	2.514	1.392	1.17	1.19	23	266	5.5
80. उदयपुरा	3.009	1.442	1.40	1.03	12	507	5.2
81. हरदा	2.493	1.299	1.16	1.12	19	417	5.4
82. सिवनी-मालवा	2.514	1.111	1.17	1.95	18	458	5.5
83. होशंगाबाद	2.514	1.158	1.17	0.99	17	590	4.9
84. सोहागपुर	2.375	1.221	1.10	1.11	21	377	4.9

Contd...

Contd...

85. भैंसदेही	2.643	0.590	1.23	0.48	16	466	6.1
86. बेतूल	2.321	0.886	1.08	0.82	22	532	4.7
87. मुलताई	2.622	0.598	1.22	0.49	17	594	6.0
88. खुरई	2.224	1.051	1.03	1.02	24	426	4.3
89. बांदा	2.375	1.935	1.10	0.85	20	503	4.9
90. सागर	2.375	1.023	1.10	0.93	20	497	4.9
91. रेहली	2.149	0.690	1.00	0.69	25	357	4.0
92. प्रतापगढ़	2.280	1.092	1.06	1.03	22	313	4.8
93. घाटोल	2.220	0.474	1.03	0.46	23	435	6.9
94. गढ़ी	2.220	0.639	1.03	0.62	23	702	4.3
95. बांसवाड़ा	2.010	0.958	1.43	0.67	29	394	3.6
96. बागीडोरा	1.950	1.086	1.41	0.72	30	499	3.3
97. कुशलगढ़	1.750	3.904	1.31	0.69	38	301	2.6
98. खानपुर	2.420	1.400	1.12	1.25	20	473	4.9
99. झालरापाटन	1.950	1.847	1.41	1.31	30	320	4.1
100. अकलेरा	2.020	1.444	1.43	1.01	29	335	3.2
101. पचपहाड़	2.480	0.977	1.15	0.85	19	477	5.3
102. पिरावा	2.400	1.021	1.11	0.92	20	437	5.2
103. गंगधार	2.420	1.400	1.12	0.25	20	448	4.3
104. अखलकुआ	2.751	0.448	1.28	0.35	15	430	3.8
105. धूलिया	0.471	0.954	1.15	0.83	20	355	3.8

सूचना : प्रतीकों की व्याख्या हेतु पाठ देखें, जौसे-Hs = $1.0746 \sqrt{A/N}$ आदि झालावाड़ की (बकानी, मनोहर थाना, तथा डग), चित्तौड़गढ़ में अचनेरा तहसीलें अन्य के साथ मिला दी गई हैं। महाराष्ट्र के आंशिक भाग अखलकुआ तथा धूलिया नाम से अभिहित हैं।

(1) वर्ग किमी. में औसत ग्राम-क्षेत्रफल

$$\text{अर्थात् क्षे.} = \frac{\text{वर्ग किमी में तहसील का ग्रामीण क्षेत्रफल}}{\text{ग्रामीण निवास की संख्या}} = \text{सूत्र के अनुसार जिसमें}$$

क्षे. = क्षेत्रफल जो 2.5 वर्ग किमी. से 12.5 वर्ग किमी. विस्तार वाला है।

(2) किमी. में (अंतरण) अन्तर-ग्राम दूरी जिसकी गणना सूत्र $D = 1.0746 \sqrt{A/N}$ $1.0746/\sqrt{d}$ के अनुसार की गई है जिसमें D= अंतरण अथवा अधिवासीय बिन्दुओं के षटभुजीय विन्यास प्रबन्ध (hexagonal arrangement) में बिन्दुओं के मध्य की सैद्धान्तिक दूरी, d = प्रति इकाई वर्ग किमी. में अधिवास घनत्व,

A = क्षेत्रफल वर्ग किमी. में तथा N = अधिवास बिन्दु की संख्या है। गुणनानुसार अन्तरण का विस्तार 1.5 किमी. से 3.5 किमी. है।

(3) प्रति 10 वर्ग किमी. में औसत ग्राम-घनत्व जो <1.5 से >2.5 है।

Figure 5.3

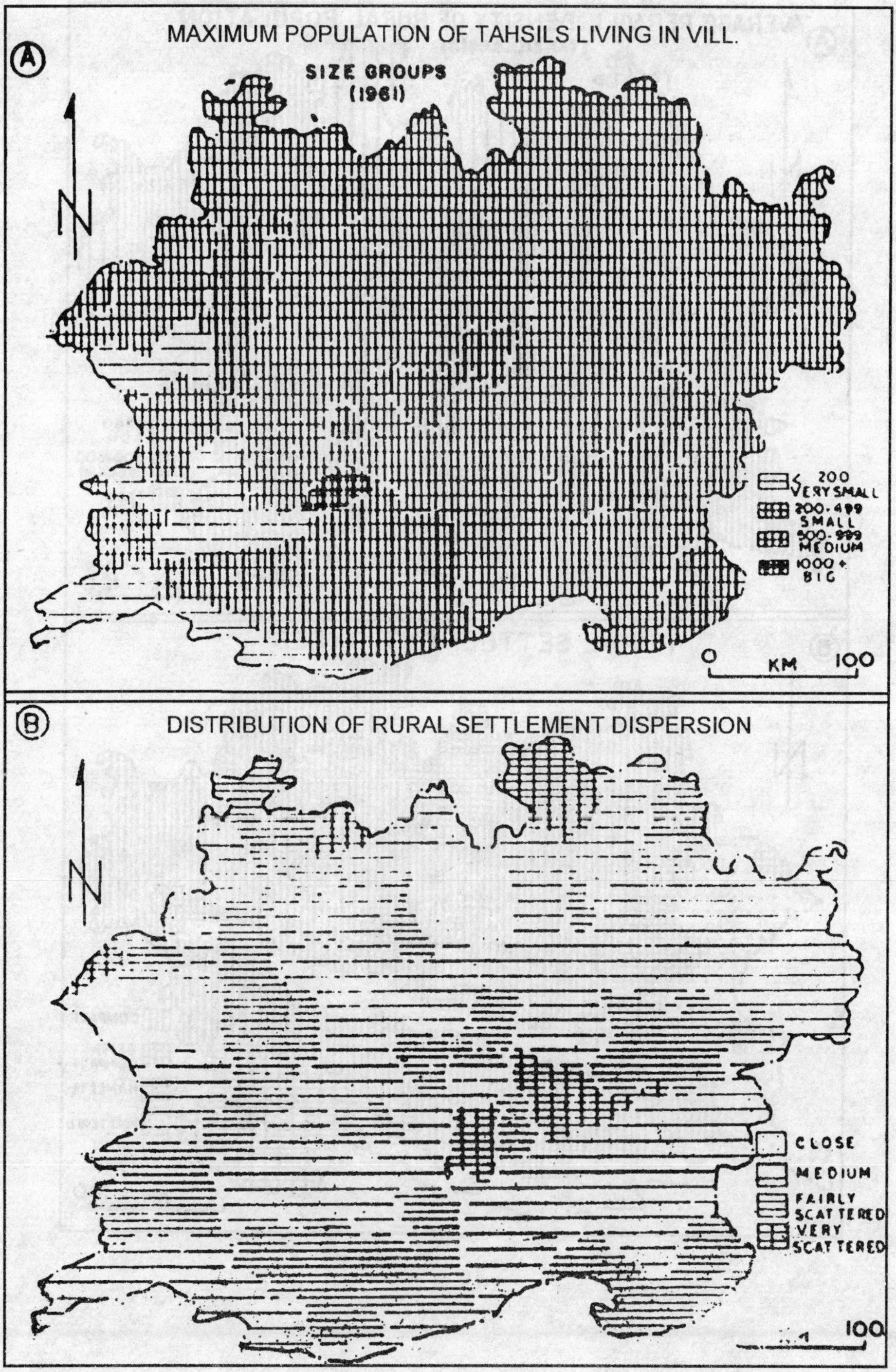
MAXIMUM POPULATION OF TAHSILS LIVING IN VILL.
A
SIZE GROUPS
(1961)
N
< 200 VERY SMALL
200-499 SMALL
500-999 MEDIUM
1000+ BIG
0 KM 100
B
DISTRIBUTION OF RURAL SETTLEMENT DISPERSION
N
CLOSE
MEDIUM
FAIRLY SCATTERED
VERY SCATTERED
100

Figure 5.4

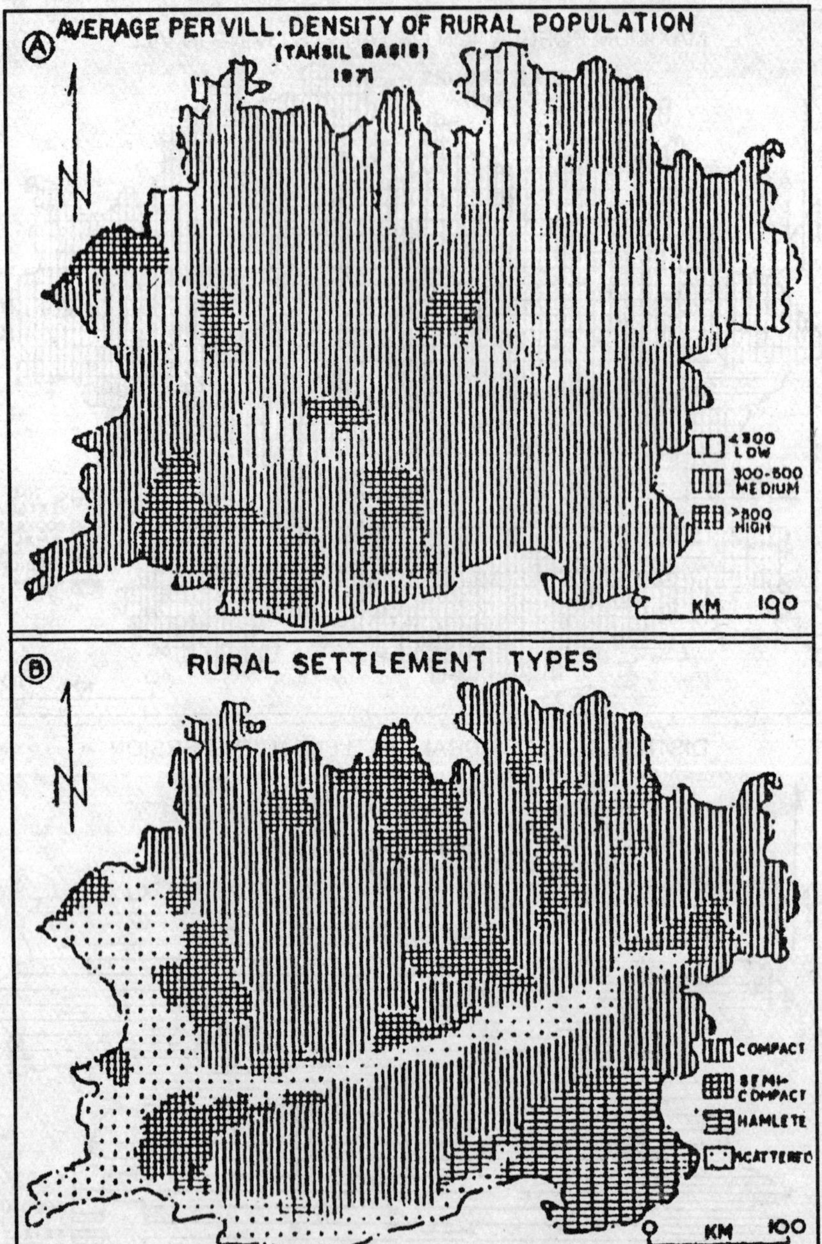
A
AVERAGE PER VILL. DENSITY OF RURAL POPULATION
(TAHSIL BASIS)
1971
<300 LOW
300-500 MEDIUM
>500 HIGH
0 KM 100
B
RURAL SETTLEMENT TYPES
COMPACT
SEMI-COMPACT
HAMLETS
SCATTERED
0 KM 100

सारणी 5 (ii)

ग्राम वितरण का प्रकीर्णन

प्रकीर्णन की कोटि	औसत ग्राम क्षेत्रफल (वर्ग किमी.)	औसत ग्राम-घनत्व (वर्ग किमी.)	अन्तरग्राम दूरी (किमी.)	मुख्य क्षेत्र
1	2	3	4	5
1. सघन	2.50-3.50	2.50	1.5-2.0	काली सिंध तथा नेवाज नदी दोआब के निचले मैदान बांसवाड़ा, सैलाना तहसील
2. मध्यम	3.50-5.50	2.0-2.50	2.0-2.50	अधिकांश पूर्वी तथा मध्य मालवा पठार, पश्चिमी सतपुड़ा, होशंगाबाद;
3. दूरस्थ	5.50-7.50	1.50-2.00	2.50-3.0	पश्चिमी मालवापठार, पठार के कुछ भाग विन्ध्या तथा नीमाड़ के कुछ भाग
4. अति-दूरस्थ	7.50 से	1.50 से कम	3.0 से अधिक	विन्ध्या के पहाड़ी भाग तथा भानपुरा तहसील।

राजगढ़ तथा झालावाड़ के उपजाऊ निचले मैदान तथा सघन बसे बांसवाड़ा जनपद में सघन प्रकीर्णन है। मध्यम प्रकीर्णन वाले क्षेत्र पठार के अधिकांश भाग में हैं, जहाँ छोटे तथा मध्यम आकार के ग्रमम हैं, तथा होशंगाबाद की हरदा, सिवनी मालवा, सोहागपुर तहसील तथा बैतूल के तहसील एवं पश्चिमी सतपुड़ा पहाड़ियों में है। पश्चिमी पठारी भाग तथा नीमाड़ में दूरस्थ संहत ग्राम हैं जो अधिक सटे मकान वाले हैं। अत्यन्त बिखरे प्रकीर्णन क्षेत्र, ऊबड़-खाबड़ स्थलाकृति वाले विन्ध्या-पहाड़ी तथा उत्तरी खड़े ढाल वाले हैं।

अंतरण

किसी भी क्षेत्र में निवासी के मन में अंतरण का विचार अवश्य रहता है। अधिवासों द्वारा उचित ढंग से क्षेत्र विशेष में स्थान घेरने के लिए बसाव प्रक्रिया प्राप्त भू-प्रदेश के अधिकतम उपयोग सिद्धान्त से सम्बन्धित होती है। यह क्षेत्र सम्बन्धी अधिकतम उपयोग, निम्नतम प्रयास[1] के सिद्धान्त से जुड़ा हुआ है, जिसके अनुसार किसी प्रदेश में सर्वोत्तम अंतरण के साथ अधिवास बसाव का अर्थ है कि निवासी निम्नतम प्रयास से स्थान घेरते हुए बसाव कर सके। रैखिक दूरी के रूप में अंतरण का महत्त्व सभी भौगोलिक अध्ययनों में महसूस किया जाता है। वाटसन द्वारा भूगोल को दूरी का शास्त्र[2] के रूप में समझना एवं पहचानना पूर्णरूपेण सही है। स्पष्टत: अन्तरण एक वर्तमान अस्तित्व वाला स्थिर प्रपंच नहीं है वरन् यह अधिवासों के वर्तमान अंतरण के लिए उत्तरदायी गत्वर प्रक्रिया का निर्देश करता है। विभिन्न प्रकार के भौतिक सांस्कृतिक तथा ऐतिहासिक कारक अकेले तथा संयुक्त रूप से ग्रामीण भू-दृश्य का निर्माण करते हैं। इनके अन्तर्गत मिट्टी स्थलाकृति, अपवाह की दशा, भूमि-व्यवस्था, जीवन पद्धति, सुरक्षा तथा खाश स्तर की प्रौद्योगिकी वाले मानव समूह के प्रकार सभी समाहित हैं। इससे किसी खास प्रदेश के संगठन की प्रक्रिया एवं ढंग का बोध होता है। अंतरण का सम्बन्ध (Packing Theory) भराव (स्थान घेरने) का सिद्धान्त से भी है जिसके अन्तर्गत विभिन्न आयाम के वस्तुओं को एकजुट साथ रखने के नियम का अध्ययन किया जाता है। सभी प्रकार के बहुभुजों में, जो बिना किसी परस्पर व्याप्तता के स्थान घेरते हैं, षटभुज सर्वाधिक संहत स्वरूप होता है। यह दो आयामी तल वाली आकृतियों में वृत्त के सन्निकट सर्वाधिक संहत होता है एवं सर्वोत्तम जाल/निलयन (nesting) बनाने हेतु सुविधाजनक भी है।

अधिवास घनत्व को अंतरण में परिवर्तन/रूपान्तरण करने का सैद्धान्तिक आधार अन्तिम रूप में क्रमिक षट्भुजों के विकास से प्राप्त होता है। इस प्रकार षट्भुजीय विन्यास प्रबन्ध की मान्यता के साथ षटभुज केन्द्र के सभी छ: अन्य अधिवासों की दूरी (D) = 1.0746 $\sqrt{d}$ होती है[3] जिसका उल्लेख खण्ड 5-2 में है।

Figure 5.5

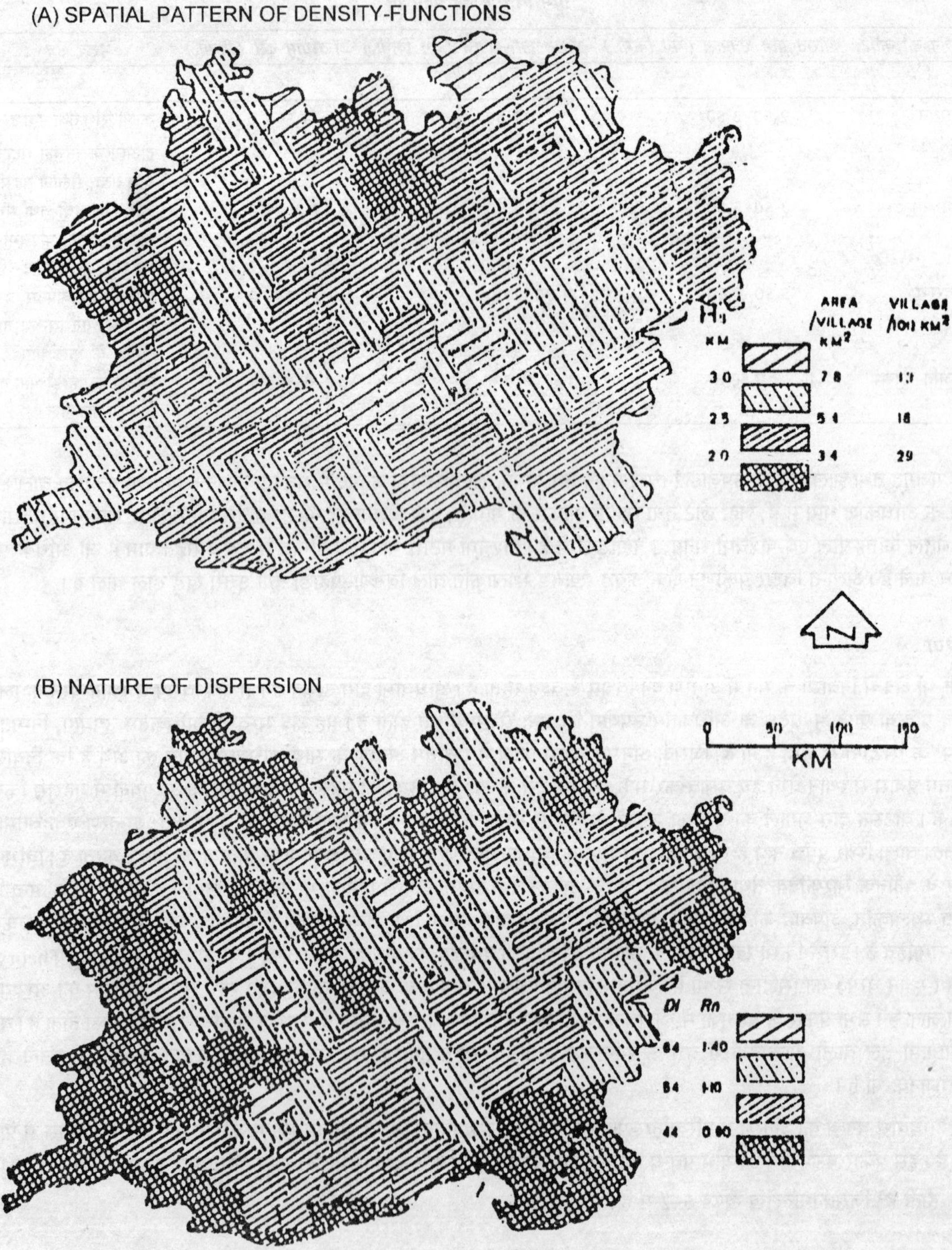
(A) SPATIAL PATTERN OF DENSITY-FUNCTIONS
AREA /VILLAGE KM²
VILLAGE /100 KM²
KM
3.0 7.8 13
2.5 5.1 18
2.0 3.4 29
N
(B) NATURE OF DISPERSION
0 50 100 150
KM
DI Rn
84 1.40
64 1.10
44 0.60

चित्र 5.5 A में प्रदर्शित मालवा क्षेत्र की 105 तहसीलों के घनत्व फलन (density function) की गणना अंतरण के सकल प्रतिरूप के निम्नलिखित विशिष्ट लक्षणों को प्रकट करती है:

1. साधारण अन्तरण (≤ 2.00 किमी.) अन्तरण का मूल्य विस्तार कुशलगढ़ में 1.75 किमी. से झालरापाटन, बागीडोरा में 1.95 किमी. तक है तथा उत्तर में खिलचीपुर में 1.89 एवं राजगढ़ में 1.83 किमी. है। कुल क्षेत्रफल के 0.44 प्रतिशत भाग में विस्तृत इसके अन्तर्गत पश्चिम के बिखरे अधिवास वाले आदिवासी तथा अर्द्धसंहत संरचना वाले उत्तर के क्षेत्र आते हैं। प्रति ग्राम जनसंख्या 197 (सैलाना) से 388 (बागीडोरा) तक तथा प्रति ग्राम क्षेत्रफल <3.4 वर्ग किमी. के विस्तार वाले हैं। प्रति 100 वर्ग किमी. में ग्राम संख्या का विस्तार 30 (बागीडोरा) से 37 (कुशलगढ़) तक है।

2. साधारण से अपेक्षाकृत अधिक अन्तरण (2.00–2.50 किमी.) इस वर्ग में अन्तरण मूल्य का विस्तार 2.01 (अकलेरा, बाँसवाड़ा जनपद) से 2.53 (घैरतगंज) तक है। 57.12 प्रतिशत क्षेत्रफल में विस्तृत इस वर्ग में प्रति 100 वर्ग किमी. में 18 से 29 ग्राम, प्रतिग्राम जनसंख्या 313 (प्रतापगढ़) से 702 (गढ़ी), प्रतिग्राम क्षेत्रफल 3.4 से 5.4 वर्ग किमी. विस्तार वाले हैं।

3. दूरस्थ अंतरण (2.3–300 किमी.) यह अंतरण विस्तार में 2.51 (सीहोर) से 2.79 (कुक्षी) तक 35.04 प्रतिशत भाग में विस्तृत है। प्रति ग्राम क्षेत्रफल 5.4–7.8 वर्ग किमी., प्रति 100 वर्ग किमी. में 13 से 18 ग्राम, प्रति ग्राम जनसंख्या 311 से 790 तक विस्तार वाले हैं।

4. अति दूरस्थ अंतरण (>3.00 किमी.)–अंतरण मूल्य बागली में 3.00 से भानपुरा में 3.7 तक है। कुल 7.4 प्रतिशत भाग में विस्तृत इस वर्ग में अनेक विस्तार निम्नलिखित हैं। प्रति 100 वर्ग किमी. से 8 से 13 ग्राम प्रतिग्राम जनसंख्या 300 से 613 तथा प्रतिग्राम क्षेत्रफल 7.8 वर्ग किमी. से अधिक है।

विश्लेषण से स्पष्ट है कि अन्तरण एवं आकार में सह सम्बन्ध नहीं है वरन् कुछ भागों में दोनों प्रतिलोम सहसम्बन्धी हैं। इसकी व्याख्या ग्रामीण घनत्व के आधार पर की जा सकती है, क्योंकि उसमें क्षेत्र की संसाधन संभावनाओं का उपयोग निहित होता है तथा अन्य ऐतिहासिक राजनीतिक विशिष्ट लक्षण जो मानव अध्यासन के विकास प्रतिरूप एवं अधिवास स्वयं को प्रभावित करते हैं, भी निहित हैं। इस विश्लेषण से यह तथ्यपूर्ण सामान्यीकरण सम्भव हुआ कि ग्रामीण घनत्व तथा ग्राम–आकार अलग–अलग ग्राम अन्तरण से प्रतिलोम सहसम्बन्धी हैं। बाँसवाड़ा के अधिकांश भाग, प्रतापगढ़ तहसील के दक्षिणी भाग न्यून तथा अतिन्यून मूल्य का प्रतिनिधित्व करते हैं। इस बाँगड़ क्षेत्र में एकल पहाड़ियाँ तथा बहुसंख्य लघु घाटियाँ मानव अध्यासन हेतु क्रमश: विकर्षण एवं आकर्षक भू–भाग रहे हैं। घाटियों में जहाँ उपजाऊ पट्टियाँ उपलब्ध हैं तथा आक्रमण, विरोधी संघर्ष–सृजक युद्ध से सुरक्षित हैं, के फलस्वरूप लघु तथा सन्निकट अन्तरण वाले अधिवास बसे हैं। अधिवासों के रैखिक विन्यास–प्रबन्ध तथा अन्तरण के न्यूनतम अतिन्यून मूल्य में उल्लेखनीय साहचर्य है। यह तथ्य कुशलगढ़ में नाटकीय ढंग से स्पष्ट है जहाँ अन्तरण अति न्यून है। इस क्षेत्र में ग्रामीण घनत्व मध्यम से उच्च प्रकार की तथा ग्राम–आकार मध्यम से लघु प्रकार का है।

इसी प्रकार न्यून तथा अतिन्यून अन्तरण–मूल्य के लघु गुच्छ निवास झालावाड़ के अकलेरा, झालरापाटन तहसील तथा राजगढ़ के खिलचीपुर तथा राजगढ़ तहसील में मिलते हैं। पार्वती, परवान तथा काली सिन्ध नदियों की ऊपरी शाखाओं की घाटी में रैखिक प्रतिरूप में बसे छोटे बिखरे अधिवास इस भूभाग के विशेष लक्षण हैं। ये, स्थानीय ''पाथर'' तथा ''उपरमाल'' नामक भौतिक इकाइयों में नदीघाटी की काली मिट्टी की जनसंख्या संकेन्द्रण वाली भूमियों में बसे फैले हैं। यहाँ ग्रामीण अधिवास घनत्व मध्यम प्रकार का है। अध्ययन से स्पष्ट है कि पठार तथा नर्मदा घाटी प्रदेश में, कुछ स्थानीय विचरण के साथ, सन्निकट अन्तरण वाले क्षेत्र, उपलब्ध जनसंख्या अवसीमा (threshold) के अनुसार अवस्थापनाओं की स्थापना, सस्ते प्रशासन, तथा सुविधाओं की आपूर्ति हेतु अनुकूल होते हैं। मध्यम अन्तरण वाले किन्तु बिखरे अधिवास वाले पहाड़ी भागों में सामाजिक, आर्थिक सेवाओं, यथा–सड़क, जलापूर्ति, विद्युत–आपूर्ति, संस्थाएँ तथा जनस्वास्थ्य सुविधाओं के प्रावधान में अनेक समस्याएँ हैं जिनका समाधान कठिन है।

प्रकीर्णन

अन्तरण के अध्ययन के परिणामस्वरूप स्पष्ट वितरण का प्रतिरूप दूरी तथा घनत्व के सन्दर्भ में संकेन्द्रण तथा प्रकीर्णन दोनों चित्रों को प्रस्तुत करता है। किन्तु मानव भूगोल में बहुत से प्रतिरूप बिन्दुओं (निवासों के प्रतिनिधि स्वरूप) के (सेट) दल के रूप में विचारणीय होते

हैं। इनकी माप की जा सकती है तथा यादृच्छिक अंतरण के सन्दर्भ में इनका प्रकीर्णन[4] नियमितता की कोटि को प्रदर्शित करता है जो अध्यासन-प्रक्रिया की अन्वेषण-यात्रा का परम एवं चरम संबल बन सकता है। प्रकीर्णन मापने की समीचीन निकटतम पड़ोसी विश्लेषण तकनीक (Nearest Neighbour Analysis[5]) अपनाई जाती है। उदाहरण के लिए वृहत स्तरीय मालवा प्रदेश तथा लघु स्तरीय चिरई गाँव विकास खण्ड लिया गया है।

यह मान्यता है कि बिन्दु (अधिवास) अथवा प्रकृति के प्रपंच (Phenomena) प्वासों के सम्भाव्यता फलन (Poisson Probability Function) के अनुसार यादृच्छिक रूप में वितरित होते हैं। यादृच्छिक वितरण में यही मान्य आधार है कि एक बिन्दु को एक निश्चित क्षेत्र या जगह में घटने के लिए वही अवसर प्राप्त है जैसा दूसरे को तथा एक क्षेत्र या जगह (Place) को एक बिन्दु प्राप्त करने का वही अवसर प्राप्त है जो दूसरे जगह को और यह भी कि प्रत्येक बिन्दु का स्थान निर्धारण दूसरे बिन्दु के स्थान निर्धारण से प्रभावित नही होगा। परिभाषा के रूप में दृष्टव्य है कि पूर्ण यादृच्छिकता, पूर्ण पुंजन/संकेन्द्रण (clustering) से पूर्ण नियमित तक विस्तृत स्थानिक प्रतिरूप के सातत्य का मध्य बिन्दु होती[6] है; चित्र 5.6 देखें।

यादृच्छिकता अभिकलन का सूत्र निम्नवत् है:

(RN = ro/rE जिसमें ro = निकटतम अन्तर्ग्राम ऋजुरेखीय

दूरी का वास्तविक माध्य मान, rE = प्रत्याशित दूरी = 0.5 $\sqrt{d}$

जहाँ d = ग्राम घनत्व। इस प्रकार RN=2ro $\sqrt{d}$ । इस RN मान से ही मापन होता है कि किस कोटि में वास्तविक वितरण यादृच्छिक प्रत्याशितमान के कितना समीप है अथवा कितना विचलित है।

इस प्रतिदर्शज (Statistic) का मान विस्तार 0.0 (पूर्ण संकेन्द्रण) से 1.0 (यादृच्छिक) 2.1491 (पूर्ण नियमित) तक होता है, जो सर्वाधिक अन्तरण की दशा में सम्भव है। षट्भुजीय प्रतिरूप में वितरित प्रत्येक व्यक्तिगत बिन्दु अथवा अधिवास (सिवाय उनके जो वितरण के परिपार्श्व (Periphery) में हो) द्वै अन्य व्यक्तिगत अधिवासों से समदूरस्थ होगा एवं निकटतम पड़ोसी के दूरी-माध्य का अधिकतम मान 1.0746/ $\sqrt{d}$ होगा।

एक निर्धारित घनत्व को यादृच्छिक प्रकीर्णित जनसंख्या के प्रत्याशित निकटतम पड़ोसी के दूरी-माध्य (mean distance nearest neighbour expected) का सूत्र सर्वप्रथम हर्ट्ज द्वारा व्युत्पन्न किया गया था।[7] ro मान का rE मान से विचलन की विश्वसनीयता का और एक परीक्षण करने के लिए इसको प्रसरण (Variance) से सह-सम्बन्धित किया जा सकता है, जिसका अभिकलन निम्न गणितीय व्यंजक (Mathematical Expression) द्वारा किया जाता है-

$$V = (4 - \pi)/4d\pi = 0.0683086/d$$

जिसके अनुसार यदि rE का मान v से अधिक हो तो वितरण नियमित, यदि v का मान rE मान से अधिक तो संकेन्द्रित, यदि v का मान rE मान के बराबर हो तो यादृच्छिक माना जाता है, अर्थात् v-माध्य अनुपात (mean ratio) एक के बराबर होता है (Randon Distribution) यादृच्छिक विक्षोभ की गहनता की माप प्रसामान्यीकृत सूचकांक (Normalized Index) अथवा (Di) के मान-मापन द्वारा हो सकती है। Di के अभिकलन का सूत्र निम्नलिखित हैं।

$$Di = ro \mid 1.0750 \mid \sqrt{d}$$

तथा यह मान 0.0 से 1 तक होता है। यदि Di मान 0.0 हो तो संकेन्द्रित या गुच्छित प्रतिरूप, मान 1 होने पर नियमित एवं सातत्य का मध्य बिन्दु 0.50 यादृच्छिक प्रतिरूप को प्रदर्शित करता है।

विचलन की विश्वसनीयता का परीक्षण प्रसामान्य वक्र[9] के मानक विचरण (Standard Variate) के प्रतिदर्शज से हो सकता है,

जिसका सूत्र निम्न है: $C = \dfrac{ro - rE}{\delta\, rE}$

Figure 5.6

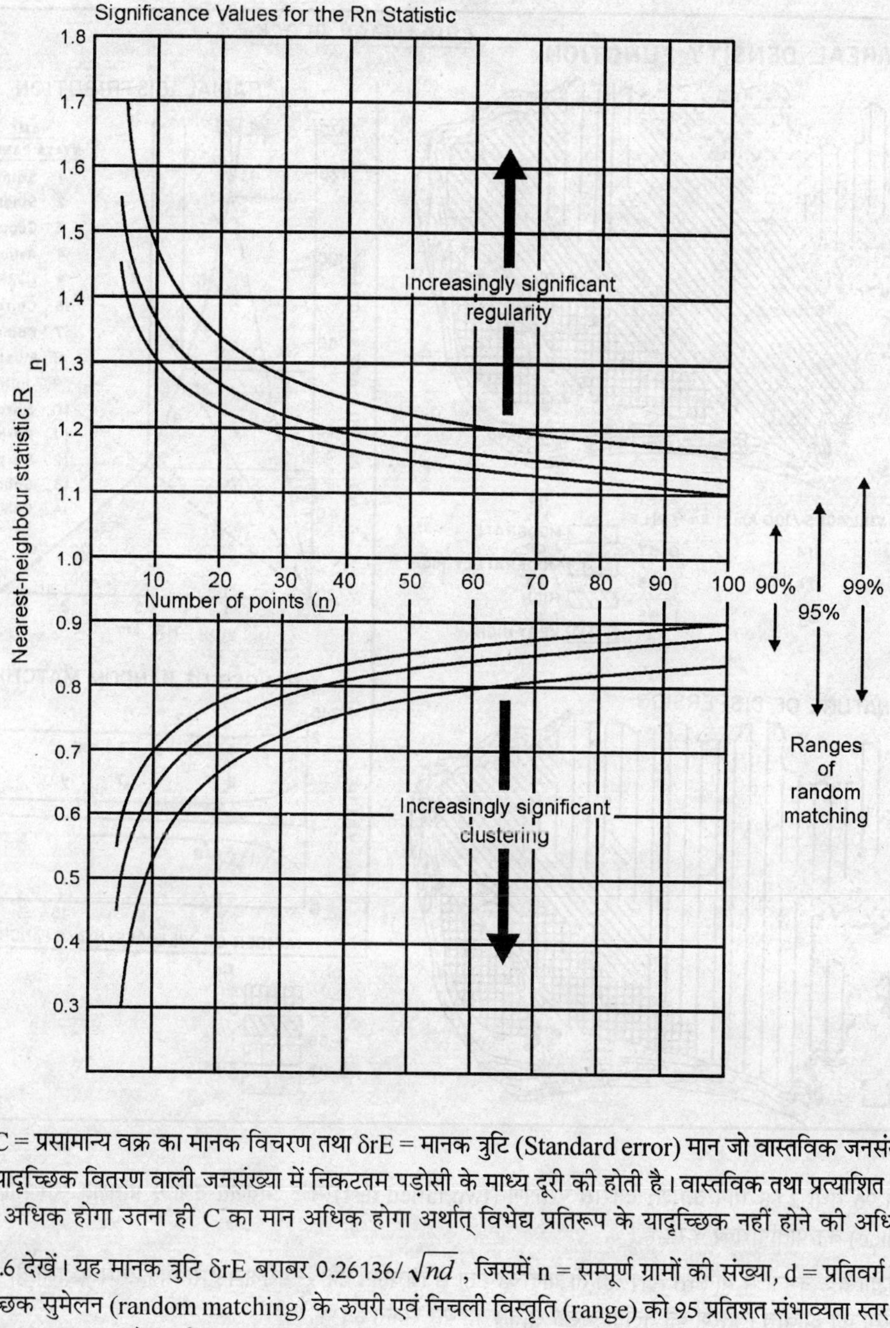

जिसमें C = प्रसामान्य वक्र का मानक विचरण तथा δrE = मानक त्रुटि (Standard error) मान जो वास्तविक जनसंख्या के समान घनत्व वाली यादृच्छिक वितरण वाली जनसंख्या में निकटतम पड़ोसी के माध्य दूरी की होती है। वास्तविक तथा प्रत्याशित औसत दूरी में अन्तर जितना अधिक होगा उतना ही C का मान अधिक होगा अर्थात् विभेद्य प्रतिरूप के यादृच्छिक नहीं होने की अधिक संभाव्यता होगी। चित्र 5.6 देखें। यह मानक त्रुटि δrE बराबर 0.26136/ $\sqrt{nd}$, जिसमें n = सम्पूर्ण ग्रामों की संख्या, d = प्रतिवर्ग किमी. ग्राम-घनत्व। यादृच्छिक सुमेलन (random matching) के ऊपरी एवं निचली विस्तृति (range) को 95 प्रतिशत संभाव्यता स्तर पर δrE द्वारा अभिकलित किया जा सकता है अर्थात्:

$$\delta rE = (2\delta rE \pm rE)/rE$$

Figure 5.6 (a)

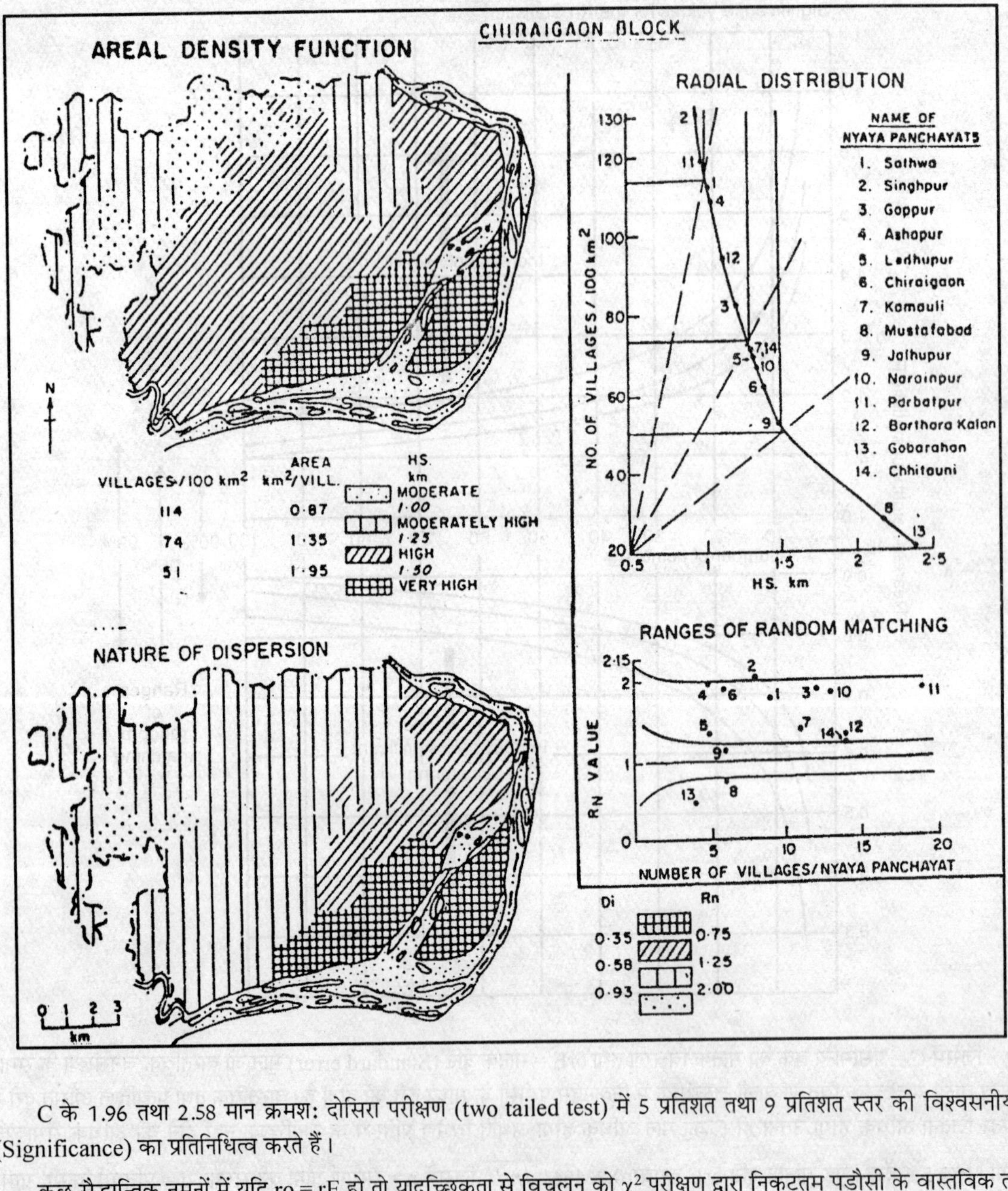

C के 1.96 तथा 2.58 मान क्रमशः दोसिरा परीक्षण (two tailed test) में 5 प्रतिशत तथा 9 प्रतिशत स्तर की विश्वसनीयता (Significance) का प्रतिनिधित्व करते हैं।

कुछ सैद्धान्तिक नमूनों में यदि ro = rE हो तो यादृच्छिकता से विचलन को χ^2 परीक्षण द्वारा निकटतम पड़ौसी के वास्तविक तथा प्रत्याशित दूरियों की आवृत्ति वितरण की तुलना करके सुनिश्चित कर सकते हैं।

यह उल्लेखनीय है कि निकटतम पड़ोसी विधि अधिवासों के प्रकीर्णन प्रतिरूप को जानने हेतु परीक्षण (test) प्रदान करती है। किसी सीमा के अन्तर्गत चयनित क्षेत्र, परिणाम अथवा RN मान को प्रभावित करता है। इसीलिए क्लार्क एवं इवान्स ने सचेत किया है कि

''एक सीमा की उपस्थिति, जिसके पार मापन नहीं किया जा सकता,'' RN मान को अपरिमित क्षेत्र वाले RN मान से अधिक बना देती है। इस कारण यह वांछनीय है कि, जहाँ तक सम्भव हो, अन्वेषण का चयनित क्षेत्र ऐसा हो जो सम्पूर्ण जनसंख्या (समंक) से आवृत सम्पूर्ण क्षेत्र में पड़ता हो।''

प्रस्तुत विश्लेषण में निकटतम पड़ोसी दूरी के प्रथम क्रम का उपयोग किया गया है, यद्यपि इसकी कमी यह है कि 'एक पुनरावृत्ति प्रतिरूप, यहाँ तक कि जब प्रतिरूप प्रकीर्णित दिखलाई पड़े, RN का निम्न मान प्रदान करता है।'[10] किन्तु नियमित वितरण वाले उदाहरणों के लिए यह उपयुक्त विधि है। इसीलिए समस्या की कठोरता कम करने के लिए प्रथम क्रम से अधिक क्रमों का प्रयोग करना चाहिए।[11]

प्रलम्ब प्रतिदर्श तकनीक (quadrat sampling technique) चयनित क्षेत्र के आकार सम्बन्धी समस्या के समाधान का मार्ग प्रदान करती है, किन्तु फिर भी बिन्दुओं की आवृत्ति मापन हेतु प्रयुक्त समुचित आकार के प्रलम्ब-चयन का प्रश्न अनुत्तरित रह जाता है।[12]

सारिणी 5 (iii)

चिरईगाँव विकास खण्ड में अधिवास प्रकीर्णन अभिसूचक

क्र.सं.	न्याय प्रचायत का नाम	प्रत्याशित दूरी दूरी (r_e)	परिकल्पित सैद्धांतिक अंतरण (H_s)	वास्तविक दूरी (R_o)	यादृच्छिक मान	प्रसामान्यीकृत सूचकांक मान (D_i)
1.	सथवा	0.473	1.02	0.861	1.82	0.844
2.	सिंहपुर	0.438	0.94	0.902	2.06	0.959
3.	गोयपुर	0.554	1.19	1.058	1.91	0.889
4.	आशापुर	0.479	1.03	0.953	1.99	0.925
5.	लेढूपुर	0.603	1.30	0.790	1.31	0.608
6.	चिरई गाँव	0.639	1.37	1.252	1.96	0.914
7.	कमौली	0.594	1.27	0.820	1.38	0.646
8.	मुस्तफाबाद	1.012	2.17	0.719	0.71	0.331
9.	जाल्हूपुर	0.693	1.49	0.776	1.12	0.520
10.	नरायनपुर	0.612	1.32	1.114	1.82	0.844
11.	पर्वतपुर	0.459	0.99	0.872	1.90	0.881
12.	बरथराकला	0.519	1.12	0.675	1.30	0.598
13.	गोबरहा	1.107	2.38	0.531	0.48	0.223
14.	छितौनी	0.595	1.28	0.720	1.21	0.562
	कुल योग औसत	0.603	1.30	0.903	1.50	0.695

प्रथम उदाहरण में मध्यवर्ती स्तर के मालवा प्रदेश के प्रकीर्णन का स्पष्ट चित्र प्रस्तुत है, चित्र 5.5 A,B तथा सारणी 5 (i) देखें। प्रस्तुत उदाहरण सूक्ष्मस्तरीय क्षेत्र चिरईगाँव विकास खण्ड (वाराणसी जनपद, मध्यगंगा घाटी में स्थित) के निकटतम पड़ौसी विश्लेषण से सम्बन्धित है। दिनेश सिंह शोध छात्र, काशी हिन्दू विश्वविद्यालय (भूगोल विभाग) द्वारा अभिकलित अभिसूचकों के परिणाम सारणी 5 (iii) में प्रदर्शित हैं। RN मान के आधार पर अधिवास-प्रकीर्णन, न्याय पंचायत स्तर पर, चार श्रेणियों में वर्गीकृत है: (चित्र 5.6a)।

1. गुच्छित (0.0.75) इस श्रेणी में उच्च शुष्क बिन्दुओं पर बसे अधिक दूरस्थ संहत ग्राम वाली गोबरहां, मुस्तफाबाद न्याय पंचायतें हैं, जिसमें प्रति 100 वर्ग किमी. में 50 ग्राम, प्रतिग्राम क्षेत्रफल लगभग 2 वर्ग किमी., परिकल्पित अन्तरण 1.50 किमी. से अधिक है। बाढ़ के कारण अधिक स्थायी पुत्री-बस्तियों का प्रकीर्णन प्रतिबन्धित है।
2. यादृच्छिक (0.76-1.25) इस वर्ग में जाल्हूपुर, छितौनी न्याय पंचायतें सम्मिलित हैं। इसमें प्रति 100 वर्ग किमी. में ग्राम संख्या

52-74, प्रतिग्राम क्षेत्रफल 1.35 से 1.95 वर्ग किमी., अन्तर्ग्राम दूरी 0.72 से 0.78 किमी. है। यह क्षेत्र बाढ़ से कम प्रभावित है। कुछ अधिवासों का गुच्छित वितरण प्रतिरूप भी मिलता है।

3. निम्न प्रकीर्णन (1.26-2.00) इस वर्ग में वास्तविक अन्तर्ग्राम् दूरी 0.67 (भरथरा न्याय पंचायत) से 1.25 किमी. (चिरईगांव) तक है। क्षेत्र के अधिकांश भाग (>55 प्रतिशत) में व्याप्त इसमें माध्यम से उच्च प्रकार का अंतरण, प्रतिग्राम क्षेत्रफल .88 से 1.35 वर्ग किमी., प्रति 100 वर्ग किमी. में ग्राम संख्या 75 से 114 है। उपजाऊ भूमि में अर्द्ध संहत एवं नगला वाले निवास बस गए हैं।
4. उच्च प्रकीर्णन (2.00) मात्र सिंहपुर न्यायपंचायत के ग्राम इस वर्ग में आते हैं। इसमें अंतर्ग्राम दूरी 0.90 किमी. अर्थात् मध्यम अंतरण, प्रतिग्राम क्षेत्रफल 0.83 वर्ग किमी. तक, प्रति 100 वर्ग किमी में ग्राम संख्या 114 से अधिक है। स्थानीय स्तर पर गंगा के बाढ़ प्रखण्ड से दूर पश्चिमी सीमा पर चोलापुर विकास खण्ड के समीप प्रकीर्णन वृद्योन्मुख है।

अध्ययन से स्पष्ट है कि क्षेत्रीय घनत्व फलन (density function) एवं प्रकीर्णन की प्रकृति में खासतौर से Hs तथा RN मान की तुलना के घनात्मक अनुरूपता मिलती है। मध्यवर्ती से साधारण अंतरण (<1.00 किमी.) वाले क्षेत्र में उच्च प्रकीर्णन (>1.9 RN) तथा उच्च अंतरण के साथ निम्नतम प्रकीर्णन तथा मध्यवर्ती उदाहरण में दोनों सूचकांक घनात्मक रूप में सम्बन्धित हैं।

विश्लेषण के आधार पर, अन्य बड़ी नदी घाटी-मैदानों की भाँति, प्रकीर्णन-अपनाते नियमितता की ओर उन्मुख हैं। अभिकलन से प्राप्त, आनुभविक, प्रसरण-माध्य अनुपात < 1 ही है तथा माध्य-मान प्रसरण से अधिक है, अत: डेसी द्वारा उद्धृत नियमित प्वासों संभाव्यता नियम (Regular Poisson Probability Law) इस उदाहरण[13] के लिए समुचित है। इसे (Di)[14] द्वारा सरलतया जाँच सकते हैं।

यद्यपि पिंडर का कथन है कि किसी वितरण हेतु उसके चतुर्दिक जितना अधिक विस्तृत क्षेत्र लिया जाय उतना ही कम RN मान[15] होता है किन्तु इस उदाहरण में यह लागू नहीं होता। परन्तु यह स्मरणीय है कि अन्य बातें अगर एक सी हों तो क्षेत्रफल की बढ़ोत्तरी के साथ RN मान घटता जाता है। स्मिथ ने सच कहा है कि कोई भी RN मान सही क्षेत्र चुनकर उत्पन्न किया जा सकता है, अत: इस तकनीक का सावधानीपूर्वक प्रयोग करना चाहिए।

स्थानिक क्षेत्रीय वितरण प्रतिरूप

पूर्व विवेचन से स्पष्ट है कि ग्रामीण भू-दृश्य का अध्यासन विविध भौतिक आर्थिक एवं ऐतिहासिक सांस्कृतिक प्रपंचों के समकालिक परस्पर क्रियाशीलता का प्रतिफल होता है; ग्रामीण अधिवास वितरण प्रतिरूप में सम-विषम दोनों रूप में तथा रूपाकार-आकृति में विभिन्नता प्रदर्शित करते हैं। यहाँ उचित होगा कि इन सम्बन्धों को, उदाहरण के लिए एक प्रदेश (region) के भौतिक विभाग के ढाँचे में अध्ययन करें।[16]

अत: मालवा क्षेत्र के तीन विभागों का वर्णन प्रस्तुत है:

मालवा पठार क्षेत्र

यह स्वीकार्य है कि एक खास क्षेत्र में अधिवास वितरण तथा जन. घनत्व अलग छवि प्रस्तुत करते हैं। उदाहरणार्थ इन्दौर जनपद का घनत्व उज्जैन से अधिक किन्तु अन्तर्ग्राम दूरी पश्चादुक्त में कम है। इसका कारण यह है कि पूर्वोक्त में जन. सांद्रण कुछ स्थानों पर संहत अधिवास के रूप में अधिक है। इसी प्रकार बस्तियों के समान एवं असमान वितरण में भी विभिन्नता मिलती है। चित्र 5.7 A, B के अवलोकन से माही नदी जलविभाजन से लेकर बेतवा-सिन्ध बेसिन तक विस्तृत उपजाऊ मुख्यत मालवा-पठार पर एक दूसरे से दूरस्थ अलग चम्बल, कालीसिन्द, छिप्रा, चम्बल, पार्वती अथवा सिन्ध बेसिनों में कई भागों में प्रस्तुत सम बस्ती वितरण स्पष्ट है। यहां भौतिक तथा सांस्कृतिक अविस्थिति संयुक्त प्रभाव से भू-दृश्य में समरूपता है। ऐतिहासिक काल से ही उपजाऊ दोआबों तथा समतल मैदानों में बड़े संहत अधिवास बसे हैं, चित्र 4.4 देखें। अन्तर्ग्राम दूरी 2-3 किमी. से 2-6 किमी. है। पर जहाँ कहीं भी दोआबा में पहाड़ियां घुस आई हैं असम वितरण आसानी से मिल जाता है, चित्र 5.7 A, C देखें। A, B के रेखाच्छादित तथा C के पूर्वी भाग प्रमुख विविधता वाले हैं। इसी प्रकार चित्र 5.7C में राधोगढ़ के पूर्वी भाग में विन्ध्या की प्रशाखा पर निवास भू-प्रदेश का अनुकरण करते हुए विरले बसे हैं। चित्र 4.5 B में

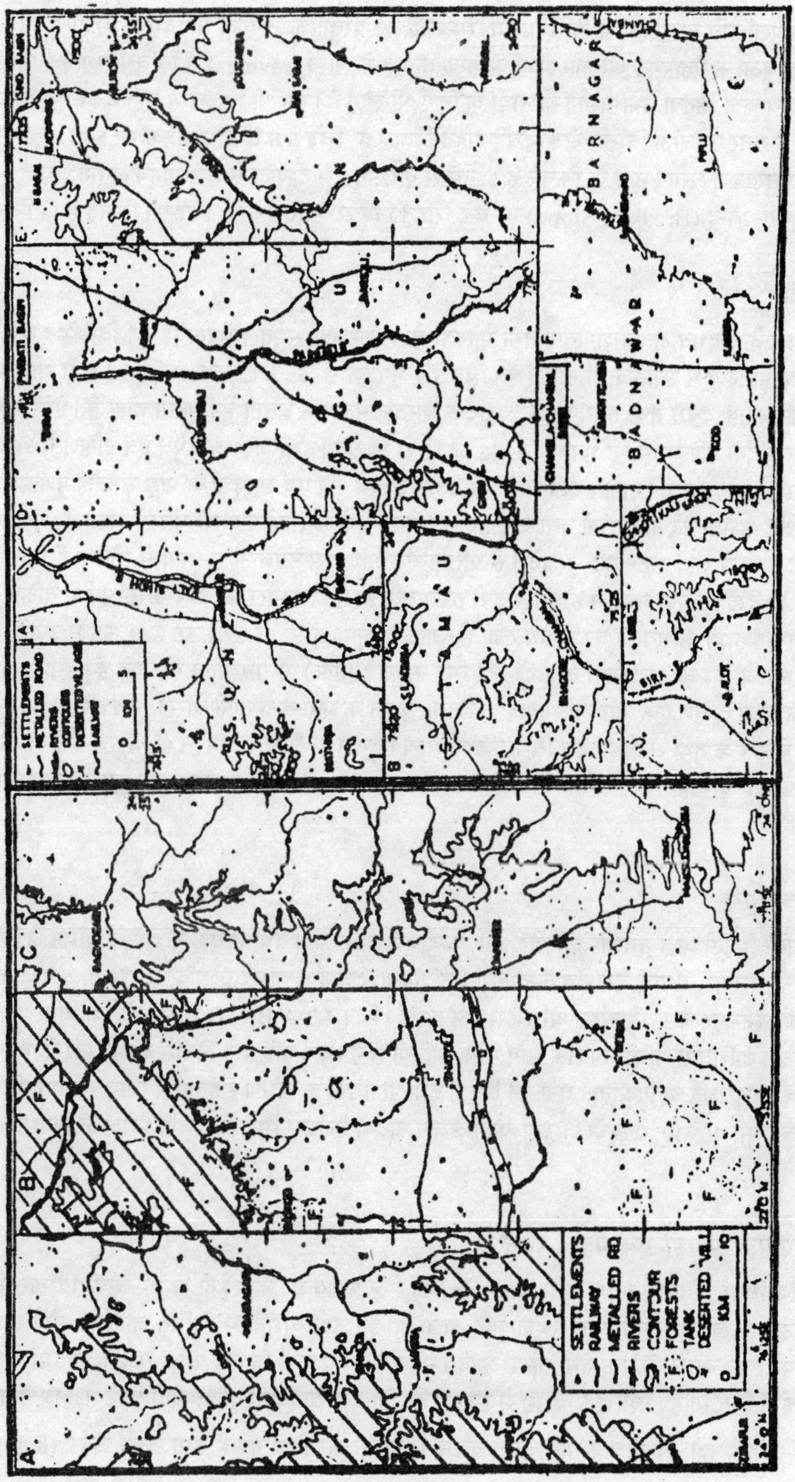
SETTLEMENTS
RAILWAY
METALLED RD
RIVERS
CONTOUR
FORESTS
TANK
DESERTED VILL
KM
BARNAGAR
BADNAWAR

Figure 5.7

कटी-फटी स्थलाकृति तथा ग्रामीण अधिवास के सम्बन्धों को प्रस्तुत करने वाले पश्चिम के माहीबेसिन में विषमता अधिक स्पष्ट है। विन्ध्या की झाबुआ से प्रतापगढ़ की ओर फैली प्रशाखा के पूर्व के नाड़ों (ravines) में विविध स्थानिक अवस्थिति वाले संहत अधिवास हैं। यही बात चम्बल, बेतवा तथा धसान के नाड़ों के लिए भी लागू है। यह भी दिलचस्प बात है कि मुख्य मालवा की भाँति पूर्वी भाग में भी पठार के निरन्तर उपजाऊ विस्तार क्षेत्र में बड़े संहत निवास है, चित्र 5.8 तथा भू-पत्रक सं. 54 L/2, P/3, L/8, L/12, L/16 देखें। ऐसे निवास प्रमुखतया धसान नदी के किनारे हैं। इनमें से कुछ निवास दीवाल से घिरे या किलेनुमा बसे हैं। पूर्व संदर्भित ढलान-सीमा-बिन्दु/ढाल-भंग-बिन्दु (Break of Slope) पर बड़े, संहत निवास के दिलचस्प उदाहरण मिलते हैं। (चित्र 4.9 देखें)।

नर्मदा घाटी

प्राचीन सभ्यता के उद्‌भव क्षेत्र होशंगाबाद तथा महेश्वर के निकटवर्ती समतल मैदान में पूर्ण विकसित बड़े, संहत अधिवास मिलते हैं। किन्तु वितरण प्रतिरूप में स्थानिक भिन्नताएँ हैं। चित्र 5.9 भूपत्रक सं. 55 I/12, 55 J/1, 55 J/6 से स्पष्ट है कि संहतता तथा समरूपता दोनों नदी के किनारे देवरी तथा उदयपुरा के चतुर्दिक समतल मैदान में बढ़ती हुई प्रतीत होती है। ऐसी संहतता बरवाहा, महेश्वर तथा सनावद के चतुर्दिक पश्चिम में भी भूपत्रक सं. 46 N/16 से स्पष्ट है। उसी जनपद में पूर्व एवं दक्षिण में अत्यधिक विभिन्नता भी मिलती है, भूपत्रक सं. 55 F/6 एवं 55 F14 देखें। पश्चिम में आदिवासी क्षेत्र एवं सतपुड़ा के पास संहतता पूर्णतया विलुप्त है, भूपत्रक सं. 46 J/12 देखें। पर्वत-प्रक्षेपों की आवृत्तियों तथा जंगल द्वारा अनेक भागों में समरूपता भी भंग हो जाती है, भूपत्रक सं. 55 F/14 देखें। नर्मदा की पश्चिमी घाटी में जहाँ कटे-फटे भू-प्रदेश से प्रतिबन्धित अधिवास उपजाऊ भू-भाग में सीमित हैं विषम वितरण उपलब्ध है। (चित्र 4.50 B, 4.10 देखें) नर्मदा घाटी में होशंगाबाद से हरदा तथा हरसूद तहसील की ओर उत्तर-पूर्व से दक्षिण-पश्चिमी में बढ़ने पर घाटी, उच्च भूमि तथा पहाड़ी अधिवासों का विरोध स्पष्ट हो जाता है, भूपत्रक सं. 55 F/2, 55 C/9, 55 E/7 देखें। यहाँ संहत तथा समवितरित निवास मोरान्ड बेसिन के अर्द्धसंहत तथा दूर-दूर बसे नगला (धाना) में परिवर्तित हो जाते हैं। इसी प्रकार वितरण प्रतिरूप सम्बन्धी अंतर्विरोध उत्तर से दक्षिण एक ओर होशंगाबाद के डेनवा, बेतूल के मोरान्ड व तापी बेसिन (चित्र 4.6) और दूसरी ओर डेनवा वेसिन तथा माचनातवा बेसिन के तथा सतपुड़ा जल विभाजक के मध्य मिलता है, चित्र 4.6 A,B,C; 4.5A देखें। विवेचन से स्पष्ट है कि एक ओर उपलब्ध उपजाऊ भूमि के विस्तार, विभिन्न आकार एवं स्वरूप के अधिवास वितरण तथा दूसरी ओर समरूपता एवं विषमता में घनिष्ट सम्बन्ध है।

नीमाड़ उच्चभूमि

उपजाऊ काली मिट्टी वाले उत्तरवाहिनी गोई, देब, कुन्दीबेदा, छोटा तवा तथा माचक नदियों के बेसिन क्षेत्र में खण्डवा, खरगोन जैसे नगर तथा वड़वानी, राजपुर, सेंधवा जैसे सेवाकेन्द्र तथा जुलवनिया, देशगाँव, बारूद, छेगाँव, सिरसोदा, घोगाँव, मोहम्मदपुर, शहादा, भामगढ़, पन्धाना एवं रूस्तमपुर जैसे बड़े संहत अधिवास बस गए हैं। चित्र 4.8 A,B,C,D से स्पष्ट है कि वितरण प्रतिरूप में समरूपता ज्यादा है तथा बड़े संहत अधिवास या तो उपजाऊ भाग में या घाटियों में है। कई परित्यक्त निवास कठोर स्तर के कारण पानी की कमी को सूचित करते हैं। किन्तु सुरक्षित या प्राकृतिक वनों की स्थिति तथा पहाड़ियों के कारण संहतता में विविधता तथा वितरण की विषमरूपता मिलती है। (भू-पत्रक सं. 46°/10, 0/6 देखें) समरूपता केवल नदियों के पास मिलती है तथा परित्यक्त निवास की संख्या उच्च भाग में बढ़ती जाती है।

विन्ध्य, सतपुड़ा पहाड़ी एवं बेतूल पठार

इन क्षेत्रों में अधिवास वितरण पर भू-प्रदेश (terrain) का स्पष्ट प्रभाव है। केवल दो किमी. चौड़ी विस्तार वाली नदी बेसिनों को छोड़कर सभी क्षेत्र ऊबड़-खाबड़, कटी-फटी स्थलाकृति वाला है। इन नदी बेसिनों में मिश्रित जाति के लोग रहते हैं। जबकि अन्य में भील, भिलाला, पाटल्या, बालेर, कोरकू तथा गोन्ड आदिवासी बसे हैं। प्रकीर्ण निवास पर्वत-प्रक्षेपों, खड्डों, जंगल तथा नाड़ों से अलग हुए विषमरूपता में वितरित हैं। चित्र 4.5, 4.10 से स्पष्ट है कि आदिवासियों द्वारा कृषित नदी घाटियों, लघु पठारों पर अधिवास संकेन्द्रित हैं।

कहीं-कहीं नदी-निकटवर्ती भाग जंगल कटाई से खाली कर लिए गए हैं तथा उनके टापरो (huts) नदी शीर्ष, पर्वत-प्रक्षेप तथा

उच्च भूमि पर बिखरे हैं। इनमें कुछ दो से पाँच घर वाले नगले किन्तु अधिकांश उनके खेत में बसी वास भूमियाँ हैं। नंगी पहाड़ियों, नाड़ तथा घरे जंगल निवास रिक्त हैं। यहाँ संहतता तथा प्रकीर्णन, उपजाऊ भूमि की उपलब्धि तथा नदियों में पानी की सुगम पहुँच से घनिष्ठ रूप से सह सम्बन्धित हैं। अधिवास के स्थान एक पठार का सपाट भाग, कुछ विस्तार वाली घाटी, जंगल से ढ़की पहाड़ियों से घिरी संकरी घाटी अथवा पर्वत प्रक्षेप आदि हैं, जिनके आकार तथा स्वरूप वैभिन्नय की झलक चित्र 5.9 से स्पष्ट है। किन्तु कुछ आदिवासी अधिवास संहत नहीं है तथा आकार स्थान-निर्धारण, स्थानिक विकीर्णन के बावजूद प्रकीर्णन के पर्यायवाची हैं। यह अभिलक्षण इन आदिम जातियों के जातीय, सामाजिक तथा सांस्कृतिक पृष्ठभूमि से सम्बन्धित कई कारकों का प्रतिफल है। प्रचलित बहुपत्नी प्रथा भी उत्तरदायी है।

किन्तु सतपुड़ा के पूर्वीभाग तथा बेतूल पठार के अधिवास वितरण प्रतिरूप अपने प्रतिपक्षी पश्चिमी सतपुड़ा तथा विन्ध्या पहाड़ी भाग वालों से भिन्न हैं। यहाँ नदियों से दूर नगला निवास तथा अर्द्धसंहत, संहत निवास किनारे पर बसे हैं, चित्र-4.5 A, 4.6 देखें। पहाड़ियों के विस्तार, गहराई तक कटे नाड़, खड्ड, खड़े ढाल तथा ऊबड़-खाबड़ स्थलाकृति के कारण विषम रूप में वितरित अधिवास मिलते हैं। खासतौर से ऊपरी माचना, मोरान्द, डेनवा तथा गन्जल बेसिन उल्लेखनीय हैं। प्रतिरूप से दूरस्थ स्थलों के बाद के अध्यासन तथा बेतूल मुल्तई आदि के चतुर्दिक प्राथमिक एवं प्रमुख रूप से गोंड़ अधिवास निर्माण स्पष्ट परिलक्षित होते हैं।

Figure 5.8

Settlements in Betwa-Dhasan Valley

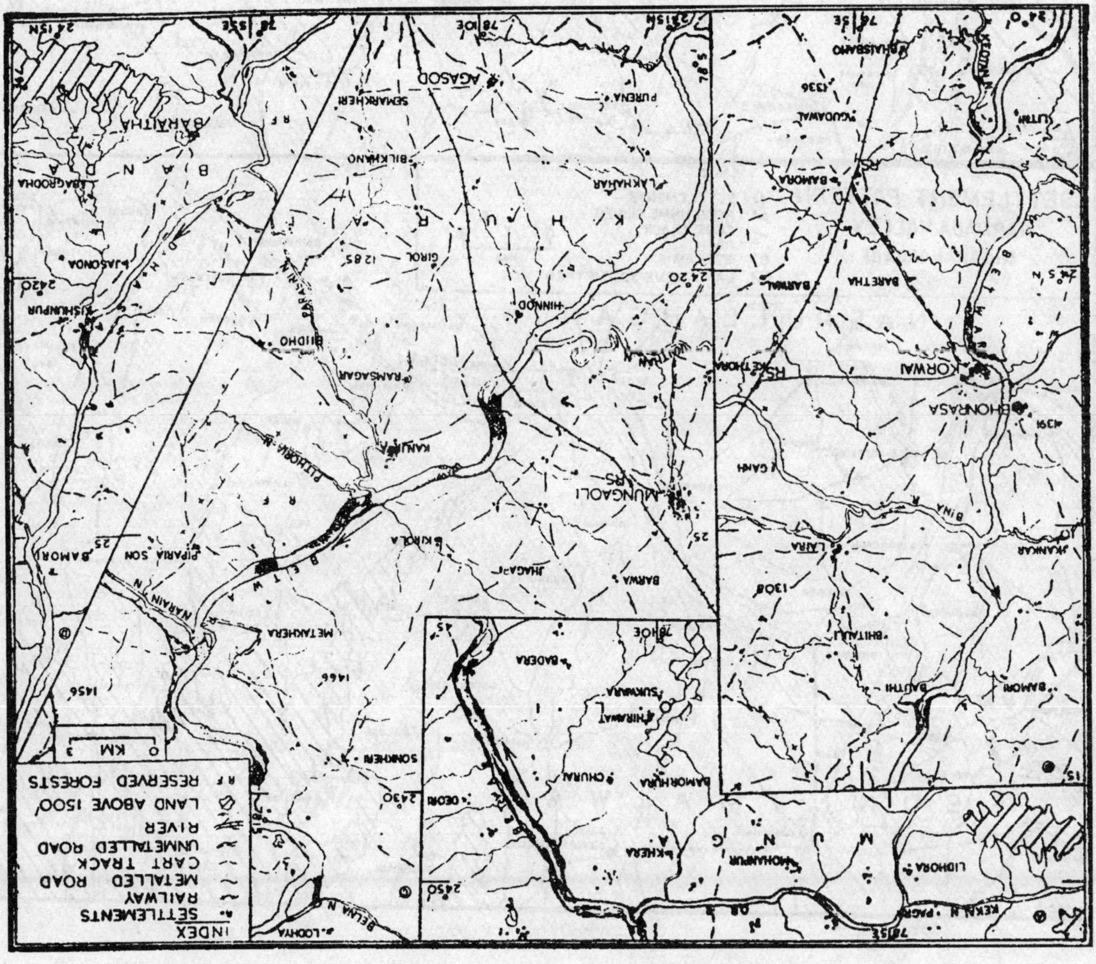

Figure 5.9

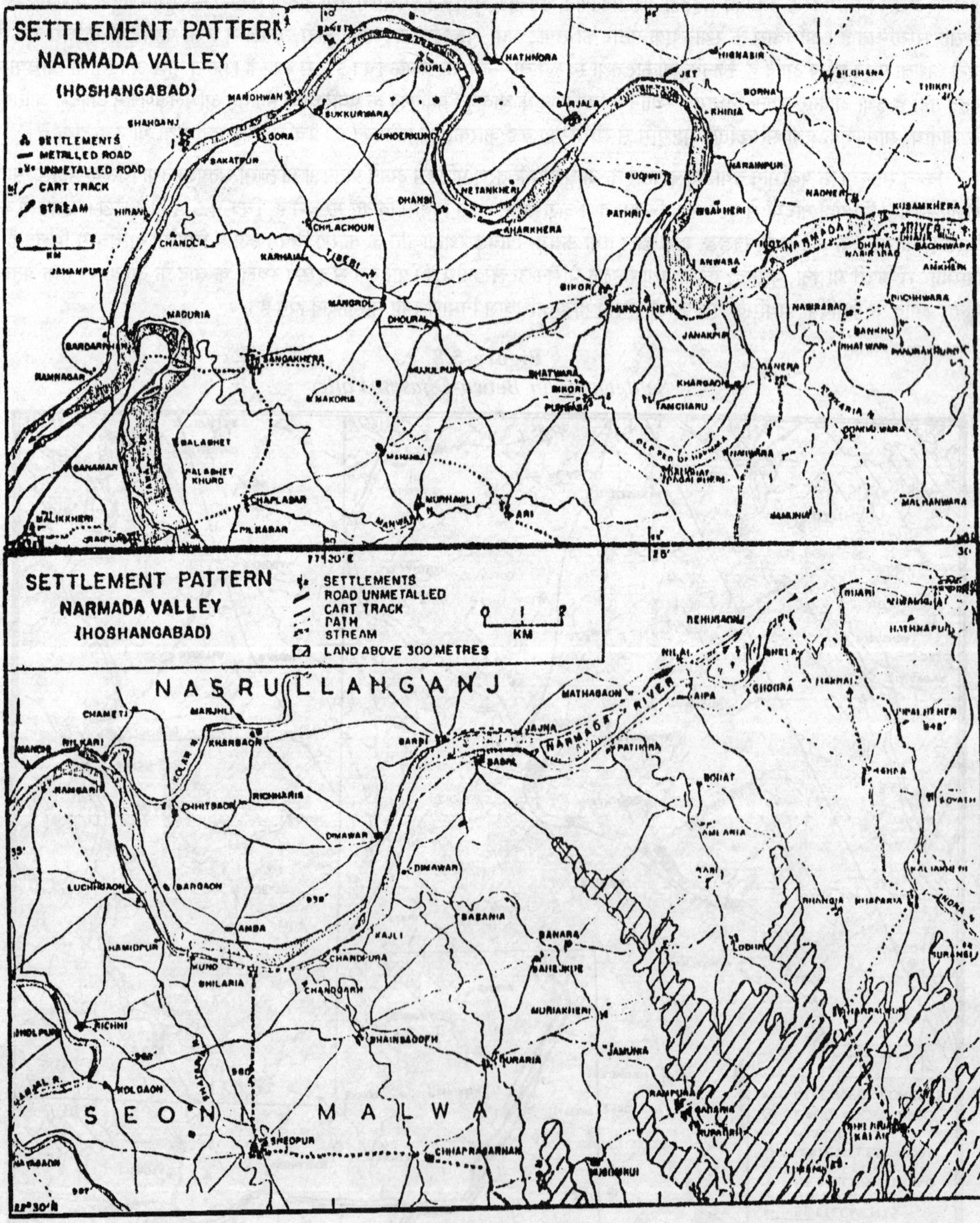
SETTLEMENT PATTERN
NARMADA VALLEY
(HOSHANGABAD)
SETTLEMENTS
METALLED ROAD
UNMETALLED ROAD
CART TRACK
STREAM
KM
NARMADA RIVER
SETTLEMENT PATTERN
NARMADA VALLEY
(HOSHANGABAD)
SETTLEMENTS
ROAD UNMETALLED
CART TRACK
PATH
STREAM
LAND ABOVE 300 METRES
KM
NASRULLAHGANJ
NARMADA RIVER
SEONI MALWA

स्थानिक वितरण प्रतिरूप में प्रादेशिक तुलना एवं वैषम्य

विभिन्न पर्यावरणीय कारक अधिवासों के विन्यास प्रबन्ध की भिन्नताओं को प्रभावित करते हैं। किन्तु ये कारक अन्य सांस्कृतिक ऐतिहासिक तथा सामाजिक आर्थिक कारकों जैसे भूमि उत्पादकता, भूमि व्यवस्था, कृष्य-भूमि-विस्तार, संस्कृति या जाति वर्ग, जातीय सम्बन्ध, जीवन पद्धति तथा भारतीय जजमानी प्रणाली की पकड़/प्रभाविता आदि के साथ मिलकर स्थानिक विसरण (diffusion) रूपाकार की समरूपता तथा विचलन को नियत करते हैं। एक ओर घाटी अधिवास तथा दूसरी घाटी अधिवास, एवं घाटी-पठार अधिवास की तुलना तथा दूसरी ओर घाटी-पठार एवं मैदानी अधिवास की तुलना से स्पष्ट होगा कि दुनिया के सभी भागों में विभिन्नता का प्रत्यक्ष ज्ञान होता है।

चित्र 5.8 में प्रदर्शित अधिवासों की छवि से स्पष्ट है कि बेतवा घाटी में बड़े निवास दूरस्थ स्थानों पर बसे हैं, जिनके बीच छोटे निवास लगभग नियमित दूरी पर बिखरे हैं। इनमें से कुछ बाजार केन्द्र किले वाले, कुछ दीवाल से घिरे हैं, अन्य सभी में मन्दिर व कुएं हैं। ऐसे समूहन से बैलगाड़ी के रास्ते चतुर्दिक अरीय रूप में फैले हैं। इससे यह विश्वास दृढ़ होता है कि मध्यकाल में राजपूत तथा गैर राजपूत वंशीय लोग प्रथमत: इन अधिवासों में बसे एवं जनसंख्या वृद्धि, राजनीतिक दबाव, जातीय, संबंध तथा भूमि व्यवस्था एवं भूमि उपयोग सम्बन्धी कारकों के कारण पुन: विकीर्णन हुआ इनमें से कुछ पितृग्राम (Parent Village) मुगल व ब्रिटिश काल में तप्पा केन्द्र बने। मालवा पठार के चम्बल माही बेसिन में भी इन पितृ या मातृ अधिवास तथा उनके चतुर्दिक प्रसरित पुत्री/बहन (daughter/sister) अधिवास की विन्यास प्रबन्ध के अवलोकन से यही तथ्य परिलक्षित होता है, चित्र 4.4 देखें। पहले के सामन्तशाही राज्य में जागीरदारी प्रणाली के अन्तर्गत मादोपुर, रूबिया, आमला, जालार, खरसोद, मुत्थान तिलगरा, बरमावल तथा विलपांक जैसे वृहत् अधिवास बसे हैं। पूर्व विवेचित ऐतिहासिक एवं आर्थिक कारकों के आधार पर विकीर्णन द्वारा अन्य केन्द्र बसे हैं। उल्लेखनीय है कि यही केन्द्र स्थल था जहाँ आप्रवासी लहरों के कारण, ऐतिहासिक काल में आदिमवासी हटाए गए और जजमानी प्रणाली के आधार पर हिन्दू सामाजिक व्यवस्था स्थापित की गई।

नीमाड़ उच्च भूमि में दृष्टिगोचर वितरण प्रतिरूप (चित्र 4.8) से भी पश्चात् की उद्भव वाली, प्रसरण-प्रक्रिया का आभास होता है। यहाँ के बड़े अधिवास अराजकता काल में अपनी सुरक्षात्मक भूमिका की याद दिलाते हैं। जैसे-जैसे जंगल कटाई हुई नए अधिवास वर्तमान समय के निवसित क्षेत्र में बस गए। किन्तु नर्मदा घाटी, खास तौर से भू-पत्रक सं. 55 J/1, 46 N/16 के वितरण प्रतिरूप से स्पष्ट है कि नदी के तटीय भाग के अतिरिक्त बहुसंख्य मध्यम आकार के बड़े अधिवास नियमित दूरी पर बसे हैं। यहाँ के अधिवास विचित्र आकार, स्वरूप तथा आकारिकीय समानता के साथ प्रकार्य के आधार पर सामाजिक आर्थिक संघनन (Condensation) द्वारा प्राचीन काल से, प्राकृतिक वृद्धि की कहानी कहते हैं। उल्लेखनीय है कि नाभिकीयन के लिए उत्तरदायी राजपूत तथा गैर-राजपूत वंशीय प्रभाव में कार्यरत अभिकेन्द्रीय बल एवं उन्हीं के साथ क्रियाशील किन्तु नए जंगल कटाई क्षेत्र का अध्यासन करने के लिए, अपकेन्द्रीय बल मालवा पठार पर अधिवासीय विभिन्नता के लिए उत्तरदायी रहे हैं, जबकि नर्मदा घाटी अधिवास के लिए प्रकार्य रूपाधारित सामाजिक आर्थिक संघनन ही उत्तरदायी हैं। प्राचीन काल में प्रकार्य के आधार पर बनी जाति व्यवस्था ने भी जाति-प्रभावित के अनेक अधिवासों की स्थापना में प्रमुख भूमिका निभाई है। (धाना) अधिवास बेतूल पठार पर बहुसंख्य हैं।

नवीन अधिवास वितरण एवं पुरोगामी उपान्त क्षेत्रीय अधिवास के लक्षण

पूर्व विवेचित अध्याय तीन के खण्ड 3.5 से 3.8 तक का विषय विभिन्न अधिवासों की अध्यासन प्रक्रिया एवं वितरण तक सीमित रहा है। पुन: भारतीय क्षेत्रों में वितरण प्रतिरूप की विवेचना की गई। अब हम विगत लगभग पाँच दशाब्दों के समय अन्तराल में वितरण के पहलुओं पर चर्चा करेंगे। कुछ अपवादों के साथ तृतीय विश्व के देशों में कृषिफार्म सम्बन्धित अधिवास ही लाक्षणिक प्रकार रहे हैं। यूरोप में जटिल एवं अन्तर्सम्मिलन वितरण के साथ प्रकीर्णित तथा नाभिकीय दोनों प्रकार के निवास बसे हैं, रूस में भी समूहन बस्तियों का वितरण अधिक है, जबकि संयुक्त राज्य अमेरिका में वासभूमि ही बिखरे हैं। अपवाद स्वरूप उत्तरी अमेरिका में दूर-दूर बसे आदिम जातीय ग्राम रहे हैं।

नई विश्व व्यवस्था, प्रौद्योगिकी अभिवृद्धि, संचार साधनों द्वारा नवाचार के प्रसार, जीवन-दशाओं में स्वतंत्र एवं सुरक्षित वातावरण

भू-स्वामित्व में परिवर्तन अथवा नयी भूमि का आवंटन (व्यक्ति, समूह या कम्यून को) पुनर्वास प्रक्रिया द्वारा नवीन निवासों की स्थापना, सड़कों के साथ ग्रामीण बाजार का विकास एवं उद्भव, मनोरंजन/पर्यटन स्थलों के पास दुकान-आवास के विस्तार आदि के साथ आधुनिक समय में तस्वीर बदल रही है।

पर्यावरण तथा परिस्थितिकी जन्य या अनुस्थापित वितरण प्रतिरूप प्रथमत: नदियों के बदलते मार्ग से सम्बन्धित हैं जहाँ परित्यक्त भू-भाग में विभिन्न कृष्य-भूमि उपयोग से जुड़े अधिवास पनपते, बढ़ते हैं। ऐसे वितरण घुमावदार बड़ी नदियों के जलमग्न मैदानों में अधिसंख्य हैं। बाढ़ प्रभावित नदियों के साथ-साथ बने बाँधों से सुरक्षित मैदान के स्थायी अधिवास भी समकालिक रूप में विभेद्य हैं, जैसे-घाघरा, गंगा कोसी आदि।

जंगल कटाई से अभिप्रेरित होकर वन-सीमान्त, वनों के आन्तरिक हीर के कमजारे भागों, पहाड़ियों/पठारों तथा घाटियों में अधिवास-बसाव होते हैं। मानव हल उन पहाड़ों-पहाड़ियों के प्रत्येक ढलान पर पहुँच चुका है जहाँ भील, कोरकू, गोंड, ओरांव (भारतीय) तथा अम्हरा, ओरोमो (इथियोपियन) जैसे धरती के सपूत (Sons of soil) झोपड़ियों तथा नगलों में निवसित है। जंगल कटाई करने वालों, वनोत्पाद संग्रहकों, कटाई, चिराई तथा सम्बन्धित कार्य से जुड़े लोगों कि निवास उष्ण तथा समशीतोष्ण दोनों प्रखण्डों में अधिक संख्या में बन चुके है। वनरक्षक आवास, आश्रम सरीखे वन-आवास, स्वयंसेवी संस्थाओं के, संगठनों के आवास समूह (बनवासी आश्रम-मिर्जापुर, भारत) अन्य निवास के उभरते स्वरूप हैं।

इसी प्रकार के वितरण पुरोगामी क्षेत्रों में भी बढ़े हैं जिनमें ऊसरभूमि, दलदल सीमान्त, नए बागाती क्षेत्र, बड़े पैमाने के कृषिकार्य क्षेत्र आदि सम्मिलित हैं। नए बड़े पैमाने के भूकर मानचित्र तथा 1:63, 360 व 1:50,000 प्रदर्शक भिन्न वाले भू-पत्रक पूर्व अधिवास प्रसार से स्पष्ट विचलन प्रस्तुत करते हैं तथा जनरिक्त भू-भागों में नवीन निवास के सूचक हैं।

बाजार का यन्त्र विन्यास (mechanism), परिवहन, यातायात की सुगमता एवं तज्जनित संबलप्रदायी आंशिक रोजगार की अभिप्रेरणा से सड़क किनारे के ग्रामों के निवासी सड़क पर बसने लगे हैं तथा सेवाकेन्द्र की भ्रूणावस्था में है। ऐसे दुकान-आवास-मय निवास-वितरण गलियारा वितरण (Corridor distribution) सामान्यतया घने बसे भागों में राष्ट्रीय प्रान्तीय राजमार्गों तथा मोटरयोग्य सड़कों के किनारे बहुसंख्य हैं। ऐसे ही कुछ प्रलोभन केन्द्रों में चाय, दुकान, काफी दुकान, बार, मदिरालय, ग्रासरी, सैलून, पान की दुकान आदि के मेल से नए नगले बसते जा रहे हैं।

सड़क चौराहे, सड़क-रेल चौराहे, बस अड्डे आदि अन्य आकर्षक कारक नवीन बसाव के स्थल हैं, उदाहरणार्थ औराई सैनी, चैडगरा, कछवा रोड आदि राष्ट्रीय मार्ग सं. 2 के किनारे द्रुतगति से सेवा केन्द्र का रूप धारण कर लेंगे। इन्हीं राजमार्गों के किनारे ट्रक अड्डे के साथ जलपान गृह, होटल, रात्रिविश्रामगृह, ढाबा, चारपाई आवास, पम्पसेट, वाहन मरम्मत दुकान, पेट्रोल पम्प, पान-चाय आदि की दुकानें बढ़कर नए अधिवास बसते जा रहे हैं।

जहाँ कहीं भी नए भूमि आवंटन हुए हैं, भूदृश्य में परिवर्तन अनिवार्य है, चाहे वह भारतीय ग्राम समाज की सर्वनिष्ठ भूमि हो, पुनर्वास स्थल हो, बल पूर्वक बाध्य किए गए पुनर्वसाव हो या नए सबाव के स्थल हों जैसे मलेशिया, बोलीविया, श्रीलंका, पूर्वी साइबेरिया, गाजायट्टी, इज़रायल, इराक, सूडान, इथियोपिया, पाक अधिकृत कश्मीर, मोरोक्को, अल्जीरिया आदि के अलग-अलग राजतंत्रीय ढाँचे के अन्तर्गत अभिप्रेरित बसाव हो, अथवा न्यूजीलैण्ड आस्ट्रेलिया के बृहत खुले मैदान हो। तिब्बत के पुरोगामी क्षेत्र तथा पश्चिमी चीन के भू-भाग भी बसाए जा रहे हैं, अत: राजनीतिक अभिप्रेरणा के नए वितरण स्पष्ट रूप में प्रकट है। कभी-कभी ये बसाव नियोजित हैं अन्यथा अस्त-व्यस्त ही है।

शरणार्थी पुनर्वास कॉलोनी स्थल एक अनूठे प्रकार के अधिवास-वितरण प्रस्तुत करते हैं, उदाहरणार्थ श्रीलंका से तमिल भारत में, अफगानिस्तान के लोग पाकिस्तान में, ईरान-ईराक-टर्की सीमा के कुर्द, जार्डन-गाजापट्टी इजरायल लेबनान के फिलिस्तीनी, सूडान, चाड, वियतनाम, थाईलैण्ड, म्यानमार, बांगलादेश, केन्या आदि तृतीय विश्व के देशों के शरणार्थियों का बसाव जो अस्थायी से स्थायी रूप धारण कर चुके हैं। अधिभौतिक, अधिवैदिक, विपदाओं के मारे सताए लोगों के पुनर्वास स्थल समयानुसार अनेक हैं, जैसे भूकम्प-ज्वालामुखी, बाढ़, सूखा भूस्खलन, तूफान आदि से पीड़ित मानव-बसाव।

दुनिया के सभी सभ्य, विकसित भागों में बहुधन्धी विद्युत एवं सिंचाई योजनाओं से जुड़े पुनर्वास स्थल एवं कॉलोनी अधिवास बसे हैं।

इनमें से कुछ मानवाधिकार मुद्दे से सम्बन्धित भयानक रूप में समस्याजनक हैं, जैसे भारत की नर्मदा बाँध योजना, रूस का चरनोबुल निवास क्षेत्र आदि।

विकास की पहुँच के अनुसार सरकारी नियोजित कॉलोनी प्रकार के निवास का वितरण नए आयाम हैं, जैसे नहर स्थल, बाँध स्थल, सीमेन्ट, चीनी, खाद इत्यादि के कारखानों से जुड़ी कॉलोनी तथा अन्य वस्तु-निर्माण स्थल के आधुनिक ढंग के नियोजित अधिवास ग्रामीण एवं नगरीय लक्षणयुक्त है। इन कारखानों के निकटवर्ती सड़कों के किनारे बाजार विकसित हो गए हैं तथा रैखिक प्रतिरूप के साथ गलियारा विस्तार (Corridor Extensions) की छवि प्रदान करते हैं, उदाहरणार्थ कानपुर-लखनऊ के मध्य।

मरुस्थल के शुष्क भाग (राजस्थान की भाँति) के पुरोगामी क्षेत्र[17] तटीयभाग, ऊंचे पर्वतीय श्रेणी स्थल, बर्फ प्रभावित हिमद्रवण क्षेत्र विरल अधिवास वाले हैं किन्तु यहाँ भी नए निवास वितरण दृष्टिगोचर होते हैं। इन्दिरा गाँधी नगर क्षेत्र, इजरायल के नागेव, उत्तरी-पूर्वी साइबेरिया, उत्तरी कनाड़ा सभी अधिवास के नए विस्तार के पुरोगामी क्षेत्र हैं।

यह भी उल्लेखनीय है कि मानव द्वारा अपने परिवेश से समायोजन करते हुए पारिस्थितिकीय परिवर्तन लाद कर अनेक क्षेत्रों को जनरहित बना देते हैं, जो वितरण प्रतिरूप को प्रभावित करते हैं जैसे अतीत के खनन, वन-कटाई परित्यक्त अल्पस्तरीय (प्रोजेक्ट) प्रायोजना क्षेत्र, कारखाना स्थल, ईंट-भट्टा स्थल के अधिवास अथवा भूस्खलन व बाढ़ सम्बन्धित कार्यालय एवं अधिवास आदि।

निस्संदेह मानव बसाव के लिए आकाशीय उड़ान केन्द्र, होटल रिजार्ट (मनोरंजन केन्द्र) सैनिक छावनी, आयुध सम्बन्धी स्थल के निवास तथा साथ ही बुद्धिजीवियों के शांतिकेन्द्र (Peace Centres) बनेंगे जहाँ कम प्रदूषित परिवेश में स्वतंत्र चिन्तन हो सके।

सन्दर्भ

1. देखें जिफ जी.के., 1949 ह्यूमन विहैबिअर एण्ड दी प्रिन्सिपुल ऑफ लीस्ट एफर्ट, 1965 एडी. हाफनेर, न्यूयार्क।
2. वाटसन जे.डब्ल्यू., 1955 ज्याग्रफी: ए डिसिप्लिन इन डिस्टेन्स, स्का. ज्या. मै. वा. 71: 1-13।
3. माथेर सी.ई., 1944, ए लिनियर डिस्टेन्स मैप ऑफ फार्म पालुलेशन इन दी यू.स.एएए जी, 34: 173-180; देखें एम. एफ. डेसी एनालीसिस ऑफ सेन्ट्रल प्लेस एण्ड प्वाइंट पैटनर्स बाई ए नियरेस्ट नेबर मेथड, लुन्ड सेरीज (बी) इन ज्याग्रफी 24 (1962) : 55-76; जे.पी. कोले एण्ड सी.ए.एम. किंग, 1968, क्वांटिटेटिव ज्याग्रफी, लन्दन, जान वाइली एण्ड सन्स लि.: 490।
4. स्टोन के.एच., 1968, मल्टीपुल स्केल क्लैसिफिकेशन फार रूरल सेटिलमेन्ट ज्याग्रफी, एक्टा ज्योग्राफिस्का (हेलसिंकी) 20 सं. 22: 307-328; पैटर्न एनालीसिस के लिए देखें जे.सी. हडसन, 1968, पैटर्न रिकागनीशन इन एम्पिरिकल मैप एनालीसिस, जर्नल ऑफ रीजनल साइंस, 9:189-199।
5. देखें क्लार्क पी.जे. एण्ड एफ.सी. इवान्स, 1954, डिस्टेन्स टू नियरेस्ट नेबर ऐज ए मेजर ऑफ रिलेशनशिप इन पापुलेशन, इकोलाजी, 35:445-453।
6. डेसी एम.एफ., 1966, एक काउन्टी सीट मॉडेल फॉर दी एरियल पैटर्न ऑफ दी अर्बन सिस्टम, ज्या. रि. 56: 527-542।
7. हट्र्ज पी., 1909, उबेर डेन गाइगेन साइटिगेन डुर्ख शिमटलिशेन ऐबस्टान्ड फॉन पुंक्टेन, डी मिट बीकान्टेर मिटलेरेर डिखटे इन राउमे एन्गेआर्डनेर जिन्द, माथेमाटिस्च एनालेन 67: 387-398।
8. डेसी एम.एफ., 1965, आर्डर, डिस्टेन्स इन ऐन होमोजेनस रैन्डम प्वांइट पैटर्न, कनाडियन ज्याग्रफर, 9: 144-153।
9. क्लार्क एण्ड इवान्स पूर्वोद्धत सन्दर्भ सं. 5, देखें एल.जे. 1969, स्टेटिस्टिकल एनालीसिस इन ज्याग्रफी, न्यू जर्सी: प्रेन्टिस हाल: 99-100।
10. गेटिस ए., 1964, टेम्पोरल लैन्ड यूज पैटर्न एनालीसिस विथ दी यूज ऑफ नियरेस्ट नेबर एण्ड क्वाड्राट मेथड, एएएजी, 54: 391-3999; गेटिस ए. एण्ड बूटस बी., 1978, मॉडेल्स ऑफ स्पेसियल प्रोसेसेस, कैम्ब्रिज यूनिवर्सिटी प्रेस, कैम्ब्रिज: 26-31।

11. देखें बी.एम. बार, आई. जे लिन्डसे एण्ड ई. आर. राइनेल्ट, 1971, पैटर्न ऑफ अर्बन स्पेसिंग इन दी यू एस एस आर, ज.री.सा., 11: 221-224; एन.बी.के. रेड्डी, 1973, रिफाइनमेन्ट ऑफ दी नियरेस्ट एण्ड रिफ्लेक्सिव नेबर एनालीसिस, इण्डियन ज्योग्राफिकल जर्नल, 48: 1-9।
12. स्मिथ डी.एम., 1977, पैटर्न्स इन ह्यूमन ज्याग्रफी, पेन्गुइन बुक्स लि., इंगलैण्ड: 180-188।
13. डेसी एफ.एफ., 1964, माडीफाइड प्वासों प्रोबेबिलिटी ला फार प्वाइंट पैटर्न मोर रेगुलर दैन रैन्डम, एएएजी, 54: 559-65।
14. डेसी एम.एफ. एण्ड तुंग त्जेहसिंग, 1962, आइडेन्टिफिकेशन ऑफ रैन्डमनेस इन प्वाइंट पैटर्न, ज.री.सा., 4: 83-96; उल्लेखनीय है कि यादृच्छिक विक्षोभ की उत्कटता (इन्टेन्सिटी ऑफ रैन्डम डिस्टर्बेन्स) की माप सामान्यीकृत सूचकांक (नार्मेलाइज्ड इन्डेक्स) Di से की जाती है, यहाँ $Di = \frac{ro}{(1.0746/\sqrt{d})}$ ।
15. पिंडर डी.ए.एण्ड एम.ई. विदरिक, 1972, दी प्रिन्सिपुल्स, प्रैक्टिस एण्ड पिटफाल्स ऑफ नियरेस्ट नेबर एनालीसिस, ज्याग्रफी, 57:277-288।
16. अन्य अध्ययनों हेतु देखें आर.एल. सिंह, 1955, पूर्वोद्धृत अ. 2, सन्दर्भ सं. 28: 82-97 एवम् राना पी.बी. सिंह (1977) पूर्वोद्धृत अ. 2 सन्दर्भ सं. 90: 65-91।
17. देखें एच.एन. नित्ज सेटिलमेन्ट प्रोसेसेस एण्ड दी इवालूशन ऑफ सेटिलमेन्ट एण्ड फील्ड फार्मर्स इन दी हिमालयन फोरलैन्ड ऑफ कुमायूँ (नार्थ इन्डिया): 12-23; खू सू-हाक एण्ड वून फिन-खेयाँग, ओरिजिन एण्ड कैरेक्टरिस्टिक्स ऑफ एग्रिकल्चरल सेटिलमेन्ट्स इन पेनिन्सुलर मलेशिया: 52-68; मेरियो हिराओका, लैन्डस्केप चेन्जेज इन ए पायोनियर रीजन: दी इस्ट बोली-वियन इक्जाम्पुल: 69-81; ई. एहलर्स, लैन्ड कन्सालिडेशन एण्ड फार्म रीसेटिलमेन्ट इन दी फेडरल रिपब्लिक ऑफ जर्मनी: 121-133; कार्ल राथजेन्स, इन्टर रिलेशन्स ऑफ सेटिलमेन्ट लैंड यूज एण्ड फारेस्ट एक्स्प्लवाइ टेशन इन ईस्टर्न अफगानिस्तान: 134-139; डेविड ग्रासमन, दी ज्योग्राफिकल सिग्निफिकेन्स ऑफ दी सेटिलमेन्ट प्रोसेस दी केस ऑफ इजरायल (राबर्ट सी. आइट, के.एन. सिंह आदि (संपा.), 1977, मैन, कल्चर एण्ड सेटिलमेन्ट, कल्यानी पब्लिशर्स न्यू दिल्ली में प्रकाशित)।

6

आकारिकी

आकारिकी का उद्‌भव एवं वृद्धि

ग्राम आकारिकी के उद्‌भव एवं वृद्धि में मानव की यूथचारी प्रवृत्ति ही अन्तर्निहित सिद्धान्त है। पूर्वविवेचित खण्ड 2.4 तथा 3.2 के तथ्यों के अनुसार ग्राम के उद्‌भव तथा प्रयोजन में अनेक कारक समाहित होते हैं जो गत्वर अधिवास-आकारिकी की गति बनाए रखने में सम्भावित होते हैं जो गत्वर अधिवास आकारिकी की गति बनाए रखने में सम्भावित बल का कार्य करते हैं। इसीलिए अधिवासों का व्यापक, समग्र स्वरूप समझने के लिए ग्राम्य अधिवासों के आकारिकीय उद्‌भव तथा संरचना[1] का विवेचन अत्यावश्यक है। अधिवास स्वरूप के एक पहलू ज्यामितीय आकृति, जिसका दर्शन हवाई सर्वेक्षण अथवा बड़े पैमाने के सुन्दर मानचित्र से सम्भव है, के अतिरिक्त गलियों तथा मकानों के विविध सम्बन्धों के साथ विन्यास प्रबन्ध दूसरा पहलू प्रस्तुत करता है, जिसे आकारिकी की संज्ञा दी जाती है, अर्थात् आकारिकीय संरचना का बोध होता है। मानव कार्य-कलाप द्वारा भू-आकाश (Space) में ठोस अभिव्यक्तिकरण के रूप में अधिवास/ग्राम की आकारिकी-संरचना में डाक्सियाडिस द्वारा प्रतिपादित बस्ती-निर्माण के पाँच सिद्धान्त समाहित हैं, चित्र 1.1 देखें। उसके अनुसार किसी भी अधिवास के परिकल्पित ढाँचे में चार मुख्य भाग मिलते हैं, यथा (1) समरूप भाग, (2) मध्यभाग, (3) परिसंचरण भाग तथा (4) विशिष्ट भाग। किसी भी (Ekistic) इकाई अथवा अधिवास/ग्राम में विविध स्थानिक सामयिक रूपान्तरण के बावजूद ये भाग सदैव दृष्टिगोचर होते हैं, चित्र 6.1 देखें। ये मूलभूत भाग ऊंचाई, लम्बाई, चौड़ाई तथा काल के आयामों से घनिष्ट रूप में जुड़े होते हैं, जिनकी उत्तम व्याख्या अधिवास/ग्राम के आकारिकी विश्लेषण से सम्भव है।

इस आन्तरिक आकारिकी में स्वभावत: (अ) संरचनात्मक आकारिकी तथा (ब) सामाजिक आकारिकी, दोनों का विश्लेषण समाविष्ट है। इनमें से पूर्वोक्त, अधोलिखित प्रस्तुत सम्बन्धों के वर्णन एवं व्याख्या से सम्बन्धित है तथा (1) गली से गली, (2) गली से मकान तथा (3) मकान से मकान का, पश्चादुक्त का सम्बन्ध विविध गृह-समूहों, समुदाय-संरचना तथा भूमि/भू-आकाश के अध्ययन से है। ये सम्बन्ध अल्प स्तर पर असंख्य भिन्नताएं प्रदर्शित करते हैं।

(1) गली से गली का सम्बन्ध अनेक अदृश्य आयामों को प्रकट करता है। इनकी लम्बाई, चौड़ाई तथा स्तर, अधिवास के भौतिक-सांस्कृतिक पक्षों को स्पष्ट करते हैं। उप-गलियों के विन्यास तथा अन्तर्प्रखण्ड विस्तार से ऐतिहासिक प्रावस्था तथा अध्यासन-प्रक्रिया प्रकट होती है और अधिकांश मामलों में प्रदर्शित होती है, निवासी की संस्कृति। बड़े अधिवासों की रैखिक निरन्तरता, संकीर्णता अथवा चौड़ाई में विस्तार एवं मुड़ी-तुड़ी, सर्पीली, सोपानी, ऊँची-नीची गलियाँ बसाव-प्रक्रिया के अतीत एवं ढंग की याद दिलाती हैं। साथ ही साथ अपवाह के पनाले, नालियाँ मकानों के दिशा-पक्ष का ज्ञान कराते हैं। चौड़ी एवं कहीं-कहीं खड़न्जे वाली गलियाँ विकास की चूक होती हैं। भू-आकाशीय कालपात्रता अथवाकाल का विस्तार (Timing space as well as spacing time) की उत्तम व्याख्या इनके द्वारा गर्मी अथवा वर्षा ऋतु में होती है जब गली के सम्पूर्ण अथवा कुछ भाग का, बैलगाड़ी व आधुनिक वाहनों, पद-यात्री, वर्षा जल अथवा स्थायी पनाले द्वारा उपयोग होता दिखलाई पड़ता है। अन्य प्रकार्यों के अतिरिक्त ये बच्चों के लुका-छिपी आदि खेलों के लिए स्थल

Figure 6.1

Basic Parts of a Settlement

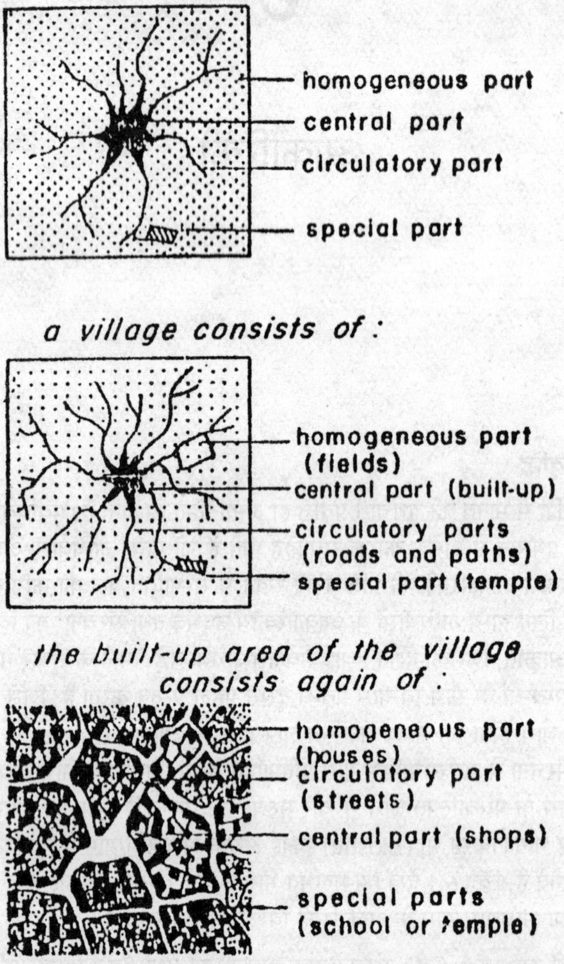

(after C.A. Doxiadis)

प्रदान करती हैं। गलियों के स्तर से अधिवास प्रकार का बोध होता है, यथा स्थान, स्थिति किसी मैदान, पठार, पहाड़ी, भू-पृष्ठक वाली है अथवा विविध उत्तार-चढ़ाव, विन्यास-मय नदी-घाटी की है। इनमें स्थान-स्थान पर मोड़ के साथ स्पष्ट अतिक्रमण विकृत, नापसन्द विन्यास किसी बरजोर एवं शक्तिशाली निवासी के मनमानी कृत्य की कहानी कहते हैं। कहीं-कहीं उप-गलियों से अन्तर्सम्बन्धित चौड़ी गलियाँ/स्ट्रीट एक मुख्य सड़क का कार्य संपादित करती हैं और नियोजित विन्यास प्रदर्शित करती हैं। केवल विशेष उत्सवों के समय ही जीवन की गुणवत्ता सुधारने हेतु ऐसे सर्वनिष्ठ स्थलों के उत्तम नियोजन की बात सामूहिक रूप से सोची जाती है तथा गलियों के महत्त्व का आभास हो पाता है। अत: गलियों के प्रकार से बहुत से स्वच्छता तथा स्वास्थ्य के गुण संलग्न होते हैं।

इस प्रकार गली तथा स्ट्रीट अधिवास की अवयव-संरचना का दृश्य धमनी के रूप में है, जो सुनियोजन होने पर प्रकाश-स्तम्भ (lamp-post) लैम्प-स्टैण्ड, श्यामपट्ट, सूचना-पट्ट, अपवाहतंत्र, मानव-पशु मार्ग, वाहनमार्ग, जलनलिका, जलकल, धूप एवं छाया-

Figure 6.2.

Land-Holdings and Field-Pattern Before and After Consolidation in Western Part of Village Higashi, Ibaragi Prefecture

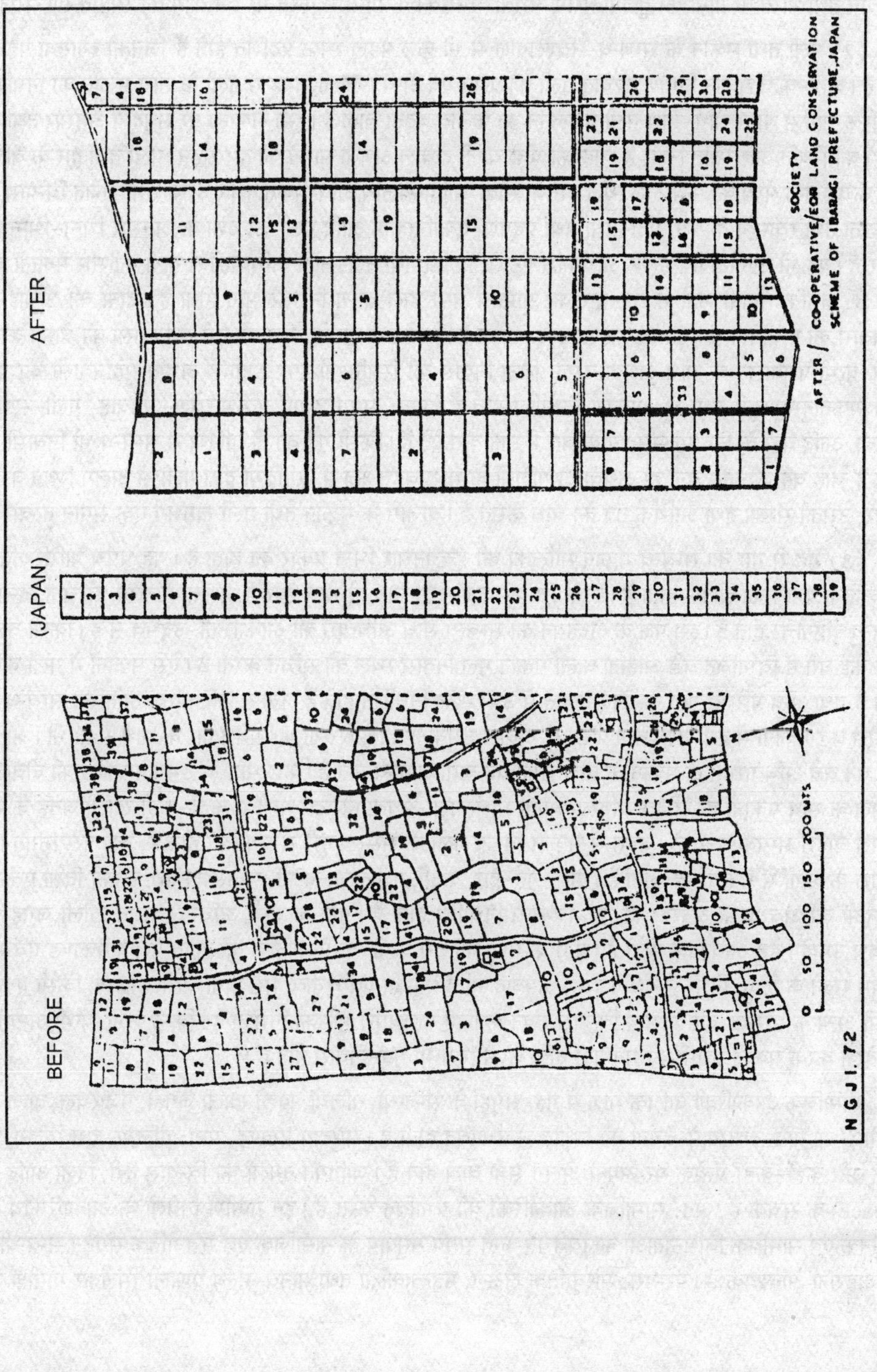

हेतु अलग स्थल तथा सर्वोपरि रूप में धनी, गरीब सबके लिए समय एवं आवश्यकतानुसार सर्वनिष्ठ भू-आकाश प्रदान करती है। यह जीवंत गली का भू-आकाश उसी स्तर पर नगला अथवा एक अधिवास में उतना क्रियाशील नहीं होता किन्तु इस कमी की पूर्ति पर्याप्त स्थल की उपलब्धि से हो जाती है। इसके प्रकार्य, स्वरूप तथा विन्यास सभी एक ओर प्राच्य तथा पाश्चात्य दुनिया में भी अलग किस्म के मिलते हैं। चीन तथा भारत के ग्रामों की तुलना यूरोप अथवा अमरीका के ग्रामों से करने पर इस तथ्य का स्पष्टीकरण सरल है।

(2) गली तथा मकान के सम्बन्ध- विश्लेषणों से भी कुछ पहलू स्पष्ट प्रदर्शित होते हैं जिनकी व्याख्या पहले सम्बन्ध से सम्भव नहीं है। कहीं-कहीं मकान निर्माण पश्चात् गली का प्रसार एवं अन्यत्र खाली जगह में गली के साथ मकान का निर्माण होता है। इस प्रकार आंतरिक भाग से बाहर साथ-साथ गली व मकान का फैलाव बढ़ता जाता है। इसी सम्बन्ध पर समुदाय अनुसार तथा जाति के अनुसार गृह समूहों की स्थिति/अवस्थिति निर्भर है। गृह की पीछे वाली दीवाल अथवा सामने का द्वार/सहन, गली तथा द्वार के बीच के भू-आकाश की दूरी, ऊँचाई तथा मध्य के अन्य उप-स्थल अथवा सीढ़ी आदि स्थानीय आवश्यकतानुसार उत्तम समायोजित विन्यास प्रस्तुत करते हैं। यहाँ स्वच्छता तथा स्वास्थ्य के पक्ष, पर्दा-प्रथा तथा प्रदूषण, एकान्तिकता आदि गली की दशा के अनुसार भिन्न-भिन्न होते हैं और उसी पर निर्भर हैं। यह भी उल्लेखनीय है कि अधिकांश पठारी, पहाड़ी तथा नदी-घाटी अधिवासों में गली का स्तर मकानों के द्वार/सहन से नीचा होता है, जबकि मैदानी भाग में गृह-द्वार का सामान्य धीमे ढाल वाला निरन्तर भाग होता है। दोनों की ऊँचाई-स्तर के अन्तर तथा अधिवास की प्राचीनता में धनात्मक सहसम्बन्ध मिलता है। गली तथा द्वार के बीच की दूरी से निवासी का श्रेष्ठता का भी आभास होता है, कभी-कभी पशुपालन के साथ अथवा उसके बिना निवास की स्थिति भी स्पष्ट होती है अर्थात् गृहनिवासी की प्रकार्यात्मक, विभिन्न आवश्यकतानुसार दूरी तथा भू-आकाश निर्धारित होते हैं। प्राय: समग्र दशाएँ एवं परिवेश-अपवाह, गली-स्ट्रीट की चौड़ाई, स्तर, खड़ंजा, आदि वहाँ के निवासी समुदाय के बारे में ज्ञान करा देते हैं। किसी गृह का दो गलियों से सम्बन्ध भी निवासी की श्रेष्ठता का सूचक होता है चाहे वह कोने पर बना हो अथवा दो गलियों के मध्य वृहत क्षेत्र में। सीढ़ियों द्वारा गली से अलग स्थित कई मकान, निवासी के प्रकार, उसकी संख्या तथा आर्थिक तंत्र का बोध कराते हैं। बाजारों के मकान तथा गली लगभग एक समान तस्वीर प्रस्तुत करते हैं।

(3) गृह से गृह का सम्बन्ध मकान मालिकों की इच्छानुसार भिन्न प्रकार का होता है। यह प्रपंच पारिस्थितिकीय की अपेक्षाकृत सांस्कृतिक प्रभाव का द्योतक होता है। इनके विन्यास तथा दूरी, साथ ही साथ स्वरूप अर्थात् आंतरिक संरचना विन्यास में कुछ सर्वनिष्ठ सम्बन्ध दृष्टिगोचर होते हैं। इस पक्ष के अध्ययन का सम्बन्ध सीधे अधिवास की आकारिकी-उद्भव से है। किसी वंश के कुल विस्तार के साथ कई घरों में विभाजित बड़े आहाता वाला मकान मूल निवास स्थल को सूचित करता है। ऐसे मकानों में गली की ओर एक प्रवेश द्वार होता है तथा अन्य परिवार गृहों के लिए अहाते में उप-स्थल निर्धारित होते हैं। किन्तु पारिवारिक आंतरिक सम्बन्ध एक समान बने रहते हैं। ऐसे बड़े मकानों में कई पार्श्व तथा पीछे की दीवाल उभयनिष्ठ होती है तथा कई प्रवेश द्वार के साथ संहत भी। अधिक जनसंख्या घनत्व तथा घने बचे अधिवास में दो मकान के बीच जगह की कमी सामान्य बात है। कुछ भागों में उभयनिष्ठ पीछे की दीवाल किन्तु अलग पार्श्व दीवाल के साथ मकानों का रैखिक प्रतिरूप या तो सीधी गली अथवा मोड़दार गली में कहीं-कहीं खाली जगह के साथ विस्तृत होता है, जिससे बाहरी सम्पर्क बना रहे। बहुत से मकान विरुद्ध गली के सम्मुख दूरी से प्रभावित होते हैं, वंश परम्परागत विभाजन के साथ भी निवास के भागों में घनत्व बढ़ जाता है। प्राय: गृह-द्वार, कुआं, पशुशाला, चरनी, पूजास्थल तथा इनकी दिशा एवं स्थान निर्धारण आदि पहलुओं की अवधारणा अनुसार ही गृह-विन्यास निर्धारित होता है। गृहों के मध्य अधिक विस्तृत खाली जगह भी एकान्तिकता एवं विविध उपयोग हेतु आवश्यक होती है। गृहों के मध्य की दूरी कभी-कभी मालिक की जाति पर, कर्मकाण्ड एवं सामाजिक अनुशास्ति कायम रखने के लिए, निर्भर है यद्यपि इसमें अपवाद भी हैं। सुरक्षा एवं बचाव, मुख्यतया चोरी का भय, किसी एक मकान के पिछवाड़े किसी अन्य के सम्मुख द्वार के साथ विन्यास रखने के लिए महत्त्वपूर्ण भूमिका निभाता है। किन्तु कभी-कभी अन्तर्गृह मधुर सम्बन्धों की अनदेखी करके मकान स्वामी की मनमानी रुचि के अनुरूप भी गृह-निवास होते हैं।

सामाजिक आकारिकी अधिक मात्रा में गृह-समूहों के सम्बन्धों, गलियों, खुली खाली जगहों, पूजास्थल, तालाब, पोखर अथवा ग्राम ''डीह'' या ग्राम-देवी/ग्राम-देवता की स्थिति से प्रभावित होती है। समुदाय प्रखण्ड, प्राय: गलियों-द्वारा विलग, एक अलग अस्तित्व वाले और कहीं-कहीं प्रत्येक घर अपनी अलग सत्ता वाले होते हैं। जातिगत नगलों का विन्यास दूरी, दिशा आदि सभी सामाजिक देश (Space) के सूचक हैं, अत: सामाजिक आकारिकी को प्रभावित करते हैं। इन ग्रामीण निवेशों के आकारिकीय अभिव्यक्तिकरण की स्थानिक एवं सामयिक विभिन्नताओं का विवेचन करते समय समुदाय के सामाजिक एवं राजनीतिक संगठन सम्बन्धी विकास-प्रावस्थाओं को दोहराना आवश्यक है। परम्परा, सांस्कृतिक लक्षण, महत्वाकांक्षा तथा मानव-मूल्य प्रणाली मिलकर ग्रामीण अधिवास स्वरूप को

नियंत्रित करते हैं, अत: यदि बस्तियों का गुण-दोष-विवेचन करना है, तो हमें तत्सम्बन्धी प्रदेश को प्रथम निवासी की आँखों से तथा उनके लम्बी पंक्ति वाले उत्तराधिकारियों की आँखों से, जो हम लोगों को उनसे जोड़ने की कड़ी है, देखना होगा। यही दृष्टिकोण (Sorre) सौरे के (Tondaments) की तृतीय वाल्यूम में अभिव्यक्त है, जिसमें उसने निर्देश किया है कि प्रत्येक जीवन-पद्धति अपने को प्रतिरूपी-परिवेशस्वरूप (Typical Habitat Form) के रूप में चित्रित करती है। ग्रामीण अधिवास के सन्दर्भ में उसने प्रदर्शित किया कि किस प्रकार कार्य की तालगति या दिनचर्या (Rhythm) कृषि की पद्धति, सामाजिक संरचना तथा आर्थिक कार्य-कलाप गृहों के प्रकार तथा ग्राम-प्रतिरूप से सम्बन्धित होते हैं। पिछले पृष्ठों में किया गया विवेचन आकारिकी समझने के लिए पृष्ठिभूमि स्वरूप है। इन स्वरूपों का उद्भव कैसे होता है? खण्ड 2.7 में हम लोगों ने विस्तार से अधिवास-अध्यासन के लिए प्रयुक्त प्रतिमानों का विवेचन किया है। अब हम इन निवेशों के नाभिकीय तथा विसरण (Nucleation and Diffusion) की व्याख्या प्रस्तुत करते हैं। उदाहरण के लिए वाराणसी जनपद (उत्तर प्रदेश) का महजूदा ग्राम चयनित है।

नाभिकीयन

इस पद का अर्थ एक स्थान पर संहत आकारिकीय विकास एवं विसरण का अर्थ कई स्थानों पर बस्ती-प्रसार से है। पारम्परिक दंतकथाओं एवं लोककथाओं से परिपुष्ट साक्ष्य तथा महजूदा ग्राम के दक्षिण-पश्चिम में स्थित पड़ोसी भोरी ग्राम में प्राचीन भर-अधिवास के ध्वस्त टीले की उपस्थिति भरों के स्वत्वहरण तथा मौनस राजपूतों द्वारा इसके अध्यासन की कहानी कहते हैं। प्राचीन स्थल के ठीक विरुद्ध नाला (झोर नदी) के पार एक छावनी, परित्यक्त स्थल ''डिहवा''-''नोनरा'' पर थी, ऐसा समाप्त प्राय: ध्वंशावेश से स्पष्ट परिलक्षित होता है, चित्र 3.11। सर्वप्रथम भोरी निवासी ये राजपूत वर्तमान महजूदा ग्राम के दक्षिण भाग में संकीर्ण उपजाऊ पट्टी में खेती करना प्रारम्भ किया, उत्तरी भाग वनाच्छादित रहा, अधिकांश आदिम जातीय सांस्कृतिक भूदृश्य विनष्ट किया गया अथवा रूपान्तरित हुआ, चन्द्रवेधी तालाब का निर्माण पूर्वभाग में किया गया। सन् 1,550-1,750 ई. के मध्य-समय में वन-संस्कृति के बजाय कृषि आधारित विकास तेजी से हुआ तथा अंशत: कृष्य भूमि की प्राप्ति, जल-अवाप्ति, ईंधन, चराई हेतु वन भूमि की प्राप्ति तथा गृहनिर्माण पदार्थ की प्राप्ति आदि जैसे आकर्षक कारकों के कारण और अंशत: जनसंख्या दबाव तथा बंटवारे के कारण नए अधिवास बने। प्राचीन निवास स्थान का अधिकांश भाग पुरोहित समुदाय (ब्राह्मण) को बसने के लिए मिला और राजपूत बेहतर भविष्य हेतु कई जगह बिखर गए किन्तु वर्तमान केन्द्र भाग बना रह गया। आकस्मिक बाढ़-सीमा-रेखा ने स्थान-चयन में विशेष भूमिका निभायी, प्राचीन स्थान ''डीह''* बाद में केन्द्र बिन्दु बना जिसके आस-पास अधिवास बसाव सुस्थिर हो गया। इस प्रकार प्रभावी जाति के रूप में राजपूत अन्य लोगों के साथ मूलस्थान का बसाव किया, चित्र 2.15a, 2.17, 3.12a देखें। इन्हीं के पास जंगल-कटाई, सफाई, जुताई तथा अन्य खेती-कार्य में सहायक मजदूर वर्ग के लोग, निम्नजातीय जैसे नोनिया, नमक बनाने, भैसों द्वारा ढुलाई करने तथा कृषि-कार्य; लुहार-बढ़ई, कृषि-यंत्र, औजार, शादी-ब्याह के सामानों, मकान निर्माण सामग्री की आपूर्ति; भूंज, लाई अथवा दाना भूंजने; बनिया या व्यापारी जाति के लोग दैनिक आवश्यकता के सामानों की आपूर्ति; दर्जी कपड़ों की सिलाई; धोबी, कपड़े की धुलाई; नाई बाल (चूल) काटने तथा कर्मकाण्ड कराने; कहार, पानी की आपूर्ति करने तथा सेवाकार्य करने; अहीर, पशु पालने; कुम्हार, मिट्टी के बर्तन बनाने, आपूर्ति करने एवं मकान के लिए खपरैल तैयार करने; गड़ेरिया, भेड़ पालने, कम्बल बनाने, परती भूमि को भेड़ों द्वारा खाद पहुँचाने हेतु बस गए। बाद में ब्रिटिशकाल में भूमि व्यवस्था में परिवर्तन द्वारा बनारस स्टेट के माल विभाग में कार्यरत कायस्थ जाति के लोग कुछ जमीन खरीदकर आ बसे। पुरोहित लोग अपने स्थल पर बसे तथा अपने हिस्से की कृष्य जमीन के अतिरिक्त पुरोहिती एवं दानस्वरूप प्राप्त भूमि के स्वामी बने।

इस प्रकार विभिन्न जाति के लोग प्रभावी राजपूत वंशावली की सर्वोपरिता[2] में, जो मौनस उपजाति के रूप में भदेही राज्यभर में एकमात्र सामूहिक प्रभावी राजनीतिक समूह थे एवं अन्य को ऐसी पदवी[3] प्राप्त न थी, कृषित भूमि से प्राप्त उत्पादन पर जीनयापन करने के लिए सहयोगी के रूप में बसे।

एक बार चयनित स्थल पर विविध जातीय बसाव पश्चात् कृषि-कार्यकलाप तथा सामुदायिक जीवन की आवश्यकताओं के

* ''डीह'' आज भी शुभ स्थल माना जाता है और भरों पर राजपूतों (मौनस) के विजय की यादगार होली के अवसर पर, भरों के लिए समादर की वस्तु, सूअर के छौनों की बलि चढ़ाकर मनाई जाती है।

परिसम्बन्ध (articulation) द्वारा सहयोग/सहकारिता की भावना सुदृढ़ हुई[4]। जजमानी पद्धति का प्राधान्य होने से आत्मीकरण एवं संस्कृति संक्रमण (Assimilation and Acculturatior) की प्रक्रिया कार्यशील रही। सिंचाई की सीमा-वृद्धि के साथ पट्टियों में खेती-क्षेत्र में वृद्धि हुई तथा सत्रहवीं शताब्दी तक विविध जाति-प्रखण्ड के साथ संहत अधिवास बस गया जिसमें अब भी बभनान, सोनरान, जदवान, नोनियान, चमरौटी आदि नाम से अभिहित प्रखण्ड हैं। दो "खोर" अथवा "खोरी" (ग्राम से बाहर पानी-निकास तथा गमनागमन पथ)। पश्चिम तथा दक्षिण में ग्राम से बाहर सड़क से जोड़ने के साधन बने। अन्य पगडंडियाँ तथा चौपायों के रास्ते पश्चिम में नाले की ओर, उत्तर में वनों की ओर तथा पूर्व में तालाब-ताल की ओर जुड़ गए।

आकारिकीय परिवर्तन अथवा प्रकीर्णन

अधिवास के विभिन्न विकासावस्था में पहले धर्म-निरपेक्ष धार्मिक-कर्मकाण्डी प्रतिमान तथा बाद में सामाजिक-आर्थिक विसरण प्रतिमान के आधार पर पुरवा-बसना अथवा नगला-बसाव (Hamletization or satellite village formation) प्रारम्भ हुआ। विसरण तथा आकारिकीय संरचना में परिवर्तन लाने वाले मुख्य कारक निम्नवत् थे:

1. संयुक्त परिवार का नाभिकीय के रूप (व्यक्ति-आधारित) में विखंडन,
2. वंश तथा जाति-बंधन की दृढ़ता का ढीलापन,
3. भूमि-जोत व्यवस्था में सामाजिक-आर्थिक परिवर्तन,
4. सुरक्षित समूहन की आवश्यकता की समाप्ति,
5. धार्मिक-कर्मकाण्डी प्रतिमान की प्रभावी भूमिका में कमी,
6. जलापूर्ति की दशाओं में तकनीकी उन्नति,
7. परिवहन सुविधा में उन्नति,
8. पेशों की विविधता, एवं
9. आप्रवास आदि।

इस प्रकार, प्रथम अवस्था में चतुर्भुजाकार आकृतिवाला यह मुख्य अधिवास (Mother settlement) (चित्र 3.12a) सुस्पष्ट आन्तरिक संरचना-स्वरूप के साथ बहुभुज प्रतिरूप में विकसित हुआ। प्रथम संयुक्त राजपूत-परिवार की पीढ़ी के लोग दक्षिण भाग में, ब्राह्मण, पूर्व तथा दक्षिण में, सोनार इनके मध्य में बसे। पश्चिम में भूंज, धोबी, बनिया, मुसलमान तथा नोनिया निवास बनाए। राजपूतों, सोनारों के उत्तर में कायस्थ बसे तथा पास में नाई, कहार भी बसाए गए। उत्तरपट्टी में बाद के निवासी बसे जिनमें अजातीय ब्राह्मण, नोनिया, क्षत्रिय, लुहार-बढ़ई, अहीर आदि है। चमारों की अलग बस्ती पूर्व में उस गड़ही (Pond) के पार बसी जिसकी निकाली गई मिट्टी से पूर्व अधिवास के मकान बने थे। बस्ती सं. 2, राजपूतों, सं. 4 अहीरों, सं. 5 तथा 6 अहीर-गड़ेरिया, सं. 3 उत्तर पश्चिम में अहीर और मध्य की सं. 3, 4 का पुरवा अहीर राजपूत, कुम्हार, ब्राह्मण, क्षत्रिय द्वारा बसाए गए। उत्तर में सड़क के किनारे सं. 7 में वर्तमान समय में परिगणित जाति, नोनिया तथा अन्य द्वारा बसाव हुए तथा सं. 7 में सड़क के पश्चिम धोबी, भूंज, बनिया बसे हैं। उत्तर में ग्राम समाज भूमि, वन के पास मुसहरों की बस्ती है।

आधुनिक आकारिकीय जोड़ के अन्तर्गत मातृशिशु-केन्द्र (सं. 7 के पास), सुदूर उत्तरी छोर पर खाद-बीज भण्डार तथा दुकानें (भिन्न जाति की) तथा दक्षिण में बाजार के रूप में, सामुदायिक केन्द्र (पंचायतघर) तथा प्राथमिक स्कूल के पास, भोरी तथा ज्ञानपुर सड़क के किनारे नई बस्तियाँ बनी हैं। सामान्यतया तकनीकी विकास के कारण हुए परिवर्तन ही आकारिकीय रूपान्तरण हेतु उत्तरदायी हैं। संक्षेप में समग्र प्रभाव अधोलिखित है।

पदयात्री के स्थान पर विविध गमनागमन के साधन में वृद्धि हुई है। लोग अधिकाधिक साईकिल, रिक्शा, ऑटोरिक्शा, ट्रॉली, पिक-अप, ट्रक, जीपकार, बस, मोटरबाइक, मोटरबोट तथा सवारी-स्टीमर पर निर्भर होने लगे हैं। खेत से निवास की दूरी कम कर ली गई है। पगडंडी के स्थान पर चकरोड तथा संयोजक सड़कें (feeder road) खेत-उत्पाद की ढुलाई में सहायक बने हैं। मुख्य अधिवास के लोग

सड़क पर मकान + दुकान बनाकर रहने लगे हैं। यही कारण है कि एशिया के घने बसे भागों में सड़क-किनारे (street village) बसाव में वृद्धि हो रही है। यंत्राधारित परिवहन साधन-वृद्धि के कारण सड़क किनारे किमी की दूरी में लम्बे बाजार-ग्राम आकर्षित हुए हैं और ऐसे अधिवासों के स्थान-निर्धारण की अपनति उदाहरण बन गई है।

जल-परिवहन साधन की वृद्धि का प्रभाव भी कम नहीं है। दक्षिणी पूवी एशिया के देशों में जल-साधनों के अनुसार ग्राम-आकारिकी में परिवर्तन हुए हैं। बड़े आकार की नदी तट पर बसे ग्राम-अधिवास (long house) लम्बायमान गृहों का स्थान ले रहे हैं। लकड़ी के लट्ठों के सहारे बने पानी की सतह के ऊपर बने रास्तों के स्थान पर गोदी-संरचना (Dock) प्रचलित है; नाव टिकाने की सुविधानुसार तटीय आकारिकी में स्वत: परिवर्तन आए हैं। इसी प्रकार नहर, सड़क नदी-किनारे के काम्पुंग (Kampung) अधिवास अथवा बीच पर (along a permatang) निवास, फेल्डा (Felda) अधिवास तथा पुरोगामी बस्ती के रूप में रूमा बंजीर (rumah banjir) आदि, ग्रामीण-भू-दृश्य पर नई आकारिकी को प्रदर्शित करते हैं। अमेरिका में (संयुक्त राज्य अमेरिका, कनाडा) जटिल आकारिकी वाले बड़े अधिवास उभर कर सामने आ रहे हैं।

ग्रामीण भूदृश्य पर उभरे नए लक्षण जोत-चकबन्दी पश्चात जोत-आबंटन प्रक्रियास्वरूप आबंटित चक के पास बने, वासभूमि (homestead) स्वरूप गृह-विन्यास हैं जो उत्तरी भारत के मैदान में बहुसंख्य हैं। पम्पसेट (विद्युत अथवा डीजल चालित) तथा यंत्रीकरण सम्बन्धी अन्य यंत्र, युक्ति एवं उपाय के अतिरिक्त आयाम जुड़ गए हैं। ऐसे आकारिकीय विस्तार को संयुक्त परिवार के विखण्डन से मदद मिली है।

ऐसा प्रतीत होता है कि प्राचीन ग्राम-अधिवास में रहकर जीवनयापन के स्थान पर, यंत्रीकरण तथा द्वितीयक, तृतीयक कार्यकलापों के प्रभाव के फलस्वरूप, पुरवा या टोला तथा वासभूमि में जीवनयापन प्रतिरूप प्रभावी बन जाएगा।

भूमि व्यवस्था, भूधृति तथा आकारिकी

कोई भी भूगोलवेत्ता या नियोजनकर्त्ता भूधृति एवं भूमि-व्यवस्था के अध्ययन की अनदेखी नहीं कर सकता क्योंकि यह प्रादेशिक अधिवास वितरण में महत्त्वपूर्ण भूमिका निभाते हैं। चूंकि वर्तमान ग्राम्य-आकारिकी का अस्तित्व अतीत की भूमि व्यवस्था के परिणामस्वरूप है। अत: संक्षेप में उसका वर्णन यथोचित है। ग्रामीण अधिवासों के विकास की अवस्थाएँ किसी खास समयावधि में ग्राम समुदाय द्वारा इसके गत्वर स्वरूप के साथ अपनाए गए लागू एवं प्रचलित भूधृति से घनिष्ट रूप से सम्बन्धित होती है। पूर्वकाल के मानव-बसाव के समय घने वनों की कटाई, सफाई द्वारा स्वयंमेव अनेक परिवारों के संघ क। जन्म हुआ[6]। ग्राम-अधिवासों के पास सीमा पर स्थित बंजर भूमि आज की भाँति पहले भी सम्पूर्ण ग्राम की सर्वनिष्ठ भूमि थी। इसीलिए एक-दूसरे ग्राम की सीमा विरले ही परिभाषित थी। यह सोचना तर्कसंगत है कि पहले के कबीलों के अधिवास के समय से ही अनेक कबीलों तथा कुलों के राज्यक्षेत्र ईर्श्यापूर्वक सुरक्षित रखे जाते थे। पहले के रीति-रिवाजों के चिह्न दर्शाते हैं कि भारत के ग्राम की दशा रैयतवारी व्यवस्थान्तर्गत ग्रामों की भांति थी। (1) इस व्यवस्था के ग्राम के अन्तर्गत ''खालसा'' भूमि होती थी, अर्थात् भूमि का मालिक, राजा (Crown) के अन्तर्गत भूमिस्वामी के रूप में देखरेख करता है, जबकि (2) संयुक्त ग्राम (Joint Village) व्यवस्था में मालगुजारी वसूल करने के लिए भूमि की देखरेख का कार्य अभिलेखकर्त्ता, पटवारी या लेखपाल करता है यद्यपि भूस्वामित्व प्रत्येक व्यक्तिगत कृषक का होता है। अधिकांश ग्राम, पूर्वकालिक राज्यों (States) में, प्रथम प्रकार की व्यवस्था में थे। किन्तु एक औसत आकार के ग्राम को दोनों व्यवस्थाओं से लेकर तुलना करें तो बाह्य प्रतीति में ''रैयतवारी'' व ''संयुक्त'' ग्राम में विभेद करने के लिए कुछ नहीं मिलेगा[6]। यह भी सम्भव रहा होगा कि अनेक कबीले के लोगों ने अलग-अलग जलवायु क्षेत्र को पसन्द किया और यदि उनमें वंश-परम्परागत विविध रिवाज रहे तो एक में अनूठी भूधृति मिल सकती थी जो अन्यत्र नहीं थी। राज्यतांत्रिक संविधान अपनाने वाले राजपूत या अन्य कबीलों में यह सर्वनिष्ठ रूप से मिलता है कि अनेक कुलशाखाओं का मुखिया (head) सहायक की राज्यक्षेत्रीय (territorial) पदवी धारण करता था यथा-रावल, ठाकुर आदि तथा क्षेत्रीय प्रशासन का समझा-बूझा तरीका होता था जो राजा के केन्द्रीय संघ राज्य में तथा उसके चतुर्दिक नियुक्त (chief) प्रमुख प्रशासकों के लिए लागू होता था। प्रत्येक क्षेत्र की प्रजा प्रमुख के प्रति एवं प्रमुख, राजा के प्रति निष्ठावान होने के लिए बाध्य होता था।[7] कृषित भूमि का विभाजन मुखियों के सदस्य के अनुसार खेतों के रूप में होता था और प्रत्येक सदस्य अपने हिस्से का उत्पादन लेता था। बंटवारे की स्थिति में सभी पुत्रों को बराबर भूमि-आबंटन होता था, कभी-कभी स्थान, समयानुसार भिन्नता के अनुरूप बड़े पुत्र को अतिरिक्त हिस्सा मिलता

था।[8] रैयतवारी ग्रामों में, जहाँ स्वामित्व हक या पदवी या उपाधि 1860 में ''पटेल'' या ''मालगुजार'' को प्रदान की गई थी, भी वही परिणति मिलती थी, अर्थात् स्वामी के पुत्र एवं पौत्र, प्रथम अनुदानग्राही (grantee) की मृत्यु पश्चात् सामूहिक रूप से हकदार होते थे और हिस्सेदारों की वृद्धि के साथ लघु उपविभाजन हो सकते थे।[9]

मध्यभारत के भाग में अधोलिखित बातें सर्वनिष्ठ रूप में ग्रामीण भूदृश्य को प्रभावित करने अथवा अपनी मुहर लगाने वाली थीं। बारह ''बलूटेदार'' अथवा ''हकदार'', जो ग्राम-पदाधिकारी होते थे, ग्राम समुदाय में महत्त्वपूर्ण थे। वे सब मिलकर ग्राम निगम बनाते थे जो ग्राम-आकारिकी की कुंजी थी। यहाँ भी भूमि-पट्टेदारी दो वर्गों में बंटी थी (1) ''खालसा'' अथवा सीधे दरबार (court) के अन्तर्गत भूमि तथा (2) विलग भूमि (alienated) जो ''जागीर'' तथा ''मुआफी'' आदि के अन्तर्गत थी। खालसा भूमि ''इजारदारी'' अथवा ''खातेदारी'' भूधृति (पट्टेदारी) के रूप में बंटी थी। प्रथम उदाहरण में एक ग्राम या कई ग्राम किसी ''इजारदार'' या ''कृषक'' के हम में रहते थे जो निर्धारित दलाली (Commission) काटकर शेष लगान के लिए उत्तरदायी होता था। दूसरे प्रकार में कृषक सीधे राज्य (State) से हम पाता था, बिचौलियों द्वारा हस्तक्षेप नहीं होता था। अब केवल दो श्रेणियाँ ही लागू हैं। (1) भूमिधरी तथा सीरदारी, किन्तु स्वामित्व में अन्तर है। भारत के उत्तरी भाग में ही पहले ''भैयाचारा''[10] व्यवस्था की भूधृति कायम थी, जिसके अनुसार अर्जित राज्यक्षेत्र बराबर हिस्से में मूल उपनिवेशकों में बंट जाती थी। दूसरे मामलों में अलग ''पट्टीदारी''[11] व्यवस्था कार्यरत थी जिसमें कुल के परिवार के भूस्वामित्व के अन्तर्गत अन्य समुदाय लगान के देनदार होते थे। यह व्यवस्था समूहन में विशेष सहायक थी अत: परिणामस्वरूप जजमानी प्रथा के अनुरूप बहुजातीय आकारिकीय संरचना मिलती है।

इस प्रकार प्रत्येक प्रकार की आकारिकीय संरचना की पृष्ठभूमि में जाति (caste), गोत्र (clan) तथा कुल (Kinship) की व्यवस्था थी जो जटिल रूप में भूमिव्यवस्था से अन्तर्संलग्न थी।

भूमि सुधार

बीसवीं शती में पूँजीवादी तथा साम्यवादी दोनों प्रकार के देशों में नए भूमिसुधार नियम बनाए गए हैं। रूस, चीन, अल्बानिया, इथियोपिया आदि राज्य (State) आधीन भूस्वामित्व के उदाहरण हैं जहाँ पुरोगामी क्षेत्रों में आबंटन के आधार पर मानव बसाव किए गए हैं, जैसे रूस में सामूहिक अथवा सहकारिता कृषि-क्षेत्र, चीन में कम्यून-क्षेत्र, तथा इथियोपिया में कृषक संगठन (Peasant association) के रूप में। प्रत्येक का ग्रामीण भूदृश्य पर अपना अलग प्रभाव है। उत्तरी कोरिया, कम्बोडिया, वियतनाम, क्यूबा तथा अनेक अफ्रीका तथा लैटिन अमरीका के देश नए क्षितिज देश रहे हैं। असाम्यवादी देशों में भूमिसुधार-योजना राष्ट्रों के अनुसार भिन्न-भिन्न है। जापान में द्वितीय विश्वयुद्ध के बाद भूमि का पुनर्वितरण किया गया। इजरायल की अपनी अलग पुनर्वास की रणनीति है, जिसके अनुसार किबुज (Kibbutz), मोशावत (Moshav), मोशाव शितुफी (Moshav Shitufi) तथा मोशावा (Moshava) व्यवस्था लागू है। इथियोपिया में क्रांतिकारी सरकार के कार्यकाल में नए सुधारों के अनुसार (Ras) बड़े जमींदारों की सम्पत्ति ले ली गई तथा कृषक संगठनों द्वारा बांट दी गई।

भारत में जमींदारी उन्मूलन अधिनियम लागू होने से आंतरिक पुन: संरचना शुरू हुई। जोत-सीमा निर्धारण के प्रभाव तथा असामी-भूस्वामित्व नियमों द्वारा ग्रामों के जीवन-पद्धति में बदलाव आया है। भूमि के जोत की चकबन्दी होने से जोत एवं खेत के आकार, स्वरूप एवं स्थान में परिवर्तन हुए हैं। जापान की भाँति (चित्र 6.1b) खेत-प्रतिरूप बदल गए हैं। विशेषतया चकबन्दी के कारण व्यक्तिपरक कुटुम्ब के आवास बढ़ जाने से सामाजिक, आकारिकीय परिवर्तन स्पष्ट परिलक्षित होते हैं।

असामी के भूस्वामित्व सम्बन्धी सुधारों तथा पंचायती राज व्यवस्था के द्वारा (खासतौर से उत्तर प्रदेश में) ग्राम समाज के अन्तर्गत भूमि का आबंटन भूमिहीनों में होने से नए टोलों का बसाव हुआ है तथा सभी जातियों का मिश्रित बसाव भी, जिसके परिणामस्वरूप पूर्व विवेचित धार्मिक कर्मकाण्डी प्रतिमान आधारित जजमानी प्रणाली के बन्धन ढीले हो रहे हैं। भूमि पर स्वामित्व की स्थायी व्यवस्था से नए स्वामी अपने आबंटित खेत में बस रहे हैं।

सामाजिक-स्थानिक संरचना

देश (Space) के सम्बन्ध में समुदाय-संरचना का विश्लेषण आकारिकी को समझने की बेहतर समझ प्रदान करता है। हम देख चुके हैं कि किस प्रकार नाभिकीयन महजूदा ग्राम की मुख्य संहत बस्ती के आकारिकी विकास में उत्तरदायी रहा। अब पुरवा-बसाव का विश्लेषण, सामाजिक-स्थानिक संरचना के सूक्ष्मस्तरीय विस्तार को समझने की सूक्ष्मदृष्टि प्रदान करेगा। ऊपर गिनाए गए कारकों का प्रभाव प्रथमावस्था में ही शुरू था जब एक राजपूत परिवार भूमि-विभाजन कराकर उत्तरपट्टी में जा बसा। संयुक्त परिवार में आगामी विभाजन से जोत के टुकड़े बढ़ते गए किन्तु सारी जमीन कुल के स्वामित्व में रही, वन-भूमि सर्वनिष्ठ/ सार्वजनिक भूमि रही किन्तु सर्वोपरिता राजपूतों की थी। बस्ती की दूसरी इकाई उत्तर में, पुन: राजपूतों की ही, एक बड़े कुएं के पास बसी, अत: इनारा (कुआं) के नाम पर टोला का नाम इनरहा पड़ा। यह उन तीन बड़े, गहरे कुओं में ऐ एक था जिसका सिंचाई के लिए, विद्युत आगमनपूर्व, अधिक महत्त्व था। इसी अवस्था में मुख्य राजपूत संयुक्त परिवार के कुछ लोग तीसरे स्थल पर उनके भूस्वामित्व अथवा प्रभाविता में बाग, वन, कृषित भूमि की देखरेख हेतु वासभूमि या छावनी बनाकर यदा-कदा रहते थे। इस काल तक (चित्र 3.11 देखें) पश्चिमी बाँध-स्वरूप भीटा कट जाने तथा फलत: अपवाह दशा में सुधार होने से यदा-कदा आने वाली बाढ़ की सीमा पश्चिम में नाले के पास तक खिसक गई एवं बिरले ही आती थी। जब परिवार के सदस्य बढ़े तो उत्पादन मूल्य में कमी लाने के दृष्टिकोण से इस केन्द्र पर बस गए।

जनसंख्या वृद्धि, वन तथा चराई क्षेत्र की उपान्त, उत्तरीभाग में स्थिति ने अहीरों को संहत बस्ती छोड़कर नया टोला बसाने के लिए बाध्य किया। अहीर जाति-आधारित दूसरा टोला उत्तर-पश्चिम में भी बसा। इनमें पहला गुच्छ मुख्य बस्ती से आए राजपूत निवास के पास बसा, अत: इसे द्वितीय बस्ती अथवा ''पुरवा'' कहा जाने लगा तथा दूसरे को छोटे ताल के समीप बसने के कारण ''तलिया'' कहा गया। पहले टोले के पास ही तृतीय अवस्था में बनाए गए कुआं के पास प्राप्त परती भूमि में कुम्हार जा बसे।

जब तृतीय अवस्था के निवासी मध्य तथा उत्तरी पश्चिमी भाग में बस चुके थे, कुछ अहीर अस्थायी रूप में स्थान संख्या 4 में यदा-कदा रहते थे। बाद में क्रय की गई भूमि के सहारे वहीं खिसक गए। उत्तर में वन-उपान्त में बने कुएं से पानी की आपूर्ति हुई तथा ईंधन, चराई क्षेत्र भी पर्याप्त मात्रा में सुलभ थे। इसी समय दो अजातीय ब्राह्मण तथा दो राजपूत भी मध्य भाग में जा बसे क्योंकि उनके भूस्वामित्व की अधिकांश भूमि पास में पश्चिम में थी। बाद की दशा में सुधार होने से इस समय तक पश्चिम में खरीफ की फसल भी ली जा सकती थी। इसी अवस्था में लगातार सूखा की स्थिति से फसल-क्षति हुई, अत: कृषक मजदूरी पर आधारित राजपूत लगान न दे सके, जिसके परिणामस्वरूप उच्चवंशीय पदानुक्रम वाले कुछ राजपूतों ने बनारस राज्य को लगान अदा करके उनकी भूमि पर भूस्वामित्व पा लिया और तीसरे मध्य निवास से सटे दक्षिण में आ बसे।

ब्रिटिश काल में परिवहन-सुविधाओं में उन्नति होने से तथा जनसंख्या वृद्धि के कारण कुछ लोग शहरों में जीविकोपार्जन हेतु गए। कुछ अहीर भी कलकत्ता गए और धनार्जन द्वारा उन राजपूतों की जमीन क्रय किया, जो कम बचत परन्तु अधिक खर्च के अभ्यस्त थे, तथा स्थान सं. 5 में निवास शुरू किए। अजमेर अहीर द्वारा निर्मित कुओं के पास बसने के कारण टोले का नाम ''अजमेर का इनारा'' पड़ा। इसी स्थल पर मुख्य बस्ती छोड़कर एक गड़ेरिया परिवार भी आ बसा। इस प्रकीर्णन का कारण पशु एवं भेड़ों का प्रतिदिन ''खोर'' या अन्य रास्तों से गमनागमन की कठिनाई थी, क्योंकि रास्ते के पास खड़ी फसल की क्षति से आए दिन झगड़े होते थे और चराई क्षेत्र की दूरी भी बढ़ती जा रही थी। इस प्रकार इन लोगों ने अब सोनारों द्वारा अधिकृत मूल निवास स्थल को पूर्णतया छोड़ दिया।

एक दूसरा समूह जनसंख्या वृद्धि की मार के कारण विभाजित हो बंटाई या असामी खेतिहर के रूप में सड़क तथा स्थल सं. 5 के बीच की भूमि में जा बसा। अहीर जाति के परिवार धनार्जन द्वारा अपने संयुक्त परिवार से अलग अपने खेत में मकान बना लिए। इस समय तक सिंचाई-सीमा अंतिम रूप में आ गई, नए कुएं सभी सीवान (जंगल या खेत-क्षेत्र) में बन गए। गलीचे की आमदनी तथा मुम्बई की कमाई से इन लोगों ने अपने आस-पास की जमीन उच्चतर दामों पर खरीद लिया तथा खेतिहर बन गए।

1950 के दशक पश्चात् सामाजिक-आर्थिक परिवर्तनों ने सामाजिक-स्थानिक विसरण पर स्पष्ट प्रभाव प्रदर्शित किया है। ग्रामसभा प्रधान द्वारा आबंटित भूमि में तृतीयावस्था की इकाई सं. 3 के दक्षिण में सड़क के पास नोनिया, हरिजन, बनिया, सोना आदि बए गए, कुछ बनिया, भूंज, तेली भी सड़क पर आ बसे। मुख्य बस्ती की भीड़ से त्रस्त नोनियाँ की भाँति धोबी भी सड़क से पश्चिम जा बसे। अब अन्य जाति के लोग भी सड़क किनारे की भूमि क्रय करके दुकान+निवास के निर्माण में लगे हैं, बाजार का रूप दे रहे हैं। चमार लोग उत्तर-पूर्व के वन-भूमि पर दखल पाकर अम्बेदकर नगर बस्ती का बसाव कर लिये हैं। दो राजपूत कुल के सदस्य उत्तर तथा पश्चिम में अपने बड़े

चकों के पास भी जा बसे हैं। अन्य छावनी बना लिए हैं। इस प्रकार धार्मिक-कर्मकाण्डी एवं धर्मनिरपेक्ष प्रतिमान आधारित विविध जातीय लोगों का अलग प्रखण्डों तथा पास के चमारों के टोले के रूप में जो संहत बसाव निर्धारित दूरी के साथ हुआ था बाद में आर्थिक प्रसरण प्रतिमान के अनुसार बिखरता गया और पश्चादुक्त पर्याप्त प्रभावी एवं हाबी सिद्ध हुआ है।

किन्तु सड़कों से दूर आंतरिक भागों में अब भी अतीत की आकारिकीय संरचना चालू है। अधिकांश में परिगणित जातीय चमार टोला मुख्य अधिवास से विलग ही मिलता है। प्रयोजनपूर्ण प्रतिदर्श के आधार पर चयनित कुछ मालवाप्रदेश के ग्रामों तथा अन्य ग्राम-अधिवासों का आकारिकीय संरचनात्मक विन्यास-प्रबन्ध प्रस्तुत है। ये मानचित्र (चित्र सं. 4.26, 4.27, 4.28, 4.29, 4.31, 4.32, 3.12a से 3.16 और 3.17 से 3.32) ग्रामीण भृदृश्य में सामुदायिक संरचनात्मक एवं आकारिकीय लक्षणों का दिग्दर्शन कराने में स्वयं सक्षम हैं। निवासियों के अधिवासों की अन्य स्थानिक संरचना की बेहतर व्याख्या निम्नलिखित विवेचन से सुस्पष्ट है।

जाति एवं अलगाव

ग्राम्य-आकारिकी में जाति या उपजाति अनुसार प्रखण्ड प्राय: आश्चर्यजनक ढंग से प्रत्येक प्रखण्ड में भिन्न घनत्व वाले सामान्यतया सपित्रय कुल से जुड़े घनिष्ट सम्बन्ध वाले सघन, सटे गृहपुंज की सत्ता, जाति समूह के अनुसार मकानों के आधार तथा छत की विविध सीमाएँ, अधिवास के विभिन्न तत्त्वों के स्तर पर अलगाव विभेद-जैसे मृतकों की अंतिम क्रिया सम्बन्धी, पानी के निकास सम्बन्धी, पानी के स्रोत सम्बन्धी तथा विभिन्न अवसरों पर उत्सव सम्बन्धी आदि-विविध स्वरूपों में मिलते हैं। भिन्न कारकों के कारण अनेक वर्ग के लोग कुछ विशेष प्रकार के विलगाव अपनाते हैं। ये निर्विवाद एवं अनिवार्य रूप में आयु, लिंग, जन्म, दाम्पतिक, सहवास, जन्मना तथा विवाह से जुड़े, अपने तथा बाहरी आदि से सम्बन्धित कारक होते हैं। विभिन्न मापदण्ड अपनाने वाले पुरुष-महिला के लिए नियत विनिर्देश हेतु एवं तत्त्वों, यथा खिड़की आदि, के सन्दर्भ में कुछ निर्माण अलग रूप में आबंटित हेतु एवं तत्त्वों यथा खिड़की आदि, के सन्दर्भ में कुछ निर्माण अलग रूप में आबंटित होते हैं। प्रत्येक ऐसे निर्माण (Structure) में प्रत्येक लिंग के अनुरूप उनके द्वारा प्रयुक्त विभिन्न तत्त्व, देश तथा फर्नीचर भी निर्धारित होते हैं। वन-भूमि, डारमिटरी या शयन-गृह, नाच-गान-स्थल आदि लिंगाधारित अलगाव प्रदर्शित करते हैं। प्रसव की समयावधि हेतु, मरणशील तथा मरणासन्न सदस्य हेतु भी अलग देश तथा निर्माण की विन्यास-व्यवस्था मिलती है। विभिन्न जातीय निवास-विन्यास, विभिन्न भागों, खासतौर से पानी के स्रोत तथा गमनागमन, सामुदायिक भवनों तक पहुँच। (विशेषकर दावत, पर्व, त्योहार तथा अन्य उत्सव के अवसरों पर)-सभी, जाति, धर्म के अनुसार सामाजिक अलगाव प्रदर्शित करते हैं। इन निवासों के स्थान तथा स्थिति से भी सामाजिक श्रेष्ठता का प्रदानुक्रम प्रतिबिम्बित होता है। प्राय: तीन स्वरूप स्पष्ट मिलते हैं अलगाव, एकत्रीकरण एवं प्रखण्डीकरण।

मानव तथा जानवरों के निवास हेतु निर्माण सम्बन्धी अलगाव भी सांस्कृतिक भिन्नतानुसार विभिन्न स्वरूपों में प्रदर्शित होते हैं। अलग उपस्थल (Sub-areas) रखने की प्रवृत्ति के कई कारण होते हैं, जैसे जाति-पदानुक्रम, अशुद्धता एवं प्रदूषण के विचार, पेशे के अनुसार अनेक प्रक्रियाओं के संपादन हेतु अलग निर्माण या कक्ष की आवश्यकता तथा अन्य सांस्कृतिक कारक। आदिम जातीय लोग, जैसे भील भी अपने अन्तर्जातीय उप-विभागों में बंटे होते हैं। उनके अधिवास भी मिश्रित जनसंख्या, जैसे धनक तथा अछूत आदि समवर्गी परिगणित जातीय के समूह होते हैं।

कृषक गृह एवं खेत

चूँकि कृषक के गृह की स्थिति प्रकार्यात्मक रूप में कृष्यभूमि, चरागाह, जल-स्रोत-स्थान, जंगल आदि के सम्बन्धित होती है, अत: कुछ अपवादों के साथ, उसका निवास-गृह खेत तथा संहत अधिवास के मध्य अन्तर्स्थित अनेक वस्तुओं द्वारा अलग होता है। ये वस्तुएँ अन्य कृषक-गृह, ग्राम-पथ, जलराशि, बंजरभूमि, बाग, खेत आदि हो सकते हैं। एक कृषक के जोत-चक ग्राम-भूमि क्षेत्र के एक या कई दिशाओं में बिखरे, किन्तु प्राय: कुछ मीटर से किमी दूरी पर स्थित होते हैं। जोत के टुकड़ों में विखंडन तथा अन्य बाधाएँ दूरी के साथ कई नई समस्याएँ प्रस्तुत करते हैं। अत: गृह-क्षेत्र के सम्बन्ध, जोत विखण्डन की कोटि, खेतों के प्रकीर्णन, कृषि-कार्य-प्रतिरूप, अनियमित चक्करदार, घुमावदार पगडंडी, अधिवास की लम्बायमान आकृति, खेतों की लम्बायमान स्थिति, भौतिक लक्षण जैसे नदी, पहाड़ी, नाड़, गलीदार भूमि की बाधक उपस्थिति तथा सड़क की कमी आदि से प्रभावित होते हैं। किन्तु बाधाओं के बावजूद कृषक संहत अधिवास में

किसी बाहरी दबाव के कारण नहीं, वरन् समूहन द्वारा प्रदत्त अनेक क्षतिपूर्तियों का आनन्द प्राप्त करने हेतु रहता है। एक कृषक का घर मात्र शरण-स्थल ही नहीं वरन् बहुचर वाले कार्यकलापों, जिसे वह अन्य में सर्वनिष्ठ रूप में पाता है और अपना समझकर करता है, का केन्द्र होता है। वह वहाँ श्वास लेता है, सोता है, चलता, टहलता है, गप्प लड़ाता है, झगड़ता है, प्रार्थना करता है, केवल अपने घर में रहकर ही नहीं वरन् पूरे निवास क्षेत्र में रहकर, पूरे ग्राम क्षेत्र में रहकर और पूरे ग्राम की वजह से भी। जीवन के हर मोड़ पर प्रत्येक कदम पर वह सुई से फावड़े तक, बैल से बैलगाड़ी तक सामानों के लिए क्षैतिजिक एवं उर्ध्वाधर प्रकार्यों एवं अनेक पारस्परिक सम्बन्धों, आदान-प्रदान आधारित सम्बन्धों के लिए सहयोगी की भूमिका निभाता है। इस प्रकार उसका सामाजिक देश (Space) उसके आर्थिक देश पर भारी पड़ता है, हावी रहता है। फिर भी भौतिक दूरियाँ उस पर आर्थिक तनाव डालती ही हैं जो उसके बेहिसाब लेखा-जोखा को पर्याप्त हानि पहुंचाती है।

यहाँ यह स्मरणीय है कि अधिवास का फैलाव प्रारम्भ में विभिन्न जातीय अध्यासन द्वारा प्रथमतया कृषक परिवार, अहीर, गड़ेरिया और पुन: सेवक वर्ग द्वारा हुआ जो जंगल कटाई व सफाई से तथा फसल, चरागाह, लकड़ी/ईंधन के सार्वजनिक भूमि के स्वामित्व से घनिष्ठ रूप में सम्बन्धित था; इसीलिए संहत अधिवास के चतुर्दिक प्रत्येक क्रमश: अधिक चौड़ी, संकेन्द्रिक पट्टी में स्थित है। पूरे ग्राम-निवासी को केवल कृष्य भूमि की ही आवश्यकता नहीं थी। अंततोगत्वा कृषित भूमि की सीमा किसी ग्राम में प्राप्त उपयुक्त मिट्टी के विस्तार से निर्धारित नहीं होती वरन् हल खींचने वाले पशु को खिलाने के लिए समुदाय की भूमि के चारा हेतु सुरक्षित भूमि-अनुपात पर निर्भर होती है।[13] वनों से केवल चराई क्षेत्र ही नहीं वरन् खाद्य सामग्री, कृषि-यंत्र, साधारण मकान फर्नीचर, साज-सामान के लिए कच्चा माल तथा आत्मनिर्भर पूर्वकालिक ग्रामीणों के लिए शिकार क्षेत्र भी सुलभ होते हैं। यह भी सम्भव रहा है कि एक खलिहान की स्थापना कटी फसल रखने के लिए, चारा एकत्रित करने के लिए, एक ''खाला'' या बाड़ की पशु तथा चारा के लिए होती है जो बाद में टोला-बसना की शुरुआत होती है। ऐसे टोले कभी-कभी योग्य नेतृत्व में अपना बलपूर्वक अधिकार जताते हैं तथा पड़ोसी अधिवास के समीप विभिन्न आकार, आकृति के निवेश बस जाते हैं। अल्प विभिन्नता वाली उत्पादक मिट्टी के विस्तार के कारण ही निश्चित आकार, आकृति के अधिवास सममित अन्तरण के साथ आवासीय विस्तार के समान्तर भूमि-सीमा वाले बसाव प्रदर्शित करते हैं। राजपूत या अन्य आक्रामकों द्वारा निष्कासित पूर्वकालिक निवासी (प्राय: मध्यभारत में अधिक) और इसीलिए खेतों के तथा गृह-समूहों के आकार, आकृति में भिन्नताएँ मिलती हैं।

वंश परम्परा आधारित जोत-भूमि के विभाजन, विखंडन के आधार पर साथ-साथ विकासशील अधिवास तथा भूमि का विन्यास-प्रबन्ध, गृहों तथा खेतों की दूरी को भिन्नता प्रदान करता है, जो एक प्रदेश में दूसरे से तथा उसी प्रदेश में एक अधिवास से दूसरे में भी भिन्न होती है। इस मान्यता के साथ कि कृषक अपने ग्राम-अधिवास के मध्य में रहता है, कुछ चयनित प्रतिदर्श ग्रामों में खेत तथा घर के बीच की दूरी में भिन्नता मिलती है, जिसकी गणना आगामी खण्ड में विवेचित विविध से की गई है जैसा सारणी 6 (i) से स्पष्ट है।

ग्राम्यान्तर दूरी

यहाँ दो उदाहरण मालवा प्रदेश तथा भारत के उत्तरी मैदान से लिए गए हैं। अन्तराल की संगणना चार मान्यताओं के आधार पर साधारण सूत्र द्वारा की गई है। मान्यता है कि:

1. किसी भी क्षेत्रीय इकाई में ग्राम-भूमि की सीमा समान आकर की षट्भुजीय आकृति वाली है,
2. ग्राम की सम्पूर्ण जनसंख्या क्षेत्र के मध्य में स्थित संहत अधिवास में निवास करती है,
3. ग्राम के सभी खेत काग-उड़ान दूरी में मापनीय है,
4. निवासी अपने ग्राम-सीमा के बाहर कृषि नहीं करते हैं।

ग्राम्यान्तर दूरी मापने का सूत्र है:

$$Vfd = 0.5373 \sqrt{A/N}$$

जहाँ Vfd = ग्राम-गृह से खेत-सीमा की दूरी

A = इकाई का क्षेत्रफल

N = अधिवास की संख्या

मालवा प्रदेश के लिए संगणना सारणी 6 (i) में प्रदर्शित हैं।

सारणी 6 (i)

मालवा प्रदेश के कुछ ग्रामों में ग्राम-खेत दूरी

ग्राम का नाम	*दूरी मीटर में*	*ग्राम का नाम*	*दूरी मीटर में*
धराड़	1,272	खुरदा	1,713
दताना	2,516	पिप्लोट	2,739
भूगोर	2,135	मटकुली	1,378
उदयगिर	1,376	अजनद	2,127
सोंची	2,387	बामनखेड़ी	2,714
धामनोद	1,108	भीलखेड़ी	2,109
गुलझारा	1,209	मानपुर	2,737

स्पष्ट है कि खेत-गृह की दूरी 1,108 से 2,739 मीटर तक है। यह भिन्नता जंगलों, नीमाड़ की उच्चभूमि, सागर, गुना के बीहड़ों तथा माही बेसिन में बसे ग्रामों की आकार-आकृति-अनुरूप बढ़ती जाती है। जैसा मानचित्र 6.2, 6.3, 3.9 से स्पष्ट है, सांची तथा उदयगिर की लम्बायमान आकृति, भूगोर के आवासीय स्थान की एक कोने में तथा मटकुली की मध्य में स्थिति से कृषि-खेत तथा गृह के सम्बन्ध, आवासीय आवृत्ति तथा सीमा के मध्य में स्थिति से कृषि-खेत तथा गृह के सम्बन्ध, आवासीय आवृत्ति तथा सीमा के मध्य सम्बन्ध तथा अन्य आकारिकीय अभिव्यक्तिकरण के लक्षण भिन्न रूप में प्रकट होते हैं। ग्राम्यान्तर की औसत दूरी उत्तर प्रदेश के भदोही जनपद (उत्तर प्रदेश) में न्यापंचायत के स्तर पर 538 मीटर है जो राष्ट्रीय औसत 1,120 मीटर से कम है। यहाँ संगणित समंक पाँच श्रेणियों में वर्गीकृत है यथा:

1. *अति न्यून दूरी (<500 मी.):* यह 32 न्याय पंचायतों के 501 ग्रामों में 32.96 प्रतिशत क्षेत्रफल में विस्तृत है। दूरी-विचरण-विस्तार छतमी में 372 मी से वारी में 498 मी है। यह क्षेत्र संकरी पट्टी के रूप में मध्य उत्तरी तथा दक्षिणी भाग में उपजाऊ मिट्टी तथा विकसित सेवा-केन्द्रों के साथ विस्तृत है।

2. *न्यून दूरी (500-600 मी):* ऐसी न्याय पंचायतें मध्य भाग में 36.75 प्रतिशत भाग में विस्तृत हैं जहाँ उपजाऊ भूमि तथा परिवहन के साधनों का विकास मुख्य कारक रहे हैं। यहाँ दूरी तिलंगा में 509 मी से लेकर औराई में 509 मी, बीसापुर में 595 मी है।

3. *मध्यम दूरी (600-700 मी):* यद्यपि इस कोटि की न्याय पंचायतें क्षेत्रभर में बिखरी है फिर भी उत्तरी पश्चिमी भाग में स्पष्ट वितरण प्राप्त है। इसके अन्तर्गत 92 ग्राम 12.50 प्रतिशत भाग में फैले हैं तथा दूरी का विस्तार कुरौना में 600 मी से लेकर रामनगर में 661 मी, दरवाँसी 662 मी तथा दरुनहा में 690 मी है। ये औसत उपजाऊ ऊसर तथा ताल क्षेत्र हैं।

4. *उच्च दूरी (700-800 मी):* इस वर्ग के 57 ग्राम, 10.30 प्रतिशत क्षेत्र में बाढ़-पीड़ित खादर भूमि में विस्तृत हैं, दूरी विस्तार जाठी में 704 मी से पट्टी बेजांव में 784 मी है।

5. *अति उच्च दूरी (800 तथा अधिक):* यह कोटि 8.09 प्रतिशत भाग में 36 गाँवों तथा वारीपुर, डीघ, इब्राहमपुर तथा अजयपुर न्याय पंचायत में विस्तृत है। बाढ़ की दशा तथा ऊसर-उपान्त क्षेत्र इस वितरण हेतु उत्तरदायी हैं।

खेतों का वितरण एवं प्रकार

यद्यपि जोत-चक का वितरण एक सांस्कृतिक सत्ता है जो अध्यासन की अवधि में भूमि-व्यवस्था, वंशपरम्परा आधारित हक तथा पसंद

पर निर्भर है, फिर भी आकार की भिन्नता अपवाह की दशा, सिंचाई सुविधा, निवास से निकटता, फसल चक्र, यंत्रों का उपयोग, कृषक की श्रेष्ठता तथा व्यक्तिगत रुचि आदि से सम्बन्धित होती है। यदि एक कृषक के पास कई जगह बिखरे चक हैं तो आगामी पीढ़ी में खेतों की संख्या बढ़ जाती है तथा यह अन्तहीन प्रक्रिया है। फिर भी मिट्टी, इसके प्रकार, उत्पादकता, विस्तार, भूमि का ढाल, भूधृति-प्रणाली (स्थानिक स्थानीय तथा ऋत्विक) तथा कृषक की सामाजिक-आर्थिक एवं सांस्कृतिक श्रेष्ठता आदि खेत-प्रतिरूप तथा आकार को नियत करते हैं। चित्र 6.2 में धराड़ में चतुर्भुजाकृति के खेतों का विखण्डन, आवासीय क्षेत्र के पास लघु आकार तथा उपान्त में बड़े आकार वाला है। किन्तु यहाँ के उज्जैन, मान्डव, धार जैसे ऐतिहासिक केन्द्रों की समीपता के कारण अतीतकाल से प्रयुक्त खेत नवीनकालीन उद्‌भव वाले मटकुली ग्राम के खेतों की तुलना में छोटे हैं। इसी प्रकार का प्रतिरूप दताना, भूगोर तथा उदयगिर में मिलता है। खुरदा ग्राम पर भी सांस्कृतिक प्रभाव दिखलाई पड़ता है जहाँ ईसाई मिशनरी कार्यकर्ताओं के साथ अन्यत्र प्राप्त लम्बी पट्टी अथवा अनियमित आकृति के खेतों के स्थान पर आयताकार चतुर्भुजाकृति के खेतों का प्रसार बढ़ा है। गोइड़ भूमि अथवा आवासीय इकाई की सन्निकटता में स्थित भूमि पर प्रभाव स्पष्ट है। उदयगिर तथा मटकुली पर नाला तथा स्थानीय भू-प्रदेश का प्रभाव स्पष्ट है। इस प्रकार आवासीय इकाई के पास के खेतों का आकार, फसलों के अन्तर्गत गुणित उपयोग को प्रतिबिम्बित करते हैं, यथा खेत तथा घर के बीच दूरी न्यूनीकरण द्वारा श्रम की कमी, अधिक आवृत्ति के साथ फसल की देखरेख तथा गृह-कार्य एवं बुवाई, निराई, गुड़ाई, रखवाली, ढुलाई, कटाई, मँड़ाई, रख-रखाव (अनाज अलग करना तथा पैक करना) में पूर्ण समायोजन के साथ ऋत्विक कार्य सम्बन्धी लयबद्धता स्थापित होना आदि जिससे विविध कार्यों के संपादन में सर्वाधिक परिवार सदस्य लग सकते हैं। बच्चे, बूढ़े, औरतें सभी पुरुषकर्त्ता के साथ श्रम कर पाते हैं।

अधिवास-जोत दूरी-देशीय सम्बन्ध

अब हम लोग दूरी तथा भूमि-उपयोग के बीच सम्बन्धों का विवेचन कर सकते हैं, क्योंकि यही, अधिवास के आन्तरिक स्थानिक प्रतिरूप में आकारिकीय परिवर्तन लाने वाले मुख्य यंत्र (tool) कृषक की कार्यपद्धति की लयबद्धता (work rhythm) को निर्धारित करता है। वह प्रत्येक स्तर पर स्थानिक प्रतिरूप तथा श्रम कम करने की[14] कार्रवाई के बीच समायोजन करता दिखलाई पड़ता है। अधिकांश कृषक निवास से सटी भूमि में साग-सब्जी, खाद्यान्न तथा फल की दो फसली गहन खेती करते हैं। चिशोम के अनुसार ''यह गहन कृषि का क्षेत्र छोटी सम्पत्तियों (भूमि) से मिलकर बना होता है जो बिखरे, प्रकीर्ण होते हैं और जिन्हें आधारभूत रियायत प्राप्त है[15]। यह सामान्य लक्षण है कि मक्का, कपास, आलू, चारा की फसल, सब्जी तथा मुख्य खाद्यान्न अच्छी अपवाहित तथा निवास स्थल के सन्निकट भूमि में तथा अन्य खाद्यान्न दूसरी अर्द्धगोलाकार या गोलाकार पट्टी में तथा मोटे अनाज उपान्त खेतों में पैदा किए जाते हैं। ऐसा इसलिए कि आने-जाने की आवृत्ति, फसल की सुरक्षा तथा खेत में लगने वाले श्रम, परिवहन खर्च आदि मिलकर आर्थिक अधिशेष (rent) निर्धारित करते हैं। ग्राम के मध्य रहता हुआ कृषक अपने बिखरे खेतों[16] से न्यूनतम आर्थिक दूरी पर रहता है। कृषक की आवश्यकता-पूर्ति सम्बन्धी रीति-रिवाज, आदत की नियम-पद्धति की अनदेखी नहीं की जा सकती। एक कृषक जुताई, कटाई के समय खेत पर ही दोपहर का खाना खाता है, जिसे या तो वह स्वयं ले जाये या कुटुम्ब के सदस्य पहुंचा दें। खेत से खलिहान या बाड़ा (खाला) तक बैलगाड़ी, ट्रैक्टर ट्राली, सिर पर ढुलाई करके या अन्य वाहनों से पहुँचाने के लिए एक रास्ता सुरक्षित स्थल श्रमिक, चालक, चौकीदार आदि की जरूरत पड़ती है; ये सभी मिश्रित रूप में उत्पादन के आर्थिक मूल्य को बढ़ाते हैं। इसीलिए दूरी को भौतिक नहीं वरन् आर्थिक दूरी के रूप में सोचना चाहिए; कितने किमी की दूरी है अधिक माने नहीं रखता वरन् कितना खर्च पड़ता है, अधिक मूल्यवान है[17]। यह आर्थिक दूरी यदि हम श्रम और अन्य खर्च, जो खाद बनाने, देने, जुताई, कटाई, रखवाली (चिड़िया, जानवर, चोरी आदि) में लगता है, का मूल्यांकन करें तो, और भी बढ़ जाती है। आर्थिक दूरी को फसल उत्पादन के सन्दर्भ में भी समझना चाहिए क्योंकि गृह से दूरी बढ़ने पर उत्पादन घट जाता है। यह तथ्य इसे सोचने के लिए बाध्य करता है कि कृषक दूरस्थ खेतों में गहन कृषि इसलिए नहीं करेगा, जिससे कि उस खेत पर उपयोग सम्बन्धी खर्च को बचा सके[18]।

अधिवास आकारिकी के वृद्धि-प्रतिमान

विसरण-प्रतिमानों का विवेचन करते समय हम लोगों ने स्थापित अधिवासों की आकारिकी का अध्ययन करने के लिए अपनायी गई विधियों का जिक्र किया है। अब हम एक नाभिकीय या बहुनाभिकीय विविध अधिवास आकारिकीय प्रतिमानों की उनके सामाजिक-स्थानिक-प्रकार्यात्मक आयामों के साथ परिकल्पना एवं परीक्षण कर सकते हैं। इस प्रकार एक केन्द्रीय अथवा नाभिकेन्द्र, द्वि-नाभिकीयन,

Figure 6.2
Field Pattern of Bhugor and Dharar

बहुनाभिकीयन प्रतिमान पाए जा सकते हैं। चूंकि मानव बसाव एक सांस्कृतिक प्रपंच है, अत: सांस्कृतिक गुण अनेक स्थलों पर आकारिकीय संरचना-विकास में महत्त्वपूर्ण भूमिका निभाते हैं। क्षेत्रीय अध्ययन के अनुभव तथा उल्लिखित सामग्री के आधार पर कहा जा सकता है कि प्रत्येक प्रकार के अधिवास में प्राथमिक मूलनिवासी ही नाभिकेन्द्र बनाता है। यह नींव डालने वाला किसी भू-क्षेत्र या बसाव-भूमि में निम्नलिखित किसी भी तरीके से बसाव करता है:

(अ) एक प्रभावी वंश तथा कुल के सदस्य समूह के आश्रित, सहयोगी द्वारा,

(ब) एक वंश तथा बहुकुल सदस्य तथा सहयोगी द्वारा,

(स) बहुजातीय एवं वंश-कुल सदस्य तथा सहयोगी द्वारा,

(द) एक वंश के आदिम जातीय का अनूठे प्रजातीय गुण के साथ।

ये चार विकल्प की रणनीतियाँ ऐतिहासिक अधिवास-अध्यासन के साथ विभिन्न प्रदेशों में प्रयुक्त रूप में मिलती हैं। इसे विस्तार से प्रस्तुत किया गया है। सामयिक ढाँचे में अधिवासों के आकारिकी-संरचना का विविध अभिव्यक्तिकरण विकास की अवस्था या प्रावस्थानुसार होता है। यहाँ संहतता, नगला-बसाव तथा बहुनाभिकीयन उस क्षेत्र के जातीय समूह तथा सांस्कृतिक प्रखण्ड (Culture Zone) के लिए सर्वोत्तम ढंग से उपयुक्त समय-फलन (function of time) होते हैं।

(अ) प्रथम उदाहरण में एक प्रभावी वंश का समूह अधिवास का नींव डालकर स्थल के केन्द्र में तथा उसके कौटुम्बिक सदस्य सटे चतुर्दिक देश में रहते हैं। अन्य सहायक, पुरोहित, सेवक वर्ग, मजदूर आदि, देश-काल की आवश्यकतानुसार उपयुक्त सुरक्षा, सुगम पहुँच, दिशा एवम् धार्मिक-कर्मकाण्डी मापदण्डों के अनुसार अपने आवंटित क्षेत्र में बसाव-स्थल प्राप्त करके बसते हैं। समय बीतने पर, झगड़ों तथा समझौते के आधार पर कुल के विखंडन द्वारा ग्राम के अन्य स्थलों पर बसाव होता है। इस क्रम में भी सहायक या तो साथ बसते हैं या नये, प्राचीन के मध्य में बसे रहते हैं। बीच के रिक्त भाग में कुल के मुखिया द्वारा आवंटित स्थान पर अन्य जाति के लोग बस जाते हैं। इस प्रकार विशिष्ट देश के साथ संहत अधिवास बन जाता है।

यदि ऐसे अधिवास में नगला-बसाव प्रारम्भ होता है, तो महजूदा के उदाहरण से स्पष्ट है, तो स्थान के अनुसार आकारिकी स्वत. प्रकट होती है। इतिहास के मध्यकाल से लेकर ब्रिटिश काल तक भारत के उत्तरी मैदान में यही सामान्य लक्षण थे। इसी के कारण राजपूत वंश के आधार पर अनेक राज्य-क्षेत्रों का स्थानिक संगठन हुआ तथा रिक्त स्थानों को भरने के लिए अन्य प्रभावी जातियों के अधिवासों में वृद्धि हुई। इसीलिए प्रादेशिक वितरण के अनुसार तथ्यों के आधार पर भूमिहार, क़ुर्मी, सचान, कटियार, क़ुशवाहा, त्यागी, ब्राह्मण, पटेल, मुसलमान, जाट, गूजर तथा अन्य प्रभावी जातियों के अधिवास प्राय: मिलते हैं।

(ब) एक वंश तथा बहुकुल के सदस्य भी समूह में, अपनी सुविधानुसार ग्राम-भूमि को बाँटकर एवम् संगठित करके राज्य क्षेत्रों की स्थापना करते हैं। कई राजपूत तथा ब्राह्मण ग्राम संयुक्त प्रयास से उपजाऊ मैदान, पठार, दोनों भागों में, साथ-साथ विकसित हुए हैं। उनके सहायक आवंटित देश में किस प्रकार एकत्रित होकर बसे, यह स्पष्टतया आकारिकीय संरचना से स्पष्ट है, उदाहरणार्थ धराड़, दताना, भूगोर (मालवा प्रदेश) तथा भोरी, बहरैची तथा नटवा (वाराणसी-उ.प्र.) आदि ग्राम इन लोगों तथा इनके सहायकों द्वारा बसे संहत या नगल नाभिकीयन-अधिवास के संरचना-विकास को प्रकट करते हैं। ऐसे अधिवास, मूल राज्य-क्षेत्र के संगठकों द्वारा, सहायकों को प्रदत्त देश में या मुआफी, जागीरदारी, अनुदान में प्राप्त भूमि में रिक्तस्थान की पूर्ति के प्रतीक हैं।

(स) बहुजाति तथा बहुकुल समूह प्रायद्वीपीय भारत, मालवा प्रदेश तथा उत्तरी मैदान के पूर्वीभाग में (बिहार) बड़े अधिवासों के रूप में मानव-बसाव प्रस्तुत करते हैं। ऐसी दशा उन स्थलों पर मिलती है जहाँ विभिन्न जाति तथा कुल के लोग किसी ग्राम क्षेत्र पर दखल हुए और अपने सगे, सहायक तथा बाद के निवासियों की सहायता से बसे, फैल गए। बिहार में नैनी ग्राम (चित्र सं. 6.4) उत्तम उदाहरण है। यहाँ गौतम, काकन, अमेठी तथा बैस आदि राजपूतों द्वारा तथा मिश्र, तिवारी ब्राह्मणों द्वारा आकारिकीय-संरचना का विकास हुआ। अन्य जाति के लोग भी प्रखण्डीय वृद्धि द्वारा जजमानी पद्धति को सुदृढ़ बनाए हैं। इसी प्रकार की वृद्धि सारन मैदान के महुई तथा मझनपुरा (चित्र 6.5, 6.6) अधिवासों में मिलती है। यह सम्मिलन भूमिहार, राजपूत, कुरमी+अहीर, राजपूत+ब्राह्मण, जाट+ गूजर या विसरण तथा विस्तार के अनुसार अन्य जातियों का हो सकता है। कुछ क्षेत्रों में बहुनाभिकीय विन्यास-प्रबन्ध भी मिल सकता है।

Figure 6.3

Field Pattern of Village (a) Matkuli, (b) Datana, (c) Udaigir

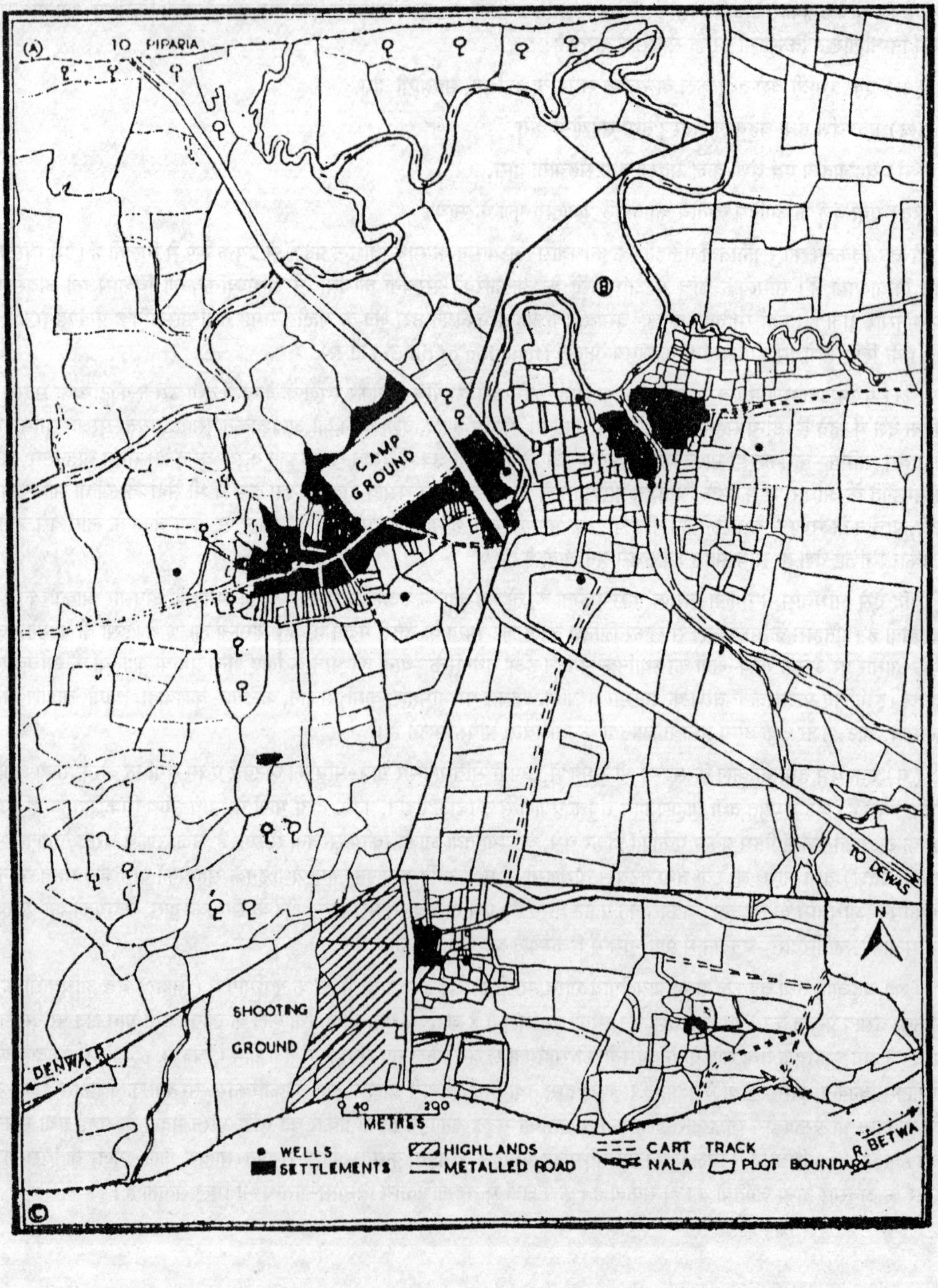

Figure 6.4
Naini: Socio-Spatial Structure

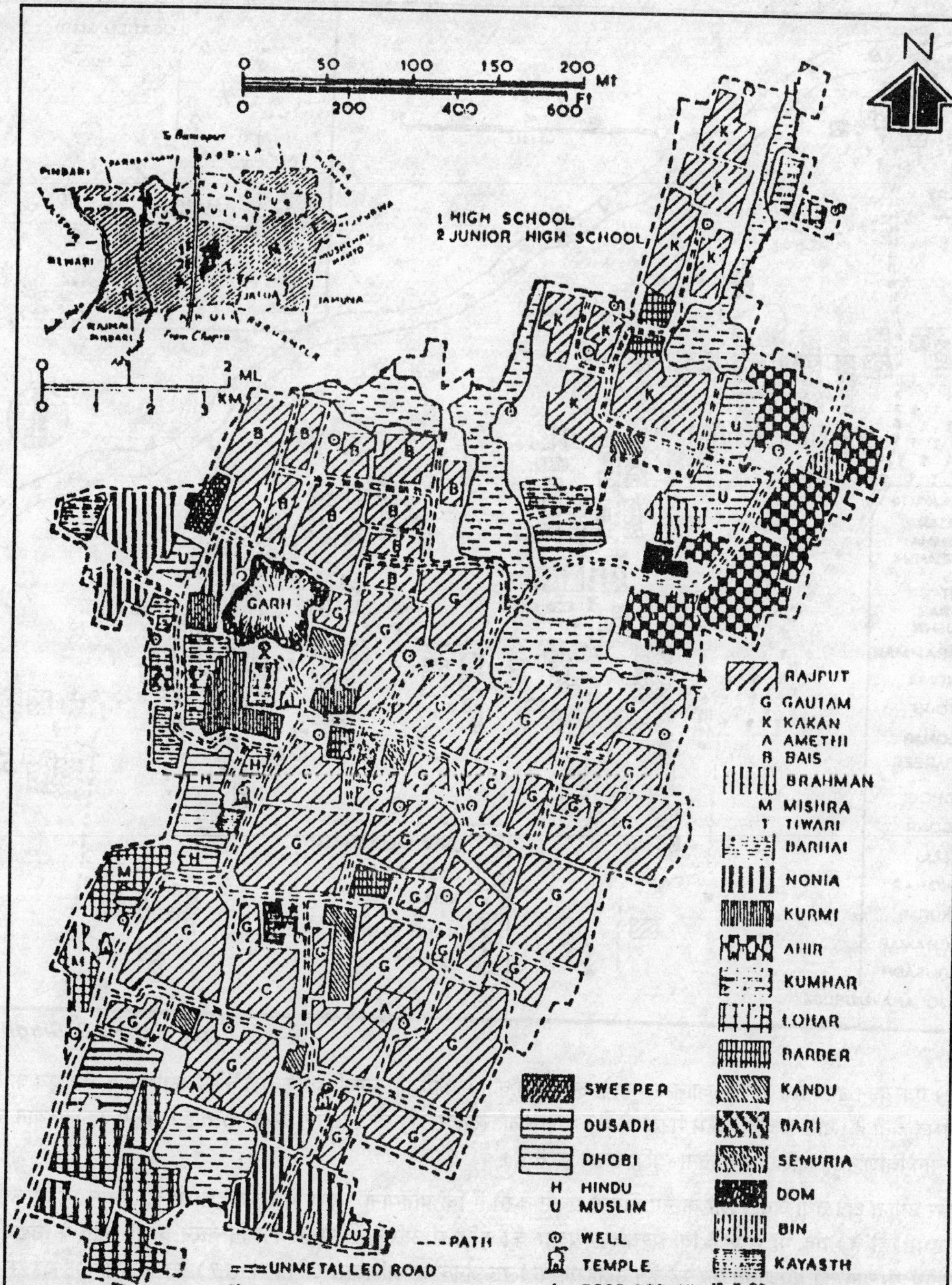

Figure 6.5

Mahui: Socio-Spatial Structure

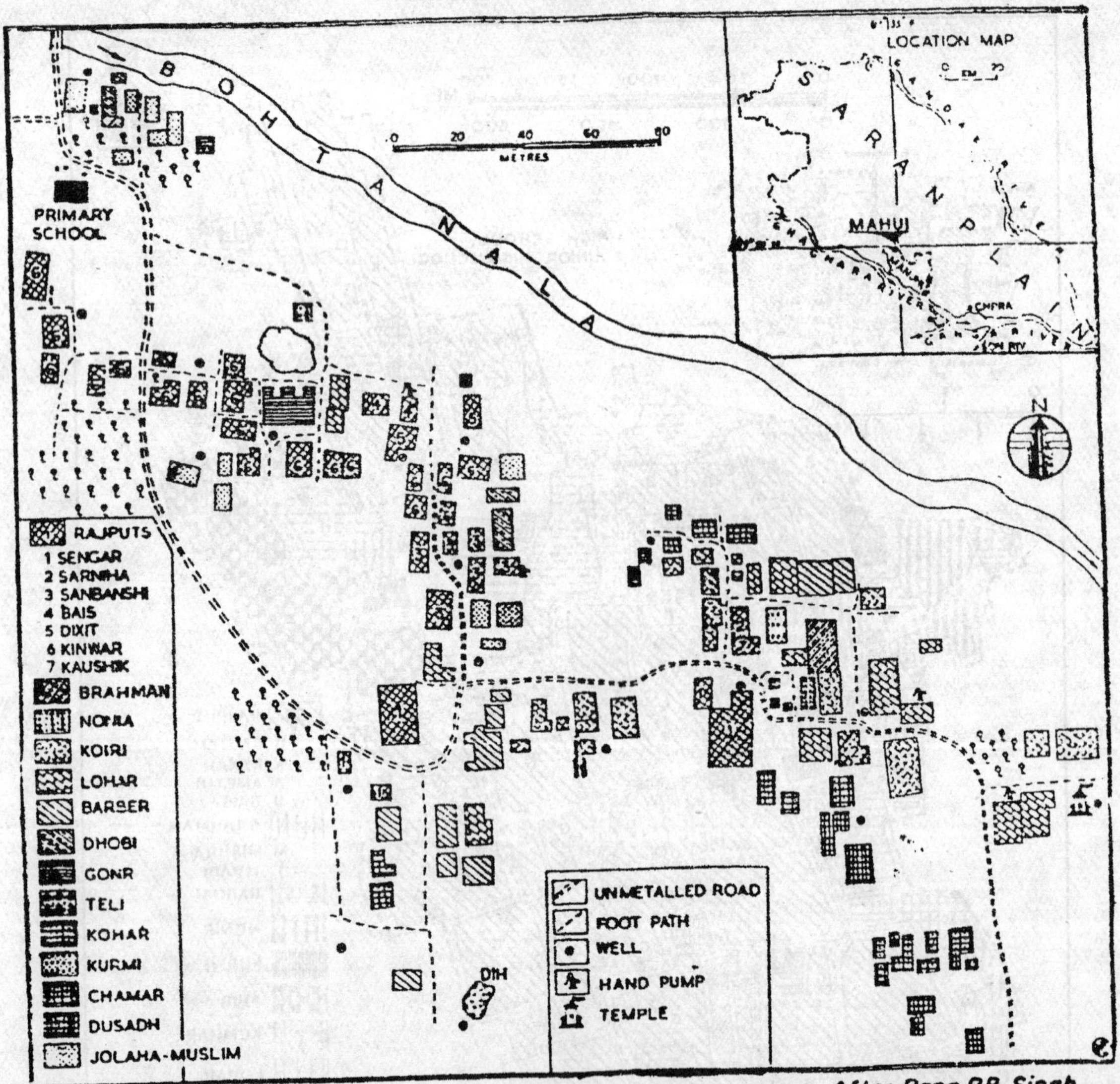

After Rana P.B. Singh

(द) एक कुल आधारित आदिम जाति-समूह के अधिवास की आकारिकी, सम्बन्धित कबीले की प्रजातीय गुण-वैशिष्ट्य के आधार पर विकसित होती है। गोंड़ कबीले (जैसे मटकुली में) भील (नाहरखोदरा में) दो उदाहरण प्रस्तुत करते हैं। अलग एकल स्थान पर बसे कुल के लोग विशिष्ट आकारिकीय संरचना-वृद्धि प्रकट करते हैं।

ऊसर उपान्त क्षेत्र तथा जंगल छोर के नए निवास प्रकट करते हैं कि प्रतिमानों[19] द्वारा विवेचित दशाओं के आधार पर आकारिकीय संरचना उभर रही है। यह भी स्पष्ट है कि पश्चादुक्त प्रकार की वृद्धि में अधिकांश सभी धनार्जन करने वाली जाति के उद्यमी लोग आकारिकीय संरचना को परिवर्तित कर रहे हैं। उदाहरण के लिए जनकपुर अधिवास (चित्र सं. 6.7) का प्रारम्भ 1951 ई. से यादव परिवार द्वारा ऊसर भूमि पर किया गया जो आज 20 गृहों का विकसित नगला बस गया है, और अधिक निवासी अपेक्षित हैं।

Figure 6.6
Majhanpura: Socio-Spatial Structure

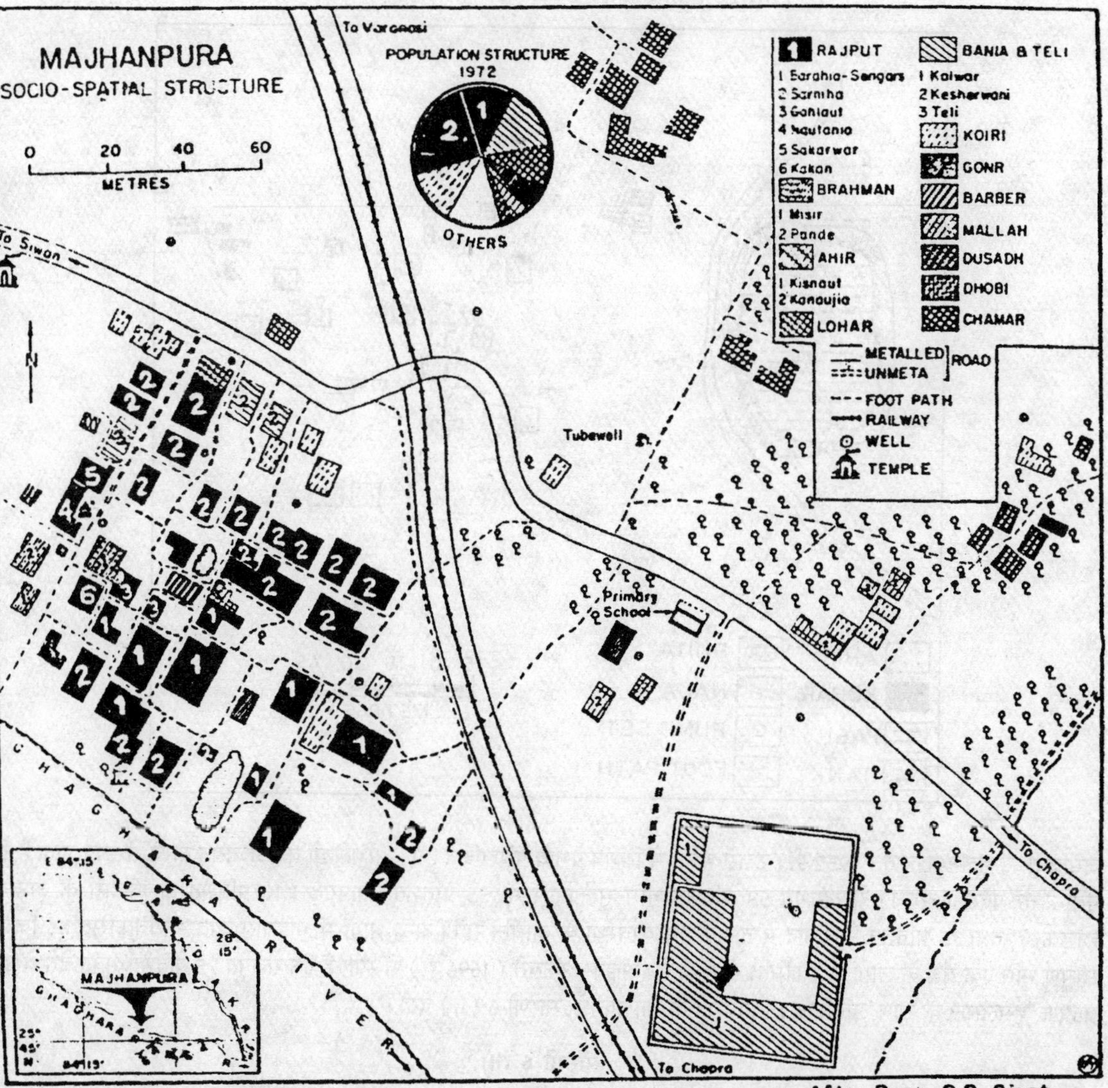

After Rana P.B. Singh

मानव-भूमि अनुपात तथा जाति-कोटि निर्धारण (परिवर्तनशील संदर्श छवि/परिदृश्य)

मानव-भूमि-अनुपात कर अध्ययन किसी खास क्षेत्र में अधिवास-अध्यासन की ऐतिहासिक पृष्ठभूमि पर निर्भर है। चूंकि प्राच्य देशों में कबीलों द्वारा मानव-बसाव के साक्ष्य मिलते हैं, भारत से उदाहरण लेना सरल उपागम होगा। मुगलकाल तथा बाद में राजपूत वंश का सत्तारोहण यत्र-तत्र प्रमुख, तालुकदार, स्वामी तथा आसामी के सम्बन्धों में परिवर्तन के साथ अधिवास-अध्यासन-हेतु उत्तरदायी रहा है। रैयतवारी अथवा भाईचारा की भूमि-व्यवस्था पद्धति के अन्तर्गत विभिन्न वंश-कुल के लोग अधिवसित क्षेत्र के स्वामी थे, यही व्यवस्था पद्धति के अन्तर्गत विभिन्न वंश-कुल के लोग अधिवसित क्षेत्र के स्वामी थे, यही व्यवस्था ब्रिटिशकाल से चली आ रही थी, किन्तु

Figure 6.7
Village Janakpur: Socio-Spatial Structure

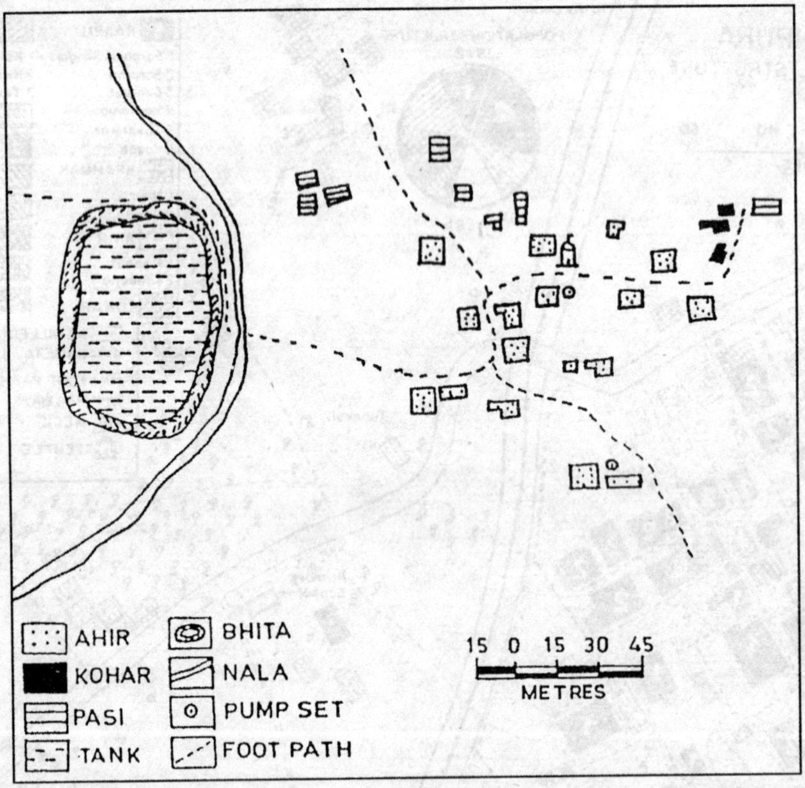

जमींदारी-उन्मूलन पश्चात् (1952 ई.) उत्तरी भारत में विशेष प्रभाव परिलक्षित हुए। अभिलेखों का अध्ययन करने से स्पष्ट होता है कि पूर्वी उत्तर प्रदेश (अवध) में लगभग 58 प्रतिशत भूमि सुल्तानपुर में, 55 प्रतिशत प्रतापगढ़ (10 प्रतिशत तालुकदारों के अन्तर्गत छोड़कर), तथा 75 प्रतिशत फैजाबाद में तालुकदारी व्यवस्था के आधीन रही। अन्य भागों में भाईचारा व्यवस्था विकसित हुई जिसमें सम्पूर्ण भूमि एक वंश के लोगों के स्वामित्व में रहती है। आइने-अकबरी (1596 ई.) से स्पष्ट है कि राजपूत 75 प्रतिशत भूकर देते थे और ब्राह्मण, मुसलमान के साथ अतिरिक्त 15 प्रतिशत के मालिक थे, सारणी 6 (ii) देखें।

सारणी 6 (ii)

जाति के अनुसार देय भूकर का प्रतिशत (आइने-अकबरी, 1596 ई.)[20]

जाति/जनपद	जौनपुर	गाजीपुर + बलिया	बनारस (वाराणसी)	सभी जनपद
राजपूत	64	39	16	50
ब्राह्मण एवम् भूमिहार	6	59	79	30
ब्राह्मण	18	–	5	11
मुसलमान	5	–	–	3
मुसलमान-राजपूत	6	–	–	4
अन्य	1	–	–	1
अज्ञात	–	2	–	1

Figure 6.8

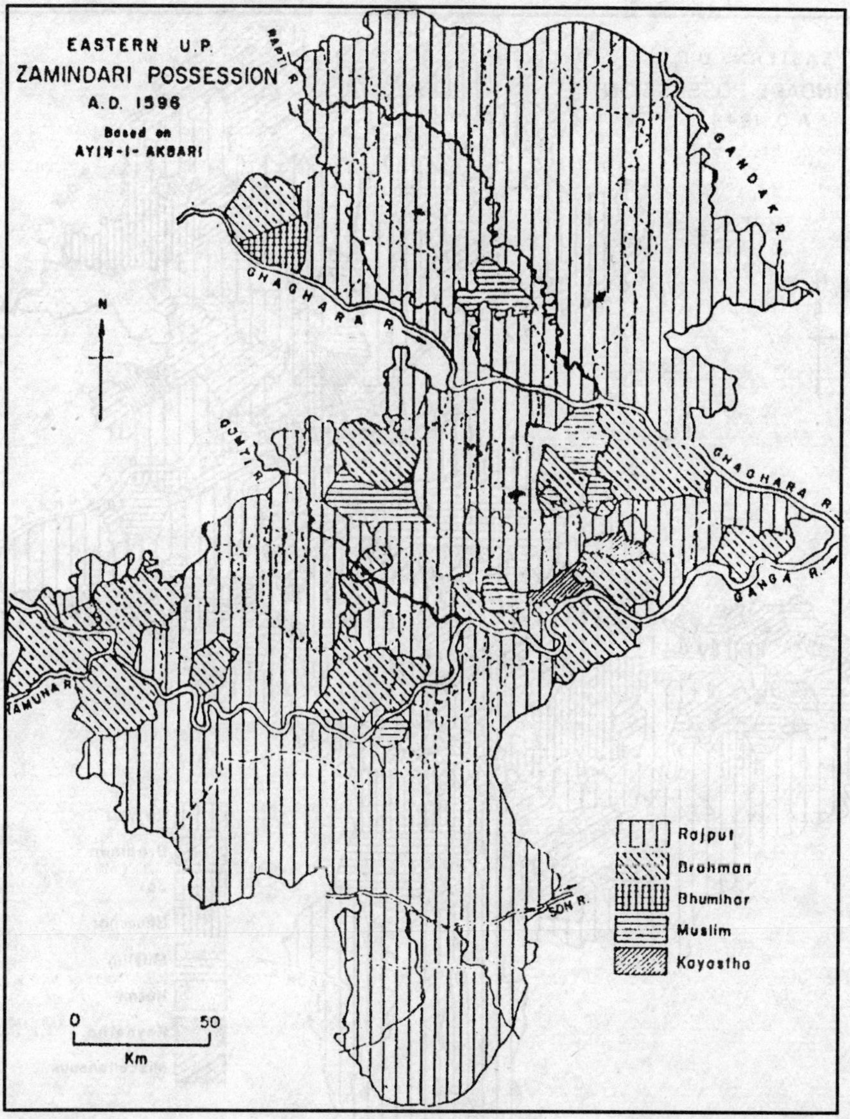

After R.L. Singh

आंकड़ों से स्पष्ट है कि मुगलकाल में भूमि-स्वामित्व पर राजपूतों की प्रभाविता कायम थी किन्तु नए भू-स्वामी संख्या में बढ़ते गए, जाति में बढ़ते गए, प्रथमतया ब्राह्मण, भूमिहार, मुसलमान, बनिया तथा कायस्थ (सारणी 6 (ii), 6 (iii), 6 (iv) तथा चित्र 6.8 एवम् 6.9 देखें) और स्वतंत्रता-प्राप्ति पश्चात् (1947 ई.) यादव कुर्मी तथा अन्य जाति के लोग आकारिकी में देश के हिस्सेदार तथा अधिवास इकाई के सदस्य बने। यदि हम किसी खास गाँव के मानव भूमि अनुपात को देखें तो प्रकट है कि अनेक राजपूत से इतर जाति के लोग राजपूतों की भूमि-क्रेता हैं, अत: भूमि स्वामित्व के साथ अधिवास प्रखण्ड या टोला के रूप में अधिवास-स्थान का बसाव प्रतिबिम्बत होता है।

Figure 6.9

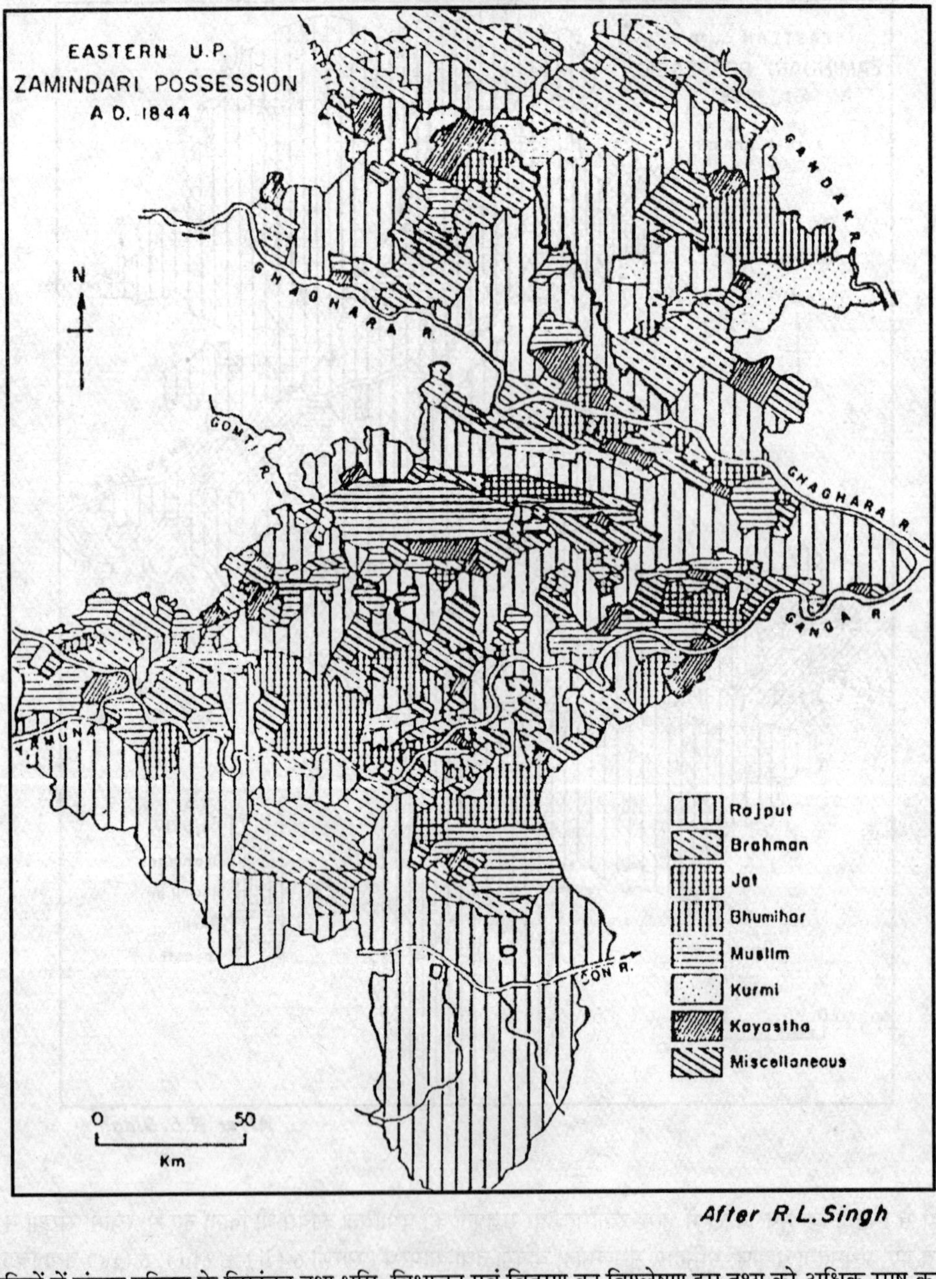

After R.L.Singh

दो शतियों में संयुक्त परिवार के विखंडन तथा भूमि-विभाजन एवं वितरण का विश्लेषण इस तथ्य को अधिक स्पष्ट करता है, चित्र 6.10 देखें। छै सदस्य के कुटुम्ब के पास सन् 1800 ई. में 125 एकड़ भूमि थी जो वंशपरम्परागत हक द्वारा 36 में बंट गई, अत: अनुपात 1:3.47 हो गया जो 21वीं शती में 1:2 हो जाएगा।[21]

वाराणसी जनपद में उमरहा तथा बराँई ग्रामों के वर्तमान भूमि-क्रय-विक्रय के आंकड़े इस तथ्य की पुष्टि करते हैं।

सारणी 6 (iii)

सात परगना के जमींदार की जाति -1789-90 (प्रतिशत में)

जाति/परगना	कटेहर	कोलअसला (वाराणसी)	मझवा (मीरजापुर)	हवेली (गाजीपुर)	जहीराबाद (गाजीपुर)	कोपा (बलिया मऊ)	मुंगरा (जौनपुर)	सभी परगना
राजपूत	76	62	90	03	05	14	55	29
भूमिहार	6	10	–	17	55	59	10	31
मुसलमान	–	04	–	59	16	4	5	18
कायस्थ	2	–	–	2	–	–	5	1
अन्य हिन्दू	6	14	5	9	16	7	10	11
अज्ञात	4	–	–	–	–	–	5	1

स्रोत: (कोहन बी.एस. सन्दर्भ सं. 20 पृ. 68)।

सारणी 6 (iv)

जाति-अनुसार भू-स्वामित्व (सन 1885 ई.) (प्रतिशत में)

जनपद	राजपूत	ब्राह्मण	भूमिहार	बनिया	मुसलमान
गाजीपुर	26	12	26	03	13
बलिया	74	07	08	02	02
जौनपुर	39	15	–	04	29
वाराणसी	37	34	34	13	08
आजमगढ़	35	11	15	–	23
गोरखपुर	22	26	10	–	07
बस्ती	31	33	04	–	08
फैजाबाद	44	23	–	–	22
सुल्तानपुर	76	–	–	–	17
प्रतापगढ	83	07	–	–	06

स्रोत: बन्दोबस्त प्रतिवेदन से संगणित।

सारणी 6 (v)

उमरहा में भूमि हस्तांतरण (1980-90)

विक्रेता की जाति	कुल सं.	निवासियों का प्रतिशत	क्रेता की जाति	क्रेता की कुल सं.	कुल क्रेता का प्रतिशत
1	2	3	4	5	6
राजपूत	22	46.82	कुर्मी	16	34.06
कुर्मी	10	21.28	बनिया	6	12.78
कायस्थ	4	8.51	चमार	4	8.51
ब्राह्मण	3	6.38	अहीर	4	8.51
सोनार	3	6.38	मुसलमान	3	6.38
चमार	2	4.25	कोंहार	2	4.25

Contd...

Contd...

राजभर	2	4.25	सोनार	2	4.25
अहीर	1	2.13	राजभर	2	4.25
–	–	–	कोंहार	2	4.25
–	–	–	गड़ेरिया	2	4.25
–	–	–	राजपूत	2	4.25
–	–	–	ब्राह्मण	1	2.13
–	–	–	हलवाई	1	2.13
योग	47	100.00		47	100.00

स्रोत: व्यक्तिगत सर्वेक्षण।

सारणी 6 (iv)

बराई में भूमि हस्तान्तरण (1980-90)

विक्रेता की जाति	*कुल संख्या*	*निवासियों का प्रतिशत*	*क्रेता की जाति*	*क्रेता की कुल संख्या*	*कुल क्रेता का प्रतिशत*
1	2	3	4	5	6
ब्राह्मण	18	60.00	अहीर	11	36.69
अहीर	4	13.34	ब्राह्मण	6	20.00
नोनिया	4	13.34	राजपूत	3	10.00
राजपूत	2	6.66	कोइरी	3	10.00
भर	1	3.33	भर	2	6.66
पासी	1	3.33	बनिया	2	6.66
–	–	–	गोसाईं	1	3.33
–	–	–	कोंहार	1	3.33
–	–	–	नोनिया	1	3.33
योग	30	100.00		30	100.00

स्रोत: व्यक्तिगत सर्वेक्षण।

सारणी से स्पष्ट है कि राजपूत तथा ब्राह्मण मुख्य विक्रेता और कुर्मी, अहीर, बनिया तथा मुसलमान मुख्य क्रेता हैं, अत: आर्थिक दशाओं एवं श्रेष्ठता में परिवर्तन आ रहे हैं। इससे समाज में श्रेष्ठता की कोटि, पदानुक्रम भी तय होते दिखाई पड़ते हैं। कुर्मी, अहीर, मुसलमान तथा बनिया अपनी श्रेष्ठता प्राप्त कर रहे हैं तथा परिवर्तन के लक्षण उनके मकानों की संरचना से तथा बसाव-क्षेत्र एवं आकारिकी में भी स्पष्ट दृष्टिगोचर है। कहीं-कहीं ये क्रेता मुख्य अधिवास से दूर जोत में नए स्थल में बस रहे हैं जो पुरवा की नींव बन रहे हैं। ऐसे नवीन धनाढ्य, ग्राम की भीड़ से दूर कृषि भूमि में निवसित हो रहे हैं, अत: संरचना एवं स्वरूप में स्वत: परिवर्तन अवश्यम्भावी है।

परिवार के आधार पर किए गए अध्ययन[22] से प्रकट है कि कुल योग के 83 प्रतिशत परिवार के पास 5 एकड़ से कम भूमि तथा <6 व्यक्ति वाले परिवार के 62 प्रतिशत के पास 2.5 एकड़ से कम भूमि है (सारणी 6 (vii) तथा चित्र 6.11 देखें)। इस प्रकार व्यक्ति केन्द्रित परिवार-आधारित घटत की ओर उन्मुख अपनति के साथ मानव-भूमि अनुपात स्थानिक संरचना में परिवर्तन के लिए भी उत्तरदायी है।

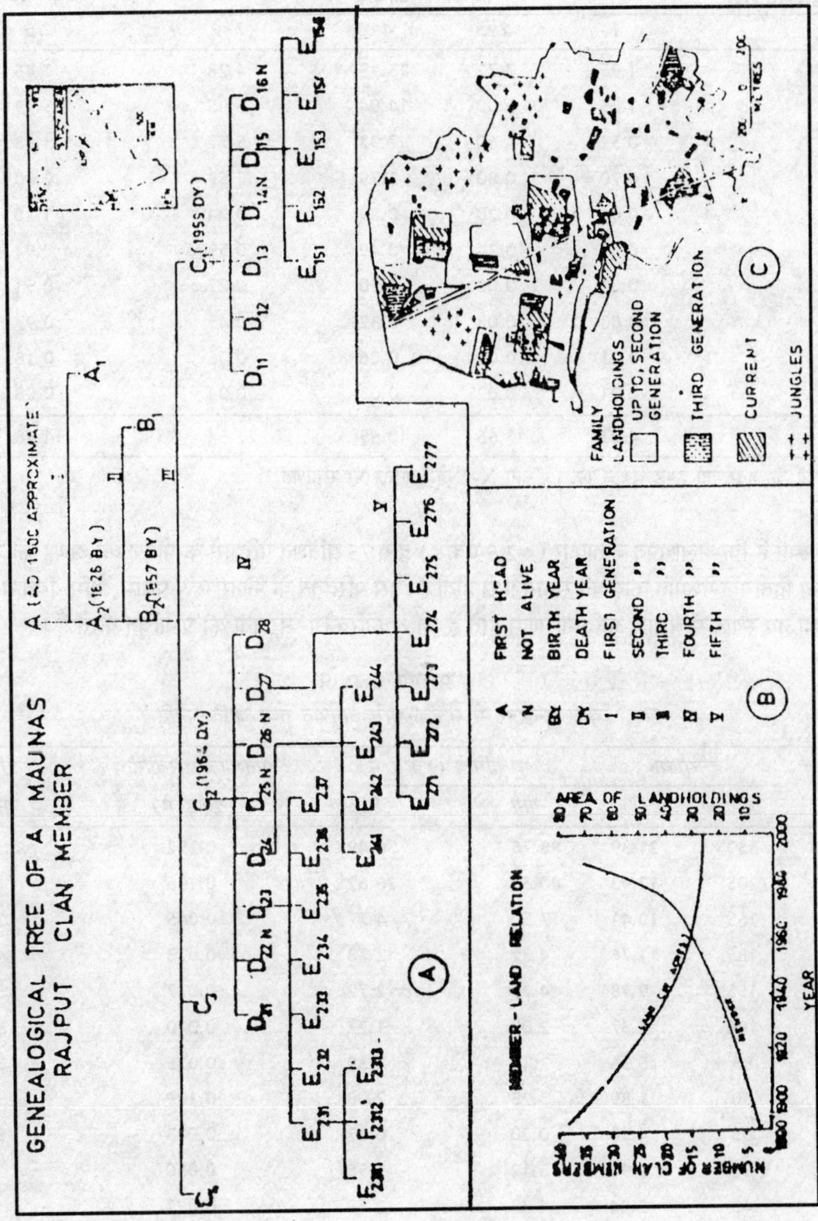
GENEALOGICAL TREE OF A MAUNAS RAJPUT CLAN MEMBER
A (AD 1800 APPROXIMATE)
A2 (1826 BY)
B2 (1857 BY)
C1 (1955 DY)
C2 (1964 DY)
A
MEMBER - LAND RELATION
AREA OF LANDHOLDINGS
NUMBER OF CLAN MEMBERS
YEAR
B
A FIRST HEAD
N NOT ALIVE
BY BIRTH YEAR
DY DEATH YEAR
I FIRST GENERATION
II SECOND
III THIRD
IV FOURTH
V FIFTH
FAMILY LANDHOLDINGS
UP TO, SECOND GENERATION
THIRD GENERATION
CURRENT
JUNGLES
C
METRES

Figure 6.10

सारणी 6 (vii)

20 प्रतिशत प्रतिदर्श के आधार पर कृषक जोताकार अनुसार पारिवारिक वर्गीकरण (प्रतिशत में)

जोत का आकार (एकड़ में)	परिवार का आकार			सदस्य संख्या		योग
	1	2–3	4–6	7–9	10	
>1.0	1.95	7.72	13.93	4.28	1.46	30.04
≥1.0	1.25	6.00	14.04	6.95	3.29	31.53
≥2.5	0.52	2.60	7.92	5.77	3.88	20.69
≥5.0	0.20	0.80	2.79	2.59	2.50	8.88
≥7.5	0.06	0.20	0.89	0.94	1.20	3.27
≥10.0	0.02	0.14	0.49	0.59	0.91	2.15
≥12.5	0.02	0.08	0.20	0.27	0.51	1.08
≥15.0	0.03	0.08	0.32	0.45	0.97	1.85
≥30.0	0.01	0.02	0.06	0.06	0.18	0.33
≥50.0	0.01	0.02	0.03	0.04	0.08	0.18
योग	4.07	17.66	40.65	22.64	14.98	100.00

स्रोत: सारन जनपद के जनगणना हैण्ड बुक (1971) भाग X-C के आधार पर संगणित

सारणी से स्पष्ट है कि अलाभप्रद जोताकार (‹ 2.5 एकड़) द्वारा 75 प्रतिशत परिवारों के पोषण की आशा की जाती है। स्वत: उनका जीवनयापन अन्य द्वितीयक पेशागत कार्य की सहायता से होता है। इस परिवर्तन के फलस्वरूप प्रवास, भूमि-विक्रय, प्राचीन निवास स्थल का परित्याग तथा नए स्थान में बसाव आदि परिणाम होते हैं जो अकारिकीय-संरचना को प्रभावित करते हैं।

सारणी 6 (viii)

चक सुन्दरपुर में मानव-भूमि अनुपात तथा जाति-कोटि

जाति	जनसंख्या		भूस्वामित्व (एकड़ में)		प्रतिव्यक्ति भूस्वामित्व (एकड़ में)	प्रतिएकड़ जनसंख्या	कोटि
	योग	%	योग	%			
ब्राह्मण	339	21.39	88.75	54.49	0.252	3.55	1
कोइरी	205	12.93	40.32	26.62	0.196	5.08	2
बनिया	165	10.41	7.50	4.77	0.045	22.00	6
हरिजन	185	11.76	4.37	2.78	0.023	42.33	9
मुसलमान	155	9.78	4.28	2.72	0.027	36.21	7
दर्जी (मुसलमान)	196	12.37	2.00	1.27	0.010	98.00	10
नाई	85	5.36	2.18	1.39	0.025	38.99	8
धोबी	30	1.89	3.28	2.08	0.109	9.15	3
भूंज	65	4.10	0.20	0.12	0.003	32.50	11
पासी	62	3.91	3.12	1.98	0.050	18.87	5
गड़ेरिया	45	2.84	4.37	2.78	0.097	10.29	4
बिन्द	28	1.77	–	–	–	–	–
बढ़ई + लुहार	25	1.58	–	–	–	–	–
योग	1585	100.00	157.37	100.00	0.099	10.07	–

स्रोत: व्यक्तिगत सर्वेक्षण।

Figure 6.11
Household-Structure in Relation to Landholding

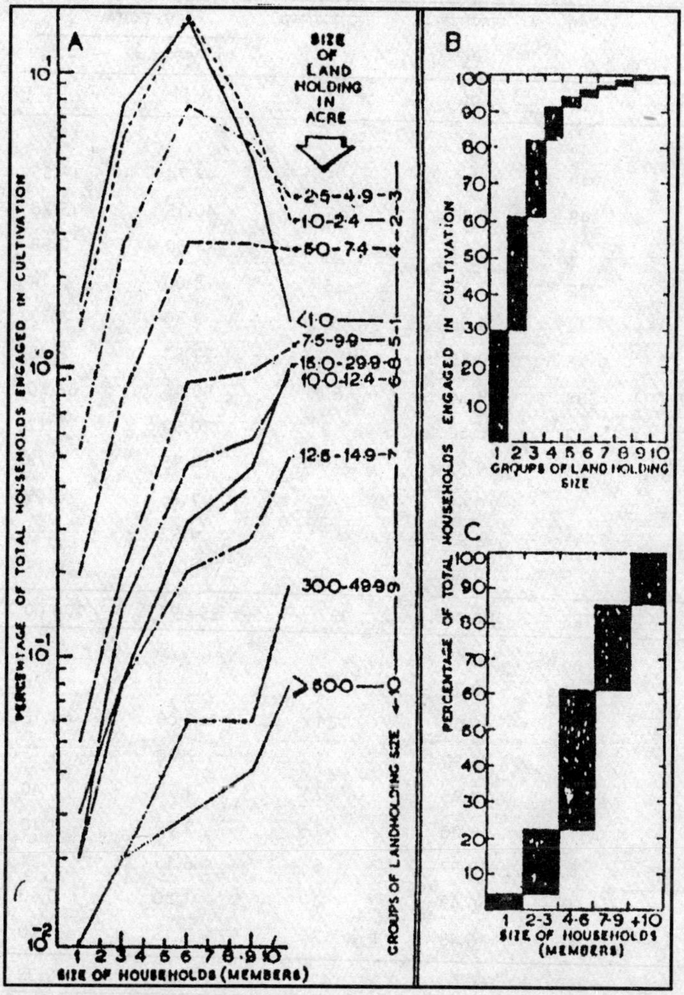

सारणी 6 (viii) चित्र 6.12 से प्रकट है कि सुन्दरपुर ग्राम (वाराणसी) में ब्राह्मण, कोइरी, बनिया तथा मुसलमान, प्रमुख भू-स्वामी है, कोइरी द्वितीय क्रम पर, धोबी तीसरे क्रम में हैं। ये गरीब परिवारों की प्रोन्नति के साक्ष्य हैं।

एक-दूसरे उदाहरण में छै ग्रामों के संगणित आंकड़े सारणी 6 (ix), रेखाचित्र (चित्र 6.13) पर अंकित हैं, जिससे विभिन्न जातियों के मानव-भूमि-अनुपात, प्रवणता-रेखा पर पदानुक्रम-कोटि स्पष्ट हैं। जातियों की व्यवस्था कोटि के अनुसार निर्धारित है। वक्र रेखाएँ स्पष्टत: पदानुक्रम प्रणाली में चौड़े अन्तराल प्रदर्शित करती हैं। अधिकांश मामलों में राजपूत शीर्ष पर हैं क्योंकि वे बड़े भूस्वामी हैं, जबकि पिछड़ी जाति के धरकार, पासी, चमार के पास कम भूमि है। यह उल्लेखनीय है कि यद्यपि कट्टर परम्परा निष्ठ सामाजिक पैमाने पर जाति-पदानुक्रम में ब्राह्मण प्रथम कोटि में हैं, फिर भी इस वक्र पर शीर्ष पर इसलिए नहीं हैं क्योंकि छोटे भूस्वामी हैं तथा कर्मकाण्ड, उच्च जातियों पर निर्भर हैं।

सारणी 6 (ix)

मानव-भूमि अनुपात तथा कोटि, 1979

कोटि एवं क्रम संख्या	जाति	योग	जनसंख्या %	परिवार संख्या	भू-स्वामित्व योग एकड़ में	भू-स्वामित्व %	प्रति व्यक्ति भू-स्वामित्व	प्रति एकड़ जनसंख्या
1	2	3	4	5	6	7	8	9
(अ) ग्राम पिपरिया								
1.	राजपूत	49	6.22	5	44.74	17.55	0.91	1.09
2.	ब्राह्मण	48	6.09	5	40.15	15.75	0.84	1.19
3.	बढ़ई	4	0.51	1	1.50	0.59	0.37	2.67
4.	दुसाध	22	2.79	3	8.00	3.14	0.36	2.75
5.	नाई	32	4.06	7	9.50	3.73	0.30	3.37
6.	कुर्मी	75	9.52	6	21.50	8.43	0.29	3.49
7.	मुसलमान (जुलाहा)	388	49.24	66	98.16	38.50	0.25	3.95
8.	कहार	52	6.60	8	10.50	4.12	0.20	4.95
9.	तेली	75	9.52	9	14.75	5.78	0.19	5.08
10.	भर	7	0.89	1	1.15	0.45	0.16	6.09
11.	लोहार	31	3.93	5	4.62	1.81	0.51	6.71
12.	धरकार	5	0.63	1	0.40	0.15	0.05	12.50
	योग	788	100.00	117	254.97	100.00	0.32	3.09
(ब) ग्राम खरराइच								
1.	तेली	2	0.71	1	5.0	2.70	2.50	0.40
2.	राजपूत	126	45.00	21	161.00	84.16	1.28	0.78
3.	ब्राह्मण	11	3.93	1	7.00	3.73	0.64	1.57
4.	कोहार	11	3.93	2	4.50	2.40	0.41	2.44
5.	मुसलमान	14	5.00	1	2.00	1.10	0.14	7.00
6.	चमार	52	18.57	6	6.15	3.41	0.12	8.45
7.	कहार	18	6.43	3	1.50	0.80	0.08	12.00
8.	पासी	46	16.43	7	3.15	1.70	0.07	14.60
	योग	280	100.00	42	191.30	100.00	0.68	1.46
(स) ग्राम चिकनिया								
1.	ब्राह्मण	92	31.19	6	81.00	77.40	0.88	1.14
2.	राजपूत	4	1.35	1	2.75	2.63	0.69	1.45
3.	पासी	6	2.03	1	2.15	2.05	0.36	2.79
4.	अहीर	30	10.17	2	7.00	6.69	0.23	4.28
5.	कोइरी	10	3.39	2	2.25	2.15	0.22	4.44
6.	भर	9	3.06	1	1.50	1.43	0.17	6.00
7.	लुहार	7	2.37	1	1.00	0.95	0.14	7.00
8.	तेली (कलवार)	7	2.37	1	0.75	0.73	0.11	9.30
9.	ठठेरा	10	3.39	1	1.00	0.95	0.10	10.00

Contd...

Contd...

10.	खटिक	25	8.47	3	1.35	1.29	0.05	18.52
11.	चमार	80	27.13	13	3.50	3.35	0.04	22.86
12.	कुम्हार	7	2.37	1	0.25	0.24	0.03	28.00
13.	मल्लाह	8	2.71	1	0.15	0.14	0.02	53.33
	योग	295	100.00	34	104.65	100.00	0.35	2.82
(द) ग्राम नबीपुर								
1.	सैथवार	181	20.49	21	172.15	48.90	0.95	1.05
2.	कुर्मी	77	8.72	16	37.55	10.62	0.49	2.05
3.	ब्राह्मण	20	2.26	3	9.00	2.55	0.45	2.22
	(अ) मिश्र	7	0.79	2	5.00	1.42	0.71	1.40
	(ब) शुक्ल	13	1.47	1	4.00	1.13	0.31	3.25
4.	नाई	18	2.04	4	7.00	1.99	0.39	2.57
5.	अहीर	61	6.91	10	22.20	6.31	0.36	2.75
6.	कायस्थ	5	0.57	1	1.76	0.50	0.35	2.84
7.	चमार	143	16.19	43	45.22	12.84	0.32	3.16
8.	भर	24	2.72	4	7.00	1.99	0.29	3.42
9.	कहार	27	3.06	4	7.75	2.20	0.29	3.44
10.	कोहार	25	2.83	4	7.00	1.99	0.28	3.57
11.	तेली	85	9.63	15	14.75	4.19	0.17	5.78
12.	लोहार	24	2.72	3	4.10	1.16	0.17	5.85
13.	नोनिया	132	14.95	24	12.65	3.60	0.10	10.42
14.	मुसलमान	61	6.91	9	3.90	1.11	0.06	15.62
	योग	883	100.00	164	352.03	100.00	0.40	2.51
(य) ग्राम बिसारा								
1.	राजपूत	106	11.10	9	146.00	51.36	1.38	0.73
	(अ) बैस	9	0.97	1	13.50	4.75	1.50	0.73
	(ब) कौशिक	97	10.13	8	132.50	46.61	1.37	0.67
2.	ब्राह्मण (सभी ओझा)	8	0.85	1	4.25	1.50	0.53	1.88
3.	अहीर	127	13.30	14	35.15	12.36	0.33	3.61
4.	कोइरी	132	13.80	16	33.08	11.64	0.25	3.99
5.	तेली	27	2.84	2	5.75	2.02	0.29	4.61
6.	गोसाँई	6	0.63	1	1.25	0.44	0.21	4.80
7.	चमार	34	3.55	5	6.50	2.29	0.19	5.23
8.	दुसाध	13	1.22	2	2.15	0.76	0.16	6.05
9.	कहार	45	4.71	7	5.50	1.93	0.12	8.18
10.	मल्लाह	213	22.28	31	24.60	8.65	0.11	8.66
11.	बढ़ई	65	6.80	10	7.45	2.62	0.11	8.72
12.	लुहार	55	5.75	6	5.60	1.97	0.10	9.82

Contd...

Contd...

13.	नोनिया	50	5.22	3	3.50	1.23	0.07	14.29
14.	खटिक	71	7.43	9	3.50	1.23	0.05	20.29
15.	नाई	5	0.52	1	–	–	–	–
	योग	957	100.00	126	284.28	100.00	0.30	3.33
(र) ग्राम मुडियारी खुर्द								
1.	सैथवार	315	56.15	35	259.63	89.38	0.82	1.21
2.	अहीर	18	3.21	2	3.25	1.19	0.18	5.54
3.	लुहार	21	3.74	3	3.75	1.27	0.18	5.60
4.	नाई	42	7.49	5	6.50	2.23	0.15	6.46
5.	कहार	4	0.71	1	0.50	0.17	0.12	8.00
6.	चमार	161	*28.70*	*25*	*16.75*	*5.76*	*0.10*	*9.61*
	योग	561	100.00	71	290.38	100.00	0.518	1.93

स्रोत: व्यक्तिगत सर्वेक्षण के आधार पर।

Figure 6.12

Chak Sunderpur: Man-Land Ratio and Caste Ranking, 1987-88

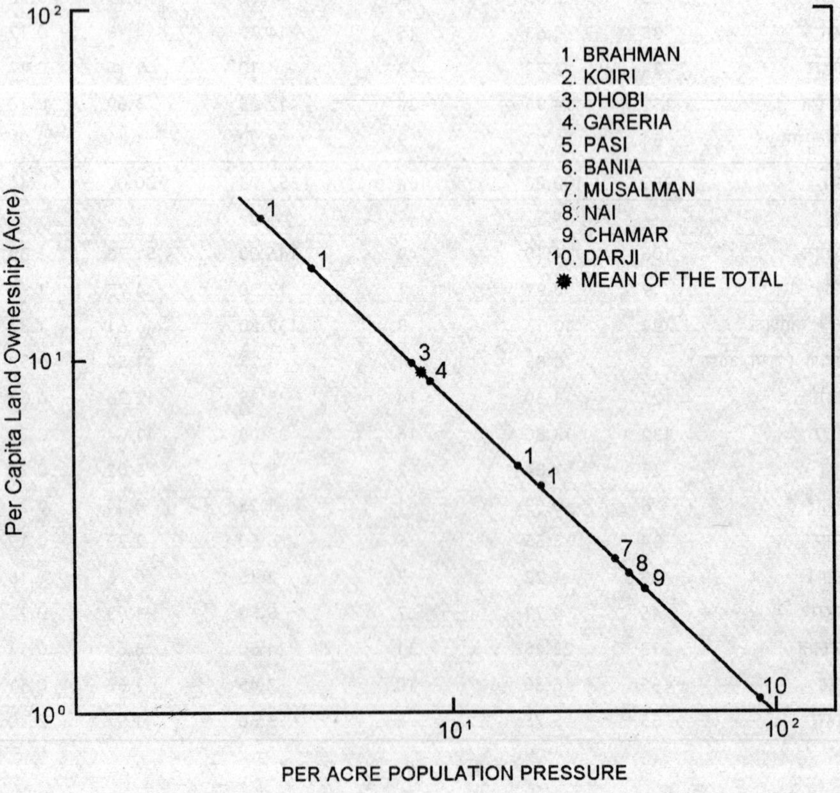

Figure 6.13

Man-Land Ratio, 1979

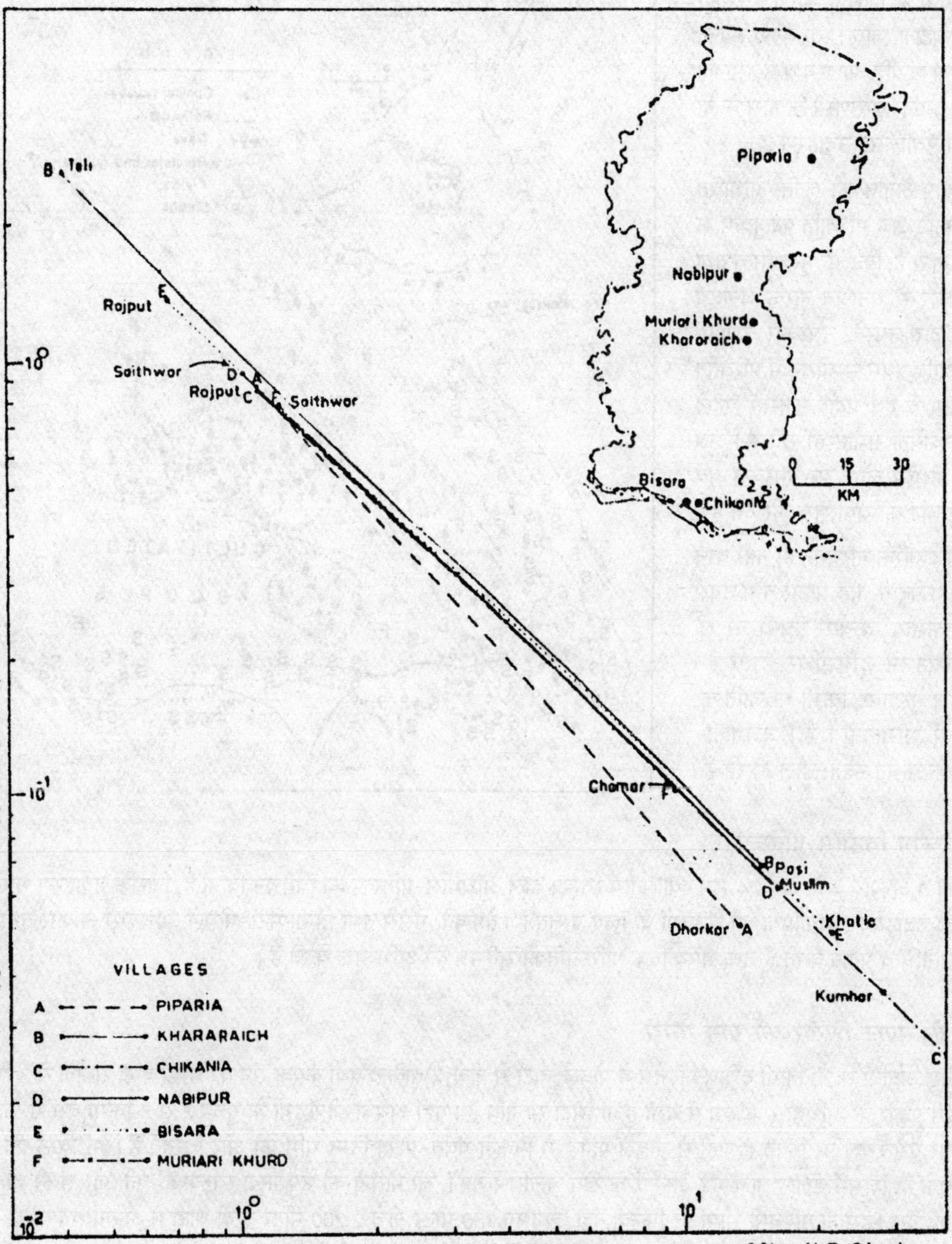

उत्तरी भारत के अधिकांश भाग में उच्च जातियों में भूमि-विक्रय एक आम बात हो गयी है, जिसके कारण हैं-शादी का खर्च जुटाना, जीवन स्तर बनाए रखना, कृषि कार्यों के प्रति आलस्य व उदासीनता का भाव आदि। वाराणसी के पास के दो गाँवों का पूर्वोल्लेख उदाहरण है।

यद्यपि अतीत की जाति-आधारित श्रेष्ठता-कोटि अब भी जाति पदानुक्रम के अनुसार मान्य है, फिर भी भूस्वामित्व तथा अन्य प्रकार से धनार्जन करके धनाढ्य बने वर्ग द्वारा नमस्ते, नमस्कार, प्रणाम, सलाम आदि प्रथम सम्बोधन में परिवर्तन लाया गया है एवं पदाक्रमानुसार पहले की अनिवार्यता समाप्त हो रही है। अब ब्राह्मण भी ऐसे लोगों पर नमस्कार पूर्व ही आशीर्वाद की वर्षा शुरू कर देते हैं।

व्यावहारिक परिवर्तन ही नहीं वरन् देश में हिस्सेदारी, गृह प्रकार तथा उनसे जुड़े आवासीय विन्यास प्रबन्ध पर भी स्पष्ट संघट्टन दृष्टिगोचर होता है। अधिकांश भूस्वामी, किसी भी जाति के, समाज में सम्माननीय हैं। जजमानी-प्रणाली के बन्धन स्वत: ढीले हो रहे हैं।

Figure 6.14

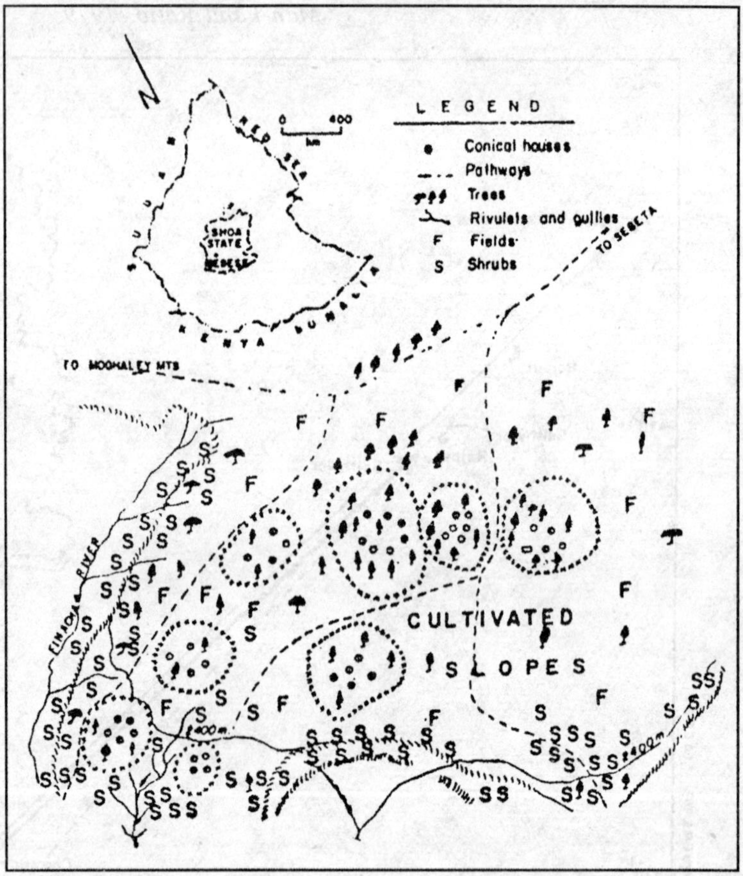

आकारिकीय विन्यास-प्रतिरूप

हम लोगों ने अध्याय 4 के खण्ड 4.7 में ज्यामितीय स्वरूप वाले अधिवास-प्रतिरूप का विवेचन किया है, जिसके उदाहरण भारत के हैं। यहाँ कुछ उदाहरण इथियोपिया की बस्तियों के लिए प्रस्तुत है। तेफकी, गेसेसे तथा तिमा-मेटा-मोघले अधिवास आकार तथा संरचना द्वारा प्रतिनिधित्व प्रदान करते हैं तथा सांस्कृतिक पारिस्थैतिकी सम्मिश्र को अभिव्यक्त करते हैं।

पहाड़ के सपाट शिखर का ग्राम गेसेसे

यह अदिस अबाबा से 30 किमी दक्षिण पश्चिम में मोघले चोटी से नीचे, सेवाकेन्द्र तथा कृषक संघ का वरेडा केन्द्र सेबाता से 3 किमी. दूर वास भूमि प्रकार के अधिवास के रूप में बसा हुआ छोटा सा गाँव है। गृहों अथवा झोपड़ियों के गुच्छ 3 से 5 किमी दूरी में फैले सपाट शिखर पर ऐसे स्थल पर स्थित है जहाँ से मोघले पहाड़ से निकले पर्वत-प्रक्षेत्र निम्न भूमि की ओर विस्तृत हैं। अधिवास का क्षेत्रफल शिखर तक है, जिसमें ढलान वाले बड़े आकार के खेत जलविभाजकों, जो मोघले की उपशाखा स्वरूप हैं, की ओर संकरे होते गए हैं, चित्र 6.14 देखें। इसकी पश्चिमी सीमा पर फिन्चा नदी, लगभग 150 मीटर नीचे 2,200 मीटर ऊंची घाटी में अन्तर्ग्रथित पार्श्व-प्रक्षेप से होकर बहती है। दक्षिण में ऊँची श्रेणियाँ निम्नभूमि की ओर तेजढाल के साथ फैली हैं। पूर्व के मन्द ढाल से यह ग्राम पगडंडियों द्वारा सेबाता से जुड़ा है। पार्श्व-प्रक्षेप के किनारे के भागों से अनेक रास्ते नीचे की ओर मेटा बीअर फैक्ट्री तक जाते हैं, जो दूर, नीचे घने

यूकेलिप्टस बागान से घिरा हुआ क्षेत्र है। वन कटाई के कारण परिवेश में प्राचीन वनस्पति के कुछ ही अवशेष बड़े पेड़ों के रूप में बचे हैं, जगह-जगह बबूल की छत्रीनुमा झाड़दार वनस्पति टुकड़ों में मिलती है। समरूप जुते खेतों में यत्र-तत्र कटे बड़े पेड़ों के ठूंठ तने अब भी ध्वस्त हो रहे हैं। जलविभाजक अधिक अपक्षयित हैं तथा काली मिट्टी में घटित भूक्षरण के सभी अवनालिकापूर्ण उदाहरण प्रस्तुत करते हैं। ढाल पर बबूल, यूकेलिप्टस, झाड़ियाँ, लम्बी घासें तथा खेत मिलते हैं तो कहीं-कहीं बीरान बंजर भी हैं। निवासियों द्वारा भविष्य की पीढ़ी की खुशहाली का ख्याल किए बिना ही वनों का खूब शोषण हुआ है। भूक्षरण अथवा मिट्टी का अपरदन के बुरे लक्षण पर्याप्त हैं। निवासियों ने वन-कटाई, खेती तथा चराई द्वारा भू-क्षरण को सहायता प्रदान किया है।

वर्षा होते ही खेतों में ज्वार-बाजरा, रेंड़ी, गेहूँ, तेफ आदि फसलें ली जाती हैं। लम्बी घासें चारा प्रदान करती हैं, अत: फसल के डंठल एकत्रित करना चिन्ता की बात नहीं होती। सूखे के समय सूखी घास के ढेर ही काम आते हैं। जनवरी-मई तक के अस्थायी परती अवस्था में दो, तीन बार की जुताई उल्लेखनीय लक्षण हैं। इस समय ढलुआं खेत मिट्टी के ढेलों तथा बेसाल्ट के टुकड़ों से भरे पड़े होते हैं। सभी फसलें असिंचित होती हैं किन्तु पहाड़ी अंचलों द्वारा रिसे पानी से बहती नदियों का पानी पीने के लिए एकत्रित करते हैं। फिन्वा नदी पर बना बाँध मेटाबीअर फैक्ट्री क्षेत्र में पीने तथा सिंचाई के पानी की आपूर्ति में सहायक है। चरने वाले पशु-घोड़े, गधे, बैल, गाय, भेड़-बकरी-ढालू, चट्टानी, टेढ़े-मेढ़े रास्ते से होकर प्रतिदिन नदी में पानी हेतु जाते हैं। ये सभी पशु खेत, वन तथा पशुशाला या बाड़ा में एक साथ छूटे रहते भी हैं।

गेसेसे निवास अपने परिवेश में अनूठे हैं। शिखर से नदी तक समोच्चरेखा के अनुसार तथा कृषित ढाल के अनुरूप झोपड़ों के गुच्छ जलविभाजक से चिपके लगते हैं जिनके चतुर्दिक या तीन ओर झाड़ जिनके सामने ऊँचा लकड़ी के लटठों का फाटक, बाड़ की दूरी के अनुसार बना, टिन या छाजन से ढँका मिलता है। ऊपर शंक्वाकार पर आधार पर चार पहल वाली झोपड़ियों के चारों ओर का घेरा बड़े करीने के साथ लकड़ी, टहनी, पत्तियों से आड़े, तिरछे बुना होता है जिसमें घुसना मुश्किल होता है। ये बहुप्रकार्यात्मक होती हैं, किन्तु धनी लोगों के झोपड़े सोने, रसोई, पशुशाला आदि के लिए अलग-अलग बाड़ या अहाते से ऐसे स्थल पर बने होते हैं जो सर्वोत्तम रूप में लाभप्रद हों। अहाते में रसोई वाटिका भी होती है और कहीं-कहीं उत्तेजक, नशीली चाट ''गसा'' (gasa) की फसल ली जाती है। गृह-निर्माण सामग्री सदैव लकड़ी तथा घास होती है, दीवाल गोबर तथा मिट्टी के लेप से लिपी-पुती सुन्दर होती है। दीमक की कमी तथा नियमित वार्षिक मरम्मत के कारण ये निर्माण टिकाऊ होते हैं।

यहाँ सभी 311 निवासी ईसाई, सुगठित, हट्टे-कट्टे और खेत में कार्य हेतु मेहनती हैं। वे या तो अपनी भूमि में या कृषक संगठन से प्राप्त भूमि पर मजदूरी पर या हिस्सेदार के रूप में कार्य करते हैं। बैल, देशी हल, हँसिया तथा अन्य छोटे यंत्र-उपकरण कृषि-सहायक हैं। मुर्गी-पालन, पशुपालन की भाँति सामान्य पेशा है।

डिमा-मेटा-मोघले बस्तियाँ

मोघले पहाड़ की चोटी से पार्श्व-प्रक्षेप की शाखाएँ नीचे निम्नभूमि तक फैल गई हैं जो क्रमशः ढाल के साथ समाप्त हो जाती हैं। चित्र 6.15 से स्पष्ट है कि बाजितू तथा फिन्वा नदियाँ गेसेसे के नीचे मेटाबीअर फैक्ट्री के पास झरने के साथ मिलती हैं और संयुक्त रूप में डिमा नदी के रूप में मेटा, डिमा बस्तियों को विभाजित करती हुई बहती हैं। मेटा बस्ती बीअर फैक्ट्री से लेकर सेबाता से तेफकी जाने वाली सड़क तक समतल से मैदान में फैली है। फैक्ट्री को जाने वाली संयोजक सड़क के किनारे बेसाल्ट टुकड़ों की दीवाल तथा टिन-ढँके मकान, दुकान, बार आदि रैखिक स्वरूप में बसे हैं। मुख्य सड़क से फलासो जाने वाली सड़क के किनारे तेजी से निर्माण हो रहे हैं। सभी किनारे के खेत मकान हेतु चहारदीवारी, बाड़ या कंटीले तार से घिर चुके हैं। अधिकांश मकान आयताकार हैं, जिनके सामने सड़क की ओर दरवाजे तथा खिड़कियाँ हैं। इनके अपने अलग बाड़े हैं, किन्तु उतने सुन्दर, सुरक्षित नहीं जितने गेसेसे में मिलते हैं।

डिमा बस्ती के तीन भाग हैं, एक सड़क के दक्षिण में अर्द्धसंहत रूप में अलग विन्यास-प्रबन्ध के साथ, दूसरा मुख्य सड़क के किनारे दोनों ओर दूर तक विस्तृत तथा तीसरा सड़क के उत्तर में पर्वत-प्रक्षेप पर प्राप्त सपाट तथा कम ढाल पर विस्तृत है। दक्षिण की बस्ती ही मूल निवास है जहाँ वन-कटाई पश्चात् लोग बसे। बस्ती के चतुर्दिक फैली उपजाऊ नीची भूमि से पर्याप्त मात्रा में इन्जेरा तथा बीअर (मुख्य भोजन) के लिए तेफ की फसल तथा लम्बी घास पर जीवित दूध-माँस देने वाले पशु उपलब्ध हैं। अब केवल शंक्वाकार झोपड़ों के पास ही पूर्व वनस्पति के अवशेष बच गए हैं। कहीं-कहीं खेत में नए वृक्षारोपण हुए हैं। जनसंख्या-वृद्धि तथा वन-कटाई के साथ निवासी

सड़क की ओर गए तथा रैखिक रूप में बस गए हैं। सड़क किनारे के ये मकान स्वरूप, आकार तथा निर्माण सामग्री में भिन्न हैं। जबकि लट्ठे तथा घास पूर्वोक्त में प्रभावी हैं, पश्चादुक्त में चट्टान की दीवाल तथा टिन की छाजन सामान्य हैं। अधिकांश मकान आयताकार एवं कुछ दो मंजिले हैं। इस बस्ती के चतुर्दिक फैली विस्तृत भूमि में वन-वृक्षों का वैकल्पिक विन्यास-प्रबन्ध मिलता है।

Figure 6.15

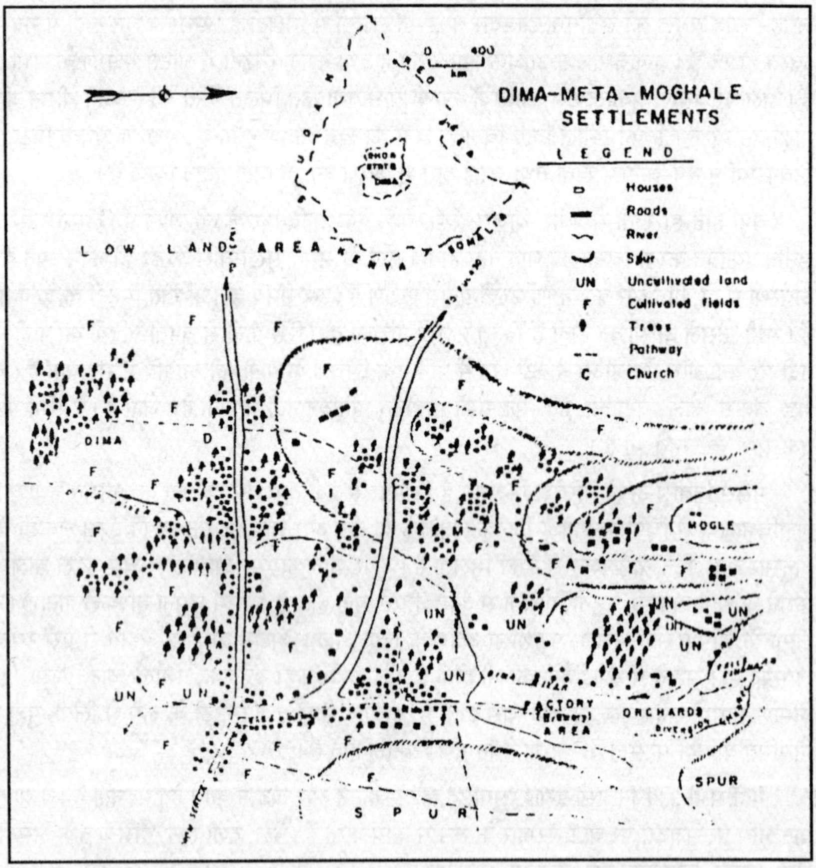

इसी प्रकार के परिवेश का क्रम मोघले पहाड़ की चोटी तक फैले पर्वत-प्रक्षेप पर विस्तृत है। समोच्चरेखानुसार वासभूमि बिखरे हैं। कहीं-कहीं एकल झोपड़े कम सपाट भूमि पर बसे हैं। सभी बस्तियों के अपने बाड़े, टिन से ढँके शेडसुदा दरवाजे हैं तथा मालिक के खेत में व्यस्त होने पर रक्षक कुत्ते की मकान पर उपस्थिति अनिवार्य है। एक ही अहाते में पशुशाला की अलग व्यवस्था है। टिन का उपयोग अब श्रेष्ठता का द्योतक भी है। इन घरों में रोशनदान नहीं है। नए बने घरों में सामने की ओर खिड़कियाँ हैं। पर्वत-प्रक्षेप पर ऊपर की ओर बढ़ने के साथ ही घरों के आकार छोटे, किन्तु आधार से दीवाल की ऊँचाई एक सी है। अधिकांश आयताकार मकान साफ-सुथरे, छोटे फर्नीचर, चारपाई तथा गृहोपयोगी बर्तनों से सुसज्जित हैं। लकड़ी के लट्ठों से बनी दीवाल गोबर-मिट्टी से लिपी-पुती रहती है। आँधी-तूफान रहित इस क्षेत्र में लौह-कील से जड़े टिन के छाजन का निर्माण सरल है। तेरह* माह की धूप की गर्मी की क्षतिपूर्ति निरन्तर वर्षभर उच्च भूमि पर चलने वाली ठंडी हवा से होती है, इसीलिए दोपहर में भी टिन के नीचे या अन्दर घर में गर्मी उबाऊ तथा असह्य नहीं होती।

तेफकी अधिवास

अदिस अबाबा से 45 किमी. दूर (जन. 1981, 2003, 1,244 पुरुष, 759 स्त्रियाँ) दक्षिण-पश्चिम में जिम्मा जाने वाली सड़क पर उपजाऊ निम्न भूमि के बीच स्थित एक सेवा केन्द्र है। छोटे बाजार के रूप में कार्यरत इस केन्द्र की स्थापना का प्रारम्भ रासों (जमींदार) द्वारा स्थानीय उत्पादन के क्रय-विक्रय हेतु किया गया था। विस्तृत विशाल क्षेत्र तेफ का उत्पादन भण्डार है अत: तेफकी नाम पड़ा। तीन ओर फैला निचला क्षेत्र वर्षा के समय जलमग्न हो जाता है और अब वन-विहीन है। दक्षिण में बेसाल्ट चट्टानों की पहाड़ी है जो मंद ढाल के साथ सड़क तक फैली है। 2,000 मीटर ऊँचाई पर स्थित (चित्र 6.16) इसकी जलवायु अदिस, डिमा, मेटा की भाँति, जाड़े का

* इथियोपियन कलेन्डर के अनुसार वर्ष में 12 माह तथा 9-11 दिन होते हैं अत: तेरह माह की धूप प्रचलित है।

Figure 6.16

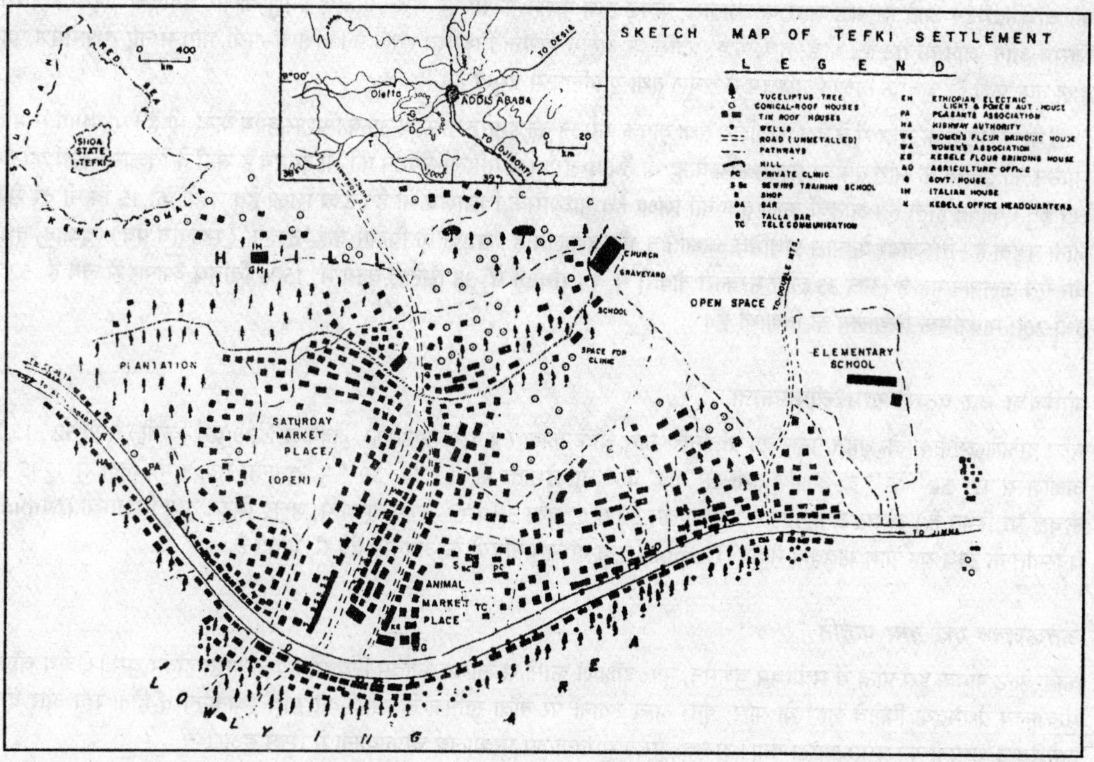

तापक्रम 14° सेग्रे. गर्मी में 18°C है। वर्षा जून में शुरू होती है, सितम्बर में समाप्त हो जाती है, किन्तु बरसात के समय में भी दोपहर के पहले धूप रहती है। अर्थात् प्रत्येक फसल के लिए आवश्यक पर्याप्त धूप उपलब्ध है।

तेफकी के पास सड़क ढाल की सीमा एवं बाए की सीमा मनाती मोड़ के साथ बस्ती को खेत से अलग करती है। एक मुख्य सड़क मध्य से ऊपर पहाड़ी के पार तक चट्टानी धरातल के साथ स्थित है। दूसरी समान्तर सड़क पहाड़ी ढाल के पास प्रथम से जुड़ जाती है। सड़कों के किनारे मकान अलग-अलग तथा उभयनिष्ठ दीवाल वाले भी हैं। सड़क व पहाड़ी के मध्य, मुख्य निवास में टेढ़ी-मेढ़ी गलियाँ हैं। संयोजक सड़कों के दोनों ओर बाजार क्षेत्र हैं, पूर्व में सामान्य दैनिक आवश्यकता हेतु तथा पश्चिम में पशु हेतु। यहीं पर सिलाई प्रशिक्षण स्कूल, टेलीकम्युनिकेशन कार्यालय, महिला आटा मिल, निजी स्वास्थ्य केन्द्र, कृषि-प्रसार केन्द्र, केबेले आटा मिल तथा बार है। पहाड़ी के पश्चिम छोर पर चर्च तथा चोटी पर सरकारी भवन, जो इटली शासनकाल में एक दुर्ग तथा प्रधान कार्यालय था, स्थित हैं। राजमार्ग हेतु तथा कृषक संगठन के कार्यालय पूर्व में हैं। अधिकांश दुकानें सड़क के किनारे हैं। पश्चिमी छोर पर एक विद्यालय खुले मैदान के साथ स्थित है। सड़क के उत्तर में अनेक प्रकार के मकान बन गए हैं। इस पंक्ति के बाद भी आवासीय मकान हैं। यहाँ यूकेलिप्टस के वृक्षारोपणजनित विस्तृत वन हैं। उच्च जलस्तर वाले पीने के पानी के कच्चे कुएं हैं जो ढक्कन द्वारा ढँककर ताले से बन्द रखे जाते हैं, उपयोग के समय ही खुलते हैं, जिससे सुरक्षा बनी रहे। पहाड़ी ढाल तथा नीचे विभिन्न आकार के मकान हैं। 283 मकानों का राष्ट्रीयकरण हो गया है, 550 निजी हैं तथा 60 पुन: किराये पर हैं।

लगभग 20 प्रतिशत मकानों की दीवाल चट्टान की, छत टिन की तथा विभाजक दीवाल लट्ठों की है। पूर्व तथा पश्चिम में मकानों की दीवाल लट्ठों की तथा बाड़ा लकड़ी, कांटों की झाड़ का, घास-फूस का है। बाहरी छोर पर खुली जगह में शंक्वाकार झोपड़ियाँ भी हैं। सीमान्त के मकानों के बाड़े लट्ठे तथा झाड़ के हैं। कुछ मकानों में कोठेनुमा दो मंजिले कमरे हैं।

बाजार की खुली जगह के चारों ओर मकान हैं। प्रत्येक शनिवार को दूर-दूर से लोग अनाज, कपड़ा तथा अन्य दैनिक आवश्यकता की चीजें खरीदने आते हैं। बड़े शहर के व्यापारी, कपड़े तथा फैशन के सामान बेचने आते हैं। पशु बाजार चतुर्दिक लट्ठों से घिरा है, जिसमें आने-जाने के गेट हैं। घोड़े, गधे, भेड़, बक़री के अलग विभक्त निर्धारित स्थल हैं। दक्षिणी-पूर्वी भाग में नए वृक्षारोपण पहाड़ी ढाल तक फैले हैं, जबकि दक्षिण-पश्चिम में बबूल तथा यूकेलिप्टस प्रमुख हैं।

मुख्य सड़क के उत्तर में केबेले कार्यालय तथा कृषक संगठन की इमारत के साथ तेफकी प्रशासकीय केन्द्र भी है। मध्यभाग में महिला संगठन की इमारत के साथ तेफकी प्रशासकीय केन्द्र भी हैं। मध्यभाग में महिला संगठन की भी इमारत है जहाँ वे विकास-कार्य की देख-रेख हेतु एकत्रित होती हैं। आठवीं कक्षा तक की शिक्षा हेतु माध्यमिक विद्यालय भी है। उच्च शिक्षा हेतु बच्चों को 15 किमी दूर सेबाता जाना पड़ता है। गिरजाघर के पास प्राथमिक कक्षा हेतु भी विद्यालय है। सड़क के किनारे कई 'तल्ला' (स्थानीय पेय)-दुकान, तथा दो बार एवं जलपान गृह हैं। मात्र 33 लोग सरकारी नौकरी में, 14 संगठन में, 38 सिलाई कार्य में, 1506 विविध व्यापार में लगे हैं, 52 लघु तथा 200 माध्यमिक विद्यालय के विद्यार्थी हैं।

जाम्बिया का पठारी ग्राम चीफन्काना

मध्य दक्षिण अफ्रिका के बृहत पठार का प्रतिनिधि ग्राम चीफन्काना (जनसंख्या 3000, क्षेत्रफल 2.25 वर्ग किमी) 12° 52' 15'' द. अक्षांश से 12° 52' 45'' द. अक्षांश तथा 28' 04' 45'' पू. देशांतर से 28° 05' 50'' पू. देशान्तर तक समुद्र-तल से 1295 मीटर ऊँचाई पर स्थित है। औसत वर्षा 120.9 मिमी एवम् 0.00°C तथा 36.1°C चरम तापक्रम, बलुई मिट्ट तथा मिआम्बो (Miombo) वनस्पति के साथ यह ग्राम बाढ़कृत मैदान (Dambo) तथा दो लघु नदियों के अपवाह तंत्र से पोषित है।

ऊतकजनन एवं नाम पद्धति

कापरबेल्ट नामक इस प्रान्त में सर्वप्रथम बुशमैन, पुनः दक्षिणी कांगो से लाम्बा आदिम निवासी स्थानान्तरित होकर बसे। क्षेत्रीय चीफ का मुख्यालय प्रथमतया किटवे शहर के पास, पुनः अन्य स्थानों पर ताँबा खनिज के खोज की साथ स्थानान्तरित होता रहा और ऐंग्लो-अमेरिकन कम्पनी का प्रसार बढ़ता गया। अन्ततः मुख्य मुखिया का मुख्यालय चीफन्काना में स्थिर हुआ।

प्राचीन प्रथानुसार मुख्य मुखिया (Chief) अपने सहकर्मी ग्राम मुखिया के द्वारा भूमि का वितरण कृषक की आवश्यकतानुसार कृषि हेतु करता है जिस पर नियत नियमानुसार कृषकवंशीय लोग कृषि कर सकते हैं। भूमि मंत्रालय द्वारा भी भूमि आबंटन किया जाता है।

संरचना विकास एवं आकारिकी

मुख्य मुखिया के निवास महल के निकटवर्ती स्थलों पर अधिवास का प्रारम्भिक प्रसार सड़क के दोनों और बढ़ता गया तथा विभिन्न वर्गीय, वंशीय लोग सुविधानुसार सोकोन्तवे, बुलायो एवं चिबांगा बार्डों में बस गए (चित्र 6.17)। जैसा चित्र से स्पष्ट है, मुख्य सड़क से एक शाखा मुख्य मुखिया के महल तक, दूसरी मध्य स्थित मदिरालय से पूर्व में विद्यालय तक विस्तृत है तथा कच्ची किन्तु मोटर मार्ग है। अन्य कच्चे रास्ते महल से मदिरालय तक विस्तृत है तथा कच्ची किन्तु मोटर मार्ग है। अन्य कच्चे रास्ते महल से मदिरालय तक, विद्यालय से पूर्व, सड़क से उत्तरी छोर तक, मदिरायल से कुछ दूर पूर्व में विलग होकर दक्षिण, द.पू. में आवागमन योग्य हैं। अन्य रास्ते अधिवास के अन्तर्गत गृहों को जोड़ते हैं। अन्य विशिष्ट लक्षणों में महल के पास तथा धुर दक्षिण में कोर्ट/न्यायालय, जेहोवा-हाल, स्वास्थ्य केन्द्र, चर्च, सीमेट्री एवं पानी कल है। मदिरालय के दक्षिण का खुला स्थल बाजार हेतु निर्धारित है।

अधिवास-विन्यास, निवासियों की सुविधानुसार अंतर्सम्बन्धित है। एक गृह की सीमा की यूफोर्बिया-बाड़ से दूसरे गृह के लिए एक छोर पर निकास सुनिश्चित होता है। गृह-विन्यास, जैसा चित्र 6.18 से स्पष्ट है, लघु एवं वृहदाकार रूप में 6 वर्ग के हैं।

गृह

निर्माण सामग्री के अनुसार 57 प्रतिशत गृह घास फूस की छत वाले तथा अन्य टिन वाले हैं। मिट्टी की दीवाल 82 प्रतिशत गृहों में तथा

Figure 6.17

Location of Chief Nkana's Village in Lufwanyama District, Copperbelt Province, Zambia

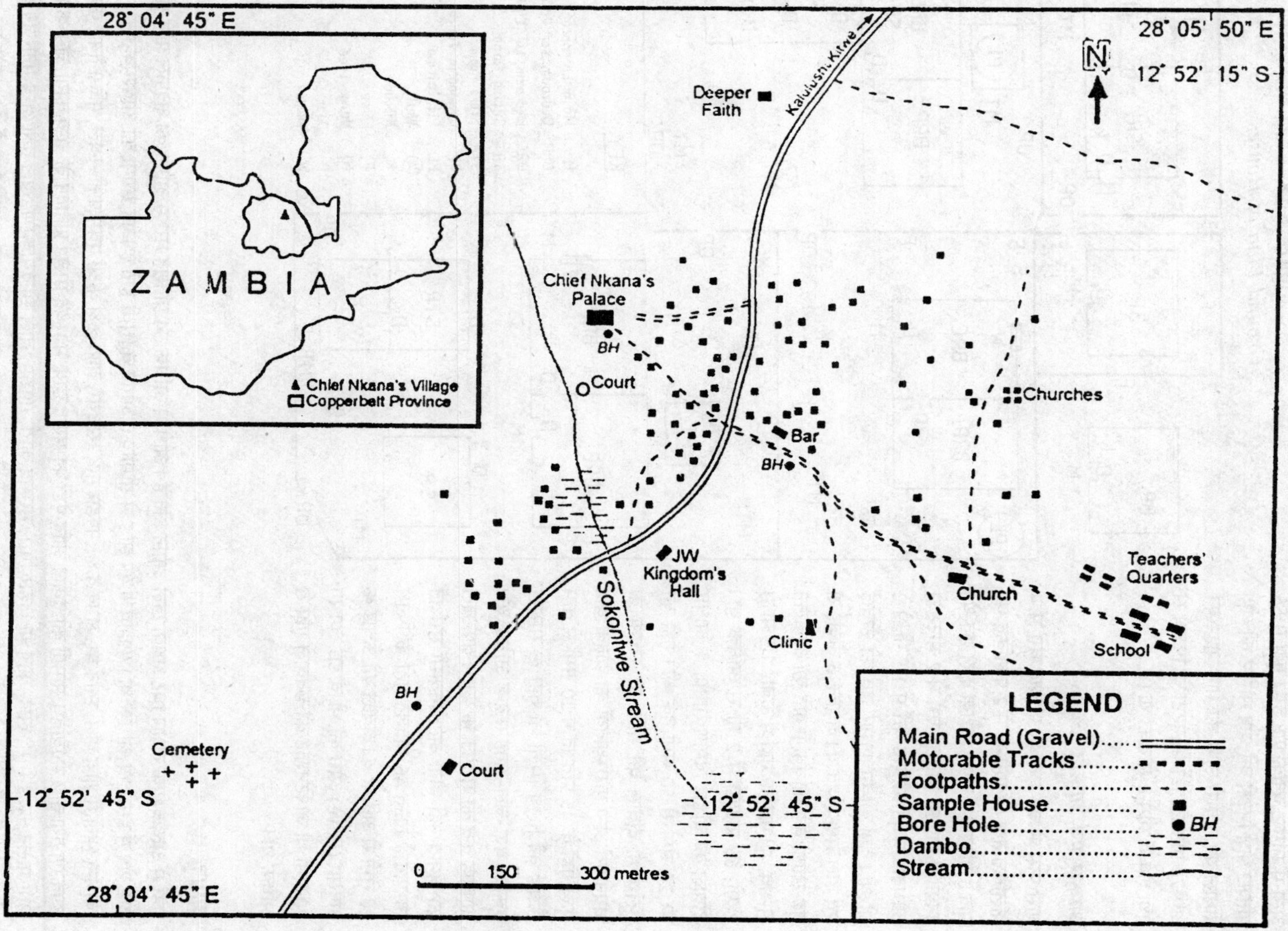

अन्य में सीमेन्ट ब्लाक प्राप्त हुए। गृहों में 56 प्रतिशत फर्श मिट्टी की, शेष सीमेन्ट की थी। दीवाल की नींव से ऊपर का भाग बाहर की ओर 75 प्रतिशत गृहों में मिट्टी के प्लिन्थ से तथा शेष में सीमेन्ट से ढका था।

आकार एवं आकृति

घास फूस से बने छत 48 प्रतिशत घरों में 4 फलकित तथा 44 प्रतिशत में 2 फलकित थे। मात्र 8 प्रतिशत में सपाट अथवा ढालू छत थे। इनकी ऊँचाई 57 प्रतिशत घरों में 2 मीटर से अधिक एवं 43 प्रतिशत घरों में 1.5 मी से 2 मी थी। वर्षा की मात्रानुसार छत की ऊँचाई एवं ढाल समायोजित थे। दीवाल के ऊँचाई से गृह स्वामी की आर्थिक स्थिति का आंकलन सम्भव था। मात्र 30 गृहों में ऊँचाई 1.5 मी से 2 मी, 66 प्रतिशत में 2 मी से अधिक थी। दीवाल की चौड़ाई निर्माण सामग्री के आधार पर 20 सेमी से 50 सेमी तक थी। गृहों की प्लिंथ भी दीवाल की भांति गृह स्वामी के चयन एवं अन्य परिस्थितियों का द्योतक थी। कुल गृहों के 45 प्रतिशत में 20 सेमी से कम ऊँचाई की प्लिंथ मिली जो गृहों के सम्मुख एकत्रित वर्षा-जल-सतह से कुछ अधिक थी। अपवाह तन्त्र की सुगमता के कारण वर्षा जल का जमाव नहीं होता अत: निवासी सुरक्षित रह पाते हैं किन्तु 46 प्रतिशत गृहों के प्लिंथ 20 सेमी से अधिक थे। दीवाल की ऊँचाई के अनुसार (Eave) ओरी की भी चौड़ाई लगभग 20 सेमी थी जो टिनशीट की छतवाले गृहों से अधिक थी।

Figure 6.18
Ground Plan of Houses

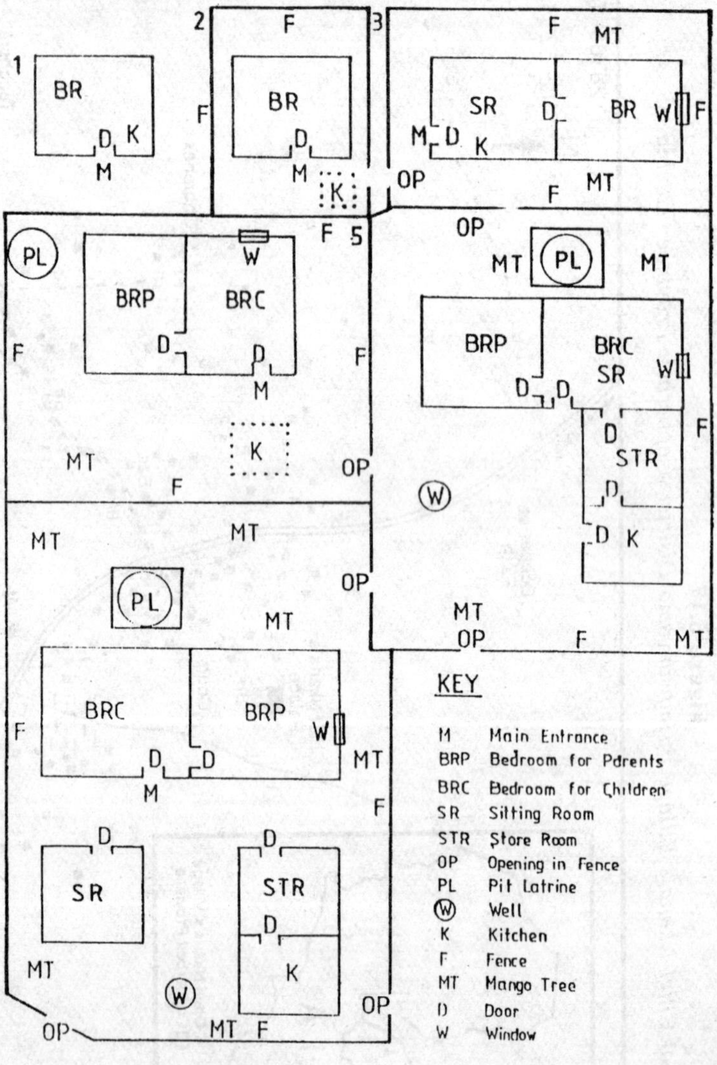

आँगन

गृहों में अत्यावश्यक लक्षण घिरे अथवा खुले आँगन होते हैं। आधे से अधिक 54 प्रतिशत घरों में आँगन का क्षेत्रफल पाँच सौ वर्ग मीटर तथा शेष में इससे भी अधिक था। यूफोर्विया की झाड़ से सीमांकित आँगन बहुधंधी होते हैं। गृह स्वामी की आवश्यकतानुसार आँगन के विभिन्न भागों में शौच कक्ष, स्नान घर, शयन कक्ष, भण्डार गृह, रसोईघर, बाह्य कक्ष कुआं एवम् पानी-स्थल, मदिरा तैयार करने सम्बन्धी उपकरण तथा कुछ में विविध सामग्री की दुकान आदि पेड़ों की सुखद छाया में स्थित मिले। प्रतिदिन के अन्य कार्यों, जैसे कपड़ा सिलाई, मुर्गी पालन, बढई गिरी, लोह-कार्य या लुहार गिरी, मरम्मत कार्य, गपशप, बाल सौन्दर्यीकरण, खेल तथा अन्य मनोरंजन के कार्य का संपादन इन्हीं आँगनों में होता है। महिलाएँ इनमें कपड़े धोती, सुखाती हैं। तथा बच्चे प्राय: खेलते मिलते हैं। अनाज की कुटाई, मक्का

सुखवाना, मूँगफली के दाने अलग करना, एवम् अन्य उत्पादों की सफाई इसी आँगन में करते हैं। इन्हीं में यत्र-तत्र अमरूद, आम, अवाकाडू एवं पपीता के पेड़ भी मिलते हैं। कुटीर उद्योग के कार्य जैसे झाड़ू बनाना, टोकरी बनाना आदि भी इनमें समायोजित होते हैं। स्थानीय कचासू मद्य का निर्माण भी आँगन में ही होता है।

गृहस्थ-गृहों की आन्तरिक व्यवस्था

प्रायः आयताकार गृहों का विन्यास गृहस्वामी की आवश्यकतानुसार मिलता है। गृहस्थों के अधिकांश (47 प्रतिशत) में शयन कक्ष, 29 प्रतिशत में रसोई घर, 11 प्रतिशत में बैठक तथा 13 प्रतिशत में भण्डार कक्ष मिले। मात्र पाँच प्रतिशत गृहस्थों के पास एक कक्ष के घर, 28 प्रतिशत के पास दो, 42 प्रतिशत के पास तीन तथा 25 के पास तीन से अधिक कक्षीय घर थे। सामान्यतया बड़े गृहस्थों के पास एक मुख्य संरचना तथा अन्य दो या तीन कक्ष बगल में या सामने होते हैं। यथा एक बैठक (शंक्वाकार घास-फूस की छत वाली संरचना), एक रसोईघर, एक शयन कक्ष एवं एक मिली। तीन कक्षीय संरचना में सामने का कक्ष अतिथि के लिए सुरक्षित रखते हैं। रसोईघर का प्रवेशद्वार बाहर से होता है अथवा उसे अलग बनाते हैं, जिससे लकड़ी ईंधन के उपयोग में आग से बचा रहे। बच्चों, वयस्कों एवं बूढ़ों की अलग शयन-स्थल या बिछावन की व्यवस्था द्वारा निजीपन बचा पाते हैं।

सामाजिक आर्थिक दशा

आयु संरचनानुसार पच्चीस प्रतिशत लोग पाँच वर्ष तक आयु वाले, 34 प्रतिशत छ से नौ वर्ष, 16 प्रतिशत, 55 से अधिक वर्ष वाले थे। अधिसंख्य परिवार सात सदस्य वाले थे। बहुसंख्यक 5 से 19 वर्ष आयु के थे अर्थात् आश्रितों की संख्या अधिक थी। अधिकांश परिवार शिशु-उत्पादकता-आयु वाले थे। बूढ़े बहुत कम मिले। जो भी थे अनाथ एवं आश्रित थे। 21 से 24 आयु वर्ग में कुल सोलह प्रतिशत थे। इसका मुख्य कारण रोजगार हेतु स्थानान्तरण था।

चूंकि 75 प्रतिशत लोग 24 वर्ष से कम आयु के थे, यह सम्भावित था कि वे विद्यालय में होते। किन्तु प्राथमिक एवं द्वितीयक स्तर के शिक्षितों की संख्या 98 प्रतिशत थी। मात्र दो प्रतिशत ही स्नातक स्तरीय विद्यालयों में थे। प्राथमिक स्तर के शिक्षित 59 प्रतिशत एवं द्वितीयक स्तर के 30 प्रतिशत थे। विद्यालयों की कमी तथा संरक्षकों की असमर्थता इसके लिए कारण हैं। ये शिक्षा-विहीन, युवक कृषि कार्य रोजगार की तलाश अथवा पन्ना, मरकत खनिजों की प्राप्ति हेतु भटकने के लिए बाध्य हैं। अल्पायु का यौन सम्बन्ध भी इसका कारण है। युवा औरतों की रोजगार से दूर रहने की मृतप्राय परम्परा भी एक कारण है।

बहुसंख्यक कृषक (49 प्रतिशत) 1.5 हे. से कम, छब्बीस प्रतिशत 1.5 से 2 हे. दस प्रतिशत दो से तीन हे. तथा पन्द्रह प्रतिशत तीन से अधिक हेक्टेयर की जोत वाले थे। लघु-आकार-जोत वाले कृषकों की संख्या 75 प्रतिशत थी। इन सभी खेतों के लिए उपलब्ध भू-भाग, मिट्टी तथा कृषि-सुविधाएँ भिन्न-भिन्न प्रकार की थीं।

मक्का, मूँगफली, सब्जियाँ, ज्वार, आलू आदि प्रमुख फसलें हैं। कुटीर उद्योग में बुनाई, सिलाई, मुर्गीपालन, बढ़ई-गिरी एवं मद्य-निसवन आदि मुख्य है। टुन्टेम्बा नामक छोटी दुकानों में साबुन, धुलाई-सफाई के अपमार्जक, चीनी, मोमबत्ती, नमक तथा खाद्य तेल की बिक्री होती है। कचासू (स्थानीय बीयर) की बिक्री भी होती है।

आय-व्यय

कुल 95 उत्तरदाताओं में से 45 प्रतिशत लोगों की मासिक आमदनी 100,000 क्वाचा, 30 प्रतिशत की 100,000 से 150,000 क्वाचा तथा मात्र 25 प्रतिशत की 150,000 क्वाचा से अधिक थी। तालिका 6 देखें।

गरीबी-स्तर

चीफन्काना ग्राम में उच्चस्तर की गरीबी है, क्योंकि 75 प्रतिशत से अधिक लोगों की मासिक आय 150,000 क्वाचा से भी कम है। इसी में भोजन, दवा, शिक्षा, कपड़े, खाद, धार्मिक कार्य, शादी तथा अन्य हेतु व्यय सम्मिलित है, अर्थात् 92 प्रतिशत लोग गरीबी रेखा के नीचे जीवन-यापन करते हैं। बच्चों, औरतों के स्तर पर यह गरीबी अधिक प्रभावी है।

Table 6

Balance Sheet for Chief Nkana's Village

(one U.S. dollar = 4500 kwacha)

Income (Kwacha)				*Expenditure (Kwacha)*			
Range	*Average (x)*	*Frequence (f)*	*fx*	*Range*	*Average (x)*	*Frequency (f)*	*fx*
<100,000	90,000	43	3,870,000	<75,000	75,000	39	2,925,000
100,000-150,000	125,000	28	350,000	100,000-200,000	150,000	48	7,200,000
>150,000	150,000	24	3,600,000	>200,000	200,000	8	1,600,000
		Total	10,970,000			Total	11,725,000

Deficit Budget = Income less expenditure

= K11,725,000-K10,970,000

= -K755,000

समस्या एवं प्रत्याशा

ग्राम में वंशीय संसंजन (Clan Coherence) की कमी है। भूमि-क्षेत्रफल अपेक्षाकृत कम है। कृषि-सुविधाएँ भी अल्प हैं। अन्य समस्याएँ परिवहन, शिक्षा-केन्द्र, स्वास्थ्य केन्द्र तथा सहकारिता की कमी से सम्बन्धित हैं।

प्रत्याशा के रूप में कृष्य भूमि की प्राप्ति, डाम्बो का जल, विद्युत-ताल प्रसार, संगठित अधिवास, अवस्थापना तत्त्वों का विस्तार, चीफ का योगदान, मरकत खनिज की प्राप्ति, कुशल आप्रवासी एवम् नवस्थापित क्लब हैं। युवकों का इनके द्वारा सक्रियकरण एड्स (AIDS) की रोकथाम में सहायक सिद्ध होगा।

अभिस्तावित बिन्दु

विद्यालय उच्चीकरण, शुल्क मुक्त शिक्षा, गृह-निर्माण योजना, सुगम ऋण प्राप्ति, बीज-खाद का सरल वितरण, हरी खाद-प्रसार, झाड़ी-वृक्षारोपण द्वारा मृदा-संरक्षण, प्रसार-सेवा द्वारा फसल विविधरूपण, भू-स्वामित्व, जल-व्यवस्था, स्वास्थ्य-केन्द्र संचालन, विद्युत-प्रसार परिवहन विकास, ग्राम-योजना का विकेन्द्रीकरण एवम् विभिन्न अशासकीय संगठनों द्वारा सिंचाई, मरकत खनिज-खुदाई तथा पशुपालन-विकास आदि पर विशेष प्रयास आवश्यक ही नहीं अनिवार्य है।

सन्दर्भ

1. सिंह आर.वाई., 1972, विलेज महजूदा: ए स्टडी इन दी मार्फो जेनेसिस ऑफ ए रूरल सेटिलमेन्ट, ईस्टर्न यू.पी. (इण्डिया) (सिंह आर.एल. आदि (सपा.) रु. से. मा. ए. पूर्वोद्धृत अ. 2 सन्दर्भ सँ. 89: 234-240।
2. ''डामिनेन्ट कास्ट'' प्रत्यय हेतु देखें अ. 2 सन्दर्भ सं. 92, और भी के.एन.सिंह पूर्वोद्धृत अ. 2 सन्दर्भ सं. 75:205।
3. सिंह के.एन. वही।
4. मुकर्जी आर.के., 1940, मैन एण्ड हिज हैबिटेशन, लन्दन: 51; आर.एल. सिंह पूर्वोद्धृत अ. 2 सन्दर्भ 28:75।
5. बाडेन पावेल बी.एच., 1896, दी इण्डियन विलेज कम्यूनिटी, लांगमैन्स ग्रीन एण्ड कं., लन्दन: 51।

6. वही: 11-23।

7. बाडेन पावेल बी.एच., 1899, दी ओरिजिन एण्ड ग्रोथ ऑफ विलेज कम्यूनिटीज इन इण्डिया, स्वान सोनेन्स्चाइन पूर्वोद्धृत अ. 2 सन्दर्भ सं. 28:28।

8. रीस डेविड्स, बुद्धिस्ट इण्डिया:48।

9. बाडेन पावेल बी.एच., सन्दर्भ सं. 7:302।

10. बाडेन पावेल बी.एच. 1974, लैन्ड सिस्टम्स ऑफ ब्रिटिश इण्डिया, वा. 1, दिल्ली ओरियन्टल पब्लिशर्स: 162-163।

11. बाडेन पावेल बी.एच., 1972 दी इण्डियन विलेज कम्यूनिटी, डेल्ही कास्मो पब्लिकेशन्स: 29, 340।

12. हिराओका एम., 1977, अ. 5, सन्दर्भ सं. 14: 69:81।

13. मिचेल जे.बी.अ.। सन्दर्भ सं. 88: 112।

14. वही: 49।

15. चिशोम एम., 1969, पूर्वोद्धृत अ. 2 सन्दर्भ 72: 102-108 एवम् पृ. 55।

16. अहमद ई., अ. 4 सन्दर्भ सं. 13:232।

17. चिशोम पूर्वोद्धृत अ. 2 सन्दर्भ 72: 30।

18. वही: 27।

19. देखें बी.बी. सिंह, 1976, स्पेसियल ओर्गेनाइजेशन ऑफ सेटिलमेन्ट इन सम नार्थ इण्डियन विलेजेज: 214-233 (आर.एल.एट.आल. (एडी.) ज्या.डा. रु.से. में) जिसमें उन्होंने वृद्धि का प्रतिमान प्रस्तुत करने का प्रयास किया है, किन्तु वे आकारिकीय संरचना की प्रावस्थाओं की ही व्याख्या करते है, जिनकी अभिव्यक्ति विस्तार से (प्रावस्थाओं की ही व्याख्या करते हैं, जिनकी अभिव्यक्ति विस्तार से (प्रस्तुत लेखक द्वारा) नाभिकीयन एवम् विसरण प्रक्रिया द्वारा की गई है।

20. कोह्न, बी.एस., 1969, स्ट्रक्चरल चेन्जेज इन इण्डियन रूरल सोसाइटी 1596-1885 (लैन्ड कन्ट्रोल एण्ड सोसल स्ट्रक्चर इन इण्डियन हिस्ट्री (संपादित) द्वारा आर.ई. फाइकेबर्ग, मैडीसन, यूनिवर्सिटी ऑफ विकान्सिन प्रेस में: 56)।

21. सिंह, आर.वाई., 1987, ''ज्योग्राफिक डाइमेन्सन ऑफ ए क्लान मेम्बर ड्यूरिंग टू सेन्चुरीज'' रूरल सिस्टम्स, वा. 5, सं. 3 सितम्बर: 207-213।

22. सिंह राना पी.बी., 1977, पूर्वोद्धृत अ. 2 सन्दर्भ सं. 90: 130-131।

7

आकृति विश्लेषण

प्रस्तावना

किसी भी मानव-बसाव सम्बन्धी विकास के प्राथमिक समय में किसी समूह के विचरण/संचलन (movement) का राज्य-क्षेत्र अपरिभाषित होता है। कई राज्य क्षेत्रों के मध्य स्थित सर्वनिष्ठ भूमि परिवर्तनशील सीमा बनाती है, जो परम्परा तथा निवासियों की शक्ति पर निर्भर है। यह शाकाहारी तथा माँसाहारी जीवों के लिए समान रूप से लागू है, जो एक निश्चित भौतिक सीमा के अन्तर्गत विचरण करते हैं, अर्थात् एक पूर्ण समायोजित, संघर्ष रहित स्पष्ट सीमायुक्त बन्द क्षेत्र निर्धारित हो जाता है। इसी बन्द देश (Space) में शिकार, संग्रह तथा एकत्रीकरण अथवा प्राथमिक उत्पादन द्वारा जीविकोपार्जन हेतु अनेक प्रकार के विचरण सीमित होते हैं। कालांतर में यही, किसी खास अधिवासित समूह, जिसे साहित्य में ''कबीला'' कहते हैं, का राज्य-क्षेत्र होता है। ऐसे कबीलों के राज्य-क्षेत्र दुनिया के अनेक मानव अध्यासन क्षेत्रों में बहुत बड़ी संख्या में मिलते हैं। किन्तु सांस्कृतिक वृद्धि के अभिव्यक्तिगरण अनेक धर्मों के रूप में प्रकट होते हैं, जिनकी सीमा मानव-बसाव क्षेत्र को पार कर जाती है अथवा अनुभवातीत होती है। एक सुनिश्चित राज्य-सीमा, एक कुल प्रदेश (Kinship Region) के खण्ड के रूप में अथवा अन्य प्रकार से अधिवासित, जिसे हम ग्राम कहते हैं, भूगोलविदों के अध्ययन के लिए मुख्य विषय है। चूंकि ग्राम-सीमा का विकास किसी अधिवास के चतुर्दिक भूमि-उपयोग के साथ-साथ होता है, अत: इसका संपतन स्वत: निकटवर्ती ग्राम-सीमा पर होता है, जो विभिन्न प्रकार के क्रियाशील प्राकृतिक तथा मानवीय बलों द्वारा सम्पूर्ण क्षेत्र के भराव (packing) हेतु सर्वोत्तम प्रायोगिक सम्भावनाओं के अनुरूप होता है। यह सीमा प्रथमत: एक पहाड़ी, नाला, बंजर भूमि या कोई दृष्टिगोचर वनस्पति-समूह होता है और फिर कालांतर में भूमि पर स्तम्भों अथवा अन्य निर्धारित प्रतीकों द्वारा सीमांकित मानवकृत-सीमा बन जाती है। यह गाँव का एक घिरा हुआ भू-आकाश (enclosed space) होता है, जिसके अन्तर्गत निवासियों के अधिकार एवं दायित्व परिभाषित होते हैं। बहुत से देशों में ऐसी सीमाएँ परिभाषित एवं अभिलेखित होती हैं, जिन्हें मानचित्र-कला द्वारा प्रदर्शित किया जा सकता है। ये सम्पातित सीमाएँ आकार, क्षेत्र एवं देश में भराव की (Packing in Space) प्रादेशिक विभिन्नताओं के साथ ग्राम्य क्षेत्र की आकृतियाँ प्रस्तुत करते हैं।

इसी घिरे हुए भू-आकाश/देश में निवासी अनेक प्रकार के निवास बनाते हैं जो आकर, आकृति एवं स्वरूप आदि में पूर्व चर्चित रूप में भिन्न होते हैं। इस घिरे हुए देश का मानवीय संगठन विभिन्न प्रकार की अन्योन्यक्रिया एवं अभिव्यक्तियों द्वारा प्रकट होता है। एक स्पष्ट एवं ठोस अभिव्यक्ति आवासीय क्षेत्र होता है, जिसके साथ समुदाय के प्रखण्ड एवं अन्य कृषित भूदृश्य जैसे खेत, अथवा अन्य प्राथमिक उत्पादन के संसाधनों, जैसे-खनन, मत्स्याखेट आदि जुड़े होते हैं। अधिवासों की आकृति एवं आकारिकी का विवेचन पहले किया जा चुका है अब ग्राम-सीमा की आकृति का अध्ययन प्रस्तुत है।

यह विश्लेषण क्यों?

प्रस्तुत विवेचन एक निरर्थक अभ्यास मात्र नहीं है। आकृति स्वयं धरातल के मानवीकरण के प्रकार एवं सम्पूर्ण अवनति के बारे में बहुत कुछ कह देती है। प्रकृति में किसी भी (Space) देश का सर्वोत्तम भरावपूर्ण अध्यासन एक ज्यामितीय आकृति द्वारा होता है, जैसे–षटभुज, अथवा अन्य बहुभुज के स्वरूप। इस तथ्य का प्रदर्शन मकड़ी के जाल अथवा मधुमक्खी के छत्ते अथवा चीटियों के माँद के देशीय वितरण से स्पष्ट होता है।[1] इस प्राकृतिक आदर्श से किसी भी प्रकार का विचलन निर्देशित करता है कि विकास के विभिन्न अवस्थाओं में कुछ सांस्कृतिक कारक इसके लिए उत्तरदायी रहे हैं। विभिन्नता हेतु कारण स्वरूप इस विचलन का अध्ययन ही हमारा लक्ष्य है अथवा भूगोलवेत्ताओं का आदर्श है। प्रश्न उठता है कि यह आकृति-वितरण त्रिकोणात्मक, आयताकार अथवा षटभुजाकार क्यों नहीं है। इस प्रश्न का उत्तर संदर्भित सांस्कृतिक क्षेत्र के अध्यासन से सम्बन्धित क्रियाशील सांस्कृतिक एवं पारिस्थितीकीय बलों को प्रतिबिम्बि करता है। इसे समझने के लिए हम संयुक्त राज्य अमेरिका के प्रदेशों की सीमा की तुलना भारत तथा चीन के प्रदेशों की सीमा से और इसी प्रकार यूरोप के किसी पैरिश सीमा (Parish) की तुलना दक्षिणी–पूर्व एशिया के ग्राम–सीमा से अथवा किसी प्रदेश के आदिवासी अथवा उनके प्रतिपक्षीय ग्रामों की सीमा की तुलना कर सकते हैं। आकृतियों की विभिन्नताएँ पृष्ठभूमि में छिपे राजनीतिक, प्रशासनिक, ऐतिहासिक एवं धार्मिक कारकों की व्याख्या करने में सक्षम हैं। बुंगी ने अपने थ्योरेटिकल ज्यॉग्रफी में सच कहा है कि चाहे हम विभिन्न प्रकार के धरातल (गणितीय), बहुपद, फूरिये श्रेणी (fourier series) अथवा टेलर श्रेणी (taylor series) के वर्णन के लिए आव्यूह (matrics) का प्रयोग करें अथवा किसी वर्गीकरण को अपनाएँ और व्यक्तिगत रूप से (ox-bow) आक्स–बो, वृत्ताकार, आयताकार आदि आकृति का नाम दें फिर भी समस्या शेष रहती है, क्योंकि प्रथम उदाहरण में मापन विधि द्वारा आकृति से कुछ अधिक का प्रतिबिम्बन होता है, क्योंकि वे अनुस्थापन को भी सम्मिलित करते हैं, दूसरी सामान्य विधि द्वारा वर्गीकरण प्रायः अस्पष्ट होते हैं, और विभिन्न श्रेणी के निवासों हेतु निर्धारित आकृतियाँ आश्वस्त नहीं होतीं। यही कारण है कि उसके प्रथम प्रमेय के अनुसार किसी साधारण संयोजक आकृति की तुलना कितनी भी अधिक संख्या वाले बहुभुज से की जा सकती है, जिसकी भुजाएँ बराबर किन्तु परिवर्तनशील लम्बाइयों की हों। बहुभुज के गुणों के बारे में खण्ड 7.4 में चर्चा की गई है।

उपागम (अ) गुणात्मक/प्रतिष्ठित (आकृति एवं प्रतिरूप)

अधिवासों के आकृति–ज्यामितीय स्वरूप की आकरिकीय अभिव्यक्ति की चर्चा 4.3 में की जा चुकी है। इस उपागम का सम्बन्ध क्षेत्र में अवलोकित अभवा भूपत्रक पर मानचित्र अथवा भू-कर (cadastral) मानचित्रों पर चित्रित ज्यामितीय स्वरूपों की विभिन्न समानताओं से है। इस उपागम का प्रथमतः उपयोग जर्मनी के भूगोलवेत्ताओं द्वारा किया गया जो चिर–प्रतिष्ठित है और उसी का अनुपालन बहुत से लेखकों ने किया है। यहाँ भी ज्यामितीय उपागम पद से अभिहित एक अन्य परिमाणात्मक विधि पर विशेष बल दिया गया है।

आकृति विश्लेषण (ब) परिमाणात्मक उपागम

किसी समरूप देश में अनेक जालीदार (lattice) विन्यास–प्रबन्ध के साथ सेवाकेन्द्रों के वितरण का ख्रिस्टालेर द्वारा प्रस्तुत प्रतिमान अधिवासों के षट्भुजीय स्थानिक वितरण की संकल्पना प्रस्तुत करता है। लॉश्च ने भी मैदानों के उपनिवेशन में सेवाकेन्द्रों के भराव (packing) का अध्ययन किया है जो षट्भुजीय विन्यासक्रम को प्रदर्शित करते हैं। (चित्र 7.1)। यह संकल्पना अन्ततः मौलिक भराव सिद्धान्त (Elementary Packing Theory) पर आधारित है।

विभिन्न आकृति की ग्राम–सीमा वाले राज्य–क्षेत्र में एक दक्ष विभाजन की उत्तम व्याख्या अधोलिखित दो रूपों में की जा सकती है:

(1) विचरण की दक्षता (Efficiency of Movement)

(2) सीमा–सम्बन्धी दक्षता (Efficiency of Boundaries)

प्रथम के अन्तर्गत केन्द्र तथा बाह्य सीमांत के बीच का दूरी–निम्न समीकरण सम्मिलित है और द्वितीय का मापन राज्य–क्षेत्र के लम्बाई परिमाप से होता है। चित्र 7.2A द्वारा स्पष्ट प्रदर्शित है कि सभी नियमित बहुभुजों में वृत्ताकार सबसे कम दूरी प्रदान करता है। क्योंकि यह अनन्त भुजाओं एवं ऊर्ध्वों (Sides & Vertices) के साथ नियमित सर्वाधिक संहत आकृति होती है। मानचित्र 7.2B पर अंकित दोनों

प्राचल (parameters) स्पष्ट करते हैं कि पार्श्व अथवा भुजा की वृद्धि के साथ दक्षता में वृद्धि होती है जो दसभुज में अत्यधिक है। एक षट्भुज भी अरीय दूरी तथा परिमाप दोनों रूपों में एक वृत्त के 4/5 दक्षता वाला होता है। यह उल्लेखनीय है कि किसी देश के भराव हेतु वृत्तीय विन्यास-प्रबन्ध दोषरहित नहीं है। एक वृत्तीय भराव प्रतिरूप में या तो कुछ क्षेत्र असेवित रह जाते हैं अथवा अतिव्यापन होता है। षट् भुजीय शबलिक विन्यासक्रम (hexagonal-tessellation) की सामान्य आलोचना यह है कि यह अति कठोर (rigid) एवं अमूर्त है। फिर भी प्राकृतिक वैज्ञानिकों के अध्ययनों के आधार पर अधिवास संरचना के प्रतिमानों में षट्भुज का प्रयोग अधिक समीचीन लगता है।

Figure 7.1

Packing of Centres in the colonization of plain to give hexagonal territories

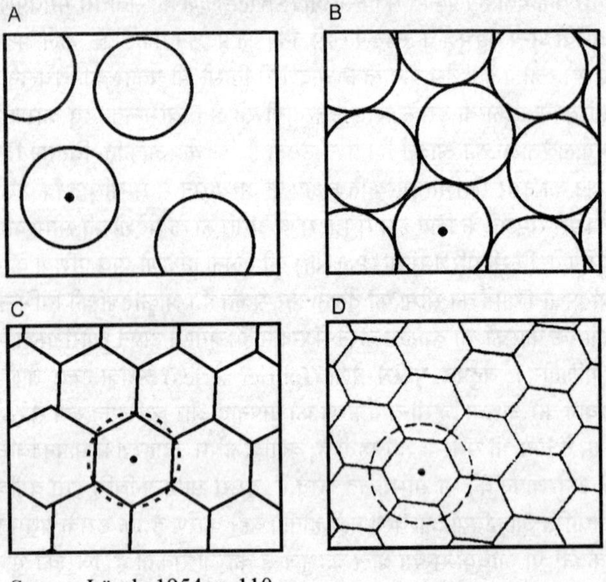

Source: Lösch, 1954, p. 110

आकृति की माप: एक समीक्षा

आकृति-मापन का प्रत्यय जैविक विज्ञानों में थाम्पसन के अध्ययनों द्वारा प्रारम्भ हुआ है।[2] भ्वाकृतिक अध्ययनों में नदी बेसिन की आकृति के परिमाणात्मक अभिव्यक्ति के आधार पर मिलर ने वृत्तीय अनुपात (circularity ratio) का उपयोग किया है।[3] यह अनुपात निम्नवत् है–

$$\frac{4A}{\pi \times p^2}$$

यहाँ, A = बेसिन का क्षेत्रफल और

P = परिमाप को प्रकट करता है

हैगेट के ब्राजील का उदाहरण लेकर 100 प्रतिदर्श काउंटी के भराव (packing) सम्बन्धी गुणों का परीक्षण किया है। उसने आकृति सूचकांक 'S' का उपयोग आकृति-मापन में किया है, जिसका अर्थ है, A ग्राम के क्षेत्रफल तथा सर्वाधिक लम्बाई वाले अक्ष L सहित πR^{32} परिमाप के साथ वृत्त के क्षेत्रफल का अनुपात, अर्थात् $S=A/\pi R^2 4A\pi L^2$ अथवा $S=1.27A/L^2$ जिसमें A = काउंटी का वर्ग किमी में क्षेत्रफल, L = काउंटी के लम्बे अक्ष पर सर्वाधिक दूरस्थ दो बिन्दुओं की सीधी रेखा में दूरी।

यहाँ बहुगुणक 1.27 का संगणन एक वृत्त में 01 (एक) से लेकर लम्बायमान

Figure 7.2

Efficiency of alternative types of regular polygon in relation to distance from centres and perimeter length. The numbers indicate the number of sides to the figure, while the solid circles denote shapes which will form a regular tesselation. A=area.

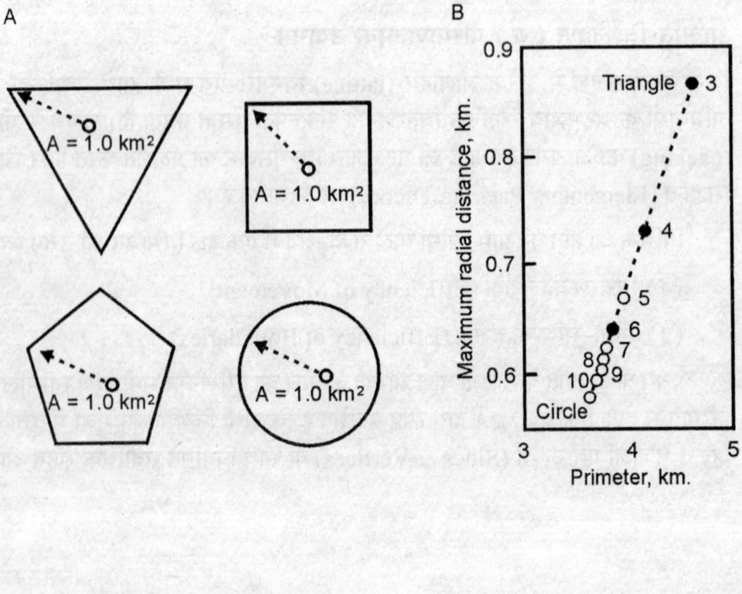

आकृति में 0 (शून्य) तक के आकृति सूचकांक के समायोजन हेतु किया गया है। चित्र 7.2 व 7.3 में प्रदर्शित मूल्यों के अनुसार काक्स्टर के नियमित जालक (regular lattice) में त्रिभुजाकार का मूल्य 0.42, वर्गाकार का 0.64 और षट्भुजाकार का 0.83 है। किसी सीमा पर स्थित सम्पर्क संख्या के आधार पर भी ग्राम अथवा काउंटी के आकृति का मापन किया जाता है। हैगेट ने ब्राजील के तटीय काउंटी का अध्ययन करके सम्पर्क संख्या का संगणन किया है। यहाँ सम्पर्क संख्या का औसत 5.71 था, और प्रति 3 काउंटी पर एक के पड़ोसियों की संख्या 6 थी। मियर तथा हैगेट ने स्विडन के पैरिश (Parish) का मापन सम्पर्क संख्या के आधार पर किया जिसमें चित्र 7.4 व 7.5 के अनुसार औसत मूल्य 5.5 है। परस्पर विरोधी उच्चावच ऐसी आकृति के कारक रहे हैं। इन्होंने संहतता के आकृति सूचकांक का उपयोग किया है जो निम्नवत् रूप से परिभाषित है जैसे–

Figure 7.3

Shape characteristics of a sample of 100 Brazilian countries in relation to lattice zones.

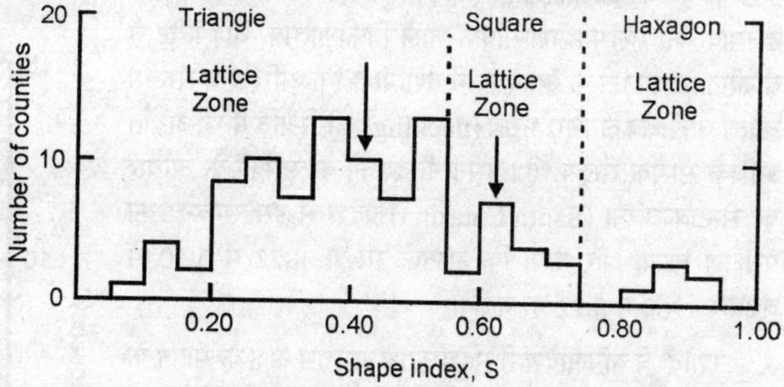

$$\frac{Ri}{Re}$$

यहाँ Ri = सबसे बड़े क्षेत्रान्तर्गत बने वृत्त का अर्द्धव्यास एवं Re = परिधि पर बने सबसे छोटे वृत्त का अर्द्धव्यास, जो चित्र 7.6 से स्पष्ट है।[4]

Figure 7.4

Parishes east of Swindon

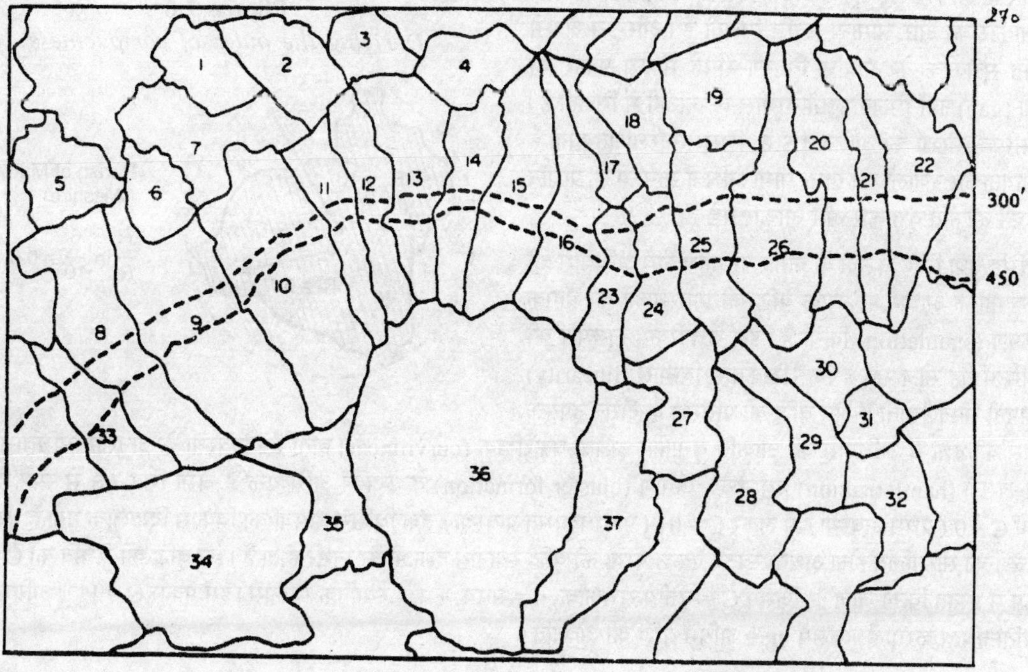

Figure 7.5
Parishes east of Swindon

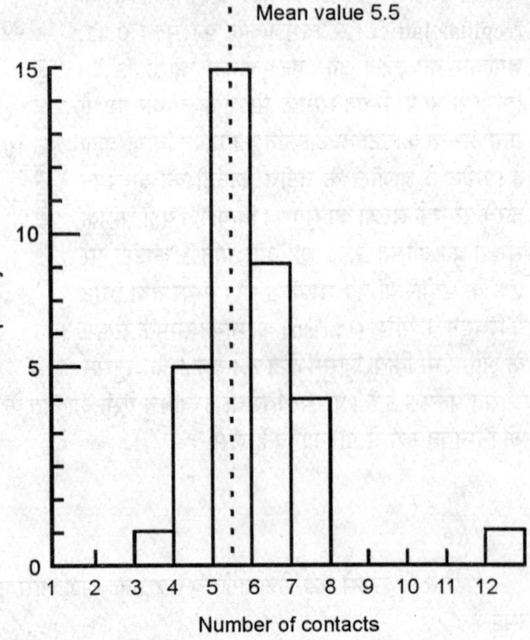

Figure 7.6
Deriving the index of compactness

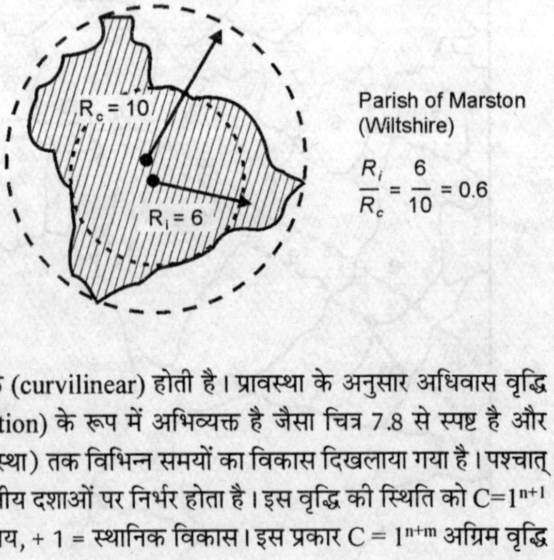

पेडरसन ने स्काटलैंड के प्रशासकीय कम्यून (Commune) और डेनमार्क के फाइन (Fyn) की गणना किया है, जिसके अनुसार 553 कम्यून का औसत 5.83 रहा। किन्तु उसके निष्कर्ष के अनुसार डेनमार्क का मूलभूत प्रशासनिक जाल त्रिकोणात्मक था। हैगेट ने ब्राजील के काउंटी के अध्ययन में दर्शाया है कि अधिक जनसंख्या घनत्व वाले क्षेत्र लगभग भराव (packing) की स्थिति में थे, अर्थात् अधिक सम्पर्क संख्या थी। उसने नौ दशकों के समंकों के आधार पर सेन्टाकटारिना (Santa Catarina) प्रदेश में इस सम्बन्ध का परीक्षण किया और पाया कि सम्पर्क संख्या 1872 में 3.50 से बढ़कर 1960 में 5.22 हो गयी।

रशीद[5] ने बांगलादेश में महत्तम तथ लघुत्तम अक्ष के मापन के आधार पर 19 जिलों की आकृतियों की गणना की है, और भौगोलिक केन्द्र से विचलन का सूचकांक (Departure Index) विकसित किया है, किन्तु इसकी प्रयुक्ति का परीक्षण शेष है। अनेक अन्य शोधकर्त्ताओं ने जैसे गिब्स, सिमंस, ब्बायस एवं क्लार्क, विलकिंश एवं शा आदि ने भी आकृति का मापन, खासतौर से शहरी क्षेत्रों का, जहाँ सांस्कृतिक कारक ही मात्र नियत कारक हैं, किया है।

राणा पी बी सिंह ने अपने अध्ययन में आकृति विश्लेषण का अच्छा प्रयोग किया है। उसने आकृति को (Dirichlet Regions) प्रदेशों[6] में रूपांतरित करने का प्रयास किया है। ये उपलब्धियाँ चित्र 7.7 से स्पष्ट हैं। मिलर के सूत्र के अनुसार इस अध्ययन में लम्बायमान से वर्गाकार की ओर सामान्य प्रवृत्ति मिलती है। और इस क्षेत्र में आकृति सूचकांक के आवृत्ति-वितरण-समूह में उस प्रकार की रिक्तता (gap) नहीं मिलती जैसी ब्राजील के काउंटी में मिलती है। यहाँ सम्पर्क संख्या का औसत 4.5 है, जिससे परिलक्षित होता है कि आयताकार प्रणाली की ग्राम-सीमा अधिक सामान्य है, प्राचीन ग्रामों की आकृति वृत्ताकार और आकार बड़े हैं।

सिंह तथा सिंह[7] ने नदी के कगार पर नाभिकीय अधिवास की परिकल्पना के आधार पर उसके वृद्धि की प्रावस्थाओं का भ्रामक अनुरूपण (simulation) किया है। इस वैचारिक अनुरूपण की पृष्ठभूमि में यह सोच रही है कि रैखिकक्रम विन्यास (linearity) की अपनी सीमाएँ होती हैं और वृद्धि की प्रावस्था के दौरान उपयुक्त विकास की दशा में अधिवास की आकृति वृत्ताकार अथवा वक्रैरैखिक (curvilinear) होती है। प्रावस्था के अनुसार अधिवास वृद्धि पुरवा-बसना (hamletization) एवं गुच्छ-निर्माण (cluster formation) के रूप में अभिव्यक्त है जैसा चित्र 7.8 से स्पष्ट है और जिसमें $C = 0$ (प्रथम अवस्था) से लेकर $C = 01$ (पूर्ण विकसित प्रावस्था) तक विभिन्न समयों का विकास दिखलाया गया है। पश्चात् के गुच्छों का सम्मिलित होना अथवा स्वतंत्र एकल पुरवा की वृद्धि स्थानीय दशाओं पर निर्भर होता है। इस वृद्धि की स्थिति को $C=1^{n+1}$ के रूप में प्रस्तुत किया जाता है, जिसमें C = वृत्तीय सूचकांक, n = समय, + 1 = स्थानिक विकास। इस प्रकार $C = 1^{n+m}$ अग्रिम वृद्धि का प्रतिनिधित्व करता है, जिसमें m = अग्रिम वृद्धि की अवनति।

Figure 7.7

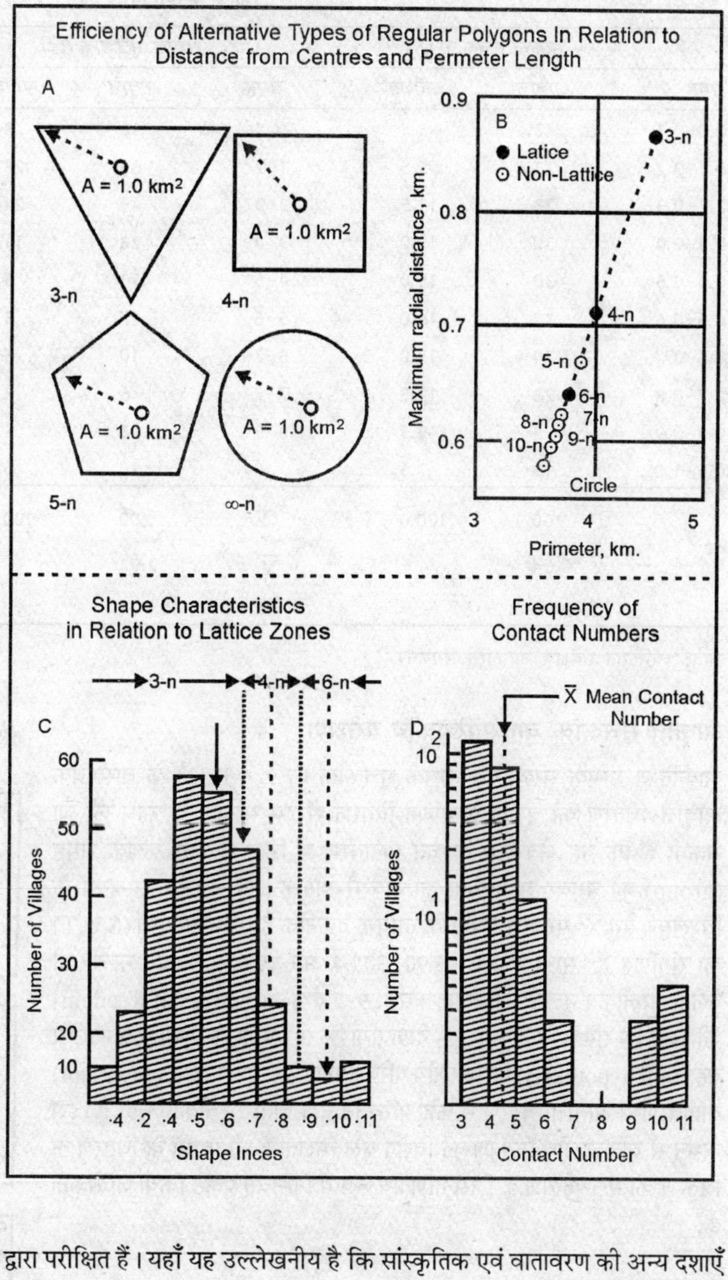

गोरखपुर जनपद (उत्तर प्रदेश, भारत) में किए गए सिंह[8] के मिलर द्वारा प्रयुक्त सूत्र पर आधारित अध्ययन से अच्छे निष्कर्ष प्राप्त हुए हैं। इसमें सप्रयोजन यादृच्छिक प्रतिचयन (purposive random sampling) के आधार पर गोरखपुर जनपद के 200 (कुल के 5 प्रतिशत) ग्राम चुने गए हैं। सारणी 7-(1) में प्रदर्शित संगणित निष्कर्ष प्रकट करते हैं कि सचमुच, बस्तियाँ ठीक-ठीक जालक नहीं बनातीं। औसत 's' का मूल्य (0.54) से निर्दिष्ट है कि अधिकतम आवृत्ति (लगभग 50%) त्रिभुजाकृति के निकट है। इसके अतिरिक्त यदि यह सीमा वर्गाकृति जालक तक बढ़ा दी जाय तो आवृत्ति 77.0 प्रतिशत (145 ग्राम) तक पहुँच जाती है, अर्थात् वर्गाकृति की प्रमुखता स्पष्ट है (चित्र 7.9A) जो सरलतया दृश्य है। वास्तव में, ऐसी वृद्धि के कारक प्राचीन भारत के बीघा प्रणाली के अनुसार आयताकार भूमि-विभाजन रहे हैं।

प्रतिचयित ग्रामों में केवल 7.5 प्रतिशत (15 ग्राम) की आकृति वृत्त के निकट है, जबकि षट्भुजाकृति में मात्र 4 प्रतिशत ग्राम आते हैं जैसा (सारणी 7 i) से स्पष्ट है।

अन्य आकृति संबंधी गुणों में संपर्क संख्या (T) और संपर्क सूचकांक C (संपर्क संख्या/क्षेत्रफल) महत्त्वपूर्ण है (सारणी 7-(1)। चित्र 7.9 A,B के अनुसार तुलना करने पर S तथा T के मूल्य की आवृत्तियों के मूल्यों में विरोधाभास है। क्योंकि ज्यामितीय रूप में चार सम्पर्क संख्या वाले वर्गाकृति के जालक सामान्य हैं किन्तु वास्तविक आवृत्तियाँ प्रकट करती हैं कि षट्भुजाकृति के जालक की आवृत्ति अधिक है। जैसा कि सम्पर्क सूचकांक के औसत मूल्य 6.865 से स्पष्ट है। इन सूचकांकों के परस्पर सम्बन्धित साहचर्य X^2 के द्वारा परीक्षित हैं। यहाँ यह उल्लेखनीय है कि सांस्कृतिक एवं वातावरण की अन्य दशाएँ इस विरोधाभास के लिए उत्तरदायी हैं। इसी प्रकार भारतवर्ष या अन्य देश, जैसे-ब्राजील में भी यही तथ्य प्रकट होता है। इस अध्ययन में आवृत्तियों का आयत चित्र (histogram) विस्तार सम्बन्धी कोई अन्तराल (range of gaps), नहीं प्रदर्शित करता, जो इस प्रवृत्ति का सूचक है कि ग्राम आकृतियों के अनेक गुण हैं जो सम्पर्क सूचकांक द्वारा भी स्पष्ट होते हैं।

सारणी 7 (i)

ग्रामों के आकृति गुण

आकृति सुचकांक (S)			*सम्पर्क सूचकांक (C)*			*सम्पर्क संख्या (T)*		
समूह	*आवृत्ति*	*प्रतिशत*	*समूह*	*आवृत्ति*	*प्रतिशत*	*समूह*	*आवृत्ति*	*प्रतिशत*
0.0–0.1	7	3.5	< 1	16	8.0	–	–	–
0.1–0.2	11	5.5	1–2	65	23.5	–	–	–
0.2–0.3	23	11.5	2–3	49	24.5	3	6	3.0
0.3–0.4	30	15.0	3–4	23	11.5	4	17	8.5
0.4–0.5	30	15.0	4–5	11	5.5	5	36	18.0
0.5–0.6	32	16.0	5–6	7	3.5	6	34	17.0
0.6–07	24	12.0	6–7	10	5.0	7	30	15.0
0.7–0.8	23	11.5	7–8	6	3.0	8	30	15.0
0.8–0.9	5	2.5	8–9	3	1.5	9	17	8.5
0.9–1.0	15	7.5	>9	10	5.0	710	30	15.0
Σ	200	100.0	Σ	200	100.0	Σ	200	100.0
$\overline{X}$	0.54	–	$\overline{X}$	2.91	–	$\overline{X}$	6.865	–
X^2	43.90	–	X^2	191.30	–	X^2	30.64	–

स्रोत: व्यक्तिगत सर्वेक्षण आधारित संगणन।

Figure 7.8

Settlement Expansion Linearity to Circularity Trends

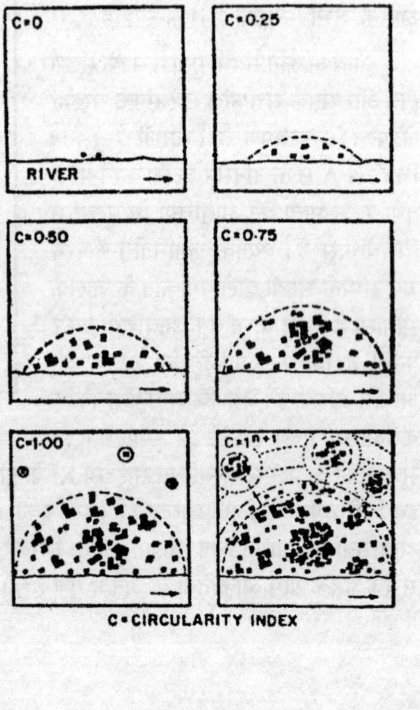

आकृति सूचकांक का सांख्यिकीय परीक्षण

आकृति व सम्पर्क संख्या एवं सम्पर्क सूचकांक (7.9 A,B,C) के वास्तविक आवृत्ति–वितरण की तुलना प्रत्याशित वितरण से इस मान्यता के साथ की जा सकती है कि यह क्षेत्र एक निश्चत वातावरण में स्थिर है और प्रत्येक समूह (group) को बराबर सम्भाव्यता का अवसर प्राप्त है। ऐसे परस्पर सम्बन्धों के विश्लेषण हेतु X^2 परीक्षण सर्वाधिक उपयुक्त तकनीक है। उपरोक्त गुणों (S,C,T) का संगणित X^2 मूल्य क्रमशः 45.90, 30.64 और 191.30 है। इन मूल्यों की तुलना सरलीकृत मूल्य से करने पर क्रमशः 9, 7 तथा 9 (degrees of freedom) की स्वातंत्र्य संख्या के अनुसार यह देखा गया कि 0.1 प्रतिशत सम्भाव्यता स्तर पर यह (null hypothesis) निराकरणीय परिकल्पना कि ''एक निश्चर (Invariant) वातावरण में आवृत्ति वितरण में कोइ परिवर्तन नहीं होता'' स्वीकार्य नहीं है। इस कथन से वातावरणीय नियंत्रण को विशेष बल मिलता है जो प्वासों के वितरण के वितरण का मूलभूत गुण है, जिसे गणितीय रूप में निम्नवत् प्रकट किया जा सकता है:

$$P(x:\lambda) = \frac{e^{-\lambda}\,\lambda^{x}}{x^{1}} \quad for\ x = 1, 2$$

Figure 7.9

Characteristics of Village-Shaes, Gorakhpur District

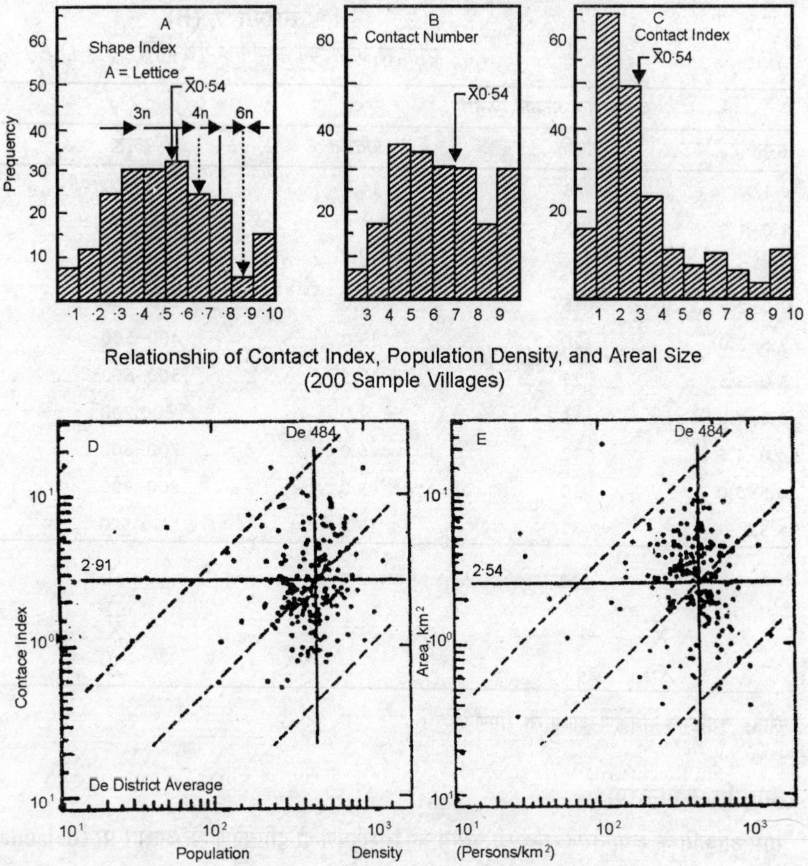

यहाँ प्राचल λ = प्रतिचयनित क्षेत्र के प्रत्याशित बिन्दुओं की संख्या और x = एक परिभाषित यादृच्छिक चर। चूंकि ग्राम के प्रतिदर्श इस मान्यता के साथ लिए गए हैं कि प्रत्येक ग्राम का स्थान-निर्धारण किस अन्य बिन्दु के स्थान-निर्धारण से स्वतंत्र है, प्वासों वितरण-प्रतिमान पूर्ण सफलतापूर्वक प्रयुक्त हो सकता है।

आकृति-गुण एवं ग्राम-आकार

आकृति के सन्दर्भ में क्षेत्रीय तथा जनसंख्या गुणों के साहचर्य की तस्वीर प्रकट होती है (चित्र 7.9 D, E), जिसमें सम्पर्क सूचकांक, जनसंख्या-घनत्व तथा 200 ग्रामों का सम्बन्ध प्रदर्शित है। इन गुणों में महत्त्वपूर्ण सह-सम्बन्ध नहीं प्रकट करता क्योंकि यह क्षेत्र गंगा-घाघरा के उपजाऊ घाटी में स्थित है। यह उल्लेखनीय है कि ब्राजील की काउंटी की भाँति कुछ, जो घने और सन्निकट सटे हुए बसे हैं, अपेक्षाकृत उच्चतर जनसंख्या-घनत्व वाले हैं, और इसीलिए अति उच्च जनसंख्या वाले क्षेत्रों के अपेक्षाकृत अधिक सम्पर्क संख्या प्रदर्शित करते हैं। किन्तु भारतीय वातावरण में इसका निरपेक्ष रूप से सामान्यीकरण नहीं किया जा सकता क्योंकि जनसंख्या घनत्व की बढ़ती अपनति के साथ तथा क्षेत्रफलीय-आकार (चित्र 7.9 E) के साथ सम्पर्क सूचकांक (चित्र 7.9 D) भी उच्च होंगे। यह सामान्यीकरण दीर्घकालिक समय के ढाँचे में बड़े क्षेत्रों के प्रति लागू हो सकता है जैसा कि हैगेट ने ब्राजील के सैन्टाकटारिना प्रदेश के लिए किया है।

यह स्पष्ट है कि भारतीय ग्रामीण क्षेत्र में अनेक अतिरिक्त आकर्षक बलों के कारण कुछ स्थानों पर जनसंख्या-घनत्व अधिक हो जाता है। इसमें भौतिक कारकों की भी बहुत महत्त्वपूर्ण भूमिका होती है। वार्षिक बाढ़ वाले खेत्रों में प्राय: लम्बायमान आकृति (elongated shape) के ग्राम मिलते हैं, जबकि सीमित क्षेत्रीय उपलब्धता के साथ, जहाँ बस्तियों का अधिक फैलाव सम्भव नहीं है, समयावधि के साथ जनसंख्या-घनत्व अत्यधिक वृद्धि पर होता है।

सारणी 7 (ii) से स्पष्ट है कि क्षेत्रफलीय-आकार, जनसंख्या-आकार, आकृति-सूचकांक एवं सम्पर्क-सूचकांक के वास्तविक एवं प्रत्याशित आवृत्ति वितरण सदैव 9 स्वातंत्र्य-संख्या (degrees of freedom) के साथ <0.1 प्रतिशत महत्त्व की सम्भाव्यता (probability of significance) का उल्लेख करते हैं, अर्थात् ये आवृत्तियाँ किसी निश्चित नियम के बजाय संयोग-जनित हैं। यही स्थिति ग्रामों के

सम्पर्क संख्या की आवृत्ति-वितरण में देखी जा सकती है जो 7 सांख्यिकीय-संख्या के साथ 0.1 प्रतिशत सम्भाव्यता स्तर (probability level) का उल्लेख करती है (सारणी 7 i)।

सारणी 7 (ii)

प्रतिदर्श ग्रामों का स्थानिक गुण (चित्र 7.9 D,E)

क्षेत्रफलीय आकार किमी.[2]			जनसंख्या आकार 1971		
समूह	आवृत्ति	प्रतिशत	समूह	आवृत्ति	प्रतिशत
< 1.0	28	14.0	< 100	9	4.5
1.0–1.5	13	6.5	100–200	9	4.5
1.5–2.0	25	12.5	200.300	26	13.0
2.0–2.5	16	8.0	300–400	40	20.0
2.5–3.0	26	13.0	400–500	44	22.0
3.0–3.5	21	10.5	500–600	32	16.0
3.5–4.0	18	9.0	600.700	22	11.0
4.0–4.5	12	6.0	700–800	10	5.0
4.5–5.0	10	5.0	800–900	4	2.0
> 5.0	31	15.5	> 900	4	2.0
Σ	200	100.0	Σ	200	100.0
$\overline{X}$	2.54	–	$\overline{X}$	484	–
X^2	24.0	–	X^2	100.7	–

स्रोत: व्यक्तिगत सर्वेक्षण-आधारित संगणन।

आकृति रूपान्तरण

ग्राम आकृति के रूपान्तरण सम्बन्धी प्रत्यय का विश्लेषण दो दृष्टिकोणों के आधार पर (delaunay triangle) त्रिभुज बनाकर एवं कोशीय जाल (cellular net) अथवा षट्भुज-जाल द्वारा क्रमिक बहुभुज के निर्माण द्वारा किया जाता है। यद्यपि इसका प्रारम्भ 19वीं शताब्दी के मध्य (1850 ई.) गणितज्ञ (Dirichlet) द्वारा क्रमिक बहुभुज के प्रत्यय से हुआ किन्तु इसके विस्तृत गुणों का अध्ययन थाम्पसन (D'Arey Thompson) द्वारा 1917 ई. में किया गया। ऐसे स्थान घेरने वाले बहुभुज (Space exhausting polygons) को भूगोल के कोशीय जाल (Cellular net), पारिस्थितिकी में मोजेक (mosaic), मौसम विज्ञान (Meteorology) में थीसेन पालीगन (Theiessen Polygon) एवं गणित में (Dirichlet) या (Vernoi) बहुभुज कहते हैं।

इन बहुभुजों के, उनकी सत्यता की परख हेतु संकल्पित दो मान्यताओं के साथ, मौलिक गुण निम्नवत् हैं:

(1) बहुभुज की प्रतिच्छेदित सीमा-रेखा के अन्तर्गत बना क्षेत्र अन्य केन्द्रों की अपेक्षाकृत घिरे हुए केन्द्र (enclosed centre) के सन्निकट होता है एवं

(2) एक केन्द्र ज्यामितीय ढंग से सन्निकट स्थित सभी क्षेत्रों के लिए प्रभावी होता है।

सन्दर्भ

1. लेखक ने, अपने सर्वेक्षण के दौरान इथियोपिया के पूर्वी भाग में मेताहारा से अवाश तक, लगभग 50 किमी तक, सड़क के दोनों ओर चींटों की वल्मीक (एन्टहिल) का षट्भुजीय राज्यक्षेत्र का वितरण प्रतिरूप देखा है। इस प्रकार के परिसीमन से अनेक दलों में संघर्ष की गुंजाइश नहीं रहती।

2. थाम्पसन डेरसी डब्ल्यू, 1917, संक्षिप्त संस्करण 1961, आन ग्रोथ एण्ड फार्म, कैम्ब्रिज: 102-25।

3. मिलर, वी.सी., 1953, ए क्वान्टिटेटिव ज्योग्राफिक स्टडी ऑफ ड्रैनेज बेसिन कैरेक्टरिस्टिक्स इन दी क्लिंच माउन्टेन एरिया, वर्जीनिया एण्ड टेनेसी, न्यूयार्क:कोलम्बिया यूनिवर्सिटी डिपार्टमेन्ट ऑफ ज्यालाजी (पी.एच.डी. डिजर्टेशन)। उसका अनुपात एक वृत्त के क्षेत्रफल के बेसिन के क्षेत्रफल तथा परिमाप के अनुपात के रूप में प्रकट होता है।

4. देखें, आइनर मेयर एण्ड रिचर्ड जे.हैगेट, 1979, ज्याग्रफी: थियरी इन प्रैक्टिस बुक वन ''सेटिलमेन्ट्स'', हार्पर एण्ड रो, पब्लिशर्स: 116-119।

5. रशीद के.बी.एस., 1972, ऐन इक्जामिनेशन ऑफ दी शेप ऑफ दी ऐडमिनिस्ट्रेटिव डिस्ट्रक्ट्स ऑफ बांगलादेश, ज्योग्राफिस्का एनालेर, बी, 54: 104-108।

6. सिंह राना पी.बी. पूर्वोद्धृत अ. 2 संदर्भ सं. 90: 150-160।

7. सिंह के.एन. एण्ड सिंह राना पी.बी., 1975, सम मेथडोलाजिकल कम्पोनेन्ट्स इन रूरल सेटिलमेन्ट रिसर्च (रीडिंग्स इन रूरल सेटिलमेन्ट ज्याग्रफी, संपा.) आर.एल. सिंह आदि, एन जी एस आई, रिसर्च पब्लि सं. 14 में, पृ. 36-37।

8. देखें, यू.पी. सिंह, 1980, ज्योग्राफिक डाइमेन्सन्स ऑफ सेटिलमेन्ट्स इन गोरखपुर डिस्ट्रिक्ट (यू.पी.) पी-एच.डी. थीसिस, बी.एच.यू. (वर्तमान लेखक के संरक्षकत्व में प्रस्तुत की गई)।

8

ग्रामीण गृह

परिचय

होमो एरेक्टस (Homo erectus) का सर्वप्रथम शरणस्थल सम्भवतः अफ्रीका में चौकोटीन (Choukoutien) की गुफा थी। किन्तु मानव-निवास हेतु मात्र गुफाएँ एवं चट्टान-कटित शरणस्थल ही नहीं थे। अधिकांश निवास-स्थल खुली जगह में थे। सबसे पहले के साक्ष्यों के आधार पर अण्डाकार (oval) से लेकर लगभग आयताकार सदृश आकृति वाले सतह से नीचे बने गड्ढे ही परिलक्षित होते हैं। इस प्रकार गुफा मानव-युग (Caveman era) की उक्ति के अनुसार गुफा का, प्रथम मानव-निवास होना, अप्रत्यक्ष (allusion) है।[1] भूमिगत गृह (Pit-dwellings), अनेक रूपाकार विकास (evolutionary forms) की अवस्था से गुजरे हैं जिसका विवेचन आगे किया गया है और जिनका नामकरण विविध रूपो में किन्तु सदैव गृह के पर्यायवाची अर्थ में हुआ है।

गृहों के द्वारा ही मानव सरलतया वातावरण से अनुकूलन कर सका और उसका अध्यासन (occupance) विभिन्न पारिस्थितिक दशाओं में विस्तृत हो सका। उसके गृह निर्माण सामग्री (कच्चे पदार्थ) के उपयोग, जलवायु की दशाओं (वायु, तापक्रम, वर्षा, ऋतु परिवर्तन) से प्रतिरोध, उनके स्थल, स्वरूप एवं प्रकार्य आदि अत्यधिक भिन्न हैं। मानव उष्णकटिबंधीय बाँस, पत्ते, शाखा-टहनी, मिट्टी, हड्डी एवं पत्थर, घास-सनी मिट्टी के टुकड़े, गुंधी हुई मिट्टी, कच्ची एवं पक्की ईंट, लकड़ी, धातु एवं बर्फ से शरण-स्थल बना लेता है। वह इन शरणस्थलों को दलदली भूमि, झील, नदी तथा नहर के किनारे, समुद्र तट पर, पहाड़ी ढाल तथा पहाड़ों की श्रेणी पर, खुले घास के मैदान में एवं वनों की कटाई-सफाई आदि से प्राप्त स्थलों में बना लेता है। इन शरण-स्थलों में एक ही छत के नीचे एक परिवार से लेकर साथ ही साथ दर्जन परिवार तक बसते हैं, जो अलग-अलग अथवा एक गुच्छ[2] के रूप में भी बने होते हैं। अब तो ये निवास-स्थल भूमि के नीचे और आकाश में भी बनने लगे हैं।

पूर्व विवेचन के अनुसार हम अधिवास भूगोल के हीर (core) स्वरूप गृह, वे कहाँ हैं, और वहाँ क्यों है का अध्ययन कर सकते हैं।[3] किन्तु यहाँ लेखक केवल गृहों अथवा मानव-आवासों के इस अर्थ ''रहने का स्थल या निवसित-गृह''[4] से ही नहीं, वरन् उससे जुड़े हुए अन्य निर्माणों से भी सम्बन्धित है। भारत में 1911 की जनगणनानुसार एक गृह की परिभाषा निम्नवत् है, ''एक आवास गृह के अतिरिक्त अन्य निर्माण जैसे एक तम्बू/डेरा का मण्डप, मन्दिर, सराय आदि अथवा एक कैम्प डालने का स्थल, घाट आदि, जिसकी एक अलग संख्या निर्धारित की गयी हो, एक या एक से अधिक परिवार का आवास-गृह, जिसमें सभी आश्रित एवं नौकर का भी आवास हो और जिसमें एक स्वतंत्र प्रवेश-द्वार हो, जो एक सड़क, गलियारा, बालकनी, बरामदा, अहाता अथवा अन्यत्र कहीं से खुलता हो।''[5] 1961 की जनगणनानुसार गृह की परिभाषा निम्नवत् है ''एक निर्माण अथवा निर्माण का भाग जो निवसित अथवा खाली हो, या एक गृह, एक दुकान एवं गृह या एक धंधा-स्थल, कार्यशाला अथवा विद्यालय आदि जिसमें अलग प्रवेश-द्वार हो।''[6] इससे स्पष्ट है कि परिभाषाएँ परिवर्तनशील तो हैं किन्तु सदैव प्रवेश-द्वार सहित निर्माण-संरचना पर बल देती हैं।

प्राचीन भारतीय प्रत्यय

साहित्य में एक स्थाई गृह को *वास्तु* कहा गया है[7], इस शब्द की व्युत्पत्ति संस्कृत के ''*वास*'' (जिसका अर्थ आवासित होना है) से है। इसी प्रकार *गृह*[8] का अर्थ एक झोपड़ी या एकलगृह एवं एकल कमरा अथवा कई कमरे का आवास, जिसका उपयोग शरण अथवा आवास-स्थल के रूप में किया जाय, से है। अन्य पर्यायवाची पद, जैसे-*गय*[9], *आगर*[10], *गेह, उद्धसित, वर्म, सद्म, निकेतन, निसांत, पस्त्य, सदन, भवन, मन्दिर*, निकाय, निलय, अलय, आदि आवास[11] के ही सूचक हैं। साधुओं एवं ऋषियों एवं ऋषियों के कुटीर का नाम पर्णशाला अथवा उटज, वनवासी आदिम जातियों के झोपड़े, *पक्वण या शबरालय* कहे जाते थे। हर्म्य नाम से अभिहित गृह के अन्तर्गत *प्रसाद, मण्डप, सभा* (सभा-भवन), *शाला, प्राप* एवं *अरंग*[12] सम्मिलित थे। प्राचीन भारत के सभी गृह एक विशेष स्थल पर बनते हैं, जो शोधित शुभ दिशा में द्वार, संयुग्म निर्माण एवं पिण्ड एवं विन्यास तथा कक्ष निर्धारण के साथ किसी पुरोहित की धार्मिक स्वीकृति के आधार पर चयनित होते हैं; जिनका वर्णन यथोचित खण्ड में किया गया है।

ग्रामीण गृह/मकान

ग्रामीण गृह ग्रामीण भूदृश्य में अनुत्पादक[13] अध्यासन के एक आवश्यक तथ्य हैं, मानव वातावरण के मध्य के जटिल सम्बन्धों को समझने के लिए साधन हैं, अतीत की सांस्कृतिक धरोहर एवं परम्परा[14] की उत्तरजीविता के प्रतिनिधि तथा सामाजिक दशा के प्रतिबिम्ब होते हैं।[15] किन्तु दुर्भाग्यवश स्पष्ट परिभाषित हीर प्रदान करने के सक्षम गृहों पर फोकस नहीं किया गया, अत: उनका अपर्याप्त अध्ययन हुआ एवं अल्पज्ञान हो सका[16] और खासतौर से भारत में बहुत कम प्रगति हुई है।

गृहों के तीन प्रभेदित समूह हैं:

(1) *आदिमनिवासी-गृह:* इसका संकेत साधारणतया नृत्ववशास्त्रियों[17] द्वारा परिभाषित आदिमजातीय समाज द्वारा निर्मित गृह की ओर है। इसमें बहुत कम प्रकार के मकान होते हैं, कम व्यक्तिगत विभिन्नता के साथ एक प्रतिमान मान्य होता है और यह सभी द्वारा निर्माण-योग्य होता है।

(2) *प्रागौद्योगिक मूलगृह:* इसमें गृहों के प्रकार अधिक संख्या में किन्तु निश्चित सीमा तक ही होते हैं, प्रतिमान में व्यक्तिगत भिन्नता अधिक होती है तथा निर्माण पेशे वाले ही करते हैं।

(3) *उच्चशैली एवं आधुनिक गृह:* इस समूह में अनेक विशिष्टता वाले, प्रत्येक गृह एक मौलिक रचना के सूचक, यद्यपि परिवर्तनीय, होते हैं, इनका रूपांकन निम्रण, विशेषज्ञ-दल द्वारा होता है।

यद्यपि गृहों का अध्ययन कई तरीकों से हो सकता है, किन्तु सर्वोत्तम विधि उन्हें कालक्रमानुसार देखना अर्थात् समयान्तराल के साथ तकनीक, स्वरूप एवं विचार के विकास की खोज करना अथवा रूपांकन के चिन्तन का विकास खोजना है या विशिष्ट दृष्टिकोण से उनका अध्ययन करना है। लेखक रैपोपोर्ट से सहमत है कि विशिष्ट कार्य सर्वजनीन गृह-लक्षणों का चयन करना एवं उनका विभिन्न सन्दर्भों में परीक्षण करना है, जिससे कोई भी उत्तम ढंग से समझ सके कि वह कौन से कारक हैं, जिनसे गृह तथा गृह-समूहों के स्वरूप प्रभावित होते हैं और यह भी कि ''वह क्या है, जिसके द्वारा कोई भी एक झलक में ही यह कहने में समर्थ होता है कि अमुक गृह/निवास अमुक क्षेत्र, संस्कृति अथवा उप-संस्कृति का है।[18]''

सन्दर्भित विशिष्ट कार्य को दृष्टिकोण में रखकर आगामी विवेचन, कुछ प्रदेशों के विभिन्न स्वरूप, आकार एवं प्रकार्य सम्बन्धी आवश्यक लक्षणों एवं विकास की प्रावस्थाओं से सम्बन्धित है। चूंकि स्वरूप ''पद'' का संकेत उन स्पष्ट या अस्पष्ट बलों की ओर है जो गृह-स्वरूप की रचना करते हैं, यह उपयुक्त होगा कि हम गृह-स्वरूप सम्बन्धी दो वैकल्पिक सिद्धान्तों का संक्षिप्त विवरण प्रस्तुत करें:

(1) *भौतिक नियतवादी विचारणा:* इस संकल्पना को माननेवाले यह प्रतिपादित करते हैं कि हजारों वर्षों से जलवायु, निर्माण-सामग्री, स्थल, सुरक्षा, आर्थिक पहलू एवं धर्म, गृहों के गुणों को नियत करते आए हैं। किन्तु आलोचना यह है कि क्षेत्रीय अवलोकनकर्त्ता स्पष्ट करते हैं कि एक समान कारकों की उपस्थिति में अनेक गृह-स्वरूप एवं विभिन्न कारकों की उपस्थिति में तथा उनके द्वारा एक समान गृह-स्वरूप का निर्माण होता है। अत: ये कारक अधिकांशत: स्वरूप नियतकारी के बजाय संशोधनकारी कारक कहे जा सकते हैं। ऐसा इसलिए है कि मानव, यंत्र-निर्माता बनने के पहले प्रतीक निर्माता जानवर/प्राणी रहा है, संस्कृति के भौतिक पक्ष के बजाय कथा, धर्म तथा

कर्मकाण्ड में विशेषज्ञता प्राप्त की है एवं कार्य में यथार्थता (exactitude) आने के पहले कर्मकाण्डी यथार्थता प्राप्त कर चुका है।[19] संक्षेप में, गृह-स्वरूप भौतिक बलों के प्रतिफल नहीं अथवा एक कारक के परिणाम नहीं वरन् कुछ अन्य ही कारकों के द्वारा बनते हैं जो सांस्कृतिक हैं।

(2) *सामाजिक-सांस्कृतिक दृष्टिकोण:* इस दृष्टिकोण से जुड़े मूलभूत विचार ये हैं कि अनेक व्यावहारिक दृष्टिकोण एवं आदर्श वाले लोग जैसे-ब्रह्माण्डवादी (cosmological), सहवादी (symbiotic), शोषणपरक (exploitative) विभिन्न भौतिक वातावरण के प्रति अलग अनुक्रिया (response) प्रकट करते हैं। इस प्रक्रिया में, सामाजिक, सांस्कृतिक, कर्मकाण्डी, आर्थिक तथा भौतिक कारकों की अन्तर्क्रिया में विभिन्नता एवं परिवर्तन, स्थानिक भिन्नता की सृष्टि करते हैं। इस प्रकार सामाजिक-सांस्कृतिक बल प्राथमिक बन जाते हैं अन्य द्वितीयक या संशोधनकारी मात्र रह जाते हैं। इस पश्चादुक्त दृष्टिकोण में सच्चाई है क्योंकि अधिक महत्त्वपूर्ण बात वह दृष्टि (Vision) है जो लोग, आदर्श जीवन के प्रति रखते हैं। संक्षेप में, गृह एवं निवेश विशिष्ट जीवन शैली[20] (genre de vie) की भौतिक अभिव्यक्तिकरण हैं।

इस प्रकार किसी खास प्रदेश के ग्रामीण-गृह स्वरूप, आकार एवं प्रकार्य में विविधता के साथ-साथ क्षेत्रीय भौतिक एवं सांस्कृतिक वातावरण से संतुलित समायोजन प्रस्तुत करते हैं। अल्प स्तर पर गृहों में समानताएँ मिलना सामान्य बात है। क्योंकि ''ये तथ्य स्वयं में आश्चर्यजनक नहीं हैं, अंततोगत्वा, संसार भर के मानव अपनी भौतिक समस्याओं को सुलझाने के लिए पटुता का उपयोग करते हैं और ऐसा करते समय मौलिक सामान्य/सर्वनिष्ठ अनुभव से काम लेते हैं। जब आवश्यकता आपदापूर्ण बन जाती है तो ''आवश्यकता आविष्कार की जननी'' बनती है और इसीलिए यह आश्चर्य की बात नहीं है कि वातावरण के लक्षणों का प्रभाव विभिन्न देशों के मानव कार्यों में एक समान रूप में प्रतिबिम्बित होता है।[21] प्राकृतिक वातावरण वन, भूमि के प्रकार, चट्टान तथा जलवायु आदि निर्माण-सामग्री तथा छत का स्वरूप नियत करते हैं। गृह-निर्माण प्राय: स्थानीय उपलब्ध सामग्री या सरलतया आयातित सामानों से होते हैं। क्षेत्रीय अवलोकन के आधार पर निर्माता की प्रतिभा का संघट्टन (impact) इन गृहों के सामान्य पहलुओं में ही दृष्टिगोचर नहीं होती वरन् दरवाजों, दीवाल-चित्रकारी, लकड़ी के स्तम्भों की नक्काशी, प्रवेशद्वार के फाटक की चित्रकारी , नक्काशी तथा साधारण वास्तुकला-डिजाइन के जरिए उसकी कला बोलती सी लगती है। इस प्रकार गृह, जो ''सांस्कृतिक भूदृश्य के सर्वाधिक सर्वजनीन तत्त्व हैं''[22] और जो ''भौगोलिक प्रपंचों के पदानुक्रम में महत्त्वपूर्ण स्थान बनाते हैं''[23] किसी भी प्रदेश की प्रादेशिकता का प्रतीक स्वरूप प्रकट करते हैं एवं इसके विशिष्ट भौतिक संमिश्र के साथ ही साथ सामाजिक-आर्थिक संरचना को अभिव्यक्त करते हैं।[24]

विकास प्रावस्थाएँ एवं वर्तमान गृह

मानव ने सामाजिक-आर्थिक विकास की प्रावस्थाओं से गुजर कर अनेक स्वरूप, आकार एवं प्रकार्य वाले गृहों को विकसित किया है। गृह स्वरूपों का विकास, क्रमिक अवस्थाओं में निवासी के सामाजिक, सांस्कृतिक विभेदों से मेल खाते हुए तथा समय अन्तराल में मूल संरचना की डिजाइन में सामान्यतया जटिलता प्रदर्शित करते हुए, हुआ है। पुरा पाषाण एवं मध्य पाषाणकालीन अधिवासों के बारे में जायसवाल[25] द्वारा प्रदत्त संक्षिप्त विवरण भारत की स्पष्ट तस्वीर प्रस्तुत करता है (चित्र 2.5)। सुरक्षात्मक साधन के रूप में पत्थर के वृत्तीय संरेखण (alignment), घास-लकड़ी के झोपड़े वायु-अवरोध जैसे साक्ष्य राजस्थान के बनास बेसिन में बागोड़ में मिलते हैं। इसी प्रकार के 2.25 से लेकर 5.00 मीटर व्यास वाले संरेखण का पता बाड़मेर में भी मिला। गंगा-सोन संगम के पास चिरांद की खुदाई से दो प्रकार के गृह मिले हैं-(1) छतवाले भूमि-गर्तगृह, (2) 2 मीटर व्यास वाली वृत्तीय संरचना। इसके फर्श ईंट से ढके थे तथा दीवाल मिट्टी की अथवा बाँस की थी जिसके भीतर-बाहर मिट्टी का लेप था। पूर्वी प्रदेश की भाँति उत्तरी प्रदेश के कश्मीर घाटी एवं पंजाब (श्रीनगर के पास बुर्जहोमस्थल) में मिट्टी/मिट्टी, ईंट के गृह थे। उत्तरी चीन के नवपाषाणकालीन स्थानों में भी भू-गर्तगृहों का उल्लेख मिलता है।

दक्षिण में संगलकल्लू इया में 5 मीटर व्यास वाले लकड़ी तथा बांस के बने एक कक्ष वाले वृत्तीय गृह थे। यहाँ द्वितीय प्रावस्था (1,800-1,500 ईसवी पूर्व) में नश्वर सामग्री से सावधानीपूर्वक बने वृत्तीय गृहों के उदाहरण टेक्कलकोटा प्रथम स्थल (Ist Site) से प्राप्त हैं जो पूर्ण नियोजित संरेक्षण के साथ समतल कच्चे फर्श पर 9 से 11 इंच की दूरी पर लगे 3 इंच मोटे खम्भों पर टिके 18 मीटर व्यास वाले वृत्तीय ढाँचे रहे हैं। मिट्टी तथा इंट से बने तथा किलेबन्दी सदृश गृहों के अस्तित्व के साक्ष्य मध्य प्रदेश के नागदा एवं कायथा से मिलते हैं। नर्मदा के तट पर नवदाटोली में आवासीय तथा अन्य निर्माण गोलाकार एवं आयताकार थे, गोलाकार का औसत व्यास 10 फीट

Figure 8

Elements of Housing Systems

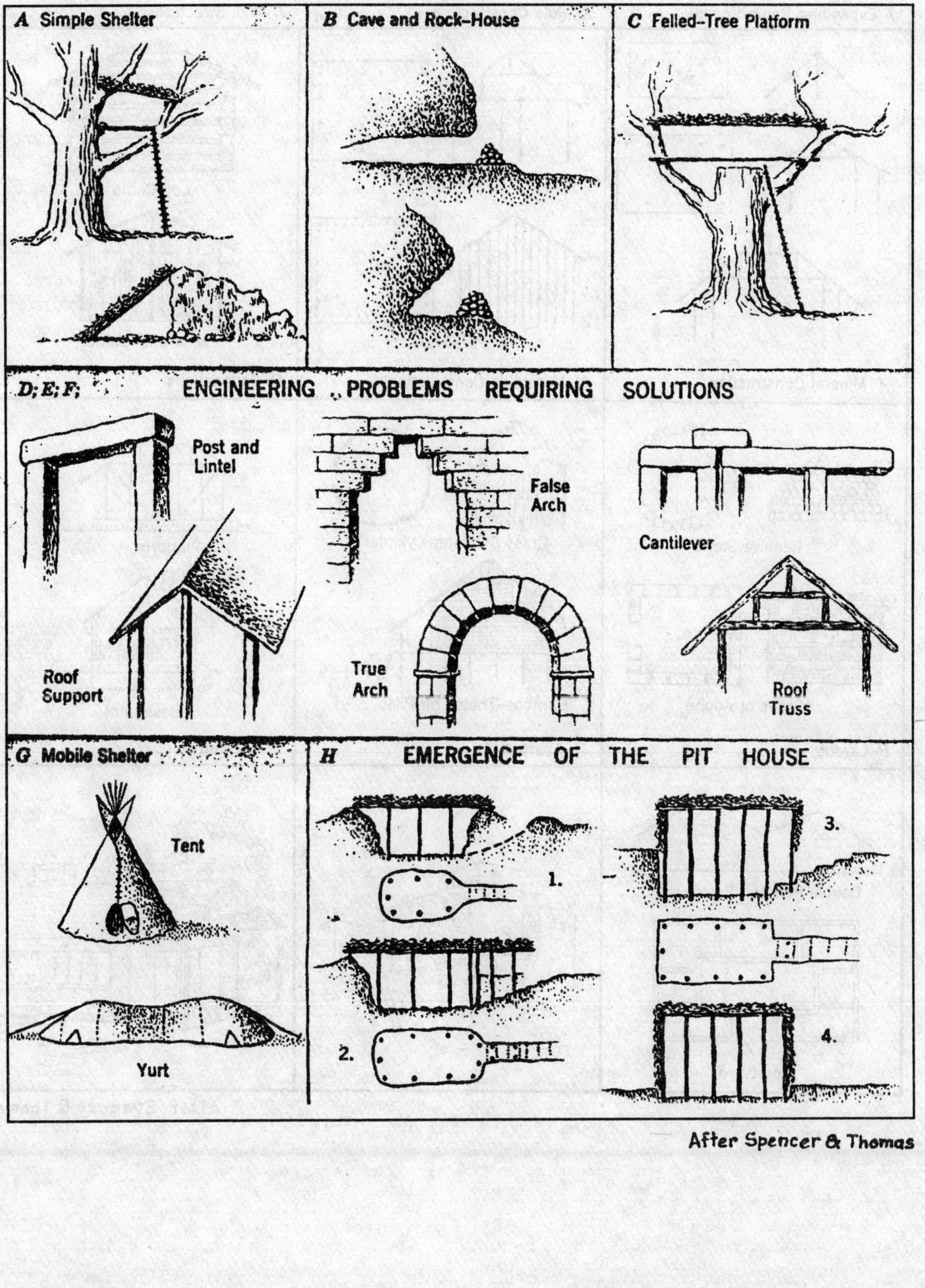

After Spencer & Thomas

Fig. Contd...

After Spencer & Thomas

अथवा अन्यथा 10×7 फीट के थे। ये निर्माण 4 से लेकर 9 इंच मोटाई के लकड़ी के खम्भों पर बनते थे।

अन्य गुफाओं की भाँति बाघ तथा उदयगिर की कल्पनापूर्ण गुफाओं से नवपाषाणकालीन अध्यासन का पता चलता है किन्तु ये मानव के प्रथम गृह-स्वरूप के रूप में स्वीकार्य नहीं हैं।[26] अपेक्षाकृत भूगर्त-गृह की उत्तरी गोलार्द्ध के मान्य स्वरूप हैं, जिनका प्रारम्भ पुरापाषाणकाल के ठंडे काल में हुआ था।[27] इसके अतिरिक्त लकड़ी, घास-फूस के गृह में टहनी, पत्ती, डालें आदि के जालबुने निर्माण, पत्थर तथा चट्टान-कटिल ढेले (boulder) भी सम्मिलित हैं, अर्थात् उपलब्ध पदार्थ के आदेशानुसार[28], बहुगुणित के बजाय, वातावरण[29] से पूर्ण समायोजित स्वरूप विकसित हुए। नवपाषाणकालीन वास्तुकला, किलेबन्दी, महल, भण्डारगृह, कारखाना, मन्दिर आदि के निर्माण के साथ पूर्णरूपेण पुष्पित-पल्लवित हुई तथा तकनीकी का विसरण दुनियाँ के दूर-दूर भागों में हुआ। तदुपरान्त निर्माण में भण्डारण, पशुशाला, कार्यशाला आदि के लिए अतिरिक्त संरचनाओं से विविधता में वृद्धि हुई।

कालान्तर में गोलाकार, आयताकार निर्माण, वर्गाकार या आयताकार खाली जगह के चतुर्दिक (आहाता या आंगन सदृश) तीन या चार के विन्यास-क्रम में बनते गए जिनसे पशुओं को सर्वोत्तम सुरक्षा[30] मिली एवं स्वत: बहुप्रकार्यात्मक स्थल भी रहे।[31]

विभिन्न सांस्कृतिक परम्पराएँ स्वरूप की विशेषज्ञता के लिए उत्तरदायी हैं क्योंकि धार्मिक अभिप्राय, दिशाभिमुखता, पूजा-घर एवं मन्दिर का समावेश, धार्मिक-पवित्र वस्तुओं पर ध्यान केन्द्रण (focus), रसोईघर या अग्निस्थल का चयन, पवित्रता के पहलू जिनमें संतानोत्पत्ति, आयु सम्बन्धी रश्म-रीति, संस्कार एवं कर्मकाण्ड हेतु अलग निर्माण की आवश्यकता होती है, सुरक्षा की व्यवस्था तथा व्यक्तिगत रुचि आदि विचार कारक बनते हैं। यहाँ हम कुछ उदाहरण प्रस्तुत कर रहे हैं:

प्यूब्लो गृह

अमरीका में प्राचीनकालीन प्यूब्लो इण्डियन[32], जिनके पास धातुनिर्मित यंत्र, लिखित आदान-प्रदान के साधन तथा चक्र (Wheel) ज्ञान नहीं था, बहुमंजिली सूर्य की धूप प्रदान करने में सक्षम तथा शताब्दी तक टिकाऊ गृह बनाते थे। नृतत्वशास्त्रियों का कथन है कि मेक्सिको में 10वीं सदी में कार्यरत चाको कैनियन निवासी बड़े-बड़े मकान बनाते थे, जिनकी खिड़कियाँ जाड़े में धूप तथा गर्मी में छाया प्रदान करती थीं। चाको वास्तुविदों ने अधिकांश गृह, यहाँ तक कि शतकक्ष वाले भी, कैनियन की पत्थर की खड़ी चट्टान के सहारे बनाते थे। गृहों की निचली दीवालों को ऊपरी मंजिलों के भार को सह सकने में सक्षम बनाने हेतु कई फीट मोटी तथा ऊपर की क्रमश: पतली बनाते थे जो अपेक्षाकृत हलकी हों। प्रवेशद्वार तथा खिड़कियों का सरेखण एक फर्श से दूसरे फर्श की सीध में था तथा पत्थर, लकड़ी की सीढ़ियाँ प्रत्येक मंजिल को जोड़ती थीं। दीवाल का निर्माण मोटे पत्थर के टुकड़ों तथा मिट्टी के गारे से होता था, जिसके बाहरी भाग में पतले चट्टान की पर्त चढ़ा देते थे जो सरल प्रतिरूप में विन्यासित रहते थे।

निचली छत तथा फर्श क्रमश: आर-पार कड़ी (beam) तथा विलो की चटाई तथा मिट्टी की बनी होती थी। वहाँ के एक मकान में 40 किमी. दूर पान्डेरोसा से लायी गयी 26,000 कड़ियाँ लगी हैं। उत्सव-मकान गोलाकार बने हैं, जिसमें सैकड़ों दर्शकों के बैठने की बेंच भी पूर्व निर्मित ढाँचे की अंग है। कुछ में उच्च स्तर पर बने कमरे हैं, जिनकी खिड़कियाँ मध्य के मंच सरीखे केन्द्र की ओर खुलती हैं जो आधुनिक नाट्यशाला सदृश रहे होंगे।

नृतत्वशास्त्री इस मत के हैं कि ये किवा (Kiwas) सुरंग तथा गुप्त द्वार बनाने में पटु थे जिनका उपयोग रहस्यमय उत्सवों में होता था।

काष्ठ-गृह

ब्रूह्स ने उत्तरी तथा मध्य यूरोप के वनों की कटाई वाले विभिन्न गृहों का वितरण दिया है। फ्रांस के गृहों के बारे में उसका कथन है कि ''बर्न के उत्तर में गृह छज्जा (hood) भाँति छत से ढके हैं, छत, घास-फूस की टोपी की भाँति हैं अथवा लकड़ी की है जो दीवाल को ढंककर नीचे सतह से छ: फीट ऊँचाई तक झुकी है तथा लगभग दीवाल को छिपा लेती है। यह चतुर्दिक चार पहल, तीव्र, नियमित ढाल के साथ ऐसी झुकती है कि ताजी हवा किसी भी तरफ से नहीं पहुँचती। यहाँ तक कि द्वार का आधार कहीं-कहीं तथा छत के निचले भाग तथा भूमि के बीच खिड़की के किनारे की झलक भी नहीं मिलती। इसी प्रकार का वर्णन दक्षिणी कार्पेथियन में स्विस-पठार ''पेरिंग-मैसिफ'' से दूर भिन्न प्रदेश में बने काष्ठ-गृह के बारे में इमैनुएल डि मारतून ने किया है: ''यहाँ स्टिना (Stina) की वस्तु-शिल्प सरलतम

है। दीवाल का निर्माण बिना चिराई किए पेड़ों के तनों को चारों कोने पर खड़ा करके भूमि पर स्थिर करके करते हैं। हवा का गमनागमन खुले अंतरावकाशी (interstices) द्वारा होता है। कभी-कभी बिना गारा की सहायता लिए पत्थर के टुकड़ों से तहखाना या आधार बना लेते हैं। छत की ऊँचाई दीवाल की दो से तीन गुनी ऊँची होती है जिसे सबसे ऊपर ढक्कन की तरह रख दिया जाता है, जिसे हटाया जा सकता है, जिसकी आकृति नाव सी होती है जो सीधी कील होती है, जिसमें अग्रिम व पीछे अलग पहलू होते हैं। यह स्लेट की भाँति लकड़ी की फट्टी को एक के ऊपर एक रखकर कील ठोंककर बना लेते हैं।

मिट्टी/पत्थर-गृह

ब्रूह्नस ने दो प्रकार के गृहों को सविस्तार लिखा है: (1) मिट्टी से बने निचली नील घाटी प्रदेश के गृह एवं (2) दक्षिणी उच्च प्रदेश में बने पत्थर के गृह। मिट्टी तथा पत्थर की सुलभ एवं सुगम उपलब्धि वाले दुनियाँ के सभी भागों में ऐसे गृहों का विकास है। यह तो विशिष्ट प्रकार की खेती तथा औद्योगिक वृद्धि की देन है जो मानव को सर्वजनीन झोपड़ी के स्थान पर अनेक स्वरूपों की ओर उन्मुख कर सकी। यह तथ्य पुन: जोर देकर कहा जा सकता है कि पश्चात् के समय में भी झोपड़ियों का विन्यास क्रम आयताकार या वर्गाकार देश[33] अथवा आहाता या आंगन की आकृति में खाली जगह के चतुर्दिक तीन या चार की संख्या में होता था जो पशु[34] सुरक्षा हेतु सर्वोत्तम साधन थे एवं स्वत: बहुप्रकार्यात्मक थे। अनेक समूहों में जनसंख्या वृद्धि तथा सामाजिक-आर्थिक दशाओं में परिवर्तनों के कारण, मधुछत्ता प्रकार की अधिवास इकाई से लेकर भण्डार-गृह, मन्दिर, किले एवं प्रासाद तक के निर्माण हुए। संक्षेप में ''गृहों में प्रयुक्त सामग्री की वृद्धि के साथ वास्तुशिल्प की तकनीक एवं शैली में भी वृद्धि हुई जिससे भ्रमित करने वाली विभिन्नता एवं सांस्कृतिक स्वरूप की सम्पन्नता प्रकट हुई और जिसमें प्रादेशिक विविधता चरमसीमा को प्राप्त कर सकी है।[35]

गृहों के आवश्यक लक्षण

आंगन (पंजाब की ओर (Vehra), मालवा में बाखल) विशेषकर उत्तरी भारत के अधिवासों में तथा सामान्यतया सर्वत्र, ग्रामीण-गृहों का भेदकारी लक्षण है। यह विविध स्थान, आकार, आकृति, स्थिति, प्रकार्य एवं पड़ोस की दशाओं वाले खुले आयताकार देश का प्रतिनिधित्व करता है जो निवासी की आवश्यकता, उपलब्ध जगह तथा रुचि पर निर्भर होते हैं।[36] इसी स्थिति तथा विन्यास क्रम भी निवासी की श्रेष्ठता के सूचक होते हैं। यह उल्लेखनीय है कि, जैसा उष्ण कटिबन्धीय भाग के चीन, नाइजीरिया या अन्यत्र तथा खासतौर से गंगाघाटी में मिलता है, सर्वत्र आंगन के चतुर्दिक दीवाल से घिरे कमरे नहीं होते। यहाँ तक कि प्राचीन किस्म की मालवा में प्राप्त गढ़ी (बड़े मकान) में भी प्रवेश द्वार गलियारे में, जो आंगन तक फैला जो, खुलता है। ऐसा इसलिए कि आंगन में पशु सुरक्षापूर्वक बाँधे, खिलाये, दुहे जा सकते हैं और महिलाएँ भी, पर्दा रखकर भी, इसे कर पाती हैं; दिन में या रात्रि में भी इसकी सर्वाधिक सामान्य उपस्थिति पीछे की ओर होती है जहाँ यह एक मुख्य मकान से जुड़े आन्तरिक बरामदे से घिरा होता है या इन कमरों की दीवाल तथा बाहरी दीवाल से घिरा होता है तथा जिसमें, आधुनिक मकानों में उपलब्ध प्रवेशद्वार की भाँति विरले ही द्वार (door) होता है (चित्र 8.1, 2)। कहीं-कहीं इसी में चारा, ईंधन, अन्य गृह-सामग्री, मिट्टी के बर्तन, करघा, पशुशाला या रसोईघर के अलग कमरे भी बने होते हैं। आधुनिक मकानों में आंगन में ही स्नानघर, शौचालय, भण्डारघर भी पूर्ण समायोजित मिलते हैं। अग्रभाग में बने आंगन में आन्तरिक बरामदा, दो या तीन तरफ दीवाल वाले कमरे, सामने बरामदा, जिसमें गलियारा हो, अथवा मात्र प्रवेशद्वार के साथ बाहरी दीवाल हो सकती है (चित्र 8.1, 5B)।

आदिवासियों के गृहों में दो झोपड़ी के बीच की जगह पीछे की ओर से कंटीली बाड़ या झाड़ी से घिरने पर आंगन का प्रयोजन सिद्ध करती है (चित्र 8.1, 3C)। गरीब तबके के गृहों के, जिनमें एक या दो कमरे हों, सामने की सहन (द्वार की जगह) ही आंगन का कार्य संपादित करती है। यह गली या सामने के रास्ते के स्तर से एक फीट ऊँची जगह ऊपर उठे चबूतरे अथवा बाड़ से अलग, निवासी के अधिकार क्षेत्र में आती है (चित्र 8.1, 1 से 3 तक)। इस प्रकार लोग विन्यास-क्रम स्वरूप, आकार तथा प्रकार्य की भिन्नता के साथ पीछे, मध्य तथा अग्रभाग में स्थित आंगन का निर्माण करते हैं। प्रथम में केवल दीवाल, पुन: अलग कमरे तथा बरामदा, बिना पृष्ठ द्वार के तथा पुन: एक या सभी संयोजन (attachments) तथा परिस्थिति के अनुसार पृष्ठ द्वार भी होते हैं। मध्य प्रकार के गृह-आंगन में इसकी स्थिति प्राचीन प्रकार के भूस्वामी के बड़े मकान अथवा गढ़ी की सूचक होती है (चित्र 8.1, 6)। कहीं-कहीं आदिवासियों में भी यही स्थिति मिलती है। अग्रिम भाग में बनने वाले आंगन, खासतौर से मालवा में तीन वर्ग में आते हैं। प्रथम, तीन दीवाल तथा सामने प्रवेश द्वार वाले, द्वितीय ऊँचे चबूतरे से अलग बने द्वार की सहन की खाली जगह तथा तृतीय, कंटीली बाड़, लकड़ी अथवा घास-फूस से बनी बाड़ से घिरा

Figure 8.1
Ground Plan of Houses

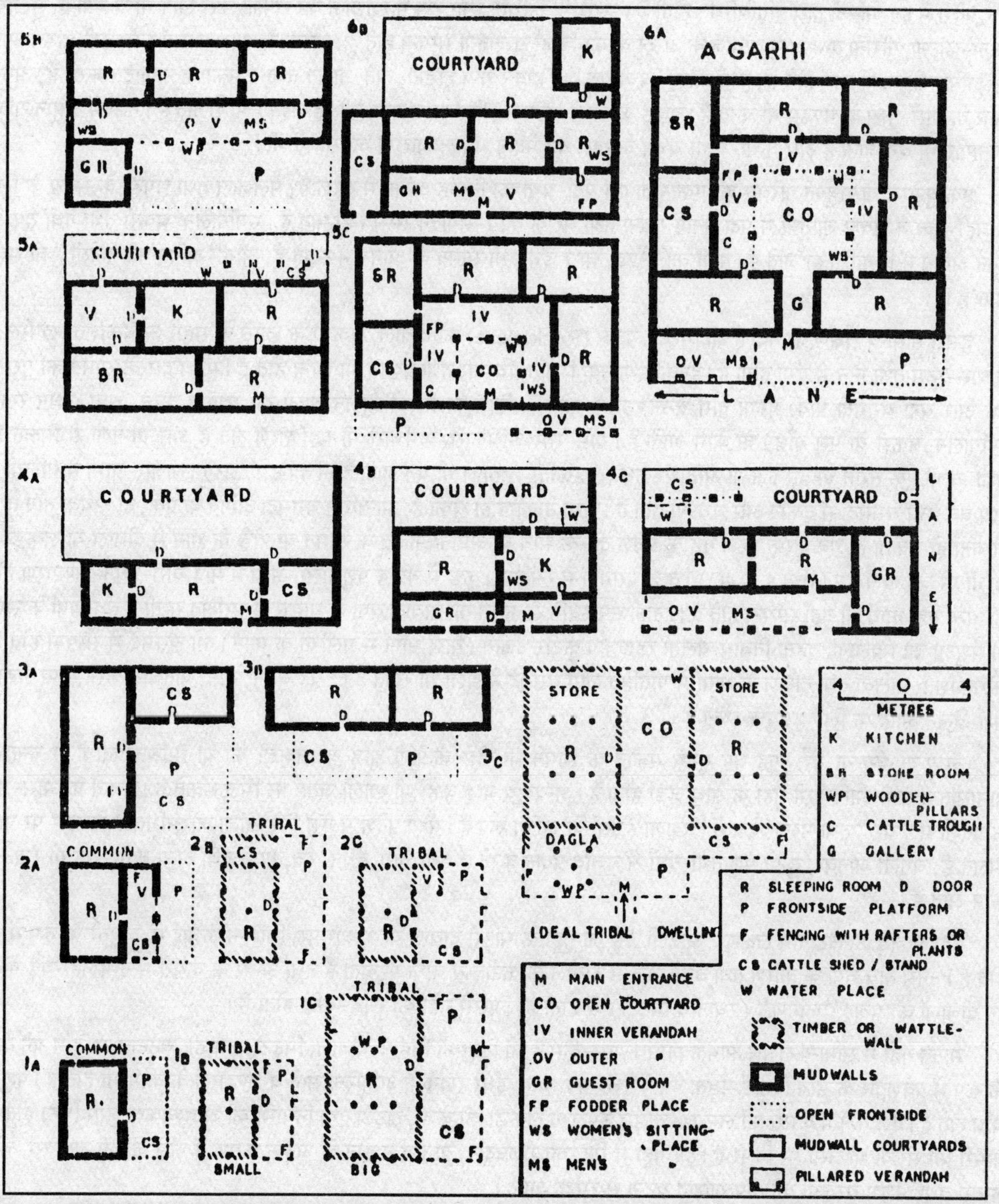

आंगन। किन्तु ये प्रकार्यात्मक रूप में सभी सर्वनिष्ठ से, संहत कमरों वाले, उपयुक्त रोशनदानविहीन, धूपरहित गृहों, खासतौर से पूर्वी उत्तर प्रदेश में, की क्षतिपूर्ति करते हैं। अतीत से ही मानव एवं पशु दोनों के लिए सुरक्षा एवं बचाव एवं पर्दा की आवश्यकता खासतौर से पूर्वी उत्तर प्रदेश में इन आंगनों द्वारा प्रतिबिम्बित होती है। इससे भी अधिक स्पष्ट रूप में खाद्यान्न की सफाई, उसे खाने योग्य बनाना, सुखाना, कूटना-छांटना, पीसना तथा अन्य दरवाजे के अन्दर के कार्य यहाँ सरलतया सम्पन्न होते हैं। उत्सव के कार्य खासतौर से शादी, मुंडन आदि भी, अनिवार्य रूप में यहीं होते हैं, जहाँ औरतें, बच्चे एकत्रित होकर गप्प लड़ाते, गाते, नाचते तथा कर्मकाण्ड संपादित करते हैं, अनेक प्रकार के घास-फूस के मण्डप भी बनते हैं। बुवाई के पहले अल्पना (विशेषतया गन्ना की डिजाइन) भी सजाते हैं। गर्मी में आंगन रात्रि-शयनागार भी बन जाता है और कभी-कभी बच्चों के खेल का मैदान भी, लुकाछिपी का साधन भी।

एक कुटुम्ब या संयुक्त परिवार की एकान्तता एवं पर्दा-प्रथा का निर्वाह आंगन में सरल है; मेलजोल तथा झगड़ों के समय के लिए भी यहीं उच्च व सवर्ण जातियों में पर्दा बनाए रखना तथा घर के कार्य-संपादन सम्भव हो पाते हैं। मुर्गीपालन, बकरी तथा गधों तक के स्थान आंगन में निर्धारित हो जाते हैं। पानी का स्टैण्ड, चारा, ईंधन भी सामने के आंगन में रखते हैं, और ''आंगन की तुलसी'' तो सर्वत्र व्याप्त है।

दूसरा सामान्य लक्षण बरामदा है जो मिट्टी, पत्थर (Rock piece) की दीवाल, लकड़ी के लट्ठे के सहारे अधिकांशतः खपरैल से या घास-फूस तथा टिन से ढंगा होता है। इनकी स्थानिक स्थिति, विस्तार तथा प्रकार्य भी भिन्न होते हैं। मुख्य द्वार के सामने का पूरा या एक ओर बना बरामदा प्रायः पुरुषों द्वारा बैठने, उठने, सोने, अतिथि या मिलने-जुलने वालों का स्वागत करने, चारा, ईंधन रखने, मुर्गीपालन, बकरी या पशु बाँधने के काम आता है। ग्राम-स्तर अधिकारी, कर्मचारी भी यहाँ शरण लेते हैं और ग्रामीणों से मिलते हैं। कभी-कभी एक तरफ भण्डारकक्ष या अतिथि-कक्ष (drawing room) भी बन जाता है (चित्र 8.1, 5B)। बाजार-ग्रामों में गलियों के साथ बने इन्हीं बरामदों में दूकान और धंधे भी होते हैं। जैसा उल्लेख हो चुका है, आन्तरिक बरामदा आंगन के एक, दो अथवा तीन तरफ भी बना हो सकता है, एक तरफ मुख्य गृह के प्रवेश द्वार के साथ या आंगन/आहाते के सामने या पीछे के भाग में दीवाल या लकड़ी के खम्भों पर बने खुले हुए (चित्र 8.1, 4C)। कुछ बरामदों में रसोईघर, कुछ में यंत्र व पशुशाला, अन्य में मात्र चारा-ईंधन-भण्डारण होता है। अन्य गृह-कार्य भी यहाँ सम्पन्न होते हैं। इनकी उपस्थिति से कमरों की दीवाल वर्षा के बौछार से सुरक्षित रहती है तथा वर्षा के समय भी पशुओं को खिलाना, दुहना निर्बाध चलता रहता है। कुटीर उद्योग (कुछ भागों में गलीचा के काठ) भी बरामदे में सम्पन्न होते हैं। अधिकांशतः मालवा तथा दक्षिण के भागों में प्रतिष्ठित लोग बरामदे में झूला भी रखते हैं।[37] यह बैठने, सोने, बातचीत करने, गप्प लड़ाने, ताश खेलने आदि के लिए उपयुक्त स्थल हैं।

बाड़ा या *घेरा* या *घेर*, चाहे वह मुख्य मकान के सामने या पीछे कंटीली झाड़ या लकड़ी का या मिश्रित पदार्थों से बना हो, सामान्यतया सभी आदिवासी गृहों के साथ जुड़ा होता है। अन्यत्र ये बाड़े कहीं भी खाली जगह पर मिल सकते हैं। पंजाब के आस-पास के प्रदेशों में ''घेर'' तथा मध्य प्रदेश में ''खाला'' इसी के अलग रूप हैं। मध्य प्रदेश में ऐसे घिरे खाला जो अधिवास के छोर पर प्रायः मिलते हैं, जंगली जानवर, छुट्टे पशु तथा चोरों से बचाव प्रदान करते हैं तथा चारा, ईंधन, यंत्र, गाड़ी तथा अन्य कृषि-सामग्री रखने के काम आते हैं।

गृहों से जुड़े उल्लेखनीय लक्षण ''ओटली'' हैं जो गृहों के बाहरी दीवाल के आधार पर, विभिन्न ऊंचाई में, चबूतरे के रूप में बने होते हैं। उनसे तीव्र वर्षा के कारण तथा बहते जल से दीवाल के कटाव में बाधा पहुँचती है तथा अन्तर के कमरों में नमी नहीं चढ़ पाती। इन दीवालों की पुताई ''लीपण'' (स्थानीय मिट्टी) से होती है, जिससे गृहों की छवि-वृद्धि होती है।

मानव गृहों में सामान्य लक्षण आयताकार विन्यास-क्रम है जो खिड़की विहीन, दीवाल, मिट्टी, लकड़ी, चट्टान आदि से बने कमरे के रूप में प्रवेशद्वार के साथ दिखाई पड़ता है। ये तुच्छ यंत्र, चारा, ईंधर रखने के अतिरिक्त सोने व भण्डारण के काम भी होते हैं। पशु भी बाँध लेते हैं। ऐसे गृहों में कमरों की लम्बाई-चौड़ाई उपलब्ध लकड़ी की कड़ी, लट्ठा तथा निवासी की आवश्यकतानुसार भिन्न होती है, कमरों की संख्या भी उसी पर निर्भर है। इन गृहों में खिड़की रोशनदान, या छेद न होने के अनेक कारण हैं जैसे जंगली जानवरों, चोरों, बन्दरों तथा अशुभ वस्तुओं की अप्रत्याशित घटना से सुरक्षा आदि।

Figure 8.2

Rural House Types in Upper Ganga-Yamuna Doab

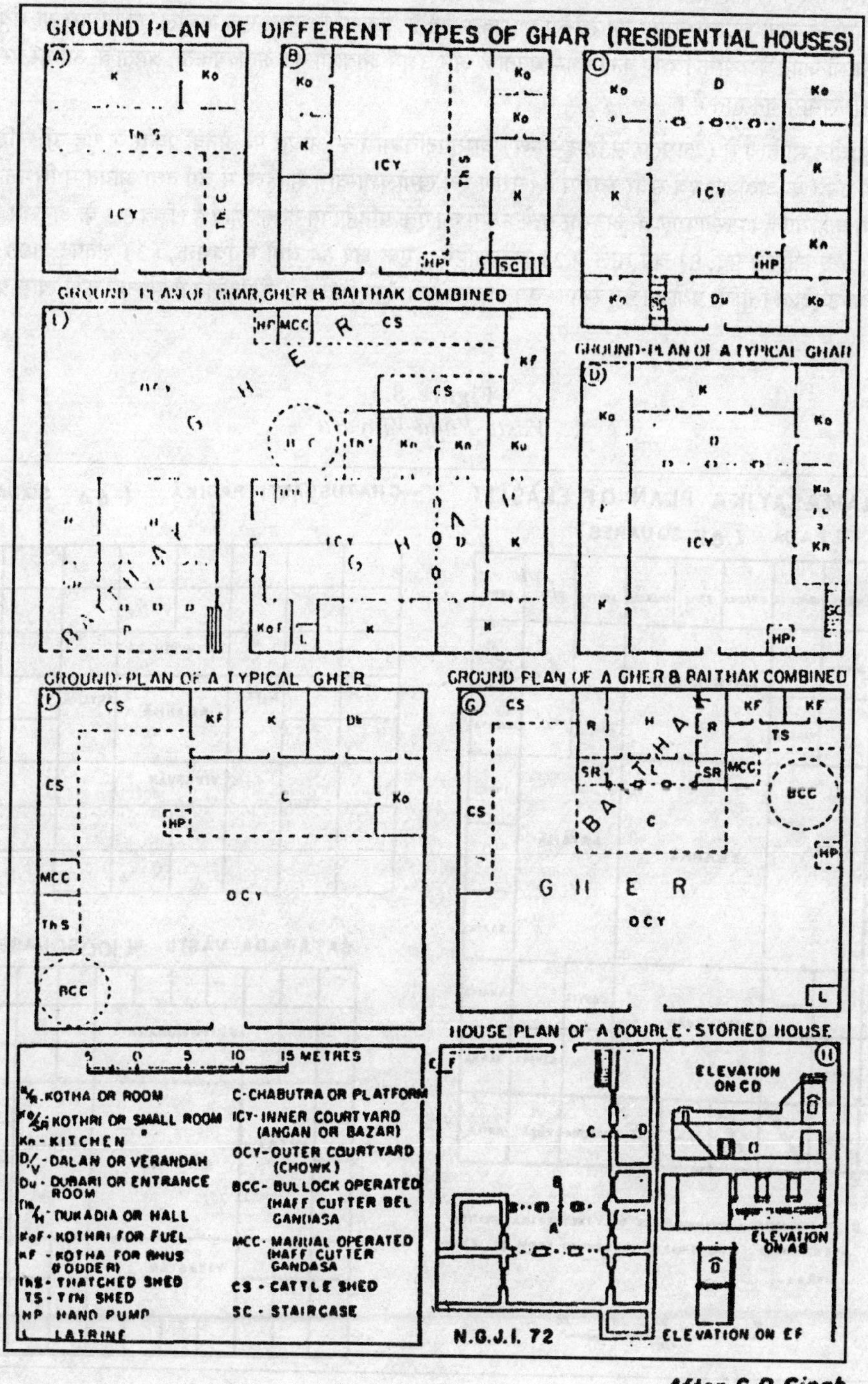

After S.P. Singh

गृहों का विन्यास-क्रम

प्रदेश में, ग्रामीण गृहों के विन्यास-क्रम के विकास का अवलोकन यह प्रदर्शित करता है कि आयताकार भू-गर्त, गुफा बाद में खुले स्थान (आहाता) के चतुर्दिक बनी झोपड़ी-समूह का स्वरूप ग्रहणकर लेते है, जिसमें प्रथमत: एक कबीले का निवास या संयुक्त परिवार का अथवा बाद में किसी जाति के व्यक्ति विशेष का निवास बनता है और उसमें आवासी की आवश्यकता, श्रेष्ठता के आधार पर विभिन्न प्रकार के जगह सम्बन्धी समायोजन होते हैं।

भारत के प्राचीन साहित्य में (खासतौर से हिन्दू-ग्रन्थ) वास्तुपदविन्यास के आधार पर अनेक प्रकार के गृह उल्लिखित हैं। वर्तमान समय के गृह तो उन्हीं के अवशिष्ट एवं सुधरे स्वरूप हैं। पुराण एवं खगोलशास्त्रीय साहित्य में वर्ग तथा आयत में विभक्त रैखिक प्रकृति के विन्यास-क्रम कहे गए हैं। मत्स्यपुराण के अनुसार प्रत्येक वर्ग का एक प्रतिष्ठापित देवता होता है। चित्र 8.3 के अनुसार ये विन्यास क्रम निम्नवत् हैं। (1) एकासिति पद, 81 वर्ग वाले, (2) चतुश्शष्टिपद, एक क्षेत्र 64 वर्गों में विभक्त, (3) शतपद, 100 वर्ग वाले। इस विन्यास-क्रम का उद्देश्य विशिष्ट प्रयोजन हेतु स्थान-चयन करना था। जैसा चित्र 8.4 में प्रदर्शित है सोलहों कक्ष खास प्रयोजन के लिए आबंटित हैं।

Figure 8.3
Vastu-Pada-Vinyasa

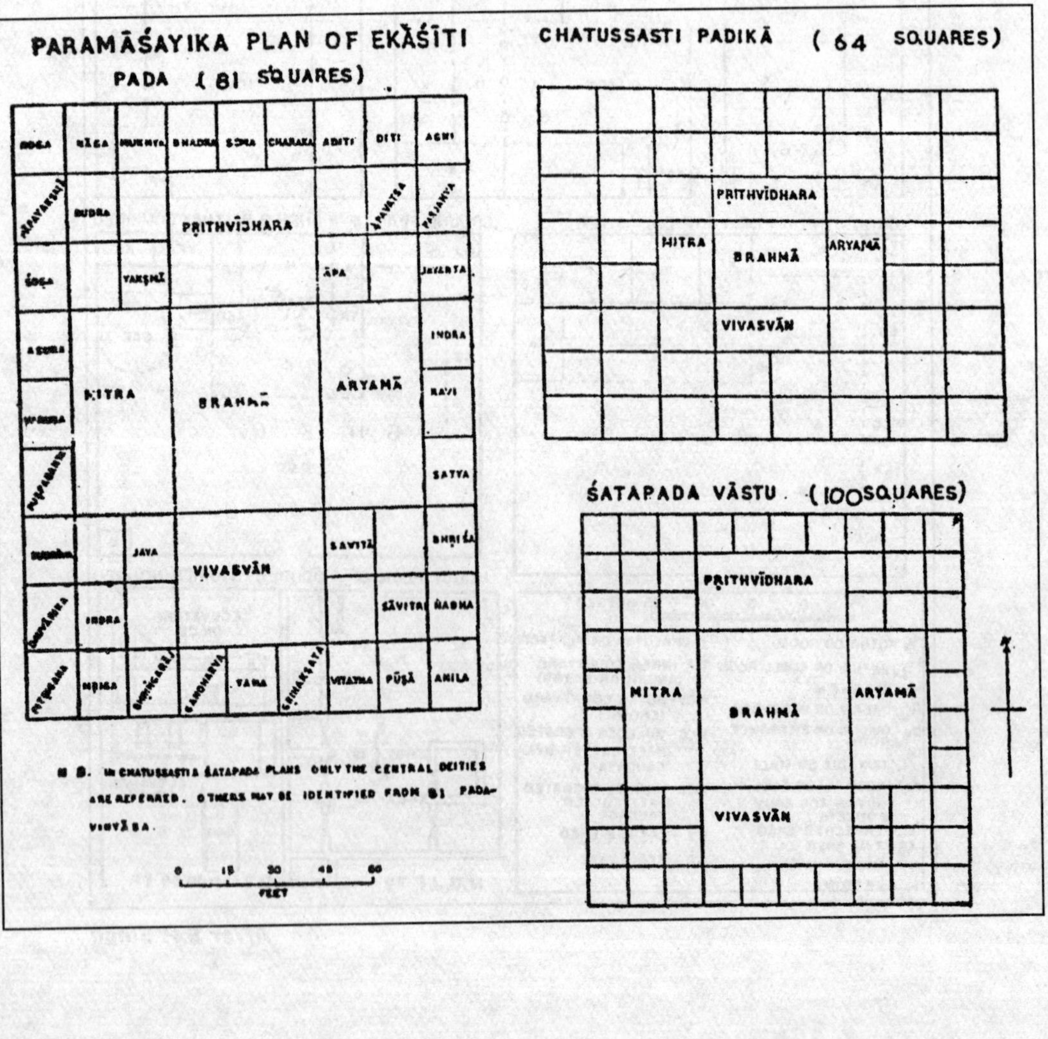

Figure 8.4

Arrangement of Rooms in an Upper Class House

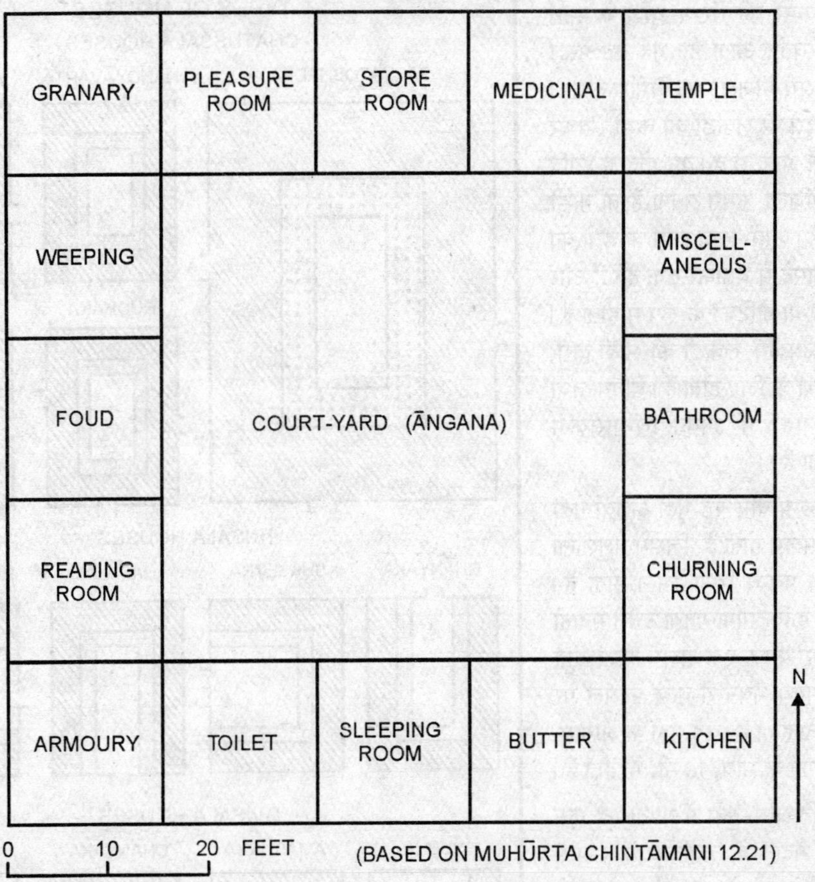

मत्स्यपुराण में ही सामान्य जनहेतु शाला गृहों का प्रसंग वर्णित है जहाँ चार प्रकार के शालागृहों की पहचान की गई है, चित्र 8.5 एवं अधोलिखित वर्णन से स्पष्ट है।

1. चशुश्शाला गृह (चार स्कंध वाले) पाँच प्रकार के हैं, सर्वतोभद्र, नन्द्यावर्त, वर्धमान, रुचक एवं स्वस्तिक।
2. त्रिशाला गृह, जिसमें धान्यक, सुक्षेत्र, विशाल तथा पक्षघ्न श्रेणियाँ अलग की गई हैं।
3. द्विशाला गृह के अनेक नाम सभा, यमसूर्य, धान्यक तथा धन आदि हैं।
4. एकशाला गृह जिसमें एक ही स्कंध हो जो प्राय: गरीबों के निवास हैं।

मूलभूत एक कमरे का गृह (चित्र 8.1, 1–A, B, 2–A, B) आकार में 3 मी. × 5 मी. × 4 मी. से 3 मी. × 2 मी. × 4 मी. तथा 15 मी.^{2}–35 मी.^{2} क्षेत्रफल तक फर्श वाले होते हैं। ऐसे गृहों में विभाजन भी दिखलाई पड़ते हैं, (भील गृह), अथवा विभाजन की जगह उठा हुआ चबूतरा होता है, कहीं–कहीं उपान्त क्षेत्र में ऊँचे चबूतरे से सीमांकन हो जाता है अथवा बाड़ का सीमांकन पर्यात्त होता है। कहीं–कहीं गली या खेत से कुछ ऊँचा द्वार का सहन ही सीमांकन रेखा प्रदान करता है। कभी–कभी गृह की चौड़ाई के साथ एक तरफ या सामने एक बरामदा जुड़ जाता है जो 2.5 मी. चौड़ा होता है, जिसमें दीवाल से घेरकर गृह सामग्री का भण्डारण होता है अथवा लकड़ी

की थून/स्तम्भ पर आश्रित घिरे भाग में ईंधन, चारा, यंत्र आदि रखते हैं (चित्र 8.1, 2A, 3A)। आवश्यकतानुसार कमरे की संख्या-वृद्धि के साथ विन्यासक्रम में परिवर्तन आता है। गृह के अन्दर कमरों पर कोठे (दूसरी मंजिल) का निर्माण दीवाल पर आर-पार कुछ दूरी पर लकड़ी की कड़ी रखकर तखत, फट्टी, पल्ले आदि से ढंककर होता है। यदि पूरी ऊँचाई का दुमंजिला कमरा बनना है तो कड़ी को सघन कर देते हैं। कहीं-कहीं इन्हीं कड़ियों का बाहर आंगन या बरामदे में बढ़ाकर ढंक देते हैं और उनका उपयोग छज्जे या पोर्टिको के रूप में होता है। अन्दर के कोठे का उपयोग, लकड़ी की सीढ़ी द्वारा, सोने अथवा भण्डारण के लिए होता है। बनिया तथा अन्य सवर्णों के गृहों में इनका विन्यासक्रम बहुप्रकार्यात्मक होता है।

मालवा के कुछ प्राचीन बड़े गृहों अथवा गढ़ी में ही अलग विन्यासक्रम होता है, जिसमें पशुशाला अथवा रसोईघर का प्रबन्ध भिन्न-भिन्न होता है। यह भी उल्लेखनीय है कि सामान्यतया उत्तरी मैदानी भाग में पुरुष वर्ग द्वारा प्रयुक्त एक अलग अतिथिगृह (बैठक, दालान) मुख्य भवन से कुछ फासले पर निर्धारित दिशा में बना होता है। बड़े गृहों के आयाम, मध्यम प्रकार के आंगन के साथ, 16 मी. भी होते हैं।

दृष्टव्य है कि विन्यास-क्रम में या तो गृह एक सर्वनिष्ठ आन्तरिक मैदान के चतुर्दिक पास-पास गुच्छित होते हैं या दो कतार में बन जाते हैं, जिनकी पीछे की दीवाल सीधी रेखा में सटी होती है किन्तु सम्मुख भाग अनियमित विस्तार का होने से गलियाँ टेढ़ी-मेढ़ी होती हैं। ये पीछे की दीवालें सुरक्षा की आवश्यकता की द्योतक हैं और अतिरिक्त क्रमिक विकास की प्रावस्थाओं की सूचक हैं। इस प्रकार उभयनिष्ठ पृष्ठ तथा बगल-दीवाल वाले, उपजाति-अनुसार, विभक्त प्रखण्ड बाजार-प्रतिरूप वाले ग्रामों में अधिक मिलते हैं। दक्षिणी भारतीय भागों में सुरक्षा के उपायों का ध्यान एवं उसी दृष्टिकोण से अतीत से समायोजन के फलस्वरूप दिशापक्ष विशेष महत्त्व नहीं रखता एवं गृहों के विन्यासक्रम में कोई भी दिशा मुख्य द्वारा के लिए समान रूप में शुभ है। उत्तरी भारत में गृह के दक्षिण में कुआं नहीं बनाते पर दक्षिण के भागों में कोई स्थान वर्जित नहीं है। शायद पर्याप्त समतल भूमि की उपलब्धता के कारण चयन की विविधता भी निर्धारित है। इसी प्रकार अन्य संयोजन (attachments) शुभ-अशुभ के विचार पर अधिक बल न देकर किसी भी दिशा में जुड़ जाते हैं। किन्तु गृहों में अलग स्थिति में, प्रायः पूर्व या उत्तर की ओर ही प्रवेश द्वार होते हैं। उत्तरी भारत

Figure 8.5

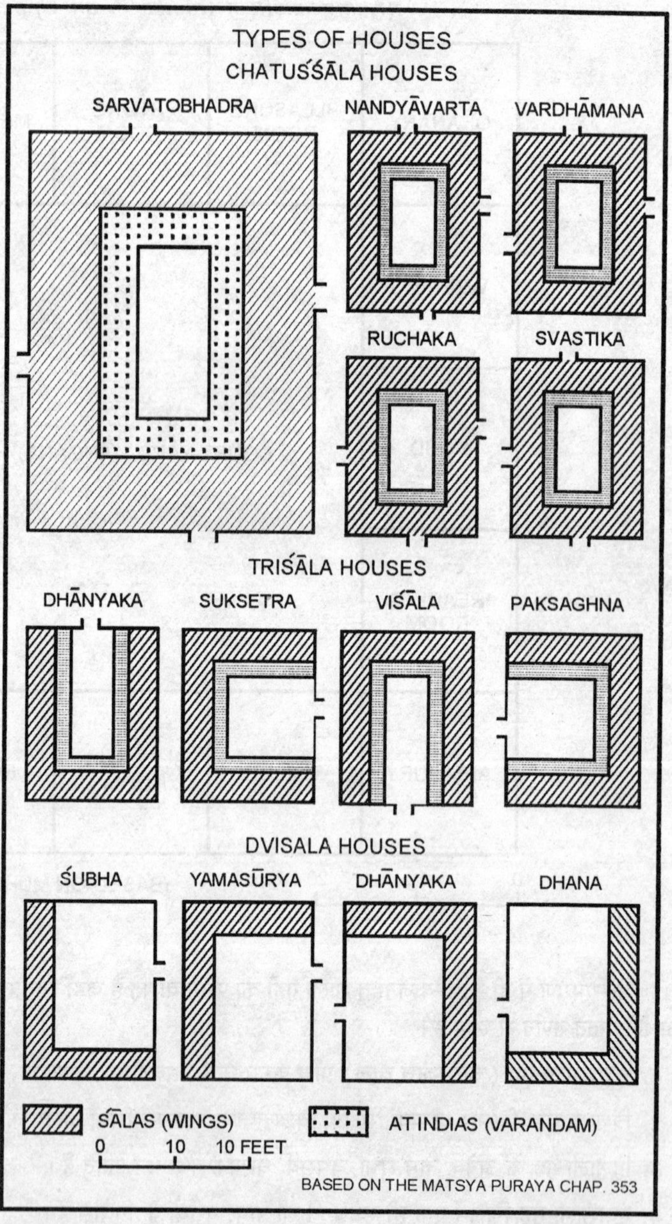

के भागों में आंगन उत्तर से दक्षिण की ओर लम्बायमान होते हैं, जिससे जाड़े में पर्याप्त धूप मिलती है। क्षेत्रीय अवलोकन से ज्ञात है कि आर्य एवं ब्राह्मण-परम्परा का प्रभाव वाराणसी, उज्जैन, मथुरा, अयोध्या आदि धार्मिक स्थलों के आस-पास इन पक्षों पर अधिक है और गृहों का प्रवेश द्वार दक्षिण में नहीं रखते और अनिवार्य रूप से उद्यापन-उत्सव मनाते हैं, पवित्र नदियों (सभी गंगा रूपी) की ओर पैर फैलाकर सोना पसन्द नहीं करते। इन स्थलों से दूर बढ़ने पर शुभ-अशुभ के विचार का प्रभाव कोटि या परिणाम दोनों में कम होता जाता है।

किन्तु आदिवासी अपने पुरोहित के निर्देशानुसार ही विन्यास-क्रम रखते हैं।

गृह-नींव एवं फर्श

नींव की गहराई नियत करने में भूगर्भीय पृष्ठभूमि तथा निर्माण सामग्री मुख्य भूमिका निभाते हैं, क्योंकि कम ऊँची दीवाल के कच्ची मिट्टी, पत्थर या लकड़ी से निर्मित एक मंजिले सामान्य-प्रकार के मकान में यह 1/3 मीटर से 1 मीटर तक होती है। उल्लेखनीय है कि उच्च जाति के या प्रतिष्ठित लोगों के मकान में नींव डालने की क्रिया पुरोहित द्वारा उसकी गणना द्वारा ''पिंड'' या ''गर्भ'' शोधन के बाद होती है। आदिवासी घरों की नींव में लकड़ी के खम्भे अनिवार्य रूप में चट्टानी टुकड़ों तथा छर्री भरकर स्थिर किए जाते हैं। इनकी फर्श, प्राय: कच्चे किन्तु मुर्रम पीट-पीट कर सख्त बना ली गयी होती हैं फिर गोबर-मिट्टी का लेप लगाकर लिपाई करते हैं। इस लेप ''लीपण'' के प्रयोग से दीमक, चूहे कम हो जाते हैं तथा देखने में साफ-सुथरे, सुन्दर लगते हैं। गृह के प्रवेश द्वार से अहाता का स्तर, पुन: बरामदा का स्तर, तत्पश्चात् मुख्य कमरों का स्तर, 1/6 मीटर अधिक ऊँचा बनाते हैं। सामने की गली या खेत से प्रवेश द्वार का स्तर भी 1/6 से 1 मीटर तक ऊँचा होता है। आहाते का ढाल मुख्य नाली की ओर बनाते हैं, जिसका निर्गमन स्थान, स्थिति के अनुसार निर्धारित करते हैं। गृह के द्वार के सामने की सहन का ढाल गली, खुली जगह या बाड़ की ओर होता है, किन्तु बाजार-ग्राम में बाहरी दीवाल ही गली की सीमा बनाती है।

दीवाल एवं छत

कच्ची मिट्टी की दीवाल ही अधिकांश ग्रामीण भूदृश्य में प्रभावी है और आकार तथा विन्यास के अतिरिक्त इसका निर्माण सर्वत्र समान है। नींव पड़ने के बाद गुंधी हुई मिट्टी, जिसे चिकनी मटियार या चिपकने वाली मिट्टी को पैर या भैंसों से मड़ाई करके तैयार करते हैं, के रद्दे (layers) एक के ऊपर एक क्रमश: 25 से 30 सेमी ऊँचाई में, इस प्रकार समय अन्तराल के साथ रखते जाते हैं कि मिट्टी कठोर हो जाए और भार वहन कर सके तथा ऊर्ध्वाधर स्वरूप बना रहे। कहीं-कहीं 3 मीटर की ऊँचाई पर चट्टान या पत्थर की पट्टी या लकड़ी की पट्टी बीच दीवाल में टिकाऊपन वृद्धि हेतु लगाते हैं और फिर आवश्यक ऊँचाई तक अन्य पर्तों को रखते हैं, फिर छाजन करते हैं। ये दीवाले गोबर तथा घास, जिनके, भूसा, पुआल आदि को मिट्टी में गूंधकर मोटी पर्त से ढंककर समरूप बना ली जाती हैं, जिससे वर्षा की बौछार सहन कर सकें। प्रत्येक वर्ष दीवाली के पहले, वर्षा के बाद, इनकी मरम्मत निश्चित है। यहाँ दीवाल के बचाव हेतु ''ओटली'' बनाने की प्रथा है जो बाहरी दलवाल के अधोभाग के साथ 1/2 मीटर ऊँचे चबूतरे, ओरी के पानी की सीमान्तर्गत, के रूप में दीवाल के आभूषण से लगते हैं। बाहरी दीवाल में खूंटी लगाकर उसके नीचे सनई की बनी चटाई या टट्टर, आवश्यकतानुसार चौड़ाई में, लटका देते हैं जो बौछार की मार को दीवाल तक पहुँचाने से रोकती है। मानसून के बाद इसे अलग कर देते हैं। कहीं-कहीं इस टट्टर हेतु तुअर या अरहर के डंठल का प्रयोग करते हैं। पत्थर या चट्टानी टुकड़ों से बने मकान कम ऊँचे होते हैं, इन टुकड़ों को गारा की सहायता से एक के ऊपर एक रखते हुए निर्माण पूरा करते हैं।

आदिवासियों के एकल गृह स्थानीय उपलब्ध सामग्री से बनते हैं। इनमें स्नानघर, सफाई-स्थल आदि के रखने का प्रश्न ही नहीं उठता। लकड़ी के खम्भे, लगभग 15 सेमी व्यास वाले, 1.5 से 2 मीटर की दूरी पर पाँच पंक्तियों में स्थिर खड़े कर देते हैं। बाहरी पंक्ति में बाँस की फट्टियों से बनी दीवाल लगाते हैं, शेष तीन पंक्ति में खम्भों की ऊंचाई 2 मीटर से 2.3 मीटर तक होती है, इन्हीं पर 16 सेमी व्यास की कड़ियाँ रखते हैं। कड़ियों पर कैंचीनुमा निर्माण अवलम्ब हेतु बनाकर उसके ऊपर 10 सेमी से 12 सेमी व्यास वाले लट्ठे (पुरलिन) तार या कील से बाँधकर जड़ देते हैं, फिर कम व्यास की ''सगती'' या कड़ी (7.5 मीटर व्यास वाली) ''पुरलिन'' पर बिछाकर स्थिर करते हैं, इनकी दूरी 23 सेमी होती है। इस प्रकार ढाँचा तैयार करके उसे ''सरली'' या घास-पात से ढंकते हैं। फिर हाथनिर्मित एवं पकाई गई चौड़ी या अर्द्ध-बेलनाकार खपरैल से छत बनाते हैं। दीवाल, बाँस की फट्टी के टट्टर को बाहरी खम्भों से बाँधकर बनाते हैं फिर

गोबर-मिट्टी की लेप चढ़ा देते हैं अथवा लकड़ी के लट्ठे, पत्ती, टहनी आदि मिश्रित रूप में विकल्प बनते हैं। प्रवेश द्वार हेतु लकड़ी के सीधे लट्ठे तथा बाँस की फट्टियाँ कील से जड़कर हिंज पर खड़ी कर देते हैं (चित्र 8.1/2B)।

छत के छाजन की प्रक्रिया, खपरैल या घास-फूस दोनों के लिए समान होती है यद्यपि ऊँचाई तथा पदार्थों के प्रयोग में भिन्नता मिलती है। यदि प्रादेशिक स्तर पर एक गृह की दूसरे से तुलना करें तो स्पष्ट होगा कि ''जलवायु छत के स्वरूप द्वारा अपने को अभिव्यक्त करती है।''[38] दीवालों के दो ऊँचे पाखों पर बंड़ेरी रखकर उसे नीचे आड़ी बिछी दीवाल पर स्थिर कड़ी के ऊपर ''बेल'' या कैंची का अवलम्ब देते हैं फिर बंड़ेरी से दीवाल तक की खाली जगह आड़ी कड़ियों या लट्ठों से भर देते हैं, जिनका एक सिरा बंड़ेरी से जुड़ा तथा दूसरी दीवाल के बाहर तक फैला होता है। यह फैलाव इन भागों में 1/2 मीटर तथा पूर्वी उत्तर प्रदेश में 1 मीटर चौड़ा ओरी तक होता है। यहाँ ओरी के साथ क्षैतिजीय रूप में लकड़ी का ''दासा'' स्थिर कर देते हैं जो सममित होते हैं और ओरी को अवलम्ब एवं सुन्दरता प्रदान करते हैं। पुन: इस ढाँचे को बाँस की फट्टी, पतली काँड़ी, कड़ी, अरहर के डंठल, पलाश की टहनी, पत्ती, घास-फूस से समतल बनाकर चौड़े सपाट या अर्द्धबेलनाकार खपरैल से छा देते हैं, जिससे वर्षा का जल खपरैल की नाली से होकर बह जाता है। यहाँ उल्लेखनीय है कि गंगाघाटी के ऊँची दीवाल, कोठे वाले मकानों में ओरी के अवलम्ब हेतु एक मुख्य, दूसरी गौड़ ''घोड़िया'' की पंक्ति बनाते हैं, जिसको ''दासा'' या लकड़ी की पट्टी से अलग कर देते हैं। ये निर्माण ग्रामीण वास्तुकला के नमूने हैं। पत्थर की दीवाल तथा छत वाले या टिनाच्छादित गृह कम ढाल वाले होते हैं, किन्तु इनके निचले अवलम्ब (Supporter) अधिक मजबूत होते हैं, इसीलिए कमरे अपेक्षाकृत संकरे होते हैं।

लकड़ी व घास-फूस के मकान में लकड़ी के अवलम्ब पर घास, पत्ती, लकड़ी, बाँस की मिश्रित छाजन-व्यवस्था होती है। किन्तु रस्सी या पौधों की टहनी या रेशे से बाँधकर उसे सममित बनाते हैं, अत: छत ढालू एवं आकर्षक लगती है। इथियोपिया के शंक्वाकार गृहों की संरचना अनूठी, टिकाऊ एवं पर्याप्त स्थल घेरने वाली होती है। यज्ञ-कुंड के छाजन प्राय: सर्वत्र आकर्षक लगते हैं।

अन्य लक्षण

भारत के मध्यप्रदेश में आदिवासी गृहों के पास बने ''डागला'' या ''टाँड़ा'' सामान्य ढाँचे हैं। यह लकड़ी के खड़े लट्ठों पर 2 मी से 3 मीटर ऊँचाई पर आड़े एवं क्षैतिजिक रूप में अन्य बल्लियों को रखकर बनाए गए ढाँचे होते हैं, जिनके ऊपर सूखे चारा (ज्वार बाजरा के डंठल) एवं नीचे पशु रखते हैं। कभी-कभी इसी के नीचे चारपाई डालकर सोते भी हैं (चित्र 8.1/3C)।

इसी प्रकार ''बिट्ठा'' ''उपड़ौर'' (गोबर के कंडे या उपले का ढेर) भी पशुपालक ग्रामीण के लिए सामान्य निर्माण है। इसे ऊपर पत्ती घास-फूसे के छाजन से सुरक्षित रखा जाता है। ऋतु के अनुसार इनका आकार भिन्न होता है।

अन्य क्षेत्रों में पुआल के ढेर तथा घास के ढेर तथा भूसा के ढेर भी छाजन से सुरक्षित रखे जाते हैं तथा दूर-दूर तक ग्रामीण भूदृश्य में बिखरे अधिवास के बिछुड़े अंग से लगते हैं।

पंप-घर तथा फसल सुरक्षा हेतु बने झोपड़े व मचान अन्य लक्षण हैं जो स्थानिक भिन्नता के साथ स्थानीय एवं प्रादेशिक महत्त्व के हैं।

ग्राम्य वास्तुकला एवं आन्तरिक विन्यास प्रबन्ध

प्राय: गृहों की बाहरी दीवाल पर मनोराज्य (fancy) अनुकूल डिजाइन, प्रतिरूप, जो ''गेरू'' या ''सफेद खड़िया'', चूना से चित्रित होते हैं, सुन्दर छबि प्रदान करते हैं। अच्छे प्रतिष्ठित लोगों के गृहों में, खासतौर से मालवा पठार पर, डिजाइनयुक्त ''दासा'' या ''सोबावटी'' सममित ओरी तथा दीवाल को सुन्दरता प्रदान करता है। पूर्वी उत्तर प्रदेश में ओरी के नीचे संबल स्वरूप कतार में दो पंक्ति में छोटी, बड़ी ''दासा'' से विभक्त किन्तु जुड़ी हुई ''घोड़िया'' सममित, सुन्दर आकर्षक एवं गृहस्वामी की प्रतिष्ठा-द्योतक होती है। इसी प्रकार प्रवेश द्वार अन्य द्वार खिड़कियों मेहराबों, स्कन्धों की चित्रकारी अलग-अलग वास्तुकला की रुचि-प्रदर्शक है। तमिलनाडु में चेट्टियार लोगों के गृहों के टीक स्तम्भ, हवेलियों के ''ओटलो'', ''परसाल'' तथा ''ओरदो'' (गुजरात में) लकड़ी के भारी भरकम ऊँचे खम्भों की अनूठी चित्रकारी प्रस्तुत करते हैं। गृहों के बरामदों में प्राय: तारकोल पुते चित्रकारीयुक्त खम्भे लगाए जाते हैं। इसी प्रकार ''बैठक'' तथा दालान

के खम्भे, दरवाजे भी चित्रकारीयुक्त, सुन्दर बनाए जाते हैं। प्रतिष्ठित लोगों के गृहों में फर्नीचर भी चित्रकारीयुक्त मिलते हैं। खड़ाऊं, बैठने का पीढ़ा, सोने की तख्त, ड्योढ़ी, हल, मूसल तथा कृषि-यंत्र, लाठी तथा दैनन्दिन उपयोग की वस्तुओं द्वारा भी वास्तुकला का अनूठा प्रदर्शन मिलता है और मंदिरों, मस्जिदों, गिरजाघरों आदि की प्राचीन चित्रकारी तो प्रशंसनीय है ही; कितना उदाहरण दे सकते हैं?

गरीब लोगों तथा आदिवासी गृहों में पाकशाला सम्बन्धी मिट्टी की "कोठी" (कोठली) "कड़गी" (अनाज रखने हेतु घास या लकड़ी की बनी) चूल्हा, तपेला, थाली, कड़ाही, करहची, तवा, घड़े, मूसल, गट्टी, ओखली, टोपला तथा अन्य रोज प्रयोग में आने वाले सामान व्यवस्थित मिलते हैं। घास के रेशे से बना सिन्का या छींका भी लटका मिलेगा। पानी रखने के लिए लकड़ी का स्टैन्ड,तीर-धनुषस्थल, चारपाई, सन्दूक, झूला, कुछ बर्तन, मिट्टी के गोलाकार "लीपण" सभी जगह-जगह बिखरे मिल सकते हैं। पास में ही मुर्गी का दरबा, बकरी बाँधने का सुरक्षित कोना भी मिलेगा।

पेशे के अनुसार लुहार की धौंकनी, भट्टी, निहाई, धोबी की नाद, कुम्हार की चाक तथा गधा, सोनार की भट्टी, निहाई, आदि विभिन्न रूपों में विन्यास-प्रबन्ध प्रस्तुत करते हैं।

गृह प्रकार

निर्माण सामग्री की उपलब्धि एवं उपयोग के अनुसार गृहों में भिन्नता मिलती हैं; यह उपलब्धि वातावरण पर निर्भर है। इसी प्रकार निवासी की विशिष्ट जीवन पद्धति गृहों के आकार, स्वरूप एवं प्रकार्य को नियत करते हैं। अतः दोनों कारक, भौतिक-सांस्कृतिक वातावरण, संयुक्त रूप में गृहों को प्रादेशिक गुण प्रदान करते हैं। गृहों के प्रकार निम्नलिखित आधार पर वर्गीकृत हैं:

(1) प्रयुक्त गृह-निर्माण सामग्री (2) आकार एवं आकृति (3) सामाजिक सांस्कृतिक-आर्थिक स्तर। आइये इन्हें क्रम से पढ़े।

गृह-निर्माण सामग्री पर आधारित प्रकार

(अ) *दीवाल:* (1) मिट्टी (2) पत्थर (चट्टान) (3) ईंट (अ) कच्ची मिट्टी + ईंट (ब) सीमेन्ट + ईंट (स) मात्र कच्ची ईंट, (4) लकड़ी (5) लकड़ी + घास।

1. लगभग सभी प्रकार के कणवैशिष्ट्य तथा रंग वाली मिट्टी सर्वसुलभ निर्माण सामग्री है। यही अधिक विस्तृत, अति प्राचीन भागों में प्राचीन सभ्यता वाले देशों में गृहों में प्रयुक्त है। पारिवारिक सदस्यों तथा पड़ोसियों की मदद से बनने वाले गृह मूलरूप में मिट्टी के ही हैं। प्रत्येक निवासी मिट्टी का गृह आसानी से बनाता, संवारता एवं मरम्मत कर लेता है। अन्य बाहरी मजदूरी खर्च किए बिना ही वह उन पर लेप चढ़ाते, पुताई, छाजन करने की क्रिया कर लेता है। गर्मी में ये घर ठंडे भी होते हैं, किन्तु सीड़न चढ़ना, दीमक लगना, चूहों की भरमार, दीवाल की मोटाई, अधिक स्थान का घेराव, अनेक कोनों में गंदगी, कम टिकाऊपन आदि असुविधाएँ भी जुड़ी हैं।
2. पत्थर या अन्य चट्टानों के टुकड़े बहुतायत में प्रयुक्त होते हैं। जहाँ उपलब्धि, निकटता, ढुलाई, उपयुक्त, सुलभ एवं सुगम हैं। इनकी स्वतः प्रभाविता मिलती है। इसीलिए, पहाड़ी, ज्वालामुखीय क्षेत्र इन सामग्रियों से निर्मित गृहों से परिपूर्ण हैं।
3. कोयला द्वारा पकायी गई ईंट का प्रयोग उत्तरोत्तर वृद्धि पर है। इसके द्वारा निर्माण-खर्च, स्थान-घेराव में कमी, अधिक टिकाऊपन, परिवर्तन, परिवर्धनशीलता, बहुगुणीय सुविधाएँ सुलभ हैं। पुरातात्विक साक्ष्यों से भी ईंट का प्रयोग सर्वजनीन मालूम पड़ता है। सबसे पुराने साक्ष्य भी ईंट के ही बने हैं। इसके और भी उपयोग हैं। (अ) ग्रामीण भागों में मिट्टी के गारे के साथ ईंट का प्रयोग, (ब) अन्य गारे, चूना + सुर्खी, सीमेन्ट, के साथ भी ईंट का प्रयोग होता है, (स) ग्रामीण गृहों में कच्ची ईंट का भी प्रयोग होता है।
4. दुनिया के जंगली भागों में लकड़ी के मकान भी सर्वत्र हैं। पहाड़ी जंगली भागों में चट्टान की उपलब्धता के बावजूद लकड़ी का प्रयोग अधिक इसलिए भी होता है कि पत्थर की कटाई, छंटाई, तराशना तथा अच्छे राजगीर से निर्माण कराने के खर्च की क्षतिपूर्ति निकट उपलब्ध लकड़ी से सरलतया हो जाती है। लकड़ी गृह का निर्माण सभी आदिवासियों के लिए जन्मजात हुनर पर आश्रित भी होता है। लट्ठों से बने गृह मात्र भारत में ही नहीं वरन् स्वीडन, उ. अमेरिका, इटली, मेक्सिको,

ब्राजील, जापान, द.पू. एशिया आदि में भी मिलते हैं।

5. टट्टर तथा पलस्तर (Wattle of daub) के गृह स्थानीय स्थलाकृति तथा निर्माण सामग्री की उपलब्धता एवं निवासी की आर्थिक क्षमता की देन हैं। मध्य भारत के आदिवासी, वनाच्छादित पहाड़ों, पठारों, हिमालय की तराई (विशेषतया पूर्वी उत्तर प्रदेश के पूर्व म्यानमार सीमा तक) के तथा अन्य गरीब निवासियों के गृह प्राय: दो खम्भों एवं मध्य की बंड़ेरी पर बने टट्टर तथा गोबर + मिट्टी प्लास्टर की दीवाल के होते हैं। भीलों के ''टापरो'' आसानी से स्थानीय लकड़ी, घास-फूस की मदद से उन्हीं के द्वारा इच्छित स्थान पर कम परिश्रम के साथ बन जाते हैं जो आसानी से परित्यक्त भी हो सकते हैं। अन्य भागों में सरपत, गन्ने की पत्ती, पुआल, अनेक प्रकार की घास, टहनी, बाँस की फट्टी तथा पलस्तर का प्रयोग सहज है। उष्णकटिबन्धीय वनों के निवासी की झोपड़ी इसके उदाहरण हैं। सवाना घास के उपयोग से बनी शंक्वाकार झोपड़ियाँ भी ऊंचे भागों में बहुसंख्य हैं, जिनमें घास के टट्टर प्रयुक्त होते हैं।

(ब) *छत*–इनके कई प्रकार हैं: (1) खपरैल, (2) घास-फूस, (3) मिट्टी + गोबर, (4) टिन, (5) चट्टान की पटिया, (6) लकड़ी, (7) ईंट तथा अन्य सामग्री।

1. खपरैल की छाजन सर्वजनीन है। विभिन्न आकार के हाथ से बने अर्द्धबेलनाकार अथवा सपाट अथवा दोनों संयुक्तरूप में छाजन हेतु प्रयुक्त होते हैं। मिट्टी के गुण तथा रचनाकार (प्राय: कुम्हार) के अनुसार लम्बे, चौड़े, छोटे, मोटे, सुघर, भोंडू, सममित, असम, चिकने तथा खुरदुरे खपरैल प्रदेशीय स्थानिक वितरणों को प्रस्तुत करते हैं। उत्तरी भारत के सुघर, लम्बे खपरैल की तुलना में अन्यत्र छोटे, मोटे होते हैं। पहाड़ी भागों में चाक (Wheel) के बिना हाथ से भी खपरैल-निर्माण होता है।

2. घास-फूस का छाजन तो गृह-निर्माण कला का मूल है जो गरीब तपके के लोगों में अब भी प्रभावी है। अन्य लोग अस्थायी झोपड़ियाँ तथा गृहों में इसका प्रयोग करते हैं। घास, पत्ती आदि की सर्वसुलभता पर भी प्रयोग निर्भर है। भारत के सभी भागों में ये छाजन हर प्रकार के गृहों में मिश्रित रूप में मिलते हैं, जिनका विस्तार मचान से लेकर मन्दिर, विद्यालय तक मिलता है। सभी प्रकार की दीवाल पर चाहे वह पुर्तगाल के पत्थर निर्मित, ब्राजील में लकड़ी निर्मित, उत्तरी अमरीका तथा दक्षिणी-पूर्वी एशिया के लकड़ी निर्मित अथवा भारत में कच्ची ईंट, मिट्टी की हों ऐसे छाजन सुलभ हैं। घास, खजूर के पत्ते, डंठल, पलाश की पत्ती सभी का प्रयोग विविध ढंग से होता है। इथियोपिया अथवा सवाना प्रदेश में सभी शंक्वाकार छत इसके उदाहरण हैं।

3. भारत के पश्चिमी उत्तर प्रदेश तथा उससे पश्चिम भागों में मिट्टी तथा गोबर का मिश्रण ही छत की प्रमुख सामग्री है। सपाट छत वाले गृह इन भागों में स्थानीय जलवायु तथा वनस्पति के मिश्रित एवं संयुक्त प्रभाव को परिलक्षित करते हैं। प्राय: पलस्तर की सामयिक तह से ऐसी छत स्थानीय वर्षा सहने में पर्याप्त सक्षम रहती हैं।

4. उपयुक्त जलवायु प्रदेशों में टिन का छाजन अधिक प्रचलित व्यवस्था है। आंधी-तूफान रहित ऊँचे भागों में (इथियोपिया के उच्च पहाड़) टिन-प्रयोग वृद्धि पर है। बाजार केन्द्रों, कार्यशालाओं, कारखानों, दुकानों, तरह-तरह के शेड तथा संस्थाओं में टिन का प्रयोग अधिक बढ़ रहा है।

5. पत्थर की पटिया-बालू पत्थर, चूना पत्थर, स्लेट आदि, का प्रयोग अतीत से होता आया है। पहाड़ी, पठारी भागों में यही प्रभावी है। मंदिर, मस्जिद, गिरजाघर में तो अनिवार्यत: ऐसी छतें मिलेंगी।

6. समशीतोष्ण भागों में लकड़ी की फर्री या तख्त, पटरा, पटरी का प्रयोग गोल किए गए किनारों के साथ जोड़कर एवं अध्यारोपित करके बर्फ के पानी के निष्कासन योग्य बनाते हैं।[39] उष्णकटिबन्धीय भागों में भी लकड़ी की पटरी लगाकर टिन या वाटरप्रूफ से ढंक देते हैं। अनेक प्रकार के छाजन में खपरैल के नीचे लकड़ी की फर्री, पटरी, पतले बाँस की फट्टी, कोरई (पतले बौने बाँस) भी प्रयोग में लाए जाते हें। कोठे के पाटन भी लकड़ी की पटरा-पटरी से बनाते हैं। (false roofing) भ्रामक छतों का निर्माण भी पटरी की मदद से की जाती है।

7. ईंट+सीमेन्ट या ईंट+सुर्खी अथवा कंकरीट+सीमेन्ट की ढली हुई छत तो आधुनिक देन है। बाजार केन्द्रों के गृहों में इनका प्रयोग अधिक है।

आकार तथा आकृति आधारित वर्गीकरण

यहाँ लेखक का मालवा क्षेत्रीय आनुभविक अध्ययन प्रस्तुत है। गृहों का आकार, आकृति, आवास सुविधानुसार एक कमरा वाले से लेकर पाँच कमरे से अधिक वाले तक को पाँच समूहों में श्रेणीबद्ध किया गया है। (1) एक कमरे वाले गृहों की संख्या क्षेत्रीय योग की 66.1 प्रतिशत है, जिसमें 69.4 प्रतिशत आवासी हैं। प्रति परिवार औसत संख्या 4.4 है जो क्षेत्रीय औसत 4.87 से कम है, किन्तु निकट है। आदिवासी तथा परिगणित जातीय (बलई, चमार), सेवा कार्य में लगे लोग, कृषि मजदूर आदि ऐसे ही गृहों में रहते हैं जो पहाड़ी क्षेत्रों तथा अन्यत्र ग्राम के उपान्त या सीमान्त भूमि के निवासी है। (2) कुछ कम गरीब लोग दो कमरे के गृहों में रहते हैं, जिनका प्रादेशिक हिस्सा 23 प्रतिशत है, जो 5.5 सदस्य प्रति परिवार के अनुसार 25.9 प्रतिशत जनसंख्या के हिस्सेदार हैं। इनमें भी आदिवासी, कृषि मजदूर, छोटे काश्तकार, कुछ मिस्त्री, कारीगर, बनिया आदि सम्मिलित हैं। मुख्य कमरे के साथ एक बरामदा, एक संलाग पशु हेतु अथवा अन्य कार्य हेतु जुड़ा होता है। (3) निम्न एवं मध्यम वर्ग के लोग, जिसमें कृषक, बढ़ई, कुम्हार, बनिया तथा कुछ उच्च जाति के लोग सम्मिलित हैं, प्राय. L आकृति के गृहों में 6.2 सदस्य प्रति परिवार के अनुसार, 8.6 प्रतिशत जनसंख्या के साथ मात्र 6.6 प्रतिशत गृहों में रहते हैं। (4) ऐसे चार कमरे वाले गृह कुल योग के मात्र 1.2 प्रतिशत हैं, जिसमें 3.1 प्रतिशत लोग 6.9 सदस्य प्रति परिवार के अनुसार रहते हैं। उच्च जाति के मध्यमवर्गीय कृषक तथा कुछ संस्थाएँ इस वर्ग में आती हैं। (5) पाँच या पाँच से अधिक कमरे वाले गृहों में गढ़ी वाले धनी कृषक रहते हैं या संस्थाएँ हैं। कुल योग के 1.6 प्रतिशत गृहों में 2.4 प्रतिशत लोग प्रति परिवार में 7.3 सदस्य के औसत के साथ रहते हैं।

यह वितरण कई तथ्यों का सूचक है: (1) अधिक संख्या में गृह एक कमरे वाले हैं जहाँ अधिकांश लोग

Figure 8.6

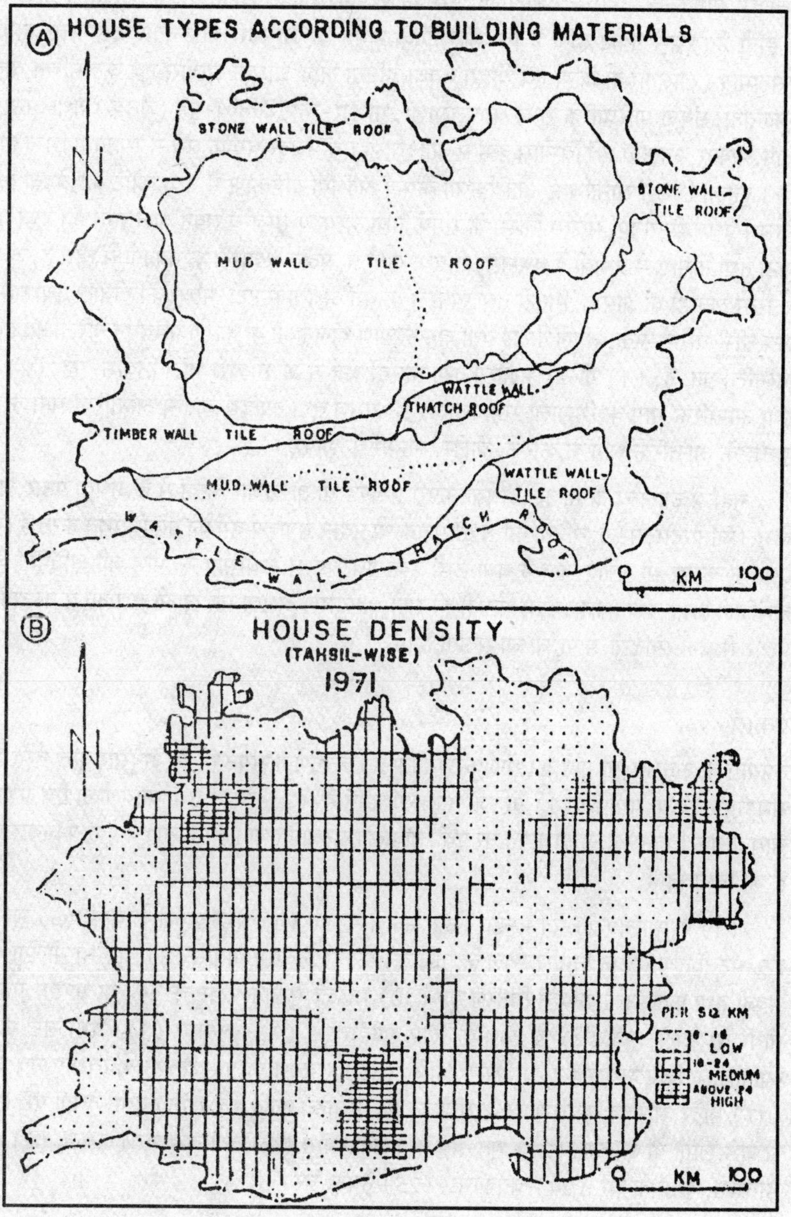

शरण पाते हैं। (2) बहुत कम गृह पाँच या पाँच से अधिक कमरे वाले हैं। धनी लोगों का प्रतिशत भी कम है। (3) आवास की जगह तथा परिवार संख्या में सर्वत्र धनात्मक सहसम्बन्ध है। (4) प्रति गृह जनसंख्या भार आदिवासी क्षेत्रों में अधिक है जहाँ एक कमरे वाले गृहों पर निवासी संख्या 75 प्रतिशत है। (5) गरीब लोग, अन्यत्र भी, पाँच सदस्य प्रति गृह के अनुसार रहते हैं, जिनमें अधिकांश एक कमरे वाले हैं।[40] (चित्र 8.6)।

सामाजिक-आर्थिक श्रेष्ठता आधारित गृह प्रकार

अब हम सामाजिक-आर्थिक दशाओं की भूमिका का विवेचन कर सकते हैं, जिनकी अभिव्यक्ति प्रदेश के मकानों के आकार एवं आकृति में होती है। इससे प्रकट होता है कि सांस्कृतिक समूह के अनुसार विभिन्नताएँ दृष्टिगोचर होती हैं। प्रायः ब्राह्मण, राजपूत, कायस्थ, मुसलमान (खासतौर से शिया एवं बोहरा) तथा बनिया लोग अधिक आवास एवं कई मंजित वाले गृहों में रहते हैं। ये मकान पर्दाप्रथा, एकान्तता, संयुक्त पारिवारिक सम्बन्ध, पशुशाला, भण्डार-गृह, अतिथि-गृह (बैठक) तथा अन्य सांस्कृतिक धरोहर को बनाए रखने के लिए आकार, आकृति एवं विन्यास क्रम में आदिवासी एवं मजदूर वर्ग के घरों से स्पष्टतया भिन्न होते हैं। इस प्रकार दो श्रेणियाँ मिलती हैं। (1) पहली जिसमें सामाजिक-आर्थिक या केवल आर्थिक दृष्टिकोण से उच्च कोटि की श्रेष्ठता क्रम के निवासी रहते हैं और दूसरी (2) जिसमें प्रथम से घनिष्ट, मध्यम किस्म के संपर्क तथा अत्यल्प सम्बन्ध रखने वाले रहते हैं। उच्च कोटि की श्रेष्ठता वाले लोग पठार, नर्मदा घाटी तथा नीमाड़ में प्रभावी हैं तथा मिट्टी तथा खपरैल, पत्थर+खपरैल के मकानों में रहते हैं, जबकि आदिवासी या गरीब लोग टट्टर व पलस्तर लकड़ी के झोपड़ों, मिट्टी तथा खपरैल के घरों अथवा मिट्टी, पत्थर की दीवाल तथा घास-फूस के छाजन वाले घरों में रहते हैं। अब धीरे-धीरे सम्पर्क, जंगल कटाई तथा जनकल्याण योजनाओं के कारण परिवर्तन परिलक्षित हो रहे हैं। इन निवासियों के उप-समूह में निम्नलिखित हैं: (1) गोन्ड, भिलाला तथा पहाड़ी क्षेत्र से अलग बसे भील निवास-गृह, (2) मध्यम श्रेणी के भील, पाटल्या, बंजारा तथा आन्तरिक भाग के भिलाला समूह गृह, (3) गरीब तथा आदिम जातीय आन्तरिक भाग के भीलों के झोपड़े तथा विन्ध्या, सतपुड़ा पहाड़ के आन्तरिक भाग के कोरकू, बालेर, मान्केर के झोपड़े।

गृहों में उपलब्ध दो मंजिले अथवा ऊपरी प्रखण्ड या तो बाजार केन्द्रों में हैं अथवा पठार, नर्मदा घाटी और नीमाड़ के प्राचीन ग्रामों में मूल जागीरदार, पटेल, बनिया की श्रेष्ठतासूचक या नवीन धनाढ्य वर्ग को प्रतिबिम्बित करते हैं। ये उर्ध्वाधर गृह जगह की कमी तथा पर्दा प्रथा के कारण भी बनाए जाते हैं तथा ठंडी हवा एवं धूप से अधोभाग के भीड़ की क्षतिपूर्ति करते हैं। प्रायः समग्र अधोभाग पर पूर्ण दोमंजिले कमरे न बनाकर अग्रिम भाग में ही सोने, भण्डारण अथवा महिलाओं के लिए कमरे बना लेते हैं, जिनमें सीमेन्ट, लकड़ी अथवा पत्थर से बनी सीढ़ियों से पहुँचा जा सकता है।

प्रकार्य

उपयोग के अनुसार भी गृहों का श्रेणीकरण होता है। जनगणना संगठन[41] के अनुसार कुल तेरह श्रेणियाँ गिनाई गई हैं, जिन्हें यहाँ चार में समूहीकृत किया गया है: (1) गृह जो आवासविहीन हैं, (2) दुकान तथा कार्यशाला एवं प्रशासकीय, वित्तीय, शैक्षिक संस्थाएं, (3) सामुदायिक विकास केन्द्र, पंचायत घर एवं चिकित्सा संस्थाएँ तथा (4) अन्य। ये प्रकार्य निवासी की आवश्यकतानुसार भिन्न-भिन्न होते हैं जो निम्नवत् हैं:

(1) पशुशाला (2) यंत्र भण्डार (3) अनाज भण्डार (4) भेड़-बकरी के बाड़े, (5) सुअर बाड़ा (6) मुर्गी के दरबा या घर (7) ईंट-भट्ठों तथा मकान निर्माण स्थल के पास बने मजदूर निवास/आवास (8) बहुपंथी योजना के पास की मजदूर कॉलोनी (9) साक-सब्जी तथा फल-उत्पादन एवं वितरण गृह (10) मछली सुखाने, रखने के तम्बू या भण्डार गृह (11) गाड़ी, चारा, ईंधन के बाड़े (2) गोबर के उपले, लकड़ी, सूखे चारा के लिए भण्डार गृह (13) भूसाघर (14) पम्प सेट, डीजल सेट-घर, (15) यात्री, तीर्थयात्री, व्यापारी के लिए शरणस्थल, धर्मशाला आदि, (16) राजपथ के पास के शयन, विश्राम एवं जलपान, खानपान गृह या मोटेल/होटल, (17) मंदिर, मस्जिद व गिरजाघर के संयोजन गृह, पुरोहित आदि हेतु, (18) देवी-देवता घर, (19) धार्मिक स्थल में पंडा, पुजारी, मेला से जुड़े लोगों के आवास, (20) भूत-प्रेत तथा सती-चौरा स्थल तथा जुड़े शरण-स्थल, (21) घुड़साल, (22) हाथीशाला एवं (23) डागरूम, कुत्तों के घर, (24) चक्कीघर, (25) ट्रैक्टर घर।

Figure 8.7

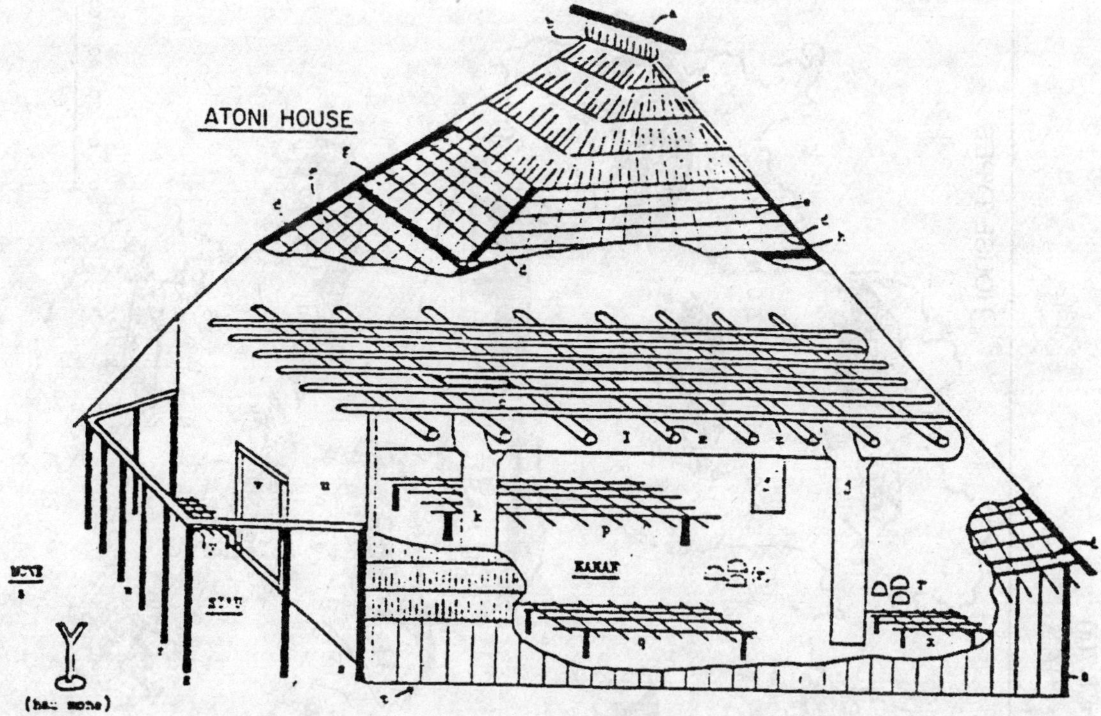

a. *fuf manas,* 'sun cranium'; b. *fuf ai,* 'fire cranium'; c. *hun,* 'grass' (thatch roof); d. *suaf bidjaekase,* 'horse spar'; e. *suaf benaf,* 'benaf spar'; f. *suaf susuf, 'susuf*spar'; g. *aka'nunu,* 'pillow'; h. *tak pani,* cross-spar; i. *tnat oe,* 'hold water' cross-beam; n. *nesa,* rafter; *otoi,* 'entrance' (attic); p. *harak ko'u,* 'great platform'; q. *harak tupa,* 'sleeping platform'; r. *tunaf,* 'hearth'; s. *ni manu,* 'chicken post'; t. *haef* 'foot'; u. *piku,* 'wall'; v. *eno, 'door';* w. *toi,* 'entrance' (outer section); x. *harak manba*'at, 'agreement platform' (serving platform); y. *harak,* 'platform'; z. mone, 'outside; male' (yeard).

प्रतिचयनित अध्ययन के आधार पर आवास गृहों का प्रतिशत 62 है, शेष 30 प्रतिशत में अन्य गृह आते हैं। श्रेणी दो में 6.5 प्रतिशत तथा शेष तृतीय श्रेणी के हैं। जनपद के अनुसार प्रतिशत में भिन्नता मिलती है जो औद्योगिक एवं ग्रामीण विकास के अनुसार प्रकार्यात्मक दोलन को प्रतिबिम्बित करती है। इसी प्रकार प्रतिचयनित ग्रामों[42] की पट्टेदारी अथवा स्वामित्व के अनुसार 91 प्रतिशत लोग घरों में स्वयं मालिक के रूप में रहते हैं, शेष किराये के मकान में। लगभग 175,500 लोग बेघर हैं। यदि एक कमरे पर निवास-दबाव को देखा जाय तो यह संख्या शोचनीय सीमा तक पहुँच जाती है।

समग्र दृष्टिकोण

संक्षेप में, गृह-प्रकार का वर्गीकरण निम्नवत है: (1) कच्ची मिट्टी की दीवाल, खपरैल, (2) कच्ची मिट्टी की दीवाल तथा छत (3) कच्ची मिट्टी की दीवाल तथा छाजन, (4) कच्ची दीवाल तथा लकड़ी के ढाँचे से बना द्विमंजिला/कोठा, (5) ईंट की दीवाल, खपरैल, (6) ईंट की दीवाल, कंकरीट या ईंट की ढली छत, (7) ईंट की दीवाल, छाजन, (8) कच्ची ईंट, खपरैल, (9) कच्ची ईंट, छाजन, (10) पत्थर की दीवाल, खपरैल, (11) पत्थर की दीवाल, छाजन, (12) पत्थर की दीवाल तथा पटिया की छत, (15) टट्टर व पलस्तर के झोपड़े, (16) लकड़ी की दीवाल, छत, (17) लकड़ी, टट्टर की दीवाल, खपरैल, (18) गुफा गृह जैसे कैरियर्स (पेरिस के

Figure 8.7(a)
House Types

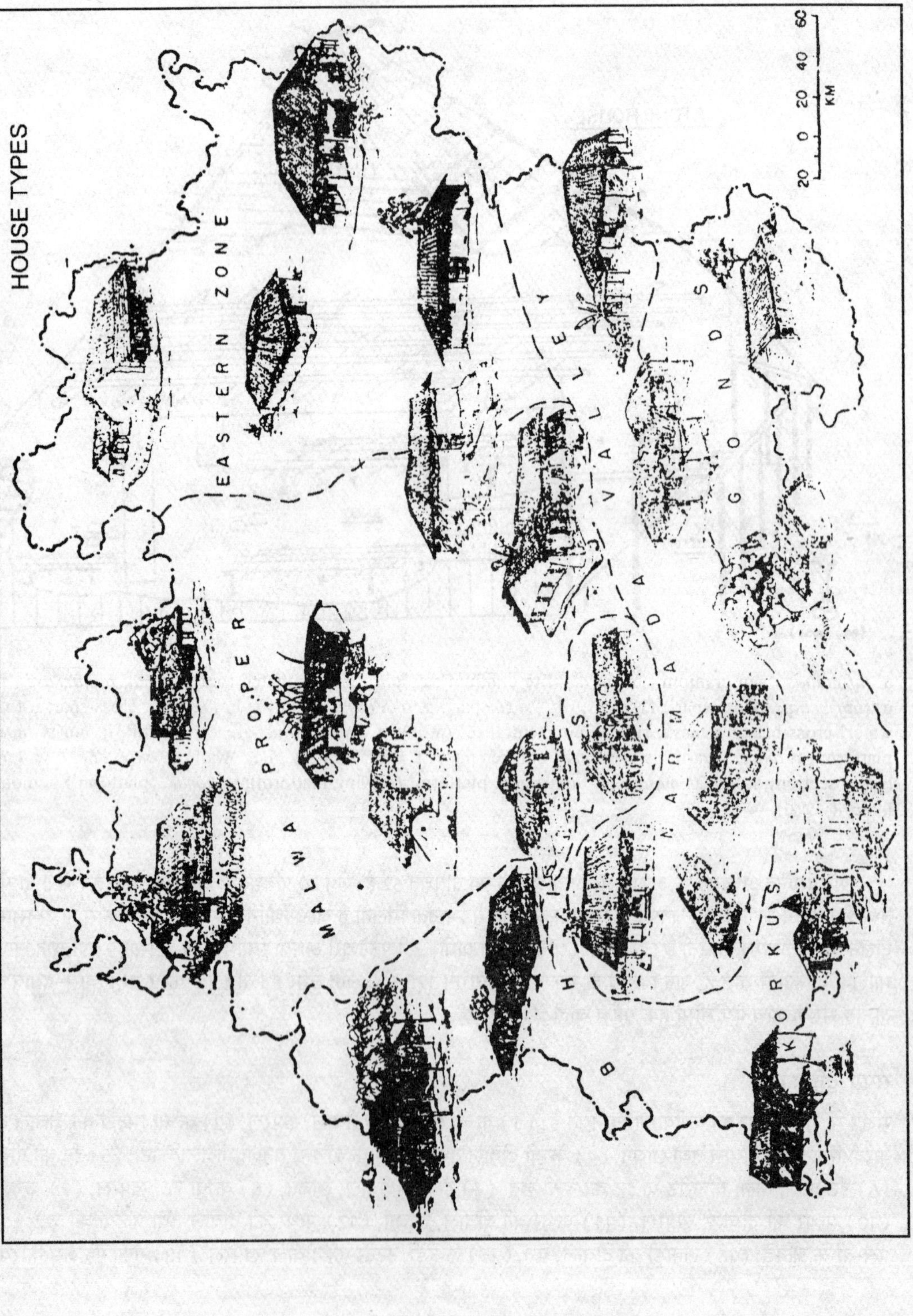

Figure 8.8

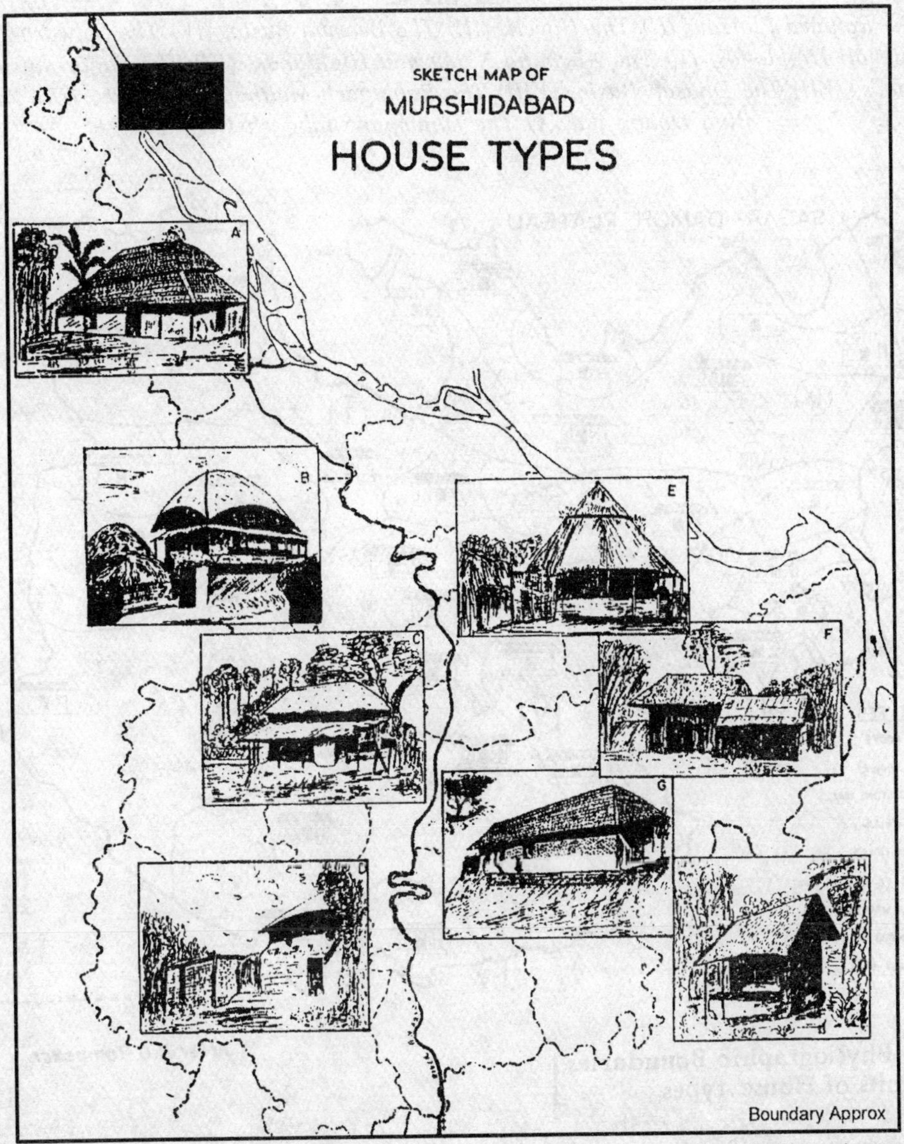

After N.D. Bhattacharya

पास), स्पेन में, (19) भूमिगत गृह-टर्की, स्पेन तथा तुरफान घाटी (गोबी मरुस्थल में), (20) चीन के लोयेस में कटे फेन्धुओ[43] निवास, (21) सारावाक के लम्बायमान गृह, (22) एटोनी गृह[44] (चित्र 8.7), (23) न्यू मैक्सिको के प्यूब्लो-गृह (24) भ्रमणकर्त्ताओं के तम्बू, (25) अलास्का में एस्कीमो के Sod गृह, (26) एस्कीमो के इग्लू, (27) कम्बोडिया के बाँस के ढेर से बने घर, (28) सुमात्रा के batak गृह, (29) मंगोलिया के युर्ट, (30) सीरिया के क्ले-गृह, (31) अफ्रीका के शंक्वाकार गृह व झोपड़े, (32) ''गड़िया'' के गाड़ी पर बने तम्बू, (33) झील पर बने नाव-घर (चित्र 8.7a, 8.20), (34) टिन-मिश्रित ढाँचा या घर।

Figure 8.9

(I) The Rajpura Plateau, (II) The Haveli, (III) The Bearma Basin, (IV) The Selwara-Jamunia-Chikhali Highlands, (V) The Abchand-Naharmau Highlands, (VI) The Sagar-Jaisinagar Highlands, (VII) The Dhasan Basin, (VIII) The Rahatgarh-Malthon Highlands, (IX) The Badar-Bina Doab, and (X) The Dhamoni-Shahgarh Highlands

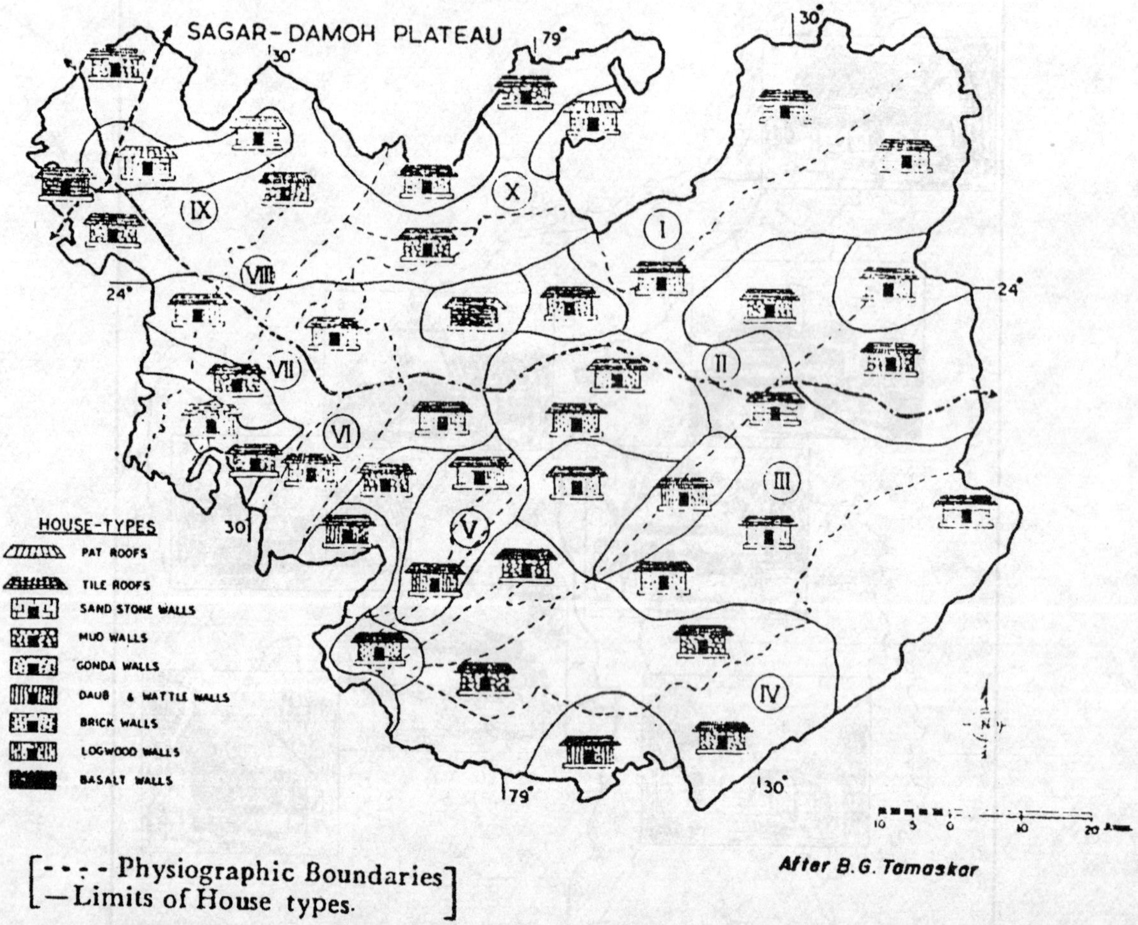

मकान बनाम घर

एक सामान्य कथन है कि किराए पर दिया गया निर्माण या आवास निवासी के लिए मकान (house) होता है तथा स्वामी द्वारा निवसित आवास घर (home) कहा जाता है। किन्तु यदि आवासीय मकान मात्र किराये पर दिए जाते हैं तो वे घर नहीं होते। अर्थात् घर का सम्बोधन स्वामित्व तथा स्थायी आवास के लिए है। ''घर'', स्वामी के स्वामी एवं निर्माता के रूप में लगाव को अधिक सूचित करता है, क्योंकि वह उस घर का निर्माण अपने जीवनकाल हेतु ही नहीं वरन् भावी पीढ़ी के लिए करता है। घर में विशिष्ट प्रयोजन हेतु विशिष्ट निर्धारित कक्ष स्थान देश आबंटित होते हैं, जैसे पूजा-अर्चना, शादी, कर्मकाण्ड, रसोईघर इत्यादि। घर के जीवन अथवा प्रतिक्षण के व्यवहार हेतु सम्पूर्ण अधिवास ही अवस्थिति बन जाता है। किन्तु दूसरे रूप में एक मकान (house) ही जीवन की अवस्थिति बनता है

Figure 8.10

Himachal House Types: (A) Nurpur House, (B) Kangra House, (C) Kulu House

Figure 8.11

Built-in Porch Type

Figure 8.12

Built-in Porch Type

Figure 8.13
Attached porch type

Figure 8.14
Open passage type; double log pen

Figure 8.15
Single log pen

Figure 8.16
Midwestern of "i" type

Figure 8.17
Shotgun type

Figure 8.18
Bungalow type

Figure 8.19
Trapper type

Figure 8.20
Oysterman type

: After Spencer et al.

और बस्ती मात्र संयोजक तंतु[45] तथा द्वितीयक प्रकृति की बेकार जगह होती है, जिस पर आना-जाना निर्लेपभाव से होता है। घर एक रहने का ऐसा पारिवारिक स्थिर आवास अथवा जन्मजात भूमि है जहाँ रहने में कोई भी वहाँ की प्रत्येक वस्तु से घनिष्ट सम्बन्ध स्थापित करके सुख की अनुभूति करता है। इसीलिए आंग्लभाषा में होमकमिंग, होममेड, होमरूल, होमवर्क, होम-लाइक शब्द समूहों की व्युत्पत्ति एवं प्रचलन हुआ है तथा हिन्दी में घरवाली, घर के लोग, घर-जमाई, घर-गृहस्थी, घर-परिवार, घर लौटना, घर की याद, घर का बना, घर का शासन, घर का काम, घर की तरह, घर का सुख, घर-गाँव, घर-सीवान आदि का प्रचलन सहज है। घर का एक गाँव होता है, बस्ती होती है जहाँ एक घर वाला और उसके घर के लोग जन्म लिए थे/जन्मे थे, जन्म ले रहे हैं और जन्म लेते रहेंगे।

यह कथन समीचीन है कि मकान में रहते हैं, घर बसाया जाता है। किंबहुना, घर पूर्वजों की निशानी होता है, अपना एक हिस्सा होता है।

ग्रामीण क्षेत्रों में घर द्वारा ही कुटुम्ब-संरचना, कुल तथा जाति के संघट्टन की जानकारी होती है तथा यहीं विशिष्ट जीवन पद्धति (genre de vie) की पूर्ण अभिव्यक्ति होती है। यहाँ हम मूलभूत आवश्यकताओं, कौटुम्बिक जीवन, नारी का स्तर, एकान्तता, पर्दा तथा सामाजिक संसर्ग-सभी को निवासी की प्रवृत्ति के अनुसार समायोजित पाते हैं। मात्र घर में ही सामूहिक तथा कौटुम्बिक जीवन जीने हेतु आर्थिक, संरक्षणात्मक, धार्मिक, शैक्षिक, सामाजिक, स्नेह-प्यारमय तथा एक दूसरे को श्रेष्ठता, आदर-सम्मान देने के लिए व्यवहार तथा सेवाएँ आदि उपलब्ध होने की आशा करते हैं। सहभागितापूर्ण घर के प्रत्येक भाग में रहने की स्वामित्व की भावना के कारण एक सदस्य कई कमरों का प्रयोग कर सकता है, अर्थात् प्रतिगृह सदस्य संख्या एवं प्रति कमरा सदस्य संख्या में कोई खास भेद नहीं होता। सामान्यतया स्वीकार्य भी है कि एक व्यक्ति के घरेलू जीवन से जो संतुष्टि प्राप्त होती है वह अन्यत्र नहीं। संक्षेप में ''बाजारू या पण्य मानव अपनी अद्वितीयता में कभी भी पूर्ण नहीं होता तथा विलोमत: पूर्ण मानव कभी भी विक्रय वस्तु (पण्य) नहीं बनता।''[46]

सन्दर्भ

1. स्पेन्सर, जे.ई. एवम् थामस डब्ल्यू एल., सन्दर्भ सं. 1, अ. 1, पृ. 133।
2. वही, पृ. 93।
3. स्टोन, के.एच. (1965) दी डेवलपमेन्ट ऑफ एक फोकस फार दी ज्याग्रफी ऑफ सेटिलमेन्ट, एकोनामिक ज्याग्रफी, वा. 41, पृ. 347।
4. वेब्सटर्स न्यू इन्टरनेशनल डिक्शनरी सेकन्ड एडीशन, जी. बेलान्ड सन्स लिमिटेड, लन्दन, 1959, पृ. 1122।
5. सेन्सस ऑफ इण्डिया, 1911, पृ. 7 (वा. 17), सेन्सस ऑफ इण्डिया एजेन्सी रिपोर्ट एण्ड टेबुल्स।
6. सेन्सस ऑफ इण्डिया, 1961, पार्ट-II-ए, जनरल पापुलेशन टेबुल्स वा. III एम.पी. 4।
7. ऋग्. I 154-5; अथर्व. III 12; मत्स्य पु. 252, 11; अग्नि पु. 247।
8. भाग. वा. 1,2।
9. ऋग् I, 74, 2; अथर्व 1, 27.4 आदि।
10. अथर्व. IV, 36.3।
11. पाण्डे, आर्.बी. (1951) विक्रमादित्य ऑफ उज्जैनी, शतदल प्रकाशन, बनारस, पू 220, अमरकोष उद्धरण पृ. 11, 22।
12. मानसर, III 7, दत्त, बी.बी. (1925) टाउन प्लानिंग इन एन्शियन्ट इण्डिया, कलकत्ता, पृ. 1-2 से तुलना करें।
13. ब्रूहस जीन्स, सन्दर्भ सं. 3, अ. 2, पृ. 39।
14. सिंह, आर.एल. (1957), टिपिकल रूरल ड्वेलिंग्स इन दी अमलैन्ड ऑफ बनारस, इण्डिया, ने. ज्या. ज. इ., वा. III, पार्ट II, जून, पृ. 52।

15. ब्लॉश, पूर्वोद्धृत अ. 2 सन्दर्भ सं. 2 पृ. 304।
16. स्टोन, के.एच., सन्दर्भ सं. 3, अ. 8, पृ. 355।
17. रैपोपोर्ट ए. (1969) हाउस फार्म एण्ड कल्चर, प्रेन्टिस-हाल Inc एंजिलउड क्लिफ्स, ने. ज्या., पृ. 3-7।
18. वही, पृ. 17।
19. वही, पृ. 45।
20. वही, पृ. 47।
21. मनी, डी.सी. (1947) इन्ट्रोडक्शन टू ह्यूमन ज्याग्रफी, यूनिवर्सिटी ट्यूटोरियल प्रेस लिमिटेड 9-10 लन्दन, पृ. 33।
22. ब्रियान, पी.डब्ल्यू. (1933) मैन्स ऐडौप्टेशन आफ नेचर, लन्दन पृ. 133।
23. ब्रूह्नस जे. सन्दर्भ सं. 3, अ. 2, पृ. 33।
24. हाउस्टन जे. एम. (1953) ए सोशल ज्योग्राफी ऑफ यूरोप, पृ. 109।
25. जायसवाल, जे.एम. (1976) इक्जामिनिंग सेटिलमेन्ट्स इन स्टोनएज इण्डिया, पृ. 89-96 इन आर.एल. सिंह एट आल (एडि.) ज्योग्राफिक डाइमेन्सन्स ऑफ रूरल सेटिलमेन्ट्स, ने. ज्या. सो. ई., रिसर्च, पब्लि. सं. 16।
26. रैगलन, एल. (1963) दी ओरिजिन ऑफ वर्नाक्यूलर आर्किटेक्चर इन ''कल्चर एण्ड एन्विरानमेन्ट'' (एडि.) फास्टर आई. एल.एल. एण्ड अल्काक एल., लन्दन पृ. 273; वही, टेम्पुल एण्ड दी हाउस, न्यूयार्क, नार्टन, 1964, पृ. 196।
27. स्पेन्सर जे.ई. एण्ड थामस डब्ल्यू. एल., सन्दर्भ सं.। अ. 8 पृ. 133।
28. ब्लॉश, सन्दर्भ सं. 2, अ. 2, पृ. 238।
29. ब्रूह्नस जे. सन्दर्भ सं. 3, अ. 2, पृ. 48।
30. हावेल ई. वी. (1915) एन्शियन्ट एण्ड मेडिवल आर्किटेक्चर ऑफ इण्डिया, लन्दन, पृ. 12।
31. आंगन के लिए विस्तार से देखें आर.एल. सिंह (1957) खण्ड 1.4, अ.।
32. प्यूब्लो इण्डियन्स सोलर एफिसियन्ट हाउसेस, इण्डियन एक्सप्रेस, 7.4.87 (यू.एन.आई.) न्यूयार्क।
33. ब्राउन पी. (1965) इण्डियन आर्किटेक्चर, बुद्धिस्ट एण्ड हिन्दू पीरियड, पृ. 3।
34. हावेल ई. वी. (1915) पूर्वोद्धृत, सन्दर्भ सं. 30।
35. स्पेन्सर जे.ई. एण्ड थामस डब्ल्यू एल., सन्दर्भ सं.1, अ. 2, पृ. 33।
36. आयताकार प्रतिरूप किसी निर्धारित सीमा के पार से आनेवाली विशिष्ट ध्वनि, शब्द, आवाज अथवा उसके द्वारा विशिष्ट वस्तु, व्यक्ति की पहचान हेतु एकान्तता निर्माणक देश (स्पेश) के विन्यास प्रबन्ध का उपयुक्ततम प्रतीक है। सर्वसाधारण के लिए यह सरलतम ज्यामितीय स्वरूप है।
37. झूला (किसी दोदीवाल, अथवा छत में लगे संबल से लटका चार कोनों पर रस्सी से बंधा तख्त, पटरा या पटरी। एक सामान्य बैठने, झूलने का साधन है जो भारत के दक्षिणी भागों में घरों के बरामदों में प्राय: मिलता है।
38. ब्रूह्नस जे., सन्दर्भ सं. 3, अ. 2, पृ. 86।
39. वही, प्लेट्स 8 से 11 (आठ से ग्यारह तक)।
40. 30 प्रतिदर्श ग्रामों तथा 16 प्रतिचयनित ग्रामों के 2,000 घरों का सर्वेक्षण करने के बाद संगणित समंकों के अंकन तथा अध्यारोपण पश्चात् प्रादेशिक प्रतिरूप प्राप्त हुए हैं।
41. सेन्सस ऑफ इण्डिया, 1961, वा. 3, पार्ट 4-बी. पृ. 6-27।
42. वही, पृ. 44-73।

43. ''दी फ्यूचर लाईज इन मड'' बाई अनिल अग्रवाल, इण्डियन सक्सेप्रेस, 13.3.83।

44. चन्दोक एस. के. (1991) (एडि.) ह्यूमन हैबिटेशन-कल्चर एन्विरान्मेन्ट इन्टरफेस, एस.पी.ए. एण्ड हर आनन्द पब्लिकेशन्स आदि; देखें सी.ई. कानिंघम आर्डर इन दी आर्किटेक्चर, पृ. 321-356।

45. रैपोपोर्ट, ए., सन्दर्भ सं. 17, अ. 8, पृ. 70।

46. हॉकिंग डब्ल्यू ई. (1929) ह्यूमन नेचर एण्ड इट्स रीमार्किंग, याले यूनिवर्सिटी प्रेस, न्यू हावेन, पृ. 304-306।

9

ग्रामीण सेवा केन्द्र एवम् बाजार

वृद्धि-केन्द्र संकल्पना

इस संकल्पना को, जो केन्द्रीय स्थान सिद्धान्त की संकल्पना से उधार ली गई है, भारत में सूक्ष्म स्तरीय नियोजन पर दिए गए बल के कारण अधिक महत्त्व उपलब्ध है। इस सिद्धान्त के तीन तत्त्वों (1) नगर-केन्द्र (2) बाजार क्षेत्र का षट्भुजीय विन्यास क्रम एवम् (3) परिवहन तन्त्र को ग्रामीण बस्तियों के पदानुक्रम में प्रथमत: सेवा केन्द्र, द्वितीय उनके प्रभाव-क्षेत्र एवम् तृतीय निम्नतर स्तर पर संचलन प्रतिरूप के रूप में ढूँढ़ा जाता है। यह मान लिया जाता है कि सिद्धान्त की मुख्य रचना के आवश्यक लक्षण कुछ संशोधनों के साथ निम्नतर स्तर पर लागू हो सकते हैं। केन्द्रीय स्थान सिद्धान्त से व्युत्पन्न सैद्धान्तिक ढाँचा विभिन्न क्रम के वृद्धि केन्द्रों की पहचान में सहायक सिद्ध होता है। वृद्धि केन्द्र पद की साधारण परिभाषा यह है कि ''यह ग्रामीण पृष्ठ प्रदेश के साथ वृद्धि लाने में सक्षम नगरीय हीर है।'' यह हीर इसलिए होता है क्योंकि इसमें उपलब्ध सभी सेवाएँ चतुर्दिक क्षेत्र को मिलती हैं तथा ये सेवा क्षेत्र के लोगों को रोजगार प्रदान करता है। अत: स्पष्ट है कि वृद्धि केन्द्र की प्रकृति एवम् भूमिका उस विकास क्षेत्र पर निर्भर है, जिसमें वह स्थित है। फ्रीडमन ने ऐसे चार क्षेत्र या खण्ड प्रदेश (Region) बताये हैं (1) सीमान्त (2) अधोमुख संक्रमणशील (3) उर्ध्व-संक्रमणशील एवम् (4) हीर क्षेत्र। आनुभविक अध्ययनों के आधार पर प्रथम दो प्रकार के खण्ड प्रदेश के वृद्धि केन्द्र अधोलिखित सेवाओं का प्रावधान करते हैं-शिक्षा, स्वास्थ्य, परिवहन, संचार, वित्त, व्यापार, प्रसार तथा फुटकर सेवाएँ। कुछ केन्द्र प्रशासकीय, न्यायिक, कानून एवम् शान्ति व्यवस्था सम्बन्धी सेवाएँ भी प्रदान करते हैं। तृतीय प्रकार में वृद्धि केन्द्र ऐसे केन्द्र होते हैं जो नव्यता लाने के लिए नए निवेशों को ग्रहण करने की संभाव्य क्षमता रखते हैं। अंतिम प्रकार के केन्द्र प्रति-चुम्बक की भाँति हीर केन्द्र से (नगर क्षेत्र) कुछ प्रकार्य दूर ले जाने तथा हीर के तनाव दूर करने में सक्षम होते हैं, अर्थात् सेवाओं का विकेन्द्रीकरण होता है।

इस प्रकार वृद्धि केन्द्र, अधिवास के सातत्य में प्रकार्यात्मक गुणों पर आधारित, सेवा केन्द्र का तर्कपूर्ण प्रसार है। इसके एक ओर अनेक आश्रित अधिवासों का समूह और दूसरे छोर पर प्रादेशिक केन्द्र हैं, जिसे वृद्धि केन्द्र भी कह सकते हैं। इनके मध्य अनेक केन्द्रीय ग्रामों एवम् सेवा केन्द्रों का क्रम विन्यास मिलता है।[1]

वृद्धि केन्द्र संकल्पना का उद्‌भव पेरो[2] एवम् बोडविले के वृद्धि-ध्रुव सिद्धान्त से हुआ किन्तु सही अर्थों में इसकी योग्यता की बहस अन्य लोगों के अतिरिक्त, ग्रीन[3] तथा टेलर[4] द्वारा की गई, जिनकी सोच के अनुसार ये केन्द्र, आर्थिक वृद्धि में उत्तेजना प्रदायी रोजगार, सृजन, नवाचार का प्रसरण (मुख्यतया अभिप्रेरणा सम्बन्धी), पृष्ठ प्रदेश में सेवाओं का प्रावधान (मुख्यतया मूलभूत आवश्यकताओं से सम्बन्धित जैसे शिक्षा, स्वास्थ्य, पानी, ऊर्जा, शक्ति, गृह-निर्माण आदि) करने वाले, सरकारी तथा स्थानीय नियोजन में तालमेल स्थापित करने एवम् व्यक्ति तथा स्थानीय विचारों में अन्योन्यक्रिया को प्रभावपूर्ण बनाने वाले होते हैं। मिश्र ने सही कहा है कि वृद्धि केन्द्र अनुकूल बिन्दुओं पर स्थित होते हैं जहाँ से अवस्थापनाओं एवम् ऊर्ध्वस्थ के चयनित, विविधतापूर्ण एवम् विकेन्द्रित प्रावधान द्वारा वृद्धि होने के कारण निम्नतम स्तर पर भी वृद्धि तथा कल्याण के तत्त्वों को अन्त:क्षेपित करने अथवा उन तक पहुँचाने में अधिक उपयुक्त सिद्ध होते हैं। अनुभव सिद्ध भी हैं कि इन केन्द्रों से चतुर्दिक लाभों का पहुँचना/टपकना (Trickling) एक स्वाभाविक प्रक्रिया है। इन लाभों एवम्

नवाचार को सर्वोत्तम रूप में विसरित करने की भावना को दृष्टिकोण में रखकर ग्रामीण स्तर पर अधिवासों के स्थानिक संगठन का परिमेयकरण, अर्थात् एक प्रदेश में इनकी संख्या, आकार तथा अन्तरण का निर्धारण आवश्यक हो जाता है। एक पूर्ण रूपेण संलग्न पदाक्रम-अनुसार व्यवस्थित विन्यास-क्रम वाले वृद्धि केन्द्रों के लिए अथवा उनके उपयुक्ततम स्थानीयकरण हेतु हम केन्द्रीय स्थान सिद्धान्त की मदद लेते हैं।

केन्द्रीय-स्थान सिद्धान्त

जर्मनी के विद्वान वाल्टर ख्रिस्टालेर (1893-1969) ने 1932 ई. में एरलान्गेन विश्वविद्यालय में दक्षिणी जर्मनी के अधिवासों की संरचना पर शोध प्रबन्ध प्रस्तुत किया। वह स्थानीयकरण सिद्धान्तविदों, जैसे कोह्ल, फॉन थुइनेन तथा अल्फ्रेड वेबर (ख्रिस्टालेर के गुरु) तथा राबर्ट ग्राडमन जैसे अधिवास भूगोलवेत्ताओं से काफी प्रभावित रहा। जब संयुक्त राज्य अमरीका के विद्वानों ने उसके कृत्यों/लेखों के मूल्य[5] को समझा तो 1940वीं तथा 50वीं सदी में अधिक मान्यता मिली। ख्रिस्टालेर के सिद्धान्त के सार (बिना किसी विस्तार अथवा विवेचन के जिसका जिक्र आगामी खण्डों में है) अधोलिखित है:

1. न्यूनतम समुच्चय संचलन दूरी (minimum aggregate travel distance) पर केन्द्रीय स्थान पर स्थित एक केन्द्र अपने पूरक क्षेत्र में ग्राहकों को न्यूनतम मूल्य पर तथा विक्रेता को अधिकतम लाभ के साथ प्रकार्य तथा सेवाएँ प्रदान करता है।
2. केन्द्रीय स्थानों का पदानुक्रम अस्तित्व में होता है जहाँ उच्चतर स्तर/क्रम के स्थान उन सेवाओं को प्रदान करते हैं, जो निम्नतर क्रम के केन्द्र में नहीं मिलते। किन्तु इसका विलोम सम्भव नहीं होता। उच्चतर क्रम के केन्द्र, निम्नतर क्रम वाले केन्द्रों में उपलब्ध सेवाओं के अतिरिक्त सेवाएँ भी प्रदान करते हैं।
3. उच्चतर क्रम के केन्द्र के अनन्य प्रकार्यों का प्रभाव क्षेत्र अन्य सर्वनिष्ठ प्रकार्यों के प्रभाव क्षेत्र से अधिक विस्तृत होता है।
4. उच्चतर क्रम के केन्द्र, निम्नतर क्रम वाले केन्द्रों की तुलना में वृहत्तर क्षेत्र को समादेश देते हैं, अर्थात् पूर्वोक्त में उच्चतर कोटि की केन्द्रीयता विद्यमान होती है।
5. उच्चतर क्रम के केन्द्र संख्या में कम और अधिक अन्तरण वाले होते हैं।
6. उच्चतर क्रम के केन्द्र केवल अनन्य प्रकार्य वाले ही नहीं होते, वरन् निम्नतर क्रम के केन्द्रों की अपेक्षाकृत अधिक संख्या में संस्थापन वाले होते हैं, जो निम्नतर क्रम के सर्वसुलभ प्रकार्यों को प्रदान करते हैं।
7. केन्द्रीय स्थानों का विकास प्रत्येक क्रम के केन्द्र के साथ होता है, जो निम्नतर क्रम के केन्द्रों को समावेशित करते हैं।

इस सिद्धान्त की मूलभूत संकल्पनाओं की उत्तम व्याख्या संचलन, जाल, नोड, पदानुक्रम तथा प्रभाव क्षेत्र या पृष्ठ आदि का क्रमिक अवस्थाओं के रूप में अध्ययन करके की जा सकती है। इस प्रकार केन्द्रीय-स्थान-सिद्धान्त का हीर छै मूलभूत संकल्पनाओं[6] से बनता है, जिनकी गणना एवम् व्याख्या निम्नवत् है:

1. *केन्द्रीयकरण:* एक क्रमनिर्धारक सिद्धान्त के रूप में होता हैं। ख्रिस्टालेर ने प्रतिपादित किया कि सेवाएं कुछ निश्चित बिन्दुओं के चतुर्दिक संकेन्द्रित होती हैं जो अन्य बिन्दुओं के आस-पास की सेवाओं की तुलना में अधिक महत्त्वपूर्ण होती हैं।
2. *केन्द्रीय-स्थान:* इस सिद्धान्त का महत्त्वपूर्ण पहलू है। यह अपने से वृहत्तर क्षेत्र को सामग्री एवम् सेवाएँ प्रदान करता है। केन्द्रीय स्थान, केन्द्रीयता के आधार पर नियत होते हैं। इनके चतुर्दिक क्षेत्रीय सीमा वाले तथा सीमाबद्ध बिन्दु या अधिवास-स्थान होते हैं। निष्पादित केन्द्रीय प्रकार्य एवम् इन केन्द्रों द्वारा सेवित जनसंख्या का आकार निस्सन्देह, क्रम-निर्धारण के प्रत्ययात्मक मापक के अनुसार ही कोटि नियत करते हैं।
3. *महत्त्व एवम् केन्द्रीयता:* एक अधिवास या केन्द्र का "महत्त्व" उसके निवासियों का योग न होकर उनका संयुक्त आर्थिक प्रयास होता है। यह सम्भव है कि जनसंख्या के आकार तथा केन्द्रीयता की कोटि में सहसम्बन्ध स्थापित हो।
4. *केन्द्रीय प्रकार्य:* वे होते हैं जो स्वभावत: कुछ केन्द्रों में उपलब्ध होते हैं, किन्तु उनकी सेवाएँ कई केन्द्रों (बस्तियों) द्वारा प्राप्त की जाती हैं। इस प्रकार केन्द्रीय प्रकार्य सर्वसुलभ नहीं होते। एक प्रकार्य की कोटि उसके घटने की आवृत्ति के साथ प्रतिलोम रूप में

Figure 9.1

The Threshold and Range of a Good or Service

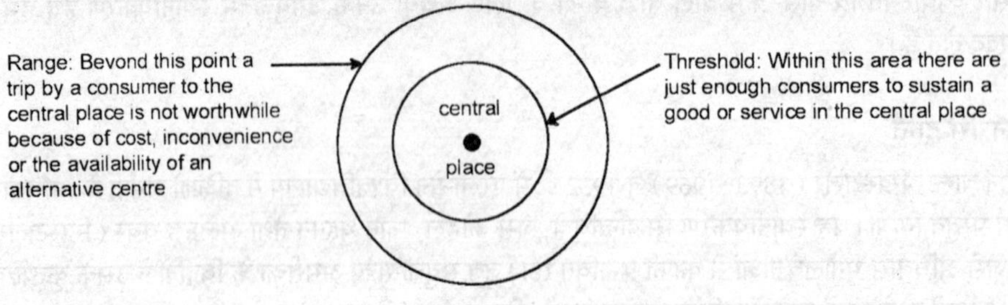

परिवर्तित होती समझी जाती है। उच्चतर क्रम के केन्द्रीय प्रकार्य उच्चतर क्रम के केन्द्रीय स्थान में होते हैं तथा निम्नतर क्रम के प्रकार्य निम्नतर क्रम के केन्द्रीय स्थान में अथवा गौड़ केन्द्रीय स्थान में मिलते हैं। ये प्रकार्य व्यापार, बैंक, प्रशासन, शिक्षा, वाणिज्य एवम् परिवहन आदि हैं।

5. *पूरक क्षेत्र:* जबकि एक केन्द्रीय स्थान (सेन्ट्रल प्लेस) वह है, जिसमें एक ''महत्त्व'' बेशी हो। एक पूरक क्षेत्र वह है जहाँ ''महत्त्व'' की कमी विद्यमान हो। पूर्वोक्त ही पश्चादुक्त को प्रकार्य एवम् सेवा द्वारा संतुलित बनाता है।

6. *आर्थिक दूरी एवम् एक सामग्री का विस्तार (दी रेन्ज ऑफ ए गुड):* सामग्रियों एवम् सेवाओं के मांग की स्थानिक, आपूर्ति, किराया, भण्डारण खर्च, भार में ह्रास तथा समय आदि कारकों द्वारा नियत होती है, यात्री या सवारी-संचलन के मामले में यह यात्रा-खर्च, यात्रा का समय तथा उपभोक्ता द्वारा उठाई गई तकलीफ द्वारा निर्धारित होती है। केन्द्रीय स्थान से दूर हटने पर सामग्री तथा सेवा के पहुँचने के खर्च के अलावा उस केन्द्र तक पहुँचने या यात्रा करने का खर्च इतना अधिक हो जाता है कि उपभोक्ता की माँग शून्य हो जाती है। इस दूरी को रेन्ज ऑफ गुड या ऊपरी सीमा कहते हैं। इसी भाँति किसी भी सामग्री या सेवा की माँग की एक न्यूनतम सीमा रेखा थ्रेसहोल्ड होती है या बाजार क्षेत्र का आकार होता है, जो किसी भी व्यवसाय के अनुपोषण हेतु आवश्यक उपभोक्ताओं की न्यूनतम संख्या होती है। (चित्र 9.1)। एक प्राथमिक विद्यालय एक ग्रोसरी का थ्रेसहोल्ड न्यून जबकि उच्चतर माध्यमिक विद्यालय या विभागीय भण्डार की निचली सीमा या थ्रेसहोल्ड उच्च होता है। इससे स्पष्ट है कि प्रत्येक सामग्री या प्रकार्य का अपना लाक्षणिक विस्तार (रेन्ज) होता है, जो एक केन्द्रीय स्थान से दूसरे में भिन्न हो सकता है। ऊपरी सीमा, केन्द्रीय स्थान से अधिकतम दूरी से नियत स्थानिक सूचकांक होता है, जबकि निचली सीमा, केन्द्रीय स्थान में उस प्रकार्य के अनुपोषण हेतु आवश्यक न्यूनतम जनसंख्या द्वारा नियत परिणाम सूचकांक होता है। ख्रिस्टालेर की नगर-केन्द्र की केन्द्रीयता, वहाँ प्रदान की जाने वाली सेवाओं (अपने आवासियों तथा उसके पूरक क्षेत्र से आने वाले ग्राहकों, दोनों के लिए) तथा ठीक उसके आवासियों के लिए आवश्यक सेवाओं के मध्य अनुपात के रूप में परिभाषित है। उच्च केन्द्रीयता वाले केन्द्रों द्वारा प्रति आवासी को कई तथा न्यून केन्द्रियता वाले केन्द्रों द्वारा कुछ ही सेवाओं की आपूर्ति की जाती है। ख्रिस्टालेर ने अध्ययन से प्राप्त किया कि एक नगर में टेलीफोन की संख्या, उपलब्ध केन्द्रीय सामग्री के विस्तार (रेन्ज) के लिए उपयोगी सूचक सिद्ध हुई। टेलीफोन के समंक द्वारा उसमें नगर की केन्द्रीयता को इस रूप में परिभाषित किया कि नगर की जनसंख्या को नगर के पूरक क्षेत्र की प्रति जनसंख्या के टेलीफोन औसत से गुणा करके फिर उसे कुल टेलीफोन की संख्या से घटाकर जो संख्या प्राप्त हो वही केन्द्रीयता के बराबर होती है। उदाहरणार्थ 25,000 जनसंख्या वाले शहर में प्रति 50 जनसंख्या पर एक टेलीफोन है और कुल टेलीफोन संख्या 5,000 है, तो सूचकांक = 5,000−25,000 × (1/50) अथवा 4500। यह सूचकांक मूलभूत रूप में प्रत्याशित सेवाओं के स्तर (जो नगर की आवासी जनता की सेवा हेतु आवश्यक है) तथा तथ्यत: केन्द्र में प्राप्त सेवाओं के मापित स्तर के मध्य के अन्तर का मापन करती है। बाद में रेन्ज ऑफ गुड एवम् बाजार के आकार का थ्रेसहोल्ड, दोनों ही संकल्पनाएँ इस सिद्धान्त के आधार बने।

पूरक क्षेत्र एवम् पदानुक्रम

विस्तार एवम् न्यूनतम सीमा रेखा के दो संकल्पनाओं के आधार पर अब सम्भव है कि विभिन्न क्रम की सामग्री या सेवाओं की आपूर्ति करने वाले केन्द्रीय स्थानों के पदानुक्रम के विकास को देखा जाय, (चित्र 9.2)। किसी क्षेत्र के उपनिवेशन की अवस्थाओं में केन्द्रीय स्थानों का विन्यास-क्रम उपयुक्ततम ज्यामितीय स्वरूप त्रिभुजाकार जालक में शबलित होकर अन्तिम षट्भुजीय प्रतिरूप प्रदान करता है। इस प्रतिरूप की पूर्वगामी पाँच मान्यताएँ निम्नवत हैं:

1. क्रय शक्ति में समरूप वितरण के साथ एक समगुण मैदान वाला प्रदेश होना चाहिए।
2. केन्द्रीय सामग्री का क्रय सबसे निकट केन्द्रीय स्थान से होना चाहिए।
3. केन्द्रीय स्थान के पूरक क्षेत्र की सीमा मैदान की सीमा से ठीक-ठीक ढकी होनी चाहिए।
4. उपभोक्ता संचलन का न्यूनतमीकरण होना चाहिए।
5. किसी भी केन्द्रीय स्थान द्वारा आवश्यकता से अधिक लाभ नहीं कमाना चाहिए।

Figure 9.2

Stages in the development of hexagonal market areas (a) Isolated central places in an area of low population density (b) Population growth leads to increase in numberof central places—market areas touch (c) Further population growth means that, to pack central places even more densely, market areas have to overlap and hesagons are produced.

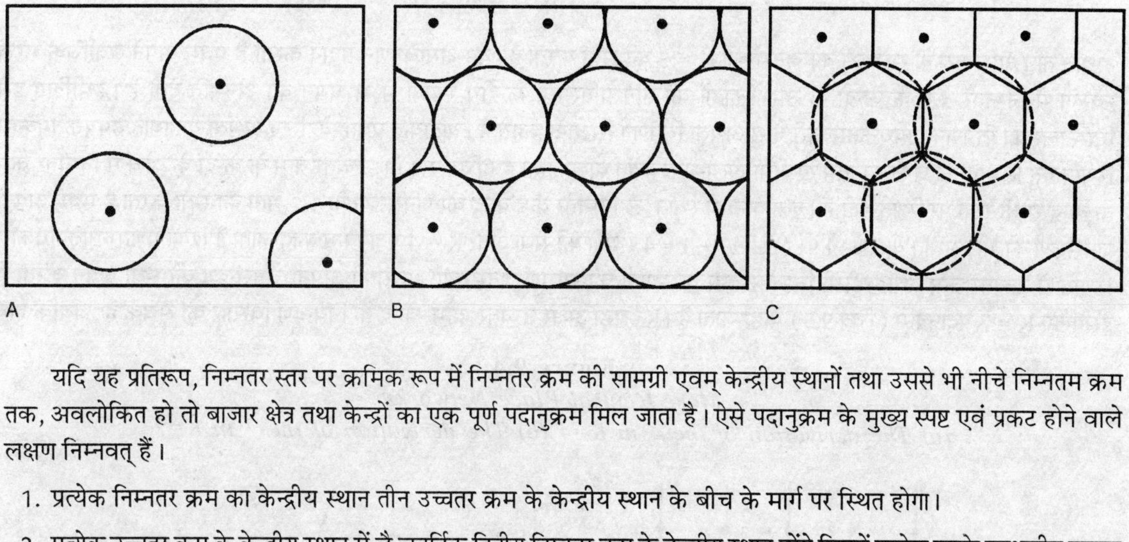

यदि यह प्रतिरूप, निम्नतर स्तर पर क्रमिक रूप में निम्नतर क्रम की सामग्री एवम् केन्द्रीय स्थानों तथा उससे भी नीचे निम्नतम क्रम तक, अवलोकित हो तो बाजार क्षेत्र तथा केन्द्रों का एक पूर्ण पदानुक्रम मिल जाता है। ऐसे पदानुक्रम के मुख्य स्पष्ट एवं प्रकट होने वाले लक्षण निम्नवत् हैं।

1. प्रत्येक निम्नतर क्रम का केन्द्रीय स्थान तीन उच्चतर क्रम के केन्द्रीय स्थान के बीच के मार्ग पर स्थित होगा।
2. प्रत्येक उच्चतर क्रम के केन्द्रीय स्थान में छै चतुर्दिक द्वितीय निम्नतर क्रम के केन्द्रीय स्थान होंगे जिनमें प्रत्येक इसके षट्भुजीय बाजार क्षेत्र के छै बिन्दुओं पर होंगे।
3. प्रत्येक निम्नतर क्रम के केन्द्रीय स्थान में तीन द्वितीय उच्चतर क्रम के केन्द्रीय स्थानों की भागीदारी होगी।
4. प्रत्येक उच्चतर क्रम के केन्द्रीय स्थान पर तीन द्वितीय निम्नतर क्रम के बाजार क्षेत्र अभिसरित होंगे।

खिस्टालेर की शब्दावली में प्रत्येक केन्द्र द्वारा सेवित सभी अधिवासों की संख्या (केन्द्र को शामिल करके) को K मूल्य की संज्ञा दी गई है। यह K मूल्य, एक केन्द्र या उच्चतर क्रम के केन्द्र द्वारा सेवित निम्नतर क्रम के केन्द्रों की संख्या द्वारा नियत होता है। चित्र 9.3 से स्पष्ट है कि एक प्रथम क्रम का केन्द्र छै केन्द्रों की जनसंख्या के 1/3 भाग तथा अपनी जनसंख्या को सामग्री एवम् सेवाएँ प्रदान करता है,

Figure 9.3

Central Place networks (K=3) (a) The derivation of the 3 in K=3 (b) The K=3 hierarchy

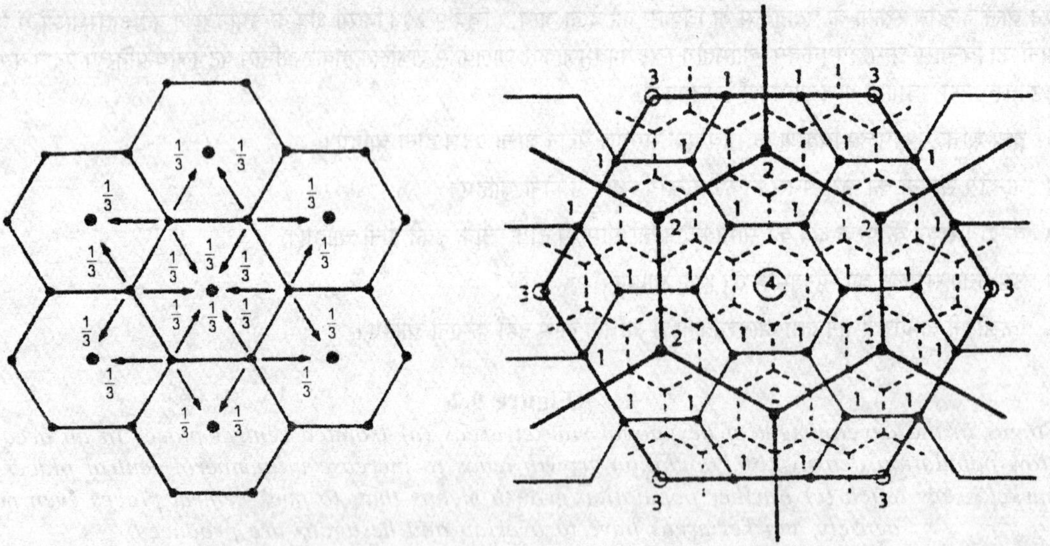

(a) (b)

अर्थात् तीन अधिवास के समकक्ष की जनसंख्या K = 3 की सेवा करता है। यह क्षमविपणन प्रदान करती है एवम् अपने सर्वाधिक सरल स्वरूप में निम्नतर क्रम के केन्द्रों के उपभोक्ताओं को तीन प्रतिस्पर्धी केन्द्रीय स्थानों में से चयन की अनुमति देती है। इसीलिए इसे ख्रिस्टालेर का विपणन–उपयुक्ततमकारी केस अथवा विपणन सिद्धान्त कहते हैं। यातायात प्रवाह के लिए अथवा यातायात उपयुक्ततमकारी स्थिति हेतु K = 4 का जाल न्यूनतम खर्च या अत्यधिक बचत वाला होता है (चित्र 9.4)। उच्चतर क्रम के केन्द्रों के बीच में निम्नतर क्रम के केन्द्र सीधी रेखा पर स्थित होते हैं। एक केन्द्रीय स्थान, छै निम्नतर क्रम केन्द्र की जनसंख्या के 1/2 भाग का सेवा करता है एवम् अपनी जनसंख्या को भी, अर्थात् योग करने पर (6×½) + 1 = 4 स्थानों की सेवा अत: K = 4 पदानुक्रम कहा जाता है। एक प्रशासनयुक्ततमकारी स्थिति में उच्चतर क्रम तथा पड़ोसी निम्नतर क्रम के स्थानों की सम्पूर्ण जनसंख्या + उसकी अपनी जनसंख्या को सेवा प्रदान करता है इसीलिए K = 7 पदानुक्रम (चित्र 9.5) कहा जाता है। K, बड़ा अक्षर उच्चतर क्रम–केन्द्र के नियन्त्रण विस्तार का सूचक है, जबकि लघु

Figure 9.4

More Central Place Networks

(a) The derivation of the 4 in K=4 (b) The derivation of the 7 in K=7

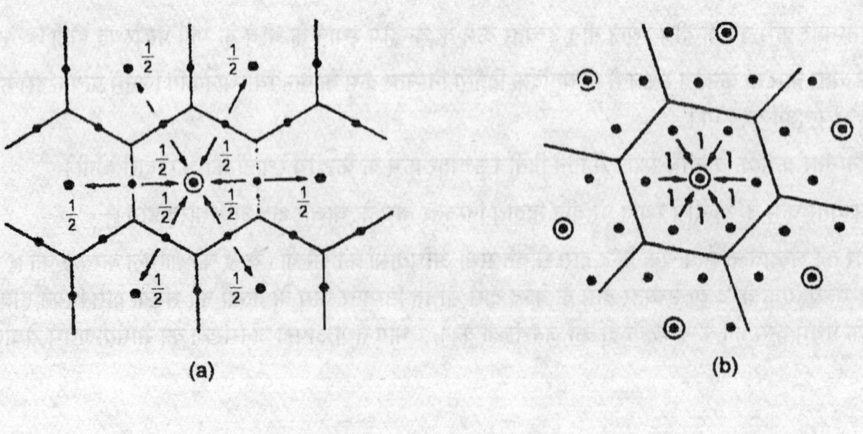

(a) (b)

अक्षर k भी केन्द्रीय स्थान-पदानुक्रम में प्रयुक्त होता है। यह लघु अक्षर k, द्विशाखन अनुपात (bifurcation ratio) के रूप में अधिवास की संख्या का सूचक है, उदाहरणार्थ एक K=3 जाल में k=2, इस प्रकार लघु k = K-1 या बड़ा K-1।

ये सभी ख्रिस्टालेर द्वारा स्थिर-K पदानुक्रम कहे गए हैं, क्योंकि सभी स्तर के अधिवास पदानुक्रम में वही स्थिर सम्बन्ध बना रहता है, चित्र 9.6। प्रत्येक क्रम में प्रत्याशित केन्द्रीय स्थानों की संख्या की गणना हेतु अधोलिखित क्रमिक घटाने तथा विभाजन की विधि सरलतया लागू की जाती है। यदि K = 3 और अधिवास संख्या 81 है तो प्रत्येक क्रम के केन्द्रीय स्थान की प्रागुक्त (Predicted) सन्निकट पूर्णांक अंक में निम्नवत होगी:

प्रथम क्रम = 81 – 81/3 = 54

द्वितीय क्रम = 81/3 – 81/9 = 19

तृतीय क्रम = 81/9 – 81/27 = 6

चतुर्थ क्रम = 81/27 – 81/81 = 2

पंचम क्रम = 81/81 – 81/243 = 1

अधिवासों की उत्तरोत्तर क्रम-वृद्धि के साथ प्रत्येक क्रम के केन्द्रों के बीच की दूरी या औसत अंतरण बढ़ता जाता है, उदाहरणार्थ एक K = 3 जाल में उच्चतर क्रम केन्द्र के बीच का अन्तरण निम्नतर क्रम के केन्द्र के बीच के अन्तरण का 1.7 गुना अधिक होता है, चित्र 9.7। कोई भी प्रागुक्त अन्तरण निम्नतम क्रम के केन्द्र के अन्तरण पर आधारित होता है। यदि प्रथम क्रम का अन्तरण 5 किमी है तो अन्य निम्नवत होंगे:

Figure 9.5

Classical Models of Central Place Theory

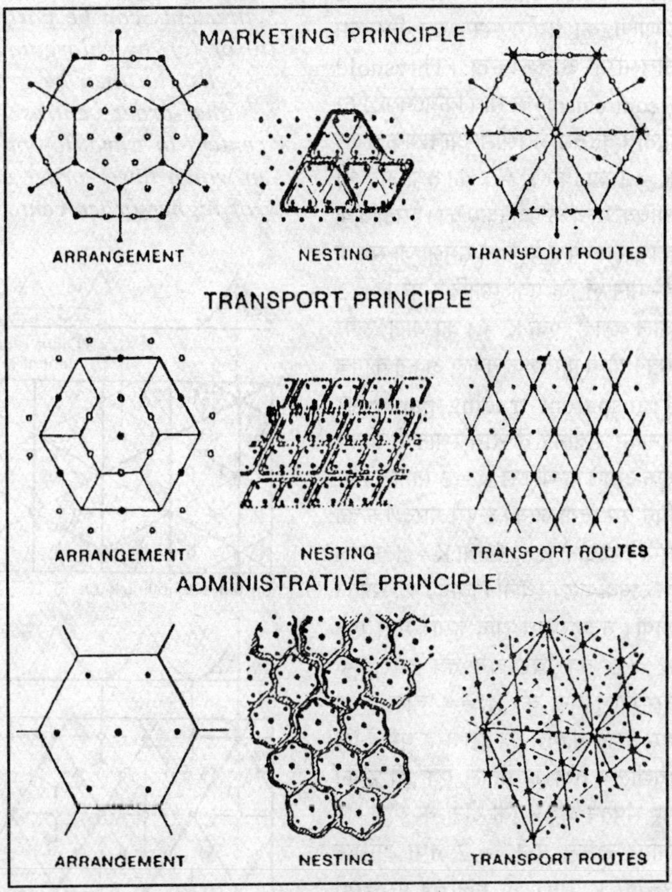

Source: Christaller, W., 'Das Grundgerust der rdumtichen Ordung in Europu', Frankfurter Geog. Hefte, 1950.

द्वितीय क्रम-अंतरण = 5 × √3 = 8.7 किमी

तृतीय क्रम-अंतरण = 8.7 × √3 = 15.1 किमी

चतुर्थ क्रम-अंतरण = 15.1 × √3 = 26.2 किमी

पंचम क्रम-अंतरण = 26. 2 × √3 = 45.4 किमी

लॉस्च का भू-दृश्य

यद्यपि प्रस्तुत रचना, केन्द्रीय स्थान-सिद्धान्त की विस्तृत समीक्षा से अधिक सम्बन्धित नहीं है, फिर भी इसके क्रियान्वय के लक्षणों (Operational Characteristics) को समझने के लिए लॉस्च के संशोधनों का संक्षिप्त विवेचन अधोलिखित है। लॉस्च ने सभी प्रकार

के K जाल को एक साथ लेकर उनके आकार को परिवर्तित किया। K = 3 प्रणाली का प्रयोग पण्य की निम्नतम अवसीमा-आवश्यकता (Threshold Requirement) के साथ किया गया, फिर द्वितीय वृहत्तम अवसीमा आवश्यकता हेतु K = 4 का फिर K = 7 का तथा और भी अधिक मूल्य के पदानुक्रम का। इस प्रक्रिया को इस कल्पना के साथ समझा जा सकता है–मान लें कि एक मानचित्र पर K = 3 जाल बना है; एक K = 4 का जाल, ऊपर रखने योग्य पारदर्शक नकल अंकन कागज Transparent tracing paper पर बनाकर सर्वनिष्ठ केन्द्रीय स्थान से होकर एक अंगूठे के बल से K = 3 मानचित्र पर पिन कर दिया जाय। ऊपरी पारदर्शक को घुमाने से दोनो K = 3 तथा K = 4 कागज के अनेक मुख्य स्थानों (बिन्दु) का संपतन होगा। उदाहरणार्थ यदि हमारे पास एक K = 3 का विद्यालय-तंत्र और एक अस्पताल-तन्त्र का K = 4 जाल है तो हम ऊपरी कागज को इस तरह घुमाएँ कि विद्यालय तथा अस्पताल एक ही स्थान पर संपतन करें न कि दोनों के बीच बँट जाए। लॉस्च ने K = 7 तथा अधिक उच्चतर K जाल को मानचित्र पर जोड़ा तथा प्रयास किया कि अधिकाधिक सम्भव सेवाएँ एक ही स्थान (location) पर अतिव्यापन करें[7]। इस प्रकार घुमाने की प्रक्रिया से 12 खण्ड (sectors) प्राप्त होते हैं जिनमें छै में बहुत सी सेवाएँ तथा दो में बहुत कम सेवाएँ स्थित मिलेंगी। लॉस्च ने इसे क्रमशः नगर में धनी, नगर में गरीब खण्ड कहा है, चित्र 9.8।

इस प्रकार ख्रिस्टालेर के पदानुक्रम में कई स्थिर स्तर सम्मिलित हैं, जिनमें एक खास स्तर में सभी स्थान समान आकार एवम् प्रकार्य के होते हैं तथा सभी उच्चतर क्रम के स्थान (places) निम्नतर क्रम के

Figure 9.6

Alternative principles of organization in the Christaller model. Settlements can be partiltioned in one of three basis ways, (a), (b) or (c), by enlargning and rotating the hexagonal cells. The cells can then be grouped hierarchically to give tiers of higher-order centres; for example,, (d) shows higher-order centers in a traffic-optimizing (K=4) hierarchy. Note the way in which lower-order centers "nest" within the market areas of higher-order centers in a manner reminiscent of sets of Russian dolls

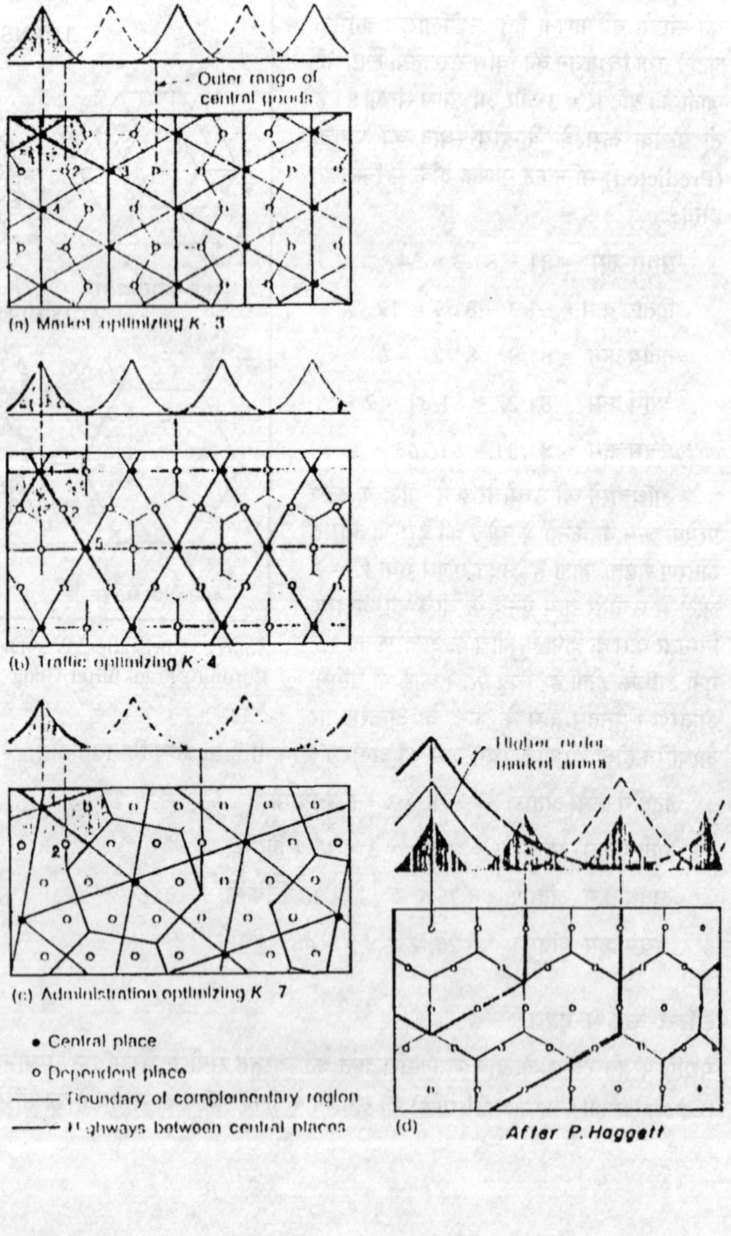

Figure 9.7
Spacing in a K=3 settlement hierarchy

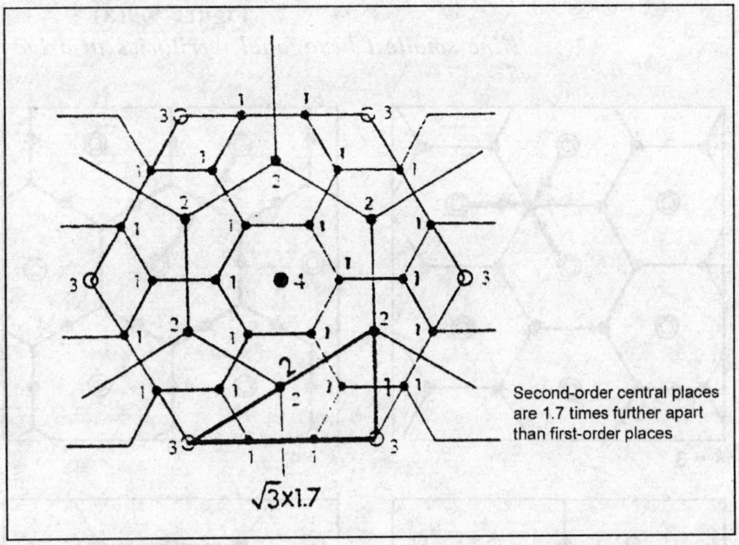

Figure 9.8
The ten smallest possible market areas

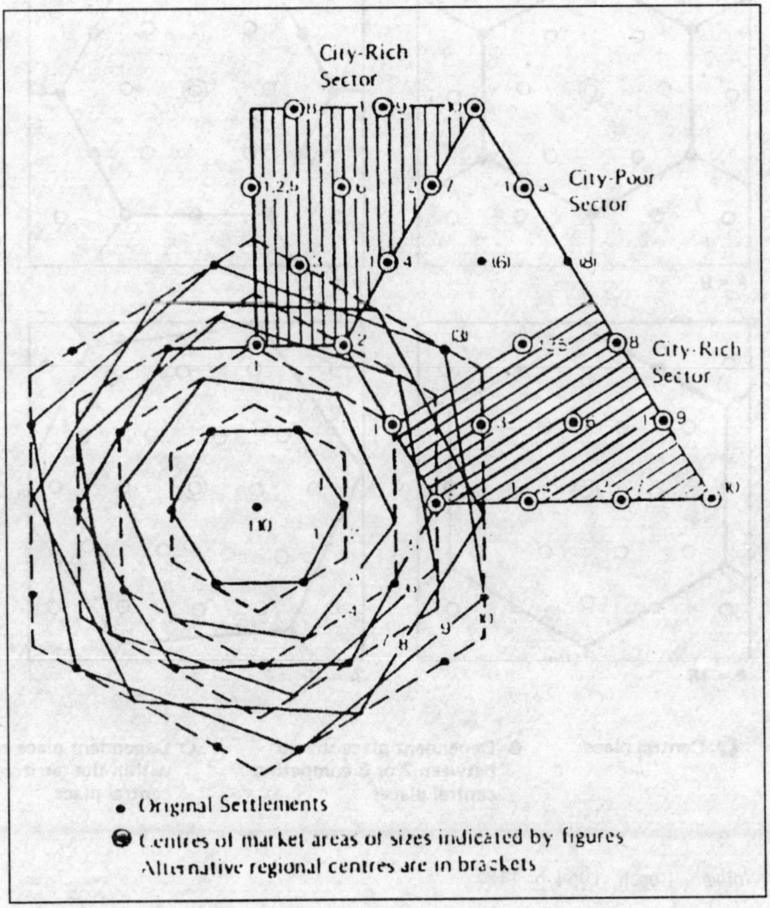

Figure 9.9(a)

Nine smallest hexagonal territories in a Lóschian landscape

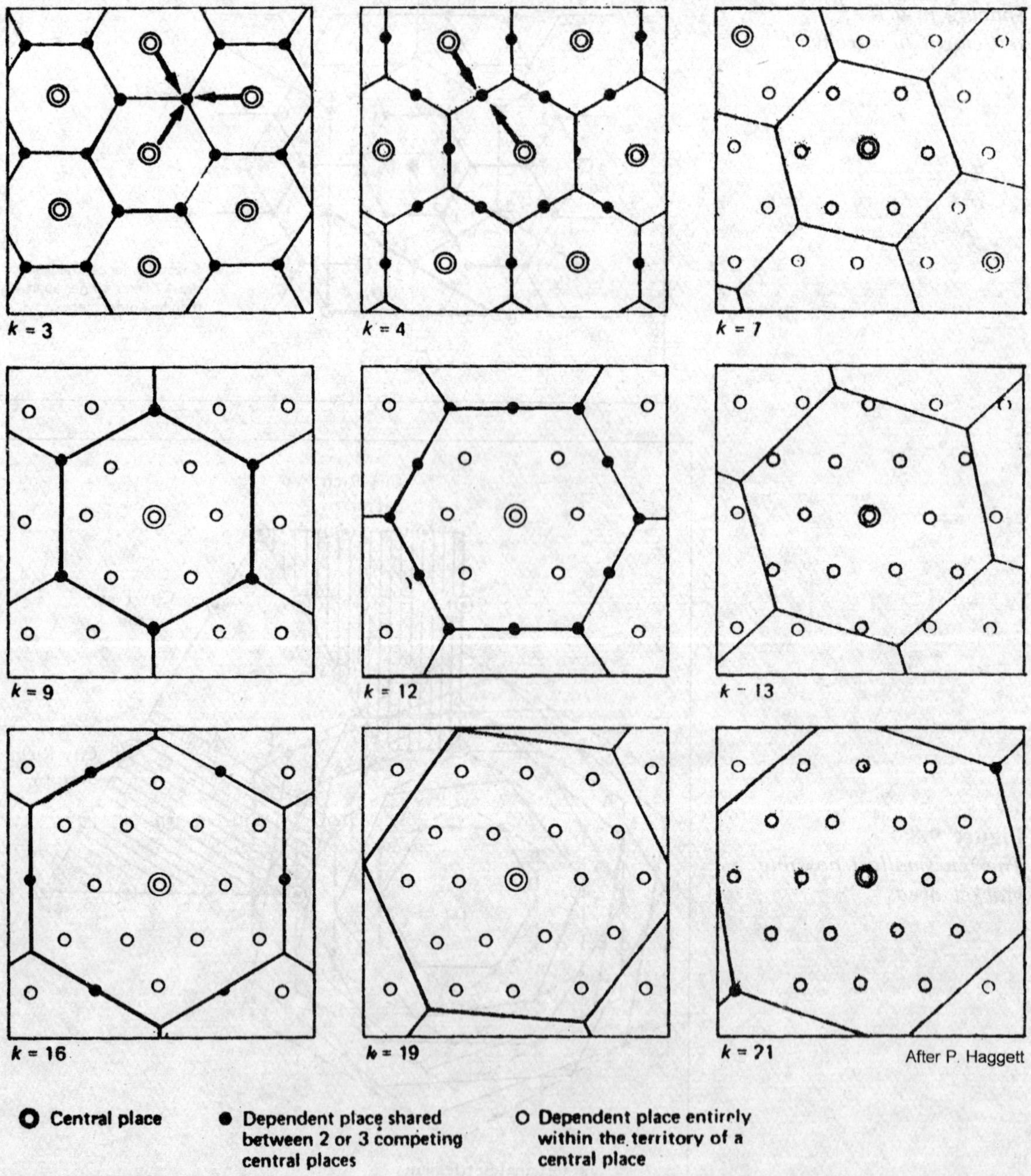

Source: Lósch, 1954 p. 118.

Figure 9.9(b)

The hierarchy of central places in a relaxed K network
(a) The relaxed K, (b) The number of functions in each settlement

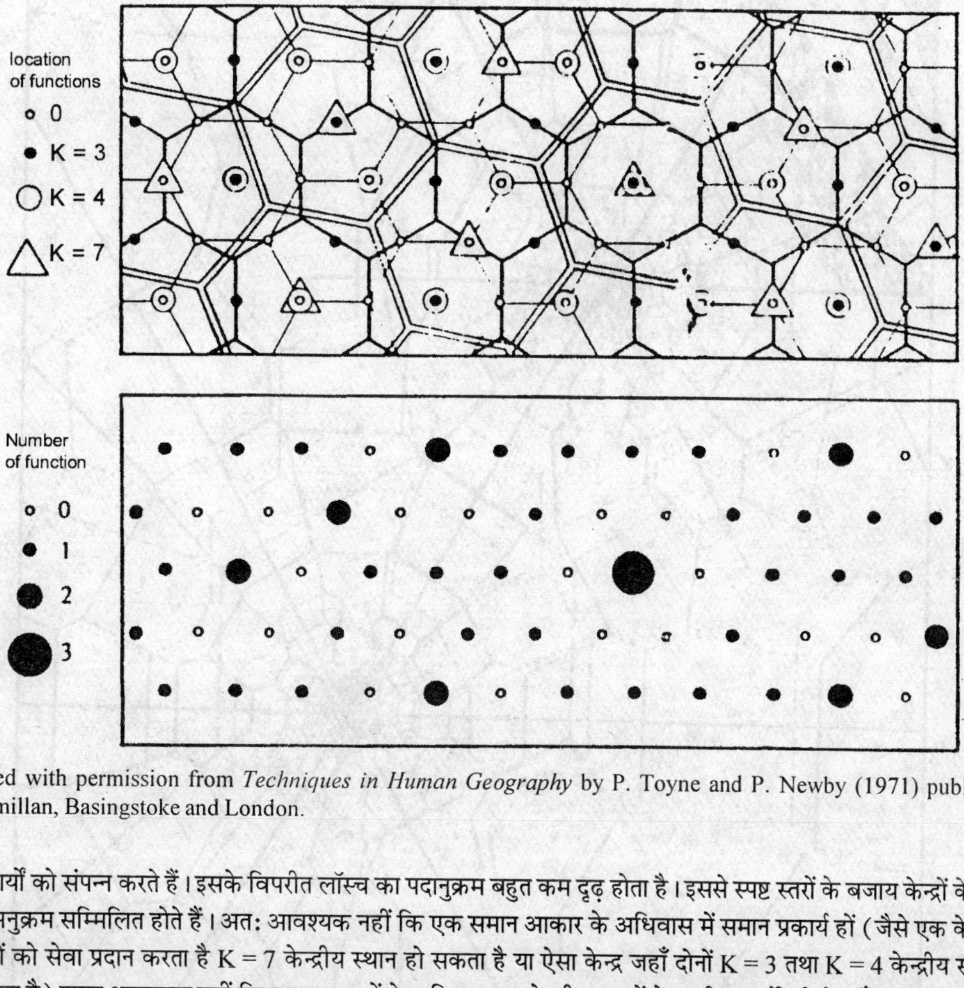

Reprinted with permission from *Techniques in Human Geography* by P. Toyne and P. Newby (1971) published by Macmillan, Basingstoke and London.

सभी प्रकार्यों को संपन्न करते हैं। इसके विपरीत लॉस्च का पदानुक्रम बहुत कम दृढ़ होता है। इससे स्पष्ट स्तरों के बजाय केन्द्रों के लगभग निरन्तर अनुक्रम सम्मिलित होते हैं। अत: आवश्यक नहीं कि एक समान आकार के अधिवास में समान प्रकार्य हों (जैसे एक केन्द्र जो 7 अधिवासों को सेवा प्रदान करता है K = 7 केन्द्रीय स्थान हो सकता है या ऐसा केन्द्र जहाँ दोनों K = 3 तथा K = 4 केन्द्रीय स्थानों का संपतन होता है) एवम् आवश्यक नहीं कि वृहत्तर स्थानों के जरिए लघुत्तर केन्द्रीय स्थानों के सभी प्रकार्यों की सेवाएँ प्रदान की जा सकें[8]।

लॉस्च द्वारा प्रतिपादित भू-दृश्य में षट्भुजीय क्षेत्र चित्र सं. 9.9a व 9.9b से सुस्पष्ट हैं। वाल्टर इसार्द ने लॉस्च के भूदृश्य की आलोचना इस आधार पर की कि इसमें जनसंख्या घनत्व की विभिन्नताओं का विवेचन नहीं है। अब जनसंख्या के घनत्व की विभिन्नताओं का विचार किया जाता है तो उत्पन्न आर्थिक भू-दृश्य चित्र 9.10 की भाँति स्पष्ट दिखलाई पड़ता है; अनियमित आकार के बहुभुजों का सेट प्रकट होता है, जिसमें प्रत्येक में समान जनसंख्या है तथा लघुत्तर बहुभुज नगर केन्द्र से निकटतर स्थित मिलते हैं[9]।

लॉस्च ने आर्थिक संतुलन-दशाओं को प्रस्तावित करने का प्रयास किया है, किन्तु बेकमन ने इन्हें अनुपयुक्त माना है[10]।

पदानुक्रम की पहचान

वृद्धि केन्द्रों एवम् केन्द्रीय स्थान सिद्धान्त की प्रकृति तथा संकल्पना सम्बन्धी पूर्व विवेचन, बस्तियों की केन्द्रीयता तथा पदानुक्रम मापन की

Figure 9.10

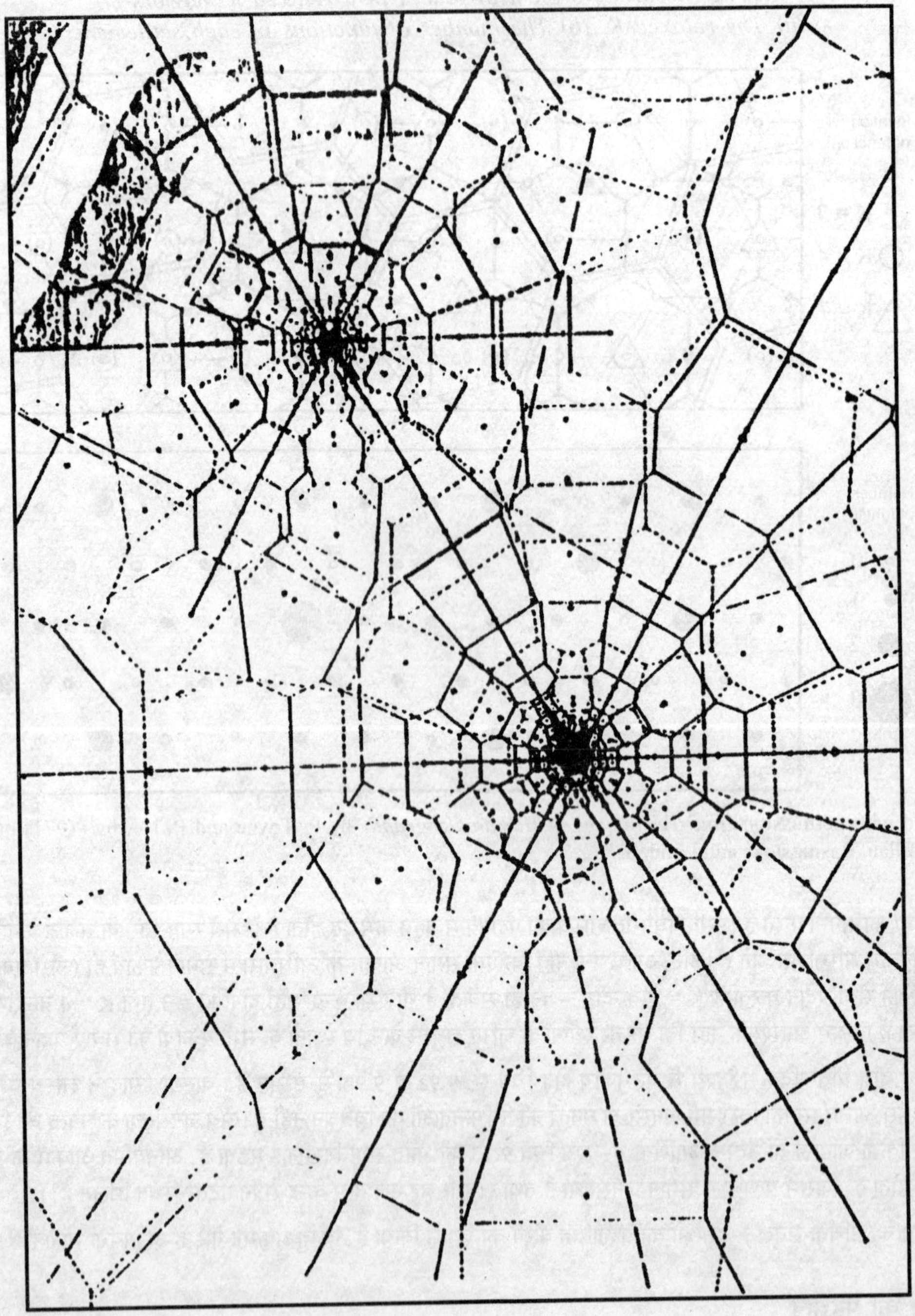

ओर अग्रसर होने की पर्याप्त समझ प्रदान करता है। पूर्व संदर्भानुसार एक केन्द्र की केन्द्रीयता उसके "महत्त्व" के अधिशेष के बराबर होती है, अर्थात् उस क्षेत्र, जिसमें वह स्थित है, के सम्बन्ध में केन्द्र का सापेक्ष महत्व ही केन्द्रीयता है। यह एक अधिवास द्वारा निष्पादित प्रकार्यों के गुणवत्ता एवम् परिमाण का प्रतिफल है। ये केन्द्रीय प्रकार्य कुछ केन्द्रों में मिलते हैं, किन्तु अनेक अधिवास इन्हें उपलब्ध कर पाते हैं। स्पष्टतया एक प्रकार्य के महत्त्व की कोटि उसके घटित होने की आवृत्ति के प्रतिलोम रूप में परिवर्तित होती हुई समझी जाती है। प्रकार्य के स्तर एवम् प्रकार दोनों ही एक केन्द्रीय प्रकार्य की गुणवत्ता को प्रभावित करते हैं।

इस प्रकार अधिवासों के पदानुक्रम, केन्द्रीय प्रकार्यों के घनिष्ट साहचर्य में होते हैं। ये प्रकार्यात्मक पदानुक्रम, केन्द्रीयता, जो एक केन्द्र में उपलब्ध प्रकार्यों की संख्या तथा स्वर के मापन की अपेक्षा रखती है, के मापन में निर्णायक होते हैं।

(अ) विधि

प्रकार्यों, बस्तियों तथा उनके पदानुक्रम के मापन की कई विधियाँ अपनाई जाती हैं। जैसे-(1) स्केलोग्राम विश्लेषण (2) जनसंख्या अवसीमा तथा केन्द्रीय स्थानों एवम् प्रकार्यों का कोटि निर्धारण एवम् (3) प्रकार्यों के पदानुक्रम के आधार पर अधिवासों का कोटि-निर्धारण[11]। यहाँ हम पदानुक्रम के कुछ अन्य पहलुओं पर विचार करके पुनः अध्ययन हेतु स्वीकार्य परीक्षित विधि का विवेचन करेंगे।

कोटि-आकार नियम

ग्रामीण भूदृश्य में प्रकार्यात्मक पदानुक्रम तथा कोटि-आकार नियम भी अधिवासों के स्थानिक वितरण-प्रतिरूप से घनिष्ट रूप में सम्बन्धित हैं। 20वीं शती के प्रारम्भ में कई विद्वानों द्वारा अधिवास की कोटि तथा उसके आकार तथा अनेक स्तर के बीच सम्बन्ध की खोज की गई है। जिफ तथा एवरबाच ने अपने अध्ययन में ऐसे सम्बन्ध की खोज की है, जो औपचारिक रूप में 'रैन्क-साइज रूल' कहा गया है, जिसे निम्नलिखित सूत्र से प्रकट किया जाता है:

$$P_n = P_1 (n)^{-1}$$

यहाँ P_n = n संख्या क्रम के केन्द्र या नगर की जनसंख्या जो 1, 2, 3...से लेकर nवें श्रेणी में आते हैं, नगर, जनसंख्या-आकार के अवरोही क्रम में व्यवस्थित होते हैं तथा

P_1 = सबसे बढ़े एवम् प्राइवेट/शीर्ष नगर की जनसंख्या

अर्थात् यदि शीर्ष नगर की जनसंख्या 40,000 है तो द्वितीय कोटि के नगर की जनसंख्या निम्न होगी

$$40{,}000 \times 2^{-1} = \frac{40{,}000}{2} = 20{,}000$$

एक प्रदेश में अधिवासों के आकार तथा कोटि के बीच सम्बन्धों को खोजने की अध्ययन विधि, विभिन्न आकार एवम् प्रकार्य वाले अधिवासों को अलग करने वाली दूरियों में निहित अन्तरण, क्रम एवम् प्रतिरूप को परिभाषित, करने से मतलब रखती है। ऐसा प्रतीत होता है कि वृहत्तर आकार के अधिवासों में प्रकार्यों की संख्या बढ़ती जाती है। इनमें से कुछ प्रकार्य नियमित रूप में नहीं मिलते किन्तु कुछ अधिवास पदानुक्रम के उत्तम सूचक के रूप में चयनित हो सकते हैं। जैसे-प्राथमिक विद्यालय, डाकघर, दुकान की संख्या आदि। थॉमस एवम् गिब्स ने कुछ नगरों से सम्बन्धित इन समस्याओं की खोज की है। तथा दूरी के लधुगणक एवम् जनसंख्या के आकार में धनात्मक साहचर्य प्रदर्शित किया। किंग (1961) ने अपने 162 नगरों तथा केन्द्रीय स्थानों से इतर अन्य केन्द्रों के बीच के अध्ययन में पाया कि पश्चादुक्त लघु केन्द्रों के मध्य के अंतरण कम पूर्व कथनीय रहे। इसी प्रकार के अध्ययन स्टैफोर्ड (1963)[12], बेरी तथा गैरीशन (1958) द्वारा तथा श्रीलंका में गुण्वरदेना (1964) द्वारा किए गए हैं। ग्राम तथा नगला-प्रकार्यों के बीच निरन्तर परिवर्तन की समस्या को हैगेट एवम. गुण्वरदेना[13] ने तिरस्कृत किया है एवम् निर्देश किया कि किसी प्रकार्य की अवसीमा उसके प्रवेश-क्षेत्र (एन्ट्रीजोन) का मध्य बिन्दु माना जा सकता है। इस तकनीक का प्रयोग गुण्वरदेना ने श्रीलंका के दक्षिणी भागों के बहुत से अधिवास प्रकार्यों के लिए किया। उसने अधिवास पदानुक्रम में चार प्रकार्य-स्तरों को पहचाना और प्रदर्शित किया कि विभिन्न प्रदेशों के मध्य K-मूल्य का विस्तार 1.6 से 11 तक

Figure 9.11
Cumulative Frequency Curve

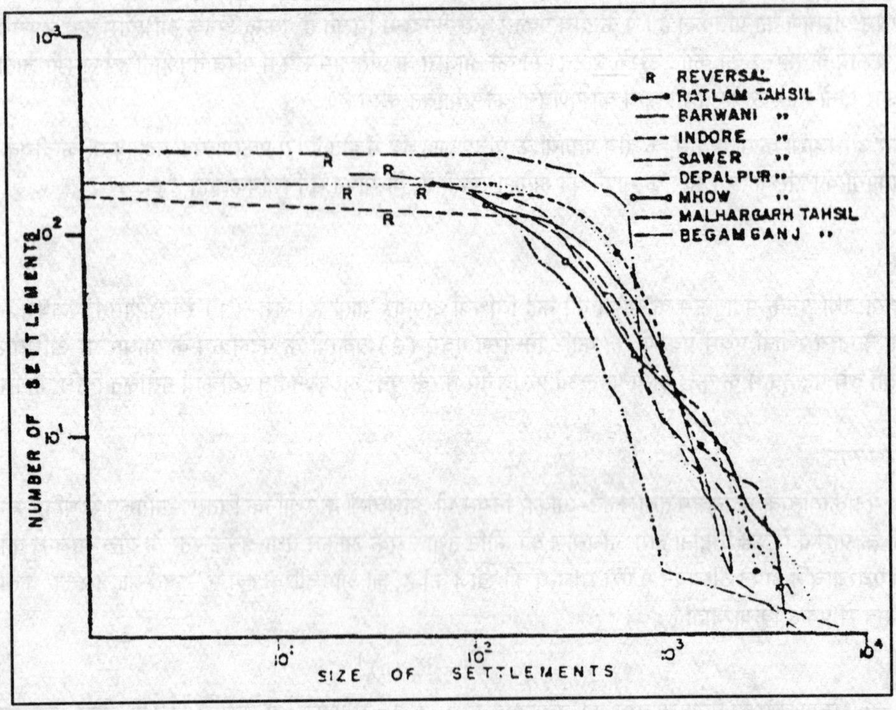

रहा। इस प्रकार यह नियम निर्देशित करता है कि आकार घटने के साथ अधिवास-संख्या में निरन्तर वृद्धि होनी चाहिए, जिससे यह आशा होती है, कि ग्रामों की संख्या नगरों या केन्द्रीय स्थानों से अधिक, नगलों की ग्रामों से अधिक तथा एकल फार्म की नगलों से अधिक होनी चाहिए। एतदर्थ इन्दौर जनपद के इन्दौर, सावेर, देपालपुर तहसील, रतलाम, मन्दसौर के मल्हारगढ़ रायसेन के बेगमगंज तथा वेस्ट नीमाड़ के बड़वानी के ग्रामीण केन्द्रों (बस्तियों) के वितरण के संचयी बारम्बारता वक्र चित्र 9.11 द्वारा प्रदर्शित है। ग्रामीण अधिवासों की संख्या का उनके आकार के विरुद्ध किया गया अंकन एक सीमा तक ही विस्तार की प्रवृत्ति दिखलाता है, जिसके बाद व्युत्क्रम दृष्टिगोचर होता है। सातत्य के इस भाग में अधिवासों की संख्या उनके आकार घटने के साथ घटती जाती है। किन्तु कहीं भी व्युत्क्रम पूर्ण नहीं है तथा महू तथा बड़वानी तहसील के अधिवास कोटि-आकार सम्बन्ध में उच्च प्रकार का सह-सम्बन्ध प्रदर्शित करते हैं। हैगेट ने सही सलाह दी है कि इस अंग के न्यूनतर भागों, ग्राम से नीचे के क्रम को, परखने की आवश्यकता है और यह देखना है कि क्या लघु अधिवास क्षेत्र में कोटि-आकार नियम में व्युत्क्रम हैं या नहीं।

विच्छेद बिन्दु एवम् गुरुत्व प्रतिमान

प्रकार्यात्मक पदानुक्रम, दो, अन्योन्यक्रियाजनित विच्छेद-बिन्दु वाले, सेवाकेन्द्रों के प्रभाव से भी निकट साहचर्य रखते हैं। ये विच्छेद-बिन्दु न्यूटन के गुरुत्त्वाकर्षण सिद्धान्त पर आधारित अनुरूप प्रतिमान (Analogue Model) द्वारा उत्तम प्रकार से पूर्वकथनीय हैं।[14] यह निर्देश देता है कि दो केन्द्रों के मध्य संचलन उनकी जनसंख्या के गुणन के समानुपाती तथा उनके मध्य दूरी के वर्ग के प्रतिलोम समानुपाती होते हैं। क्योंकि दो पिण्ड एक दूसरे को अपने द्रव्यमानों के गुणन के समानुपात में और उनके अन्तर के वर्ग के प्रतिलोम समानुपात में आकर्षिक करते हैं। सूत्र के अनुसार

$$Mij = \frac{P_i P_j}{(d_{ij})^2}$$

यहाँ M_{ij} = दो केन्द्र i तथा j, जो क्रमश: P_i व P_j जनसंख्या वाले हैं, के बीच अन्योन्यक्रिया; dij = उनके मध्य की दूरी

रेली ने अन्योन्यक्रिया-विच्छेद-बिन्दु पाने के लिए इस निरूपण को ''फुटकर गुरुत्वाकर्षण नियम'' के रूप में विकसित किया। उसने माना कि नगरों की दुकानों द्वारा आकर्षित लोगों की संख्या एक व्यक्ति तथा नगर के बीच की दूरी के प्रतिलोम रूप में निर्भर है तथा प्रत्यक्ष रूप में नगर की जनसंख्या पर निर्भर है। यदि एक व्यक्ति को दो में से एक में क्रय करने हेतु चयन करना है तो वह सबसे बड़े आकार/दूरी के भजनफल (quotient) वाले नगर में जायेगा क्योंकि यह नगर व्यक्ति पर अधिक शक्तिमान आकर्षक बल लगाता है।

पी. कन्वर्स ने 1949 में विच्छेद बिन्दु की पूर्व कथनीयता हेतु रेली के नियम को संशोधित किया जो दो बाजार-क्षेत्रों के मध्य की सैद्धान्तिक सीमा को अंकित करने में सक्षम है। इसकी गणना का सूत्र है:

$$D_j = \frac{D_{ij}}{1 + \sqrt{\frac{p_i}{p_j}}}$$

जिसमें D_j = नगर i तथा j के बीच का विच्छेद बिन्दु किमी में

D_{ij} = i तथा j के बीच की दूरी

P_i = बड़े नगर i की जनसंख्या

P_j = लघुनगर j की जनसंख्या

Figure 9.12

Sphere of Influence of A

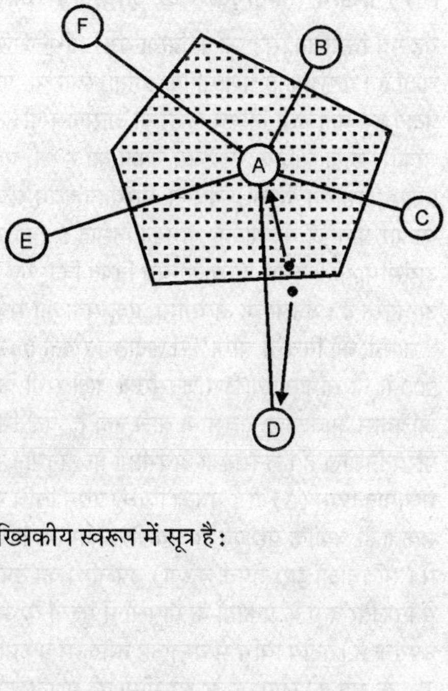

हम इनके प्रभाव-क्षेत्र को चित्र 9.12 की भाँति सीमांकित कर सकते हैं। इसके कई प्रदेशों के दल (सेट) के बीच जनसंख्या तथा सामग्री के संचलन की पूर्व कथनीयता में मदद मिलती है। कोई भी दुकानदार सबसे निकट केन्द्र में जाना पसन्द करता है।

डी.एल. हफ ने 1962 में एक प्रतिमान प्रस्तुत किया जो कई नगरों से कई दुकान केन्द्रों के बीच की उपभोक्ता-यात्रा की सम्भाव्यता को प्रागुक्त करता है। सांख्यिकीय स्वरूप में सूत्र है:

$$P_{ij} = \frac{\frac{S_i}{T_{ij}}}{\sum_{j=1}^{n} \frac{s_j}{T_{ij}\lambda}}$$

जिसमें P_{ij} = उपभोक्ता की उद्‌गम बिन्दु i से क्रय केन्द्र j के लिए यात्रा की सम्भाव्यता

S_j = क्रय केन्द्र का आकार

T_{ij} = i से j तक यात्रा का समय

λ = (लैम्बडा) एक घातांक या स्थिरांक है। यह दूरी के लिए प्रयुक्तघात है जो सामग्री या सेवा के क्रम के प्रतिलोम

रूप में परिवर्तनशील है। फर्नीचर खरीदने के लिए उपभोक्ता दूर का फासला तय करने के लिए तैयार हो जाते हैं, अत: उस केस में लैम्बडा न्यून होगा।

$\sum_{j=1}^{n}$ = सांख्यिकीय सांकेतिक आशुलिपि निर्देश अर्थात् $j = 1$ से प्रारम्भ करके $j = n$ तक का योग करना जहाँ $n = j$ केन्द्रों का योग।

यह उल्लेखनीय है कि कन्वर्स के सूत्र के अनुसार दो केन्द्रों के बीच 0.5 सम्भाव्यता-रेखा (विच्छेद बिन्दु) की स्थापना हो पाती है, जबकि हफ का प्रतिमान, विभिन्न केन्द्रों में दूरी के साथ ह्रास प्रदर्शित करता है।

यदि इन विधियों के प्रयोग की उपयुक्तता का विचार करें तो स्पष्ट है कि नगरीय पदानुक्रम में पूरक प्रदेश के सीमांकन हेतु ये सर्वोत्तम हैं। निम्नतर के अधिवासों हेतु ग्रामों क्षेत्र में वृद्धि-केन्द्रों के नियोजन के लिए तीसरी विधि परीक्षित एवम् अधिक उपयुक्त है जो निम्नवत है।

(ब) प्रकार्य : पदानुक्रम के आधार पर अधिवासों का कोटि-निर्धारण

यह पूर्व विवेचित सिद्धान्त के क्रियान्वय-अभिलक्षणों पर आधारित है। प्रकार्यों को सूचक के रूप में प्रयुक्त करके पदानुक्रम नियत किया जाता है। ये सूचक हैं प्रशासनिक श्रेष्ठता, स्वास्थ्य, परिवहन एवम् संचार आदि। सामान्यतया देखने में आता है कि प्रकार्य, प्रकार्यात्मक-पदानुक्रम के किसी निश्चित स्तर के आसपास पुंजित होने की प्रवृत्ति रखते हैं, अर्थात् एक माध्यमिक विद्यालय वाले केन्द्र में एक उप-डाकघर होना चाहिए, एक बस रुकने का स्थल, एक सहकारी समिति होनी चाहिए। अत: प्रस्तुत अध्ययन में सूचक की भाँति प्रयुक्त प्रकार्य, प्रशासन, शिक्षा, स्वास्थ्य, परिवहन एवम् संचार साधन, व्यापार तथा वित्त आदि हैं। साप्ताहिक बाजार, जो ग्रामीण क्षेत्रों के फुटकर व्यापार प्रतिरूप में व्यापक भूमिका निभाते हैं, को सम्मिलित करके सबकी संख्या 21 है। प्रकार्यात्मक प्रदानुक्रम के स्तर प्रकार्यों की अवसीमा के अनुसार पहचाने एवम् नियत किए गए हैं। प्रकार्यों की अवसीमा का निर्धारण आगामी पृष्ठों में वर्णित रीड म्यून्च विधि[15] पर आधारित है। जनसंख्या अवसीमा, एक सेवा को संबल देने के लिए न्यूनतम आवश्यक उपभोक्ता के रूप में परिभाषित है जो पारम्परिक ''सामग्री की निचली सीमा'' से तादात्म्य रखती है। इस संकल्पना की पृष्ठभूमि में तर्क यह है कि यदि एक प्रकार्य की जनसंख्या अवसीमा 300 है तो सामान्यतया उस जनसंख्या वाले सभी केन्द्रों में वह प्रकार्य होना चाहिए। संकल्पना के अनुसार उन मामलों में जहाँ अकेले अधिवास आवश्यक अवसीमा वाले नहीं है, कई मिलकर उसे बना सकते हैं। इसलिए प्रयोगात्मक आशय स्थानीय दशाओं के अनुसार परिवर्तनशील हैं। जनसंख्या अवसीमा के अनुमान मूल्यांकन हेतु तीन सरल विधियाँ प्रचलित हैं। (1) प्रवेश बिन्दु (2) सांख्यिकीय मध्यमान एवम् (3) रीड मुयेन्च विधि। प्रथम विधि में जनसंख्या का आकार किसी प्रकार्य की सत्य अवसीमा का प्रतिनिधित्व नहीं भी कर सकता है, क्योंकि वह एकल अवलोकन पर आधारित है किन्तु अल्प विकसित क्षेत्रों में जहाँ प्रति इकाई, क्षेत्रफल तथा जनसंख्या के रूप में (सुविधाओं द्वारा संपृक्त करना) उपलब्धि का उपयुक्ततम मानक प्राप्त करने पर बल है, यह विधि स्वीकार्य हो सकती है। द्वितीय विधि में निम्नतर क्रम के प्रकार्यों के मामलों में मूल्यों के अतिरंजित अनुमान का डर है। अत: यह उच्चतर क्रम के प्रकार्यों के मामले में अधिक उपयुक्त है। तृतीय विधि में वस्तुनिष्ठ तरीके से प्रकार्य के प्रवेश-प्रखण्ड (entry zone) के मध्य-बिन्दु या मध्यमान जनसंख्या-अवसीमा T_{50} के सूत्र को लागू करके अवसीमा की गणना की जा सकती है।

यह विधि विकासशील या विकासोन्मुख देशों/क्षेत्रों के लिए सर्वोत्तम है जहाँ संसाधन कम हैं और उनका न्यायपूर्ण उपयोग मुख्य दृष्टिकोण है। एस. बालकृष्णा ने एक विकल्प विधि का निर्देश किया है, जिसके अनुसार अवसीमा वह जनसंख्या-स्तर है, जिसके लिए प्रकार्ययुक्त बृहत्तर अधिवास के प्रतिशत तथा प्रकार्ययुक्त निम्नतर/लघुत्तर क्रम के अधिवास-प्रतिशत में अधिकतम अन्तर विस्तार हो। हैगेट तथा गुणवरदेना के श्रीलंका सम्बन्धी समंकों के आधार पर परीक्षण करके उन्हें इसकी सीमित उपयोगिता उपलब्ध हुई।

जी.के. मिश्र ने रीड मुयेन्च विधि के प्रयोग में तीन कठिनाइयों का उल्लेख किया है एवम् निर्देश किया है कि बाधित तथा अबाधित (constrained and unconstrained) स्थानीयकरण-आबंटन (location-allocation) में ह्यूरिस्टिक एल्गोरिथ्म्स (Heuristic algorithms) का उपयोग करना चाहिए। यह विधि परीक्षण-योग्य है (बिहैव्युरल साइंस एण्ड कम्युनिटी डेवलपमेन्ट, वा. 9, मार्च 1975, 1 देखें)।

(स) प्रकार्यों के अन्तर

अवसीमा पर आधारित पदानुक्रम की संकल्पना का महत्त्व किसी प्रादेशिक अधिवास-प्रणाली में प्रकार्यात्मक अन्तर की पहचान करना है। यह एक नियोजनकर्त्ता का लक्ष्य होता है कि यह पता करे कि प्रदेश के कितने अधिवास 300 या उससे अधिक जनसंख्या वाले हैं तथा उनमें से कितने में वह प्रकार्य नहीं है। जनसंख्या अवसीमा यह प्रस्तावित करने में सक्षम बनाती है कि अवसीमा से अधिक जनसंख्या वाले सभी अधिवास, जो प्रकार्य-विहीन हैं, उस प्रकार्य के हकदार हैं। सामान्यतया यह मिलता है कि स्वास्थ्य, संचार तथा व्यापार जैसी सेवाओं के अन्तर्गत कुछ प्रकार्यों के लिए आवश्यक जनसंख्या की अवसीमा उच्च मूल्यवाली होती है। ऐसे मामलों में यदि अधिवास-समूह मिलकर अवसीमा तथा सामग्री-विस्तार (Range of Good) माँग-पूर्ति करते हैं तो नियोजनकर्त्ता आसानी से उस अधिवास-समूह में उन प्रकार्यों को उपलब्ध कराने हेतु स्वीकृति दे सकता है एवम् सेवाओं के प्रावधान की द्विरावृत्ति से बचा जा सकता है। इस प्रकार एक प्रादेशिक प्रणाली में प्रकार्यात्मक अन्तर की पहचान आसानी से हो सकती है और वैज्ञानिक आधार पर वरीयता स्थिर करके आसानी से हो सकती है और वैज्ञानिक आधार पर वरीयता स्थिर करके सामाजिक-आर्थिक सुविधाओं को उत्तम सम्भव स्थान निर्धारण के साथ उपलब्ध कराया जा सकता है।

(द) सूचक

प्रकार्यों को, सूचक के रूप में प्रयोग करने के लिए, चयन करते समय यह आभास होता है कि सामान्यतया जहाँ प्रशासकीय/राजकीय स्वीकार्य नीति की सेवाएँ (प्रकार्य) उपलब्ध कराई जाती हैं, वहीं अन्य राजकीय प्रशासन इतर सेवाओं के संकेन्द्रण की प्रवृत्ति पायी जाती है। इसीलिए प्रस्तुत परीक्षण अध्ययन में अधिकांश प्रकार्य स्वीकार्य नीति के हैं[16]।

रीड मुयेन्च विधि का प्रयोग करने पर यह स्पष्ट हुआ कि प्रकार्यों में स्वयं को निश्चित जनसंख्या आकार की कोटि के साथ पुंजित होने की प्रवृत्ति है और ये चार स्तर के पदानुक्रम बनाते हैं। न्यूनतम कोटि, जिसमें प्रकार्य है, की प्रवृत्ति 300-800 जनसंख्या आकार की है, द्वितीय कोटि 800-1,250 जनसंख्या आकार के साथ पुंजित होने की प्रवृत्ति वाली, तृतीय कोटि 1,250-3,500 के बीच तथा चतुर्थ कोटि 3,500 से अधिक जनसंख्या आकार के साथ पुंजित होने की प्रवृत्ति प्रदर्शित करती है। प्रकार्यात्मक पदानुक्रम के स्तर-निर्धारण पश्चात् प्रत्येक स्तर पर उपयुक्त भार देकर उनका परिमाणीकरण करने का प्रयास किया गया है। जनसंख्या आकार के रूप में प्रकार्यों के मध्य बिन्दु आधार माने गए हैं। ये प्रवेश बिन्दु भारित किए गए हैं अथवा प्रत्येक केन्द्रीय प्रकार्य को अंक आबंटित हैं। आधार स्वरूप प्रथम स्तर को एक अंक, द्वितीय को 4, तृतीय को 10 तथा चतुर्थ को 15 अंक मूल्य दिया गया। एक खास स्तर के सभी प्रकार्यों को समान महत्त्व का समझा गया है। उदाहरणार्थ एक माध्यमिक विद्यालय, एक चिकित्सा केन्द्र, एक डाकघर तथा तारघर, प्रादेशिक सन्दर्भ में, समान महत्त्व के हैं। अधिवासों के उर्ध्वाधर संगठन में यदि एक अधिवास में एक विद्यालय है तो उसे 1 अंक का मूल्य मिला, यदि एक माध्यमिक विद्यालय है तो अंक मूल्य 4 मिला, जबकि उच्चतर माध्यमिक विद्यालय होने पर 10 अंक-मूल्य मिला। एक खास स्तर को आबंटित भार में उस खास स्तर के खास प्रकार्य की संख्या से गुणा कर देते हैं। इस प्रकार देपालपुर तहसील, (इन्दौर जनपद) मध्यप्रदेश के सभी अधिवासों के अंकों की गणना की गई है। इसके अतिरिक्त उन अधिवासों को जिनमें सभी पाँच श्रेणियों के प्रकार्य विकसित हैं एक अतिरिक्त मूल्य 4 प्रदान किया गया है। जिनमें चार श्रेणियों के प्रकार्य हैं उन्हें अतिरिक्त 3 अंक दिया गया, इसी प्रकार अन्य को अतिरिक्त अंक प्रदान किए गए। यह विधि विविधता सूचकांक प्रस्तुत करती है[17]। इसी भाँति भार रहित अंक भी आबंटित किया गया। परिमाण को नियन्त्रित किया गया है। भारित अंक से भार रहित अंकों की तुलना करने पर कोई नाटकीय परिवर्तन नहीं दिखाई दिया। अधिवासों के कोटि निर्धारण में कोई हटाव नहीं मिला।

(य) पदानुक्रम-स्तर

तहसील के 56 अधिवासों में कोई भी सूचक के रूप में प्रयुक्त प्रकार्य नहीं है, 62 अधिवासों को 1 अंक, 14 को 2 अंक, 22 को 3 अंक,

Figure 9.13

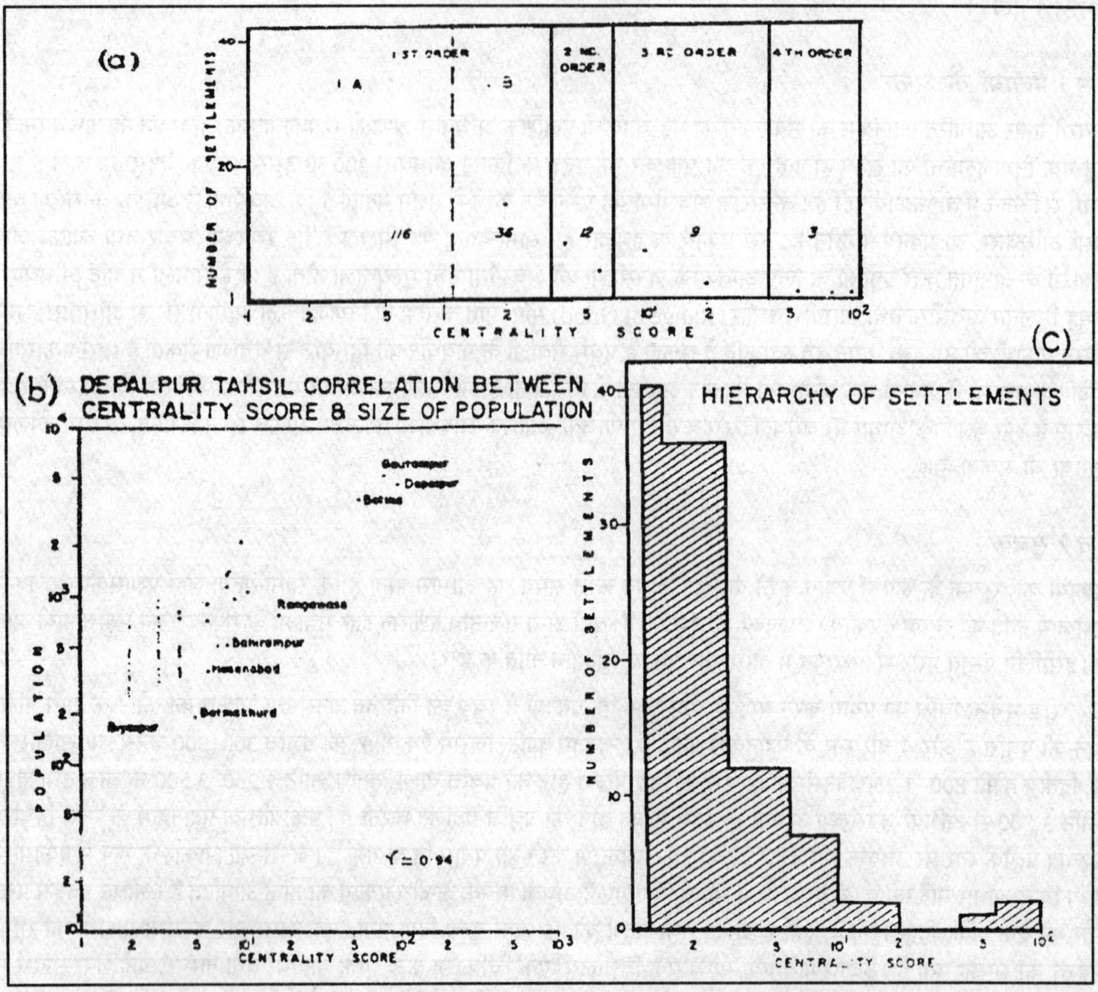

8 को 4 अंक, 7 को 7 से 10 अंक, दो को 10 से 20 अंक, एक को 40 से 60 के बीच अंक तथा दो को 60 से 100 के बीच अंक प्राप्त हुए। अंकों के प्रकीर्ण आरेख से स्पष्ट है कि अधिवास चार श्रेणियों में पड़ते हैं यथा प्रथम, द्वितीय, तृतीय एवम् चतुर्थ जो क्रमश: अंकों के आरोही क्रम से प्राप्त हैं। प्रथम क्रम की श्रेणी को A तथा B दो उप-श्रेणियों में विभाजित किया गया जो आनुभविक आधार पर हैं। वर्गीकरण यह प्रदर्शित करता है कि प्रणाली पदानुक्रमित है और 3 अधिवास (स्थान) चतुर्थ क्रम में, 9 तृतीय क्रम में, 12 द्वितीय क्रम में 36 प्रथम B क्रम में तथा 68 प्रथम A क्रम में श्रेणीबद्ध हैं (चित्र 9.13 A)। इनका वितरण प्रकीर्णित है क्योंकि श्रेणियों के अन्तर आवश्यकता से अधिक हैं। तीन बड़े बाजार केन्द्र तथा अन्य के अंकों में बहुत बड़ा अन्तर है। आसानी से बड़ी संख्या में भ्रूणावस्था के केन्द्र (98 अधिवासों में अंक-मूल्य 1 से 3 तक है) देखे जा सकते हैं तथा यह परिकल्पना की जा सकती है कि देपालपुर का विस्तार हो रहा है एवम् स्थान-निर्धारण सम्बन्धी अन्तर को भरना है।

चार क्रमों के अतिरिक्त 9 पदानुक्रम स्तरों को विभेदित किया जा सकता है। यदि इन अधिवासों के प्रकार्यात्मक वितरण को देखा जाये तो स्पष्ट है कि निष्पादित प्रकार्यों के प्रकार में सीमान्तिक परिवर्तन से क्रमिक अधिवासों के प्राप्तांकों की संख्या में उल्लेखनीय वृद्धि

होती है। इससे यह स्पष्ट होता है कि केन्द्रीयता विभिन्न प्रकार के प्रकार्यों की उपलब्धि की अपेक्षाकृत निष्पादित प्रकार्यों के स्तर से धनात्मक रूप में प्रभावित होती है। रंगवासा तथा बेतमा, उदाहरण हैं। अतः आसानी से परिकल्पित है कि यदि एक प्रकार्य को पूर्ण करने वाली सेवाओं की संख्या उच्च है और वह प्रकार्य प्रकार्यात्मक पदानुक्रम के उच्चतर पर निष्पादित होता है तो प्रकार्य को निष्पादित करने वाला अधिवास अधिक अंक पाता है।

(र) केन्द्रीयता एवम् जनसंख्या-आकार

चित्र सं. 9.13 B द्वारा प्रदेश में केन्द्रीयता प्राप्तांक तथा जनसंख्या-आकार के सम्बन्ध को दिखाया गया है। 3 अंक के अधिक प्राप्तांक वाले अधिवासों के मध्य यह सम्बन्ध, स्पीयरमैन के सह सम्बन्ध गुणांक विधि द्वारा ज्ञात करने पर 0.94 आता है, अर्थात् केन्द्रीयता तथा जनसंख्या-आकार में उच्च प्रकार का सह सम्बन्ध है, एवम् केन्द्रीयता के अंकों के अनुसार जनसंख्या आकार की श्रेणी में विच्छेद मिलता है।

(ल) बहुविध अभिलक्षणवाली केन्द्रीयता

डिकिन्सन, स्मेल्स तथा ब्रश एवम् अन्य विद्वानों ने विकासशील देशों में सरलतया लागू होने योग्य कुछ मान्यताओं पर आधारित, संयुक्त सूचकांक व्युत्पन्न किया है। यह संस्थाओं, सेवाओं तथा वाणिज्य जनसंख्या पर अधारित है। यह Coi संयुक्त सूचकांक निम्नलिखित गणितीय सूत्र द्वारा संगठित होता है:

$$S_j = \frac{T_{pj}}{\sum_{j=1}^{n} T_{pj}} \times 100 \qquad (1)$$

जिसमें S_j = j के प्रकार्य का अंक-मूल्य या (Weightage) भार; T_{pj} = J के प्रकार्य की जनसंख्या अवसीमा;

n = सूचक के रूप में प्रयुक्त प्रकार्यों की संख्या।

सूत्र की बेहतर व्याख्या हेतु एक अन्य फलन (function) X_{ij} मान लिया जाय। अब

(a) $X_{ij} \triangleq = S_j$ (2)

यदि j का प्रकार्य i अधिवास में उपलब्ध है और

(b) $X_{ij} \triangleq = 0$

यदि प्रकार्य i अधिवास में नहीं है।

i के अधिवासों के प्रकार्यात्मकता सूचकांक (Functionality Index) की संगणना निम्नवत है।

$$F_i = \sum_{j=1}^{n} X_{ij} = X_{ij} + X_{i2} + X_{i3} + \ldots\ldots X_{in} \qquad (3)$$

प्रकार्यात्मकता सूचकांक की गणना के बाद आसानी से वाणिज्य जनसंख्या (C_i) तथा कार्यशील/सक्रिय जनसंख्या (W_i) का मूल्य निम्नवत् प्राप्त कर सकते हैं:

$$C_i = \sum_{j=1}^{n} \times 100 \quad (4)$$

जिसमें C_i = i अधिवास की वाणिज्य-जनसंख्या

Σc_1 = प्रादेशिक वाणिज्य जनसंख्या का योग

n = आनुभविक अध्ययन सम्बन्धी अधिवासों की संख्या

इसी प्रकार $$W_i = \frac{W_i}{\sum_{j=1}^{n}} \times 100 \quad (5)$$

जिसमें W_i अधिवास की सक्रिय जनसंख्य

ΣW_i = प्रादेशिक सक्रिय जनसंख्या का योग

n = C_i की भाँति अधिवासों की संख्या

अब C_{oi} (संयुक्त सूचकांक) का संगणन तीनों मूल्यों F_i, C_i, W_i को प्रयुक्त करके कर सकते हैं यथा:

ग्रामीण बाजार-केन्द्र एवम् नियतकालिक बाजार

रर्बन केन्द्र/ग्रामीण बाजार–अंग्रेजी में ''रर्बन'' पद के स्वगुण–निर्देश का अर्थ है ग्राम तथा कस्बा के मध्य संक्रमणशील अवस्था में स्थित तथा निकटवर्ती क्षेत्रों की सेवा करने वाले सेवा केन्द्र। इन केन्द्रों का नामकरण ''रर्बन'' केन्द्र के रूप में सर्वप्रथम गाल्पिन[18] द्वारा किया गया। 20वीं सदी के अनेक लेखकों ने इसे ''अर्बन विलेज[19]'' और ''सब–टाउन[20]'' कहा। प्रो. सिंह ने इस पद का प्रयोग अनेक अध्ययनों में किया[21]। इन केन्द्रों का, आकार–सातत्य में, उद्‌भव, वृद्धि एवम् सम्बन्ध उनके स्थान–निर्धारण, कृषि फार्म के बेशी उत्पादन, फार्म से इतर पेशों तथा प्रदत्त सेवाओं द्वारा नियत होता है। इन रर्बन केन्द्रों में यातायात, बैंकिंग, फुटकर व्यापार, डाकघर, पुलिस स्टेशन, स्वास्थ्य–चिकित्सा, शिक्षा, कृषि, सामुदायिक विकास, प्रसार सेवाएँ तथा स्थानीय प्रशासन आदि सेवाएँ एवम् प्रकार्य सम्मिलित हैं। ये अधिवास, आवश्यक सेवाओं के कुछ ही केन्द्रों में समूहन द्वारा पाए जाते हैं और प्राय: स्थानीय सड़कों के संगम[22] पर स्थित होते हैं। लेखक ने ''रर्बन केन्द्र'' के अन्तर्गत उन अधिवासों को लिया है जिनकी जनसंख्या 10,000 से कम हो तथा वे तहसील या जनपद के मुख्य कार्यालय हों और 1971 की जनगणना में वर्ग 5 तथा 6 में रखे गए हैं। कुछ प्रदेशों में ऐसे ग्राम भी हैं, जिनकी जनसंख्या 5,000 से अधिक है, किन्तु उसके 80% से अधिक लोग कृषि में लगे हैं। ''रर्बन'' केन्द्र की अनुपस्थिति में ये तथा अन्य बड़े ग्राम अपने चतुर्दिक अधिवासों के लिए बहुत सीमित पैमाने पर अत्यन्त प्रारम्भिक प्रकार की केन्द्रीय सेवाएँ प्रदान करने में महत्त्वपूर्ण भूमिका निभाते हैं। आकार–सातत्य के ये छोटे अंग अनेक रूपों एवम् क्षमता के साथ अपने लघु पड़ोसियों को सामाजिक, आर्थिक एवम् शैक्षिक सेवाएँ प्रदान करते हैं। इनके लक्षण निम्नवत हैं:

1. ये अधिकांशत: व्यापार मार्ग पर, किसी कुल–केन्द्र के रूप में, अथवा अतीत के प्रशासन–केन्द्र के रूप में स्थिति होते हैं।
2. कुछ रर्बन केन्द्र राजपूत–काल के पहले कुल–केन्द्र के रूप में विकसित हुए, इन्हीं के निकटवर्ती नए ग्रामों को सामाजिक–आर्थिक तथा राजनीतिक आवश्यकताओं की पूर्ति हेतु बसाया गया।
3. कुछ केन्द्र उपनिवेश–काल में राजकीय प्रशासक, राजा, ठाकुर या अनुदानित व्यक्ति के मातहत बढ़े।
4. अन्य जो वर्तमान अवस्था में, सामाजिक–आर्थिक परिवर्तनों के कारण अथवा निकट अतीत में प्रशासकीय केन्द्र के रूप में प्रकट हुए हैं।

आकारिकीय रूप में इनके अन्तर्गत अनेक नागरिक कार्यालय यथा-तहसील, ब्लाक, डाकघर, पुलिस-स्टेशन, दवाखाना, शैक्षिक संस्थाएँ, निजी डाक्टर आवास एवम् चिकित्सा केन्द्र, आटा मिल, दालमिल, बिनौला अलग करने की मिल, चावल का छिलका उतारने की मिल आदि सम्मिलित होते हैं। सामान्य फुटकर वस्तुओं की दुकान तथा सामान्य व्यापार की बड़ी दुकान चौराहे पर या बस स्टैंड या रेलवे स्टेशन के पास स्थित होती हैं। कहीं सँकरी गलियाँ, ईंट के खड़ंजे वाली भी, कंकरीट या पत्थर के टुकड़ों वाली, आंतरिक भाग तक फैली होती हैं जहाँ जगह की कमी के कारण मकान एक-दूसरे पर चढ़े हुए लगते हैं। यदि ये केन्द्र नदी के किनारे स्थित हैं तो सभी सड़कें या गलियाँ एक चौराहे पर मिलती हैं और घाट को या उसके निकट तक जाती हैं। फिर भी ग्रामीण सामाजिक-आर्थिक संरचना में होने वाले गत्वर परिवर्तनों के साथ समायोजन करते हुए इनमें चुर्दिक अधिवासों को सेवा प्रदान करने की संभाव्य शक्ति है।

नियतकालिक बाजार

पूर्व विवेचन के अनुसार ये सेवा केन्द्र नियतकालिक बाजार या ''हाट'' वाले भी होते हैं जहाँ बहुविध प्रकार की सामग्री, यथा-पशु, चारा, अनाज, फर्नीचर, तथा ग्राम्य-जीवन की आवश्यक अन्य वस्तुओं की आपूर्ति होती है। इनका कालक्रम सुव्यवस्थित होता है और सुगम सेवा क्षेत्र में सप्ताह में प्रत्येक दिन बाजार का दिन होता है। इस प्रकार से संग्रहक तथा वितरक एवम् चतुर्दिक फैले प्रदेश के आर्थिक, सामाजिक एवम् सांस्कृतिक क्रियाओं के मुख्य फोकस-बिन्दु होते हैं।

उपागम

भारतीय ग्रामीण क्षेत्र में (तमिलनाडु) साप्ताहिक बाजार का अध्ययन करते हुए बोह्ले[24] ने बाजार स्थल के व्यापार की स्थानिक-सामयिक संरचना के अध्ययन हेतु दो उपागमों को अभिव्यक्त किया है: (1) प्रथमतः स्थानिक-सामयिक गतिशीलता प्रतिरूप[25] का समष्टिगत दृष्टिकोण, एवम् (2) द्वितीय, व्यक्तिगत उपागम[26]। मूलभूत मान्यता है कि स्थानिक संरचना तथा स्थानिक प्रक्रियाएँ, मानव अभिकर्त्ता की संज्ञानात्मक प्रक्रियाओं एवम् पर्यावरणीय प्रक्रियाओं के मध्य होने वाली अन्योन्यक्रिया के तर्कसंगत प्रतिफल हैं[27]! किन्तु समष्टिगत दृष्टिकोण के द्वारा उपभोक्ता के व्यवहार को समझने के उपागम को सत्तर के दशक में कम संबल मिला एवम् समुच्चय विहीन या व्यक्तिगत बाजार-व्यवहार को अधिक प्रश्रय मिला जो तृतीय विश्व के सन्दर्भ में सार्थक भी है। बोह्ले के अनुसार नियतकालिक बाजार-तंत्र का एक महत्त्वपूर्ण अभिलक्षण यह तथ्य है कि उपभोक्ता एवम् व्यापारी दोनों नियमित रूप में बाजार-निर्णय प्रक्रिया में सम्मिलित होते हैं। उसने पाया कि विविधतापूर्ण व्यापारी एवम् उपभोक्ता के बाजार-व्यवहार को अवदान करने वाले महत्त्वपूर्ण कारकदल व्यक्तिगत बाजार के भागीदारों की विभिन्नताएँ होती हैं यथा-उनकी पूँजी, क्रियान्वय या कार्रवाई का मापदण्ड, पण्यवस्तु का प्रकार या उपलब्ध क्रय योग्य सेवाएँ, या आवास का स्थल, सामाजिक प्रतिष्ठा लिंग तथा पेशागत क्रियाओं तथा आर्थिक-परिमंडल (Economic Sphere) का स्पष्ट सम्मिलन[28]। ऐसा इसलिए है, क्योंकि ये सेवा केन्द्र ग्रामीण बाजार के रूप में ग्रामीण-जनों की मूलभूत आवश्यकताओं की पूर्ति करते हैं, अतः पक्के माल के लिए अधोमुख अंतिम स्टेशन (स्थल) तथा प्रादेशिक बाजार तंत्र से बाहर निर्गमित कृषि-उत्पादों के लिए प्रवेश बिन्दु/उर्ध्वमुखी द्वार होते हैं[29]। ये केन्द्र विनिमय, वस्तुओं के आदान-प्रदान, मनोरंजन स्थल, पूजा, मित्रों से मिलन तथा ग्राम से बाहर की सूचना प्राप्त करने के स्थल होते हैं[30]। किंबहुना, ग्रामीण बाजार में ही ग्राम स्तरीय सूक्ष्म-पिंड वृहत्तर बाह्य जगत के सम्पर्क में आता है जहाँ ग्रामीण संमिश्र विभिन्न सामाजिक श्रेष्ठता तथा स्तर वाले हरेक वर्ग के लोगों का प्रतिनिधित्व करता है[31]।

कारक एवम् गुण

बहुआयामी आकर्षणकारी गुणों एवम् अभिरुचि के आधार पर विश्लेषण करने पर सर्वाधिक महत्त्वपूर्ण गुण स्पष्ट हो जाते हैं। ये हैं (1) सुगम पहुँच (2) क्रय-विक्रय का आकार (3) व्यापार-वस्तु का मूल्य-स्तर तथा दूसरे रूप में (1) सामग्री की गुणवत्ता (2) उपलब्ध पण्यवस्तु के प्रकार/वैभिन्य, (3) उपभोक्ताओं के लिए बाजार का परिवेश। इस प्रकार यह भी स्पष्ट होता है कि सामाजिक-मनोवैज्ञानिक कारक, निर्णयकारी प्रक्रिया में मुख्य भूमिका अदा करते हैं। बोह्ले ने सही निष्कर्ष दिया है कि ''स्थानिक-सामयिक जन एवम् संगठन को व्यापक अर्थों में समझने के लिए अनिवार्य है[32]।'' उसका सन्दई (केन्द्रीय स्थान) या (तमिल शब्द सन्थई से बना शान्डी से लिया गया)

Figure 9.14

Market Rotation of Mobile Traders

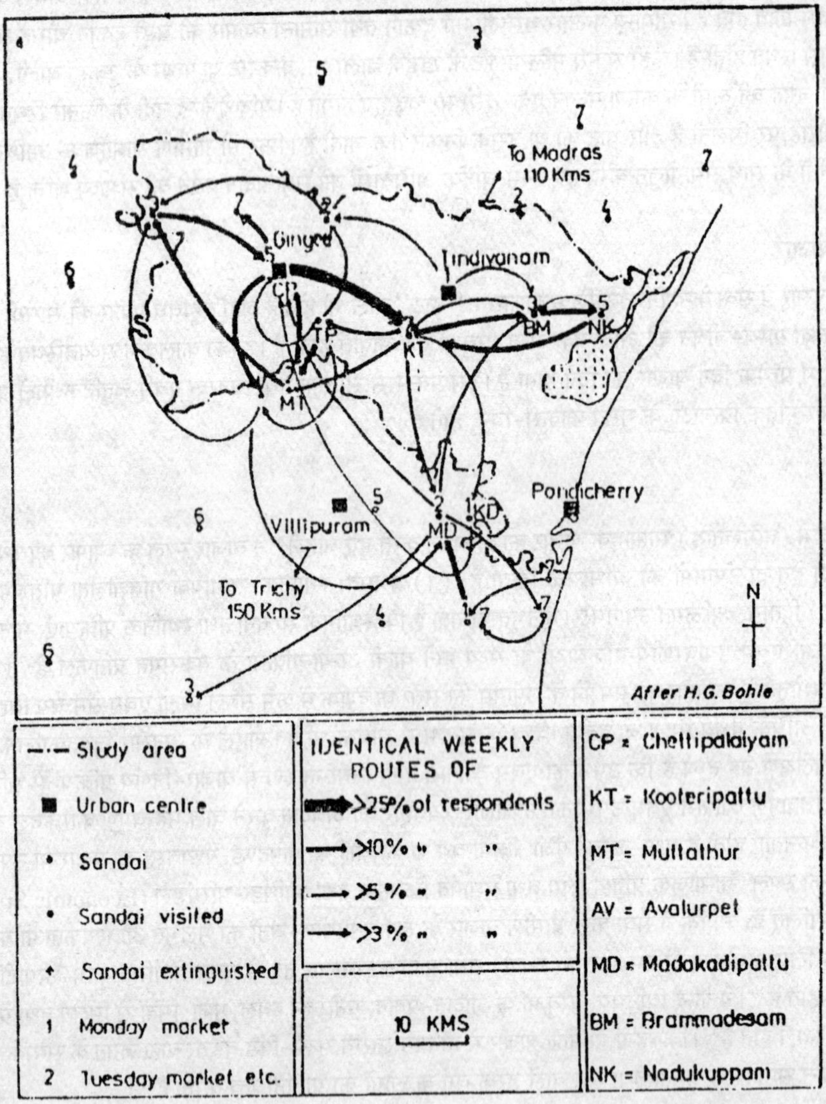

के सन्दर्भ में चलिष्णु व्यापारियों का बाजार-चक्र (Market Rotation of Mobile Traders) का प्रतिमान श्लाघनीय है। (चित्र 9.14)।

अवस्थाएँ: व्यक्तिपरक उपागम के प्रयोग द्वारा सिंह ने अपना स्थायित्व सिद्धान्त (Stability Theory) प्रस्तुत किया जो ग्रामीण सेवा केन्द्रों के अस्थायित्व एवम् स्थायित्व की अवस्थाओं को परिभाषित करता है। प्रथमावस्था में ऐसे केन्द्रों का उद्‌भव साप्ताहिक, सप्ताह में दो बार, मासिक अथवा वार्षिक मेले के रूप होता है, जिसमें बाजार-स्थान पर विक्रेता हेतु स्थायी दुकान, घर नहीं होते, 75% विक्रेता स्वयं उत्पादक भी होते हैं। कमोवेश केन्द्र के सेवा-क्षेत्र की आकृति वृत्ताकार होती है। द्वितीयावस्था में व्यापारियों एवम् उपभोक्ताओं की

संख्या में बाजार के दिन तथा बाजार से इतर दिनों में घटाव-बढ़ाव लघुत्तर होता जाता है। बहुत सी दुकानें बन जाती हैं, सामग्री तथा सेवाओं के परिमाण में वृद्धि होती है तथा बाजार-अपहरण का प्रपंच कार्यरत दिखलाई पड़ता है, अर्थात् अपेक्षाकृत कमजोर बाजार में ह्रास होता है या वे समाप्त हो जाती हैं। ईंट तथा सीमेन्ट की दुकानों का निर्माण सर्वनिष्ठ होता है। तृतीयावस्था में समृद्धि के साथ अधिक मकान बनते हैं, थोक विक्रेता, यातायात में लद्दू पशुओं की जगह पहिया के ऊर्जा चालित वाहन बढ़ जाते हैं, परिवहन की धमनियों के साथ सेवाक्षेत्र लम्बायमान हो जाता है, अध्यारोपित लक्षण जैसे रेलवे, सड़क प्रभावकारी हो जाते हैं, ग्रामीण क्षेत्रों के संयुक्त परिवार के सदस्य (कृषक), हथकरघावाले, राज, कारीगर तथा अन्य भी आप्रवासी बनकर बस जाते हैं। अन्तिम अवस्था में सप्ताह के सभी दिनों में स्थायी व्यापारी/उपभोक्ता की संख्या को स्थायित्व मिल जाता है। फिर दूसरे बाजार का अपहरण बन्द हो जाता है। ऐसे केन्द्रीय स्थान भारत के उत्तरी मैदानी भाग में सर्वनिष्ठ हैं। शुष्क राजस्थान प्रखण्ड में ये बाजार अब भी प्रथमावस्था में हैं। ऐसी साप्ताहिक बाजारों के लिए निम्नतर कृषि-उत्पादन, बाजार में विक्रेय फालतू माल का न्यूनतर विस्तार, न्यूनतर जनसंख्या घनत्व, अधिक दूरी पर अधिवासों का अंतरण आदि उत्तरदायी हैं।

वर्गीकरण: ये केन्द्र, योरूबालैण्ड[33] में, विवरण क्रम में प्रकार्य के आधार पर वर्गीकृत हैं। यथा:

1. पोषक बाजार जो निर्बाहक व्यापार में परस्पर व्याप्त होते हैं;
2. स्थूलीकरण केन्द्र जिनमें निर्वाहक व्यापार स्पष्ट होते हैं और जहाँ उत्पादक द्वारा पोषक बाजार या अन्यत्र प्रत्यक्ष लाए गए थोड़ी मात्रा के सामान व्यापारी के सामान से मिलकर पर्याप्त परिमाण में भारी हो जाते हैं।
3. मुख्य बाजार जहाँ रुपये के व्यापारी थोक रूप में निर्वाहक व्यापारियों से स्थूल भारी सामान क्रम कर लेते हैं, एवम्
4. वृहत व्यापार केन्द्र जहाँ उत्पाद एक समान बाजार व्यवस्थानुसार वितरित होते हैं।

काल-क्रम: समय की अवधि के अनुसार निम्नवत् श्रेणीबद्ध स्वरूप हैं।

(1) नगरीय दैनिक बाजार, (2) नगरीय रात्रि-बाजार-गोधूलि से शुरू होकर 10 बजे रात्रि तक (3) ग्रामीण दैनिक बाजार, (4) ग्रामीण नियतकालिक रात्रि-बाजार (5) ग्रामीण नियतकालिक दिन के बाजार। सामान्यतया इन बाजारों की अवस्थानुसार व्यवस्था सप्ताह में एक दिन, दो दिन या प्रतिदिन के रूप में पाई जाती है। कुछ भागों में (उत्तरी विकसित) इतवार मात्र बाजार रहित दिन है। दैनिक विभिन्नताएँ कार्यक्रम के प्रकार के अनुसार सुबह या शाम के घंटों में मिलती हैं। यदि विक्रय को ध्यान में रखें तो, मेला भी, सामान्यतया वार्षिक, इसी शीर्षक के अन्तर्गत है। वे प्राय: प्रदेश विशेष के धार्मिक, सामाजिक, मनोरंजनात्मक एवम् आर्थिक कारकों, प्राय: संमिश्र कारक रूप में, के आधार पर फलते-फूलते हैं। ये ग्रामीण लोग के आराम के समय, उत्पादन समय की लय के साथ, धार्मिक स्थानों से सहलग्न, स्थानिक सामयिक स्थान निर्धारणयुक्त मध्य या उच्च स्तर के प्रदेशों में स्थित होते हैं। भारतीय दशाओं में ऐसे मेले बाजार का (खासतौर से उत्तरी मैदान में) सम्बन्धित क्षेत्र के लिए व्यापक सामाजिक-आर्थिक मूल्य है।

विशेषज्ञतापूर्ण बाजार: कुछ बाजार केन्द्र अधिक परिणाम में उपलब्ध किसी एक खास पण्य सामग्री की विशेषज्ञतावाले होते हैं। यह सामग्री पशु सामग्री पशु (सोनपुर (बिहार), ददरी (उ.प्र.), बटेश्वर (उ.प्र.), सागर (म.प्र.), वन-उत्पाद, दमोह (म.प्र.) चावल, (नोहटा, पूर्वीमालवा पठार), हथकरघा के कपड़े इरोड, शांन्डी (तमिलनाडु), खलीलाबाद (उ.प्र.) से लेकर चमड़े के सामान, फल तथा दुनिया के अन्य भागों में प्रयुक्त अन्य पण्य हैं। ऐसा इसलिए होता है कि ये वस्तुएँ बड़े पैमाने पर अधिक संख्या के लोगों को, जिसमें वृहत्तर संख्या कुशल कारीगर की होती है, काम पर लगाती हैं। विकासशील भागों में पण्य का विस्तार मसाले से लेकर खाद्य-सामग्री, कपड़े, जुते, बर्तन, चूड़ियाँ, आभूषण, वन एवम् बाग-उत्पाद, खिलौने, यन्त्र, फर्नीचर, पशु तक होता है।

नियत कालिक बाजार का वितरण एक साधारण प्रतिरूप के अनुसार होता है यथा–

1. ये प्राय: रेलवे तथा सड़क से दूर स्थित होते हैं,
2. द्वितीय सबसे बड़ी संख्या में शाखा-सड़कों के पास होते हैं,
3. सबसे कम संख्या में रेलवे के समीप होते हैं।

अनाज-बाजार-केन्द्र या मण्डी: इनकी विशेष चर्चा होती है जो सामान्यतया तीन श्रेणियों में वर्गीकृत हैं।

1. *बाजार या हाट*: यह नाम ग्रामीण-जनों के लिए सामान्यतया आवश्यक पण्य हेतु प्राथमिक बाजार-केन्द्र को सूचित करता है। कभी-कभी इनका नियमन या नियन्त्रण ग्राम पंचायतों या कृषक संगठनों के आधीन होता है जैसे-इथियोपिया में।
2. *मंडी:* ऐसे द्वितीयक बाजार-केन्द्र तालुका या तहसील स्तर पर पण्य के थोक-विक्रय के लिए होते हैं।
3. *गंज-प्राय*: रेलवे के सिरोभाग में अन्तिम स्टेशन के रूप में बाजार केन्द्र स्थानीय संस्थाओं द्वारा नियन्त्रित होते हैं, इनमें यू.डी.ए. (अर्बन ड्वेलर्स एसोसिएशन) भी होते हैं। भारत के मैदानी भागों में अनाज की मंडी के रूप में ये नाम मिलते हैं तथा गोपीगंज, जंगीगंज आदि।

एक उदाहरण: इथियोपिया (अफ्रिका) के केम्बाता तथा हदिया जनपदों (अवराजा) में किया गया अध्ययन पाँच चरों पर आधारित है। (1) देश-काल में नियतकालिक बाजार का संगठन, (2) बाजार पदानुक्रम के विभिन्न स्तरों पर बाजार-प्रकार्यों की समेकता, (3) जनता द्वारा माँगी गई सामग्री तथा सेवाओं की उपलब्धि, (4) अपेक्षाकृत सस्ते दामों पर नियतकालिक बाजारों से सामग्री स्थानान्तरण को ग्रहण करने तथा फुटकर व्यापार द्वारा जीविकोपार्जन की क्षमता। यदि अवराजा में इनके द्वारा पाँच तरीकों से क्षमता नहीं प्रदर्शित होती तो बाजार स्थलों की भूमिका सीमित होगी। अध्ययन से स्पष्ट है कि 80% अतीत के बाजार पूर्ववर्ती सैनिक कैम्प थे। निकटतम पड़ोसी सूचकांक का संगणन करने पर यादृच्छिक मान 1.04 मिला जो यादृच्छिक वितरण को सूचित करता है। नियतकालिक बाजार-तन्त्र में सात दिवसीय चक्र मिलता है, जिसमें शनिवार बाजार की प्रभाविता है। कमोवेश रूप में बाजार-तन्त्र में सभी बाजार के दिन एक-दूसरे के कम पूरक हैं। परिणामस्वरूप अवराजा में बाजार कालक्रम में बाजार के कार्यक्रम की परस्पर व्यासता अथवा संघर्ष मुख्य लक्षण हैं। सामन्तशाही युग में सामन्तों के सीधे नियन्त्रण में होने के कारण बाजारों का स्थान-निर्धारण तथा मिलने के दिन प्रशासक की इच्छानुसार तय होते थे। सामन्तशाही राजनीतिक तन्त्र के अतिरिक्त धर्म तथा परम्पराएँ भी बाजारों के स्थान निर्धारण, बाजार के दिन, यहाँ तक कि प्रकार्यों को तय करने में भी प्रभावशाली रहे हैं। प्रचलित प्रथा या मतानुसार अधिकांश बाजार, बड़े-पेड़ों के नीचे लगती हैं। केन्द्रीय प्रकार्यों की संख्या तथा आवासी जनसंख्या के आकार के मध्य रेखीय सम्बन्ध मिलता है। बाजार की 63% सामग्री कृषि उत्पादन हैं, 17% आयातित सामान तथा 19% विविध सामान होते हैं। अनेक बाजार स्थलों में नियतकालिक प्रकार्य, सामग्री के अनियमित वितरण के साथ, बाजार पदानुक्रम के प्रति अनादर एवम् समेकता में कमी प्रदर्शित करते हैं। परम्परा से प्राप्त जनता में व्याप्त व्यक्तिनिष्ठ कारक इसके कारण रहे हैं। यहाँ तक की जाने वाली दूरी का औसत 9.47 किमी है। 96% व्यापारी फुटकर विक्रेता हैं। 60% व्यापारियों के पास लद्दू पशु हैं। संचलन प्राय: क्षैतिजिक, अर्थात् समान क्रम के बाजार के बीच है। विभिन्न क्रमों में व्यापारियों के संचलन प्रतिरूप से सूचित होता है कि प्रथम एवम् चतुर्थ क्रम में फुटकर सामग्री के केन्द्र मिलते हैं। कृषि सामग्री के दाम सड़क के पास बढ़ते जाते हैं। सामग्री की उपलब्धता के रूप में 74% उपभोक्ता बाजार केन्द्र को अनुकूल समझते हैं तथा 25% लोग सामग्री के उचित दाम के रूप में अभिरुचि प्रदर्शित करते हैं। गतिशील व्यापारी बाजार के कालक्रम को पसन्द करते हैं, क्योंकि निर्धारित दिनों तथा स्थलों पर माँग का संकेन्द्रण होता है, जिसकी वे पूर्ति कर पाते हैं।

अत: इन ग्रामीण सेवा-केन्द्रों की भूमिका अधिक महत्त्व की होगी, यदि नियतकालिक बाजार तंत्र में व्याप्त कमजोरियों को दूर करने के लिए दोष-निवारक उपाय अपनाए जाते हैं।[34]

सन्दर्भ

1. सेन एल.के. एट आल (1971) प्लानिंग रूरल ग्रोथ सन्टर्स फार इन्टीग्रेटेड एरिया डेवलपमेन्ट-ए स्टडी इन मिरयालगुदा वालुका, इन आई सी डी, हैदराबाद पृ. 17।
2. पेरो, एफ. (1955) एकोनोमिक स्पेश, थियरी एण्ड एप्लिकेशन, क्वार्टर्ली जर्नल ऑफ एकोनामिक्स 64 पृ. 90-97।

3. ग्रीन आर.जे. (1966) दी रिमोट कन्ट्रीसाइड–ए प्लान फार कन्ट्रैक्शन, प्लानिंग आउटलुक, 1 पृ. 17–37।

4. टेलर डी.आर.एफ. (1979) रोल ऑफ फन्क्शन ऑफ लोअर आर्डर सेन्टर्स इन रूरल डेवलपमेन्ट (आर.पी. मिश्र, जनरल एडिटर, रूरल-अर्बन माइग्रेशन, यूएन आई सी ए आर डी, नगोया, पृ. 265–291।

5. विस्तार के लिए देखें जान ई. ब्रश (1953) दी हेरार्की ऑफ सेन्ट्रल प्लेसेस इन साउथ वेस्टर्न विसकान्सिन, दी ज्योग्राफिकल रिव्यू, वा. 43 पृ. 380–402; रूटलेज विनिंग (1955), ए डिस्क्रिप्शन ऑफ सरटेन स्पेशियल आस्पेक्ट्स ऑफ एन एकोनामिक सिस्टम, एकोनामिक डेवलपमेन्ट एण्ड कल्चरल चेंज, वा. 3, पृ. 147–195; कार्लाइल डब्ल्यू बास्किन, (1957) ए क्रिटिक एण्ड ट्रान्सलेशन ऑफ वाल्टर ख्रिस्टारलेर्स डि ज्रेन्ट्रालेन ओर्ट्टे इन सुदद्वैत्सलैंड, अनपब्लिस्ड पी–एच.डी. थीसिस, यूनिवर्सिटी ऑफ वर्जीनिया; डब्ल्यू. ख्रिस्टोलेर (1933) दी सेन्ट्रलप्लेसेस इन सदर्नजर्मनी (अनुवार–1966) न्यूजर्सी; जान डी. न्यूत्स्यून (1959) ज्योग्राफिकल एनालीसिस ऑफ कन्ज्यूमर मूवमेन्ट्स एण्ड रिटेलविजनेस लोकेशन्स (1) थियरीज (2) एम्पिरिकल पैटर्न्स इन सीडार रैपिड्स, आइवा, एण्ड (3) ए सिमुलेशन मॉडल ऑफ मूवमेन्ट, अप्रकाशित पी–एच.डी. थीसिस, डिपार्टमेन्ट ऑफ ज्योग्राफी, यूनिवर्सिटी ऑफ वाशिंगटन; बेरली एण्ड विलियम एल. गैरीशन (1958) रीसेन्ट डेवलपमेन्ट ऑफ सेन्ट्रल प्लेसथियरी, पेपर्स ण्ड प्रोसीडिंग्स, रीजनल साइंस एसोसिएशन, वा. 4, पृ. 107–120; ब्रियान जे.एल. बेरी एण्ड एलानप्रेड (1961) सेन्ट्रल प्लेस स्टडीज: ए बिब्लियोग्राफी ऑफ थियोरी एण्ड एप्लिकेशन्स (फिलाडेल्फिया रीजनल साइंस रिसर्च इन्स्टीट्यूट; एनरमियर एण्डहगेट आर.जे., सन्दर्भ सं. 4 अ. 7 पृ. 11–23; बी.जे.एल. बेरी (1967) ज्याग्रफी ऑफ मोर्केट सेन्टर्स एण्ड रिटेल डिस्ट्रिब्यूशन, न्यू जर्सी, अ् चार; पी. हैगेट (1962) लोकेशनलएनालीसिस इन ह्यूमन ज्याग्रफी, लन्दन, विलियम बुन्गी (1962), थ्योरेटिकल ज्याग्रफी, लुंड स्टडीज इन ज्याग्रफी, पृ. 128–148, एम.एफ. डेसी (1965) दी ज्योमेट्री ऑफ सेन्ट्रल प्लेसेस, ज्योग्राफिक एनालेर, बी, 47–2, 113; के.एस.ओ. बीवन (1975) ख्रिस्टालेर्स सेन्ट्रल प्लेस थिचरी: रिव्यूड, रिवील्ड, रिवाइज्ड, जोहन्सबर्ग यूनिवर्सिटी ऑफ विटवाटरस्ट्रान्ड डिपार्टमेन्ट ऑफ ज्याग्रफी एण्ड ईस्टर्नस्टडीज रिसर्च पेपर सं. 15; बी.जे.एल. बेरी (1967) ज्याग्रफी ऑफ मार्केट सेन्टर्स एण्ड रिटेल डिस्ट्रिब्यूशन, एन्जिलउड क्लिक, प्रेन्टिस हाल।

6. परमहंस बी.आर.के. (जनरल एडीटर) एण्ड एल.के. सेन एट आल (एडि.) सन्दर्भ सं. 1, अ. 9, पृ. 23–24।

7. हैगेट पी. (1972) ज्याग्रफी, ए मॉडर्न सीन्थेसिस, हार्पर एण्ड रो सेरीज इन जयाग्रफी, न्यूयार्क, पृ. 370।

8. वही, पृ. 371।

9. मियर आई. एण्ड हगेट जे., सन्दर्भ सं. 4 अ. 7, पृ. 19।

10. बुंगी डब्ल्यू., सन्दर्भ सं. 5, अ. 9, पृ. 135।

11. ललित के. सेन एट आल सन्दर्भ सं. 1, पृ. 81–96।

12. स्टैफोर्ड एच.ए. जूनियर (1963) दी फन्क्शनल बेसेस ऑफ स्माल टाउन्स, इको. ज्या., वा. 39 एप्रिल, पृ. 173।

13. हैगेट पी. एण्ड गुण्वर देना (1964) डिटर्मिनेशन ऑफ पापुलेशन थ्रेस्होल्ड फार सेटिलमेन्ट फन्क्शन्स बाई दी रीड मुथेन्च मेथड, प्रोफे. ज्या. पृ. 166–169, वा. 16 सं. 4।

14. दी ओरीजिनल फार्मुला इज (मूल सूत्र निम्नवत है)

जिसमें F = दो मास M_i तथा M_j, जो d दूरी पर स्थिर हैं के ऊपर लगा हुआ बल

G = विश्वजनीन स्थिरांक या गुरुत्वाकर्षण स्थिरांक इस प्रकार दो ग्रह गुरुत्वाकर्षण नियम द्वारा नियत बल द्वारा एक दूसरे को आकर्षित करते हैं। यही सम्बन्ध कस्बों/नगरों तथा अन्य सामाजिक प्रपंचों के मध्य आकर्षण के रूप में स्वीकार्य है।

15. हैगेट पी. एण्ड के.ए. गुणवत देना, सन्दर्भ सं. 13, देखें एल.जे. रीड एण्ड एम. मुयेन्च (1938) एसिम्पल मेथड फार एस्टिमेटिंग फिफ्टी परसेन्ट प्वाइंट्स अमे. ज. ऑफ हाई. वा. 27, पृ. 493–497।

16. वे प्रकार्य जिन पर भारत में सरकार प्रत्यक्ष दखल दे सकती है, पॉलिसी फन्क्शन्स या नीतिगत प्रकार्य के रूप में पसन्द एवम् सन्दर्भित होते हैं, शेष को नीतिगत प्रकार्य से इतर कहा गया है।

17. फॉक एस. (1968) सेन्ट्रल प्लेस सिस्टम्स एण्ड स्पेशियल इन्टीग्रेशन इन नीलगिरीज एण्ड कुर्ग (दक्षिण भारत) कलेक्टेड पेपर्स, डेनमार्क 21वीं आई.जी.यू., भारत।

18. गाल्पिन सी.जी. (1915) दी सोसल एनाटोमी ऑफ एन एग्रिकल्चरलक्कम्यूनिटी, रिसर्च बुलेटिन 34, एग्रिकल्चरल एक्सपेरिमेन्ट स्टेशन ऑफ दी यूनिवर्सिटी ऑफ विसकान्सिन।

19. डिकिन्सन आर.ई. (1932) दी डिस्ट्रिबयूशन ऑफ फन्क्शन्स ऑफ स्मालर अर्बन सेटिलमेन्ट्स (ईस्ट एंगिलया ज्याग्रफी में) 17 पृ. 19-31; देखें एस.एल. कायस्थ एण्ड बी.एन. सिंह (1981) स्पेशियल स्ट्रैटेजी फार इन्टीग्रेटेड रूरल एरिया डेवलपमेन्ट: ए केश स्टडी ऑफ गाजीपुर तहसील, (उ.प्र.) इण्डिया, एन जी जे आई, वा. 27, पार्ट्स 1-2, 30-40।

20. स्मेल्स ए.ई. (1944) दी अर्बन हेरार्की इन इंगलैण्ड एण्ड वेल्स, ज्याग्रफी, 29 पृ. 41-51।

21. सिंह आर.एल. (1955-56) अर्बन हेरार्की इन अमलैन्ड ऑफ बनारस, ज.सा.रि., बी.एच.,यू., वा. 6 (2) पृ. 121।

22. सिंह आर.एल. एण्ड सिंह एस.एम. (1960) मुँगरा बादशाहपुर ए रूरल सेटिलमेन्ट इन गंगा घाघरा दोआब वेस्ट, दी एन जी जे आई, वा. 6 पृ. 119।

23. देखें एस. पलैटनर (1975) रूरल मार्केट नेटवर्क्स, साइन्टिफिक अमेरिकन, 232-5: 66-79, बी.जी. तामस्कर (1966) दी वीकली मार्केट्स ऑफ सागर द मोह प्लेटो, एन जी जे आई, वा. 12, I पृ. 38-50।

24. बोह्ले एच.जी. (1981) स्पेशियोटिम्पोरल डेसीजन मेकिंग इन साउथ इण्डियन वीकली माकेट्स: एन इन्वेस्टिगेशन इन्टू कन्ज्यूमर ट्रेडर पर सेप्सन्स एण्ड रेफरेन्सेस, एन जी जे आई, वा. 27, 1-2, पृ. 1-13।

25. होड्डर बी.डब्ल्यू. (1969) मार्केट्स इन योरूबालैण्ड, इबादान यूनिवर्सिटी प्रेस, पृ. 1-109।

26. सीमान्स्की आर. एण्ड बेब्बर एम.जे. (1974) कम्प्लेक्स पीरियाडिक मार्केट साइकिल्स, एएएजी, 64: 203-213।

27. गालेज आर.जी., ब्राउन एल.ए. एण्ड विलियम सन एफ. (1972) वि-हैविओरल एप्रोचेज इन ज्याग्रफी: एन ओवरव्यू, आ. ज्या, 12 पृ. 76।

28. बोह्ले एच.जी., सन्दर्भ सं. 24, अ. 9, पृ. 6।

29. देखें एस. प्लैटनर, पूर्वोद्धृत सन्दर्भ सं. 23 अ. 9।

30. सिंह एस.एम. (1966) दी स्टेबिलिटी थियरी ऑफ रूरल सेन्ट्रल प्लेस डेवलपमेन्ट, एनजीजेआई, वा. 11, पार्ट 1, 147

31. सिंह के एन. (1962) रूरल मार्केट्स एण्ड अर्बन सेन्टर्स, ईस्टर्न उत्तर प्रदेश-एज्याग्राफिकल एनालीसिस, पी-एच.डी. थीसिस (अप्रकाशित) डिपार्टमेन्ट ऑफ ज्याग्रफी, बी.एच.यू., वाराणसी, पृ. 273।

32. बोह्ले एच.जी. सन्दर्भ सं. 24. पृ. 13।

33. होड्डर बी, डब्ल्यू (1965) डिस्ट्रिब्यूशन ऑफ मार्केट्स इन योरूबालैण्ड, स्काटिश ज्योग्राफिकल मैगजीन, 81, पृ. 48।

34. अलेमायु लीरेन्सी (1982) दी फन्क्शनल रोल ऑफ पीरियाडिक मार्केट्स इन एकोनामिक डेवलमेन्ट: दी केस ऑफ केम्बाता एण्ड हदिया, इथियोपिया, डिपार्टमेन्ट ऑफ ज्याग्रफी सेमिनार पेपर बेस्ड आन आई डी आर रिसर्च प्रोजेक्ट, पृ. 1-21।

10

ग्रामीण अधिवासों का समाकलित नियोजन एवम् परिमेयकरण

ग्रामों का रूपान्तरण बनाम परिवर्तन की संक्रमणकालीन प्रावस्थाएँ

इसके पूर्व हम लोग खण्ड 3.8 में सामाजिक व्यवहार के आन्तरिक परिवर्तनों तथा खण्ड 5.5 में वितरण सम्बन्धी परिवर्तनों के बारे में तथा खण्ड 6.1 ब में आकारिकीय परिवर्तनों के विषय में विवेचन देख चुके हैं। अब हम समग्र उपागम-विधि को अपनाकर विभिन्न अभिकर्त्ताओं द्वारा ग्रामीण अधिवासों में होने वाले संक्रमण कालीन प्रावस्थाओं का मूल्य निर्धारण कर सकते हैं। ग्रामीण अधिवास से जुड़े अन्य अध्येताओं की भाँति भूगोलवेत्ता भी विश्व के किसी भी हिस्से में ग्रामीण जीवित प्रणाली में कुछ सर्वनिष्ठता का अवलोकन करता है। स्पष्टत: ग्राम तथा ग्रामीण जीवित प्रणाली, दोनों में, परिवर्तन हो रहे हैं जो समाज के सदस्य को अंशत: या पूर्ण रूपेण दृष्टिगोचर होते हैं। परम्परागत रूप में ग्रामों के प्रति लोगों का दृष्टिकोण ऐसे अधिवास के रूप में होता है जहाँ, वह जन्मता, रहता एवम् मरता है; ग्राम समुदाय परिवार-केन्द्रित, दम्पत्ति नियन्त्रित, सातत्य की खोज में रत संस्थाओं एवम् विचारों द्वारा क्रियाशील है, ऐसी मान्यता है। ये ग्राम परिवर्तन का अनुभव अवश्य करते हैं किन्तु परिवार संरचना ग्राम-परिषद/पंचायत एवम् सामाजिक प्रतिरूप के परिवर्तन के सन्दर्भ में मंदगति से ही। यह सरलतया विभेद्य है कि कृषि-कार्यों अथवा अन्य प्राथमिक उत्पादन स्वरूपों में परिवर्तन उत्पन्न करने वाले प्राथमिक संचरण बल सदैव उत्पादन-तकनीकी ही रहे हैं। किन्तु वर्तमान जीवन-स्तर में सुधार लाने के लिए बेहतर मानक जीवन-स्तर के आकर्षण, ग्राम-समुदाय में या परिवार में नए परिवर्तन ला रहे हैं यथा-पोशाक, घर, शिक्षा, गृहसज्जा, उर्जा-उद्योग, यात्रा प्रतिरूप, सामाजिक लोकाचार एवम् वस्तु उपभोग आदि। सामान्य रूप में भारतीय परिदृश्य में घाटे की जोत, एक तिहाई कृषक मजदूर, कृषीतर जनसंख्या का अधिसंख्य भाग कृषि की संपन्नता पर आश्रित अनिश्चितता की दशा में तथा भू-स्वामी एवम् असामी वर्ग के लघु या मध्यम् आकार के कृषक भी अत्यल्प कृषि उत्पादन पर जीवन निर्वाह हेतु संघर्षरत हैं आदि की प्रभाविता ज्यादा है। संचार व्यवस्था की उन्नत प्रणाली के कारण वृहत्तर राजनीतिक इकाई का क्षय होना, मौखिक संचार प्रणाली की विश्वसनीयता की भाषा एवम् दृश्य संचार माध्यमों द्वारा पूरक व्यवस्था, पूर्व की एक दूसरे से स्वतंत्र एवम् विलग रहने वाले समुदायों का अन्योन्याश्रित होना, कबीलागत शिक्षा की जगह नियमित विद्यालयी-शिक्षा-प्रसार, वंशानुगत प्रतिष्ठा के स्थान पर अर्जित प्रतिष्ठा, पेशों का अधिक निपुणता एवम् विशेषज्ञता पर आधारित होना तथा वेतन आश्रित होना-उद्योग या अन्यत्र भी तथा इनका विस्तार, सामान्य मजदूर-सम्बन्धों की प्रभाविता एवम् काम तथा आराम के बीच स्पष्टतर विभेदों का प्राकट्य आदि अन्य दृष्टिगोचर परिवर्तन हैं।

कारक: ग्रामीण जीवन के लिए उत्तरदाई कारकों में अनेक प्रादेशिक भिन्नताएँ मिलती हैं। अन्य क्षेत्रों से अनूठे ढंग से भिन्न दक्षिणी पूर्वी एशिया के भागों में परिवर्तनकारी अभिकर्त्ता के रूप में सर्वनिष्ठ कारक कारगर हैं। स्पेन्सर ने इनमें से अत्यन्त महत्वपूर्ण आठ को निम्नवत गिनाया है:

1. *जनस्वास्थ्य दशाएँ:* बहुत से तृतीय विश्व के देशों में बेहतर स्वच्छता, पीने के पानी की आपूर्ति, रोग नियन्त्रण तथा अन्य जल-स्वास्थ्य योजनाएँ परिवर्तन लाने में अत्यधिक महत्त्वपूर्ण साबित हुई हैं।

2. *यातायात:* परिवहन तथा संचार साधनों द्वारा अत्यन्त आन्तरिक क्षेत्रीय ग्रामों से सम्पर्क सुगम हो गया है।
3. *राज्य: ग्रामीण* उत्थान हेतु सक्रिय हैं।
4. विद्युतीकरण
5. शिक्षा-योजना
6. बेहतर बाजार प्रणाली द्वारा सभी प्रकार के उत्पादक, उपभोक्ता एवम् माल तैयार करने वालों के लिए ग्रामीण, सहायक आन्तरिक क्षेत्र में गहन घुसपैठ हो सकी है।
7. अतीत के रिक्त क्षेत्रों एवम् खाली अंतरण-देशों में अधिवास विस्तार, एवम् संचलन, गतिशीलता की दशाओं में वृद्धि तथा साथ ही साथ सम्पर्क एवम् नगरीकरण का प्रभाव बढ़ा है।[2]

सांस्कृतिक परिवर्तन: जनसंख्या वृद्धि के कारण दर्शनीय परिवर्तन के रूप में ग्राम बड़े हो रहे हैं। दीर्घ जीविता तथा शहरों की ओर स्थानान्तरण, दोनों ही, बच्चों तथा अधिक आयु के प्रौढ़ों की आयु संरचना में परिवर्तन के लिए सहायक हैं। इसी भाँति कार्यकलापों का विस्तार प्राथमिक उत्पादन तक ही सीमित नहीं है। लोग, सार्वजनिक योजना कार्यों, पक्के माल तैयार करने, निर्माण उद्योग, आंशिक कृषि उत्पादन, नगरीय बाजार की आपूर्ति, सामुदायिक सेवाओं तथा परिवहन सेवाओं में लग गए हैं। दक्षिणी तथा दक्षिण-पूर्वी एशियाई भागों में भी सार्वजनिक जीवन की भागीदारी कम होती जा रही है। नगर निवासियों द्वारा ग्रामीण क्षेत्र के अपने गाँवों में तथा गमनागमनरत ग्रामीणों द्वारा नए सामाजिक जीवन का स्वरूप उभरा है। इसने पारम्परिक सामाजिक साहचर्य/संसक्ति को परिवर्तित किया है तथा नए, खासतौर से, नाभिकीय कुटुम्ब, सामुदायिक संरचना का जन्म हो रहा है। सरकारी प्रशासन तथा परियोजनाओं में लगे कर्मचारी स्थानीय ग्राम समुदाय के प्रभावी नेतृत्व का स्थान ले रहे हैं। अनेक प्रकार के मतभेद, दलगत सम्बन्ध, जाति संरचना आधारित विभाजन आदि ने पारम्परिक संरचना में ह्रास उत्पन्न किया है, जिसके फलस्वरूप ग्रामीण जीवन पद्धति में संभ्रान्ति फैली है। सांस्कृतिक क्रान्ति के अन्तर्गत भूमि-सुधारों द्वारा अत्यधिक महत्वपूर्ण परिवर्तन हुए हैं तथा चीन, उत्तरी कोरिया, वियतनाम, इथियोपिया आदि साम्यवादी तथा जापान, इज़रायल, भारत, इन्डोनेशिया आदि अन्य देशों में। इसी प्रकार के परिवर्तन, सांस्कृतिक पहलुओं में विद्युतीकरण एवं यंत्रीकरण के द्वारा होते दृष्टिगोचर हैं। ग्रामीण लोग गृह निर्माण हेतु नए सामानों जैसे सीमेन्ट कंकरीट, टिन लोहा-छड़, प्लाईवुड आदि का प्रयोग कर रहे हैं। इस तरह रूपान्तरण की प्रक्रिया जारी है और ग्राम, संक्रमणकालीन प्रावस्था से गुजरते हुए, नियोजन प्रयासों के प्रति जागरुक हैं। किन्तु संभ्रान्ति की दशाओं के लिए परिमेयकरण आवश्यक है और यहाँ भूगोलवेत्ता भविष्य में अपनी सार्थक भूमिका निभा सकते हैं।

नियोजन की आवश्यकता क्यों?

वासभूमियों का समुचित वितरण अथवा नए नगरों का निर्माण शरणार्थियों का बसाव, अनेक पुनर्निवास, सड़कों का उत्तम विन्यास, सेवा केन्द्रों का स्थानीयकरण, गरीब लोगों के लिये प्रदर्शन गृहों का निर्माण एवम् गृहों का नियोजन आदि कुछ ऐसी समस्याएँ हैं, जिनका सही समाधान, भूगोलवेत्ताओं, ग्रामीण समाजवेत्ताओं तथा सामाजिक-आर्थिक नियोजनकर्त्ताओं के सहयोगपूर्ण एवम् समन्वित प्रयास से मिल सकता है। अधिवास भूगोलवेत्ताओं सड़कों के प्रतिरूप में परिवर्तन एवम् सुधार तथा सेवा-केन्द्रों के वितरण/स्थानीयकरण के बारे में, जिससे रूपान्तरण कम कष्ट साध्य हो, सर्वोत्तम ढंग से निर्देश दे सकता है। इन्हें हम अधोलिखित उप-शीर्षकों के अन्तर्गत पढ़ सकते हैं:

1. भूमि उपयोग के स्थानीयकरण की दक्षता, विपणन, जीवन दशाओं के सम्बन्ध में नियोजन,
2. वर्तमान आर्थिक-कल्याण, सामाजिक गत्वरता तथा आधुनिकीकरण की माँग के सम्बन्ध में नियोजन,
3. ग्रामीण परिवर्तन हेतु अभिकर्त्ता के रूप में ग्रामीण ग्राम-केन्द्रों, सेवा केन्द्रों का नियोजन
4. ग्रामीण-गृह-निर्माण के साथ अवस्थापना तत्त्वों के विकास का नियोजन जो ग्रामीण उत्थापन में सहायक हों।

ये सभी विषय अंतर्सम्बन्धित हैं और इनके लिए समेकित कार्यक्रम नियोजन की आवश्यकता है। किन्तु नियोजन पर परिचर्चा करने से पहले यह समझना आवश्यक है कि सामाजिक इकाई के रूप में अधिवास क्या है? उनकी सामाजिक गतिशीलता क्या है? ग्रामीण नगरीय सम्बन्ध क्या हैं, और क्या है पारम्परिक तथा नवीनता की ओर उन्मुख समाज के मध्य परिवर्तन की लागू रणनीति? सामाजिक

संगठन के संरचनात्मक तत्त्व क्या हैं? नियोजन तथा परिमेयकरण के लिए संसक्तिपूर्ण फिर भी क्षम इकाई क्या होनी चाहिए? नियोजन का पारिस्थितिकीय आधार क्या हैं? इन्हें प्रथम वरीयता के साथ देख लेना है।

ग्राम एक सामाजिक इकाई के रूप में

सामाजिक इाकई के रूप में भारतीय ग्राम एवम् ग्रामीण समाज अतीत काल से ही एक समुदाय के रूप में समझा जाता है, जिसका सुदृढ़ आधार ऐतिहासिक तथा वर्तमान तथ्यों में विद्यमान है।[3] ग्रामों का अलग बसाव, जजमानी पद्धति, जाति एवम् कुल तीन ऐसे आधार हैं, जिन पर ग्राम पर केन्द्रित समुदाय की भावना सुस्थिर रही है। लेखक द्वारा अलग बसाव का विवेचन पिछले अध्यायों में किया जा चुका है। परम्परागत रूप में भारत जजमानी पद्धति एवम् बाजार प्रणाली से सेवित रहा है। प्रथम प्रणाली में सामाजिक अर्थतंत्र के प्राथमिक द्वितीयक तथा तृतीयक खण्ड अंतर्सम्बन्धित हैं, व्यक्ति अथवा कुटुम्ब, विभिन्न खण्डों के अन्तर्गत, आपसी आर्थिक एवम् सामाजिक कर्त्तव्यों तथा दायित्वों से बंधे होते हैं; सम्पूर्ण सामाजिक ढाँचा इन्हीं व्यावहारिक मूल्य प्रणाली[4] के ताने-बाने से बुना होता है। फिर भी, जजमानी तथा बाजार प्रणाली दोनों, एक ओर परिवर्तित राजनीतिक, आर्थिक एवम् राज्य क्षेत्रीय संगठनों के साथ तथा दूसरी ओर नए सामाजिक मूल्य प्रणालियों के प्रति विरुचि के कारण टूटते जा रहे हैं। ग्राम समुदाय का तीसरा आधार जाति एवम् कुल, सामान्यतया, किसी व्यक्ति के प्रकार्य, श्रेष्ठता, उपलब्ध अवसरों, साथ ही साथ, बाधाओं को नियत करते हैं। जातिगत विभिन्नताएँ, घरेलू एवम् सामाजिक जीवन के ढंग की विभिन्नताओं तथा ग्राम्य क्षेत्र में उपलब्ध गृह प्रकारों तथा सांस्कृतिक प्रतिरूपों के प्रकारों को भी नियत करती हैं। इसने विभिन्न सामाजिक वर्गों के मनोवैज्ञानिक स्तर को सुस्थिर किया है तथा ऐसी सूक्ष्मस्तरीय सामाजिक दूरियों, ऊंचे-नीचे सम्बन्धों को जन्म दिया है कि सामाजिक ढाँचा एक विशाल पदानुक्रमित पिरामिड सा दृष्टिगोचर होता है। इस संस्था को, यद्यपि, आर्थिक, राजनीतिक, वैचारिक तथा अनेक बलों द्वारा घातक चोट पहुँचाई गई, फिर भी अपने मर्मान्तक मृततुल्य पीड़ा की घड़ियों में इसने ग्रामीण सामाजिक जीवन पर मजबूत पकड़ बनाए रखा है।[5] ऐसे साक्ष्य भी हैं कि प्रणाली के रूप में जाति की पकड़ ढीली हो रही है। यह परिवर्तन जातियों के व्यवहारों में है जो अपने को उन्नत करने का कार्य करती हैं एवम् सामाजिक प्रतिष्ठा को बढ़ाना चाहती हैं, किन्तु यह प्रणाली को विनष्ट करने की दिशा में नहीं है। कुछ मानों में तो जाति-चेतनता और भी खराब हो चली है।[6] किन्तु ऐसा संभाव्य दीखता है कि कालान्तर में देश, जाति को निगल जाऐगा, रीतिरिवाज सम्बन्धी बन्धन, वर्जनाएँ धीरे-धीरे संशोधित होती रहेंगी जब तक कि सामाजिक प्रणाली पुन: वैदिक काल की भाँति वर्गों में विभक्त हो जाएगी। निस्संदेह कुछ रीति-रिवाज ऐसे हैं, जिन्हें छोड़ना ही है, क्योंकि वे निश्चयमेव हानिकर हैं, वर्तमान दशाओं में उपहास योग्य हैं। किन्तु ये मात्र असामयिक अपवृद्धियाँ हैं, जिनका उन्मूलन, बिना जाति-प्रणाली के द्रव्य को हानि पहुँचाये किया जा सकता है। कारण है कि, इसके लिए मात्र काटने छाँटने वाली कैंची की आवश्यकता है न कि कुल्हाड़े की।[7] अत: भारतीय ग्रामीण जीवन प्रक्रियाओं को समझने तथा इसके विकास की दिशा तय करने के लिए मजबूत पकड़ वाले अष्टभुज (केकड़े) की भाँति जाति प्रणाली के कारणों का ठीक से पता लगाना अत्यन्त आवश्यक हैं।[8] जाति प्रणाली की भाँति कुटुम्ब तथा पारिवारिकता भी, सम्पूर्ण ग्रामीण ढाँचे पर अपनी मुहर अंकित करते हैं।[9]

आर्थिक विकास के लिए सामाजिक आवश्यक गुण

प्रश्न है कि क्या पारम्परिक व्यवस्था की आवश्यकताओं की नींव पर आधुनिकीकरण का ऊपरी ढाँचा खड़ा किया जा सकता है?[10] संस्कृति, अनुकूलन-योग्य तंत्र-विन्यास होने के कारण प्रत्येक प्राकृतिक एवम् सामाजिक पर्यावरण में होने वाले परिवर्तन के प्रति प्रतिक्रिया व्यक्त करती है, जिसके द्वारा सामाजिक-सांस्कृतिक सम्मिश्र में निश्चित आवश्यक परिवर्तन प्रतिफलित की पहचान, सांस्कृतिक बाधाओं के प्राग्ज्ञान तथा क्रियान्वयन की प्रक्रिया सम्बन्धी विभिन्न उपागमों पर आधारित होनी चाहिए। दुर्भाग्यवशात् आधुनिकीकरण के आर्थिक अवस्थापनातत्वों की सावधानीपूर्वक पहचान की जा चुकी है, किन्तु सामाजिक तथा भौगोलिक अवस्थापन तत्त्वों के बारे ऐसी स्थिति नहीं है। यदि सावधानीपूर्वक अवलोकन किया जाय तो आर्थिक विकास का मार्ग, विशेषतया नाजुक, प्रथम त्वरित गति से वृद्धि की अवस्था में, बड़ा ही कठिन, अत्यधिक बलिदान-पिपासु एवम् वंचनाकांक्षी होता है। अतएव इन स्वयं आरोपित वेदनाओं को झेलने की संवेगशील तैयारी आवश्यक है। संक्षेप में, यदि विकासोन्मुख ग्रामीण समाज को आधुनिकीकरण की दिशा में लम्बे डग भरने हैं तो इसके वैचारिक, प्रवृत्तिमूलक, अभिप्रेरणात्मक, संस्थागत-संगठनात्मक ढाँचे की कायापलट आवश्यक है।[11]

ग्रामीण-नगरीय सम्बन्ध

उद्वैलित कुण्ड की भाँति ग्रामीण जीवन को न तो निष्क्रिय, शान्त एवम् नगरीय समाज का निस्पंद जल (backpool) समझा जाना चाहिए और न ही चमक-दमक वाले शहर का सहायक अतिरिक्त उपांग। इसका तो अध्ययन इसके अपने परिमाण तथा महत्त्व के साथ करना चाहिए।[12] निस्संदेह नगरीय समाज की कलम पारम्परिक ग्रामीण जीवन में लगाई जा रही है, जिसके परिणामस्वरूप नवीन ग्राम्य-नगरीय संस्थिति (Configuration) अस्तित्व में है।[13] किन्तु नगरीय दृष्टिकोण से क्षम दिखलाई पड़ने वाले परिवर्तन के अभिकर्त्ता बल, प्रभावित होने वाले अधिसंख्य ग्रामों तक फैलकर अपना संघट्टन शीघ्र ही खो बैठते हैं। इसके अतिरिक्त अध्याय नवम् में विवेचित प्रतिरोधक[14] स्वरूप सेवा केन्द्र भी होते हैं जो इन संघट्टनों को, यदि वे पारंपरिक नगरीय एवम् ग्राम्य अन्तर्सम्बन्धों के विपरीत हैं, क्रमसंकीर्ण बना देते हैं या उनका मार्ग बदल देते हैं। कुछ धार्मिक-स्थल/केन्द्र यथा-वाराणसी, उज्जैन, पुरी आदि ऐसे हैं जिनका प्रभाव-क्षेत्र इतना वृहत् एवम् व्यापक है कि वह भारत के सभी भागों में समाविष्ट है। अन्यथा, विद्वानों एवम् प्रशासकों का यही सामान्य अनुभव है कि उपान्त नगरीय ग्रामों के लोग, साधारणतया, अधिक संवेदनशील, मानव द्वेषी होते हैं तथा आन्तरिक क्षेत्र के ग्रामवासियों की अपेक्षाकृत प्रसामान्यता की ओर उन्मुख होते हैं। सामाजिक गत्वरता की उत्सुक अभिकल्प/नमूना स्वरूप ये उपान्त नगरीय ग्राम एक ओर नगरीय-औद्योगिक केन्द्रों तथा दूसरी ओर विशाल ग्रामीण क्षेत्र के बीच प्रतिरोधक का कार्य संपादित करते हैं। वे इन दो क्षेत्रों के मध्य आघात-सह की भाँति प्रकार्यरत हैं।[15]

भविष्य में ग्रामीण अधिवास का संरचनात्मक ढाँचा

एक नियोजनकर्त्ता के समक्ष सामान्य सा प्रश्न उठता है कि ग्रामीण क्षेत्रों में किस प्रकार का समुदाय उभर कर सामने आ रहा है। भारतीय ग्रामीण क्षेत्रों में परिवर्तनशील सामाजिक-आर्थिक संरचना तथा प्रकट होती दशाओं को मद्देनजर रखते हुए वी. नाथ[16] ने इनके भौतिक संरचना तथा सामाजिक-आर्थिक बनावट में महत्त्वपूर्ण भावी परिवर्तनों को देखा है। उनके अनुसार, जनसंख्या दबाव, भौतिक तथा अनुकूल सामाजिक कारक, निवासियों को, अधिवास के ठीक बाहर स्थित उत्पादक, मूल्यवान कृषि-भूमि से दूर वासभूमियों का प्रसार होगा। इन क्षेत्रों में, इसीलिए, अधिवास प्रतिरूप अधिक खुला एवम् प्रकीर्ण प्रकार ही होगा, बड़े प्राचीन एवम् स्वयं प्रसरणशील नाभिकीय ग्रामों एवम् छोटे कस्बों की अभिवृद्धि से तथा छोटे एवम् मध्यम प्रकार के ग्रामों में प्रगतिशील कृषि विकास से सेवा केन्द्रों की संख्या में वृद्धि होगी तथा इन केन्द्रों में ग्रामीण कारीगरों तथा अन्य कृषीत्तर कार्यों में लगे लोगों का संकेन्द्रण होगा। उनकी यह सोच सही है कि इस अपनति से कृषि तथा सेवा केन्द्र दोनों के अर्थतन्त्र में तकनीकी वृद्धि का सृजन होगा क्योंकि ये एक-दूसरे को अधिक सक्षम रूप में सेवा प्रदान कर सकेंगे। बढ़े हुए कृषि-उत्पादन तथा बढ़ती हुई ग्रामीण आय एवम् जीवन-स्तर में वृद्धि से न केवल सेवा केन्द्रों के विपणन तथा वितरण कार्य-कलापों में तेजी आयेगी वरन् ये अनेक माल तैयार करने वाले उद्योगों को भी आकर्षित करेंगे। इन केन्द्रों का आकार तथा आश्रित ग्रामों की संख्या अनेक क्षेत्रों/जनपदों में भिन्न-भिन्न होगी। अपनति यही होगी कि सड़कों के चौराहे पर, किनारे, बस-स्टाप तथा अन्य आकर्षक स्थलों में बाजार बसेंगे। इस प्रकार ग्रामीण समाज में कृषि-प्रधान वासभूमि तथा अधिसंख्य ग्राम एवम् अल्प संख्या में सेवा केन्द्र होंगे, जिसमें कारीगर, सेवाकार्यरत लोग तथा कुछ कृषक सम्मिलित होंगे।

नियोजन के पारिस्थितिकीय आधार

इस तथ्य पर अधिक बल देने की आवश्यकता नहीं है कि पारिस्थितिकीय समस्याओं के अध्ययन की महत्ता सामाजिक प्रगति की कसौटी तथा संस्कृति के सभ्यता-स्तर का सूचकांक बन गई है। यहीं भौगोलिक शोध, भौतिक तथा सामाजिक प्रपंचों के अध्ययन हेतु व्यापक उपागम प्रदान करने की संभाव्यता के साथ प्रकट होती है। यह व्यापक सम्भाव्य-शक्ति अल्प स्तर के अन्तर्वैज्ञानिक पारिस्थितिकीय अन्वेषण में सम्यक रूप से पूर्णरूपेण लगाई जा सकती है। परिस्थितिकीय अन्वेषण या भौगोलिक जाँच की मुख्य वैज्ञानिक अवनति का तत्त्व निम्नवत रूप में परिभाषित है (1) मानवजनित अनुश्रवण अथवा मानव कार्यकलापों द्वारा पर्यावरण में होने वाले परिवर्तनों का नियन्त्रण, (2) पर्यावरण पर आर्थिक कार्य-कलापों के संघट्टन के परिणामों की वैज्ञानिक, भौगोलिक भविष्यवाणी, (3) तात्विक, भौतिक आपदाओं की रोक-थाम, कम करना तथा निवारण, (4) मानवकृत प्राकृतिक तकनीक प्रणाली में पर्यावरण का इष्टतमीकरण, (उर्सुल, 1983 पृ. 200, फिलॉसफी एण्ड दी इकालॉजिकल प्राब्लम्स ऑफसिविलिजेशन, प्रोग्रेस पब्लिशर्स)

पारिस्थितिकीय जाँच, पूर्व अपेक्षित रूप में, (इकोसिस्टम) पारिस्थितिकी प्रणाली अथवा अधिक सम्यक रूप में (Geoecobiota) पारिस्थितिकीय भौगोलिक-जैविक स्वरूप के अध्ययन से सम्बन्धित है। कामनर के अनुसार नियोजन हेतु आधार स्वरूप इकोसिस्टम से सरोकार पर, खासतौर से यदि पारिस्थितिकीय नियमों का पालन नहीं होता तो विश्व पर आसन्न संकट के प्रति वर्तमान साहित्य की प्रतिक्रिया स्वरूप, विशेष जोर है एवम् उसका प्रचलन है, अर्थात् मानव को पारिस्थितिकीय संतुलन बनाए रखना है, जिसके लिए पारिस्थितिकीय संघटकों, यथा-प्राणिजगत, पौध जगत तथा प्राकृतिक या अजैविक तत्त्व के बीच विनिमय आवश्यक है। पारिस्थितिकीय सन्तुलन की स्थापना के अन्तर्गत अधोलिखित का समावेश होता है: (1) पारिस्थितिकीय ईमानदारी का संरक्षण जिससे जीवन-हेतु सहायक संसाधनों की निरन्तर आपूर्ति बनी रहे, (2) दक्षतापूर्ण एवम् समुपयुक्त भूमि-उपयोग, (3) स्वास्थ्यवर्द्धक जीवन-दशाएँ, (4) सौन्दर्यवर्द्धक पर्यावरण, (5) प्रभावी सामाजिक, आर्थिक एवम् सरकारी संस्थाएँ, (6) उन्नत मानव कल्याण, (7) व्यापकार्थता। यदि पर्यावरण पर मानव संघट्टन को प्रभावित करने वाले सभी मुख्य कारकों को नियोजन के लिए विचार में रखना है तो हमें समग्र एवम् व्यापक दृष्टिकोण अपनाना चाहिए।

विकास-इकाई की खोज अथवा समुदाय एवम् अन्तरग्राम सम्बन्ध

जैसा वी. नाथ ने निष्कर्ष निकाला है ''भारत में प्राथमिक समुदाय का निर्माण ग्राम-अधिवास से नहीं अपितु ग्राम में रहने वाली एक जाति के सदस्यों से होता है। किन्तु पूर्व चर्चित सेवा-केन्द्र अपने घटक ग्राम-समूह के साथ एक वास्तविक समुदाय बनाएंगे।'' यहाँ सबसे पहले एक भूगोलवेत्ता की आवश्यकता होती है जो उनको उपयुक्त स्थान पर स्थापित कर सकता है। दूसरा प्रश्न उठता है कि इस प्रकार के समुदाय के राज्य-क्षेत्र का विस्तार क्या हो अथवा अधिक संसक्त एवम् क्षम विकास-क्षेत्र क्या हो? बस्ती भुगोलवेत्ता की सहायता हेतु यहाँ ग्रामीण समाजवेत्ता आ सकते हैं और पूर्वोक्त द्वारा, निस्सन्देह, वे कहाँ हैं तथा उन्हें कहाँ होना चाहिए, का स्थानीयकरण सम्भव है।

विकास-क्षेत्र केन्द्रित वृद्धि को सामुदायिक विकास योजना द्वारा आदर्श माना गया था, जिसका आकलन जन-तान्त्रिक विकेन्द्रीकरण के लिए निर्मित बलवन्तराय मेहता टीम ने किया था। इस समिति ने अन्तरग्राम स्तर पर स्थानीय प्रशासन की मुख्य इकाई पंचायत समिति का कार्य क्षेत्र विकास खण्ड के सहवर्ती विस्तार वाला तथा जिला परिषद का जनपद के समान रखने/रहने की संस्तुति की थी। किन्तु इस स्वरूप को कभी भी इसका सारतत्त्व नहीं मिल सका। असफलता ही हाथ लगी। क्योंकि ग्राम, विकास के लिए बहुत छोटी इकाई है तथा विकास खण्ड अत्यधिक बड़ी एवम् अव्यावहारिक। इसका न तो ऐतिहासिक जड़ाधार है न तो सामाजिक या आर्थिक वृद्धि का ही।[17] पुनश्च इनका आकार मनमाने ढंग से नियत किया गया। केन्द्र के क्षम होने का पहलू, जो समाकलित ग्राम्य विकास के लिए, ग्रामीण-विकास तथा प्रत्येक क्षेत्र में केन्द्र निर्माण के लिए अत्यावश्यक आमुख था, उपेक्षित रहा तथा विकास कार्यालय के स्थान निर्धारण का चयन, स्थानीय नेताओं की राजनीतिक इष्ट सिद्धि हेतु छोड़ दिया गया अथवा सृजन कल्पना विहीन अधिकारियों पर निर्भर रहा।[18] भारतीय सरकार के सामुदायिक विकास विभाग की प्रस्तुत की गई लघु-टिप्पणी में स्पष्ट उल्लेख है कि विकास खण्ड की संकल्पना तो सही है किंतु संगठित समुदाय के सहयोग पूर्ण साथ के दृष्टिकोण से देखा जाय तो प्रयास, मात्र बिखर कर रह गया। इसीलिए विकास विभाग ने एक योजना बनाई जिसके अन्तर्गत संभाव्य शक्ति पूर्ण वृद्धि केन्द्र के क्षेत्र में आर्थिक आधार तथा एक मुश्त सामाजिक-आर्थिक सेवाओं के लिए पर्याप्त जनसंख्या विस्तार हो जिससे कि विकास की प्रक्रिया सर्वनिष्ठ अभिरुचि तथा जनमानस के ऊजस्वी संबल से दीर्घकालिक एवम् त्वरित प्रगति वाली हो।[19]

ऐसा भी अनुभव किया गया है कि जैसे-जैसे ग्राम में या ग्राम के बाहर व्यक्तिगत स्वार्थों की पूर्ति का प्रयास अधिक सर्वनिष्ठ हो गया, सदस्य के ऊपर समुदाय का प्रभाव क्षीण होता गया।[20] इससे भी अधिक, ग्रामीण विकास के प्रयासों द्वारा ग्राम-समुदाय में विभेद पनपा है। सी.ओ.पी.पी. के प्रतिवेदन में स्पष्ट उल्लेख है कि ''यह जानना कठिन है कि वर्तमान कृषि प्रणाली में जहाँ स्पष्ट विषमताएँ हैं, सामुदायिक भावना का हार्दिक आविर्भाव कैसे हो सकता है'' योजना का परिणाम असमानता में वृद्धि ही है।[21] इससे यह तथ्य प्रकट होता है कि अपने वृहत्तर सामाजिक-आर्थिक आधार के साथ अन्तर-ग्राम स्तर की राज्य क्षेत्रीय इकाई ही लगभग आत्मनिर्भर सामाजिक-आर्थिक इकाई होगी। ''एक ग्राम से वृहत्तर स्थानिक इकाई आर्थिक बलों के अल्पिष्ठ क्रियान्वयन-मापक (Minimal Operational Scale) हेतु आवश्यकरणीय है''।[22] सचमुच में तो समुदायो का समुदाय उपलब्ध है किन्तु ऐसा समझा जाता है कि जैसे-जैसे कृषि में तकनीकी परिवर्तन लागू हो रहे हैं अथवा परिवहन के साधन बढ़ रहे हैं सामुदायिक संगठन की इकाई वृहत्तर होती जायेगी। धीरे-धीरे स्थानीय

नियोजन तथा निर्णय के क्रियान्वयन क्षेत्र व्यक्तिगत ग्राम की जगह ग्राम-समूह होंगे।[23] इस प्रकार का ग्राम से बड़ा एवम् विकास-खण्ड से लघुत्तर प्रकार्यात्मक संगठन, सरकारी कर्तव्यों के निर्वाह को सक्षम बनाएगा तथा स्थानीय समुदायों के उत्तरदायित्वों के विषय-विस्तार एवम् प्रभाव-विस्तार को उनके अपने आर्थिक सामाजिक उर्ध्वोन्नति (advancemnets) के लिए सीमांकित कर सकेगा। इसे, स्थानिक सुविधाओं की उपलब्धि के साथ-साथ अनेक अभिकर्त्ताओं के कार्य करने में, समन्वय प्राप्त होगा। यह औद्योगिक विकेन्द्रीकरण लाकर मानव एवम् पदार्थगत पूँजी की, ग्राम से नगर-खण्ड को प्रवाहित होने की, धारा को पलट सकता है; *साम्यवादी चीन इसे बलपूर्वक लागू कर रहा है। भारत तथा तृतीय विश्व के अन्य जन-तान्त्रिक देशों को इसे आर्थिक अभिप्रेरणा तथा समझाबुझाकर लागू करना है।*[24] अनुभव आधारित साक्ष्यानुसार अल्पस्तरीय प्रदेश में अन्तर-ग्राम स्तर का समाकलन अस्तित्व में रहा है और मात्र पड़ौसी-सम्पर्क का व्यवहार ही अन्तर-ग्राम सहयोग का आधार बन सकता है, जिसका विकास खण्ड स्तर पर मिलना सम्भव नहीं। अतीत में भी पड़ौसी ग्रामों में आर्थिक, धार्मिक एवम् सामाजिक घनिष्ठ सहलग्नता कायम रही है।[25] श्री जयप्रकाशनारायन ने पड़ौसी ग्रामों के प्रादेशिक समुदायों को समग्र समुदाय के रूप में संघटित करने का प्रस्ताव रखा था और दलील पेश की थी कि यह प्रादेशिक समुदाय, कृषि तथा औद्योगिक उत्पादन के लिए संयुक्त कार्रवाई तथा नियोजन की आधारभूत इकाई के रूप में पहचानी जानी चाहिए।[26] इस प्रकार की प्रादेशिक सामुदायिक इकाई संज्ञानात्मक सामाजिक इकाई की भाँति क्रियाशील होगी और इसका आकार वर्तमान न्याय पंचायत क्षेत्र के समान होगा।

अन्तर-ग्राम स्थानीय समूह के अध्ययन से भी, लघु कस्बों[27] या एक सेवा केन्द्र[28] (Uniservice Centres) (प्रो. आर.एल. सिंह ने स्थलाकृति के आधार पर 10-25 ग्राम-समूह सम्मिलित करने का निर्देश किया है) नगरकेन्द्र[29], छोटे कस्बे[30] अथवा स्थान-निर्धारण केन्द्र[31] आदि नामों से अभिहित केन्द्रों के स्थापना का प्रत्यय बनता है। ये एक से सेवा केन्द्र आधुनिकीकरण से सेल/कोशिका की भाँति काम करेंगे, नए प्रकार के प्रकार्यात्मक नेतृत्व को प्रोन्नत करेंगे, राष्ट्रवाद तथा मतनिर्पेक्षवाद (Secularism) के मूल्यों से अभिप्रेरित होंगे, जो अपने प्रभाव-क्षेत्र में स्थानिक, राजनीतिक संस्थाओं में नए जीवन का संचार करेंगे। ये स्थानीयक्रत केन्द्र सूचना केन्द्र या भण्डार गृह के रूप में विकसित होकर त्वरित गति से नवाचार विकीर्ण करेंगे तथा साथ ही साथ प्रत्येक वर्ग के लोगों में समीकरण की प्रक्रिया का समावेश कर पाएंगे।[32]

ग्रामीण परिवर्तन के अभिकर्त्ता के रूप में सेवाग्राम एवम् ग्राम्य सेवा केन्द्र का नियोजन

इसके पूर्व के विवेचनों से स्पष्ट है कि सेवा केन्द्र ग्रामीण परिवर्तन के लिए अभिकर्त्ता के रूप में केन्द्र बिन्दु का कार्य करेंगे। इस प्रकार ग्रामीण अधिवासों के संरचनात्मक ढाँचे में, जैसा कि अधिवासों के आयोजन पूर्ण पदानुक्रम (चित्र 10.1, 10.2) में प्रस्तावित है, तीन स्तरीय विन्यास-प्रबन्ध स्पष्ट है यथा-न्यून स्तर पर आश्रित ग्राम, उच्चतर स्तर पर सेवा ग्राम या केन्द्रीय ग्राम तथा शीर्ष पर सेवा केन्द्र। इनके चतुर्दिक लगभग षटभुजीय प्रतिरूप प्रकट होता है। स्थान-निर्धारण सम्बन्धी वरीयता सुनिश्चित कर लेने पर ये उद्गमित केन्द्र पारम्परिक साथ ही साथ उद्गमित स्थानिक सामयिक ढाँचे में फिट होंगे। चूंकि भारत की जनसंख्या कृषि-कृषीतर एवम् ग्राम्य-नगरीय सातत्य की अवसीमा के साथ स्थित है ये केन्द्र, जनसंख्या के स्थान निर्धारण तथा प्रकार्यात्मक पदानुक्रम में, न्यायपूर्ण/तर्कसंगत अवस्थिति ग्रहण करने के लिए उद्गमित होंगे।[33] ऐसे केन्द्रों का चयन, बिना किसी राजनीतिक, धार्मिक प्रतिष्ठा को संलग्न किए हुए, निरन्तर भेदभाव रहित, पूर्वग्रह-विहीन ढंग से करना वाँछनीय है। किसी भी प्रदेश में कुछ अधिवास अपने उद्भव, क्रम विकास तथा अधिवास-जाल की गहनता के काल/अन्तराल में ऐतिहासिक-सांस्कृतिक महत्त्व को भोग चुके होते हैं या उस के अधिकारी होते हैं।[34] केन्द्र-निर्माण-अभियोजन हेतु ऐसे अधिवासों को केन्द्रीय ग्राम या सेवा केन्द्र के लिए चुन सकते हैं। नए एवम् पूर्णरूपेण नए केन्द्रों के जाल का सृजन करके वर्तमान भूदृश्य पर अध्यारोपित करने के बजाय इनका सामाजिक-आर्थिक विकास करना कम खर्च वाला एवम् श्रमसाध्य होगा। प्रस्तावित आयोजनपूर्ण पदानुक्रम के साथ अधिवास के चुनाव तथा उनमें मूलभूत नागरिक, संस्थागत सेवाओं, सुविधाओं की स्थापना से, उस क्षेत्र के अतीत की धरोहर, पारम्परिक गर्व को चोट पहुँचाए बिना, ग्राम्य क्षेत्र में सामाजिक-आर्थिक एवम् सांस्कृतिक परिवर्तन तथा आधुनिकीकरण लाए जा सकते हैं। साथ ही साथ विकेन्द्रीकरण का स्वरूप स्थापित हो जाने से सभी ग्राम समुदाय का समाकलित विकास सुनिश्चित होगा और इससे सम्पूर्ण ग्रामीण समाज का विकास होगा। जिस सीमा तक इसे पा लिया जाय उतना ही सरल होगा कि हम सम्पूर्ण देश के लिए समग्र रूप में[35] ग्राम्य नगरीय एवम् औद्योगिक अर्थतन्त्र के मध्य वृहत्तर पैमाने पर अन्योन्यक्रिया सुरक्षित कर सकेंगे।

Figure 10.1

Model Pattern of Spatial Integration and Functional Coordination for Depalpur Tahsil (Malwa Region)

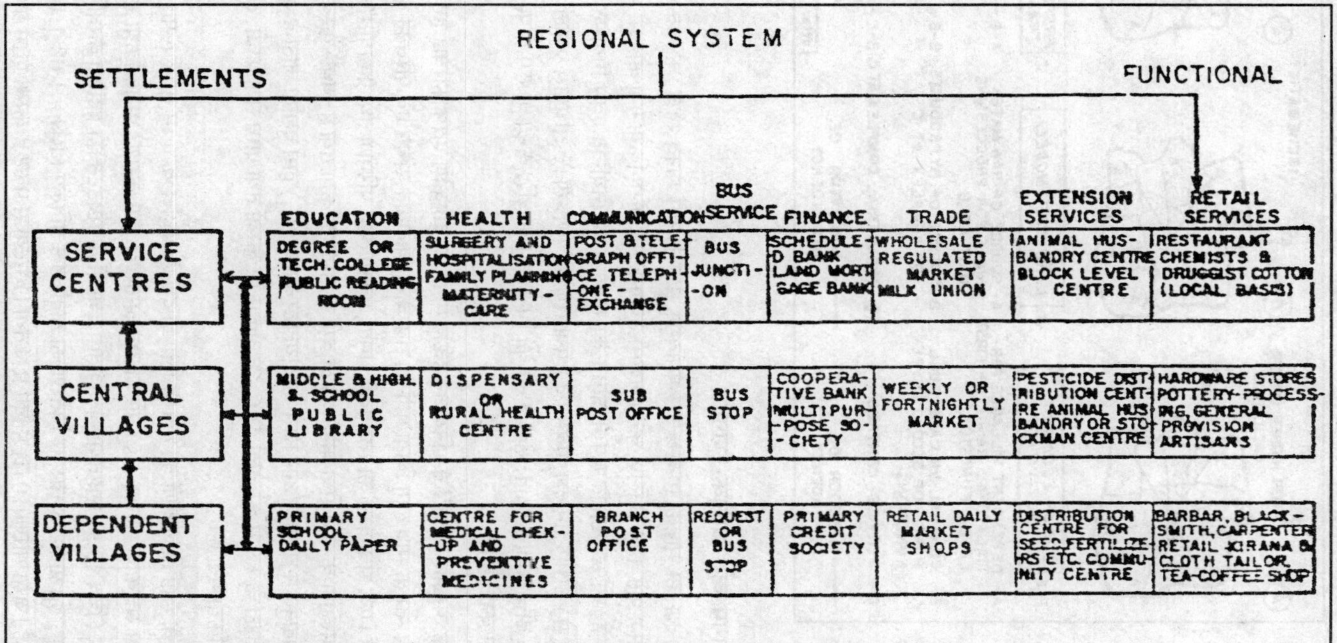

Modified from Lalit K. Sen et al., fig. 9-8, p.165 In. A Study in Miryalguda Taluka.

Figure 10.2
Model for Village Planning

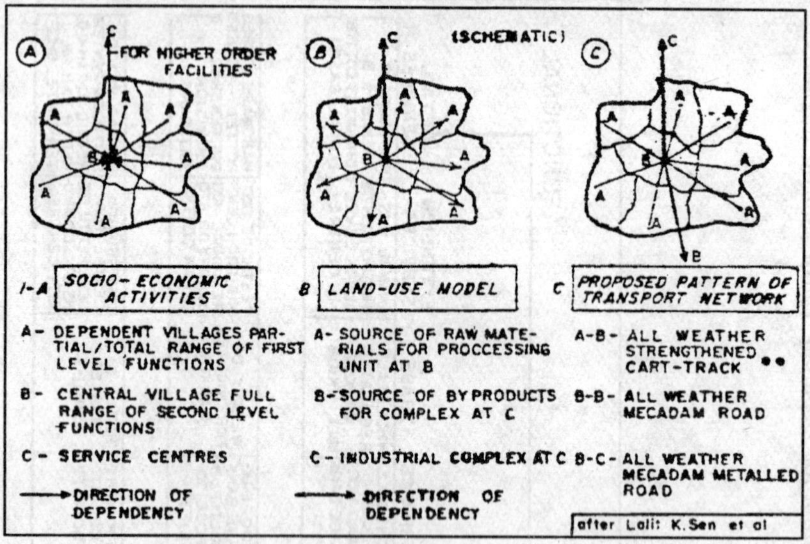

सेवा केन्द्र उपागम की स्थानिक रणनीति

चूंकि भौगोलिक देश का सार्थक सम्बन्ध उस पर्यावरण से है जिसमें मानव रहता, कार्य करता एवम् विश्राम करता है[36] उसके द्वारा विवेकपूर्ण पर्यावरण प्राप्त करने के लिए, कल्याणकारी उपागम[37] के जरिए किया गया कोई भी प्रयास अधोलिखित चार लक्ष्यों का विचार सम्मिलित करता है, जो समाकलित रूप में जीवन की गुणवत्ता को नियन्त्रित एवम् नियमित करते हैं: (अ) सर्वाधिक सम्पर्क, (ब) न्यूनतम प्रयास, (स) अभीष्टतम देश, एवम् (द) पर्यावरण की गुणवत्ता।[38] अधिवास प्रणाली सामाजिक एवम् आर्थिक कार्यकलापों[39] का एक स्थानिक ढाँचा होता है। अत: सेवा केन्द्रों को भिन्न क्रम के वृद्धि केन्द्रों के रूप में पहचानना समुचित होगा जो एक प्रस्तुत देश में संगठन प्रणाली बनाते हैं।[40]

पूर्व चर्चा के अनुसार ''देश'' को नियोजन इकाई मानने के दृष्टिकोण एवम् कार्रवाई हेतु सीमांकित क्षेत्र के रूप में सेवा केन्द्र का उपागम पदानुक्रम स्तर के साथ लागू किया गया है। सेवा केन्द्र, यातायात, संचार एवं परिवर्तन के पर्ब केन्द्र माने गए हैं, जो अधिवासों को सन्तुलित रखते हैं। एक सेवा केन्द्र का स्तर एवम् क्षमता, प्रकार्यात्मक परिमाण तथा प्रकार्यात्मक विशिष्टता के रूप में आर्थिक क्षमता पर निर्भर है। इस समरूपता के साथ सेवा केन्द्रों को दो वर्गों में समूहित किया गया है, यथा–कस्बे एवम् ग्राम्य सेवा केन्द्र जो संयुक्त रूप में सेवा केन्द्रों का पदानुक्रम बनाते हैं और जिसे केन्द्रीयता सूचकांक (C_1) द्वारा दर्शाया जाता है और जिसकी माप कुल प्रादेशिक वाणिज्य जनसंख्या के प्रतिशत के रूप में की जाती है। C_1 के आधार पर कस्बों तथा ग्राम्य सेवा केन्द्रों, दोनों को चार वर्गों (चित्र 10.3, सारणी 10 (i) में समूहित किया गया है।

सेवा केन्द्रों के स्थानिक लक्षणों की माप के लिए दो दशाएँ–यादृच्छिक एवम् समरूप–पाई गई जिन्हें RN (यदृच्छा सूचकांक), D_1 (यादृच्छा विक्षोभ सूचकांक) एवम् Hs (परिकल्पित अन्तरण) द्वारा क्रमश: प्रस्तुत किया गया है। इन सेवा केन्द्रों का स्थानीयकरण सम्बन्धी व्यवहार (चित्र 10.3) स्पष्टतया स्थलाकृतीय दशाओं के संघट्टन को प्रदर्शित करता है। उच्चतर क्रम के केन्द्र राष्ट्रीय या प्रदेश के राजमार्ग से जुड़े हैं। प्रादेशिक स्तर पर वितरण का यादृच्छिक प्रतिरूप (RN = 1.08-1.10) स्पष्टतया दृष्टिगोचर है, किन्तु क्रम के अनुसार भिन्नता है। जैसा सारणी 10 (i) में दिए RN तथा D_i मूल्यों से प्रकट है कस्बों एवम् ग्राम्य सेवा केन्द्रों के प्रकीर्णन स्वरूप में क्रम के अनुसार स्पष्ट समानता मिलती है। क्रम के अनुसार सेवा केन्द्रों की अवलोकित तथा सम्भावित संख्यात्मक आवृत्ति की तुलना से उच्चतम तथा निम्नतम समूह में दबाव स्पष्ट है, जो स्थानिक अन्तरण का द्योतक है। यह तथ्य अधिक स्पष्ट रूप में अभिबिन्दुक अनुपात

Figure 10.3

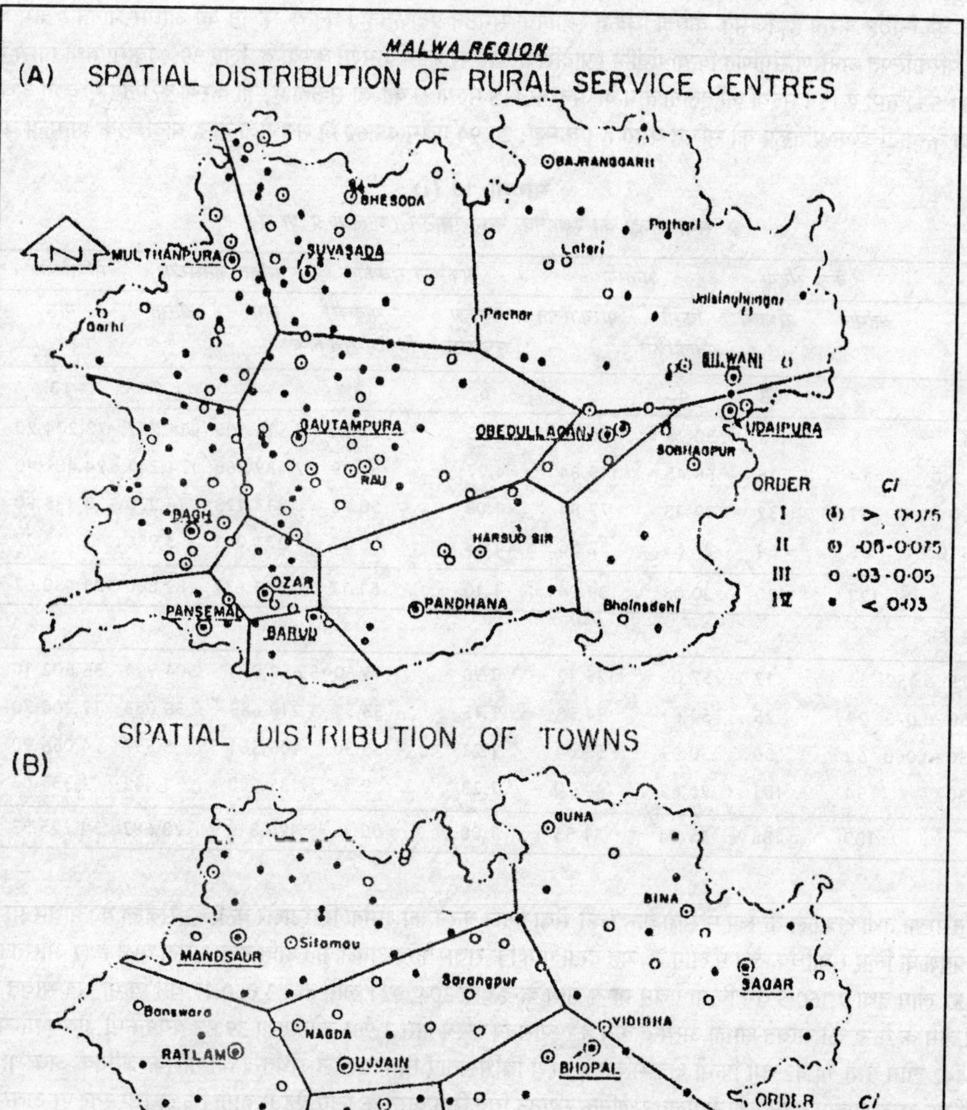
MALWA REGION
(A) SPATIAL DISTRIBUTION OF RURAL SERVICE CENTRES
BHESODA
MULTHANPURA
SUVASADA
Pathari
Lateri
Garhi
Jaisinghnagar
Pachor
SILWANI
GAUTAMPURA
OBEDULLAGANJ
UDAIPURA
SOBHAGPUR
RAU
BAGH
HARSUD SIR
OZAR
PANSEMAL
PANDHANA
BARUD
Bhainsdehi
ORDER CI
I > 0·075
II ·05-0·075
III ·03-0·05
IV < 0·03
SPATIAL DISTRIBUTION OF TOWNS
(B)
GUNA
BINA
MANDSAUR
Sitamau
Sarangpur
SAGAR
Banswara
NAGDA
VIDISHA
RATLAM
UJJAIN
BHOPAL
INDORE
ITARSI
MHOW
Alirajpur
Betul
ORDER CI
I > 1·1
II 0·5-1·0
III 0·2-0·5
IV < 0·2
0 50 100
km

(convergent ratio) या (CR) से समझने योग्य है, जिसका मूल्य 2.08 है। यह मूल्य प्रदेश की संक्रमणशील पारिस्थितिकीय अवस्थिति को निर्दिष्ट करता है, जिसके कारण विकृत स्थानिक संगठन प्रदर्शित है। घनत्व-फलन को आधार मानकर क्रम के अनुसार केन्द्रों का परिकल्पित अन्तरण संगणित किया गया है। प्रादेशिक स्तर पर मूल्य क्रमशः कस्बों के लिए 39.4 किमी तथा ग्राम्य सेवा केन्द्रों के लिए 31.53 किमी है। इन मूल्यों की तुलना क्रम के अनुसार HS मूल्यों से की जा सकती है, जो कस्बों के लिए गुच्छित अवनति एवम् सेवा केन्द्रों के यादृच्छिक प्रतिरूप को सूचित करते हैं (क्रमशः 20.94 एवम् 45.60)। शेष सेवा केन्द्र यादृच्छिक प्रतिरूप बनाते हैं।

सारणी 10 (i)

सेवा केन्द्रों का स्थानिक नगर संगठन (मालवा प्रदेश में)

	केन्द्र संख्या		*अन्तरण*		*प्रकीर्णन सूचकांक*		*सेवित जनसंख्या*		*सेवित क्षेत्र (वर्ग किमी.)*	
	वर्तमान	*संभाव्य*	*किमी अवलोकित*	*परिकल्पित*	*यदृच्छा सूचकांक*	*यादृच्छा विक्षोभ सूचकांक*	*योग*	*औसत*	*योग*	*औसत*
1	2	3	4	5	6	7	8	9	10	11
1. 1.00	8	8	30.25	144.47	0.45	20.94	7,318,105	914,752	73,204.20	9,150.50
2. 0.5-1.0	14	16	68.45	115.84	1.27	59.09	2,439,368	174,241	24,401.40	1,742.96
3. 0.2-0.5	31	32	39.48	77.84	1.09	50.72	813.123	26,230	8,133.80	262.38
4. 0.15-0.2	68	64	27.63	52.56	1.13	52.57	271,041	3,986	2,711.27	39,87
	122	120	20.08	39.24	1.10	51.17	10,841,637	89,600	108,450.67	896.29
गाँव सेवा केन्द्र										
1. 0.075-0.150	12	12	57.05	125.12	0.98	45.60	3,659,053	304,921	36,602.10	3,050.17
2. 0.050-0.075	21	25	50.61	94.58	1.15	53.51	1,219,685	58,083	12,200.70	580.99
3. 0.030-0.050	62	50	30.99	55.04	1.21	56.30	406,561	6,557	4,066.90	65.60
4. 0.030	94	101	26.62	44.70	1.28	59.56	135,520	1,442	1,335.63	14.42
	189	188	15.84	31.53	1.08	50.25	5,420,819	28,682	54,225.33	286.91

जनसंख्या तथा क्षेत्रफल के रूप में सेवा केन्द्रों की सेवा प्रदान करने की क्षमता ख्रिस्टालेर के k=3 संजाल के आधार पर संगणित है जो इस प्रदेश के लिए सर्वाधिक रूप में लागू है। यह देखा गया कि सेवा-केन्द्र अपेक्षाकृत अति उच्च क्षमता वाले हैं। (औसतन कस्बे द्वारा 914, 752 लोग तथा 9,150.5 वर्ग किमी एवम् ग्राम्य सेवा केन्द्र द्वारा 304, 921 लोग तथा 3,050.17 वर्ग किमी क्षेत्र सेवित हैं) जबकि न्यूनतम क्रम के केन्द्र की सेवित क्षमता अत्यन्त कम है (औसतन कस्बे द्वारा 3,986 लोग तथा 39.87 वर्ग किमी, एवम् ग्राम्य सेवा केन्द्र द्वारा 1,442 लोग तथा 14.42 वर्ग किमी क्षेत्र सेवित हैं)। ये विभिन्नताएँ विकासशील अर्थतन्त्र की नाजुक/क्रांतिक अवस्था की द्योतक हैं। स्थानिक अन्तरण कम करने तथा संतुलित स्थानिक संगठन विकसित करने के लिए बेहतर होगा कि लघुत्तर स्तर पर अवस्थापनात्मक निर्देशांकों (Coordinates) का प्रावधान किया जाय, जिससे लघुक्रम के सेवा केन्द्रों की सेवा-क्षमता में सर्वाधिक वृद्धि हो, अभीष्टतम स्तर की हो। वर्तमान समय में (जैसा डिरिख्लेट[40] बहुभुज द्वारा प्रस्तुत है) सेवा खण्ड असंतुलित स्वरूप प्रकट करते हैं, जिसे खाली जगहों में सेवा केन्द्रों का अतिरिक्त विकास करके ठीक किया जा सकता है।

अधिवासों के स्थानिक समाकलन एवम् प्रकार्यात्मक समन्वय का प्रतिमान

इसके पूर्व अध्याय 9 में प्रतिदर्श के रूप में देपालपुर तहसील के अधिवासों तथा प्रकार्यों के पदानुक्रम का विवेचन किया जा चुका है। स्थानिक समाकलन के अन्तर्गत स्थानीयकरण सम्बन्धी खाली जगहों का भरना तथा संसक्त प्रतिरूप के साथ अधिवास के विभिन्न भागों को संयुग्म करने का प्रयास सम्मिलित होता है। स्पष्ट हो चुका है कि प्रकार्यात्मक पदानुक्रम के तीन वर्ग, केवल उस जनसंख्या के आकार

Figure 10.4

Distribution of Central Functions in Depalpur Tahsil

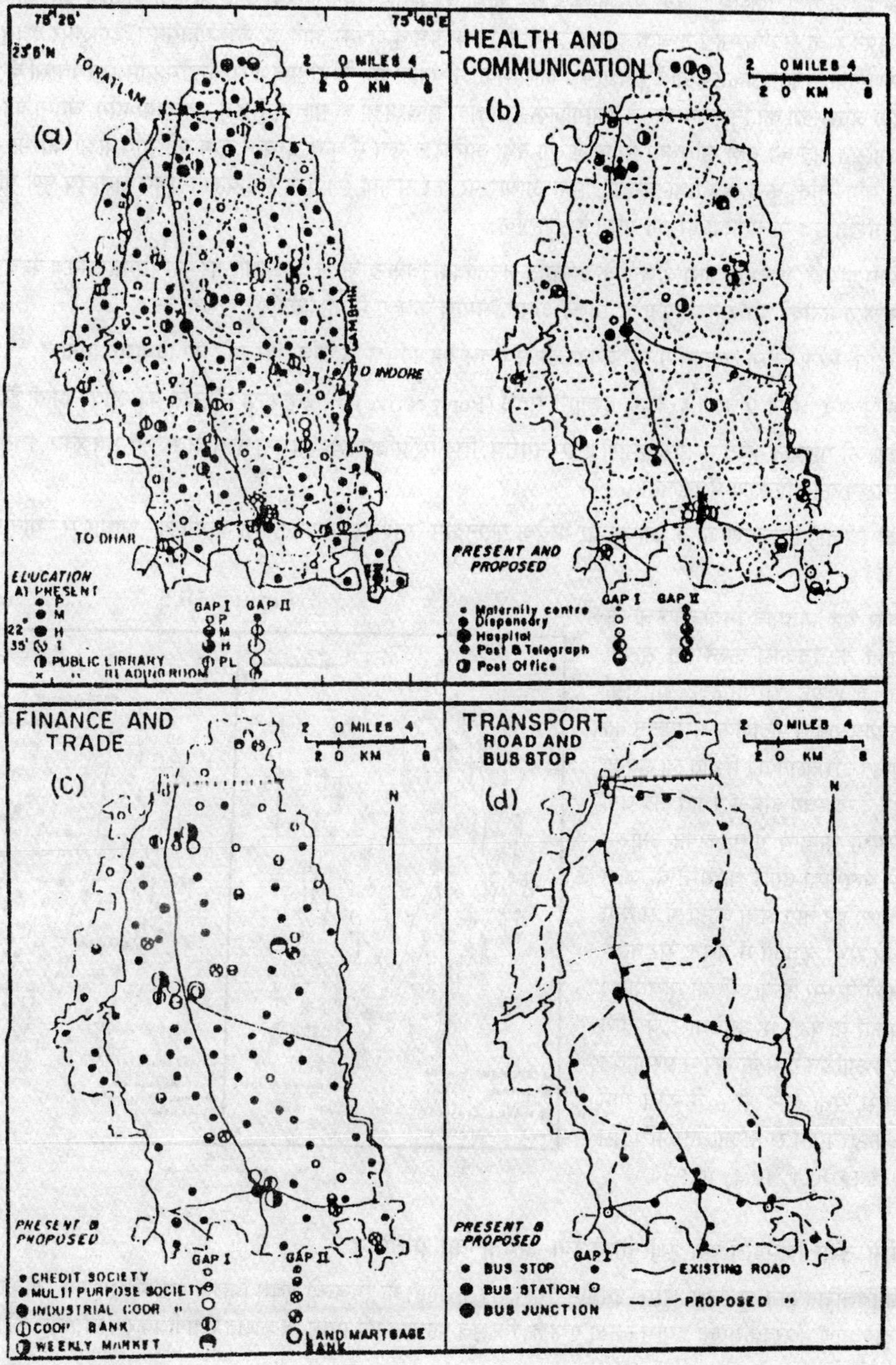

से, जिसमें वे पाए गए, ही सम्बन्धित नहीं थे, वरन् ग्रामवासियों के स्थान की पसंद या केन्द्र के चयन-क्रिया से साहचर्य में थे जिसे, उन्होंने सामाजिक आर्थिक जरूरतों के लिए अन्य अधिवासों के परस्पर क्रिया हेतु प्रदर्शित किया था। उसी के अनुसार तहसील क्षेत्र को कई उप-क्षेत्रों में विभक्त किया गया, जिसमें प्रत्येक में छोटे बड़े कई ग्रामों का समूह समाविष्ट रहा और जो एक केन्द्रीय ग्राम के आश्रित रहे। ये केन्द्रीय ग्राम अपने सेवा क्षेत्र के साथ उच्चतर क्रम के सेवा केन्द्र के प्रभाव क्षेत्र में आते हैं, जैसे गौतमपुरा, देपालपुर एवम् बेतमा। इससे तीन-स्तरीय स्थानिक संगठन प्रकट होता है। यद्यपि प्रकार्यात्मक अधिकार क्षेत्र के दृष्टिकोण से केन्द्रीय ग्राम, अधिवासों के 50 वर्ग किमी क्षेत्र तथा 4,500 जनसंख्या को निश्चित स्तर के सामाजिक-आर्थिक सुविधाओं के प्रावधान-हेतु उत्तरदायी होंगे, बेतमा की भाँति के केन्द्र अपने स्वयं-आश्रित क्षेत्र को यही सुविधाएँ प्रदान करेगा तथा अतिरिक्त रूप में कुछ उच्चतर क्रम की सुविधाओं को भी रख सकता है, जिसमें उनकी माँग-पूर्ति, कुछ क्षेत्र तथा जनसंख्या के आधार पर कर सकता है। ऐसा समाकलन एवम् समन्वय पूर्ण प्रतिरूप[14] (चित्र 10.1) अधोलिखित पूर्व मान्यताओं पर आधारित है-यह कि:

1. प्रदेश, सामुदायिक, ग्राम्य विकास योजना के अन्तर्गत जनतांत्रिक विकेन्द्रीकरण के आधार पर परम्परागत समाज के बजाय आधुनिक (समुपयुक्त तकनीकी की अनुस्थापना के साथ) औद्यो. समाज के रूप में परिवर्तन का इच्छुक है,
2. सरकार द्वारा, बिना किसी बलप्रयोग के, जनता की सर्वोत्तम सहभागिता के साथ, परिवर्तन का नियोजन होना है,
3. यह एक संलग्न, धीमी प्रक्रिया है, जिसे दूरगामी संदर्श (Perspective) को दृष्टिकोण में रखने की आवश्यकता है,
4. एक प्रदेश की पहचान करते समय, ग्रामीण एवम् नगरीय, विकास प्रक्रिया के अभिन्न तत्त्व के रूप में समझकर, विकास प्रक्रिया के समग्र स्वरूप को दृष्टिकोण में रखना है,
5. प्रदेश की स्थलाकृतिक दशाओं के आधार पर प्रत्येक पदानुक्रम-स्तर पर क्षेत्रफल तथा जनसंख्या-आधार में स्थानीय भिन्नताएँ हो सकती हैं।

इस प्रकार यह प्रतिमान नियोजनकर्त्ता के लिए सुविधाओं का विकास करने हेतु सलाह प्रदान करता है। यह सामाजिक-आर्थिक सुविधाओं के प्रावधान में प्रादेशिक असंतुलन को घटाकर नियन्त्रित असंतुलन की स्थिति ला सकता है। नए सृजित केन्द्र स्वयं अपना प्रभाव क्षेत्र बना लेंगे। चूँकि सभी केन्द्रीय ग्राम, अपने आश्रित अधिवासों से बैलगाड़ी आदि के रास्ते के जाल से जुड़े होंगे तथा इन तीन सेवा केन्द्रों में से कम से कम एक से सभी ऋतुओं में प्रयुक्त सड़क से जुड़े होंगे, इनकी परस्पर क्रिया अधिक सुविधापूर्ण होगी। इस प्रकार के कुल 18 अधिवास, केन्द्रीय ग्राम तथा 173 आश्रित ग्राम के रूप में प्रस्तावित हैं। प्रत्येक ऐसे सेवा केन्द्र से 6 केन्द्रीय ग्राम तथा प्रत्येक केन्द्रीयग्राम से 8 आश्रित अधिवास सेवित होंगे (चित्र 10.1, 10.4, 10.5)।

Figure 10.5

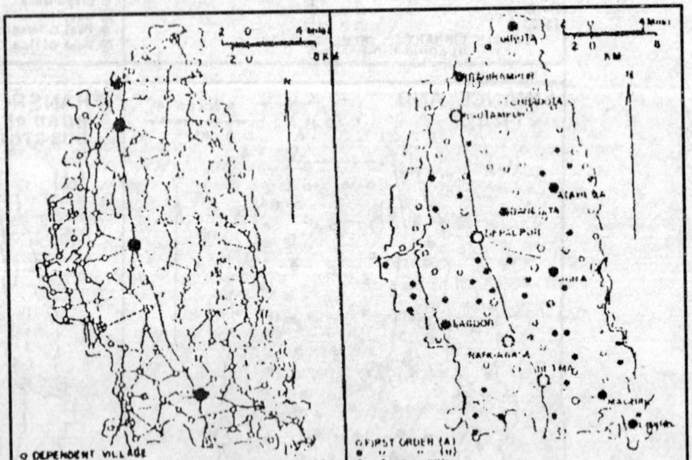

भूमि उपयोग तथा विपणन की स्थानीयकरण-क्षमता का प्रतिमान

अध्याय 6 में विवेचित खेत-गृह तथा भूमि-उपयोग तथा देश (Space) के सम्बन्धों एवम् पिछले पृष्ठों में दिए गए स्वीकृत दोष-निवारक साधनों को दृष्टिकोण में रखकर एक प्रयास किया गया है, कि पूर्व पहचान गए एवम् विकसित स्थानीयकरण प्रतिमान को सुदृढ़ बनाने हेतु

शोध की उत्तम विधा अपनाई जाय। इस शोध क्षेत्र को ''स्थानीयकरण-क्षमता-प्रतिमान'' कहा जाना चाहिए, जिसकी सहायता से किसी भी प्रदेश में उद्योग के स्थानीयकरण की भविष्यवाणी सम्भव हो सकती है। ऐसे उद्योग के मुख्य रूप में केन्द्रीय ग्रामों में स्थानीयकरण द्वारा केन्द्र के द्वितीयक खण्ड के विकास में, जिसमें पक्का माल या वस्तु निर्माण अथवा कृषि आधारित उद्योगों को सम्मिलित किया जाता है, आश्रित ग्रामों की प्रत्यक्ष सहभागिता हेतु मार्गदर्शन में सहायता मिलेगी। किन्तु शोध हेतु, भूमि उपयोग प्रतिरूप, मुख्य फसलों का उत्पादन, इसकी कारखाने, बाजारों से सहलग्नता एवम् केन्द्र तथा अल्पस्तर के आश्रित अधिवासों के सम्बन्धों के अध्ययन की आवश्यकता होती है। कार्यान्वय सम्बन्धी लक्षणों पर विचार करते समय स्थानीयकरण के रिक्त स्थानों की पहचान तथा स्वीकृत दोष निवारक साधनों को याद रखना आवश्यक है। सारणी 10 (ii), 10 (iii) में प्रस्तावित रिक्त स्थानों एवम् केन्द्रीय ग्रामों की सूची है, जिसमें से पक्के माल के लिए उद्योग केन्द्र का चयन सरलतया किया जा सकता है। चूंकि भार में कमी लाने वाले उद्योग संसाधन स्रोतों पर स्थित होते हैं और उन्हें स्थानीयकरण का लाभ प्राप्त होता है, अत: केन्द्रीय ग्राम या उनमें से कुछ का चयन अन्य इकाईयों की स्थापना हेतु स्थान (Site) प्रदान कर सकता है। जब प्रकार्यात्मक रिक्तता समाप्त हो जाएगी तो आश्रित ग्राम, इन केन्द्रों से 5 से 6 किमी से अधिक दूरी पर नहीं होंगे। ये सभी अधिवास लघुत्तम दूरी वाले बैलगाड़ी के रास्ते या सभी ऋतु लायक सड़कों से जुड़े होंगे, चित्र 10.4, 10.5। सेवा केन्द्रों के नियमित बाजार के लिए अन्य साप्ताहिक एवम् पाक्षिक बाजार पूरक साबित होंगे। इस प्रतिरूप से आर्थिक दूरी घटेगी, कृषक को उसके उत्पाद का प्रतियोगी मूल्य मिलेगा, प्रसार-साधन-केन्द्रों, (यथा बीज, खाद, कीटनाशक, ऋण आदि के) या नागरिक सुविधाओं-(स्कूल, स्वास्थ्य चिकित्सा केन्द्र तथा अन्य फुटकर सामान की) तक सरल पहुँच होगी, चित्र 10.2A। सामाजिक, आर्थिक कार्य-कलापों के लिए आदर्श स्थान-निर्धारण के अतिरिक्त दूसरे भाग में (चित्र 10.2B) आश्रित अधिवासों के सम्बन्ध में पक्के माल तैयार करने की इकाई के स्थानीयकरण के स्थान को प्रदर्शित किया गया है। फसल चक्र एवम् उत्पादन के समुचित सर्वेक्षण द्वारा इकाई तक उत्पाद की आपूर्ति तथा कृषक को प्रतियोगी-मूल्य मिलना सुनिश्चित हो जाएगा। सामाजिक-आर्थिक के उपरला स्रोतों (Overheads) के इकाई के साथ समाकलन से सेवित क्षेत्र तथा केन्द्र को स्थायित्व मिलेगा। इन दो प्रतिमानों द्वारा स्वभावत: तीसरे परिवहन-संजाल की ओर संकेत मिलता है। केन्द्रीय ग्राम से आश्रित ग्रामों तक बैलगाड़ी के मार्ग अवश्य जुड़े होने चाहिए। इस संजाल हेतु अन्तरग्राम तथा अन्तर्प्रदेश दूरियों के सम्बन्ध में नियोजनकर्त्ता तथा कार्यान्वयन अधिकारी के मध्य सहयोग एवम् समन्वय की आवश्यकता होगी। केन्द्रीयग्राम, अन्य पड़ौसी केन्द्रों तथा अधिक महत्त्व के केन्द्र से सभी ऋतुओं में प्रयुक्त सड़क से जुड़ा होगा, चित्र 10.2c। इसके द्वारा केन्द्र से एवम् केन्द्र को उत्पाद की सामयिक, त्वरित आपूर्ति सुगम होगी। सड़कों का प्रकार, उपलब्ध धनराशि, स्थानीय आवश्यकता पर निर्भर होगा। गौतमपुरा तथा देपालपुर के बीच स्थित फरकोदा के लिए प्रतिमान की तीनों दशाएँ लागू होंगी।

सारणी 10 (ii)

सूचकांक को अंक आवंटन		*स्थानीयकरण-प्रकार्यात्मक अन्तर (प्रस्तावित)*	
प्रकार्य	*अंक*	*अन्तर प्रथम*	*अन्तर द्वितीय*
1	2	3	4
(अ) प्रशासनिक			
1. तहसील कार्यालय	10	शून्य	शून्य
2. विकास खण्ड	10	शून्य	शून्य
3. पुलिस स्टेशन	10	शून्य	शून्य
(ब) शिक्षा			
4. प्राथमिक विद्यालय	1	कुलाला, विल्लोदगढ़ी, खरसोदा, कुंधरा, पलस्याथार, खिरेली, चन्दनखेड़ी, जमगोदा, बन्याखेड़ी नौगवाँ सर्फ सिंगवादा, गिरोदा, तकीपुरा, बरोदा, पन्थ, खानपुर, संगवी, पीरपिप्लिया, रनमल बिल्लोद, खटेदिया, सारंग बिजेपुर	चितोदा, मुन्दीपुर, पलासिया, मानपुरा, ओसरोद, किशनपुरा, कलसुरा, मुथला, मुरादपुरा

Contd...

Contd...

5. मिडिल स्कूल	4	धरमत, तलावली, अत्याना, गोकुलपुर, फरकोदा, भीलबदोली, चन्दनखेदी, सुनाला, बिरगोदा दौलताबाद, मेथावदा, लालेन्दी, औरंगपुरा, धरवारा	फूलन, परिनलवासा, जलौदियाज्ञान, बछोदा, जलोदियापार, पिटावली, कनवासा, सुमथा सिंगावदा, अलावदा, जलादियापंथ, सनावदा सेजवानी, रायलपुरा
6. हाई स्कूल	10	गिरोटा, अताहेदा, माचल, सगदोद, धन्नड़	भीलबदोली, रंगवासा करोदिया, कोली विल्लोद
7. सार्वजनिक वाचनालय	8	गिरोटा, अताहेदा, धन्नड़ बेतमा	जलोदियापार, करोदिया, घाटा बिल्लोद
(स) स्वास्थ्य			
8. अस्पताल	10	बेतमा	गुंजी गौतमपुरा
9. डिस्पेन्सरी	4	बनेदिया, अताहेदा	शून्य
10. मातृ एवम् शिशु कल्याण केन्द्र	2	शून्य	देपालपुर, बेतमा, अताहेदा
11. ग्राम्य स्वास्थ्य केन्द्र	3	सारणी 10 के सभी केन्द्रीय ग्राम	शून्य
12. प्राइवेट डॉक्टर	1	सभी मिडिल स्कूल वाले ग्राम	शून्य
13. पशु चिकित्सक	1	" "	"
(द) संचार साधन एवम् यातायात			
14. पोस्ट एवम् टेलीग्राफ	4	बेतमा	धन्नड़, अगरा
15. डाकघर	3	माचल, धन्नड़	सागदोद परिनालवासा, गोकलपुर, चान्देर, घाटाबिल्लोद, कालीबिल्लोद, आरंगपुरा, जलोदियापार, खिरेली
16. बस स्टाप	3	गिरोटा, अताहेदा, धन्नड़ छदोता, तोलवली, चान्देर	सेजवानी, थलारिया, सागदोद, पन्थ
बस स्टेशन		माचल, आगरा	बादोदिया, सुनेला, धरमत बहिरामपुर, घाटा विल्लोद
(य) वित्त एवम् व्यापार			
17. सहकारी बैंक	2	शून्य	देपालपुर, बेतमा, गौतमपुर, अताहेदा
18. सहकारी समिति/ ऋणसमति	2	न्योरी, तोलवाली, जलोदियापार धरमत, रूद्राखिया अत्याना	बहिरामपुर, नौलाना, पिलावली, कालीबछोदा, रलात्या, फूलन, कन्दरा, सेमदा, चिकलोन्दा, अलावदा, लालेन्दी रायतपुरा, चन्दनखेड़ी आमली, जलालपुरा, कर्की, गुलावत, काली बिल्लोद
बहुधन्धी समिति	2	गौतमपुरा, देपालपुर, बानेदिया, गिरोटा,	माचल, धन्नड़, घाटा-बिल्लोद, रंगवासा अगरा, सागदोद,
		अताहेदा	जलोदियापार, कनवासा, फरकोदा, कटकोदा
औद्योगिक समिति	2	गोतमपुरा, देवालपुर	माचल, धन्नड़, रंगवासा, गिरोटा, गोकलपुर, बनेडिया, (10 इकाई के साथ)
20. साप्ताहिक बाजार	10	गिरोटा (शनिवार) अताहेदा (मंगलवार)	शून्य

सारणी 10 (iii)

अधिवासों का प्रस्तावित पदानुक्रम

सेवा केन्द्र	*केन्द्रीय ग्राम*
देपालपुर, गौतमपुरा, बेतमा	गिरोटा बहिरामपुर, छातोदा, कनवासा, फरकोदा, जलोदियापार, जलोदियापंथ, बनेडिया, अताहेदा, सागदोद, रंगवासा, अगरा, न्योरी, औरंगपुरा, घाटाबिल्लोद, माचल, काली बिल्लोद, धन्नड़।

अवस्थापनात्मक विकास सम्बन्धी नियोजन

पिछले पृष्ठों में किए गए विवेचन के अन्तर्गत स्थानिक रणनीति तथा अन्तरग्राम नियोजन का समावेश रहा, जिससे तीन-स्तरीय संगठन के उच्चतर क्रम के केन्द्रों की पहचान, स्थान-निर्धारण एवम् विकास की चर्चा की गई। अब न्यूनतर आधार-स्वरूप ग्राम का अध्ययन आवश्यक है। यह ग्राम सामाजिक, सांस्कृतिक, आर्थिक एवम् भौतिक संतुलन की उपज होता है, जिसका विशद विवेचन हो चुका है। एक नियोजनकर्त्ता की तुलना साइकिल सवार से की जा सकती है, जिसे पिछली पहिया रूपी व्यवहारात्मक मुद्दों में सन्तुलन कायम रखने के साथ अगली पहिया रूपी सैद्धान्तिक समझ में सन्तुलन बनाए रखना होता है।[42] ग्राम के विकास सम्बन्धी नियोजन से सम्बन्धित समुदाय एवम् ग्रामीण पर्यावरण के दो अन्तर्ग्रथित प्रत्यय हैं। भौतिक ढाँचे के रूप में ग्राम, ग्रामीण पर्यावरण का अंग है। किन्तु भौतिक नियोजन समग्र नियोजन का एक पहलू मात्र है। सामाजिक, आर्थिक, प्रशासनिक एल्म् भौतिक नियोजन सभी एक समैकित क्रिया है। यह समाकलन ही अभी अनुपलब्ध रहा है। एक नियोजनकर्त्ता को अपने कार्य को तैयार करने, पूर्ण करने के समय सम्बन्धी आयाम से सुपरिचित होना चाहिए क्योंकि ग्राम, अतीत की धरोहर होते हैं, वर्तमान में अस्तित्त्व में हैं और भविष्य की सम्भाव्यता-पूर्ण हैं। अतः नियोजन प्रक्रिया में 6 पहचानी अवस्थाएँ हैं, यथा-समंक, खास समस्यात्मक स्थिति, दार्शनिक ढाँचा, दूरदर्शिता/प्रत्यय/सिद्धान्त जो मानव-पर्यावरण को जोड़ते हैं, पर्यावरणीय उद्देश्य, सम्पूर्ण विकास का नक्शा, और इन्हीं वृद्धि की अवस्थाओं को नियन्त्रित करने के लिए योजना बनती है।[43]

जहाँ तक मानव का पर्यावरण से सम्बन्ध का प्रश्न है उसे जीवमण्डल का अंग समझना चाहिए। प्रचलित जीवन दर्शन के अनुसार मानव तथा पर्यावरण एक-दूसरे की आवश्यकताओं से समायोजन करते हैं जिन्हें-चार मुख्य प्रणालियों में समूहित किया गया है। ग्राम प्रणाली को नियन्त्रित करने की कुंजी ही नियोजन का सिद्धान्त बनाती है। भौतिक संघटक रूप में ग्राम की चार मुख्य प्रणाली में अधोलिखित समाविष्ट होते हैं:

1. पालतू जानवर, पशु, बैलगाड़ी तथा इंधन से सम्बन्धित प्रणाली।
2. कृषि-उत्पादन, विनिमय, सिंचाई एवम् विनिमय, सिंचाई एवम् वितरण से सम्बन्धित प्रणाली।
3. सामाजिक एवम् औद्योगिक सामुदायिक जीवन से सम्बन्धित प्रणाली।
4. आश्रयस्थल, गृह तथा लघु कार्यों से सम्बन्धित प्रणाली।
   भूगोलवेत्ता इस चतुर्थ प्रणाली से विशेष रूप से सम्बन्धित हैं; सुविधा हेतु इसे तीन उपप्रणालियों में विस्तृत किया जा सकता है।

अ. इसमें विभिन्न प्रकार्य एवम् आवश्यकतानुसार प्रयुक्त गृह सम्मिलित हैं; वर्ग एवम् जाति के कारक अंतर्क्रिया गृहों का स्थान निर्धारण नियत करते हैं।

ब. इससे अहाता तथा घेरा आदि का निर्देश होता है।

स. इस प्रणाली में कई परिव्याप्त क्रियाएँ एवम् प्रकार्य सम्मिलित हैं, यथा-गप्प लड़ाने तथा सामाजिक देश/स्थल की आवश्यकता अहाते के स्तर के मिलन देश/स्थान, जल-सुविधा, छायादार वृक्ष तथा फेरी वालों का संचलन आदि।

जब हम उपप्रणाली के प्रत्यय के आधार पर विश्लेषण करते हैं तो परिवेश का प्रत्यय/संकल्पना भी स्पष्ट हो जाती है और ग्राम विकास योजना में गृह की आवश्यकताओं के प्रति संतुष्टि प्रमुख संघटक है। पर्यावरण सम्बन्धी उद्देश्यों की पूर्ति के समय वह अवलोकनीय है कि प्रत्येक प्रणाली में ऐसे मामूली परिवर्तन वांछनीय हैं जो समग्र प्रणाली को विकृत नहीं करते-यथा बैलगाड़ी में रबर डायर के पहिए लग सकते हैं पर एकावेग उसे ट्रैक्टर द्वारा प्रतिस्थापित करना ठीक नहीं। यह भी अनुभूत तथ्य है कि समुदायों का विकास क्रमिक योग के साथ एक मार्गीय क्रम में होता है और तीन अवस्थाओं से गुजरता है।

प्रथमतया किसी भी अधिवास की उपप्रणाली के रूपान्तरण को वृहत्तर अधिवास से सम्पर्क की आवश्यकता होती है, फलतः अन्तरग्राम नियोजन आवश्यक हो जाता है। सम्पूर्ण विकास की रूपांकन/नक्शा से सम्बन्धित *दूसरी अवस्था* यह रहस्योद्‌घाटन करती है कि कल्याण की अनुस्थापना वाले ग्राम नियोजन की रणनीति, प्रत्यक्षतया ग्रामीण विकास से सम्बन्धित है, जिसमें कृषि, सामुदायिक विकास, स्थानीय निर्माण, ग्रामीण उद्योग, सहकारी आन्दोलन आदि सम्मिलित हैं, परन्तु परोक्ष रूपेण राष्ट्रीय विकास से सम्बन्धित है। अतः एक ग्राम के भौतिक संरचनात्मक विकास के आकृति एवम् स्वरूप को नियत करते समय वृहत्तर इकाई के विकास की अन्तर्बुनी

(Interwoven) प्रक्रिया को ध्यान में रखना चाहिए। *अन्तिम अवस्था* वृद्धि की अवस्था को नियन्त्रित करने की योजना, अर्थात् देश काल के अनुसार किस प्रकार ग्राम का शनै: रूपान्तरण स्वरूप बने, से सम्बन्धित है। इसके लिए कार्यान्वयन के मानक की स्थापना द्वारा ग्राम विकास को निर्देशन हेतु एक मार्ग के क्रमिक विकास की आवश्यकता होगी[44]; कार्य संपादन की सरकारी योजना की, तथा ग्राम के भौतिक अभिवृद्धि नियन्त्रण हेतु दिशा निर्देश, सिद्धान्त एवम् स्थानिक संगठन के रूप में एक वृद्धि क्रम तथा स्वरूप की भी आवश्यकता होगी। इसके पश्चात् जनमानस द्वारा कार्य की नीति बनाई, एवम् वरीयता निर्धारित की जा सकती है।

उदाहरण के लिए एक महत्त्वपूर्ण विषय कम खर्चीली गृहनिर्माण की तकनीकी को अनेक समस्याओं का सामना करना पड़ रहा है, जिसके लिए अधोलिखित विचार वाले बहुपक्षीय उपागम की आवश्यकता है, (अ) भूमि का नियोजत उपयोग, (ब) बढ़ा हुआ देशी तकनीक-ज्ञान एवम् हुनर, (स) बढ़ा हुआ देशी गृह निर्माण सामग्री का उपयोग, (द) श्रम-गहनता वाली निर्माण तकनीकी की प्रोन्नति एवम्, (य) उपयुक्त सार्वजनिक नीति एवम् वित्तीय विन्यास-तंत्र का विकास। शिल्पी, अर्थशास्त्री, इंजीनियर तथा समाजशास्त्री आदि के बीच अन्तर्वैज्ञानिक स्तरीय अन्योन्यक्रिया द्वारा इन समस्याओं का भलीभाँति समाधान किया जा सकता है।

अधिवास नियोजन के सामान्य संकेत[45] अधोलिखित रूप में हैं: (1) स्थलाकृति, (2) नींव की भूमि, (3) भूमिगत जल, (4) मिट्टी की गुणवत्ता, (5) धरातल का अपवाह एवम् मल-निर्यास, (6) हवा की मुख्य दिशा, (7) आर्थिक खण्ड एवम् खेतों का स्थान निर्धारण, चरागाह, बांगर की स्थिति, (8) नियोजन हेतु आवश्यक कागजात, (9) कृष्य भूमि एवम् पशु संख्या, (10) प्राचीन मकान, (11) ग्राम यातायात, (12) जल एवम् ऊर्जा-शक्ति आपूर्ति, (13) ग्राम जनसंख्या की संरचना, (14) आधुनिक कृषि मशीन तथा यन्त्र (15) स्वास्थ्य एवम् महामारी की रोकथाम, (16) अग्नि से बचाव, (17) श्रम सुरक्षा एवम् दुर्घटना की रोकथाम, (19) एकांतता एवम् धार्मिक संस्कार/अनुष्ठान।

किन्तु हम नियोजनकर्त्ता की भाँति तब तक अग्रसर नहीं हो सकते जबतक कि भूवैन्यासिक सिद्धान्त की समान्तर संकल्पना न हो। भौतिक नियोजन में भूवैन्यासिक/स्थानिक सिद्धान्त तीन आयामों से सम्बन्धित है यथा-गृह-स्थल जिसमें आधार, पहलू एवम् छत होते हैं। इसमें देशों (Spaces) के पदानुक्रम के रूप में सामाजिक, जातीय, आर्थिक देश, जिनका प्राथमिक एवम् सार्वजनिक उपयोग है, सम्मिलित हैं। इस प्रकार सामाजिक सम्बन्ध परिवार समूह के साथ, संचलन तथा पहुँच के प्रतिरूप तथा निर्माण क्रम के साथ भौतिक आयाम प्रदान करता है।

योजना के क्रियान्वयन हेतु कुछ सिद्धान्त-दल के अनुसार, निपुणता को कार्य के रूप में परिणत करने की आवश्यकता होती है, जो योजना प्रक्रिया के सिद्धान्त एवम् योजना क्रियान्वयन के रूप में पूर्व चर्चानुसार, पर्यावरण की दशाओं द्वारा निर्देशित होते हैं।

अत: ग्राम विकास नियोजन के सभी स्तरों पर नियोजन का अभिप्राय होगा ''*क्रम के साथ परिवर्तन की स्थापना द्वारा प्रगति सुनिश्चित रखना तथा परिवर्तन द्वारा क्रम को सुनिश्चित रखना*''[46]

तृण-जड़/आधारिक उपागम (अन्त्योदय)

अभिज्ञानित स्थानिक, प्रकार्यात्मक अन्तर के अनुसार सेवा केन्द्र नियोजन तथा सुविधाओं के फैलाव के अतिरिक्त गरीब/पिछड़े देशों के लिए नियोजन एवम् क्रियान्वयन हेतु सर्वाधिक आवश्यकता तृण-जड़ उपागम की है। इसके लिए मूलभूत सिद्धान्त हैं-(1) अन्तिम व्यक्ति/इकाई तक सम्पर्क, (2) अन्तिम व्यक्ति तक सभी प्रकार की पूछ-ताछ एवम् बहस, (3) अन्तिम द्वारा अभिशस्ति पश्चात् समझाबुझाकर सहभागिता (4) इन प्रक्रियाओं के मध्य इच्छा शक्ति बनाए रखना एवम् अन्तिम व्यक्ति तक सुविधाओं (जीवन-गुणवत्ता) की पहुँच सुगम करना। प्राचीन कहावत भी है जहाँ चाह है वहाँ राह है।

इन सिद्धान्तों का परिपालन करते हुए सूक्ष्म स्तरीय ग्राम/अधिवास नियोजन हेतु पूर्व अपेक्षित है कि प्रत्येक गृह के अनुसार कुटुम्ब के आधार पर सर्वेक्षण किया जाय। सर्वेक्षण का विषय निश्चित तौर पर मूल आवश्यकताएँ तथा भोजन, आश्रयस्थल, कपड़ा, फिर मनोरंजन, धर्म, शिक्षा स्वास्थ्य तथा सामुदायिक व्यवहार आदि है। समुदाय या अधिवास वरन् नगला के आधार पर योजना तैयार की जानी चाहिए, जिसमें सरकारी, गैर सरकारी, ग्रामीण कर्मचारी, ग्राम्य-निवासी संयुक्त रूप में शामिल हों तथा संसाधन एवम् क्रियान्वयन पहलुओं पर पूर्ण विचार किया जाय।

ग्रामीण अधिवास प्रणाली का रूपान्तरण

ग्रामीण अधिवास प्रणाली के परिमेयकरण का लक्ष्य इसका रूपान्तरण /सर्वांगीण विकास है। इस सन्दर्भ में प्रत्येक को पूर्णतया अभिशस्त होना चाहिए कि प्रत्येक आगे उठा हुआ कदम, फावड़ा-कुदाल-हँसिया का प्रयोग, नवाचार को अपनाना, अभ्यास, खाने की आदत, परिवर्तन की दृढ़ेच्छा एवम् क्रियान्वयन सभी रूपान्तरण प्रक्रिया के अन्तर्गत आते हैं। अत: यह स्पष्ट है कि परिवेश के रूपान्तरण में अनेक रूपान्तरण की प्रक्रियाएँ सम्मिलित हैं, जो अन्तर्सम्बन्धित हैं, जिसमें द्वैध प्रणाली के संघटक हैं, जिनका विवेचन/व्याख्या आवश्यक होती है। किन्तु भौतिक तथा सांस्कृतिक संघटकों/प्रक्रियाओं का द्वैत प्रबन्ध-विन्यास भ्रान्ति पूर्ण होगा क्योंकि कोई भी परिवर्तन, विशेषकर रूपान्तरण एक साथ मानव समाज एवम् प्रकृति के अन्योन्यक्रिया का प्रतिफल होता है। फिर भी समझने एवम् बेहतर व्याख्या हेतु चित्र

Figure 10.6

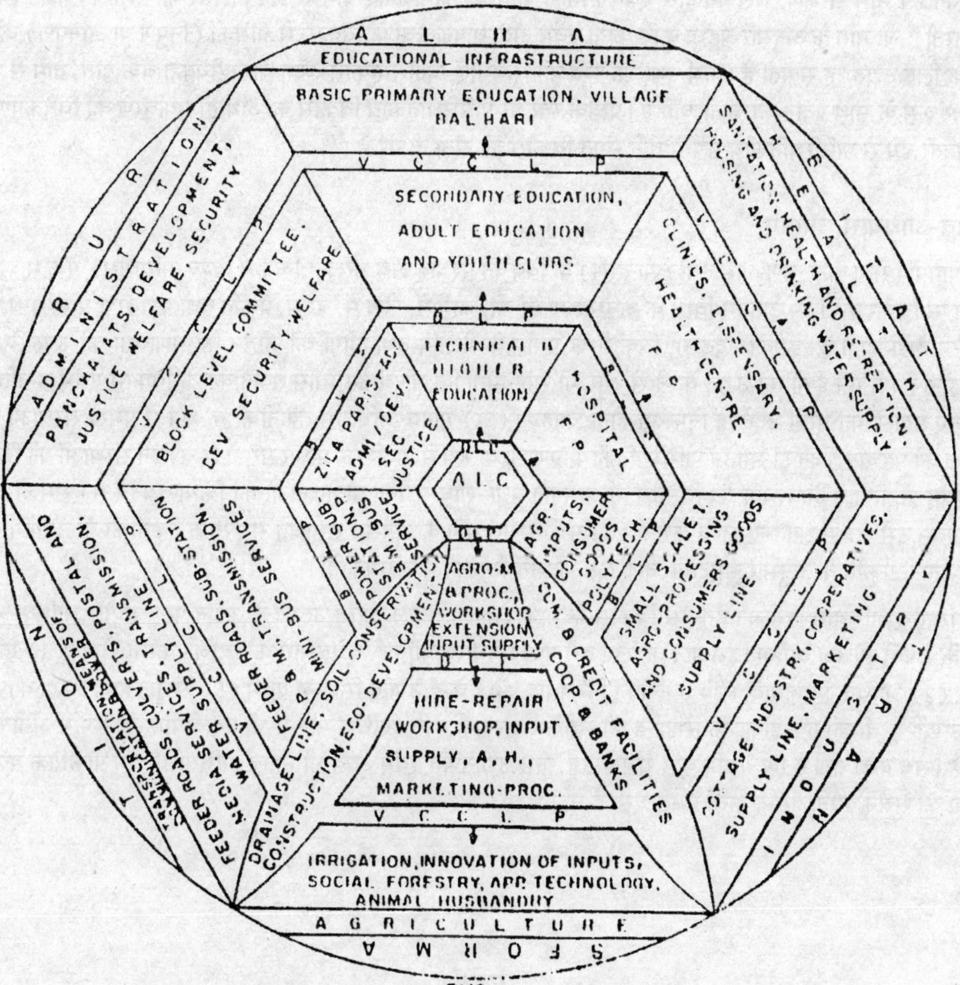

RYS

VCCLP—Village Community/Cluster Level Planning

BLP—Block Level Planning

DLP—District Level Planning

ALC—Apex Level Coordination

1.8 में प्रदर्शित वर्गीकरण के स्वरूप का अवलोकन करें। प्राकृतिक भूदृश्य विभिन्न चैनल/सारणियों द्वारा प्रकट होता है और तत्पश्चात् के विकास वर्तमान ग्रामीण परिवेश प्रणाली के रूप में प्रतिफलित होते है। दूसरा प्रतिमान चित्र 10.6 ग्रामीण परिवेश के रूपान्तरण प्रक्रिया का प्रतीकात्मक निरूपण करता है।

यह नियोजन हेतु, सावधानी पूर्वक पारिस्थितिकीय विकास, प्रशासनिक एवम् विकास कार्यकलापों के विकेन्द्रीकरण के साथ तृण-जड़ आधारित विधि पर विशेष बल प्रयोग करता है। प्राणमूलक ग्राम समुदाय स्तरीय प्रखण्डीय किन्तु समैकित विकास के अन्तर्गत स्थानीय आवश्यकतानुसार प्रत्येक सुविधा के प्रावधान हेतु वृद्धि केन्द्रों के विस्तार समाविष्ट हैं। पूर्वोक्त वृद्धि केन्द्रों पर आधारित विकास खण्ड स्तरीय वृद्धि केन्द्र/सेवाकेन्द्र, द्वितीयक एवम् तृतीयक क्रियाओं की प्रतिक्रिया व्यक्त करते हैं। जनपद स्तरीय वृद्धि केन्द्र जो उत्पाद से पक्का माल बनाने, विपणन करने एवम् लागत की आपूर्ति में जीवनीय भूमिका निभाते हैं, विकास अभिकर्त्ताओं/अभिकरणों द्वारा समन्वित होते हैं। भूमि संरक्षण, जल-निकास एवम् निर्माण कार्य की प्रायोजनाएँ ग्राम से जनपद स्तर की सभी नियोजन विस्तार का समावेश करती हैं जो माँग के अनुसार बहुधा कृषि कार्यों एवम् अवस्थापनातत्वों के विकास में श्रमिकों (निपुण या अनिपुण) को रोजगार में लगाने के लिए उद्यत रह सकती हैं। कर्ज तथा वाणिज्य की सुविधाएँ, चाहे सहकारी-बैंक या राष्ट्रीयकृत बैंक द्वारा, ग्राम से शीर्ष स्तर तक, निरन्तर क्रम के साथ प्रदान की जानी चाहिए। प्रत्येक स्तर पर पारिस्थितिकीय विकास का अर्थ ही पर्यावरण का विवेकपूर्ण विकास है, जिसे बेहतर ढंग से पारिस्थितिकीय रूप में तर्क संगत विकास की संज्ञा दी गई है।[47]

विश्वमानव-अधिवास उपागम

विभिन्न उपागमों (सेवा केन्द्र, तृण-जड़ तथा रूपान्तरण) के विवेचन पश्चात् अब सरल है कि हम विश्व अधिवास ''एक मात्र पृथ्वी''[48] के प्रतिमान पर विचार करें। इस उपागम/विधि के अनुसार मानव को, कार्य में, खेल में, घर में, प्रकृति तथा पर्यावरण से सम्बन्ध के रूप में समग्र रूप में देखा जाता है। इसका उद्देश्य, विकास के प्रयास के फैलाव तथा लोगों को जीवन की गुणावत्ता की उपलब्धि के प्रति आश्वस्थ होना है। यू एन ई पी को उद्धृत करने से और भी स्पष्ट होगा कि मानव अधिवास तकनीकी के विकास एवम् उन्नति के लिए दृढ़प्रतिज्ञ नए प्रयासों का मुख्य उद्देश्य निम्नवत होना चाहिए। (अ) मानव अधिवास तकनीकी के क्षेत्र में प्रमुख संस्थाओं के विश्व स्तरीय जाल की पहचान, जिनका संगठन पारिस्थितिकीय-प्रणाली के रूप में प्रादेशिक आधार पर हो। (ब) इन संस्थाओं की क्रियाओं के समन्वय एवम् प्रोन्नति हेतु आवश्यक यंत्र विन्यास की स्थापना यथा-शोध सूचना, प्रायोजनाओं का क्रियान्वयन (स) समंकों का संग्रह, विकीर्णन एवम् उसे क्षेत्र में सतत उपलब्ध कराना (द) पर्यावरणीय माँग के अनुसार समुचित समुपयुक्त तकनीकी के उपयोग को प्रोन्नत करना, जो अपनी प्रकृति के अनुसार समुदायों, देशों को आत्मनिर्भर बनने में सहायक हों।

विश्वस्तरीय अधिवास नियोजन हेतु हमें विकास के माप (GNP) सकल राष्ट्रीय उत्पाद के स्थान पर ''राष्ट्रीय आर्थिक कल्याण'' (NEW) के रूप में सोचना चाहिए। इसे पाने के लिए हमें पाँच पूर्वधारण की गई विचारधारा को विजित करना होगा। (1) ऐतिहासिक नियतवाद, (2) आथ्रिक नियतवाद, (3) तकनीकी नियतवाद, (4) केन्द्र उपान्त सिद्धान्त एवम् (5) सन्तुलन का सिद्धान्त। मानव को न केवल उपग्रह पृथ्वी की एक इकाई के सिद्धान्त को स्वीकार करना है वरन् आर्थिक माने में भी एक उपग्रह के रूप में अंगीकार करना अनिवार्य है। सच कहा गया है कि यद्यपि कुछ राजनीतिज्ञ, कुछ उद्योगपति एवम् अन्य भी मानव अधिवास एवम् प्राकृतिक पर्यावरण के मध्य द्वैधता का सृजन करना पसन्द करते हैं पर ऐसा है नहीं।

सन्दर्भ

1. चार्ल्स मेज, 1974, दी रेलीवेन्स ऑफ फेमिली पैटर्न इन दी प्रासेस ऑफ माडर्नाइजेशन इन ईस्ट एशिया (राबर्ट जे.स्मिथ (संपा.) सोसल आर्गेनाइजेशन एण्ड दी एल्पिकेशन ऑफ एन्थ्रोपोलाजी, एसेज इन आनर ऑफ लौरिस्टन शार्प, इथाका कार्नेल यूनिवर्सिटी प्रेस, में) पृ. 171।

2. देखें स्पेन्शर जे. ई., 1977, दी ट्रान्स्फार्मेशन ऑफ ट्रेडिशनल रूरल विलेज (राबर्ट आइट, के एन सिंह एण्ड राना पी.बी. सिंह (संपा.) पूर्वोद्धृत अ. 5 सन्दर्भ संख्या 17 में 7 पृ. 160-169।

3. दी न्यू इण्डिया, प्रोग्रेस थ्रू डेमोक्रेसी, न्यूयार्क प्लानिंग कमीशन, गवर्नमेन्ट ऑफ इण्डिया, 1958: 42।

4. वाइसर डब्ल्यू. एच., 1936, दी हिन्दू जजमानी सिस्टम, लखनऊ पब्लिशिंग हाउस, लखनऊ, इण्डिया; बाईडेलमान टी.ओ., 1950, ए कम्पेयरेटिव एनालीसिस ऑफ दी जजमानी सिस्टम, मोनोग्राफ ऑफ दी एसोसिएशन ऑफ एशियन स्टडीज, 8 (जे.जे. आगस्टिन) लोकस्ट वैली, न्यूयार्क एवं कोलेन्डा पी.एम., 1833, टुवर्ड ए मोडेल ऑफ दी हिन्दू जजमानी सिस्टम, ह्यूमन आर्गेनाइजेशन, वा. 22: 11-31।

5. देसाई ए. आर., 1961, रूरल इण्डिया इन ट्रान्जीशन, पापुलर बुक डिपो, बाम्बे, 7: 12।

6. प्रसाद एन., 1970, चेंज स्ट्रैटेजी इन ए डेवलपिंग सोसाइटी, इण्डिया, मीनाक्षी प्रकाशन, मेरठ प्रिफेस 3।

7. ब्लंट ई. ए. एच., 1969, दी कास्ट सिस्टम ऑफ नार्दिर्न इण्डिया, एस. चन्द एण्ड क., दिल्ली-लखनऊ: 253।

8. देसाई ए.आर. पूर्वोद्धृत सन्दर्भ संख्या 5:13

9. देखें आर.वाई.सिंह, 1978, दी आलवारीजन: रूरल हैबिटाट सिस्टम स्ट्रक्चर एण्ड चेन्ज, पूर्वोद्धृत अ. 1 सन्दर्भ सं. 34 जिसमें ग्रामीण अधिवासों के सामाजिक संगठनों के संरचनात्मक तत्त्वों तथा सामाजिक गत्वरता, समाज एवम् आधुनिकीकरण पर विस्तृत विवेचन है।

10. दूबे एस.सी., 1968, फार्मुलेटिंग दी गोल ऑफ चेन्ज (सम आस्पेक्ट्स ऑफ सोसल चेन्जेज इन इण्डिया (एडि.) कुप्पुस्वामी बी. एण्ड मेहता पी., स्टर्लिंग पब्लिशर्स प्राइवेट लि., देल्ही-6 में) पृ. 16।

11. वही: 53।

12. देसाई ए. आर. पूवोद्धृत सन्दर्भ सं. 5: 1-2।

13. पन्धनाधिकार के.सी. एवं जे. (1970) डिटर्मिनेन्ट्स ऑफ सोसल स्ट्रक्चर एण्ड सोसल चेन्ज इन इन्डिया एण्ड अदर पेपर्स, बाम्बे पापुलर प्रकाशन: 50।

14. लैम्बर्ट रिचार्ड, 1962, दी इम्पैक्ट ऑफ अर्बन सोसाइटी अपान विलेज लाइफ: 117 (इन्डियाज अर्बन फ्यूचर (एडि.) टर्नर रॉय, बर्कले, यूनिवर्सिटी ऑफ केलिफोर्निया में)।

15. प्रसाद एन. पूर्वोद्धृत सन्दर्भ सं. 6:196।

16. नाथ वी., 1962, दी विलेज एण्ड दी कम्यूनिटी: 144 (टर्नर राय (एडि.) सन्दर्भ सं. 14 में)।

17. मुकर्जी बी., 1961, कम्यूनिटी डेवलपमेन्ट इन इण्डिया, बाम्बे, ओरियन्ट लांगमैन्स: 181-182।

18. सिंह के.एन., 1966, 'ए केस फार स्माल टाउन्स' इन ''रीजनल प्लानिंग इन इण्डिया'': 210 (आर.एल. सिंह (एडि.) एप्लाईड ज्याग्रफी, एन जी एस आई, वाराणसी-5 में)।

19. पाइलाट प्राजेक्ट्स फार इन्टीग्रेटेड एरिया डेवलपमेन्ट, फाउन्डेशन एण्ड काउन्सिल फार सोसल डेवलपमेन्ट, न्यूडेल्ही (मई, 1969 मिमेयो. में उद्धृत)।

20. सिंह तरलोक, 1964, टुवर्ड्स एन इन्टीग्रेटेड सोसाइटी, ओरियन्ट लांगमैन: 165।

21. रिपोर्ट सेकण्ड: 88।

22. सिंह के एन. सन्दर्भ सं. 18: 209।

23. सिंह तरलोक, 1962, प्राब्लम्स ऑफ इन्टीग्रेटिंग रूरल, इण्डस्ट्रियल एण्ड अर्बन डेवलपमेन्ट: 333 (टर्नर रॉय द्वारा संपादिल पूर्वोद्धृत सन्दर्भ सं. 14 में)।

24. शान्ति टान्गरी, 1962, अर्बनाइजेशन, पोलिटिकल स्टेबिलिटी एण्ड एकोनामिक ग्रोथ (टर्नर राय द्वारा संपादित पूर्वोद्धृत सन्दर्भ 14 में) पृ. 217।

25. श्रीनिवास एम.एन. (एडी.) 1960, इण्डियाज विलेजेज, लन्दन: 6।

26. जयप्रकाशनारायण, प्ली फार रीकान्स्ट्रक्शन ऑफ इण्डियन पालिटी।
27. जान्सन ई.ए.जे., 1965 मार्केट टाउन्स एण्ड स्पेसियल डेवलपमेन्ट इन इण्डिया, एन सी ऐ ई आर, न्यू डेल्ही (नई दिल्ली), फुटनोट।: 87।
28. नाथ वी. सन्दर्भ सं. 14: 153।
29. मुखर्जी राधाकमल, 1963, मैन एण्ड हिज हैबिटेशन: ए स्टडी इन सोसल इकालाजी, बाम्बे पापुलर प्रकाशन: 181।
30. नाथ वी. रीजन्स फार प्लानिंग, दी जर्नल ऑफ पब्लिक एडमिनिस्ट्रेशन, 12 (सं. 1): 11।
31. डिपार्टमेन्ट ऑफ कम्यूनिटी डेवलपमेन्ट, गवर्नमेन्ट ऑफ इण्डिया, नोट आन पाइलाट प्रोजेक्ट्स इन ग्रोथ सेन्टर्स, एप्रिल, 1970।
32. वही।
33. सिंह के.एन. पूर्वोद्धृत सन्दर्भ सं. 10: 217।
34. छठे अध्याय में दिए गए कुछ ग्रामों के आकारिकीय अध्ययन से स्पष्ट है।
35. सिंह तरलोक पूर्वोद्धृत सन्दर्भ सं. 023: द 334।
36. लेस्जेजीकी एस., 1974, दी फैक्टर्स ऑफ स्पेस एण्ड इट्स रोल इन टूडेज एकॉनामिक्स: 30 (के.सेकाम्स्की द्वारा संपादित, स्पेसियल प्लानिंग एण्ड पालिनी, थ्योरेटिकल फाउन्डेशन्स, वास्जवा पोलिश, एसी.एससी. (एकैडेमी ऑफ साइन्सेज)।
37. सुस्पष्ट व्याख्या हेतु देखें स्मिथ डी. एम., 1977, ह्यूमन ज्याग्रफी ए वेलफेयर एप्रोच, एडवर्ड अर्नाल्ड (पब्लिशर्स) लि., लन्दन: 1-16।
38. डाक्सियादिस सी.ए., 1969, एकिस्टिक्स, एन अटेम्प्ट फार ए साइन्टिफिक एप्रोच टू दी प्राब्लम्स ऑफ ह्यूमन सेटिलमेन्ट्स (साइंस एण्ड टेक्नोलाजी एण्ड दी सिटीज (एडी.) कमिटी ऑन साइंस एण्ड आस्ट्रोनाटिकस यू. एस. हाउस ऑफ रीप्रेजेन्टेटिव्स वाशिंगटन डी.सी., यू.एस. गवर्नमेन्ट: 9)।
39. कोलोस्जार एम., 1975, इन्टररिलेशन्स बीट्वीन सेटिलमेन्ट स्ट्रैटेजीज सिस्टम्स एण्ड सोसियो-इकोनामिक डवलपमेन्ट (नेशनल सेटिलमेन्ट स्ट्रैटेजज, ईस्ट एण्ड वेस्ट (एडी.) हैरी, लक्जमबर्ग, आई.आई.ए.एस.ए.सी.पी.-75-3:68)।
40. देखें जी.एल.डिरिख्लेट, 1850, उबेर डी रेडक्टियान डेर पाजिटिवेन क्वाड्राटिश्च फार्मेन मिट ड्राई अनबेस्टिम्टेन गान्गोन जाह्लेन जे।, फुर डी राइने एण्ड एनोगेवान्ड्टे माथेमाटिक, 40:204-34 (मुख्यतया 216-20)।
41. माडिफाइड फ्राम सेन एल.के. एट आल. पूर्वोद्धृतं अ. 9 सन्दर्भ सं. 1: 165।
42. ओक्ले डेविड, 1965, विलेज प्लानिंग ए थ्योरिटिकल एप्रोच: 35 (दी रूरल हैबिटाट (एडी.) डेविड ओकले एण्ड के. रमन उन्नी, स्कूल ऑफ प्लानिंग एण्ड आर्किटैक्चर, न्यू दिल्ली में)।
43. ओकले डेविड, प्लानिंग विलेज डेवलपमेन्ट: ऐन इन्क्वायरी इन्टू मेथड: 47 (रूरल हैविटाट सन्दर्भ संख्या 42: में)।
44. ओकले डेविड पूर्वोद्धृत सन्दर्भ सं. 42: 111।
45. विस्तार हेतु देखें जोहानेस जाह्ले, 1978, टेक्निकल फान्डामेन्टल्स, कान्स्ट्रक्शन प्रैक्टिस इन रूरल एरियाज, पार्ट सेकन्ड, मुख्यतया पार्ट चतुर्थ (प्रिन्सिपुल्स एण्ड प्रैक्टिस ऑफ प्लानिंग विलेजेज एण्ड प्रोपोजल्स फार रूरल विल्डिंग प्रोजेक्ट्स, एशिया पब्लिशिंग हाउस, बाम्बे में)।
46. ओकले डेविड पूर्वोद्धृत सन्दर्भ सं. 42: 40।
47. फ्रोलोव आई.टी., 1983, दी मार्क्सिस्ट लेनिनिस्ट कन्सेप्शन ऑफ दी इकोलोजिकल प्राब्लम (फिलॉसफी एण्ड दी इकॉलाजिकल प्राब्लम्स ऑफ सिविलिजेशन (ए.डी.उर्सुल, प्रोग्रेस पब्लिशर्स, मास्को में पृ. 42)।
48. देखे ग्वेन बेल (एडी.), 1967, स्ट्रैटेजीज फार ह्यूमन सेटिलमेन्ट्स: हैबिटाट एण्ड एन्विरान्मेन्ट, दी यूनिवर्सिटी प्रेस ऑफ हवाई होनोलुलू: 180।

हिन्दी-अंग्रेजी शब्दकोष

अंक	Score
अंगूठे का रुख	Thumb tack
अंतर्ग्रथित	Interlocking
अंतर्जात, अंतर्जनित	Endogamous
अंतर्निहित	Inherent
अंतर्भेदी (दोआबा)	Interfluve
अंतरावकाशी	Interstices
अंतर्स्थित	Interposed
अन्तिम	Terminus
अन्त:स्त्रावी	Endocrine
अंत:क्षेप करना	Inject
अंशाच्छादन	Overlap
अगाध प्रेम	Yearning
अचर	Invariant
अचल	Sedentary
अतिजीविता	Survival
अतिरिक्त	Auxiliary
अधिक्रमण/अतिक्रमण	Supersede
अधिभार	Weightage
अधिवास, बस्ती	Settlements
अधोमुखी	Downward
अनन्त स्पर्शी	Assymptotic

अनन्य रूप से	Exclusively
अनम्य, कठोर, दृढ़	Rigid
अनावरण	Exposure
अनिश्चित	Precarious
अनुक्रम	Sequence
अनुक्रिया	Respond
अनुक्रियाशील	Responsive
अनुभवातीत होना	Transcend
अनुमोदन	Approval
अनुरूप, सदृश्य	Analogous
अनुरूपता	Confirmity, Correspondence
अनुशास्ति	Sanction
अनुष्ठान करना	Perform
अनुश्रवण	Monitoring
अनुसंधान	Investigation
अनुसंशोधित	Calibrate
अनुस्थापन	Orientation
अन्योन्यक्रिया	Interaction
अपकर्षित	Degenerate
अपकेन्द्रीय	Centrifugal
अपवृद्धि	Excrescences

अपशिष्ट	Waste	आयोजना पूर्ण	Schematic
अपेक्षा	Exigency	आरम्भिक	Incipient
अप्रत्यक्ष, सन्दर्भ	Allusion	आवश्यक गुण	Requisites
अभिकरण	Agency	आवास	Accommodation
अभिकेन्द्रीय	Centripetal	अवासीय	Residential
अभिजात्य वर्ग (कुलीन तंत्र)	Aristocracy	आव्यूह	Matrics
अभिप्रेरण	Inducement	इन्द्रिय वेदन	Sentience
अभिभावन	Domination	इष्टतम, युक्ततम	Optimal
अभिविन्दुक	Convergent	इष्टसिद्धि	Expediency
अभिव्यक्ति	Manifestation	उत्कृष्ट, उच्च	Superior
अभिशास्ति	Conviction	उत्तेजित, उबालपर	Seething
अभिशीर्ष	Head water	उत्थापन	Uplift
अभिसरण	Convergence	उत्सर्जन	Excretory
अभिज्ञानित	Identified	उत्श्रुत	Artesian
अलग	Asunder, Apart	उद्गमित	Emerging
अलग करने योग्य	Isolable	उद्वर्थ	Outgrowth
अल्पिष्ठ	Minimal	उद्यमी	Entreprenuers
अवदान	Contribution	उर्ध्व	Upward
अवयव संघटन, (शरीर रचना)	Anatomy	अर्ध्वाधर	Vertical
अवशोषण	Absorption	उपहास योग्य	Ridiculous
अवश्यकरणीय	Imperative	उपांग	Appendage
अवस्था	Phase	उपान्त	Fringe
अवस्थिति	Setting	उपस्थि	Cartilage
अवज्ञा	Defiance	उभयभावी	Ambivalent
अष्ट भुज	Octopus	उल्लिखित करना	Specify
आघात सह	Shock absorber	ऊजस्वी	Energetic
आड़, अधि, गिरवी	Pawn	ऊर्ध्वस्थ, उपरला	Overhead
आदेश	Dictate	ऊपरी ढाँचा	Superstructure
आधार, तहखाना	Basement	एक मुश्त	Package
आपदा पूर्ण	Dire	एकल कमरा, फ्लैट	Apartment
आबंटन	Allocation	ओज	Vigour

कगार	Bluffs	गुणावस्था	Quality
कड़ी	Fafter	गुर्दा	Kidney
कमी की अनुभूति	Desideratum	गूंधी हुई	Rammed
कर्मकाण्ड, लोकाचार	Ritual	गोदी	Dock
कसौटी, अभिलक्षण	Criterion	गोलोश्म मृत्तिका	Till
कायापलट	Overhaul	घटक	Constituent
कारणात्मक	Causative	घेरा	Fence, Rims
कार्रवाई	Operation	चतुराईपूर्ण दक्षता	Manouverability
कालक्रम	Periodicity,	चरम सीमा	Extreme
	Chronology	चलनी से छना	Riddled
किरायाघर	Tenements	चिर प्रतिष्ठित	Classical
कुण्ड	Hearth, Cauldron	चेतनता, सजीवता	Animation
कुलक, दल	Set	चोट पहुँचाना	Inflict
कुल्हाड़ा, गैंता	Axe	छज्जा	Hood
केन्द्रीयता	Centrality	जननीय	Reproductive
केवल, मात्र	Sheer	जन्मजात, जन्मकुंडली	Nativity
कैंची	Truss	जालक	Lattice
कोया	Cocoon	जीवनीय, प्राणमूलक	Vital
कोशीय	Cellular	जीवन सुख	Joie-de-vivre
खण्ड	Sector	जीवीय स्थल	Biotope-space
खाद्य संग्रहक	Food Collecting	जोर	Insistence
खोज यात्रा	Expedition	जोर देकर कहना	Accentuate
गणचिह्नवादी	Totemistic	झाड़दार जंगल	Scrub
गतिशीलता	Mobility	टट्टर एवं पलस्तर	Wattle & daub
गत्वर	Dynamic	टपकना	Trickle
गर्भ धारणशील	Impregnating	टिकाऊपन	Durable
गर्भाशय	Uterus	ठूंस कर भरा हुआ	Crammed
गलियारा (छत्ता)	Corridor	डेरा (पड़ना)	Encampment
गलीदार भूमि	Ravine land	ढकना	Oerlay
गुण-दोष विवेचन	Appreciate	तन्तुपट	Diaphragm
गुणांक	Coefficient	तन्त्र, जाल	Network

तकनीक जनित	Technogenic	निकासी केन्द्र	Clearing house
तथ्य	Fact	निर्माण	Structure
तनाव	Strain	निमित्त	Agency
ताख	Niche	निराकरणीय परिकल्पना	Null hypothesis
ताम्राश्मिक	Chalcholithic	निरूद्धक	Constraint
त्वरायित करना	Accelerate	निरूपण	Formulation
दखल देना	Interfere	निलम्बित, आलम्बित	Suspended
दम, स्थैर्य	Stamina	निवारण, निपटान	Disposal
दर्द, चुटकी	Pinches	निषेचन करना	Infuse
दशा (शर्त)	Condition	निषेध	Taboo
दस्तकार, कारीगर	Artisan	निष्ठा	Allegiance
दक्ष	Efficient	निष्फल	Abortive
दायित्व, आभार, बन्धन	Obligation	निहित	Implied
दीर्घ, वृहत	Macro	नृतात्विक	Anthropogenic
दीर्घकालिक	Sustainable	न्यूनतम सीमा रेखा,	Threshold
दूरवर्ती स्थिति	Remoteness	अवसीमा, सीमान्त	
दूषण	Stigma	पंथ, सम्प्रदाय	Sect
देवकुल	Pantheon	पुंज	Cluster
देश निकाला	Expatriation	पटुता	Ingenuity
दोलन, उतार-चढ़ाव	Fluctuation	पतन	Decline
दोष निवारक	Corrective	पर्त, लेप	Veneer
दृढ़ता	Rigidity	पद्धति	System
दृष्टि, ज्ञानविस्तार	Vision, Ken	पण्य वस्तु	Commodity
द्विरावृत्ति	Duplication	पनधारा, जलविभाजक	Watershed
द्विशाखन	Bifurcation	पर्ब, गाँठ	Node
द्वैधता	Dichotomy	परकोटा	Rampart
नकल अंकन	Tracing	परस्परव्यापी	Overlapping
नवाचार, नवज्ञान	Innovation	परित्यक्त	Discarded
नवीनता	Modernity	परिपाटी	Convention
नाड़	Ravine	परिपार्श्व	Periphery
निकटवर्ती	Adjacent	परिमाण	Magnitude

परिमाणन	Quantification
परिमाप	Magnitude
परिमित, ससीम	Finite
परिवर्तन	Alterations
परिवेश, परिस्थान	Habitat
परिसम्बन्ध	Articulation
परिसंचरण	Circulatory
परिहार, निवारण	Avoidance
पलना	Craddle
पशु संवर्धनालय	Cattle ranch
पशुओं के लिए खानाबदोशी	Transhumance
पश्च, उत्तर	Post
पश्चादुक्त	Latter
पहुँचाना	Convey
पाकशाला	Culinary
पाख	Gables
पार्थिव	Terestrial
पागम्य घाट	Ferry
पारस्परिक	Reciprocal
पारिस्थितिकीय जैविक-भौगोलिक स्वरूप	Geoecobiota
पारिस्थितिकी प्रणाली	Ecosystem
पारिवारिकता	Familism
पित्ताशय	Gallbladder
पुनरावर्तन, दुहराना	Recapitulate
पुरोगामी	Pioneer
पूर्वगामी	Precede
पूर्वग्रह	Bias
पूर्ववर्ती	Antecedent
पृष्ठ	Surface
पृष्ठक	Facet

पृष्ठ प्रदेश	Hinterland
पेशी, मांसल	Muscular
पोषित	Maintained
प्रकट रहस्य	Revealing
प्रकार्य, फलन	Function
प्रकार्यात्मकता	Functionality
प्रकाश में लाना	Highlight
प्रकीर्णन	Dispersion
प्रखण्ड	Zone
प्रतिकृति	Replica
प्रतिचयन	Sampling
प्रतिदर्शज	Statistic
प्रतिनिधित्व करना	Epitomize
प्रतिपक्ष	Antithesis
प्रतिबन्धित, प्रतिबन्धनित	Restrictive
प्रतिमान	Model
प्रतिरोधक	Buffer
प्रतिरूपी	Typical
प्रतिलोम	Inverse
प्रतिवस्तु, प्रतिपर्ण	Counterpart
प्रति संतुलित	Counterballanced
प्रतीति, आभास	Appearance
प्रत्यय (संकल्पना)	Concept, Notion
प्रत्याख्या करना	Denounce
प्रत्याशा, प्राग्ज्ञान	Anticipation
प्रथा, चलन, रूढ़ि	Usages
प्रपंच	Phenomena
प्रभावी	Dominant, Predominate, Impressive
प्रभाविता (प्रभुत्व)	Dominance

प्रभेद करना	Distinguish	बाहरी चौकी	Outpost
प्रमुखता	Preponderance	वृहत क्रीड़ा क्षेत्र	Amphitheatre
प्रयत्न	Pursuits	बेशी	Surplus
प्रयुक्ति	Application	बोलबाला होना	Overwhelming
प्रलम्ब	Quadrat	भजनफल	Quotient
प्रवर्तित	Enforced	भराव	Packing
प्रविधि, तकनीक	Technique	भरोसा	Reliance
प्रशाखा	Offshoots	भारित माध्य	Weighted mean
प्रसंगरहित (बावजूद)	Irrespective of	भुलावा देना	Misleading
प्रसरण	Variance	भूकर मानचित्र	Cadastral map
प्रसार	Expansion	भूधृति, पट्टेदारी	Tenure
प्रागुक्त	Predict	भूप्रदेश	Terrian
प्राचल	Parameter	भूवैन्यासिक, स्थानिक	Spatial
प्रामाणिक	Authentic	भूक्षरण	Erosion
प्रारम्भिक	Rudimentary	भ्रमित	Bewildering
प्रावस्था	Stage	भ्रामक अनुरूपित	Simulated
प्रौद्योगिकी	Technology	भ्रूण	Embryo
फुटकर गुरुत्वाकर्षण नियम	Law of Retail	मजबूत पकड़	Stranglehold
	Gravitation	मतभेद	Dissension
फूरिये सेरीज	Fourier Series	मण्डप	pavillion
फैलाव	Scatter	मध्यवर्ती	Intervening
बन्धुता	Affinity	मनमानी रुचि	Whim
बलपूर्वक	Coercive	मनस्तथ्य	Mentifacts
बलपूर्वक कहना	Assert	मनोराज्य	Fancy
बल्ली, लट्ठा	Pile	मर्मस्थल, भेद्य	Vulnerable
बहस, परामर्श	Conference	मसाला, गारा	Mortar
बहुचर वाले	Multivariate	मानक विचरण	Standard Variate
बहुपद	Polynemials	मानक त्रुटि	Standard error
बांगर, घासस्थली	Meadow	मानकीकृत	Standardized
बाधाएँ	Handicaps	मानवजनित	Anthropogenic
बारीक जाँच	Scanning	मानव द्वेषी	Cynical

मान्यता (पूर्व अनुमान)	Assumption
माप, नाप	Measure
मापदण्ड, मानक	Norms
मूल, आदि, पुरा	Proto
मूल, देशी	Vernacular
मूल्य निर्धारण	Appraisal
मूत्रवाहिनी	Ureters
मैत्री	Alliance
मौलिक भराव सिद्धान्त	Elementary Packing Theory
यंत्र-विन्यास	Mechanism
यथार्थता	Exactitude
यदाकदा	Occasional
यादृच्छिक	Random, Stochastic
यूथचारी, वृन्द	Gregarious
यौगिक स्वरूप	Ensemble
राजमिस्त्री, राजगीर	Mason
राज्य संघ	Confederacy
राज्य-क्षेत्र	Territory
रूपांकन, नक्शा	Design
लघु-सूक्ष्म	Micro-cosmic
लम्बायमान	Elongated
लम्बे डग	Strides
लसीका	Lymph
लक्षण	Feature
लक्षण चिह्न	Trait
लक्षण वर्णन	Characterise
लक्ष्यार्थ	Implications
लाक्षणिक	Characteristic
लोकनीति, लोकाचार	Ethos
वंचन	Privation

वंशावली	Lineage, Pedigree
वर्गीकरण विज्ञान	Taxonomy
वर्णक्रम	Spectrum
वस्तुनिष्ठ	Objective
वस्त्र पर टँके आभूषण	Motifs
वास, निवास, निवेश	Habitation
वास्तुशिल्पी, वास्तुविद्	Architect
विकीर्णन	Dissemination
विकृत	Distorted
विखंडन	Fragmentation
विघटन	Breakdown
विचरण	Variation
विचलन	Departure, Deviation
विचार	Consideration
विचारधारा	Ideology
विच्छेदित	Stripped
विजातीय विवाह	Exogamy
विनिर्देश	Specification
विनिमयशील	Interchangeable
विनिर्माण	Manufacturing
विनियमित	Regulated
विन्यास प्रबन्ध	Lineation
विभेद्य	Discernible
विरुचि	Avertion
विरोधी संघर्ष	Turmoil
विलय	Absorbed
विलोम	Converse
विलोमत:	Conversely
विशिष्ट	Specific
विशिष्ट लक्षण	Lineament
विश्व जनीन	Universal

विश्वव्यापी बसाव	Ecumenopolis	श्रेणीबद्ध	Series
विषम, विजातीय	Heterogenous	श्रेष्ठता	Status
विसरण	Diffusion	संकलित फोटो	Mosaic
विस्तार, छवि	Vista	संकेन्द्रण, सांद्रण	Concentration
विस्तृति	Range	संकेन्द्रिक	Concentric
विहार, संघाराम, मठ	Monastery	संगत	Consistent
वृत्तीय	Circularity	संगति, संगतता	Compatibility
वैचारिक जगत	Noosphere	संग्रह, संचय	Accumulation
व्यक्तिनिष्ठ	Subjective	संघटक, अवयव, अंग	Components
व्यवस्थित	Systematic	संघट्टन	Impact
व्यापकार्थ	Comprehension	संघनन	Condensation
व्यावहारिक	Pragmatic	संघर्ष	Confrontation
व्यासाभिमुख	Diametrically opposite	संचलन	Movement
		संदर्श, दृष्टिकोण	Perspective
व्युत्क्रम	Reversal	संधानित, झलाई से जुड़े	Welded
व्युत्पन्न किया	Derived	संपतन होना	Coincide
शत विभाजन	Centuriation	संपालन	Support
शबलित होना	Tesselation	संपुष्टि, पुष्टीकरण	Confirmation
शब्दावली	Terminology	संबन्धन	Affiliation
शाखा	Boughs	संभाव्य क्षमता	Potentiality
शानदार ढंग से	Pompously	संभ्रान्ति	Confusion
शामिल करना	Embrace	संमिश्र	Complex
शिरा, नाड़ियाँ	Veins	संयुक्त	Combined, Composite
शिल्पी	Craftsman	संयुति, सहयोजन	Conjuction
शिल्पतथ्य	Artifacts	संयोग	Chance
शीर्ष	Primate	संयोजन	Connection
श्वसन तंत्र	Respiratory System	संरेखण	Alignment
श्वसनी	Bronchi	संलग्न, सन्निहित	Contiguous
श्वासनली, कण्ठनाल	Trachea	संलाग, संयोजन	Attachment
श्रद्धा	Reverence	संश्लेषण	Synthesis
श्रेणीकरण, क्रमस्थापन	Gradation	संश्रय	Alliance

संसर्ग	Intercourse	सम्मिलन	Combination
संस्कृति संक्रमण	Acculturation	सम्मिलित होना	Coalescing
संस्थिति	Configuration	सरणि (जलमार्ग)	Channel
संहार	Annihilation	सर्वोपरिता	Supremacy
संज्ञानात्मक	Cognitive	सहजीवन	Symbiosis
सांसर्गिक	Contagious	सहभोज	Commensality
सत्ता, अस्तित्व	Entity	सहलग्नता	Linkage
सत्तारोह	Ascendancy	सहायक	Conducive
सपित्र्य	Agnatic	सहवादी	Symbiotic
सप्रयोजन	Purposive	सार्थक बनाना	Signify
समकालिक	Simultaneous	सादृश्य	Affinity
समगुण	Isotropic	साधन, युक्ति, उपाय, विधा	Defiance
समग्र रूप में	Holistic	सामन्त देश, राज, जागीर	Principality
समग्र दृष्टि	Gestalt view	सामयिक, कालिक	Temporary
समझ	Understanding	सामान्य प्रणाली सिद्धान्त	General System Theory
समन्वित	Coordinated		
सममित	Symmetrical	सामान्यीकृत	Normalized
समरूप, नियमित	Uniform	साखान	Substantial
रागवर्गी	Allied	साक्ष्य, ख़ोज	Finds
समवर्ती (संगामी)	Concurrent	सीमांकन	Demarcation
समष्टि	Aggregate	सीमान्त	Margins, Frontier
समष्टिक	Composite	सुधार करना	Ameleorate
समाकलनशील	Integrating	सुमेल, अनुरूप	Match
समाकलित, समैकित	Integrated	सुरक्षित स्थापित	Ensconsed
समादेश	Command	सुविधापूर्ण	Convenient
समावेशित करते हुए	Nesting	सुसंगठन	Crystallization
समीकरण	Equalisation	सूखा कटाव	Desiccation
समुचित विनियोजन	Appropriateness	सूचित करना	Denote, Indicate
समूहीकरण	Grouping	सूक्ष्म पिंड	Micro-cosm
समेकता, सुदृढ़ता	Solidarity	सेवक	Menials
समेट	Sweep	सौदा, लेनदेन	Transactions

स्कंध, पक्ष, कक्ष, विभाग	Wing	स्वभाव, प्रकृति	Temperament
स्तर	Tiers	स्वातंत्र्य संख्या	Degrees of freedom
स्तरण, स्तरीकरण	Stratification	स्वीकार्य नीति	Policy
स्तर-निर्धारण	Statigraphy	हलका करना	Mitigation
स्थान, स्थल	Site	हवाई कल्पना	Fantasies
स्थानान्तरणशील	Shifting	हस्तक्षेप	Intervention
स्थापना, संस्थापन	Establishment	हिमद्रवण	Thawing
स्थिरीकरण	Stabilization	हृद्वाहिका	Cardio-vascular
स्नायु	Ligament	ह्रास	Deterioration,
स्वांगीकरण	Assimilation		Decadance
स्वगुण निर्देश करना	Connote	क्षतिपूरित	Compensated
स्वत: प्रेरणा	Initiative	क्षम	Efficient, Viable
स्वत्व हरण	Expropriation	क्षेत्रिक, प्रादेशिक	Territoral